COLEÇÃO
TRIBUNAIS E MPU
Coordenador HENRIQUE CORREIA

DIREITO TRIBUTÁRIO

PARA OS CONCURSOS DE TRF, TJ E MPU

COLEÇÃO
TRIBUNAIS E MPU
Coordenador HENRIQUE CORREIA

ALAN MARTINS

DIMAS YAMADA SCARDOELLI

DIREITO TRIBUTÁRIO

PARA OS CONCURSOS DE TRF, TJ E MPU

2ª edição
revista
atualizada
ampliada

2019

EDITORA JusPODIVM
www.editorajuspodivm.com.br

EDITORA *Jus*PODIVM
www.editorajuspodivm.com.br

Rua Território Rio Branco, 87 – Pituba – CEP: 41830-530 – Salvador – Bahia
Tel: (71) 3045.9051
• Contato: https://www.editorajuspodivm.com.br/sac

Capa e Diagramação: Marcelo S. Brandão (*santibrando@gmail.com)*

ISBN: 978-85-442-1549-4

APRESENTAÇÃO DA COLEÇÃO

O objetivo da coleção é a preparação direcionada para os concursos de Técnico e Analista do TRT, TRE, TRF e Tribunais Superiores. Em todos os livros o candidato irá encontrar teoria específica prevista nos editais, questões recentes comentadas e questões de concurso com gabarito fundamentado. A ideia da coleção surgiu em virtude das reivindicações dos estudantes, que almejavam por obras direcionadas para os concursos de Técnico e Analista dos Tribunais. As apostilas específicas mostram-se, na maioria das vezes, insuficientes para o preparo adequado dos candidatos diante do alto grau de exigência das atuais provas, o que ocorre também com as obras clássicas do direito, por abordarem inúmeras matérias diferentes ao concurso.

Nessa coleção, o candidato encontrará desde as cinco matérias básicas exigidas em todos os concursos, como português, raciocínio lógico ou matemática, informática, direito constitucional e administrativo, até as matérias específicas de outras áreas (arquivologia e Administração Pública) e todas as matérias dos diferentes ramos do direito. Portanto, com os livros da coleção o candidato conseguirá uma preparação direcionada e completa para os concursos de Técnico e Analista do TRT, TRE, TRF e Tribunais Superiores.

O livro de Direito Tributário é direcionado para a preparação dos candidatos para cargos de TJ, TRF e MPU e, também, pode ser usado por todos os interessados nos diversos institutos do de direito tributário.

Além da linguagem clara utilizada, os quadrinhos de resumo, esquemas e gráficos estão presentes em todos os livros da coleção, possibilitando ao leitor a memorização mais rápida da matéria. Temos certeza de que essa coleção irá ajudá-lo a alcançar o tão sonhado cargo público de tribunais.

HENRIQUE CORREIA

Site: www.henriquecorreia.com.br

Twitter: @profcorreia

Instagram: Prof_correia

Periscope: @henrique_correia

SUMÁRIO

Capítulo XI

Capítulo XII

Questões

CAPÍTULO I

DIREITO TRIBUTÁRIO, TRIBUTO E SUAS ESPÉCIES

1. BREVE INTRODUÇÃO AO DIREITO TRIBUTÁRIO

Não se pode falar em **Direito Tributário** sem mencionar a sua raiz no Direito Financeiro, mas com enfática ressalva quanto à autonomia tributária.

Ramo do Direito Público dedicado à disciplina jurídica das finanças públicas, o Direito Financeiro se desdobra em quatro aspectos, quais sejam:

- **Receita Pública:** corresponde ao montante de recursos em dinheiro que ingressa nos cofres do Estado, subdividindo-se em **receitas originárias** (diretas, porque obtidas a partir da exploração do patrimônio público, como aquelas decorrentes de preços e tarifas cobrados pela oferta de serviços públicos e atividades negociais do Estado) e **receitas derivadas** (indiretas, porque oriundas de arrecadação junto a particulares, como são as multas e os tributos).
- **Despesa Pública:** é o montante de recursos em dinheiro despendido pelo Estado, para custear serviços, atividades, conservar seu patrimônio e manter sua estrutura e pessoal.
- **Orçamento Público:** é a previsão legalmente estabelecida acerca das receitas e despesas públicas.
- **Crédito Público:** conjunto de operações pelas quais o Estado obtém recursos financeiros junto a particulares, mediante emissão de títulos e empréstimos, com ou sem concessão de vantagens, e obrigação de restituir mediante prazos e condições previamente estabelecidos.

O **Direito Tributário** desenvolveu-se a partir de uma das perspectivas do Direito Financeiro, que diz respeito às **receitas públicas derivadas**, consubstanciadas nos tributos que o Estado arrecada junto aos particulares (pessoas físicas e jurídicas), cabendo aqui adiantar que o **tributo** constitui **gênero** das seguintes espécies: impostos, taxas, contribuições de melhoria, contribuições e empréstimo compulsório.

Sob uma visão sistêmica, a relação do Direito Tributário com o Direito Financeiro pode ser representada pelo seguinte esquema:

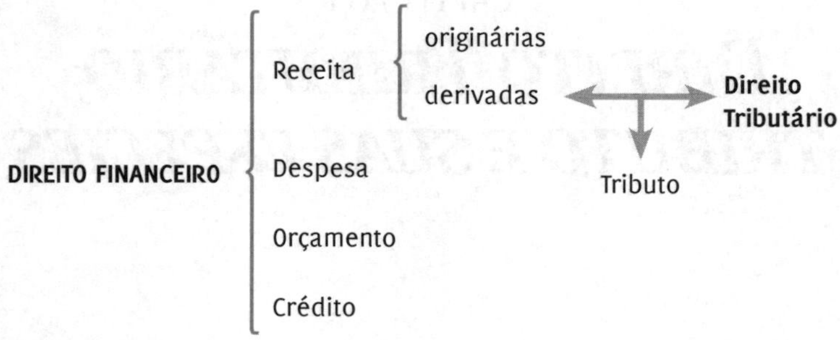

Porém, pela dedicação exclusiva a uma das vertentes da receita pública e em razão da forte produção normativa, doutrinária e jurisprudencial próprias, o Direito Tributário sobressai-se como um ramo jurídico autônomo, que tem por **elemento nuclear** o conceito de **tributo**, tema do próximo subitem deste capítulo inaugural.

Para uma conceituação inicial que, por certo, será melhor compreendida ao longo dos capítulos do livro, pode-se dizer que o **Direito Tributário é o ramo jurídico dedicado ao estudo das normas e princípios que regem os tributos, sua incidência e respectiva obrigação, bem como a constituição, exigência, extinção e todos os demais aspectos do crédito tributário.**

2. TRIBUTO

Tributo é toda prestação pecuniária compulsória, em moeda ou cujo valor nela se possa exprimir, que não constitua sanção de ato ilícito, instituída em lei e cobrada mediante atividade administrativa plenamente vinculada (CTN, art. 3º). Esse conceito legal pode ser subdivido em seis elementos conceituais, quais sejam:

- **Prestação pecuniária:** é o objeto de uma relação jurídica denominada **obrigação tributária**, estabelecida entre: 1 – um credor ou **sujeito ativo** (Fisco ou Fazenda Pública), que tem o direito de exigir o tributo decorrente de uma competência constitucional; 2 – um **sujeito passivo**, que deve levar o **dinheiro** aos cofres públicos (daí o termo "pecuniária"), podendo ser um **contribuinte** (pessoa que tenha relação direta com o fato gerador) ou um **responsável** (um terceiro vinculado ao fato gerador).
- **Compulsória:** cumprir a obrigação tributária é um dever do contribuinte e não uma faculdade.
- **Em moeda ou cujo valor nela se possa exprimir:** a expressão "em moeda", além de dar ênfase ao caráter pecuniário do tributo, também respalda a expressão alternativa "ou cujo valor nela se possa exprimir", cuja coerência ficou mais clara a partir do advento da Lei complementar 104/2001, que

introduziu o inciso XI ao artigo 156 do CTN, prevendo a dação em pagamento em bens imóveis como hipótese de extinção do crédito tributário, na forma e condições estabelecidas em lei.

- **Que não constitua sanção de ato ilícito:** serve para distinguir tributo de multa, deixando claro que a hipótese legal de incidência do tributo não é uma infração, nem sua consequência jurídica uma penalidade. É diferente da multa, que sempre constitui a sanção de um ato ilícito, como ocorre nas multas por infração às legislações de trânsito, ambiental, sanitária etc.
- **Instituída em lei:** condiz com o princípio da legalidade tributária (CF, art. 150, I), segundo o qual é vedada a instituição ou majoração de tributos sem previsão legal do seu fato gerador.
- **Cobrada mediante atividade administrativa plenamente vinculada:** por ser uma prestação compulsória instituída em lei, a autoridade administrativa fica vinculada à exigência do tributo, até porque tem o dever de exercer as competências que lhe são atribuídas por lei. Não há discricionariedade, isto é, juízo de conveniência e oportunidade, por parte da referida autoridade.

Ainda sob o aspecto conceitual, é importante anotar que a natureza jurídica do tributo é determinada pelo fato gerador da respectiva obrigação (CTN, art. 4º). Em decorrência disso, é irrelevante a denominação e demais características formais adotadas pela lei (CTN, art. 4º, I), não importando se o legislador, ao criar um tributo, o denominar imposto, se a sua respectiva obrigação advier do exercício regular do poder de polícia, fato gerador típico de taxas (CF, art. 145, II e CTN, art. 77). Nesse caso, estar-se-á diante de uma taxa.

Da mesma maneira, também não tem relevância a aplicação financeira do produto da arrecadação (CTN, art. 4º, II), muito embora a destinação constitucional do produto da arrecadação seja característica peculiar a determinadas espécies tributárias, conforme será exposto adiante.

Portanto, segundo o texto literal, que é o cobrado na maioria das questões de concursos públicos, o artigo 4º se estrutura da seguinte forma:

Fatores para determinar natureza jurídica do tributo	Relevante	Irrelevante
CTN, art. 4º, *caput*	Fato gerador da respectiva obrigação	
CTN, art. 4º, inciso I		denominação e demais características formais adotadas pela lei
CTN, art. 4º, inciso II		aplicação financeira do produto da arrecadação

ATENÇÃO:

Vale a pena destacar uma reflexão doutrinária que coloca em xeque a efetividade do citado artigo 4º do CTN (ALEXANDRE, Ricardo. Direito Tributário esquematizado. 8ª edição, São Paulo: Método, 2014, página 20). Há algumas situações em que as espécies tributárias não são distinguidas pelo fato gerador. Por exemplo, na comparação entre o imposto de renda da pessoa jurídica e a contribuição social sobre o lucro, os fatos geradores são praticamente idênticos. O que diferencia o IRPJ e a CSLL é o nome e o destino do produto arrecadado e não o fato gerador (que é o mesmo nos dois tributos). Entretanto, seja o nome, seja a destinação do produto da arrecadação, ambos são critérios considerados irrelevantes pelo artigo 4º do CTN. Noutro giro, o artigo 145, § 2º, da CF proíbe que as taxas tenham bases de cálculo idênticas às dos impostos, daí a se concluir que, nesse caso, além do fato gerador, torna-se necessário avaliar a base de cálculo na análise para especificar a natureza jurídica de um tributo. Importante dizer que, em geral, a exigência dos concursos públicos se dá pela redação literal do artigo 4º do CTN. Todavia, o candidato deve estar alerta para questões que exigem conhecimentos sobre posicionamentos doutrinários, tal como o aqui exposto, embora elas sejam incomuns nas carreiras de tribunais.

3. ESPÉCIES TRIBUTÁRIAS

Embora o artigo 5º do CTN classifique os tributos em três espécies (impostos, taxas e contribuições de melhoria), interpretando-se o CTN conforme recepcionado pela CF, é possível concluir que a classificação tripartite é incompleta. Deve prevalecer, então, a classificação quinquipartite ou pentapartite, que acrescenta entre as espécies tributárias o empréstimo compulsório (CF, art. 148) e as contribuições (compreendem todas as demais contribuições previstas na CF, tais como as dos artigos 149, 149-A, 195 etc).

Essa linha de raciocínio foi consagrada em histórico julgamento da ADI 447, com a diferença de que as contribuições de melhoria e as outras contribuições foram incluídas como espécies do gênero contribuição, resultando na classificação em impostos, taxas, contribuições e empréstimo compulsório, nos seguintes termos:

> "Os tributos, nas suas diversas espécies, compõem o Sistema Constitucional Tributário brasileiro, que a Constituição inscreve nos seus arts. 145 a 162. Tributo, sabemos todos, encontra definição no art. 3º do CTN, definição que se resume, em termos jurídicos, no constituir ele uma obrigação que a lei impõe às pessoas, de entrega de uma certa importância em dinheiro ao Estado. As obrigações são voluntárias ou legais. As primeiras decorrem da vontade das partes, assim, do contrato; as legais resultam da lei, por isso são denominadas obrigações *ex lege* e podem ser encontradas tanto no direito público quanto no direito privado. A obrigação tributária, obrigação *ex lege*, a mais importante do direito público, 'nasce de um fato qualquer da vida concreta, que antes havia sido qualificado pela lei como apto a determinar o seu nascimento.' (Geraldo Ataliba,

'Hermenêutica e Sistema Constitucional Tributário', in 'Diritto e pratica tributaria', volume L, Padova, Cedam, 1979). As diversas espécies tributárias, determinadas pela hipótese de incidência ou pelo fato gerador da respectiva obrigação (CTN, art. 4º), são a) os impostos (CF, art. 145, I, arts. 153, 154, 155 e 156), b) as taxas (CF, art. 145, II), c) as contribuições, que são c.1) de melhoria (CF, art. 145, III), c.2) sociais (CF, art. 149), que, por sua vez, podem ser c.2.1) de seguridade social (CF, art. 195, CF, 195, § 4º) e c.2.2) salário educação (CF, art. 212, § 5º) e c.3) especiais: c.3.1.) de intervenção no domínio econômico (CF, art. 149) e c.3.2) de interesse de categorias profissionais ou econômicas (CF, art. 149). Constituem, ainda, espécie tributária, d) os empréstimos compulsórios (CF, art. 148)." (ADI 447, Rel. Min. Octavio Gallotti, voto do Min. Carlos Velloso, julgamento em 5-6-1991, Plenário, DJ de 5-3-1993).

A seguir encontra-se um quadro denominado **Tributos e espécies tributárias,** que foi baseado no julgamento da ADI 447 pelo STF:

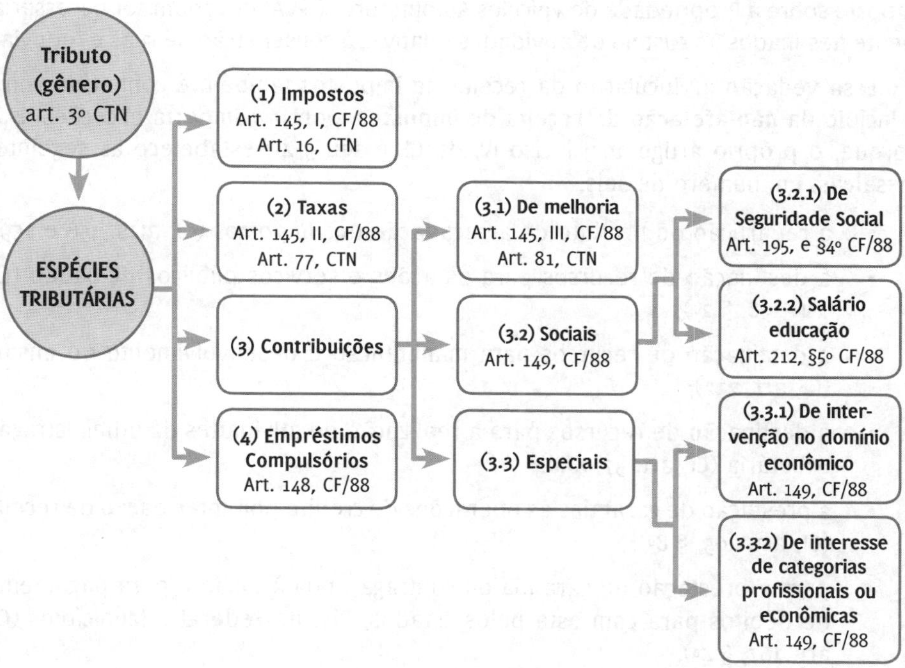

3.1. Impostos

O **imposto** é um tributo cuja obrigação tem por fato gerador uma situação **independente** de qualquer atividade estatal específica relativa ao contribuinte (CTN, art.

16). Trata-se, portanto, de um tributo de caráter **não vinculado**, cuja hipótese de incidência consiste na descrição de um fato qualquer que não seja atuação estatal.

Nessa linha, incide sobre fatos signo-presuntivos de riqueza (sinais de riqueza do contribuinte), tais como a renda no Imposto de Renda **(IR)** e a propriedade no Imposto sobre a Propriedade Territorial e Predial Urbana **(IPTU)**. Ao contrário, não incide sobre atividades estatais, como veremos que se dá, por exemplo, com as taxas. Constitui, assim, uma receita que se destina ao financiamento de atividades gerais do Estado, tais como saúde, educação, segurança pública, transporte etc.

Outra característica é que em regra, **não há destinação específica ao produto da arrecadação** dessa espécie tributária, isto é, a Constituição proíbe que os valores arrecadados a título de impostos sejam destinados especificamente ao custeio de determinada despesa.

É o que se depreende do disposto no artigo 167, inciso IV, da CF, que veda expressamente a vinculação de receita de impostos a órgão, fundo ou despesa. E assim, **não** é correto, por exemplo, dizer que os valores arrecadados pelos Estados a título de Imposto sobre a Propriedade de Veículos Automotores (IPVA) deveriam ser necessariamente destinados ao custeio de atividades relativas à conservação de ruas e rodovias.

Essa vedação à vinculação da receita de impostos também é conhecida como princípio da **não-afetação da receita de impostos**, porém comporta exceções. Isso porque, o próprio artigo 167, inciso IV, da CF e seu § 4º, estabelece as seguintes ressalvas, em número de seis:

- a repartição do produto da arrecadação dos impostos (CF, arts. 158 e 159);
- a destinação de recursos para as ações e serviços públicos de saúde (CF, art. 198, § 2º);
- a destinação de recursos para manutenção e desenvolvimento do ensino (CF, art. 212);
- a destinação de recursos para a realização de atividades da administração tributária (CF, art. 37, XXII);
- a prestação de garantias às operações de crédito por antecipação de receita (CF, art. 165, § 8º);
- para a prestação de garantia ou contragarantia à União e para pagamento de débitos para com esta pelos Estados, Distrito Federal e Municípios (CF, art. 167, § 4º).

Por fim, não são poucas as classificações que a doutrina em geral estabelece para os impostos, valendo mencionar duas de grande importância, por serem muito exploradas em concursos públicos. São elas:

- **Classificação quanto à competência:** divide os impostos em **federais, estaduais** e **municipais** e será abordada no capítulo dedicado ao estudo dos impostos em espécie (Capítulo V).

- **Classificação quanto à finalidade do imposto:** divide os impostos em **fiscais** (cujo fim exclusivo é arrecadar recursos para os cofres públicos) e **extrafiscais** (cuja finalidade precípua não é a arrecadação de recursos, mas sim a utilização como instrumento estatal de intervenção na ordem socioeconômica – caráter regulatório).

Essa última classificação constitui parâmetro seguido pelo texto constitucional para estabelecer moderações aos princípios constitucionais da legalidade (CF, art. 153, § 1º) e da anterioridade (CF, art. 150, § 1º), permitindo a alteração de alíquotas sem a observância desses preceitos. Isso ocorre com os impostos sobre Importação (II), Exportação (IE), Produtos Industrializados (IPI) e Operações Financeiras (IOF). Ao alterar suas respectivas alíquotas por ato do Poder Executivo, o Estado intervém diretamente na economia, incentivando ou desprestigiando as atividades de importação, exportação, produção industrial e as operações financeiras.

Importante destacar, ainda, que, no sistema do CTN, os impostos são classificados segundo a natureza econômica do fato gerador em **impostos sobre o comércio exterior** (II e IE), **impostos sobre o patrimônio e a renda** (ITR, IPTU, ITBI, IR) e **impostos sobre a circulação e produção** (IPI, ICM – atual ICMS). Porém, com a promulgação da CF em 1988, a jurisprudência do STF passou a se orientar no sentido de que essa classificação não mais se sustenta.

Com isso, em decisões pela aplicação da imunidade do artigo 150, inciso VI, alínea "c" da CF ao ICMS devido em operações de importação, embora a imunidade seja exclusiva para impostos sobre patrimônio, renda e serviços, bem como não obstante o enquadramento do ICMS na classificação do CTN como imposto sobre circulação, a Corte Suprema vem rechaçando a classificação do CTN. Para o STF, não cabe invocar critérios de classificação dos impostos adotados por normas infraconstitucionais, cumprindo apenas perquirir se o bem adquirido, no mercado interno ou externo, integra o patrimônio da entidade abrangida pela imunidade (STF – RE-AgR 225778/SP – 2ª. Turma – Relator Ministro Carlos Velloso – Julg. 16/06/2003). Em outras palavras, para o STF, independentemente da importação se tratar de uma circulação, o bem importado, fundamentalmente, passa a ser **patrimônio** da entidade, o que inclui essa importação no campo da imunidade de determinadas instituições aos impostos sobre patrimônio, renda ou serviços.

3.2. Taxas

As taxas têm como fato gerador o **exercício regular do poder de polícia** ou a **utilização, efetiva ou potencial, de serviços públicos específicos e divisíveis, prestados ao contribuinte ou postos à sua disposição** (CTN, art. 77).

Embora seja, de fato, um tributo vinculado, a taxa não está ligada a uma atividade estatal globalmente considerada, sempre se vinculando a uma atividade estatal específica relativa ao contribuinte (CF, art. 145, II e CTN, art. 79, II). Por outro lado, essa vinculação não diz respeito à capacidade econômica do contribuinte, pois o tributo que, na medida do possível, levará em conta a capacidade econômica do contribuinte, é o imposto (CF, art. 145, § 1º). Por exemplo, no caso da segurança pública, os serviços são executados em benefício da população em geral (*uti universi*), sem possibilidade de individualização dos respectivos usuários e, consequentemente, sem referibilidade a contribuintes determinados, não se prestando para custeio mediante taxa. É um serviço tipicamente situado no grupo daqueles que devem ser custeados por meio de impostos, conforme, inclusive, já decidiu o Supremo Tribunal Federal (STF – ADI 1.942-MC, Rel. Min. Moreira Alves, julgamento em 5-5-1999, Plenário, DJ de 22-10-1999).

A competência para instituição de taxas é concorrente da União, Estados, Distrito Federal e Municípios. Porém, por se tratar de um tributo **vinculado** a uma atividade estatal específica relativa ao contribuinte, no caso um serviço público específico e divisível ou o exercício regular do poder de polícia (CF, art. 145, II), a taxa apenas pode ser cobrada pelo ente federativo competente para a execução da atividade estatal. Em outras palavras, é um tributo "contraprestacional" e não pode ser cobrado por ente federativo diverso do competente para oferecer essa "contraprestação".

Nessa seara o STF possui o entendimento de que, por **não** serem mutuamente exclusivas, as atividades de fiscalização ambiental exercidas pela União e pelo estado não se sobrepõem e, portanto, não ocorre bitributação quando União e Estado exigem cada qual sua taxa de fiscalização ambiental (STF – RE 602089 AgR / MG – 2ª. Turma – Rel. Min. Joaquim Barbosa – julg. 24/04/2012). Se a competência para a fiscalização ambiental é concorrente, ambos os entes federativos poderão exigir taxa pelo exercício regular do poder de polícia.

Outro detalhe é que, por se tratar do exercício regular do poder de polícia, é constitucional a cobrança da taxa decorrente do poder de polícia em que haja a manutenção, pelo sujeito ativo, de órgão de controle em funcionamento. Porém, a efetiva visita do Poder Público ao estabelecimento sujeito à fiscalização não se encontra entre os pressupostos para exigência da taxa (REs 116.518 e 230.973).

Também, por ser um tributo vinculado a uma atividade estatal específica relativa ao contribuinte, o valor da taxa não pode ser desproporcional ao custo da atividade desempenhada pelo Estado que constitua o seu fato gerador. Por exemplo, ao julgar casos em que se contestava o caráter desproporcional de taxas judiciárias calculadas sem limites sobre o valor da causa, o STF se pronunciou inúmeras vezes pelo caráter desproporcional de se exigir uma taxa que ultrapasse o custo real dos serviços judiciários. E, sedimentando o entendimento de que taxas judiciárias desproporcionais violam o princípio do amplo acesso ao Poder Judiciário (CF, art. 5º, XXXV), editou o seguinte enunciado de súmula:

> "**Súmula nº 667** – Viola a garantia constitucional de acesso à jurisdição a taxa judiciária calculada sem limite sobre o valor da causa".

Na mesma linha, por ser um tributo contraprestacional (vinculado) usado na remuneração de uma atividade específica relativa ao contribuinte, seja serviço ou exercício do poder de polícia, e também por não se ater a fatos signo-presuntivos de riqueza, as taxas comprometem-se tão somente com o custo do serviço específico e divisível que as motiva, ou com a atividade de polícia desenvolvida. Com esse fundamento, o STF, em reiterados acórdãos, já considerou serem ilegítimas as taxas cobradas em razão do número de empregados (RE 554.951, rel. min. Dias Toffoli, julgamento em 15-10-2013, Primeira Turma, DJE de 19-11-2013).

A taxa não é sinônimo de tarifa ou de preço público, como bem se verifica com a análise comparativa dos institutos no seguinte quadro:

CRITÉRIOS	TAXA	PREÇO PÚBLICO / TARIFA
Regime	Direito Público (tributário)	Direito Privado (consumidor – contratual)
Natureza Jurídica	Tributária (espécie tributária, artigo 145, inciso II, CF/88, portanto, deve respeito aos princípios tributários)	Contratual (Estado prestador de serviço como se fora um particular ou o particular sob delegação do Estado – concessões, permissões, etc)
Tipo de receita pública	Receita derivada	Receita originária
Serviços Públicos	Específicos e divisíveis, de uso efetivo ou potencial	Específicos e divisíveis, apenas de uso efetivo
Tipos de serviços públicos	A) Propriamente estatais e ínsitos à soberania do Estado (exemplo: concessão de passaporte) e; B) Essenciais ao interesse público	A) Não essenciais ao interesse público (exemplos: telefonia, gás, energia elétrica e outros sujeitos à concessão ou permissão pelo ente estatal) e; B) Em regra, serviços delegáveis
Cobrança	Compulsória (característica tributária, cobrada no caso de utilização do serviço público e mesmo no caso de o serviço público ter sido colocado à disposição e não necessariamente utilizado)	Voluntária (apenas no uso do serviço público)
Dívida Ativa	Créditos oriundos do não pagamento são inscritos na Dívida Ativa tributária	Créditos oriundos do não pagamento são inscritos na Dívida Ativa não tributária
Repetição de indébito	Ação de repetição de indébito sujeita-se ao prazo previsto no CTN	Ação de repetição de indébito sujeita-se ao prazo prescricional estabelecido no Código Civil (Súmula 412 do STJ)

CRITÉRIOS	TAXA	PREÇO PÚBLICO / TARIFA
Decorre de (segundo Súmula 545 do STF)	Lei	Contrato (vontade das partes)
Prescrição	Quinquenal, regida pelo Direito Público (Código Tributário Nacional)	Decenal, regida pelo Direito Privado (Código Civil, conforme REsp 1117903)

Para melhor compreensão do quadro comparativo, algumas observações importantes:

- As **taxas** são classificadas como **receitas públicas derivadas,** já os **preços públicos** são **receitas públicas originárias** (Lei 4.320/64, art. 9º).
- **Súmula 545 do STF** – Preços de serviços públicos e taxas não se confundem, porque estas, diferentemente daqueles, são compulsórias e têm sua cobrança condicionada à prévia autorização orçamentária, em relação à lei que as instituiu.

ATENÇÃO:

Embora superado o Princípio da Anualidade (exigência de prévia previsão orçamentária), o STF não revogou a Súmula 545 e algumas bancas examinadoras continuam cobrando o seu texto literal e integral.

- A natureza jurídica do pedágio sempre gerou muita polêmica. Uma linha defende o pedágio enquanto tributo (taxa), sujeito, portanto, aos regramentos aplicáveis às demais espécies tributárias, notadamente ao respeito das limitações ao poder de tributar. Em seu favor tem-se um precedente do STF (RE 181.475-6), relativo ao selo pedágio, que era compulsório. Outra linha que é predominante na doutrina e com a qual esses autores compactuam, apregoa o pedágio como um preço público (tarifa), sob os seguintes argumentos: a) a inclusão no texto constitucional apenas esclareceria que, apesar de não incidir tributo sobre o tráfego de pessoas ou bens, poderia, excepcionalmente, ser cobrado o pedágio, espécie jurídica diferenciada; b) a ausência de compulsoriedade na utilização de rodovias; e c) a cobrança se daria em virtude da utilização efetiva do serviço, e não seria devida com base no seu oferecimento potencial. Recentemente, porém, colocando fim à polêmica, **o Supremo Tribunal Federal pronunciou-se pela natureza de tarifa ou preço público do pedágio, haja vista não gozar da compulsoriedade, característica essencial das taxas** (STF – ADI 800/RS, rel. Min. Teori Zavascki, 11.6.2014).
- É entendimento pacífico do Supremo Tribunal Federal que: " (...) Serviços públicos não essenciais e que, não utilizados, não resulta dano ou prejuízo para a comunidade ou para o interesse público... Esses serviços são, de regra, delegáveis,

vale dizer, podem ser concedidos e podem ser remunerados mediante preço público. Exemplo: o serviço postal, os serviços telefônicos, telegráficos, de distribuição de energia elétrica, de gás, etc." (ADI 447, Rel. Min. Octavio Gallotti, voto do Min. Carlos Velloso, julgamento em 5-6-1991, Plenário, DJ de 5-3-1993.)

- Os serviços de fornecimento de água e energia elétrica, por não serem compulsórios e admitirem a prestação sob o regime de concessão de serviço público, têm sido considerados pelo STJ e pelo STF como sujeitos a preço público (STF - RE 544.289, ADI 447).

- Nos termos da Súmula 412 do Superior Tribunal de Justiça, a "ação de repetição de indébito de tarifas de água e esgoto sujeita-se ao prazo prescricional estabelecido no Código Civil". No caso, não é aplicável o prazo quinquenal estabelecido no Código Tributário Nacional para repetição do indébito tributário, uma vez que os preços públicos ou tarifas não possuem natureza tributária. A respeito desse entendimento, há inúmeros precedentes do STJ: EResp 690.609, Min. Eliana Calmon, DJ 07/04/08; REsp 928.267, Min. Teori Albino Zavascki, DJde 21/08/09).

- "A jurisprudência do Supremo Tribunal Federal firmou orientação no sentido de que as **custas judiciais** e os **emolumentos concernentes aos serviços notariais e registrais** possuem **natureza tributária**, qualificando-se como **taxas remuneratórias de serviços públicos**, sujeitando-se, em consequência, quer no que concerne à sua instituição e majoração, quer no que se refere à sua exigibilidade, ao regime jurídico–constitucional pertinente a essa especial modalidade de tributo vinculado, notadamente aos princípios fundamentais que proclamam, dentre outras, as garantias essenciais (a) da reserva de competência impositiva, (b) da legalidade, (c) da isonomia e (d) da anterioridade (...)" (STF, ADI 1378 MC-ES, Min. Celso de Mello, DJ 30-05-1997, pp-23175).

As taxas **não** poderão ter base de cálculo própria de impostos (CF, art. 145, § 2º), de modo que é inconstitucional a taxa municipal de conservação de estradas de rodagem cuja base de cálculo seja idêntica à do imposto territorial rural (Súmula 595 do STF). Também, em face da mesma vedação, o Supremo Tribunal Federal já dediciu que: "A escolha do valor do monte-mor como base de cálculo da taxa judiciária encontra óbice no art. 145, § 2º, da CF, visto que o monte-mor que contenha bens imóveis é também base de cálculo do imposto de transmissão *causa mortis* e *inter vivos* (CTN, art. 33)" (STF - ADI 2.040-MC, Rel. Min. Maurício Corrêa, julgamento em 15-12-1999, Plenário, DJ de 25-2-2000) .

Para melhor compreensão, o monte-mor corresponde ao montante dos bens transmitidos pelo falecido a ser partilhado entre os seus sucessores hereditários (herdeiros e legatários). E, mesmo quando o monte-mor não é composto por bens imóveis, ainda assim haverá incidência do imposto de transmissão *causa* mortis, o qual também incide sobre bens móveis.

Por outro lado, não há problema em se adotar, no cálculo do valor de taxa, um ou mais elementos da base de cálculo própria de determinado imposto, desde que não haja integral identidade entre uma base e outra, consoante recentemente consagrado pelo STF na redação da Súmula vinculante 29.[1]

> ATENÇÃO:
>
> A proibição de que as taxas tenham bases de cálculo próprias de impostos (CF, art. 145, § 2º) constitui uma vedação constitucional ao *bis in idem*. Porém, a identidade que configura a violação constitucional deve ser total, conforme consolidado na Súmula Vinculante 29. Por se tratar de uma súmula vinculante, a expectativa é sempre que seja bastante explorada nos próximos concursos públicos.

No caso da taxa de serviços públicos, à luz do artigo 145, inciso II, da CF, para ser fato gerador de taxa, um serviço deve ser **específico** e **divisível**. Considera-se serviço **específico** aquele que pode ser destacado em unidades autônomas de utilização (CTN, art. 79, II) e **divisível** o suscetível de utilização, separadamente, por parte de cada um dos seus usuários (CTN, art. 79, III).

Por exemplo, a taxa de coleta de lixo domiciliar pode constituir fato gerador de taxa, nos termos da materialidade delineada no artigo 145, inciso II, da CF, por se tratar de um serviço público específico e divisível. É **específico** porque, à luz do artigo 79, inciso II, do CTN, pode ser destacado em unidades autônomas de utilização, consubstanciadas nos imóveis beneficiados, e **divisível,** pois suscetível de utilização em separado pelos usuários proprietários de imóveis (CTN, art. 79, III).

Por outro lado, são inconstitucionais taxas municipais como as de limpeza de ruas e logradouros (cobrada de proprietários de imóveis urbanos) e de conservação e manutenção de vias públicas (exigida de proprietários de veículos licenciados no município), na medida em que, nesses casos, não há como se precisar todos os usuários em separado dos serviços. Basta citar a existência de beneficiários dos serviços que não se pode determinar, isto é, pessoas que circulam pelas ruas da cidade e não são proprietárias de imóveis ou de veículos no Município, tais como pedestres, ciclistas, passageiros, turistas, visitantes e proprietários de veículos automotores matriculados em órgãos de trânsito de outros Municípios.

Outro caso foi o da antiga Taxa de Iluminação Pública (TIP), que os Municípios, durante muito tempo, insistiram em cobrar, mas acabou julgada inconstitucional em reiteradas decisões do STF, por violação do artigo 145, inciso II, da CF, já que fundamentada em serviços inespecíficos e indivisíveis, uma vez que usufruídos de maneira geral, por toda a coletividade, sem possibilidade de serem destacados em

1. **Súmula Vinculante 29** – É constitucional a adoção, no cálculo do valor de taxa, de um ou mais elementos da base de cálculo própria de determinado imposto, desde que não haja integral identidade entre uma base e outra.

unidades autônomas de utilização. Nesse sentido, inclusive, foi editada a Súmula 670 do STF, recentemente convertida na Súmula Vinculante 41, com a seguinte redação: "O serviço de iluminação pública não pode ser remunerado mediante taxa".

Esse entendimento jurisprudencial acabou redundando em forte pressão dos Municípios junto ao Congresso Nacional, resultando na Emenda Constitucional 39/2002, que conferiu competência às municipalidades e ao Distrito Federal para instituição da Contribuição para Iluminação Pública (CIP). Ou seja, a taxa foi julgada inconstitucional, mas os Municípios e o Distrito Federal mantiveram a receita a título de contribuição especial (CF, art. 149-A).

Outro ponto é que, para ensejar a exigência da taxa, o serviço público deve ser, alternativamente: **i) prestado**, isto é, efetivamente usufruído a qualquer título (CTN, art. 79, I, "a"); ou **ii) colocado à disposição**, assim considerado aquele serviço de utilização compulsória, usufruído pelo contribuinte, potencialmente, quando posto à sua disposição mediante atividade administrativa em efetivo funcionamento (CTN, art. 79, I, "b").[2]

ATENÇÃO:

Não são apenas os serviços públicos efetivamente prestados que podem ser remunerados pela cobrança de taxas, mas, também, aqueles postos à disposição do contribuinte (CTN, art. 79, I, "b"). Assim, a taxa de coleta de lixo domiciliar[4], além de ser considerada constitucional pela Súmula Vinculante 19, pode ser exigida de todo imóvel atendido pelo serviço, ainda que se trate de um imóvel desabitado. Por outro lado, não se pode exigir de um imóvel habitado que não seja atendido pelo serviço, uma vez não ter sido colocado à disposição do contribuinte.

A taxa também pode ser instituída em razão do **exercício regular do poder de polícia** (CF, art. 145, II), isto é, a restrição de liberdades individuais em prol da coletividade, desempenhado por autoridade competente e nos limites da legalidade, sem abuso ou desvio de poder (CTN, art. 78), como, por exemplo, as taxas cobradas pela expedição de licenças ambientais em prol de um meio ambiente saudável ou a concessão de porte de armas com vistas à preservação da segurança pública.

ATENÇÃO:

Considera-se **poder de polícia** a atividade da administração pública que, limitando ou disciplinando direito, interesse ou liberdade, regula a prática de ato ou

2. **Súmula Vinculante 19** – A taxa cobrada exclusivamente em razão dos serviços públicos de coleta, remoção e tratamento ou destinação de lixo ou resíduos provenientes de imóveis, não viola o art. 145, II, da Constituição Federal.

abstenção de fato, em razão de interesse público concernente à segurança, à higiene, à ordem, aos costumes, à disciplina da produção e do mercado, ao exercício de atividades econômicas dependentes de concessão ou autorização do Poder Público, à tranquilidade pública ou ao respeito à propriedade e aos direitos individuais ou coletivos (CTN, art. 78).

O STF já apreciou vários casos envolvendo a constitucionalidade ou não de diversas taxas. Em resumo, tem-se o seguinte quadro:

Fiscalização dos mercados de títulos e valores mobiliários (instituída pela Lei 7.940/89) "taxa da CVM"	Constitucional	Em razão do exercício do Poder de Polícia atribuído à Comissão de Valores Mobiliários (CVM)	Súmula 665
Iluminação pública	Inconstitucional	É um serviço destinado a toda a coletividade (uti universi), não é específico e divisível	Súmula vinculante 41
Classificação de produtos vegetais (instituída pelo Decreto-Lei 1.899/81)	Constitucional	Em razão do exercício do Poder de Polícia (padrão de qualidade dos produtos vegetais que entram no país)	RE 511.584-AgR e outros
Fiscalização/localização e funcionamento	Constitucional	Em razão do exercício do Poder de Polícia (desde que efetivo, sendo suficiente a demonstração da existência de órgão e estrutura necessários ao exercício da competente fiscalização)	RE 588.322 e outros
Municipal de incêndio	Inconstitucional	A segurança pública, presentes a prevenção e o combate a incêndios, faz-se, no campo da atividade precípua, pela unidade da federação, e, porque serviço essencial, tem como a viabilizá-la a arrecadação de impostos, não cabendo ao Município a criação de taxa para tal fim	RE 643247
IBAMA	Constitucional	Em razão do exercício do Poder de Polícia (fiscalização das atividades poluidoras e utilizadoras de recursos ambientais)	RE 416.601 e outros

Segurança (policiamento preventivo)	Inconstitucional	É um serviço destinado a toda a coletividade (uti universi), não é específico e divisível	ADI 1.942 e outros
Municipal de conservação de estradas de rodagem	Inconstitucional	Base de cálculo idêntica à do ITR	Súmula 595
Taxa de renovação e licença	Constitucional	Fiscalização notoriamente exercida pelo Município	REsp 261.571/SP

Aspecto que deve ser melhor esclarecido diz respeito às taxas de fiscalização. Haja vista possuírem natureza de taxas de poder de polícia, a exigência dessas taxas depende da demonstração pelo ente tributante do efetivo exercício regular do poder de polícia. Nesse ponto, recomenda-se muita atenção para a jurisprudência dos tribunais superiores (sintetizada no quadro apresentado), segundo a qual, são suficientes para demonstrar o efetivo exercício do poder de polícia: i) a existência de órgão e estrutura necessários ao exercício da competente fiscalização (STF – RE 588.322); ii) ou mesmo a notoriedade do exercício da fiscalização (STJ – REsp 261.571/SP).

A CF veda a destinação específica do produto da arrecadação dos impostos (art. 167, § 4º). Nesse aspecto, o texto constitucional passa ao largo das taxas, de modo que se pode afirmar perfeitamente que as taxas são tributos que podem ter destinação específica da arrecadação. Assim se pronunciou o STF em acórdão de 2006 da ADI 3643/RJ: "É constitucional a destinação do produto da arrecadação da taxa de polícia sobre as atividades notariais e de registro, ora para tonificar a musculatura econômica desse ou daquele órgão do Poder Judiciário, ora para aportar recursos financeiros para a jurisdição em si mesma. O inciso IV do art. 167 da Constituição passa ao largo do instituto da taxa, recaindo, isto sim, sobre qualquer modalidade de imposto".

Em outra decisão, mais recente (2010), exarada na ADI 3028, o STF considerou válida lei estadual do Rio Grande do Norte que vincula a arrecadação de uma taxa estadual cobrada sobre serviços notariais e de registros para financiar um Fundo de Reaparelhamento do Ministério Público estadual, tendo sido asseverado pela Min. Cármen Lúcia, em pedido de vista, que "o Supremo vem ajustando sua jurisprudência no sentido de admitir a vinculação do produto de arrecadação de taxas, como a da presente ADI, a instituições públicas e ao próprio Poder Judiciário".

Mas, atenção, o que não se permite é que a destinação da taxa seja para fundos ou despesas que não estejam relacionados ao serviço ou poder de polícia que constitua o seu fato gerador. Assim decidiu o STF em 1995, na ADIMC 1.378/ES, Rel. Min. Celso de Mello: "qualificando-se as custas judiciais e os emolumentos extrajudiciais como taxas, nada pode justificar seja o produto de sua arrecadação afetado ao custeio de serviços públicos diversos daqueles a cuja remuneração tais valores se destinam especificamente".

3.3. Contribuição de melhoria

Por ser cobrada em decorrência de uma obra pública (CF, art. 145, III), a natureza da contribuição de melhoria é de tributo **vinculado** a uma atividade estatal específica relativa ao contribuinte.

A competência para instituição dessa contribuição é comum, porque atribuída em caráter concorrente a todos os entes federativos (CF, art. 145, III). Dessa forma, deve ser instituída pelo ente federativo responsável pela obra pública, até porque, também, o produto da arrecadação é destinado ao custeio da mesma.

Embora com fundamento no artigo 145, inciso III, da CF, fique claro que a contribuição de melhoria tem por objetivo fazer frente ao custo de obras públicas, à luz do artigo 81 do CTN, verifica-se que o legislador infraconstitucional elegeu a valorização imobiliária decorrente da obra como premissa para cobrança desse tributo. Portanto, a valorização imobiliária constitui elemento material que o CTN, respaldado na competência prevista no artigo 146, inciso III, alínea "a", da CF, estabeleceu na definição do fato gerador do tributo a que se refere o artigo 145, inciso III, da CF.

E, em outras palavras, pode-se afirmar que constitui **fato gerador** da contribuição de melhoria **a valorização imobiliária decorrente de obra pública.**

E, mais, a valorização imobiliária que autoriza a exigência da contribuição de melhoria é somente aquela efetivamente decorrente da obra pública, não constituindo fato gerador a valorização decorrente de fatores alheios, ainda que a obra pública tenha sido realizada. Nesse sentido, entende o STJ que a base de cálculo da contribuição de melhoria consiste na "efetiva valorização imobiliária, a qual é aferida mediante a diferença entre o valor do imóvel antes do início da obra e após a sua conclusão, sendo inadmissível a sua cobrança com base somente no custo da obra pública realizada". (REsp 1.076.948-RS, Rel. Min. Luiz Fux, julgado em 4/11/2010).

Também segundo entendimento do STJ, cabe ao Poder Público e não ao contribuinte, provar que houve a valorização do bem em decorrência da obra estatal (REsp 169.131/SP).

ATENÇÃO:

Embora a pavimentação asfáltica justifique a cobrança de contribuição de melhoria em caso dessa obra publica propiciar valorização imobiliária, segundo o STF, não é cabível a cobrança de contribuição de melhoria sobre o simples recapeamento de rua já asfaltada. "Hipótese de recapeamento de via pública já asfaltada: simples serviço de manutenção e conservação que não acarreta valorização do imóvel, não rendendo ensejo a imposição desse tributo" (RE 115863 / SP, Min. Célio Borja, DJ 08-05-1992)

No que tange à base de cálculo, dispõe o artigo 82, § 1º, do CTN que a contribuição relativa a cada imóvel será determinada pelo rateio da parcela do custo da obra a ser financiada pela contribuição entre os imóveis situados na zona beneficiada, em função dos respectivos fatores individuais de valorização. Esquematicamente, fica assim:

Contribuição	=	Custo da parcela da obra financiada pela contribuição
		Imóveis beneficiados (Fatores individuais de valorização)

Ressalte-se, porém, que o valor da contribuição fica sujeito a dois limitadores estabelecidos no artigo 81 do CTN, quais sejam:

- **Limite total ou global:** o valor da despesa realizada.
- **Limite individual:** o acréscimo de valor que da obra resultar para cada imóvel beneficiado.

Qualquer cobrança a título de contribuição de melhoria cujo valor ultrapassar esses limites será considerada ilegal.

Se o fato gerador da contribuição de melhoria é a valorização imobiliária em decorrência de uma obra pública e o limite individual é o acréscimo de valor que da obra resultar para cada imóvel beneficiado (CTN, art. 81), exigir que a contribuição de melhoria fosse instituída obrigatoriamente antes da realização da obra seria totalmente incoerente com a lógica do tempo, já que apenas depois da obra concluída é que se pode saber se houve valorização imobiliária e o quanto valorizou cada imóvel beneficiado.

Eis o posicionamento da doutrina majoritária a respeito da matéria, refletido na jurisprudência do Superior Tribunal de Justiça, no sentido de que, ao exigir o pagamento da contribuição de melhoria, a pessoa política tributante tem de demonstrar o amparo nas seguintes circunstâncias: "a) exigência fiscal relativa a despesas decorrentes de obra pública realizada; b) a obra pública tenha provocado a valorização do imóvel; c) a base de cálculo seja a diferença entre os dois momentos: o primeiro, o valor do imóvel antes de a obra ser iniciada; o segundo, o valor do imóvel após a conclusão da obra." (STJ, REsp. n.º 169131/SP, Rel. Min. José Delgado, j. 02/06/1998).

A lei que instituir a contribuição de melhoria observará os seguintes requisitos mínimos: **I** – publicação prévia dos seguintes elementos: **a**) memorial descritivo do projeto; **b**) orçamento do custo da obra; **c**) determinação da parcela do custo da obra a ser financiada pela contribuição; **d**) delimitação da zona beneficiada; **e**) determinação do fator de absorção do benefício da valorização para toda a zona ou para cada uma das áreas diferenciadas nela contidas; **II** – fixação de prazo não inferior a 30 (trinta) dias, para impugnação, pelos interessados, de qualquer dos elementos referidos; **III** – regulamentação do processo administrativo de instrução e julgamento da impugnação, sem prejuízo da sua apreciação judicial (CTN, art. 82).

E, por ocasião do respectivo lançamento, cada contribuinte deverá ser notificado do montante da contribuição, da forma e dos prazos de seu pagamento e dos elementos que integraram o respectivo cálculo (CTN, art. 82, § 2º).

3.4. Contribuições

Tributos quase sempre de competência da União, as contribuições, de maneira geral, possuem finalidades constitucionalmente previstas. Daí a existência de contribuições de variadas naturezas, tais como as de seguridade social, intervenção no domínio econômico, iluminação pública etc.

Nessa direção, constitui entendimento consagrado em recentes decisões do Supremo o de que a constitucionalidade das contribuições em questão deve ser aferida pela necessidade pública atual do dispêndio vinculado e pela eficácia dos meios escolhidos para alcançar essa finalidade (STF – ADI 2556/DF – Pleno – Rel. Min. Joaquim Barbosa – julg. 13/06/2012).

Ajustando-se a classificação feita pelo STF na ADI 447 às posteriores emendas constitucionais, além das contribuições de melhoria, já estudadas a parte, as contribuições podem ser divididas em **sociais** e **especiais**.

São **contribuições sociais** as seguintes:

- as contribuições para **custeio da seguridade social** (CF, art. 195);
- a contribuição para o **salário-educação** (CF, art. 212, § 5º);
- as contribuições para **custeio do regime previdenciário dos servidores públicos** (CF, art. 40 c/c art. 149, § 1º);
- as contribuições para o **Programa de Integração Social – PIS** e para o **Programa de Formação do Patrimônio do Servidor Público – PASEP** (CF, art. 239);
- as contribuições para o **Sistema "S"** (CF, art. 240).

Em busca de uma sistematização das contribuições sociais, Eduardo Sabbag lembra muito bem do voto do Ministro Carlos Velloso, proferido no Recurso Extraordinário nº 138.284-8 / CE, do qual derivou a seguinte classificação das contribuições sociais:

- **Contribuições sociais gerais:** salário-educação e contribuições para o sistema "S";
- **Contribuições para a seguridade social:** contribuições previstas no artigo 195, incisos I a IV, da CF (chamadas de contribuições nominadas) e a contribuição para o PIS (CF, art. 239);
- **Outas contribuições sociais:** são as contribuições residuais de que trata o artigo 195, § 4º, da CF.

Todas as demais podem ser consideradas **contribuições especiais**, cabendo mencionar nessa categoria as de **intervenção no domínio econômico** e de **interesse de categorias profissionais ou econômicas** (CF, art. 149), expressamente citadas na ADI 447, mais a **contribuição para custeio da iluminação pública** (CF, art. 149-A), posteriormente implementada pela Emenda Constitucional 39/2002, o que resulta no seguinte quadro classificatório:

Contribuições Sociais	**Seguridade Social**	Contribuições para a Seguridade Social nominadas
	Outras	Outras fontes de custeio da Seguridade Social
	Gerais	Salário-educação e Sistema "S"
Contribuições Especiais	**Contribuições de Intervenção no Domínio Econômico**	Ex: CIDE-combustível
	Contribuições de interesse de categorias profissionais ou econômicas	Ex: devidas aos conselhos profissionais
	Contribuição para custeio dos serviços de iluminação pública	COSIP

Além da finalidade constitucionalmente estabelecida, as contribuições caracterizam-se por possuírem finalidade prevista na CF e por não possuírem caráter contraprestacional. Significa dizer que são tributos **não vinculados**, isto é, que não possuem como hipótese de incidência uma atividade estatal específica relativa ao contribuinte, como é o serviço público na taxa ou a obra pública na contribuição de melhoria.

3.4.1. *Contribuições sociais*

As contribuições sociais são de competência exclusiva da União (CF, art. 149). Entre essas contribuições, não há dúvida de que as **Contribuições para a Seguridade Social** são as de finalidade social mais ampla, pois custeiam o sistema público que abrange Saúde, Previdência e Assistência Social. Previstas no artigo 195, incisos I a IV, da CF, compreendem as contribuições sociais:

> *I – do empregador, da empresa e da entidade a ela equiparada na forma da lei, incidentes sobre:*
>
> a) a **folha de salários e demais rendimentos do trabalho** pagos ou creditados, a qualquer título, à pessoa física que lhe preste serviço, mesmo sem vínculo empregatício (CPP – Contribuição Previdenciária Patronal);
>
> b) a **receita** ou o **faturamento** (COFINS e PIS/PASEP);
>
> c) o **lucro** (CSLL – Contribuição Social sobre o Lucro Líquido);
>
> *II – do* ***trabalhador e dos demais segurados*** *da previdência social (CP – Contribuição Previdenciária, devida por empregados, autônomos e*

> *facultativos), **não incidindo** contribuição sobre aposentadoria e pensão concedidas pelo regime geral de previdência social de que trata o art. 201;*
>
> III – sobre a receita de **concursos de prognósticos** (loterias);
>
> IV – do **importador** de bens ou serviços do exterior, ou de quem a lei a ele equiparar (incidência de COFINS e PIS/PASEP vinculadas à importação).

Atenção: As contribuições para o Programa de Integração Social – PIS ou para o Programa de Formação do Patrimônio do Servidor Público (CF, art. 239) destinam-se ao financiamento do seguro desemprego e ao abono devido aos empregados que percebam de empregadores que contribuem para o PIS ou PASEP até dois salários mínimos de remuneração mensal. Não obstante a controvérsia que se estabeleceu durante muito tempo acerca da natureza das contribuições para o PIS e o PASEP, com a promulgação da CF de 1988, a partir da norma veiculada no seu artigo 239, essas contribuições passaram a ter natureza tributária de contribuições sociais para financiamento do programa do seguro-desemprego e do abono anual do PIS/PASEP. Como espécies tributárias, possuem caráter obrigatório e não facultativo.

Importante destacar que a doutrina se refere a essas contribuições por meio da expressão "contribuições nominadas", haja vista tratarem-se de fontes de custeio da seguridade social previstas no texto constitucional.

Por outro lado, o artigo 195, § 4º, da CF, confere **competência privativa residual** à **União** para instituir **outras fontes de custeio da seguridade social** (que não estão nominadas na Constituição e por isso são enquadradas na classificação de **outras contribuições sociais**), observado o disposto no artigo 154, inciso I, da CF, isto é, desde que se observem os **pressupostos** válidos para a criação de impostos e **contribuições de competência residual da União**, a saber:

- mediante **lei complementar**;
- **diferentes das contribuições já previstas na Constituição Federal** (interpretação do STF de que, no campo das contribuições residuais, a exigência do artigo 154, I, da CF, a exigência de que fato gerador ou base de cálculo não sejam próprios dos impostos já previstos na Constituição interpreta-se como uma exigência de que o fato gerador ou base de cálculo sejam diferentes das **contribuições** previstas na Constituição)
- **não cumulativas**;

Portanto, a exigência de **lei complementar** feita pelo artigo 195, § 4º, da CF, decorrente da aplicação conjunta e sistemática do artigo 154, inciso I, **refere-se exclusivamente à instituição de outras fontes** destinadas a garantir a manutenção ou expansão da seguridade social (**contribuições residuais**). Dessa forma, para instituição das contribuições ordinárias previstas nos incisos I a IV do artigo 195 da CF, basta a edição de lei ordinária, sendo firme o entendimento do STF quanto à desnecessidade de lei complementar (RE 390.840 e RE 357.950, voto do Rel. Minº Marco Aurélio, julgamento em 9-11-2005, Plenário, *DJ* de 15-8-2006; RE 475.910-AgR,

Rel. Minº Dias Toffoli, julgamento em 19-10-2010, Primeira Turma, *DJE* de 23-3-2011; RE 487.475-AgR, Rel. Minº Ricardo Lewandowski, julgamento em 1º-6-2010, Primeira Turma, DJE de 6-8-2010 etc.).

> ATENÇÃO:
>
> Um exemplo de contribuição residual, corretamente instituída por lei complementar, é a contribuição social devida pelos empregadores em caso de despedida de empregado sem justa causa, à alíquota de dez por cento sobre o montante de todos os depósitos devidos referentes ao Fundo de Garantia do Tempo de Serviço – FGTS, durante a vigência do contrato de trabalho, acrescido das remunerações aplicáveis às contas vinculadas (LC 110/2001). Não confundir com o depósito mensal devido pelo empregador ao FGTS, que possui natureza trabalhista. Nesse sentido, a Súmula nº 353 do STJ: "As disposições do Código Tributário Nacional **não** se aplicam às contribuições para o FGTS".

Além disso, as Contribuições para a Seguridade Social estão sujeitas exclusivamente ao princípio da **anterioridade nonagesimal** (CF, art. 195, § 6º), **não** se lhes aplicando o princípio da **anterioridade do exercício** de que trata o art. 150, III, "b", da CF.

E, por disposição expressa de diversos parágrafos do artigo 195, da CF, as Contribuições para a Seguridade Social estão sujeitas normas de:

- **Imunidade tributária para entidades beneficentes:** são isentas de contribuição para a seguridade social as entidades beneficentes de assistência social que atendam às exigências estabelecidas em lei (CF, art. 195, § 7º). O termo "isentas" foi um deslize do Poder Constituinte quando da aprovação do texto final da CF de 1988. Por se tratar de uma exoneração constitucionalmente estabelecida, com natureza de vedação ao exercício da competência tributária, a norma é de **imunidade**, e não de isenção.
- **Imunidade tributária sobre aposentadoria e pensão:** constitui imunidade constitucional específica da contribuição social para a seguridade social aquela segundo a qual **não** incide sobre aposentadoria e pensão concedidas pelo regime geral de previdência social. A previsão está na parte final do inciso II do artigo 195, da CF e vale apenas para o regime geral de previdência. Para outros regimes de previdência, diversos do regime geral, como é o caso da previdência dos servidores públicos, a sujeição de vencimentos e de proventos de aposentadoria e pensões à incidência de contribuição previdenciária **não** constitui ofensa ao direito adquirido no ato de aposentadoria.
- **Contribuição previdenciária familiar rural:** o produtor, o parceiro, o meeiro e o arrendatário rurais e o pescador artesanal, bem como os respectivos cônjuges, que exerçam suas atividades em regime de economia familiar, sem empregados permanentes, contribuirão para a seguridade social mediante a

aplicação de uma alíquota sobre o resultado da comercialização da produção e farão jus aos benefícios nos termos da lei (CF, art. 195, § 8º).

- **Progressividade extrafiscal:** contribuições sobre a folha de salários, a receita ou o faturamento de pessoas jurídicas poderão ter alíquotas ou bases de cálculo diferenciadas, em razão da atividade econômica ou da utilização intensiva de mão de obra. Cuida-se de uma progressividade de caráter extrafiscal, voltada principalmente para a geração de empregos (CF, art. 195, § 9º).
- **Limitação às remissões e anistias:** é vedada a concessão de remissão ou anistia das contribuições sociais de que tratam os incisos I, alínea "a", e II do artigo 195 (Contribuições Previdenciárias – CP / CPP), para débitos em montante superior ao fixado em lei complementar (CF, art. 195, § 11).
- **Não-cumulatividade da COFINS e da Contribuição do Importador:** a lei definirá os setores de atividade econômica para os quais as contribuições incidentes na forma dos incisos I, alínea "b" e IV do artigo 195, serão não-cumulativas (CF, art. 195, § 12). Atenção: apenas para os setores de atividade econômica que a lei determinar.
- **Contribuição previdenciária sobre a receita ou faturamento:** a contribuição previdenciária patronal poderá ser gradualmente substituída (total ou parcialmente) pela incidente sobre o faturamento, aplicando-se nessa hipótese a norma de não-cumulatividade do § 12 do artigo 195 (CF, art. 195, § 13).

Ainda entre as contribuições sociais, o artigo 212, § 5º, da CF, com redação dada pela Emenda Constitucional 53/2006, dispõe que a educação básica terá como fonte adicional de financiamento a **contribuição social do salário-educação**, recolhida pelas empresas na forma da lei.

Além disso, a jurisprudência do Supremo Tribunal Federal tem classificado como contribuições sociais as:

- **Contribuições para o Sistema "S" (CF, art. 240):** são compulsórias dos empregadores sobre a folha de salários e destinadas às entidades privadas de serviço social e de formação profissional vinculadas ao sistema sindical, tais como SESI, SESC, SENAC etc, entidades paraestatais, o que também confere natureza parafiscal. Sobre a classificação, o STF já rejeitou a natureza corporativa dessas contribuições, classificando-as como contribuições sociais (RE 138.284/CE, RE 148.754/RJ).
- **Contribuições para o Programa de Integração Social – PIS ou para o Programa de Formação do Patrimônio do Servidor Público (CF, art. 239):** destina-se ao financiamento do seguro desemprego e ao abono devido aos empregados que percebam de empregadores que contribuem para o PIS ou PASEP até dois salários mínimos de remuneração mensal. Não obstante a controvérsia que

se estabeleceu durante muito tempo acerca da natureza das contribuições para o PIS e o PASEP, com a promulgação da CF de 1988, a partir da norma veiculada no seu artigo 239, essas contribuições passaram a ter natureza tributária de contribuições sociais para financiamento do programa do seguro-desemprego e do abono anual do PIS/PASEP. Como espécie tributária, possuem caráter obrigatório e não facultativo.

Também entre as contribuições para a seguridade social, especificamente no campo previdenciário do serviço público, tem-se a contribuição social do servidor público ativo de qualquer dos Poderes da União, incluídas suas autarquias e fundações, para a manutenção do respectivo regime próprio de previdência social (Lei 10.887/2004, art. 4º). Além disso, os Estados, o Distrito Federal e os Municípios também instituirão contribuição, cobrada de seus servidores, para o custeio, em benefício destes, do regime previdenciário de que trata o artigo 40 da CF, cuja alíquota não será inferior à da contribuição dos servidores titulares de cargos efetivos da União (CF, art. 149, § 1º).

Contribuição social do servidor público		
Alíquota cobrada dos servidores dos Estados, do DF e dos Municípios	≥	Alíquota dos titulares de cargos efetivos da União

Por fim, também estão previstas na Constituição Federal **contribuições sociais gerais**, a começar pela prevista no artigo 212, § 5º, da CF, com redação dada pela Emenda Constitucional 53/2006, segundo o qual a educação básica terá como fonte adicional de financiamento a **contribuição social do salário-educação**, recolhida pelas empresas na forma da lei.

Além disso, a jurisprudência do Supremo Tribunal Federal tem classificado como contribuições sociais gerais as **Contribuições para o Sistema "S" (CF, art. 240)**, que são compulsórias dos empregadores sobre a folha de salários e destinadas às entidades privadas de serviço social e de formação profissional, vinculadas ao sistema sindical, tais como SESI, SESC, SENAC etc., entidades paraestatais, o que lhes confere **natureza parafiscal**. Sobre a classificação, o STF já rejeitou a natureza corporativa dessas contribuições, classificando-as como contribuições sociais (RE 138.284/CE, RE 148.754/RJ).

Apresentadas as contribuições sociais, cumpre enfatizar que, nos termos do artigo 149, § 2º, incisos I e II da CF, as contribuições sociais **não** incidirão sobre as receitas decorrentes de exportação (imunidade específica), mas vão incidir sobre a importação de produtos estrangeiros ou serviços.

Mas, atenção que o Supremo Tribunal Federal, no ano de 2010, por maioria de votos, decidiu que a imunidade do artigo 149, § 2º, inciso I, da CF **não** alcança a Contribuição Social sobre o Lucro Líquido – CSLL, uma vez que se trata de imunidade relativa às receitas, e não relativa ao lucro, o qual possui conceito distinto (RE 474.132, Rel. Min. Gilmar Mendes, julgamento em 12-8-2010, Plenário, DJE de 1º-12-2010).

Finalmente, as contribuições sociais também poderão ter alíquotas: a) ***ad valorem***, tendo por base o faturamento, a receita bruta ou o valor da operação e, no caso de importação, o valor aduaneiro; b) **específicas**, tendo por base a unidade de medida adotada.

No caso da importação, importante destacar que o STF decidiu ser inconstitucional a inclusão do ICMS e das próprias contribuições (cálculo por dentro) nas bases de cálculo da contribuição para o PIS/PASEP e da Contribuição para o Financiamento da Seguridade Social – COFINS. A Corte entendeu que essa regra de inclusão do ICMS e das próprias contribuições na base de cálculo, contida na segunda parte do inciso I do artigo 7º da Lei 10.865/2004, extrapola a base de cálculo prevista na Constituição, que se restringe ao valor aduaneiro. Para adequar a legislação ao posicionamento jurisprudencial, veio, então, a Lei 12.865/2013, que alterou o artigo 7º, inciso I da Lei 10.865/2004, estabelecendo que a base de cálculo das contribuições corresponde ao valor aduaneiro (RE 559.937/RS).

ATENÇÃO

Mais recentemente, no âmbito do Recurso Extraordinário nº 574706, com repercussão geral, o STF decidiu que o "ICMS não compõe a base de cálculo para fins de incidência do PIS e da Cofins". Para tanto, considerou a Corte que o valor arrecadado a título de ICMS não se incorpora ao patrimônio do contribuinte, nem representa faturamento ou receita, constituindo apenas ingresso de caixa ou trânsito contábil a ser totalmente repassado ao fisco estadual. Dessa forma, levando-se em conta que, nos termos do artigo 195, inciso I, alínea "b", da CF, essas contribuições, destinadas ao financiamento da seguridade social, incidem sobre o faturamento ou receita, torna-se inconstitucional incluir o ICMS em suas bases de cálculo.

3.4.2. Contribuições especiais

As **Contribuições de Intervenção no Domínio Econômico – CIDE** (CF, art. 149) caracterizam-se pela natureza extrafiscal, ou seja, não visam única e exclusivamente à arrecadação, servindo, também, para a intervenção do Estado em determinados setores da Economia. Alguns exemplos são:

- a CIDE-Tecnologia (Lei 10.168/2000): devida pela pessoa jurídica detentora de licença de uso ou adquirente de conhecimentos tecnológicos, bem como aquela signatária de contratos que impliquem transferência de tecnologia, firmados com residentes ou domiciliados no exterior.
- o Fundo para o Desenvolvimento das Telecomunicações – FUNTELL (Lei 10.052/2000): constitui uma contribuição de 0,5% sobre a receita bruta das companhias de telecomunicações e tem por objetivo estimular o processo

de inovação tecnológica, incentivar a capacitação de recursos humanos, fomentar a geração de empregos e promover o acesso de pequenas e médias empresas a recursos de capital, de modo a ampliar a competitividade da indústria brasileira de telecomunicações.

- a CIDE-Combustível (Lei 10.336/2001 c/c CF, art. 177, § 4º): incide sobre as atividades de importação ou comercialização de petróleo e seus derivados, gás natural e seus derivados e álcool combustível e destina-se ao pagamento de subsídios a preços ou transporte de álcool combustível, gás natural e seus derivados e derivados de petróleo, ao financiamento de projetos ambientais relacionados com a indústria do petróleo e do gás e ao financiamento de programas de infraestrutura de transportes. O artigo 177, § 4º, da CF é muito cobrado em concursos públicos. Dispõe que lei que instituir contribuição de intervenção no domínio econômico relativa às atividades de importação ou comercialização de petróleo e seus derivados, gás natural e seus derivados e álcool combustível deverá atender aos seguintes requisitos: I – a alíquota da contribuição poderá ser: a) diferenciada por produto ou uso; b) reduzida e restabelecida por ato do Poder Executivo, não se lhe aplicando o disposto no art. 150, III, b (princípio da anterioridade do exercício); II – os recursos arrecadados serão destinados: a) ao pagamento de subsídios a preços ou transporte de álcool combustível, gás natural e seus derivados e derivados de petróleo; b) ao financiamento de projetos ambientais relacionados com a indústria do petróleo e do gás; c) ao financiamento de programas de infraestrutura de transportes. Em razão da CF lhe reservar normas específicas, a CIDE-Combustível é a contribuição de intervenção no domínio econômico a que merece ser destinada a nossa maior atenção.

As contribuições de intervenção no domínio econômico possuem tratamentos antagônicos nos dois polos do comércio exterior. Assim, ao mesmo tempo que são objeto de imunidade constitucional quanto às receitas decorrentes de exportação (CF, art. 149, § 2º, I), incidirão sobre a importação de produtos ou serviços estrangeiros e poderão ter alíquotas *ad valorem* (percentual sobre a base de cálculo) ou específicas (quantidade determinada em função de unidade de medida estabelecida por lei), nos termos do art. 149, incisos II e III, e § 2º, da CF.

As **contribuições de interesse de categorias profissionais e econômicas** (CF, art. 149) são destinadas ao custeio de entidades de trabalhadores, profissionais liberais, empresários, agropecuaristas e outras representativas de atividades profissionais e econômicas.

Nessa categoria de contribuições estão enquadradas as contribuições para conselhos responsáveis pela fiscalização e representação de profissões, tais como as devidas para o CREA – Conselho Regional de Engenharia e Arquitetura, o CRC – Conselho Regional de Contabilidade, o CRM – Conselho Regional de Medicina, etc. Esses conselhos que, geralmente, são autarquias (pessoas jurídicas de direito público) ocupam a posição de sujeitos ativos dessas contribuições. Por isso, é que se diz que as mesmas possuem natureza parafiscal.

O STF já decidiu que "é inconstitucional, por ofensa ao princípio da legalidade tributária, lei que delega aos conselhos de fiscalização de profissões regulamentadas a compe-tência de fixar ou majorar, sem parâmetro legal, o valor das contribuições de interesse das categorias profissionais e econômicas, usualmente cobradas sob o título de anuidades, vedada, ademais, a atualização desse valor pelos conselhos em percentual superior aos índices legalmente previstos" (RE 704.292/PR, rel. ministro Dias Toffoli, julgamento em 30-6, 6 e 19-10-2016, ata publicada no DJE de 27-10-2016).

ATENÇÃO:

Embora o tema ainda suscite debates, prevalece no STJ o entendimento segundo o qual as anuidades exigidas pela OAB não têm natureza tributária. São títulos executivos extrajudiciais, consubstanciados em espécie de instrumento particular que veicula dívida líquida (REsp 1269203/PR). Fortalecendo esse entendimento de que a anuidade da OAB não possui natureza tributária, no âmbito da ADI 3.026/DF, o STF firmou posicionamento, por maioria de votos, de que a OAB não é uma autarquia. Seria, então, um serviço público independente, uma entidade *sui generis*, de caráter ímpar no elenco das personalidade jurídicas existentes no Brasil, não se equivalendo aos demais órgãos de fiscalização profissional.

Na mesma seara também se situava a chamada "Contribuição Sindical", com natureza de tributo e, por conseguinte, caráter compulsório, devida às entidades sindicais de trabalhadores e empresários. Não se confundia com outras receitas sindicais sem caráter tributário e com natureza facultativa, a exemplo do que ocorre com as contribuições confederativa, assistencial, associativa e outras (CF, art. 8º, IV). Nesse sentido, tem-se a Súmula Vinculante 40 (antiga Súmula 666 do STF), segundo a qual a contribuição confederativa de que trata o art. 8º, IV, da Constituição, só é exigível dos filiados ao sindicato respectivo".

A contribuição sindical constituía um caso à parte entre as receitas sindicais, haja vista o disposto no artigo 8º, inciso IV, da CF: "...a assembléia geral fixará a contribuição que, em se tratando de categoria profissional, será descontada em folha, para custeio do sistema confederativo da representação sindical respectiva, **independentemente da contribuição prevista em lei**". Portanto, a contribuição sindical, isto é, a contribuição prevista em lei, **não se confundia com outras receitas sindicais** sem caráter tributário e com natureza facultativa, a exemplo do que ocorre com as contribuições confederativa, assistencial, associativa e outras (CF, art. 8º, IV). Nesse sentido, tem-se a Súmula vinculante nº 40 do STF, segundo a qual "a contribuição confederativa de que trata o art. 8º, IV, da Constituição, só é exigível dos filiados ao sindicato respectivo".

Ocorre que, com a Reforma Trabalhista aprovada em 2017, a CLT, lei instituidora da contribuição sindical, passou a estabelecer no seu artigo 578 que: "As contribuições devidas aos sindicatos pelos participantes das categorias econômicas ou profissionais ou das profissões liberais representadas pelas referidas entidades serão, sob a denominação de contribuição sindical, pagas, recolhidas e aplicadas na forma estabelecida neste Capítulo, **desde que prévia e expressamente autorizadas.**" E, com isso, o desconto da contribuição em relação a trabalhadores e o pagamento por parte dos empregadores e profissionais liberais passa a ter caráter facultativo (CLT, arts. 579/587).

Com a alteração promovida, a contribuição sindical deixa de ter caráter tributário, uma vez perder uma característica essencial do conceito de tributo estabelecido no artigo 3º do CTN, que é a natureza compulsória. Em outras palavras, tornando-se facultativa, a contribuição sindical passa a ter natureza trabalhista e ser objeto do direito coletivo do trabalho. Exatamente como ocorre com as outras cobranças sindicais facultativas anteriormente mencionadas, tais como as contribuições confederativa e assistencial, bem como as taxas associativas.

De qualquer forma, permanece vigente a competência da União para instituição de contribuições de interesse de categorias profissionais, estabelecida no artigo 149 da CF/88. Consequentemente, a contribuição sindical poderá retomar a sua natureza tributária caso a sua obrigatoriedade, futuramente, venha a ser restabelecida em lei, por exemplo, por uma eventual nova alteração da CLT.

Conforme já exposto, por serem destinadas ao custeio de atividades de entidades paraestatais, as contribuições **de interesse das categorias econômicas e profissionais** são classificadas como parafiscais. Outras contribuições, como são as contribuições de intervenção no domínio econômico e as contribuições sociais para custeio da seguridade social, não financiam atividades de entidades paraestatais e, assim, não podem ser classificadas como parafiscais.

Tanto em relação às contribuições de intervenção no domínio econômico, como no que se refere às contribuições de interesse das categorias econômicas e profissionais, não existe no artigo 149 da CF, nem em qualquer outra norma constitucional, a exigência de edição de lei complementar para a respectiva instituição, consoante consagrado na jurisprudência (STF – AI 737858 ED-AgR/SP – 1ª. Turma – Rel. Min. Dias Toffoli – julg. 06/11/2012).

Além das citadas, também pode ser classificada como especial a **COSIP - Contribuição para a Iluminação Pública** (CF, art. 149-A). Tributo de competência dos Municípios e do Distrito Federal, foi implementada na Constituição pela Emenda Constitucional 39/2002, após o STF ter julgado inconstitucional a TIP – Taxa de Iluminação pública, sob o fundamento de que a iluminação pública é um serviço inespecífico, indivisível e insuscetível de ser referido a determinado contribuinte (STF – RE 233.332/RJ – Pleno – Rel. Min. Ilmar Galvão, julg. 10/03/1999).

Portanto, a COSIP tem por finalidade o custeio dos serviços de iluminação pública. Além disso, deve respeitar os preceitos do artigo 150, incisos I e III, da CF e, facultativamente, pode ser cobrada nas faturas de consumo de energia elétrica (CF, art. 149-A, parágrafo único).

3.5. Empréstimo compulsório

Nos termos do artigo 148, da CF, o empréstimo compulsório poderá ser instituído nas seguintes hipóteses:

- **Inciso I:** para atender às despesas extraordinárias decorrentes de calamidade pública, de guerra externa ou sua iminência.
- **Inciso II:** no caso de investimento público de caráter urgente e de relevante interesse nacional.

Quando instituído para atender às despesas extraordinárias decorrentes de calamidade pública, de guerra externa ou sua iminência (CF, art. 148, I), constituirá exceção aos princípios da anterioridade do exercício e nonagesimal (CF, art. 150, § 1º c/c inciso III, alíneas "b" e "c"). Já nos casos de investimento público de caráter urgente e de relevante interesse nacional, o próprio inciso II do artigo 148 prevê, expressamente, que o princípio da anterioridade do exercício deve ser observado (CF, 148, II c/c 150, III, "b"). Para gravar melhor, sugere-se a seguinte mentalização:

<table>
<tr><td rowspan="2">Empréstimo Compulsório</td><td rowspan="2">Deve observar o princípio da anterioridade?</td><td>Calamidade pública, guerra externa ou sua iminência</td><td>NÃO</td><td>caráter emergencial</td></tr>
<tr><td>Caráter urgente, relevante interesse nacional</td><td>SIM</td><td>antecipação de receita</td></tr>
</table>

Ainda no que tange ao empréstimo compulsório instituído para atender às despesas extraordinárias decorrentes de calamidade pública, de guerra externa ou sua iminência (CF, art. 148, I), diferente do que se dá em relação ao imposto extraordinário de guerra, cabe enfatizar que não há previsão para supressão gradativa após cessadas as causas de criação do tributo.

Não se trata de um tributo vinculado a uma contraprestação estatal, porém, a aplicação dos recursos provenientes de empréstimo compulsório será vinculada à despesa que fundamentou sua instituição (CF, art. 148, parágrafo único). Portanto, embora seja um tributo **não vinculado** (não contraprestacional), há **destinação específica do produto da sua arrecadação** (arrecadação de receita).

Espécie tributária de competência exclusiva da União, a ser exercida mediante **lei complementar** (CF, art. 148), uma característica exclusiva do empréstimo compulsório é sua **restituibilidade**, ou seja, o contribuinte, após o tempo legalmente previsto, a contar do pagamento do tributo, tem direito à restituição da quantia paga.

Essa restituibilidade já levou muitos à falsa impressão de que o empréstimo compulsório não seria um tributo. Porém, além de estar previsto no capítulo constitucional atinente ao Sistema Tributário Nacional, ele possui todas as características conceituais dos tributos contempladas no conceito legal do artigo 3º do CTN, quais sejam: **i)** é uma prestação pecuniária compulsória; **ii)** não constitui sanção de ato ilícito;

iii) é instituído em lei; iv) é cobrado mediante atividade administrativa plenamente vinculada. Como diferencial, possui apenas mesmo a previsão de restituibilidade do produto da sua arrecadação no fim de determinado prazo.

Outro aspecto é que se deve tomar cuidado com súmulas do STF editadas antes da promulgação da CF de 1988. Muitas delas estão ultrapassadas, por estarem em desacordo com a ordem constitucional atualmente em vigor. Um exemplo é a Súmula 418, que negava a natureza tributária do empréstimo compulsório, porém não mais se sustenta, haja vista a nítida feição tributária dessa exigência no sistema tributário em vigor.

ATENÇÃO!

A hipótese de cabimento do empréstimo compulsório prevista no inciso III do artigo 15 do CTN ("conjuntura que exija a absorção temporária de poder aquisitivo") não foi recepcionada pela CF/88.

3.6. Classificação dos tributos

Por fim, a partir do estudo dos tributos, segue um quadro sistemático de classificação doutrinária. Nas obras em geral, as classificações costumam vir com abordagem conceitual dos temas. Entretanto, por questão didática, na presente livro, optou-se por deixar para o final deste capítulo, após o leitor estar mais habituado com os pressupostos teóricos que justificam a classificação.

CRITÉRIO	CLASSIFICAÇÃO	EXPLICAÇÃO
Competência	Federais, estaduais e municipais	Tributo **federal** é o de competência para instituição da União. Tributo **estadual** é o de competência dos Estados e do Distrito Federal. Tributo **municipal** é o de competência dos Municípios e do Distrito Federal.
Competência (2)	Privativa, concorrente e residual	Tributos de **competência privativa** são aqueles cuja instituição cabe exclusivamente a um ente federativo (exemplo, os impostos federais, que cabem privativamente à União). Tributos de **competência concorrente** são aqueles cuja instituição cabe comumente a todos os entes federativos (exemplos, as taxas e as contribuições de melhoria). Tributos de **competência residual** são novos tributos que a CF admite que sejam instituídos mediante a observância de pressupostos especiais (exemplos, novos impostos e novas contribuições sociais a cargo exclusivo da União).

CRITÉRIO	CLASSIFICAÇÃO	EXPLICAÇÃO
Finalidade	Fiscal e extrafiscal	Tributo **fiscal** tem escopo exclusivo de arrecadar recursos para os cofres públicos e tributo **extrafiscal** não tem como finalidade precípua a arrecadação de recursos, mas sim a utilização como instrumento estatal de intervenção na ordem socioeconômica – caráter regulatório.
Natureza econômica do FG	Comércio exterior, patrimônio-renda e circulação-produção	É a classificação constante do CTN: **Comércio Exterior:** II e IE **Patrimônio-Renda:** ITR, IPTU, ITBI, IR **Circulação-produção:** IPI e ICMS
Hipótese de incidência	Vinculado e não-vinculado	Tributos **vinculados** são aqueles em que há uma atividade específica realizada pelo sujeito ativo em relação ao sujeito passivo (exemplos, as taxas e as contribuições de melhoria). Tributos **não vinculados** são aqueles em que não há necessidade de uma atividade específica do sujeito ativo para com o sujeito passivo (exemplo, os impostos).
Hipótese de incidência (2)	Reais e Pessoais	Tributos **reais** incidem sobre coisas (exemplos: IPVA, ITR, IPTU). Tributos **pessoais** incidem de forma subjetiva, pois consideram os aspectos particulares dos contribuintes (exemplo, o IR).
Repercussão do ônus financeiro	Direto e indireto	Tributo **indireto** permite a repercussão do ônus financeiro para o próximo elo da cadeia produtiva (exemplo, o ICMS). Tributo **direto** é aquele que não permite a referida repercussão (exemplo, o IR).

4. SÚMULAS

Súmula vinculante 12: "A cobrança de taxa de matrícula nas universidades públicas viola o disposto no art. 206, IV, da Constituição Federal".

Súmula vinculante 19: "A taxa cobrada exclusivamente em razão dos serviços públicos de coleta, remoção e tratamento ou destinação de lixo ou resíduos provenientes de imóveis, não viola o artigo 145, II da Constituição Federal".

Súmula vinculante 29: "É constitucional a adoção, no cálculo do valor de taxa, de um ou mais elementos da base de cálculo própria de determinado imposto, desde que não haja integral identidade entre uma base e outra".

Súmula vinculante 40: "A contribuição confederativa de que trata o art. 8º, IV, da constituição federal, só é exigível dos filiados ao sindicato respectivo".

Súmula vinculante 41: "O serviço de iluminação pública não pode ser remunerado mediante taxa".

Súmula 75 STF: "Sendo vendedora uma autarquia, a sua imunidade fiscal não compreende o imposto de transmissão *inter vivos*, que é encargo do comprador".

Súmula 241 STF: "A contribuição previdenciária incide sobre o abono incorporado ao salário".

Súmula 545 STF: "Preços de serviços públicos e taxas não se confundem, porque estas, diferentemente daqueles, são compulsórias e têm sua cobrança condicionada à prévia autorização orçamentária, em relação à lei que as instituiu".

Súmula 595 STF: "É inconstitucional a taxa municipal de conservação de estradas de rodagem cuja base de cálculo seja idêntica à do imposto territorial rural".

Súmula 658 STF: "São constitucionais os arts. 7º da Lei 7787/1989 e 1º da Lei 7894/1989 e da Lei 8147/1990, que majoraram a alíquota do Finsocial, quando devida a contribuição por empresas dedicadas exclusivamente à prestação de serviços".

Súmula 659 STF: "É legítima a cobrança da Cofins, do PIS e do Finsocial sobre as operações relativas a energia elétrica, serviços de telecomunicações, derivados de petróleo, combustíveis e minerais do país".

Súmula 665 STF: "É constitucional a taxa de fiscalização dos mercados de títulos e valores mobiliários instituída pela Lei 7.940/89".

Súmula 667 STF: "Viola a garantia constitucional de acesso à jurisdição a taxa judiciária calculada sem limite sobre o valor da causa".

Súmula 688 STF: "É legítima a incidência da contribuição previdenciária sobre o 13º salário".

Súmula 732 STF: "É constitucional a cobrança da contribuição do salário-educação, seja sob a Carta de 1969, seja sob a CF/1988, e no regime da Lei 9.424/96".

Súmula 178 STJ: "O INSS não goza de isenção do pagamento de custas e emolumentos, nas ações acidentárias e de benefícios, propostas na justiça estadual".

Súmula 351 STJ: "A alíquota de contribuição para o Seguro de Acidente do Trabalho (SAT) é aferida pelo grau de risco desenvolvido em cada empresa, individualizada pelo seu CNPJ, ou pelo grau de risco da atividade preponderante quando houver apenas um registro".

Súmula 396 STJ: "A Confederação Nacional da Agricultura tem legitimidade ativa para a cobrança da contribuição sindical rural".

Súmula 407 STJ: "É legítima a cobrança da tarifa de água fixada de acordo com as categorias de usuários e as faixas de consumo".

Súmula 412 STJ: "A ação de repetição de indébito de tarifas de água e esgoto sujeita-se ao prazo prescricional estabelecido no Código Civil".

Súmula 423 STJ: "A Contribuição para Financiamento da Seguridade Social – Cofins incide sobre as receitas provenientes das operações de locação de bens móveis".

Súmula 448 STJ: "A opção pelo Simples de estabelecimentos dedicados às atividades de creche, pré-escola e ensino fundamental é admitida somente a partir de 24.10.2000, data de vigência da Lei nº 10.034/2000".

Súmula 458 STJ: "A contribuição previdenciária incide sobre a comissão paga ao corretor de seguros".

Súmula 468 STJ: "A base de cálculo do PIS, até a edição da MP n. 1.212/1995, era o faturamento ocorrido no sexto mês anterior ao do fato gerador".

Súmula 499 STJ: "As empresas prestadoras de serviços estão sujeitas às contribuições ao Sesc e Senac, salvo se integradas noutro serviço social".

Súmula 508 STJ: "A isenção da COFINS concedida pelo art. 6º, II, da LC nº70/1991 às sociedades civis de prestação de serviços profissionais foi revogada pelo art. 56 da Lei n. 9.430/1996".

Súmula 516 STJ: "A contribuição de intervenção no domínio econômico para o Incra (Decreto-Lei n. 1.110/1970), devida por empregadores rurais e urbanos, não foi extinta pelas Leis nº 7.787/1989, 8.212/1991 e 8.213/1991, não podendo ser compensada com a contribuição ao INSS".

Súmula 553 STJ: "Nos casos de empréstimo compulsório sobre o consumo de energia elétrica, é competente a Justiça estadual para o julgamento de demanda proposta exclusivamente contra a Eletrobrás. Requerida a intervenção da União no feito após a prolação de sentença pelo juízo estadual, os autos devem ser remetidos ao Tribunal Regional Federal competente para o julgamento da apelação se deferida a intervenção".

Súmula 584 STJ: "As sociedades corretoras de seguros, que não se confundem com as sociedades de valores mobiliários ou com os agentes autônomos de seguro privado, estão fora do rol de entidades constantes do art. 22, § 1º, da Lei n. 8.212/1991, não se sujeitando à majoração da alíquota da Cofins prevista no art. 18 da Lei n. 10.684/2003".

5. LEGISLAÇÃO RELACIONADA AO CAPÍTULO

- **CONSTITUIÇÃO FEDERAL**

Art. 145. A União, os Estados, o Distrito Federal e os Municípios poderão instituir os seguintes tributos:

I – impostos;

II – taxas, em razão do exercício do poder de polícia ou pela utilização, efetiva ou potencial, de serviços públicos específicos e divisíveis, prestados ao contribuinte ou postos a sua disposição;

III – contribuição de melhoria, decorrente de obras públicas.

§ 1º Sempre que possível, os impostos terão caráter pessoal e serão graduados segundo a capacidade econômica do contribuinte, facultado à administração tributária, especialmente para conferir efetividade a esses objetivos, identificar, respeitados os direitos individuais e nos termos da lei, o patrimônio, os rendimentos e as atividades econômicas do contribuinte.

§ 2º As taxas não poderão ter base de cálculo própria de impostos.

Art. 148. A União, mediante lei complementar, poderá instituir empréstimos compulsórios:

I – para atender a despesas extraordinárias, decorrentes de calamidade pública, de guerra externa ou sua iminência;

II – no caso de investimento público de caráter urgente e de relevante interesse nacional, observado o disposto no art. 150, III, "b".

Parágrafo único. A aplicação dos recursos provenientes de empréstimo compulsório será vinculada à despesa que fundamentou sua instituição.

Art. 149. Compete exclusivamente à União instituir contribuições sociais, de intervenção no domínio econômico e de interesse das categorias profissionais ou econômicas, como instrumento de sua atuação nas respectivas áreas, observado o disposto nos arts. 146, III, e 150, I e III, e sem prejuízo do previsto no art. 195, § 6º, relativamente às contribuições a que alude o dispositivo.

§ 1º Os Estados, o Distrito Federal e os Municípios instituirão contribuição, cobrada de seus servidores, para o custeio, em benefício destes, do regime previdenciário de que trata o art. 40, cuja alíquota não será inferior à da contribuição dos servidores titulares de cargos efetivos da União.

§ 2º As contribuições sociais e de intervenção no domínio econômico de que trata o caput deste artigo:

I – não incidirão sobre as receitas decorrentes de exportação;

II – incidirão também sobre a importação de produtos estrangeiros ou serviços;

III – poderão ter alíquotas:

a) ad valorem, tendo por base o faturamento, a receita bruta ou o valor da operação e, no caso de importação, o valor aduaneiro;

b) específica, tendo por base a unidade de medida adotada.

§ 3º A pessoa natural destinatária das operações de importação poderá ser equiparada a pessoa jurídica, na forma da lei.

§ 4º A lei definirá as hipóteses em que as contribuições incidirão uma única vez.

Art. 149-A Os Municípios e o Distrito Federal poderão instituir contribuição, na forma das respectivas leis, para o custeio do serviço de iluminação pública, observado o disposto no art. 150, I e III.

Parágrafo único. É facultada a cobrança da contribuição a que se refere o caput, na fatura de consumo de energia elétrica.

Art. 153. Compete à União instituir impostos sobre:

I – importação de produtos estrangeiros;

II – exportação, para o exterior, de produtos nacionais ou nacionalizados;

III – renda e proventos de qualquer natureza;

IV – produtos industrializados;

V – operações de crédito, câmbio e seguro, ou relativas a títulos ou valores mobiliários;

VI – propriedade territorial rural;

VII – grandes fortunas, nos termos de lei complementar.

Art. 154. A União poderá instituir:

I – mediante lei complementar, impostos não previstos no artigo anterior, desde que sejam não-cumulativos e não tenham fato gerador ou base de cálculo próprios dos discriminados nesta Constituição;

II – na iminência ou no caso de guerra externa, impostos extraordinários, compreendidos ou não em sua competência tributária, os quais serão suprimidos, gradativamente, cessadas as causas de sua criação.

Art. 155. Compete aos Estados e ao Distrito Federal instituir impostos sobre:

I – transmissão causa mortis e doação, de quaisquer bens ou direitos;

II – operações relativas à circulação de mercadorias e sobre prestações de serviços de transporte interestadual e intermunicipal e de comunicação, ainda que as operações e as prestações se iniciem no exterior;

III – propriedade de veículos automotores.

Art. 156. Compete aos Municípios instituir impostos sobre:

I – propriedade predial e territorial urbana;

II – transmissão "inter vivos", a qualquer título, por ato oneroso, de bens imóveis, por natureza ou acessão física, e de direitos reais sobre imóveis, exceto os de garantia, bem como cessão de direitos a sua aquisição;

III – serviços de qualquer natureza, não compreendidos no art. 155, II, definidos em lei complementar.

Art. 177. (...)

§ 4º A lei que instituir contribuição de intervenção no domínio econômico relativa às atividades de importação ou comercialização de petróleo e seus derivados, gás natural e seus derivados e álcool combustível deverá atender aos seguintes requisitos:

I – a alíquota da contribuição poderá ser:

a) diferenciada por produto ou uso;

b) reduzida e restabelecida por ato do Poder Executivo, não se lhe aplicando o disposto no art. 150,III, b;

II – os recursos arrecadados serão destinados:

a) ao pagamento de subsídios a preços ou transporte de álcool combustível, gás natural e seus derivados e derivados de petróleo;

b) ao financiamento de projetos ambientais relacionados com a indústria do petróleo e do gás;

c) ao financiamento de programas de infra-estrutura de transportes.

Art. 194. A seguridade social compreende um conjunto integrado de ações de iniciativa dos Poderes Públicos e da sociedade, destinadas a assegurar os direitos relativos à saúde, à previdência e à assistência social.

Art. 195. A seguridade social será financiada por toda a sociedade, de forma direta e indireta, nos termos da lei, mediante recursos provenientes dos orçamentos da União, dos Estados, do Distrito Federal e dos Municípios, e das seguintes contribuições sociais:

I – do empregador, da empresa e da entidade a ela equiparada na forma da lei, incidentes sobre:

a) a folha de salários e demais rendimentos do trabalho pagos ou creditados, a qualquer título, à pessoa física que lhe preste serviço, mesmo sem vínculo empregatício;

b) a receita ou o faturamento;

c) o lucro;

II – do trabalhador e dos demais segurados da previdência social, não incidindo contribuição sobre aposentadoria e pensão concedidas pelo regime geral de previdência social de que trata o art. 201;

III – sobre a receita de concursos de prognósticos.

IV – do importador de bens ou serviços do exterior, ou de quem a lei a ele equiparar.

§ 1º – As receitas dos Estados, do Distrito Federal e dos Municípios destinadas à seguridade social constarão dos respectivos orçamentos, não integrando o orçamento da União.

§ 2º A proposta de orçamento da seguridade social será elaborada de forma integrada pelos órgãos responsáveis pela saúde, previdência social e assistência social, tendo em vista as metas e prioridades estabelecidas na lei de diretrizes orçamentárias, assegurada a cada área a gestão de seus recursos.

§ 3º A pessoa jurídica em débito com o sistema da seguridade social, como estabelecido em lei, não poderá contratar com o Poder Público nem dele receber benefícios ou incentivos fiscais ou creditícios.

§ 4º A lei poderá instituir outras fontes destinadas a garantir a manutenção ou expansão da seguridade social, obedecido o disposto no art. 154, I.

§ 5º Nenhum benefício ou serviço da seguridade social poderá ser criado, majorado ou estendido sem a correspondente fonte de custeio total.

§ 6º As contribuições sociais de que trata este artigo só poderão ser exigidas após decorridos noventa dias da data da publicação da lei que as houver instituído ou modificado, não se lhes aplicando o disposto no art. 150, III, "b".

§ 7º São isentas de contribuição para a seguridade social as entidades beneficentes de assistência social que atendam às exigências estabelecidas em lei.

§ 8º O produtor, o parceiro, o meeiro e o arrendatário rurais e o pescador artesanal, bem como os respectivos cônjuges, que exerçam suas atividades em regime de economia familiar, sem empregados permanentes, contribuirão para a seguridade social mediante a aplicação de uma alíquota sobre o resultado da comercialização da produção e farão jus aos benefícios nos termos da lei. (Redação dada pela Emenda Constitucional nº 20, de 1998)

§ 9º As contribuições sociais previstas no inciso I do caput deste artigo poderão ter alíquotas ou bases de cálculo diferenciadas, em razão da atividade econômica, da utilização intensiva de mão-deobra, do porte da empresa ou da condição estrutural do mercado de trabalho. (Redação dada pela Emenda Constitucional nº 47, de 2005)

§ 10. A lei definirá os critérios de transferência de recursos para o sistema único de saúde e ações de assistência social da União para os Estados, o Distrito Federal e os Municípios, e dos Estados para os Municípios, observada a respectiva contrapartida de recursos. (Incluído pela Emenda Constitucional nº 20, de 1998)

§ 11. É vedada a concessão de remissão ou anistia das contribuições sociais de que tratam os incisos I, a, e II deste artigo, para débitos em montante superior ao fixado em lei complementar. (Incluído pela Emenda Constitucional nº 20, de 1998)

§ 12. A lei definirá os setores de atividade econômica para os quais as contribuições incidentes na forma dos incisos I, b; e IV do caput, serão não-cumulativas. (Incluído pela Emenda Constitucional nº 42, de 19.12.2003)

§ 13. Aplica-se o disposto no § 12 inclusive na hipótese de substituição gradual, total ou parcial, da contribuição incidente na forma do inciso I, a, pela incidente sobre a receita ou o faturamento. (Incluído pela Emenda Constitucional nº 42, de 19.12.2003)

Art. 212. A União aplicará, anualmente, nunca menos de dezoito, e os Estados, o Distrito Federal e os Municípios vinte e cinco por cento, no mínimo, da receita resultante de impostos, compreendida a proveniente de transferências, na manutenção e desenvolvimento do ensino.

§ 1º A parcela da arrecadação de impostos transferida pela União aos Estados, ao Distrito Federal e aos Municípios, ou pelos Estados aos respectivos Municípios, não é considerada, para efeito do cálculo previsto neste artigo, receita do governo que a transferir.

§ 2º Para efeito do cumprimento do disposto no "caput" deste artigo, serão considerados os sistemas de ensino federal, estadual e municipal e os recursos aplicados na forma do art. 213.

§ 3º A distribuição dos recursos públicos assegurará prioridade ao atendimento das necessidades do ensino obrigatório, no que se refere a universalização, garantia de padrão de qualidade e equidade, nos termos do plano nacional de educação.

§ 4º Os programas suplementares de alimentação e assistência à saúde previstos no art. 208, VII, serão financiados com recursos provenientes de contribuições sociais e outros recursos orçamentários.

§ 5º A educação básica pública terá como fonte adicional de financiamento a contribuição social do salário-educação, recolhida pelas empresas na forma da lei.

Art. 239. A arrecadação decorrente das contribuições para o Programa de Integração Social, criado pela Lei Complementar nº 7, de 7 de setembro de 1970, e para o Programa de Formação do Patrimônio do Servidor Público, criado pela Lei Complementar nº 8, de 3 de dezembro de 1970, passa, a partir da promulgação desta Constituição, a financiar, nos termos que a lei dispuser, o programa do seguro-desemprego e o abono de que trata o § 3º deste artigo. (Regulamento)

§ 1º Dos recursos mencionados no "caput" deste artigo, pelo menos quarenta por cento serão destinados a financiar programas de desenvolvimento econômico, através do Banco Nacional de Desenvolvimento Econômico e Social, com critérios de remuneração que lhes preservem o valor.

§ 2º Os patrimônios acumulados do Programa de Integração Social e do Programa de Formação do Patrimônio do Servidor Público são preservados, mantendo-se os critérios de saque nas situações previstas nas leis específicas, com exceção da retirada por motivo de casamento, ficando vedada a distribuição da arrecadação de que trata o "caput" deste artigo, para depósito nas contas individuais dos participantes.

§ 3º Aos empregados que percebam de empregadores que contribuem para o Programa de Integração Social ou para o Programa de Formação do Patrimônio do Servidor Público, até dois salários mínimos de remuneração mensal, é assegurado o pagamento de um salário mínimo anual, computado neste valor o rendimento das contas individuais, no caso daqueles que já participavam dos referidos programas, até a data da promulgação desta Constituição.

§ 4º O financiamento do seguro-desemprego receberá uma contribuição adicional da empresa cujo índice de rotatividade da força de trabalho superar o índice médio da rotatividade do setor, na forma estabelecida por lei.

Art. 240. Ficam ressalvadas do disposto no art. 195 as atuais contribuições compulsórias dos empregadores sobre a folha de salários, destinadas às entidades privadas de serviço social e de formação profissional vinculadas ao sistema sindical.

- **CÓDIGO TRIBUTÁRIO NACIONAL**

Art. 3º Tributo é toda prestação pecuniária compulsória, em moeda ou cujo valor nela se possa exprimir, que não constitua sanção de ato ilícito, instituída em lei e cobrada mediante atividade administrativa plenamente vinculada.

Art. 4º A natureza jurídica específica do tributo é determinada pelo fato gerador da respectiva obrigação, sendo irrelevantes para qualificá-la:

I – a denominação e demais características formais adotadas pela lei;

II – a destinação legal do produto da sua arrecadação.

Art. 5º Os tributos são impostos, taxas e contribuições de melhoria.

Art. 16. Imposto é o tributo cuja obrigação tem por fato gerador uma situação independente de qualquer atividade estatal específica, relativa ao contribuinte.

Art. 77. As taxas cobradas pela União, pelos Estados, pelo Distrito Federal ou pelos Municípios, no âmbito de suas respectivas atribuições, têm como fato gerador o exercício regular do poder de polícia, ou a utilização, efetiva ou potencial, de serviço público específico e divisível, prestado ao contribuinte ou posto à sua disposição.

Parágrafo único. A taxa não pode ter base de cálculo ou fato gerador idênticos aos que correspondam a imposto nem ser calculada em função do capital das empresas.

Art. 78. Considera-se poder de polícia atividade da administração pública que, limitando ou disciplinando direito, interêsse ou liberdade, regula a prática de ato ou abstenção de fato, em razão de intêresse público concernente à segurança, à higiene, à ordem, aos costumes, à disciplina da produção e do mercado, ao exercício de atividades econômicas dependentes de concessão ou autorização do Poder Público, à tranqüilidade pública ou ao respeito à propriedade e aos direitos individuais ou coletivos.

Parágrafo único. Considera-se regular o exercício do poder de polícia quando desempenhado pelo órgão competente nos limites da lei aplicável, com observância do processo legal e, tratando-se de atividade que a lei tenha como discricionária, sem abuso ou desvio de poder.

Art. 79. Os serviços públicos a que se refere o artigo 77 consideram-se:

I – utilizados pelo contribuinte:

a) efetivamente, quando por ele usufruídos a qualquer título;

b) potencialmente, quando, sendo de utilização compulsória, sejam postos à sua disposição mediante atividade administrativa em efetivo funcionamento;

II – específicos, quando possam ser destacados em unidades autônomas de intervenção, de utilidade, ou de necessidades públicas;

III – divisíveis, quando suscetíveis de utilização, separadamente, por parte de cada um dos seus usuários.

Art. 80. Para efeito de instituição e cobrança de taxas, consideram-se compreendidas no âmbito das atribuições da União, dos Estados, do Distrito Federal ou dos Municípios, aquelas que, segundo a Constituição Federal, as Constituições dos Estados, as Leis Orgânicas do Distrito Federal e dos Municípios e a legislação com elas compatível, competem a cada uma dessas pessoas de direito público.

Art. 81. A contribuição de melhoria cobrada pela União, pelos Estados, pelo Distrito Federal ou pelos Municípios, no âmbito de suas respectivas atribuições, é instituída para fazer face ao custo de obras públicas de que decorra valorização imobiliária, tendo como limite total a despesa realizada e como limite individual o acréscimo de valor que da obra resultar para cada imóvel beneficiado.

Art. 82. A lei relativa à contribuição de melhoria observará os seguintes requisitos mínimos:

I – publicação prévia dos seguintes elementos:

a) memorial descritivo do projeto;

b) orçamento do custo da obra;

c) determinação da parcela do custo da obra a ser financiada pela contribuição;

d) delimitação da zona beneficiada;

e) determinação do fator de absorção do benefício da valorização para toda a zona ou para cada uma das áreas diferenciadas, nela contidas;

II – fixação de prazo não inferior a 30 (trinta) dias, para impugnação pelos interessados, de qualquer dos elementos referidos no inciso anterior;

III – regulamentação do processo administrativo de instrução e julgamento da impugnação a que se refere o inciso anterior, sem prejuízo da sua apreciação judicial.

§ 1º A contribuição relativa a cada imóvel será determinada pelo rateio da parcela do custo da obra a que se refere a alínea c, do inciso I, pelos imóveis situados na zona beneficiada em função dos respectivos fatores individuais de valorização.

§ 2º Por ocasião do respectivo lançamento, cada contribuinte deverá ser notificado do montante da contribuição, da forma e dos prazos de seu pagamento e dos elementos que integram o respectivo cálculo.

CAPÍTULO II

SISTEMA TRIBUTÁRIO E COMPETÊNCIA TRIBUTÁRIA

1. SISTEMA TRIBUTÁRIO NACIONAL

As normas constitucionais são as normas hierarquicamente superiores da ordem jurídica. Portanto, o sistema jurídico parte das normas constitucionais, de modo que é possível falar em um sistema constitucional tributário composto pelas normas diretivas da ordem jurídica de direito tributário.

O capítulo I do título VI da Constituição Federal é dedicado ao Sistema Tributário Nacional. Veicula o conjunto de normas de estatura constitucional que devem constituir o fundamento de toda a legislação tributária infraconstitucional, ou seja, toda a legislação tributária deve seguir as diretrizes da CF, sem poder contrariá-las. Portanto, o sistema tributário nacional ou sistema jurídico tributário compreende toda a legislação fundamentada no capítulo I do título VI da Constituição Federal, que poderia perfeitamente ter sido chamado de "sistema constitucional tributário".

Esse sistema, fundamentalmente, abrange as **competências tributárias** e as **limitações ao poder de tributar**. Por meio das **competências**, atribui-se parcelas do poder de tributar a cada uma das pessoas políticas (União, Estados, Distrito Federal e Municípios). Já as **limitações** ao poder de tributar são estabelecidas na Constituição justamente para impor freios ao exercício das competências, evitando abusos por parte dos entes tributantes. Compreendem os **princípios** e as **imunidades**.

O capítulo do sistema tributário nacional também é dedicado às **repartições das receitas tributárias** entre os entes federativos, estabelecidas mediante normas que obrigam as pessoas políticas a partilharem com outras os resultados de suas arrecadações de tributos. O objetivo dessas normas é trazer harmonia ao campo das receitas, corroborando para o chamado equilíbrio federativo.

SISTEMA TRIBUTÁRIO NACIONAL
- Competências tributárias
- Limitações ao poder de tributar
  - Princípios
  - Imunidades
- Repartições das receitas tributárias

2. COMPETÊNCIA TRIBUTÁRIA

O regime federativo brasileiro está regido pela Constituição, que estabelece as competências de União, Estados, Distrito Federal e Municípios.

Mais precisamente, embora com base no princípio federativo (CF, art. 1º), a organização político-administrativa do Estado Brasileiro contemple a autonomia dos entes da federação (CF, art. 18), para que União, Estados, Distrito Federal e Municípios sejam efetivamente autônomos, é necessário que sejam dotados de fontes próprias de recursos financeiros. Para tanto, o Sistema Tributário Nacional confere-lhes o poder de arrecadar tributos, atribuindo a cada pessoa política competências privativas e concorrentes, de caráter pleno.

Com base nas competências conferidas pela Constituição, incumbe aos entes políticos estabelecer as normas instituidoras de tributos. Isso até mesmo com base no princípio da legalidade tributária (CF, art. 150, I), cuja interpretação *a contrario sensu* leva à conclusão de que somente a lei pode instituir tributos. Logo, a Constituição apenas define competências, isto é, confere poder de tributar às pessoas políticas, cabendo a cada uma delas instituir os tributos de suas respectivas competências.

E, também, coerente com o sistema federativo e a divisão de competências na esfera tributária, constitui norma constitucional expressa a de que é **vedado** à União instituir as chamadas **isenções heterônomas**, isto é, relativas a tributos de competência dos Estados, do Distrito Federal ou dos Municípios (CF, art. 151, III).

2.1. Competências privativas e concorrentes

A competência tributária é o poder de tributar conferido pela Constituição Federal a um ente federativo, de modo que os entes federativos somente podem instituir e legislar sobre os tributos que lhes foram expressamente outorgados pela Constituição.

Importante ressaltar que a Constituição **não** cria tributos, mas, confere poderes (competências) aos entes federativos (União, Estados, Distrito Federal e Municípios) para instituírem os tributos por meio de suas respectivas leis.

Ao estabelecer as competências tributárias, a Constituição o faz com exclusividade a determinado ente federativo (**competências privativas** ou **exclusivas**), ou então, a todos eles concomitantemente (**competências concorrentes**). Em outras palavras, uma competência tributária pode ser:

- **Privativa ou exclusiva:** atribuída com exclusividade a uma pessoa política determinada, como é o caso do Imposto de Renda (IR), cuja competência é privativa da União (CF, art. 153, III). Esse tipo de competência exclui a de qualquer outro ente federativo, constituindo uma limitação implícita ao poder de tributar imposta pela Constituição.

- **Concorrente:** característica mais comum nos tributos vinculados, é conferida em conjunto a todas as pessoas políticas (União, Estados, Distrito Federal e Municípios), de maneira que, por exemplo, a criação de uma taxa de serviço é de competência do ente federativo que tiver sido o responsável pela prestação do serviço a que se relaciona o tributo instituído.

Importante dizer que, nos dois casos, tanto na competência privativa, como na concorrente, uma pessoa política não pode invadir a competência tributária da outra. Assim, por exemplo, na competência concorrente, a União não pode cobrar taxa sobre um serviço público que seja prestado pelo Estado ou pelo Município (CF, art. 145, II). Da mesma forma, um Estado não pode instituir imposto sobre serviços de qualquer natureza, cuja competência tributária é dos municípios.

Segue um quadro das competências tributárias privativas e concorrentes estabelecidas na Constituição:

Tributo	Competência
Empréstimos compulsórios (CF, art. 148)	União
Contribuições sociais, de intervenção no domínio econômico (CIDE) e de interesse das categorias profissionais ou econômicas (CF, art. 149)	
Imposto sobre importação de produtos estrangeiros – II (CF art. 153, I)	
Imposto sobre exportação, para o exterior, de produtos nacionais ou nacionalizados – IE (CF art. 153, II)	
Imposto sobre renda e proventos de qualquer natureza – IR (CF art. 153, III)	
Imposto sobre produtos industrializados – IPI (CF art. 153, IV)	
Imposto sobre operações de crédito, câmbio e seguro, ou relativas a títulos ou valores mobiliários – IOF (CF art. 153, V)	
Imposto sobre propriedade territorial rural – ITR (CF art. 153, VI)	
Imposto sobre grandes fortunas, nos termos de lei complementar – IGF (CF art. 153, VII)	
Imposto extraordinário na iminência ou no caso de guerra externa (CF, art. 154, II)	
Contribuições sociais de custeio da seguridade social (CF, art. 195)	
Contribuição para custeio da previdência dos servidores públicos federais (CF, art. 40)	
Imposto sobre transmissão *causa mortis* e doação, de quaisquer bens ou direitos – ITCMD (CF, art. 155, I)	Estados e Distrito Federal
Imposto sobre operações relativas à circulação de mercadorias e sobre prestações de serviços de transporte interestadual e intermunicipal e de comunicação, ainda que as operações e as prestações se iniciem no exterior – ICMS (CF, art. 155, II)	
Imposto sobre propriedade de veículos automotores – IPVA (CF, art. 155, III)	
Contribuição para custeio da previdência dos servidores públicos estaduais e do Distrito Federal (CF, art. 149, § 1º)	

Tributo	Competência
Imposto sobre propriedade predial e territorial urbana – IPTU (CF, art. 156, I)	Municípios e Distrito Federal
Imposto sobre transmissão *inter vivos*, a qualquer título, por ato oneroso, de bens imóveis, por natureza ou acessão física, e de direitos reais sobre imóveis, exceto os de garantia, bem como cessão de direitos a sua aquisição – ITBI (CF, art. 156, II)	
Imposto sobre serviços de qualquer natureza, não compreendidos no art. 155, II, definidos em lei complementar – ISSQN (CF, art. 156).	
Contribuição para custeio da previdência dos servidores públicos municipais (CF, art. 149, § 1º)	
Contribuição para custeio do serviço de iluminação pública (CF, art. 149-A)	
Demais contribuições previstas na CF (por exemplo, arts. 212, 239 e 240)	União
Taxas em razão do exercício regular do poder de polícia ou pela prestação ou disponibilização de serviços públicos específicos e divisíveis (CF, art. 145, II)	Concorrente
Contribuições de melhoria (CF, art. 145, III)	

Como se observa no quadro apresentado, além dos impostos estaduais (CF, art. 155) e dos tributos de competência concorrente da União, dos Estados, do Distrito Federal e dos Municípios (CF, arts. 145, II e III), cabem ao Distrito Federal os impostos municipais (CF, art. 147, *in fine*).

Muito embora, atualmente, não exista nenhum Território Federal, costuma-se exigir em concursos públicos outra competência conferida à União pela Constituição Federal. É que nos termos da primeira parte do artigo 147 da CF, em relação a Território Federal, competem os impostos estaduais e, se o Território não for dividido em Municípios, cumulativamente, os impostos municipais.

Outro ponto de destaque é que **não** pertence à União a competência para instituir contribuição previdenciária dos servidores dos Estados, do Distrito Federal e dos Municípios. Essa competência é atribuída aos próprios Estados, Distrito Federal e Municípios e a alíquota das contribuições estaduais e municipais não serão inferiores à da contribuição dos servidores titulares de cargos efetivos da União (CF, art. 149, § 1º).

Porém, segundo recente decisão do STF, é inconstitucional cobrar de servidores públicos contribuição destinada ao custeio de serviços de saúde pública, na medida em que apenas a União tem competência para instituição de tal tributo (STF – AgRg-AI 740.823-MG – Rel. Min. Joaquim Barbosa).

2.2. Competência tributária plena

A competência tributária para instituição de tributos é plena, isto é, compreende também a atribuição de legislar a respeito dos mesmos. Por exemplo, a competência dos Municípios para instituição do Imposto sobre Serviços de Qualquer Natureza (ISSQN) compreende igualmente a atribuição de legislar sobre as hipóteses de incidência, alíquotas, base de cálculo, contribuintes, responsáveis, lançamento, obrigações acessórias e sobre todos os demais aspectos da tributação.

Essa competência plena verifica-se não apenas em caráter primário (mediante lei municipal), mas também pela edição de normas regulamentares, via decretos (CTN, art. 99), e de normas complementares, por meio de atos normativos administrativos, tais como portarias, resoluções etc (CTN, art. 100, I).

2.3. Competências residuais e extraordinária

Outras duas modalidades de competências que se verificam na Constituição são as **residuais** e a **extraordinária**, ambas pertencentes à União.

As competências residuais são deferidas apenas à União para instituir impostos (CF, art. 154, I) e contribuições que constituam outras fontes de custeio da seguridade social (CF, art. 195, § 4º) nos seguintes termos:

- mediante lei complementar;
- diferentes dos(as) já previstos(as) nos artigos 153 (impostos) e 195 (contribuições para custeio da seguridade social) da CF;
- não cumulativos(as);
- que não tenham fato gerador ou base de cálculo próprios(as) dos(as) já discriminados(as) na Constituição.

Na verdade, é o artigo 154, inciso I, da CF que estabelece que impostos de competência residual da União, isto é, diversos dos previstos no artigo 153, além de não cumulativos, deverão ser criados mediante lei complementar e não poderão ter fatos geradores ou bases de cálculo próprios dos impostos discriminados na Constituição. Já o artigo 195, § 4º, da CF, ao prever a competência residual da União para instituir outras fontes de custeio da seguridade social, remete expressamente aos pressupostos do artigo 154, inciso I.

Por seu turno, a instituição de impostos extraordinários de guerra, também de competência da União, previstos no artigo 154, inciso II, da CF, pressupõe a iminência ou ocorrência de guerra externa. Anote-se que esses impostos extraordinários podem ou não estar compreendidos na competência tributária da União.

Eis, aliás, a única e excepcional hipótese em que a competência de um ente federativo pode ser exercida por outro, pois, como regra, a União não tem competência para legislar sobre impostos estaduais e municipais, sob pena de quebra do pacto federativo. Há, inclusive, proibição expressa no artigo 151, inciso III, da CF.

Os impostos extraordinários, instituídos na iminência ou no caso de guerra externa, serão suprimidos, gradativamente, cessadas as causas de sua criação (CF, art. 154, II).

Por fim, também é curioso anotar que, no caso de guerra externa ou sua iminência, a CF conferiu competência à União para a instituição de dois tributos específicos para fazer frente aos custos do evento, que são o empréstimo compulsório (CF, art. 148, I) e o imposto extraordinário de guerra (CF, art. 154, II). Outro fato interessante é que esse último foge à regra de que não há destinação específica do produto da arrecadação de impostos.

2.4. Competência da União para legislar em caráter nacional

Nos termos do artigo 146 da CF, compete à lei complementar a tríplice função de:

> **I – dispor sobre conflitos de competência**, em matéria tributária, entre a União, os Estados, o Distrito Federal e os Municípios;
>
> **II – regular as limitações constitucionais ao poder de tributar;**
>
> **III – estabelecer normas gerais em matéria de legislação tributária**, especialmente sobre: **a)** definição de **tributos** e de suas espécies, bem como, em relação aos **impostos** discriminados nesta Constituição, a dos respectivos fatos geradores, bases de cálculo e contribuintes; **b)** obrigação, lançamento, crédito, prescrição e decadência tributários; **c)** adequado tratamento tributário ao ato cooperativo praticado pelas sociedades cooperativas; **d)** definição de tratamento diferenciado e favorecido para as microempresas e para as empresas de pequeno porte.

Por terem caráter nacional, essas leis complementares são de competência da União, exercida por meio do Congresso Nacional.

No que tange às normas gerais em matéria tributária (alíneas "a", "b", "c" e "d" do art. 146, inciso III, da CF), a exigência de lei complementar é consagrada na jurisprudência do Supremo Tribunal Federal, que julgou inconstitucional dispor por lei ordinária sobre matérias relacionadas a crédito tributário, tais como a extinção pela decadência do direito ao crédito (ADI nº 124).

A competência da União para estabelecer normas gerais em matéria tributária também se encontra prevista no artigo 24, § 1º da CF. Porém, a competência da União para legislar sobre normas gerais não exclui a competência suplementar dos Estados, uma vez que, inexistindo lei federal sobre normas gerais, os Estados exercerão a competência legislativa plena, para atender a suas peculiaridades (CF, art. 24, §§ 2º e 3º). Nesse caso, a superveniência de lei federal sobre normas gerais suspende a eficácia da lei estadual, no que lhe for contrário (CF, art. 24, § 4º), lembrando que em matéria tributária as normas gerais estão reservadas à lei complementar e possuem caráter nacional (CF, art. 146, III).

Um exemplo jurisprudencial dessa competência suplementar do Estados e do Distrito Federal decorre da ADI 2298, em que o Supremo Tribunal Federal decidiu que o fato de não haver lei complementar federal (nacional) para dispor sobre as normas gerais relativas ao IPVA, **não** impede que os Estados e o Distrito Federal exerçam a competência legislativa plena, instituindo e exigindo a exação, nos termos do artigo 24, § 3º da CF.

Por fim, importante dizer que não há previsão constitucional expressa de competência suplementar para os municípios.

2.5. Competência *versus Capacidade tributária ativa*

Embora sejam fixadas na Constituição e, por isso, decorra do texto constitucional o respectivo conceito, o CTN estabelece, no plano infraconstitucional, a partir do seu artigo 6º, normas gerais que regem o exercício das competências tributárias.

Nessa linha, após prever que a competência tributária é plena e se sujeita às limitações constitucionais ao poder de tributar (art. 6º, *caput*), o CTN veicula a norma de que a repartição do produto da arrecadação entre as unidades da federação não altera a competência tributária, quando dispõe que os tributos cuja receita seja distribuída, no todo ou em parte, a outras pessoas jurídicas de direito público, pertencerão à competência legislativa daquela a que tenham sido atribuídos (CTN, art. 6º, parágrafo único). Assim, por exemplo, a entrega pela União do produto da arrecadação do IPI ao Fundo de Participação dos Municípios, prevista no artigo 159, inciso I, da CF, constitui norma de repartição de receitas tributárias (CF, seção VI do capítulo do Sistema Tributário Nacional), não representando outorga parcial de competência, mas apenas repasse de receita obtida a partir da arrecadação decorrente do exercício da competência pelo ente definido na Constituição.

De modo geral, **a competência tributária é indelegável** (CTN, art. 7º). Porém, as funções de arrecadação e fiscalização integram o conceito de **capacidade tributária ativa,** constituindo atribuições delegáveis de um ente tributante a outro, consoante a literalidade do artigo 7º do CTN.

Em termos mais precisos, a competência tributária legislativa está compreendida na regra da indelegabilidade da competência tributária. Já a **capacidade tributária ativa**, compreendida nas prerrogativas de **arrecadar ou fiscalizar tributos**, ou de executar leis, serviços, atos ou decisões administrativas em matéria tributária, **é delegável**, ou seja, pode ser conferida por uma pessoa jurídica de direito público a outra (CTN, art. 7º). Nessa delegação estão compreendidas as garantias e os privilégios processuais que competem à pessoa jurídica de direito público que a conferir (CTN, art. 7º, § 1º). Porém, pode ser revogada, a qualquer tempo, por ato unilateral da pessoa jurídica de direito público que a tenha conferido (CTN, art. 7º, § 2º).

Além disso, não constitui delegação de competência o cometimento, a pessoas de direito privado, do encargo ou da função de arrecadar tributos (CTN, art. 7º, § 3º). Dessa forma, é plenamente admissível cometer a uma sociedade anônima privada o encargo de arrecadar impostos, sem que tal seja considerado delegação de competência (como exemplo, tem-se a rede bancária, apta a receber as guias de recolhimento dos tributos).

Por oportuno, além da **indelegabilidade**, outra característica da competência tributária realçada em norma do CTN é a **incaducabilidade**, isto é, a competência não perece em razão do não exercício ao longo do tempo. Nesse sentido, tem-se o artigo 8º do CTN, segundo o qual: "O não-exercício da competência tributária não a defere a pessoa jurídica de direito público diversa daquela a que a Constituição a tenha atribuído".

3. REPARTIÇÃO DAS RECEITAS TRIBUTÁRIAS

Em geral, a pessoa política que institui e arrecada determinado tributo fica com o produto de sua arrecadação. Entretanto, com fundamento no pacto federativo, a CF/88 traz uma série de situações em que o ente tributante deve repassar parte do numerário arrecadado a outro. São as chamadas repartições de receitas tributárias e estão disciplinadas entre os artigos 157 e 162 do texto constitucional.

Confira, no quadro a seguir, didaticamente elaborado (*in:* MARTINS, Alan; SCARDOELLI, Dimas Yamada. *Direito Tributário – curso rápido e didático para estudos e revisões*. Leme: Editora JH Mizuno, 2012, página 64), as regras constitucionais sobre partilha da arrecadação tributária, previstas principalmente entre os artigos 157 e 159 da CF:

Legenda: O = origem (ente que detém a competência tributária).

D = destino (ente que recebe o repasse da receita).

% = percentual de receita repassada.

Tributo	União	Est./ DF	Mun.	Outros	%	CF/88	Observações constitucionais (CF/88)
IR – retido na fonte	O	D	–	–	100	157, I	Pagamentos efetuados pelos Estados.
Imposto Residual	O	D	–	–	20	157, II	Ver art. 154, I.
IR – retido na fonte	O	–	D	–	100	158, I	Pagamentos efetuados pelos Municípios.
ITR	O	–	D	–	50	158, II	Imóveis rurais situados nos Municípios. O repasse pode chegar a 100%, nos termos do art. 153, § 4º, III.
IPVA	–	O	D	–	50	158, III	Critério: local do licenciamento.

Tributo	União	Est./ DF	Mun.	Ou-tros	%	CF/88	Observações constitucionais (CF/88)
ICMS	–	O	D	–	25	158, IV	Critério: índice de participação. Ver parágrafo único do art. 158.
IR/IPI	O			D	49	159, I	Outros: Fundos de Participações dos Estados (21,5%) e dos Municípios (22,5%), Programas de Financiamento regiões N, NE e CO (3%) e, novamente, Fundo de Participação dos Municípios para entrega no primeiro decêndio do mês de dezembro de cada ano (1%) e no primeiro decêndio do mês de julho de cada ano (1%).
IPI	O	D	–	–	10	159, II	Proporcional às exportações de produtos industrializados. Do valor recebido pelos Estados/DF (nunca superior a 20%), serão entregues 25% aos Municípios pelo critério idêntico ao ICMS.
CIDE combust.	O	D	–	–	29	159, III	Os Estados e o DF destinarão 25% do valor recebido aos Municípios.
IOF ouro	O	D	–	–	30	153, § 5º, I	Ouro como ativo financeiro ou instrumento cambial. Critério: origem
IOF ouro	O	–	D	–	70	153, § 5º, II	Ouro como ativo financeiro ou instrumento cambial. Critério: origem

Compreendido o quadro das repartições, é importante frisar que a Constituição expressamente veda a retenção ou qualquer restrição à entrega e ao emprego dos recursos atribuídos, por repartição de receitas, aos Estados, ao Distrito Federal e aos Municípios, neles compreendidos adicionais e acréscimos relativos a impostos (CF, art. 160). Mas isso não impede a União e os Estados de condicionarem a entrega de recursos: I – ao pagamento de seus créditos, inclusive de suas autarquias; II – ao cumprimento do disposto no art. 198, § 2º, incisos II e III (recursos mínimos destinados à área de saúde).

Além disso, nos termos do artigo 161 da CF, cabe à lei complementar: I – definir valor adicionado para fins do disposto no art. 158, parágrafo único, inciso I (parcela de pelo menos três quartos que compõe o índice de participação dos Municípios na repartição do ICMS); II – estabelecer normas sobre a entrega dos recursos de que trata o artigo 159 (Fundos de Participação de Estados e Municípios), especialmente sobre os critérios de rateio dos fundos previstos em seu inciso I, objetivando promover o equilíbrio socioeconômico entre Estados e entre Municípios, em cálculo a ser efetuado pelo Tribunal de Contas da União (art. 161, parágrafo único); III – dispor sobre o acompanhamento, pelos beneficiários, do cálculo das quotas e da liberação das participações previstas nos arts. 157, 158 e 159.

Por fim, a União, os Estados, o Distrito Federal e os Municípios divulgarão, até o último dia do mês subsequente ao da arrecadação, os montantes de cada um dos tributos arrecadados, os recursos recebidos, os valores de origem tributária entregues e a entregar e a expressão numérica dos critérios de rateio (CF, art. 162). Os dados divulgados pela União serão discriminados por Estado e por Município, e os dados dos Estados divulgados por Município (parágrafo único).

4. SÚMULAS

Súmula 166, do STJ: "Não constitui fato gerador do ICMS o simples deslocamento de mercadoria de uma para outro estabelecimento do mesmo contribuinte".

Súmula 447, do STJ: Os Estados e o Distrito Federal são partes legítimas na ação de restituição de imposto de renda retido na fonte proposta por seus servidores.

5. LEGISLAÇÃO RELACIONADA AO CAPÍTULO

- **CONSTITUIÇÃO FEDERAL**

Art. 24. Compete à União, aos Estados e ao Distrito Federal legislar concorrentemente sobre:

I – direito tributário, financeiro, penitenciário, econômico e urbanístico;

§ 1º No âmbito da legislação concorrente, a competência da União limitar-se-á a estabelecer normas gerais.

§ 2º A competência da União para legislar sobre normas gerais não exclui a competência suplementar dos Estados.

§ 3º Inexistindo lei federal sobre normas gerais, os Estados exercerão a competência legislativa plena, para atender a suas peculiaridades.

§ 4º A superveniência de lei federal sobre normas gerais suspende a eficácia da lei estadual, no que lhe for contrário.

Art. 145. A União, os Estados, o Distrito Federal e os Municípios poderão instituir os seguintes tributos:

I – impostos;

II – taxas, em razão do exercício do poder de polícia ou pela utilização, efetiva ou potencial, de serviços públicos específicos e divisíveis, prestados ao contribuinte ou postos a sua disposição;

III – contribuição de melhoria, decorrente de obras públicas.

§ 1º Sempre que possível, os impostos terão caráter pessoal e serão graduados segundo a capacidade econômica do contribuinte, facultado à administração tributária, especialmente para conferir efetividade a esses objetivos, identificar, respeitados os direitos individuais e nos termos da lei, o patrimônio, os rendimentos e as atividades econômicas do contribuinte.

§ 2º As taxas não poderão ter base de cálculo própria de impostos.

Art. 146. Cabe à lei complementar:

I – dispor sobre conflitos de competência, em matéria tributária, entre a União, os Estados, o Distrito Federal e os Municípios;

II – regular as limitações constitucionais ao poder de tributar;

III – estabelecer normas gerais em matéria de legislação tributária, especialmente sobre:

a) definição de tributos e de suas espécies, bem como, em relação aos impostos discriminados nesta Constituição, a dos respectivos fatos geradores, bases de cálculo e contribuintes;

b) obrigação, lançamento, crédito, prescrição e decadência tributários;

c) adequado tratamento tributário ao ato cooperativo praticado pelas sociedades cooperativas.

d) definição de tratamento diferenciado e favorecido para as microempresas e para as empresas de pequeno porte, inclusive regimes especiais ou simplificados no caso do imposto previsto no art. 155, II, das contribuições previstas no art. 195, I e §§ 12 e 13, e da contribuição a que se refere o art. 239.

Parágrafo único. A lei complementar de que trata o inciso III, d, também poderá instituir um regime único de arrecadação dos impostos e contribuições da União, dos Estados, do Distrito Federal e dos Municípios, observado que:

I – será opcional para o contribuinte;

II – poderão ser estabelecidas condições de enquadramento diferenciadas por Estado;

III – o recolhimento será unificado e centralizado e a distribuição da parcela de recursos pertencentes aos respectivos entes federados será imediata, vedada qualquer retenção ou condicionamento;

IV – a arrecadação, a fiscalização e a cobrança poderão ser compartilhadas pelos entes federados, adotado cadastro nacional único de contribuintes.

Art. 146-A. Lei complementar poderá estabelecer critérios especiais de tributação, com o objetivo de prevenir desequilíbrios da concorrência, sem prejuízo da competência de a União, por lei, estabelecer normas de igual objetivo.

Art. 147. Competem à União, em Território Federal, os impostos estaduais e, se o Território não for dividido em Municípios, cumulativamente, os impostos municipais; ao Distrito Federal cabem os impostos municipais.

Art. 148. A União, mediante lei complementar, poderá instituir empréstimos compulsórios:

I – para atender a despesas extraordinárias, decorrentes de calamidade pública, de guerra externa ou sua iminência;

II – no caso de investimento público de caráter urgente e de relevante interesse nacional, observado o disposto no art. 150, III, "b".

Parágrafo único. A aplicação dos recursos provenientes de empréstimo compulsório será vinculada à despesa que fundamentou sua instituição.

Art. 149. Compete exclusivamente à União instituir contribuições sociais, de intervenção no domínio econômico e de interesse das categorias profissionais ou econômicas, como instrumento de sua atuação nas respectivas áreas, observado o disposto nos arts. 146, III, e 150, I e III, e sem prejuízo do previsto no art. 195, § 6º, relativamente às contribuições a que alude o dispositivo.

§ 1º Os Estados, o Distrito Federal e os Municípios instituirão contribuição, cobrada de seus servidores, para o custeio, em benefício destes, do regime previdenciário de que trata o art. 40, cuja alíquota não será inferior à da contribuição dos servidores titulares de cargos efetivos da União.

§ 2º As contribuições sociais e de intervenção no domínio econômico de que trata o caput deste artigo:

I – não incidirão sobre as receitas decorrentes de exportação;

II – incidirão também sobre a importação de produtos estrangeiros ou serviços;

III – poderão ter alíquotas:

a) ad valorem, tendo por base o faturamento, a receita bruta ou o valor da operação e, no caso de importação, o valor aduaneiro;

b) específica, tendo por base a unidade de medida adotada.

§ 3º A pessoa natural destinatária das operações de importação poderá ser equiparada a pessoa jurídica, na forma da lei.

§ 4º A lei definirá as hipóteses em que as contribuições incidirão uma única vez.

Art. 149-A Os Municípios e o Distrito Federal poderão instituir contribuição, na forma das respectivas leis, para o custeio do serviço de iluminação pública, observado o disposto no art. 150, I e III.

Parágrafo único. É facultada a cobrança da contribuição a que se refere o caput, na fatura de consumo de energia elétrica.

Art. 153. Compete à União instituir impostos sobre:

I – importação de produtos estrangeiros;

II – exportação, para o exterior, de produtos nacionais ou nacionalizados;

III – renda e proventos de qualquer natureza;

IV – produtos industrializados;

V – operações de crédito, câmbio e seguro, ou relativas a títulos ou valores mobiliários;

VI – propriedade territorial rural;

VII – grandes fortunas, nos termos de lei complementar.

§ 4º O imposto previsto no inciso VI do caput:

I – será progressivo e terá suas alíquotas fixadas de forma a desestimular a manutenção de propriedades improdutivas;

II – não incidirá sobre pequenas glebas rurais, definidas em lei, quando as explore o proprietário que não possua outro imóvel;

III – será fiscalizado e cobrado pelos Municípios que assim optarem, na forma da lei, desde que não implique redução do imposto ou qualquer outra forma de renúncia fiscal.

§ 5º O ouro, quando definido em lei como ativo financeiro ou instrumento cambial, sujeita-se exclusivamente à incidência do imposto de que trata o inciso V do "caput" deste artigo, devido na operação de origem; a alíquota mínima será de um por cento, assegurada a transferência do montante da arrecadação nos seguintes termos:

I – trinta por cento para o Estado, o Distrito Federal ou o Território, conforme a origem;

II – setenta por cento para o Município de origem.

Art. 154. A União poderá instituir:

I – mediante lei complementar, impostos não previstos no artigo anterior, desde que sejam não-cumulativos e não tenham fato gerador ou base de cálculo próprios dos discriminados nesta Constituição;

II – na iminência ou no caso de guerra externa, impostos extraordinários, compreendidos ou não em sua competência tributária, os quais serão suprimidos, gradativamente, cessadas as causas de sua criação.

Art. 155. Compete aos Estados e ao Distrito Federal instituir impostos sobre:

I – transmissão causa mortis e doação, de quaisquer bens ou direitos;

II – operações relativas à circulação de mercadorias e sobre prestações de serviços de transporte interestadual e intermunicipal e de comunicação, ainda que as operações e as prestações se iniciem no exterior;

III – propriedade de veículos automotores. Art. 156. Compete aos Municípios instituir impostos sobre:

I – propriedade predial e territorial urbana;

II – transmissão "inter vivos", a qualquer título, por ato oneroso, de bens imóveis, por natureza ou acessão física, e de direitos reais sobre imóveis, exceto os de garantia, bem como cessão de direitos a sua aquisição;

III – serviços de qualquer natureza, não compreendidos no art. 155, II, definidos em lei complementar.

Art. 156. Compete aos Municípios instituir impostos sobre:

I - propriedade predial e territorial urbana;

II - transmissão "inter vivos", a qualquer título, por ato oneroso, de bens imóveis, por natureza ou acessão física, e de direitos reais sobre imóveis, exceto os de garantia, bem como cessão de direitos a sua aquisição;

III - serviços de qualquer natureza, não compreendidos no art. 155, II, definidos em lei complementar.

§ 1º Sem prejuízo da progressividade no tempo a que se refere o art. 182, § 4º, inciso II, o imposto previsto no inciso I poderá:

I – ser progressivo em razão do valor do imóvel; e

II – ter alíquotas diferentes de acordo com a localização e o uso do imóvel.

§ 2º O imposto previsto no inciso II:

I - não incide sobre a transmissão de bens ou direitos incorporados ao patrimônio de pessoa jurídica em realização de capital, nem sobre a transmissão de bens ou direitos decorrente de fusão, incorporação, cisão ou extinção de pessoa jurídica, salvo se, nesses casos, a atividade preponderante do adquirente for a compra e venda desses bens ou direitos, locação de bens imóveis ou arrendamento mercantil;

II - compete ao Município da situação do bem.

§ 3º Em relação ao imposto previsto no inciso III do caput deste artigo, cabe à lei complementar:

I - fixar as suas alíquotas máximas e mínimas;

II - excluir da sua incidência exportações de serviços para o exterior.

III – regular a forma e as condições como isenções, incentivos e benefícios fiscais serão concedidos e revogados.

Art. 157. Pertencem aos Estados e ao Distrito Federal:

I – o produto da arrecadação do imposto da União sobre renda e proventos de qualquer natureza, incidente na fonte, sobre rendimentos pagos, a qualquer título, por eles, suas autarquias e pelas fundações que instituírem e mantiverem;

II – vinte por cento do produto da arrecadação do imposto que a União instituir no exercício da competência que lhe é atribuída pelo art. 154, I.

Art. 158. Pertencem aos Municípios:

I – o produto da arrecadação do imposto da União sobre renda e proventos de qualquer natureza, incidente na fonte, sobre rendimentos pagos, a qualquer título, por eles, suas autarquias e pelas fundações que instituírem e mantiverem;

II – cinqüenta por cento do produto da arrecadação do imposto da União sobre a propriedade territorial rural, relativamente aos imóveis neles situados, cabendo a totalidade na hipótese da opção a que se refere o art. 153, § 4º, III;

III – cinqüenta por cento do produto da arrecadação do imposto do Estado sobre a propriedade de veículos automotores licenciados em seus territórios;

IV – vinte e cinco por cento do produto da arrecadação do imposto do Estado sobre operações relativas à circulação de mercadorias e sobre prestações de serviços de transporte interestadual e intermunicipal e de comunicação.

Parágrafo único. As parcelas de receita pertencentes aos Municípios, mencionadas no inciso IV, serão creditadas conforme os seguintes critérios:

I – três quartos, no mínimo, na proporção do valor adicionado nas operações relativas à circulação de mercadorias e nas prestações de serviços, realizadas em seus territórios;

II – até um quarto, de acordo com o que dispuser lei estadual ou, no caso dos Territórios, lei federal.

Art. 159. A União entregará:

I – do produto da arrecadação dos impostos sobre renda e proventos de qualquer natureza e sobre produtos industrializados, 49% (quarenta e nove por cento), na seguinte forma: a) vinte e um inteiros e cinco décimos por cento ao Fundo de Participação dos Estados e do Distrito Federal;

b) vinte e dois inteiros e cinco décimos por cento ao Fundo de Participação dos Municípios;

c) três por cento, para aplicação em programas de financiamento ao setor produtivo das Regiões Norte, Nordeste e Centro-Oeste, através de suas instituições financeiras de caráter regional, de acordo com os planos regionais de desenvolvimento, ficando assegurada ao semi-árido do Nordeste a metade dos recursos destinados à Região, na forma que a lei estabelecer;

d) um por cento ao Fundo de Participação dos Municípios, que será entregue no primeiro decêndio do mês de dezembro de cada ano; e) 1% (um por cento) ao Fundo de Participação dos Municípios, que será entregue no primeiro decêndio do mês de julho de cada ano;

II – do produto da arrecadação do imposto sobre produtos industrializados, dez por cento aos Estados e ao Distrito Federal, proporcionalmente ao valor das respectivas exportações de produtos industrializados.

III – do produto da arrecadação da contribuição de intervenção no domínio econômico prevista no art. 177, § 4º, 29% (vinte e nove por cento) para os Estados e o Distrito Federal, distribuídos na forma da lei, observada a destinação a que se refere o inciso II, c, do referido parágrafo.

§ 1º Para efeito de cálculo da entrega a ser efetuada de acordo com o previsto no inciso I, excluir-se-á a parcela da arrecadação do imposto de renda e proventos de qualquer natureza pertencente aos Estados, ao Distrito Federal e aos Municípios, nos termos do disposto nos arts. 157, I, e 158, I.

§ 2º A nenhuma unidade federada poderá ser destinada parcela superior a vinte por cento do montante a que se refere o inciso II, devendo o eventual excedente ser distribuído entre os demais participantes, mantido, em relação a esses, o critério de partilha nele estabelecido.

§ 3º Os Estados entregarão aos respectivos Municípios vinte e cinco por cento dos recursos que receberem nos termos do inciso II, observados os critérios estabelecidos no art. 158, parágrafo único, I e II.

§ 4º Do montante de recursos de que trata o inciso III que cabe a cada Estado, vinte e cinco por cento serão destinados aos seus Municípios, na forma da lei a que se refere o mencionado inciso.

Art. 160. É vedada a retenção ou qualquer restrição à entrega e ao emprego dos recursos atribuídos, nesta seção, aos Estados, ao Distrito Federal e aos Municípios, neles compreendidos adicionais e acréscimos relativos a impostos.

Parágrafo único. A vedação prevista neste artigo não impede a União e os Estados de condicionarem a entrega de recursos: I – ao pagamento de seus créditos, inclusive de suas autarquias; II – ao cumprimento do disposto no art. 198, § 2º, incisos II e III. Art. 161. Cabe à lei complementar:

I – definir valor adicionado para fins do disposto no art. 158, parágrafo único, I;

II – estabelecer normas sobre a entrega dos recursos de que trata o art. 159, especialmente sobre os critérios de rateio dos fundos previstos em seu inciso I, objetivando promover o equilíbrio sócio-econômico entre Estados e entre Municípios;

III – dispor sobre o acompanhamento, pelos beneficiários, do cálculo das quotas e da liberação das participações previstas nos arts. 157, 158 e 159.

Parágrafo único. O Tribunal de Contas da União efetuará o cálculo das quotas referentes aos fundos de participação a que alude o inciso II.

Art. 162. A União, os Estados, o Distrito Federal e os Municípios divulgarão, até o último dia do mês subseqüente ao da arrecadação, os montantes de cada um dos tributos arrecadados, os recursos recebidos, os valores de origem tributária entregues e a entregar e a expressão numérica dos critérios de rateio.

Parágrafo único. Os dados divulgados pela União serão discriminados por Estado e por Município; os dos Estados, por Município.

Art. 212. A União aplicará, anualmente, nunca menos de dezoito, e os Estados, o Distrito Federal e os Municípios vinte e cinco por cento, no mínimo, da receita resultante de impostos, compreendida a proveniente de transferências, na manutenção e desenvolvimento do ensino.

§ 1º A parcela da arrecadação de impostos transferida pela União aos Estados, ao Distrito Federal e aos Municípios, ou pelos Estados aos respectivos Municípios, não é considerada, para efeito do cálculo previsto neste artigo, receita do governo que a transferir.

§ 2º Para efeito do cumprimento do disposto no "caput" deste artigo, serão considerados os sistemas de ensino federal, estadual e municipal e os recursos aplicados na forma do art. 213.

§ 3º A distribuição dos recursos públicos assegurará prioridade ao atendimento das necessidades do ensino obrigatório, no que se refere a universalização, garantia de padrão de qualidade e equidade, nos termos do plano nacional de educação. § 4º Os programas suplementares de alimentação e assistência à saúde previstos no art. 208, VII, serão financiados com recursos provenientes de contribuições sociais e outros recursos orçamentários.

§ 5º A educação básica pública terá como fonte adicional de financiamento a contribuição social do salário-educação, recolhida pelas empresas na forma da lei.

§ 6º As cotas estaduais e municipais da arrecadação da contribuição social do salário-educação serão distribuídas proporcionalmente ao número de alunos matriculados na educação básica nas respectivas redes públicas de ensino.

Art. 239. A arrecadação decorrente das contribuições para o Programa de Integração Social, criado pela Lei Complementar nº 7, de 7 de setembro de 1970, e para o Programa de Formação do Patrimônio do Servidor Público, criado pela Lei Complementar nº 8, de 3 de dezembro de 1970, passa, a partir da promulgação desta Constituição, a financiar, nos termos que a lei dispuser, o programa do seguro-desemprego e o abono de que trata o § 3º deste artigo. (Regulamento)

§ 1º Dos recursos mencionados no "caput" deste artigo, pelo menos quarenta por cento serão destinados a financiar programas de desenvolvimento econômico, através do Banco

Nacional de Desenvolvimento Econômico e Social, com critérios de remuneração que lhes preservem o valor.

§ 2º Os patrimônios acumulados do Programa de Integração Social e do Programa de Formação do Patrimônio do Servidor Público são preservados, mantendo-se os critérios de saque nas situações previstas nas leis específicas, com exceção da retirada por motivo de casamento, ficando vedada a distribuição da arrecadação de que trata o "caput" deste artigo, para depósito nas contas individuais dos participantes.

§ 3º Aos empregados que percebam de empregadores que contribuem para o Programa de Integração Social ou para o Programa de Formação do Patrimônio do Servidor Público, até dois salários mínimos de remuneração mensal, é assegurado o pagamento de um salário mínimo anual, computado neste valor o rendimento das contas individuais, no caso daqueles que já participavam dos referidos programas, até a data da promulgação desta Constituição.

§ 4º O financiamento do seguro-desemprego receberá uma contribuição adicional da empresa cujo índice de rotatividade da força de trabalho superar o índice médio da rotatividade do setor, na forma estabelecida por lei.

Art. 240. Ficam ressalvadas do disposto no art. 195 as atuais contribuições compulsórias dos empregadores sobre a folha de salários, destinadas às entidades privadas de serviço social e de formação profissional vinculadas ao sistema sindical.

- **CÓDIGO TRIBUTÁRIO NACIONAL**

Art. 1º Esta Lei regula, com fundamento na Emenda Constitucional nº 18, de 1º de dezembro de 1965, o sistema tributário nacional e estabelece, com fundamento no artigo 5º, inciso XV, alínea b, da Constituição Federal, as normas gerais de direito tributário aplicáveis à União, aos Estados, ao Distrito Federal e aos Municípios, sem prejuízo da respectiva legislação complementar, supletiva ou regulamentar.

Art. 2º O sistema tributário nacional é regido pelo disposto na Emenda Constitucional nº 18, de 1º de dezembro de 1965, em leis complementares, em resoluções do Senado Federal e, nos limites das respectivas competências, em leis federais, nas Constituições e em leis estaduais, e em leis municipais.

Art. 6º A atribuição constitucional de competência tributária compreende a competência legislativa plena, ressalvadas as limitações contidas na Constituição Federal, nas Constituições dos Estados e nas Leis Orgânicas do Distrito Federal e dos Municípios, e observado o disposto nesta Lei.

Parágrafo único. Os tributos cuja receita seja distribuída, no todo ou em parte, a outras pessoas jurídicas de direito público pertencerá à competência legislativa daquela a que tenham sido atribuídos.

Art. 7º A competência tributária é indelegável, salvo atribuição das funções de arrecadar ou fiscalizar tributos, ou de executar leis, serviços, atos ou decisões administrativas em matéria tributária, conferida por uma pessoa jurídica de direito público a outra, nos termos do § 3º do artigo 18 da Constituição.

§ 1º A atribuição compreende as garantias e os privilégios processuais que competem à pessoa jurídica de direito público que a conferir.

§ 2º A atribuição pode ser revogada, a qualquer tempo, por ato unilateral da pessoa jurídica de direito público que a tenha conferido.

§ 3º Não constitui delegação de competência o cometimento, a pessoas de direito privado, do encargo ou da função de arrecadar tributos.

Art. 8º O não-exercício da competência tributária não a defere a pessoa jurídica de direito público diversa daquela a que a Constituição a tenha atribuído.

QUESTÕES
CAPÍTULOS I E II

1. QUESTÕES COMENTADAS

01. (Analista Judiciário – Área Judiciária – TRF 2ª região/ 2007 – FCC) No que diz respeito à repartição das receitas tributárias, é correta a afirmação de que a União entregará, do produto da arrecadação dos impostos sobre renda e proventos de qualquer natureza e sobre produtos industrializados, quarenta e sete por cento, aos Fundos de Participação dos Estados e Distrito Federal, ao Fundo de Participação dos Municípios e para aplicação em programas de financiamento ao setor produtivo das Regiões Norte, Nordeste e Centro--Oeste, na seguinte ordem, e respectivamente,

a) vinte inteiros e cinco décimos por cento; vinte e quatro inteiros e cinco décimos por cento; e dois por cento.

b) vinte e um inteiros e cinco décimos por cento; vinte e dois inteiros e cinco décimos por cento; e três por cento.

c) vinte e um inteiros e cinco décimos por cento; vinte e três e cinco décimos por cento; e dois por cento.

d) vinte e dois inteiros e cinco décimos por cento; vinte e um inteiros e cinco décimos por cento; e três por cento.

e) vinte e três inteiros e cinco décimos por cento; vinte inteiros e cinco décimos por cento; e três por cento.

COMENTÁRIOS

Em geral, a pessoa política que institui e arrecada determinado tributo fica com o produto de sua arrecadação. Entretanto, com fundamento no pacto federativo, a CF traz uma série de situações em que o ente tributante deve repassar parte do numerário arrecadado a outro. São as chamadas repartições de receitas tributárias e estão disciplinadas entre os artigos 157 e 162 do texto constitucional. Uma particularidade merece ser destacada. A Emenda Constitucional 84/2014 aumentou o repasse do imposto de renda para 49% (quarenta e nove por cento).

Alternativa correta: letra "b": a CF estipulou que a União entregará do produto da arrecadação dos impostos sobre renda e proventos de qualquer natureza e sobre produtos industrializados (quarenta e nove por cento), na seguinte forma: a) vinte e um inteiros e cinco décimos por cento ao Fundo de Participação dos Estados e do Distrito Federal; b) vinte e dois inteiros e cinco décimos por cento ao Fundo de Participação dos Municípios; c) três por cento, para aplicação em programas de financiamento ao setor produtivo das Regiões Norte, Nordeste e Centro-Oeste, através de suas instituições financeiras de caráter regional, de acordo com os planos regionais de desenvolvimento, ficando assegurada ao semi-árido do Nordeste a metade dos recursos destinados à Região, na forma que a lei estabelecer; d) um por cento ao Fundo de Participação dos Municípios, que será entregue no primeiro decêndio do mês de dezembro de cada ano; (alínea incluída pela EC 55/2007) e) 1% (um por cento) ao Fundo de Participação dos Municípios, que será entregue no primeiro decêndio do mês de julho de cada ano; (alínea incluída pela EC 84/2014).

Demais alternativas: estão todas incorretas por apresentarem percentuais diferentes do estipulado na norma constitucional citada.

02. **(Analista Judiciário – Área Judiciária – TRF 2ª região/ 2007 – FCC)** No que diz respeito à competência legislativa, o Código Tributário Nacional, dentre outras situações, dispõe que,

a) a competência tributária é sempre indelegável, abrangendo a atribuição das funções de fiscalizar tributos ou de executar leis ou serviços de natureza tributária.

b) a atribuição da função de arrecadar tributos implica que sua revogação seja feita com prévio aviso, e por ato bilateral entre as partes.

c) a atribuição da função de fiscalizar tributos não compreende as garantias e os privilégios processuais que competem à pessoa jurídica de direito público que a conferir.

d) o não exercício da competência tributária a defere à pessoa jurídica de direito público diversa daquela a que a Constituição a tenha atribuído.

e) não constitui delegação de competência o cometimento, a pessoas de direito privado, do encargo ou da função de arrecadar tributos.

COMENTÁRIOS

Embora as competências tributárias sejam estabelecidas na CF, no plano infraconstitucional, o CTN estabelece, a partir do artigo 6º, normas gerais que regem o exercício das competências tributárias. Vale ressaltar que a atribuição constitucional de competência tributária compreende a competência legislativa plena, ressalvadas as limitações contidas na Constituição Federal, nas Constituições dos Estados e nas Leis Orgânicas do Distrito Federal e dos Municípios, e observado o disposto no Código Tributário Nacional.

Alternativa correta: letra "e": de fato, não constitui delegação de competência o cometimento, a pessoas de direito privado, do encargo ou da função de arrecadar tributos (CTN, art. 7º, § 3º). Dessa forma, por exemplo, é plenamente admissível cometer a uma sociedade anônima privada o encargo de arrecadar impostos, sem que tal seja considerado delegação de competência.

Alternativa "a": errada. Enquanto a **competência tributária** é conferida pela Constituição Federal em caráter indelegável e pleno à União, aos Estados, ao Distrito Federal e aos Municípios, a **capacidade tributária ativa** compreende as funções de arrecadar e fiscalizar os tributos e pode ser delegada a outras pessoas jurídicas de direito público (CTN, art. 7º).

Alternativa "b": incorreta. A atribuição da função de arrecadar tributos pode ser revogada, a qualquer tempo, por ato unilateral da pessoa jurídica de direito público que a tenha conferido (CTN, art. 7º, § 2º).

Alternativa "c": incorreta. Na verdade, a atribuição da função de fiscalizar tributos compreende as garantias e os privilégios processuais que competem à pessoa jurídica de direito público que a conferir (CTN, art. 7º, § 1º).

Alternativa "d": errada. O não exercício da competência tributária não a defere à pessoa jurídica de direito público diversa daquela a que a Constituição a tenha atribuído (CTN, art. 8º).

03. **(Analista Judiciário – Área Judiciária – TRF 2ª região/ 2007 – FCC)** No que diz respeito às taxas é certo que,

a) é facultativa e também leva em conta a realização de obra ou serviço público, de que decorra valorização imobiliária.

b) seu fato gerador poderá ser uma situação independente de qualquer atividade estatal específica.

c) podem, em certos casos, ter base de cálculos idêntica a dos impostos, e ser calculadas em função do capital das empresas.

d) tem como fato gerador, além de outros elementos, o exercício regular do Poder de Polícia.

e) sua hipótese de incidência não é vinculada, salvo quando criada no caso de investimento público urgente e de relevante interesse estatal.

COMENTÁRIOS

A taxa é um tributo de natureza vinculada porque sempre é devida em razão de uma atividade estatal específica relativa ao contribuinte (fato do Estado), destinando-se o produto da sua arrecadação ao financiamento da atividade a que se refere, que pode ser um serviço público ou o exercício regular do poder de polícia.

Alternativa correta: letra "d": como tributo de natureza vinculada, a taxa pode ser instituída em razão do exercício regular do poder de polícia (CF, art. 145, II), isto é, a restrição de liberdades individuais em prol da coletividade, desempenhado por autoridade competente e nos limites da legalidade, sem abuso ou desvio de poder, como, por exemplo, as taxas cobradas pela expedição de licenças ambientais em prol de um meio ambiente saudável ou a concessão de porte de armas com vistas à preservação da segurança pública.

Alternativa "a": apresenta dois equívocos. O primeiro refere-se ao caráter compulsório da taxa (Súmula 545 do STF) e não facultativo como constou na redação da alternativa. Por outro lado, o tributo que decorre da realização de obras públicas que ensejam valorização imobiliária é a contribuição de melhoria (CF, art. 145, III). Este é o segundo equívoco da alternativa.

Alternativa "b": o tributo cuja obrigação tem por fato gerador uma situação independente de qualquer atividade estatal específica relativa ao contribuinte é o **imposto** (CTN, art. 16) e não a taxa. Alternativa incorreta.

Alternativa "c": incorreta. Nos termos do artigo 145, § 2º, da CF, taxas **não** poderão ter base de cálculo própria de impostos.

Alternativa "e": incorreta. "O Supremo vem ajustando sua jurisprudência no sentido de admitir a vinculação do produto de arrecadação de taxas... a instituições públicas e ao próprio Poder Judiciário" (STF, ADI 3028). Ainda, o tributo cabível para o caso de investimento público de caráter urgente e de relevante interesse nacional é o empréstimo compulsório (CF, art. 148, II) e não a taxa.

04. (Analista Judiciário - Execução de Mandados - TRF 2ª região/ 2012 - FCC) Tendo em vista as espécies tributárias e as limitações ao poder de tributar, analise:

I. Para a determinação da espécie tributária, são relevantes ou imprescindíveis a denominação do tributo, sua característica formal ou a destinação legal do produto da arrecadação.

II. A bitributação exprime a exigência da mesma imposição fiscal por duas vezes e a expressão *bis in idem* significa tributo repetido sobre a mesma coisa, isto é, exigência de um imposto duas vezes.

III. As contribuições para a Previdência Social e para o Fundo de Garantia do Tempo de Serviço, dentre outras, é de natureza tributária, aplicando-se-lhes as normas gerais de Direito Tributário na sua cobrança e instituição.

Nesses casos, está correto SOMENTE o que consta em:

a) II.

b) I e II.

c) I e III.

d) II e III.

e) I.

COMENTÁRIOS

Após apreciação de recursos interpostos pelos candidatos, a banca examinadora alterou o gabarito da letra "d" (provisório) para a letra "a" (definitivo).

Alternativa correta: letra "a".

Item I: incorreto. Ao contrário do que afirma o examinador, para a determinação da espécie tributária, são **irrelevantes** a denominação do tributo, sua característica formal ou a destinação legal do produto da arrecadação (CTN, art. 4º, I e II).

Item II: correto. O que afirma o examinador está coerente com a doutrina a respeito da matéria. Nesse sentido, o entendimento de Eduardo Sabbag (*In:* SABBAG, Eduardo. *Manual de Direito Tributário.* 6ª ed. São Paulo: Saraiva, 2014, páginas 409/410).

Item III: incorreto. Inicialmente considerado correto pela banca, esse item informa que a contribuição para o FGTS teria natureza tributária. Todavia, essa afirmação peca pela generalidade e por deixar o examinador de considerar a distinção que se deve fazer entre o depósito mensal que o empregador realiza na conta vinculada do empregado, cuja natureza é trabalhista (vide Súmula 353 do STJ), da contribuição social instituída pela Lei Complementar 110/2001. Esta última é devida em caso de despedida sem justa causa, à razão de 10% sobre o montante de todos os depósitos devidos, referentes ao FGTS, durante a vigência do contrato de trabalho, possuindo natureza tributária, conforme entendimento do Supremo Tribunal Federal (STF – ADI 2556/DF, rel. Min. Joaquim Barbosa, 13.6.2012; ADI 2568/DF, rel. Min. Joaquim Barbosa, 13.6.2012).

05. **(Analista Judiciário – Execução de Mandados – TRF 3ª região/ 2007 – FCC)** As contribuições sociais e de intervenção no domínio econômico instituídas por competência exclusiva da União

a) incidirão sobre as receitas decorrentes de exportação.

b) poderão ter alíquotas específicas, tendo por base a unidade de medida adotada.

c) não incidirão sobre a importação de produtos estrangeiros ou serviços.

d) não poderão ter alíquotas, tendo por base no caso de importação, o valor aduaneiro.

e) não poderão ter alíquotas *ad valorem*, tendo por base o faturamento, a receita bruta ou o valor da operação.

COMENTÁRIOS

As contribuições sociais e de intervenção no domínio econômico, como tributos da espécie contribuição, caracterizam-se por ter finalidade prevista na CF e por não possuírem caráter contraprestacional. Significa dizer que são tributos não vinculados, isto é, que não possuem como hipótese de incidência uma atividade estatal específica relativa ao contribuinte, como é o serviço público na taxa ou a obra pública na contribuição de melhoria.

Alternativa correta: letra "b": reproduz, *ipsis literis*, o teor do art. 149, § 2º, inciso III, alínea "b" da Constituição Federal.

Alternativa "a": as contribuições sociais e de intervenção no domínio econômico não incidirão sobre as receitas decorrentes de exportação, imunidade prevista no artigo 149, § 2º, inciso I, da CF. Portanto, a afirmativa de que incidirão está incorreta.

Alternativa "c": a hipótese de incidência das contribuições sociais e de intervenção no domínio econômico sobre a importação de produtos estrangeiros ou serviços está expressamente prevista no artigo 149, § 2º, inciso II, da CF. Portanto, alternativa incorreta.

Alternativas "d" e "e": as mencionadas contribuições poderão ter alíquotas *ad valorem* (percentual sobre a base de cálculo) ou específicas (quantidade determinada em função de unidade de medida estabelecida por lei), nos termos do art. 149, incisos II e III, e § 2º, da CF. Alternativa incorreta.

2. QUESTÕES DE CONCURSO

01. **(Analista Judiciário – Execução de Mandados – TRF 2ª região/ 2007 – FCC)** Pertencem aos Municípios, dentre outros, o produto da arrecadação dos seguintes impostos: imposto do Estado sobre a propriedade de veículos automotores licenciados em seu território; imposto do Estado sobre operações relativas à circulação de mercadorias e sobre prestações de serviços de transporte interestadual e intermunicipal e de comunicação, respectivamente, na seguinte proporção:

a) vinte e cinco por cento; e cinquenta por cento.

b) trinta e cinco por cento; e quarenta e cinco por cento.

c) quarenta e sete por cento; e vinte e três por cento.

d) cinquenta por cento; e trinta e cinco por cento.

e) cinquenta por cento; e vinte e cinco por cento.

02. **(Analista Judiciário – Execução de Mandados – TRF 2ª região/ 2012 – FCC)** Em relação às taxas, é correto afirmar:

a) Para ser cobrada pelo Distrito Federal, dentre outras esferas da organização político-administrativa, no âmbito de suas respectivas atribuições, seu fato gerador é também o exercício do poder de polícia.

b) A competência residual permite a cobrança da taxa com base de cálculo idêntica à dos impostos, ou cuja base de cálculo esteja em função do capital das empresas.

c) Esse tributo pode ter como fato gerador a prestação de um serviço público, indivisível e efetivo, mas não aquele colocado à disposição do contribuinte, ainda que de uso compulsório.

d) O referido tributo independe de uma atuação estatal, como o exercício do poder de polícia da Administração Pública federal, estadual ou municipal.

e) É classificada entre os tributos não-vinculados e indiretos, confundindo-se, de regra, com os preços públicos.

03. **(Analista Judiciário – Área Judiciária – TRF 2ª região/ 2012 – FCC)** Analise:

I. 20% (vinte por cento) do produto da arrecadação do imposto que a União pode instituir no exercício de sua competência tributária residual.

II. 25% (vinte e cinco por cento) do produto da arrecadação do imposto do Estado sobre operações relativas à circulação de mercadorias e sobre prestação de serviços de transporte interestadual e intermunicipal e de comunicação.

Para os fins da repartição das receitas tributárias, esses percentuais são pertencentes, dentre as esferas de organização político-administrativa, respectivamente,

a) ao Distrito Federal e à União.
b) aos Estados e à União.
c) aos Municípios e ao Distrito Federal.
d) aos Municípios e à União.
e) aos Estados e aos Municípios.

04. **(FCC – Auditor Fiscal Tributário Municipal – SP/2007)** Relativamente à competência tributária e às funções de arrecadação e fiscalização, é correto afirmar que

a) ambas sempre são delegáveis, dependendo de lei complementar federal.
b) a competência é delegável de uma pessoa jurídica de direito público para outra, mas a atribuição das funções de arrecadação e de fiscalização é indelegável.
c) a competência é indelegável de uma pessoa jurídica de direito público para outra, mas a atribuição das funções de arrecadação e de fiscalização é delegável.
d) tanto a competência como a atribuição das funções de arrecadação e de fiscalização são indelegáveis de uma pessoa jurídica de direito público para outra.
e) tanto a competência como a atribuição das funções de arrecadação e de fiscalização são delegáveis de uma pessoa jurídica de direito público para outra.

05. **(Analista Judiciário – Área Judiciária – TRF 5ª região/ 2008 – FCC)** No que diz respeito à repartição das receitas tributárias, é certo que

a) pertencem aos Municípios trinta e cinco por cento do produto da arrecadação do imposto do Estado sobre operações relativas à circulação de mercadorias e sobre prestação de serviços de transporte interestadual e intermunicipal.

b) pertencem aos Estados, ao Distrito Federal e Municípios, vinte e cinco por cento do produto da arrecadação do imposto que a União instituir no exercício da sua competência tributária residual.

c) a nenhuma unidade federada poderá ser destinada parcela superior a quinze por cento do montante a que se refere a partilha do produto da arrecadação do imposto sobre produtos industrializados, vedada a distribuição excedente.

d) a União entregará, do produto da arrecadação do imposto sobre produtos industrializados, dez por cento aos Estados e ao Distrito Federal, proporcionalmente ao valor das respectivas exportações de produtos industrializados.

e) a União entregará, do produto da arrecadação de intervenção no domínio econômico, relativamente às atividades de comercialização de petróleo e seus derivados, vinte por cento para os Estados, Distrito Federal e Municípios.

06. **(FCC – Auditor Fiscal Tributário Municipal – SP/2012)** Projeto de lei estadual, no intuito de fiscalizar a pesca esportiva no rio Piracicaba, foi enviado à Assembleia Legislativa, propondo a criação da Taxa de Fiscalização de Pesca do Rio Piracicaba, como meio de custear aparato fiscalizador estadual das atividades de pesca do referido rio. Tendo em vista que os benefícios trazidos por tal fiscalização atingiriam toda a população das cidades ribeirinhas, o projeto de lei em questão propunha que a base de cálculo da taxa pelo exercício do poder de polícia sobre a pesca esportiva fosse o valor venal dos imóveis localizados no perímetro urbano das cidades, desde que esses imóveis se encontrassem na zona limítrofe do rio Piracicaba, até a distância máxima de 10 km. O projeto de lei não foi aprovado pela Assembleia Legislativa, tendo sido arquivado, sob o fundamento de inconstitucionalidade.

Com base na situação descrita acima, é correto afirmar:

a) Como a competência para instituir taxas pelo exercício do poder de polícia é exclusiva dos municípios, o projeto de lei deveria ser municipal.

b) A taxa não pode ter base de cálculo idêntica à que corresponda a imposto.

c) A espécie tributária a ser criada deveria ser uma contribuição de melhoria, e não uma taxa pelo exercício do poder de polícia, tendo em vista os benefícios trazidos pela fiscalização da pesca às cidades ribeirinhas.

d) A espécie tributária a ser criada deveria ser um imposto estadual com base de cálculo idêntica à do IPTU, e não uma taxa pelo exercício do poder de polícia.

e) Nas circunstâncias descritas e pela relevância social do projeto de lei proposto, somente a União teria competência para instituir um imposto extraordinário, com a mesma finalidade e com a mesma base de cálculo do IPTU.

07. **(FCC – Auditor Fiscal Tributário Municipal – SP/2012)** A realização de obras públicas, que transformaram uma região anteriormente pantanosa em um belo e aprazível parque, ocasionou a valorização da maior parte dos imóveis localizados em suas proximidades, da seguinte maneira:

- o imóvel "A", que valia R$ 4.000.000,00 antes das obras, teve fator de absorção do benefício de valorização de 200%, passando a valer R$ 12.000.000,00.
- o imóvel "B", que valia R$ 3.000.000,00 antes das obras, teve fator de absorção do benefício da valorização de 100%, passando a valer R$ 6.000.000,00.
- o imóvel "C", que valia R$ 2.000.000,00 antes das obras, teve fator de absorção do benefício da valorização de 50%, passando a valer R$ 3.000.000,00.
- o imóvel "D" não teve valorização alguma em decorrência das obras realizadas.

Obs.: Todos os quatro imóveis têm a mesma área de terreno e o que determinou a diferença nos fatores de absorção do benefício da valorização foram elementos alheios à dimensão do terreno.

O custo total da obra foi orçado em R$ 6.000.000,00 e a referida contribuição deverá custeá-la integralmente.

Com base nessas informações e considerando que o município em questão editou lei ordinária estabelecendo a cobrança de contribuição de melhoria para fazer face ao custo dessa obra, é correto afirmar que:

a) os proprietários dos imóveis "A", "B", "C" e "D" deverão pagar contribuição de melhoria, pois estão na zona beneficiada.

b) os proprietários dos imóveis "A", "B" e "C" deverão pagar contribuição de melhoria, desde que a fixação das bases de cálculo e dos fatos geradores respectivos sejam estabelecidos por lei complementar.

c) os proprietários dos imóveis "A", "B" e "C", que tiveram seus imóveis efetivamente valorizados com a obra, deverão ratear integralmente o valor de custo da obra, com base na área do terreno de cada um deles, cabendo a cada um o valor de R$ 2.000.000,00.

d) a municipalidade poderá exigir, cumulativamente, de todos os quatro proprietários, contribuição de melhoria em valor igual ao da valorização de seus respectivos imóveis, cabendo ao imóvel "A" pagar R$ 8.000.000,00, ao imóvel "B" pagar R$ 3.000.000,00, ao imóvel "C" pagar R$ 1.000.000,00 e não cabendo nada a "D", perfazendo um total de R$ 12.000.000,00.

e) a municipalidade poderá exigir do proprietário do imóvel "C" contribuição de melhoria no valor de R$ 500.000,00, mesmo que seu imóvel tenha sido valorizado em R$ 1.000.000,00, desde que o limite total da exigência referente ao custo da obra não ultrapasse R$ 6.000.000,00.

08.(FDC – Auditor Fiscal de Tributos Municipais – BH/2012) Constitui competência comum da União, dos Estados, dos Municípios e do Distrito Federal instituir:

a) impostos extraordinários na iminência ou em caso de guerra externa
b) imposto de competência privativa de outro ente federativo
c) contribuições previdenciárias dos servidores públicos
d) impostos não previstos no elenco constitucional
e) impostos municipais dos Territórios

09. (CESPE - STJ - Analista Judiciário / 2018) À luz das disposições do Código Tributário Nacional (CTN), julgue o item a seguir.

As taxas necessariamente têm como fato gerador o exercício do poder de polícia pelo sujeito ativo da relação tributária.

10. (Procurador do Município – Prefeitura Teresina-PI/2010 – FCC) A partir do conceito legal de tributo, é possível afirmar que a multa NÃO é espécie de tributo porque o tributo

a) tem que ser instituído mediante lei, ao passo que a multa não se reveste desta obrigatoriedade.
b) é cobrado mediante atividade administrativa vinculada, enquanto a multa pode ser aplicada de forma discricionária pelo poder público.
c) não é sanção por ato ilícito e a multa é sanção pecuniária por prática de ato ilícito.
d) é prestação pecuniária compulsória, ao passo que a aplicação da multa não é compulsória, dependendo de condenação administrativa.
e) pode ser objeto de compensação, anistia e remissão, ao contrário da multa, que só pode ser objeto de anistia.

11. (FGV – ISS-CUIABÁ – 2016) Em relação à incidência do Imposto sobre Circulação de Mercadorias e Serviços (ICMS) sobre operações interestaduais de exportação e importação, analise as afirmativas a seguir.

I. Cabe ao Senado Federal, por meio de Resolução, estabelecer as alíquotas do ICMS aplicáveis às operações e prestações, interestaduais e de exportação.

II. Nas operações interestaduais que destinam bens a consumidor final, será aplicada a alíquota interna do Estado, quando o destinatário for contribuinte do ICMS.

III. Incide ICMS sobre a entrada de bens importados por pessoa física, qualquer que seja sua finalidade.

Assinale:

a) se somente a afirmativa II estiver correta.

b) se somente as afirmativas I e III estiverem corretas.

c) se somente as afirmativas I e II estiverem corretas.

d) se somente as afirmativas II e III estiverem corretas.

e) se todas as afirmativas estiverem corretas.

12. **(FCC – PROCURADOR MUNICIPAL – SÃO LUIS/MA – 2016)** Um Município brasileiro publicou matéria, no periódico local, esclarecendo aos munícipes de que a Secretaria Municipal de Finanças efetivamente fiscaliza e cobra o IPTU referente à totalidade dos imóveis localizados em seu território, e que, também, já há 6 anos, optou por fiscalizar e cobrar o ITR de todos os imóveis que se localizam nesse território, sem proporcionar qualquer redução deste último imposto, bem como sem promover qualquer forma de renúncia fiscal.

O mesmo periódico, em matéria recentemente publicada, informou que o referido Município é um dos campeões de arrecadação do ICMS, do IPVA, do ITCD, do ISSQN, do IPTU e do ITBI em seu Estado.

Com base nas normas da Constituição Federal acerca da repartição de receitas tributárias, a esse Município pertencem

a) 50% da receita do IPTU e 25% da receita do ITCD.

b) 25% da receita do IPVA e 50% da receita do ITR.

c) 50% da receita do IPVA e 25% da receita do ICMS.

d) 100% da receita do ITR, 50% da receita do ITCD e 25% da receita do ICMS.

e) 90% da receita do ISSQN e 50% da receita do ITBI.

13. **(Consulplan – Analista Judiciário – TRF2/2017)** "No Estado Beta da Federação foi editada lei que dispõe em seu Artigo 4º que 2% do valor dos emolumentos relativos aos atos praticados pelos cartórios de notas serão destinados à Caixa de Assistência dos Advogados do Estado e 2% à Associação dos Magistrados do Estado. Há dúvida, do tabelião de notas, sobre a constitucionalidade deste dispositivo." Consultado a respeito, é correto afirmar que:

a) É válida a destinação dos emolumentos, espécie de tributo parafiscal, para instituição pública, não privada.

b) É válido o conteúdo deste artigo, sendo emolumentos espécie de preço público, que pode ser regulado por lei.

c) É inconstitucional a destinação dos emolumentos, espécie de taxa, para órgão privado, por ferir o princípio da isonomia.

d) É inconstitucional o dispositivo, uma vez que os emolumentos são espécie de contribuição, cuja destinação é somente a de remunerar o serviço prestado.

14. **(Consulplan – Analista Judiciário – TRF2/2017)** A competência tributária plena diz respeito à criação de tributos, edição de normas tributárias, administração e julgamento de tributos. Com relação à competência tributária assinale a única alternativa que contempla duas assertivas corretas em que a segunda completa o sentido da primeira.

a) A competência tributária é indelegável. Assim sendo, a execução das leis, atos ou decisões administrativas em matéria tributária não pode ser conferida por uma pessoa jurídica de direito público a outra.
b) Os municípios têm competência tributária sujeita à lei complementar no que concerne às normas gerais de direito tributário. No que diz respeito ao interesse local, contudo, têm competência concorrente plena.
c) A competência tributária dos Estados é limitada. Isto ocorre porque se submete aos limites da lei complementar federal e fica jungida ao poder federal quando a questão a julgar exceder o âmbito puramente regional.
d) A competência tributária é parcela do poder de tributar conferida pela Constituição a cada ente político, para criar tributos. Desta forma, como os territórios são entes políticos, têm competência tributária para instituir impostos municipais.

15. **(TRF 4 – Juiz Federal Substituto 4ª região/2016)** Assinale a alternativa correta.

(a) O imposto sobre produtos industrializados, segundo a Constituição Federal, será seletivo, em função da essencialidade do produto, não cumulativo, compensando-se o que for devido em cada operação com o montante cobrado nas anteriores, salvo em relação às empresas optantes pelo lucro presumido, e não incidirá sobre produtos industrializados destinados ao exterior.
(b) O imposto sobre a propriedade territorial rural será progressivo, terá suas alíquotas fixadas de forma a desestimular a manutenção de propriedades improdutivas, não incidirá sobre pequenas glebas rurais, definidas em lei, quando as explore o proprietário que não possua outro imóvel e será fiscalizado e cobrado pelos Municípios que assim optarem, na forma da lei, desde que não implique redução do imposto ou qualquer outra forma de renúncia fiscal.
(c) A instituição de imposto inominado, de competência residual da União, poderá ocorrer mediante lei complementar ou ordinária, desde que seja não cumulativo e não tenha fato gerador ou base de cálculo próprios dos discriminados na Constituição Federal.

(d) A União, na iminência ou nos casos de guerra externa ou de grave comoção intestina, poderá instituir impostos extraordinários, compreendidos ou não em sua competência tributária, os quais serão suprimidos, gradativamente, cessadas as causas de sua criação.

(e) Todas as alternativas anteriores estão incorretas.

GABARITO		
Questão	**Resposta**	**Fundamentação**
01	E	CF, art. 158, III e IV
02	A	CF, art. 145, II
03	E	CF, arts. 157, II e 158, IV
04	C	CTN, art. 7º
05	D	CF, art. 159, II
06	B	CF, art. 145, § 2º
07	E	CTN, art. 81
08	C	CF, arts. 40 e 149, § 1º
09	Errado	CF, art. 145, II
10	C	CTN, art. 3º
11	B	CF, art. 155, § 2º, IV, VII e IX, "a"
12	C	CF, art. 158, III e IV
13	C	STF, ADI 1145
14	C	CF, art. 24, § 1º a § 4º e art. 146, III
15	B	CF, art. 153, § 4º

3. QUESTÕES DISSERTATIVAS E ESTUDOS DE CASOS

QUESTÃO DISSERTATIVA 01:

Disserte sobre a possibilidade (ou não) de incidência de ICMS sobre o fornecimento de água encanada por concessionária de serviço público.

***Resposta sugerida pelos autores*[1]:**

A polêmica em torno do tema já foi apreciada pelo STF através do julgamento de recurso extraordinário com repercussão geral (RE 607.056/RJ). No mérito, o STF

1. Nas respostas dadas aqui serão indicados trechos normativos ou precedentes jurisprudenciais, mas na prova não há necessidade dessa indicação, salvo quando expressamente previsto no edital do concurso.

afirmou que a água canalizada, por não se enquadrar no conceito de mercadoria, não é passível de comercialização, e sim prestação de serviço. Portanto, ocorre a "não incidência" de mercadoria, por ausência de fato gerador. O STF asseverou que as águas em estado natural são bens públicos e só podem ser exploradas por particulares mediante concessão, permissão ou autorização. Nesse sentido, o fornecimento de água tratada à população por empresas concessionárias, permissionárias ou autorizadas não se caracteriza como uma operação de circulação de mercadoria.

QUESTÃO DISSERTATIVA 02:

Na hipótese de criação, pela União, de um território federal, sem subdivisão em municípios, esclareça se poderão ser instituídos os impostos estaduais e municipais, indicando as respectivas competências tributárias.

Resposta sugerida pelos autores:

O artigo 147 da CF/88 estipula que "competem à **União, em Território Federal**, os impostos estaduais e, **se o Território não for dividido em Municípios, cumulativamente, os impostos municipais**; ao Distrito Federal cabem os impostos municipais". Portanto, a primeira parte do *caput* do referido artigo é categórico ao indicar que, na hipótese de se criar um território federal não subdividido em municípios, a competência tributária para instituição dos impostos estaduais e também dos impostos municipais é da União.

ESTUDO DE CASO 01:

O Estado Y publicou lei disciplinando as custas judiciais, concedendo isenção a todos os servidores públicos. Diante desse cenário:

a) A cobrança das custas judiciais pode ocorrer por meio de taxa?

b) É legítima a isenção de custas judiciais concedida aos servidores públicos?

Resposta sugerida pelos autores:

a) Sim, a cobrança das custas judiciais materializa-se na espécie tributária **taxa**, haja vista que remuneram serviço público específico e divisível (CF, art. 145, II).

b) Não. A isonomia real é uma limitação ao poder de tributar. O Princípio da Isonomia Tributária está previsto no artigo 150, inciso II, da CF/88, segundo o qual é vedado aos entes federativos "instituir tratamento desigual entre contribuintes que se encontrem em situação equivalente, proibida qualquer distinção em razão de ocupação profissional ou função por eles exercida, independentemente da denominação jurídica dos rendimentos, títulos ou direitos". Assim, a concessão de um benefício fiscal (isenção) para um determinado grupo profissional (servidores públicos), em razão da função por eles exercidas (serviço público), nitidamente configura uma violação ao Princípio da Igualdade Tributária.

ESTUDO DE CASO 02:

Em janeiro de 2017, a pessoa jurídica NONONO Ltda, com sede no Município "X", prestou serviço de corte e poda de árvores no Município "Y" e não recolheu o Imposto sobre Serviços de Qualquer Natureza (ISS). No entanto, em março do mesmo ano, a empresa de jardinagem foi surpreendida com a cobrança administrativa do ISS por ambos os Municípios. No caso, para qual município o ISS é devido?

Resposta sugerida pelos autores:

Em regra, o serviço considera-se prestado e o ISS devido no "local do estabelecimento prestador ou, na falta do estabelecimento, no local do domicílio do prestador" (LC 116/2003, art. 3º). Entretanto, o citado dispositivo legal prevê uma série de exceções a essa regra, fixando que o ISS será devido no local da execução do serviço, como é o caso da prestação dos serviços de corte e poda de árvores (LC 116/2003, item 7.11 da lista de serviços anexa c/c art. 3º, VIII). Portanto, no caso, o ISS será devido para o município "Y", onde foi executado o serviço.

CAPÍTULO III

PRINCÍPIOS TRIBUTÁRIOS

1. OS PRINCÍPIOS COMO LIMITAÇÕES AO PODER DE TRIBUTAR

No capítulo do Sistema Tributário Nacional, a CF dispõe sobre as **limitações ao poder de tributar**, normas constitucionais que impõem limites ao exercício das competências tributárias. Compreendem os **princípios constitucionais tributários** e as **imunidades tributárias.**

> ATENÇÃO:
>
> **Princípios tributários** são normas de posição premente e observância em todos os quadrantes da ordem jurídica tributária, que veiculam valores fundamentais do sistema tributário nacional.

No campo dos princípios, são veiculados os **princípios constitucionais tributários gerais**, aplicáveis a tributos em geral, e os **princípios constitucionais tributários específicos**, que dizem respeito a tributos determinados.

Porém, nem todas as limitações estão contidas no capítulo constitucional do Sistema Tributário Nacional. Embora o sistema jurídico-tributário esteja todo estruturado a partir das normas e princípios constitucionais, as limitações ao poder de tributar são estabelecidas na Constituição "sem prejuízo de outras garantias asseguradas ao contribuinte" (CF, art. 150, *caput*), que podem vir perfeitamente estabelecidas na legislação infraconstitucional. É assim que a lei complementar, ao regular as limitações constitucionais ao poder de tributar (CF, art. 146, II), aprofunda as limitações visando à consecução dos princípios estabelecidos na Constituição. É o que acontece, por exemplo, quando o legislador, no artigo 97 do CTN, ao regular o princípio da legalidade (CF, art. 150, I), além da instituição ou majoração de tributos, estabelece outras matérias que somente poderão ser regidas por lei.

> ATENÇÃO:
>
> A Lei 12.741/2012 dispõe sobre as medidas de esclarecimento ao consumidor, de que trata o § 5º do artigo 150 da Constituição Federal. Em linhas gerais, por ocasião da venda ao consumidor de mercadorias e serviços, em todo território nacional, deverá constar, dos documentos fiscais emitidos ou equivalentes, a informação do valor aproximado correspondente à totalidade dos tributos federais, estaduais e municipais, cuja incidência influi na formação dos respectivos preços de venda.

2. PRINCÍPIO DA LEGALIDADE

Pelo princípio constitucional da **legalidade** (CF, art. 150, I) é vedada a exigência ou aumento de tributo sem que isso seja estabelecido em lei. O princípio reflete no conceito legal de tributo, quando é caracterizado como uma prestação "instituída em lei", devendo-se entender, à vista da dicção do texto constitucional, que a exigência é de: **1º)** lei em sentido estrito, assim compreendida aquela emanada do Poder Legislativo; **2º)** lei ordinária, somente se exigindo a lei complementar em relação a tributos especificamente discriminados na Constituição.

> ATENÇÃO:
>
> Da aplicação do princípio da legalidade (CF, art. 150, I) combinada com o princípio implícito da reserva à lei complementar, resulta que: i) em regra, os tributos devem ser instituídos por lei ordinária; ii) quando houver expressa previsão constitucional, o tributo será instituído por lei complementar, o que ocorre com o empréstimo compulsório (CF, art. 148), o imposto sobre grandes fortunas (CF, art. 153, VII) e os impostos e contribuições de competência residual da União (CF, arts. 154, I e 195, § 4º).

Por outro lado, se apenas a lei pode exigir ou aumentar tributos e, também, só uma lei revoga ou altera outra lei, logicamente, apenas a lei pode extinguir ou reduzir um tributo (CTN, arts. 97, I e II).

Excepcionalmente, é possível a alteração de carga tributária por ato do Poder Executivo, o que decorre de **amenizações ao princípio da legalidade** previstas na Constituição, relativas a tributos já antes instituídos por lei. São elas:

- **a alteração de alíquotas** dos seguintes **impostos extrafiscais**: Imposto de Importação • II, Imposto de Exportação • IE, Imposto Sobre Produtos Industrializados • IPI e Imposto sobre Operações Financeiras • IOF (CF, art. 153, § 1º);
- **redução e restabelecimento** da **CIDE-combustível** (CF, art. 177, § 4º, I, "b") e do **ICMS-combustível monofásico** (CF, art. 155, § 4º, IV, "c").

Portanto, a majoração de tributos por decreto, resolução ou outro ato normativo do Poder Executivo constitui uma exceção e não uma regra. E, nesse ponto, cabe acrescentar que essa faculdade dos entes federativos não é incondicional, dependendo de que sejam **atendidas as condições e os limites estabelecidos em lei** (CF, art. 153, § 1º).

> ATENÇÃO:
>
> Quando o § 1º, do artigo 153, da CF faculta ao Poder Executivo, atendidas as condições e os limites estabelecidos em lei, alterar as alíquotas dos impostos que

enumera, não faz a exigência de que as alterações de alíquotas sejam feitas por decreto do Presidente da República, pois faz referência a Poder Executivo e não ao seu Chefe de Poder. Nesse sentido é que a jurisprudência do STF admite que: "Não há inconstitucionalidade na fixação de alíquota de Imposto de Exportação (IE) de produtos nacionais ou nacionalizados por meio de resolução da Câmara de Comércio Exterior (Camex)" (STF, RE 570680).

Retomando um aspecto inicialmente considerado, é consenso doutrinário e jurisprudencial a interpretação do princípio da legalidade (CF, art. 150, I), segundo a qual os tributos, como **regra**, devem ser instituídos por **lei ordinária.** Há apenas quatro **exceções constitucionais em que há exigência de lei complementar**, que são o **Empréstimo Compulsório** (CF, art. 148), o **IGF** – Imposto sobre Grandes Fortunas (CF, art. 153, VII), os **impostos de competência residual da União** (CF, art. 154, I) e as **contribuições sociais para custeio da Seguridade Social residuais** (CF, art. 195, § 4º). Logo, **não** é necessária lei complementar para instituição de outros impostos, taxas e contribuições.

Dessa forma, considerando-se a regra, as exceções e os tributos reservados à lei complementar, a matriz constitucional do princípio da legalidade pode ser esquematizada da seguinte forma:

Regra	Exceções / mitigações		
Lei ordinária	**Exceções: Lei complementar**	**Mitigações: Admitem alteração de alíquota por ato do Poder Executivo**	**Mitigações: Admitem redução e restabelecimento de alíquotas por ato do Poder Executivo**
	IGF Empréstimo compulsório Impostos residuais Contribuições residuais	II IE IPI IOF	CIDE – Combustível ICMS – Combustível monofásico

Como já enfatizado, no plano infraconstitucional, **o princípio da legalidade é regulado pelo artigo 97 do CTN**, segundo o qual, somente a lei pode estabelecer: I – a instituição de tributos, ou a sua extinção; II – a majoração de tributos, ou sua redução; III – a definição do fato gerador da obrigação tributária principal, e do seu sujeito passivo; IV – a fixação de alíquota do tributo e da sua base de cálculo; V – a cominação de penalidades para as ações ou omissões contrárias a seus dispositivos, ou para outras infrações nela definidas; VI – as hipóteses de exclusão, suspensão e extinção de créditos tributários, ou de dispensa ou redução de penalidades. Daí porque, por exemplo, as multas, que são penalidades por infrações à legislação tributária, **não** podem ser instituídas através de decreto do chefe do Poder Executivo.

Cabe ressaltar que são elementos fundamentais de uma norma instituidora de tributos: fato gerador, sujeito passivo, alíquota e base de cálculo. Ao prever que a lei tributária deve descrever esses elementos (definir/fixar), o artigo 97 do CTN consagra o que a doutrina chama de princípio da **estrita legalidade** ou princípio da **tipicidade cerrada.**

O artigo 97 faz ressalvas aos artigos 21, 26, 39, 57 e 65 em relação à majoração, redução, fixação de alíquota e base de cálculo (incisos II e IV), bem como ao inciso I do § 3º do artigo 52. Algumas dessas ressalvas não foram recepcionadas pela CF de 1988. Por essa razão, deve-se considerar como amenizações ao princípio da legalidade aquelas previstas na CF, conforme aqui já ventilado anteriormente.

Ainda no plano do CTN, **não se considera majoração de tributo a atualização do valor monetário da respectiva base de cálculo** (CTN, art. 97, § 2º), de modo que não está presente a exigência de lei em caso de mera aplicação de correção monetária com base em índices oficiais. Por outro lado, **depende de lei** a aplicação de qualquer índice acima dos oficiais de correção monetária, isto é, fora dos parâmetros inflacionários, bem como qualquer outra **alteração da base de cálculo que importe em tornar o tributo mais oneroso** (CF, art. 97, § 1º).

3. PRINCÍPIO DA ISONOMIA

À luz do **princípio da isonomia tributária** (CF, art. 150, II), **é vedado aos entes federativos instituir tratamento desigual entre contribuintes que se encontrem em situação equivalente**, proibida qualquer distinção em razão de ocupação profissional ou função por eles exercida, independentemente da denominação jurídica dos rendimentos, títulos ou direitos.

Na clássica lição do jurista Celso Antônio Bandeira de Melo (MELO, Celso Antonio Bandeira de. *O conteúdo jurídico do princípio da igualdade*. 3ª ed. São Paulo: Malheiros, 2012), em matéria de isonomia, para que um tratamento diferenciado seja justificado, o elemento discriminatório eleito pelo legislador deve ser lógico e razoável. Assim também se perfaz a observância ao princípio da isonomia tributária (CF, art. 150, II). Contribuintes em situações equivalentes podem ser tratados de forma distinta de contribuintes que a eles não se igualam, desde que o elemento discriminatório (fator de desigualação) seja coerente com justificativas lógicas e razoáveis, contexto em que se inserem o interesse ou a conveniência pública na aplicação da regra da capacidade contributiva e o incentivo de determinadas atividades de interesse do Estado.

Também a concessão de isenções ou a incidência tributária menos gravosa para contribuintes de menor capacidade contributiva guarda plena consonância com o princípio da isonomia, pois representa um tratamento diferenciado para contribuintes com a característica comum de possuírem menor porte econômico. O que não seria possível é que as citadas benesses atingissem determinados contribuintes nessas situações, deixando de beneficiar outros em condições equivalentes.

Por outro lado, de acordo com a jurisprudência do STF, não é possível acrescentar exemplos à lei com base no princípio da isonomia, razão pela qual não é lícito ao Poder Judiciário conceder a extensão de um benefício fiscal a contribuinte não contemplado na lei, sob pena de incorrer-se em ofensa ao princípio da separação dos poderes (RE 405579 – Pleno – Rel. Min. Joaquim Barbosa – julg. 01/12/2010).

Sobre o tema isonomia tributária não são poucas as decisões do STF que, pelo caráter notável, são veiculadas na seção **A Constituição e o Supremo** do *site* do Tribunal, cujas orientações jurisprudenciais são muito cobradas em concursos públicos. A seguir, as sínteses de algumas decisões marcantes:

- Não fere o princípio da isonomia tributária sobrecarregar os bancos comerciais e as entidades financeiras no tocante à contribuição previdenciária sobre a folha de salários. O argumento do STF é que há previsão expressa do artigo 195, § 9º, implementado pela Emenda Constitucional 20/98, de que as contribuições previdenciárias poderão ter alíquotas ou bases de cálculo diferenciadas, em razão da atividade econômica, da utilização intensiva de mão-de-obra, do porte da empresa ou da condição estrutural do mercado de trabalho, ou seja, para contribuintes que não estão em situações equivalentes (STF – AC 1109 MC/SP – Pleno – Rel. Min. Carlos Britto – julg. 31/05/2007).
- A aplicação do regime de admissão temporária não viola a isonomia tributária, pois essa norma atende aos valores e objetivos do arrendamento mercantil, evitando que o *leasing* se torne opção por excelência devido às virtudes tributárias e não em razão da função social e do escopo empresarial que a avença tem. Assim, para o Supremo o contribuinte que opta pelo arrendamento mercantil não está em situação equivalente aos demais (STF – RE 429306/PR – 2ª. Turma – Rel. Min. Joaquim Barbosa – julg. 01/02/2011).
- O rateio do custo da iluminação pública entre os consumidores de energia elétrica não fere o princípio da isonomia por dois motivos: i) trata-se de tributo de caráter *sui generis*, que não se confunde com um imposto, porque sua receita se destina a finalidade específica, nem com uma taxa, por não exigir a contraprestação individualizada de um serviço ao contribuinte; ii) a exação se amolda aos princípios da razoabilidade e da proporcionalidade (STF – RE 573675/SC – Pleno – Rel. Min. Ricardo Lewandowski – julg. 25/03/2009).
- Não há justificativa plausível para considerar que os membros do Ministério Público não estão em situação equivalente aos demais contribuintes para fins de arcar com o pagamento de custas judiciais, notariais, cartorárias e quaisquer taxas ou emolumentos (STF – ADI 3260/RN – Pleno – Rel. Min. Eros Grau – julg. 29/03/2007).
- As microempresas e empresas de pequeno porte não estão em situação equivalente às empresas de grande porte, o que justifica o tratamento desigual em se afastar do regime do Simples os sócios que têm condição de disputar o mercado de trabalho sem assistência do Estado (STF – ADI 1643/UF – Pleno – Rel. Min. Maurício Corrêa – julg. 05/12/2002).

4. PRINCÍPIO DA CAPACIDADE CONTRIBUTIVA

Pelo princípio da capacidade contributiva, **sempre que possível**, os **impostos terão caráter pessoal e serão graduados segundo a capacidade econômica do contribuinte** (CF, art. 145, § 1º). Nesses termos, fica nítida a forte relação desse princípio com o da isonomia tributária, na medida em que a tributação progressiva, de acordo com a capacidade econômica do contribuinte, só favorece a concretização da vedação ao tratamento desigual entre contribuintes que se encontrem em situação equivalente (CF, art. 150, II).

ATENÇÃO:

Ao veicular o princípio da capacidade contributiva, o artigo 145, § 1º da CF refere-se exclusivamente aos **impostos**, tornando lícito afirmar que não se aplica às taxas e contribuições de melhorias que, ademais, por serem tributos vinculados a uma atividade estatal específica relativa ao contribuinte, não possuem hipótese de incidência relacionada a fatos signo-presuntivos de riqueza que permitam a mensuração da capacidade contributiva.

A princípio, a capacidade contributiva restringe-se aos **impostos de caráter pessoal** (CF, art. 145, § 1º), como é o caso do Imposto de Renda. Mais precisamente, por se perfazer mediante a instituição de alíquotas progressivas, constitui um preceito constitucional moldado para os impostos de caráter pessoal, o que não é o caso de impostos reais, que possuem caráter objetivo. Assim acontece, por exemplo, com o ITBI, que tem caráter objetivo, porque incidente sobre transmissão de bens imóveis. Não se submetendo ao princípio da capacidade contributiva, o ITBI não pode ter alíquotas progressivas em razão do valor do imóvel. Eis o entendimento consagrado na Súmula 656 do STF, segundo a qual "É inconstitucional a lei que estabelece alíquotas progressivas para o imposto de transmissão *inter vivos* de bens imóveis – ITBI com base no valor venal do imóvel".

Originalmente, outro tributo que não tem caráter pessoal e, portanto, não seria moldado à progressividade de alíquotas pela qual se perfaz o princípio da capacidade contributiva, é o IPTU, que possui caráter real, porque incidente sobre a propriedade imobiliária. Porém, passou a ser um caso à parte desde a promulgação da Emenda Constitucional 29/2000, que estabeleceu uma progressividade específica para esse imposto, facultando ao legislador municipal instituir um imposto progressivo em razão do valor do imóvel ou diferentes alíquotas de acordo com a localização e o uso do imóvel (CF, art. 156,§ 1º, I e II). Portanto, não foi sempre que o IPTU pôde ter uma sistemática progressiva, mas, só depois da Emenda Constitucional 29/2000, como bem enunciado na **Súmula 668 do STF**, cuja redação é a seguinte: "É inconstitucional a lei municipal que tenha estabelecido, **antes da Emenda Constitucional 29/2000**, alíquotas progressivas para o IPTU, salvo se destinada a assegurar o cumprimento da função social da propriedade urbana". No que tange à ressalva da súmula em foco, diz respeito à progressividade do IPTU no tempo, de caráter extrafiscal e prevista no artigo 182, § 4º, inciso II, da CF, nos seguintes termos:

> **Art. 182.** *A política de desenvolvimento urbano, executada pelo Poder Público municipal, conforme diretrizes gerais fixadas em lei, tem por objetivo ordenar o pleno desenvolvimento das funções sociais da cidade e garantir o bem-estar de seus habitantes.*
>
> **§ 4º** – *É facultado ao Poder Público municipal, mediante lei específica para área incluída no plano diretor, exigir, nos termos da lei federal, do proprietário do solo urbano não edificado, subutilizado ou não utilizado, que promova seu adequado aproveitamento, sob pena, sucessivamente, de:*
>
> **I** – *parcelamento ou edificação compulsórios;*
>
> **II** – *imposto sobre a propriedade predial e territorial urbana progressivo no tempo;*
>
> **III** – *desapropriação com pagamento mediante títulos da dívida pública de emissão previamente aprovada pelo Senado Federal, com prazo de resgate de até dez anos, em parcelas anuais, iguais e sucessivas, assegurados o valor real da indenização e os juros legais.*

Outro imposto com previsão constitucional de **progressividade extrafiscal** é o **ITR**, que "será progressivo e terá suas alíquotas fixadas de forma a desestimular a manutenção de propriedades improdutivas" (CF, art. 153, § 4º, I).

Mas, voltando à Súmula 656 e ao entendimento consgrado do STF de que o ITBI não pode ter alíquotas progressivas, deve-se considerar que o próprio STF, na decisão do **RE 562045/RS**, posicionou-se de maneira distinta quanto ao **ITCMD**, ao permitir a sua **progressividade**, a **despeito de não haver expressa previsão constitucional e mesmo em se tratando de um imposto real.** O fundamento utilizado pelo Supremo diz respeito à técnica de progressividade e mensuração da capacidade contributiva, que leva em conta o valor dos quinhões recebidos pelos herdeiros, aplicável, inclusive para um imposto real, como é caso do ITCMD, que incide sobre a transmissão de bens e direitos por sucessão hereditária (causa mortis) ou por doação (não onerosa). Essa progressividade, é bom dizer, é admitida expressamente na Resolução do Senado Federal 9/92, que também fixa a alíquota máxima do imposto em 8%, tudo com fundamento na competência constitucionalmente deferida pelo artigo 155, § 1º, inciso IV, da CF.

5. PRINCÍPIO DA IRRETROATIVIDADE

Assim como a legalidade tributária (CF, art. 150, I), o princípio da irretroatividade da norma tributária (CF, art. 150, III, "a") constitui uma vertente tributária do princípio geral da segurança jurídica nos seguintes termos:

> "Art. 150. Sem prejuízo de outras garantias asseguradas ao contribuinte, é vedado à União, aos Estados, ao Distrito Federal e aos Municípios:

(...)

III – cobrar tributos:

a) em relação a fatos geradores ocorridos antes do início da vigência da lei que os houver instituído ou aumentado;"

Consiste, pois, na garantia de que a **lei tributária não retroagirá para atingir fatos geradores ocorridos anteriormente à sua vigência**, o que representa, indubitavelmente, uma segurança às pessoas físicas e jurídicas sujeitas às normas de tributação.

A referência do Supremo Tribunal Federal para análise da irretroatividade é o aspecto temporal da hipótese de incidência, isto é, o momento em que o fato gerador ocorre. Dessa forma, a norma tributária aplicável é sempre aquela vigente na data da ocorrência do fato gerador, que constitui a realização prática do aspecto temporal da hipótese de incidência tributária. Daí a vedação de se cobrar tributos em relação a fatos geradores ocorridos antes do início da vigência da lei que os houver instituído ou aumentado (CF, art. 150, III, "a"). Por exemplo, para um fato ocorrido em 14 de julho de 2015, não se exige um tributo instituído por lei publicada em 15 de julho de 2015.

No plano infraconstitucional, se faz presente no artigo 144 do CTN, segundo o qual o lançamento reporta-se à data da ocorrência do fato gerador da obrigação e rege-se pela lei então vigente, ainda que posteriormente modificada ou revogada. Essa norma poderá ser melhor compreendida quando for analisada, novamente, no capítulo X, em que se tratará do lançamento.

Mas, as normas essenciais que regulam o princípio no CTN são as veiculadas nos artigos 105 e 106.

Outrossim, **a legislação tributária aplica-se imediatamente aos fatos geradores futuros** (que estão por acontecer) **e aos pendentes**, assim entendidos aqueles cuja ocorrência tenha tido início mas não esteja completa (CTN, art. 105). Esse é o caso de uma mercadoria comercializada antes da vigência de uma lei nova sobre o ICMS, mas cujo fato gerador, que é a saída da mercadoria do estabelecimento, vem a se concretizar somente após a data de início de vigência da referida lei, com a efetiva saída da mercadoria do estabelecimento do vendedor.

Exceções à regra da irretroatividade estão previstas no artigo 106 do CTN e a maioria delas diz respeito **a atos ou fatos pretéritos não julgados definitivamente, em matéria de infrações e penalidades** para beneficiar o infrator (CTN, art. 106, II). Essa retroatividade *in bonam partem* verifica-se nos casos em que a lei nova:

- deixe de definir o ato ou fato como infração ou de tratá-lo como contrário a qualquer exigência de ação ou omissão, desde que não tenha sido fraudulento e não tenha implicado falta de pagamento de tributo (extinção da infração/alíneas "a" e "b");
- quando passe a cominar penalidade menos severa que a prevista na lei vigente ao tempo da sua prática (redução da penalidade/alínea "c").

Dessa forma, ao lavrar ou julgar um auto de infração, a autoridade fiscal ou julgador tributário, em relação à penalidade imposta, deve aplicar a lei nova quando essa for mais benéfica ao infrator. Mas, muita atenção que a regra vale apenas para a penalidade, de modo que, em relação ao tributo cobrado, será sempre aplicada a lei vigente à época do fato gerador (irretroatividade).

Além disso, podem ser aplicadas imediatamente as **leis que sejam expressamente interpretativas** (CTN, art. 106, I). Porém, não basta a expressa previsão no texto legal, sendo também necessário que, de fato, esteja presente o caráter interpretativo da norma.

Por essa razão não podem ser consideradas interpretativas e, por conseguinte, seguem a regra geral da irretroatividade, normas que promovam quaisquer alterações na legislação tributária, ainda que rotuladas de interpretativas. É o caso, por exemplo, do artigo 3º da Lei complementar 118/2005, que o STJ considerou ser irretroativo por não ter caráter interpretativo, uma vez ter inovado no plano normativo. Para melhor compreensão desse exemplo, recomenda-se a leitura atenta do item 1.1 do capítulo XII.

ATENÇÃO:

Tema polêmico diz respeito a se admitir, excepcionalmente, a retroatividade imprópria da lei tributária, isto é, a aplicação da lei nova sobre **fatos geradores complexos ou complexivos**, isto é, aqueles que se formam mediante várias ocorrências ao longo de determinado período de apuração. Ocorre, por exemplo, com o Imposto de Renda, em que a disponibilidade econômica vai formando a renda que constituiu o fato gerador ao longo do ano-base ou ano-calendário (período de apuração do IR). A retroatividade imprópria vai ocorrer pela aplicação da lei do exercício da declaração (ano seguinte ao fato gerador complexivo), consagrada na **Súmula 584 do Supremo Tribunal Federal**, que tem a seguinte redação: "Ao Imposto de Renda calculado sobre os rendimentos do ano-base, aplica-se a lei vigente no exercício financeiro em que deve ser apresentada a declaração". Verdade que, segundo considerável parcela da doutrina, conforme jurisprudência do Superior Tribunal de Justiça e até de acordo com recente acórdão do STF (RE 587.008 – julg. fev. 2011), referida súmula tornou-se ultrapassada a partir da promulgação da CF de 1988 e do advento do princípio da irretroatividade nos moldes do seu artigo 150, inciso III, alínea "a". Porém, na recente jurisprudência do STF, em decisões tais como a monocrática do ARE 640.953, datada de maio de 2011, portanto mais recente que o RE 587.008, ainda é possível identificar a insistência na Súmula 584 e na retroatividade imprópria, o que torna temerário afirmar se a súmula foi ou não dada por superada pela jurisprudência.

6. PRINCÍPIO DA ANTERIORIDADE

Estabelecido nas alíneas "b" e "c" do artigo 150, inciso III, da CF, o princípio da anterioridade está positivado na ordem constitucional em duas vertentes. São elas:

- **anterioridade do exercício (alínea "b"),** segundo a qual é vedado aos entes federativos cobrar tributos no mesmo exercício financeiro em que haja sido publicada a lei que os instituiu ou aumentou;
- **anterioridade nonagesimal (alínea "c"),** implementada pela Emenda Constitucional 42/2003, segundo a qual também é vedado aos entes tributantes cobrar tributos antes de decorridos noventa dias da data em que haja sido publicada a lei que os instituiu ou aumentou.

Como regra, os dois princípios se aplicam cumulativamente, de modo que um tributo instituído ou majorado em determinado exercício só poderá ser cobrado no exercício seguinte, desde que decorridos 90 dias. Por exemplo, uma majoração de alíquota de ICMS publicada em 20 de dezembro não pode ser exigida no primeiro dia do exercício seguinte, pois também é necessário que transcorram noventa dias da data da publicação da lei. Por outro lado, se a majoração de alíquota do ICMS ocorrer em 20 de julho, esse imposto poderá ser cobrado com o aumento da carga tributária no primeiro dia do exercício seguinte, momento em que também já terá decorrido a noventena.

Ocorre que, por razões fiscais e extrafiscais, os preceitos da anterioridade sofrem amenizações correspondentes às exceções veiculadas na própria Constituição. Essas exceções, previstas nos artigos 150, § 1º, 155, § 4º, IV, "c", 177, § 4º, I, "b" e 195, § 6º, da CF, podem ser visualizadas no quadro abaixo. Os tributos em negrito são aqueles que **não** são exceções comuns às duas vertentes do princípio.

REGRA	EXCEÇÕES
Anterioridade anual	II, IE, **IPI**, IOF, empréstimo compulsório do art. 148, inciso I da CF e imposto extraordinário de guerra, **ICMS-combustível** e **CIDE-combustível monofásico** e **contribuições sociais para custeio da seguridade social**
Anterioridade nonagesimal	II, IE, **IR**, IOF, empréstimo compulsório do art. 148, inciso I da CF, imposto extraordinário de guerra e **fixação de base de cálculo de IPVA e IPTU**

Portanto, Imposto de Importação – II, Imposto de Exportação – IE, Imposto sobre Operações Financeiras – IOF, empréstimo compulsório do artigo 148, inciso I, da CF e Imposto Extraordinário de Guerra podem ser cobrados a partir da própria data da publicação da lei. Já o Imposto sobre Produtos Industrializados – IPI, ICMS-combustível monofásico e CIDE-combustível estão sujeitos apenas à noventena, enquanto o Imposto de Renda – IR e a fixação da base de cálculo de IPVA e IPTU podem ser exigidos no primeiro dia do exercício seguinte, independentemente de terem transcorrido noventa dias ou não.

Além disso, também possuem tratamento especial as contribuições sociais para custeio da seguridade social, sujeitas exclusivamente à anterioridade nonagesimal, por expressa exigência do artigo 195, § 6º, da CF.

Resumindo, sem nenhum receio de se parecer repetitivo, o panorama geral do princípio da anterioridade pode ser traçado nos seguintes termos:

- **Aplicação cumulativa da anterioridade do exercício e da nonagesimal:** regra aplicável aos tributos em geral.
- **Cobrança imediata:** tributos que constituem exceção às duas anterioridades (II, IE, IOF, Empréstimo Compulsório do art. 148, I, da CF e Imposto Extraordinário de Guerra).
- **Cobrança após decorridos 90 dias:** as Contribuições para a Seguridade Social e os tributos que constituem exceção apenas à anterioridade do exercício (IPI, ICMS-combustível monofásico e CIDE-combustível).
- **Cobrança no exercício seguinte:** tributos que constituem exceção apenas à anterioridade nonagesimal (Imposto de Renda e fixação da base de cálculo do IPTU e do IPVA).

Importante frisar que, a despeito do disposto nos artigos 104, inciso III e 178 do CTN, o STJ já se pronunciou no sentido de que a revogação da isenção não está sujeita ao princípio da anterioridade (REsp 762754), posição esta também encontrada em julgados do STF, nos quais prevalece a possibilidade de cobrança imediata do tributo após a revogação da isenção, pois não se deve confundir revogação de isenção com instituição de tributo (RE 102992).

ATENÇÃO:

O Princípio da Segurança Jurídica é concretizado notadamente pelos princípios da legalidade, irretroatividade e da anterioridade. Em concurso organizado pela ESAF (Auditor Fiscal da Receita Federal/2012), o Princípio da Segurança Jurídica foi tido como (i) Certeza do direito, segundo a qual a instituição e a majoração de tributos obedecem aos postulados da legalidade, da irretroatividade e das anterioridades de exercício e nonagesimais mínima e especial, demonstrando a garantia adicional que representam para o contribuinte se comparadas ao princípio geral da legalidade e às garantias de proteção ao direito adquirido, ato jurídico perfeito e coisa julgada; (ii) Confiança no tráfego jurídico, segundo o qual o contribuinte não pode ser penalizado se agir em obediência às normas complementares das leis e dos decretos e (iii) Tutela jurisdicional, que se materializa pela ampla gama de instrumentos processuais colocados à disposição do contribuinte para o questionamento de créditos tributários, tanto na esfera administrativa como na esfera judicial.

Por fim, uma informação histórica que, às vezes, é exigida em alguns concursos. Na ordem constitucional de 1946, a cobrança de um tributo dependia de prévia previsão orçamentária, o que se denominava anualidade. Na prática, essa previsão em orçamento postergava a cobrança para o exercício seguinte, constituindo corolário da não surpresa. Sob a égide da Constituição de 1988, vigora o princípio da anterioridade, que constitui a feição contemporânea da anualidade, segundo o qual é vedado aos entes federativos cobrar tributo no mesmo exercício financeiro da lei que os houver instituído ou aumentado (CF, art. 150, III, "b").

ATENÇÃO:

De acordo com a jurisprudência do STF, a redução ou a extinção de desconto para pagamento de tributo sob determinadas condições previstas em lei, como o pagamento antecipado em parcela única, não pode ser equiparada à majoração do tributo em questão. Portanto, nesses casos, não incide o princípio da anterioridade (STF – **ADI 4016 MC/PR, Pleno, Rel. Min. Gilmar Mendes, julgado em 01/08/2008).** Da mesma forma, há julgados no sentido de que a revogação de isenção não se submete ao princípio da anterioridade, porque não corresponde à instituição de tributo novo (STF – MS 20859/DF, Pleno, Rel. Min. Néri da Silveira, julgamento em 14/03/2002).

ATENÇÃO:

O STF editou a Súmula Vinculante 50, segundo a qual "Norma legal que altera o prazo de recolhimento de obrigação tributária não se sujeita ao princípio da anterioridade".

7. PRINCÍPIO DO NÃO CONFISCO

O princípio do não confisco é interpretado pelo Supremo Tribunal Federal no sentido de que "...nada mais representa senão a interdição, pela Carta Política, de qualquer pretensão governamental que possa conduzir, no campo da fiscalidade, à injusta apropriação estatal, no todo ou em parte, do patrimônio ou dos rendimentos dos contribuintes, comprometendo-lhes, pela insuportabilidade da carga tributária, o exercício do direito a uma existência digna, ou a prática de atividade profissional lícita ou, ainda, a regular satisfação de suas necessidades vitais básicas." (**ADI 1.075-MC**, Rel. Min. **Celso de Mello**, julgamento em 17-6-1998, Plenário, *DJ* de 24-11-2006.) No mesmo sentido: **AI 482.281-AgR**, Rel. Min. **Ricardo Lewandowski**, julgamento em 30-6-2009, Primeira Turma, *DJE* de 21-8-2009. **Vide**: RE 523.471-AgR, Rel. Min. **Joaquim Barbosa**, julgamento em 6-4-2010, Segunda Turma, *DJE* de 23-4-2010.

Ainda à luz da jurisprudência do STF, o conceito de confisco é indeterminado e deve ser analisado a cada caso concreto, no que se recomenda a utilização de critérios de razoabilidade e proporcionalidade (STF – ADIN 551/RJ). Não por outra razão, a Corte considerou "cabível, em sede de controle normativo abstrato, a possibilidade de o Supremo Tribunal Federal examinar se determinado tributo ofende, ou não, o princípio constitucional da não confiscatoriedade consagrado no art. 150, IV, da CF" (STF – ADI 1.075-MC, Rel. Min. Celso de Mello, julgamento em 17-6-1998, Plenário, DJ de 24-11-2006). Na mesma linha: STF – ARE 712.285-AgR, voto do rel. min. Celso de Mello, julgamento em 23-4-2013, Segunda Turma, DJE de 28-6-2013.

Embora a análise deva ser no caso concreto, o entendimento da Corte Suprema também é de que, quando provocado a apreciar a questão do não confisco, cabe ao juiz, na identificação do efeito confiscatório, levar em consideração uma análise mais ampla, consubstanciada no confronto entre a totalidade da carga tributária e o montante da riqueza do contribuinte (ADC 8-MC, Rel. Min. Celso de Mello, julgamento em 13-10-99, DJ de 4-4-03). Não é o percentual da alíquota do tributo que faz ensejar um eventual caráter confiscatório, mas a caracterização do efeito confiscatório pressupõe a análise de dados concretos e de peculiaridades de cada operação ou situação, tomando-se em conta custos, **carga tributária global**, margens de lucro e condições pontuais do mercado e de conjuntura social e econômica (RE 448.432-AgR, Rel. Minº Joaquim Barbosa, julgamento em 20-4-2010, Segunda Turma, DJE de 28-5-2010). Por essa linha, pode-se afirmar que uma alíquota de 150% para o IPI não significa, necessariamente, uma tributação confiscatória.

Não constitui vedação à instituição do Imposto sobre Grandes Fortunas, mas sim impede a criação de impostos que não sejam razoáveis, que tenham carga tributária desproporcional e excessiva. Não há nenhum preceito constitucional que seja contrário à instituição do imposto sobre grandes fortunas – IGF. Muito pelo contrário, o artigo 153, inciso VII, expressamente confere competência à União para instituir esse imposto, exigindo apenas que esse poder de tributar seja exercido mediante lei complementar. E, assim, o IGF pode ser instituído por lei complementar e, como qualquer outro tributo, deve respeitar os princípios constitucionais tributários, bastando que não seja desproporcional ou excessivo, para que esteja de acordo com o princípio do não confisco.

Essa vedação à instituição de tributos com efeito confiscatório, conforme expressa redação do artigo 150, inciso IV, da CF, aplica-se aos tributos em geral. Não há, portanto, nenhuma exceção no texto constitucional.

Não obstante o texto do artigo 150, inciso IV, da CF, fazer menção específica a tributos, conforme orientação fixada pelo STF, **o princípio** da vedação ao efeito de confisco **aplica-se às multas** (RE 523.471-AgR, Rel. Min. Joaquim Barbosa, julgamento em 6-4-2010, Segunda Turma, *DJE* de 23-4-2010).

ATENÇÃO:

"A identificação do efeito confiscatório deve ser feita em função da totalidade da carga tributária, mediante verificação da capacidade de que dispõe o contribuinte – considerado o montante de sua riqueza (renda e capital) – para suportar e sofrer a incidência de todos os tributos que ele deverá pagar, dentro de determinado período, à mesma pessoa política que os houver instituído (a União Federal, no caso), condicionando-se, ainda, a aferição do grau de insuportabilidade econômico-financeira, à observância, pelo legislador, de padrões de razoabilidade destinados a neutralizar excessos de ordem fiscal eventualmente praticados pelo Poder Público. Resulta configurado o caráter confiscatório de determinado tributo, sempre que o efeito cumulativo – resultante das múltiplas incidências tributárias estabelecidas pela mesma entidade estatal – afetar, substancialmente, de maneira irrazoável, o patrimônio e/ou os rendimentos do contribuinte" (ADC 8-MC, Rel. Min. Celso de Mello, julgamento em 13-10-99, DJ de 4-4-03).

Por outro lado, ao se pronunciar sobre um eventual efeito confiscatório de multas moratórias, em um raciocínio que parece totalmente válido também para as multas punitivas, o mesmo STF já decidiu que para a multa cumprir a sua função de desencorajar o contribuinte a não cumprir as suas obrigações tributárias, "de um lado não pode ser pífia, mas, de outro, não pode ter um importe que lhe confira característica confiscatória, inviabilizando inclusive o recolhimento de futuros tributos" (RE 582.461, Rel. Min. Gilmar Mendes, julgamento em 18-5-2011, Plenário, DJE de 18-8-2011, com repercussão geral).

Também diferente do posicionamento quanto ao possível efeito confiscatório de multas tributárias, o STF já manifestou contrariamente ao caráter confiscatório da pena de perdimento, sanção presente na legislação aduaneira (STF, AI-AgR 173.689).

8. PRINCÍPIO DA LIBERDADE DE TRÁFEGO

Pelo princípio da liberdade de tráfego é **vedado** estabelecer **limitações ao tráfego de pessoas ou bens, por meio de tributos interestaduais ou intermunicipais, ressalvada a cobrança de pedágio** pela utilização de vias conservadas pelo Poder Público (CF, art. 150, V).

Muita atenção para o objeto do princípio. O que se veda não é a tributação das operações interestaduais, mas sim que essa tributação seja utilizada para limitar o tráfego de pessoas e bens. Tanto é verdade que o próprio texto constitucional atribui competência ao legislador estadual e do Distrito Federal para exigir imposto sobre circulação de mercadorias e prestações de serviços interestaduais (CF, art. 155, II).

Quanto à expressa ressalva que se faz à cobrança de pedágio pela utilização de vias conservadas pelo Poder Público, embora existam opiniões em contrário, o pedágio, na verdade, não tem natureza tributária, mas sim de preço público ou tarifa, uma vez que se trata de uma contraprestação cobrada pela utilização de vias conservadas pelo Poder Público (CF, art. 150, V). Em termos mais exatos, é cobrado em decorrência da utilização de um bem público, diferente da taxa, que tem por fato gerador a prestação de serviço público ou o exercício regular do poder de polícia (CF, art. 145, II), do imposto, que independe de qualquer atividade estatal específica ao contribuinte (CTN, art. 16) e das contribuições, tributos com finalidade social constitucional prevista. Não por outra razão, a tarifa de pedágio não se sujeita ao princípio da legalidade, valendo lembrar que, recentemente, **o Supremo Tribunal Federal pronunciou-se pela natureza de tarifa ou preço público do pedágio, haja vista não gozar da compulsoriedade, característica essencial das taxas** (STF – ADI 800/RS, rel. Min. Teori Zavascki, 11.6.2014).

9. OUTROS PRINCÍPIOS GERAIS

O artigo 151, da CF, veicula três princípios constitucionais diferentes, consubstanciados em limitações voltadas especificamente à União.

Pelo **princípio da uniformidade geográfica** é vedado à União instituir tributo que não seja uniforme em todo o território nacional **ou** que implique distinção ou preferência em relação a Estado, ao Distrito Federal ou a Município, em detrimento de outro (CF, art. 151, I). Portanto, a vedação se dá em relação a situações alternativas, sendo tanto vedada a tributação não uniforme, como também aquela que faça preferência ou distinção para Estado, Distrito Federal ou Município em relação a outra pessoa política.

Como única exceção ao preceito, admite-se que a União conceda incentivos fiscais destinados a promover o equilíbrio do desenvolvimento socioeconômico entre as diferentes regiões do País.

Pelo **princípio da uniformidade da tributação da renda e dos agentes públicos**, é vedado à União "tributar a renda das obrigações da dívida pública dos Estados, do Distrito Federal e dos Municípios, bem como a remuneração e os proventos dos respectivos agentes públicos, em níveis superiores aos que fixar para suas obrigações e para seus agentes" (CF, art. 151, II). Como se vê, são duas vedações dirigidas à União, a saber:

- tributar a renda das obrigações da dívida pública dos Estados, do Distrito Federal e dos Municípios em níveis superiores aos que fixar para suas obrigações;
- tributar a remuneração e os proventos dos respectivos agentes públicos, em níveis superiores aos que fixar para seus agentes;

Pelo princípio da **proibição das isenções heterônomas**, é vedado à União instituir isenções de tributos da competência dos Estados, do Distrito Federal ou dos Municípios (CF, art. 151, III). A única exceção constitucional à regra fica por conta da competência conferida à União, por meio de lei complementar, para excluir da incidência do ISSQN as exportações de serviços para o exterior (CF, art. 156, 3º, III). Essa competência foi exercida consoante artigo 2º, inciso I, da Lei complementar 116/2003, segundo o qual o ISSQN não incide sobre "as exportações de serviços para o exterior do País".

ATENÇÃO:

Também é vedado à União tributar a renda das obrigações da dívida pública dos Estados, do Distrito Federal e dos Municípios, bem como a remuneração e os proventos dos respectivos agentes públicos, em níveis superiores aos que fixar para suas obrigações e para seus agentes (CF, art. 151, II).

ATENÇÃO:

O STF já firmou entendimento de que no Direito Internacional somente a República Federativa do Brasil tem competência para firmar tratados, nos termos do artigo 52, § 2º da CF (RE 229.096-RS), dela não dispondo a União, os Estados-membros ou os Municípios. Nesse sentido, o Presidente da República não subscreve tratados como Chefe de Governo, mas como Chefe de Estado, o que **descaracteriza a existência de uma isenção heterônoma**, vedada pelo artigo 151, inciso III, da Constituição, nos caso de isenção concedida em decorrência tratados e convenções internacionais. A vedação inscrita no artigo 151, III, da Constituição é inoponível ao Estado Federal brasileiro (vale dizer, à República Federativa do Brasil), incidindo, unicamente, no plano das relações institucionais domésticas que se estabelecem entre as pessoas políticas de direito público interno (RE 543943).

Já pelo **princípio da não diferenciação**, é vedado aos Estados, ao Distrito Federal e aos Municípios estabelecer diferença tributária entre bens e serviços de qualquer natureza, em razão de sua procedência ou destino (CF, art. 152). Dessa forma, não pode um Município estabelecer alíquota do ISS diferente para prestadores de um mesmo serviço residentes dentro e fora do território municipal.

10. PRINCÍPIOS ESPECÍFICOS

Além dos princípios tributários gerais até aqui abordados, a CF veicula inúmeros **princípios específicos**. A maioria está relacionada com determinados impostos, mas também há princípios específicos de outros tributos, como é o caso do princípio da vedação ao *bis in idem*, específico das taxas, consubstanciado na regra de que essa espécie tributária não poderá ter base de cálculo própria de impostos (CF, art. 145, § 2º).

ATENÇÃO:

O princípio da progressividade que a CF delineou para o IPTU pode ser subdividido em: i) **progressividade fiscal**, cujo único objetivo é a arrecadação, em razão do valor do imóvel (CF, art. 156, § 2º, I); ii) **progressividade extrafiscal**, que tem por objetivo promover a função social da propriedade, estabelecendo a progressividade no tempo do IPTU para o proprietário de imóvel subutilizado ou não utilizado que deixar de promover o seu adequado aproveitamento, nos termos do plano diretor do Município (CF, art. 182, § 4º, II).

ATENÇÃO:

Os termos progressividade e proporcionalidade não são sinônimos. Um tributo progressivo apresenta alíquotas maiores conforme há um aumento na base de cálculo. Já um tributo proporcional é aquele em que é mantida a mesma alíquota, independentemente da base de cálculo.

Entre os impostos, embora seja importante enfatizar a existência de muitos outros, neste momento, serão destacados apenas dois princípios muito importantes aplicáveis ao IPI e ao ICMS, que são a não-cumulatividade e a seletividade, muito cobrados nos concursos públicos em geral.

10.1. Princípio da não cumulatividade

Princípio tributário específico relativo principalmente ao Imposto sobre Produtos Industrializados – **IPI** (CF, art. 153, § 3º, II) e ao Imposto sobre Operações relativas à Circulação de Mercadorias e sobre Prestações de Serviços de Transporte Interestadual e Intermunicipal e de Comunicação – **ICMS** (CF, art. 155, § 2º, I), a não cumulatividade compreende a regra segundo a qual **o imposto será não cumulativo, compensando-se o que for devido em cada operação com o montante cobrado nas anteriores.**

É muito importante dar ênfase ao aspecto da norma de que a compensação será com o imposto **cobrado** na operação anterior e **não** com o imposto pago ou recolhido, como pode aparecer em questões de concurso para confundir o candidato.

Assim, o fato do imposto ter sido cobrado na operação anterior confere ao contribuinte, na operação subsequente, o direito ao crédito corresponde e à respectiva compensação. Dois exemplos:

- o imposto pago no fornecimento de matéria prima confere ao industrial o direito ao crédito e à respectiva compensação com o imposto devido em relação aos produtos resultantes da industrialização;
- o imposto pago na aquisição de mercadoria para revenda confere ao comerciante o direito ao crédito e à respectiva compensação com o imposto devido em relação à operação de revenda do produto.

Ainda no campo da não cumulatividade, **regra constitucional exclusiva do ICMS** é a de que, salvo determinação legal em contrário, a **isenção ou não-incidência não implicará crédito** para compensação com o montante devido nas operações ou prestações seguintes, bem como **acarretará a anulação** do crédito relativo às operações anteriores (CF, art. 155, § 2º, II, "a" e "b"). Em outras palavras, são duas regras:

1ª Se a operação anterior é isenta ou não tributada, a operação seguinte não dá direito a crédito, até porque não houve imposto cobrado na operação anterior;

2ª Se a operação seguinte é isenta ou não tributada, deve ser anulado o crédito decorrente do imposto pago na operação anterior, o que tem lógica, pois caso não houvesse essa anulação toda a cadeia de produção ficaria totalmente desonerada.

Mas muita atenção para a expressão "salvo determinação legal em contrário", que significa a possibilidade concedida pela Constituição para que a lei possa estabelecer hipóteses em que o crédito será mantido em situações envolvendo operações isentas ou não tributadas. A própria CF, em seu artigo 155, § 2º, inciso X, alínea "a", faz uma ressalva quanto à possibilidade de manutenção e aproveitamento do crédito de ICMS cobrado nas operações e prestações anteriores, em relação às operações posteriores que destinem mercadorias para o exterior e aos serviços prestados a destinatários no exterior (que são imunes).

ATENÇÃO:

Segundo entendimento pacífico do STF a respeito da não cumulatividade do IPI, o direito ao crédito pressupõe recolhimento anterior do tributo, não se podendo cogitar em direito ao crédito em relação à aquisição de insumos não tributados ou sujeitos à alíquota zero (RE 566819 – Pleno – Rel. Min. Marco Aurélio – julg. 29/9/2010).

ATENÇÃO:

Também se exige a não cumulatividade dos impostos e contribuições de competência residual da União (CF, arts. 154, I e 195, § 4º).

10.2. Princípio da seletividade

A **seletividade segundo a essencialidade do produto** também constitui um princípio específico do IPI e do ICMS previsto nos artigos 153, § 3º, inciso I e 155, § 2º, inciso III, da CF.

O grande reflexo prático desse princípio se dá no campo das alíquotas que, de maneira geral, correspondem ao percentual que se aplica sobre a base de cálculo para se chegar ao valor do tributo devido. Na essência, a seletividade segundo o critério de essencialidade do produto implica em alíquotas mais elevadas para produtos supérfluos (p. ex. cigarros) e alíquotas menores para gêneros de primeira necessidade (p. ex. arroz e feijão).

Uma diferença marcante entre a seletividade no IPI e no ICMS é que, à luz do texto constitucional, no **IPI** a seletividade é **obrigatória**, já que esse imposto "será seletivo" (CF, art. 153, § 3º, I), ao passo que a seletividade no **ICMS** é **facultativa**, uma vez ter sido previsto que esse imposto "poderá ser seletivo" (CF, art. 155, § 2º, III).

11. SÚMULAS

Súmula vinculante 50: "Norma legal que altera o prazo de recolhimento da obrigação tributária não se sujeita ao princípio da anterioridade".

Súmula 69 STF: "A Constituição Estadual não pode estabelecer limite para o aumento de tributos municipais".

Súmula 239 STF: "Decisão que declara indevida a cobrança do imposto em determinado exercício não faz coisa julgada em relação aos posteriores".

Súmula 656 STF: "É inconstitucional a lei que estabelece alíquotas progressivas para o imposto de transmissão "inter vivos" de bens imóveis – ITBI com base no valor venal do imóvel".

Súmula 667 STF: "Viola a garantia constitucional de acesso à jurisdição a taxa judiciária calculada sem limite sobre o valor da causa".

Súmula 668 STF: "É inconstitucional a lei municipal que tenha estabelecido, antes da Emenda Constitucional 29/2000, alíquotas progressivas para o IPTU, salvo se destinada a assegurar o cumprimento da função social da propriedade urbana".

Súmula 399 STJ: "Cabe à legislação municipal estabelecer o sujeito passivo do IPTU".

12. LEGISLAÇÃO RELACIONADA AO CAPÍTULO

• CONSTITUIÇÃO FEDERAL

Art. 145. § 1º Sempre que possível, os impostos terão caráter pessoal e serão graduados segundo a capacidade econômica do contribuinte, facultado à administração tributária, especialmente para conferir efetividade a esses objetivos, identificar, respeitados os direitos individuais e nos termos da lei, o patrimônio, os rendimentos e as atividades econômicas do contribuinte.

Art. 148. A União, mediante lei complementar, poderá instituir empréstimos compulsórios:

I – para atender a despesas extraordinárias, decorrentes de calamidade pública, de guerra externa ou sua iminência;

II – no caso de investimento público de caráter urgente e de relevante interesse nacional, observado o disposto no art. 150, III, "b".

Parágrafo único. A aplicação dos recursos provenientes de empréstimo compulsório será vinculada à despesa que fundamentou sua instituição.

Art. 150. Sem prejuízo de outras garantias asseguradas ao contribuinte, é vedado à União, aos Estados, ao Distrito Federal e aos Municípios:

I – exigir ou aumentar tributo sem lei que o estabeleça;

II – instituir tratamento desigual entre contribuintes que se encontrem em situação equivalente, proibida qualquer distinção em razão de ocupação profissional ou função por eles exercida, independentemente da denominação jurídica dos rendimentos, títulos ou direitos;

III – cobrar tributos:

a) em relação a fatos geradores ocorridos antes do início da vigência da lei que os houver instituído ou aumentado;

b) no mesmo exercício financeiro em que haja sido publicada a lei que os instituiu ou aumentou;

c) antes de decorridos noventa dias da data em que haja sido publicada a lei que os instituiu ou aumentou, observado o disposto na alínea b;

IV – utilizar tributo com efeito de confisco;

V – estabelecer limitações ao tráfego de pessoas ou bens, por meio de tributos interestaduais ou intermunicipais, ressalvada a cobrança de pedágio pela utilização de vias conservadas pelo Poder Público;

§ 1º A vedação do inciso III, b, não se aplica aos tributos previstos nos arts. 148, I, 153, I, II, IV e V; e 154, II; e a vedação do inciso III, c, não se aplica aos tributos previstos nos arts. 148, I, 153, I, II, III e V; e 154, II, nem à fixação da base de cálculo dos impostos previstos nos arts. 155, III, e 156, I.

§ 5º A lei determinará medidas para que os consumidores sejam esclarecidos acerca dos impostos que incidam sobre mercadorias e serviços.

§ 6º Qualquer subsídio ou isenção, redução de base de cálculo, concessão de crédito presumido, anistia ou remissão, relativos a impostos, taxas ou contribuições, só poderá ser concedido mediante lei específica, federal, estadual ou municipal, que regule exclusivamente as matérias acima enumeradas ou o correspondente tributo ou contribuição, sem prejuízo do disposto no art. 155, § 2.º, XII, g.

§ 7º A lei poderá atribuir a sujeito passivo de obrigação tributária a condição de responsável pelo pagamento de imposto ou contribuição, cujo fato gerador deva ocorrer posteriormente, assegurada a imediata e preferencial restituição da quantia paga, caso não se realize o fato gerador presumido.)

Art. 151. É vedado à União:

I – instituir tributo que não seja uniforme em todo o território nacional ou que implique distinção ou preferência em relação a Estado, ao Distrito Federal ou a Município, em detrimento de outro, admitida a concessão de incentivos fiscais destinados a promover o equilíbrio do desenvolvimento sócio-econômico entre as diferentes regiões do País;

II – tributar a renda das obrigações da dívida pública dos Estados, do Distrito Federal e dos Municípios, bem como a remuneração e os proventos dos respectivos agentes públicos, em níveis superiores aos que fixar para suas obrigações e para seus agentes;

III – instituir isenções de tributos da competência dos Estados, do Distrito Federal ou dos Municípios.

Art. 152. É vedado aos Estados, ao Distrito Federal e aos Municípios estabelecer diferença tributária entre bens e serviços, de qualquer natureza, em razão de sua procedência ou destino.

Art. 153. Compete à União instituir impostos sobre:

I – importação de produtos estrangeiros;

II – exportação, para o exterior, de produtos nacionais ou nacionalizados;

III – renda e proventos de qualquer natureza;

IV – produtos industrializados;

V – operações de crédito, câmbio e seguro, ou relativas a títulos ou valores mobiliários;

VI – propriedade territorial rural;

VII – grandes fortunas, nos termos de lei complementar.

§ 1º É facultado ao Poder Executivo, atendidas as condições e os limites estabelecidos em lei, alterar as alíquotas dos impostos enumerados nos incisos I, II, IV e V.

§ 2º O imposto previsto no inciso III:

I – será informado pelos critérios da generalidade, da universalidade e da progressividade, na forma da lei;

§ 3º O imposto previsto no inciso IV:

I – será seletivo, em função da essencialidade do produto;

II – será não-cumulativo, compensando-se o que for devido em cada operação com o montante cobrado nas anteriores;

IV – terá reduzido seu impacto sobre a aquisição de bens de capital pelo contribuinte do imposto, na forma da lei.

§ 4º O imposto previsto no inciso VI do caput:

I – será progressivo e terá suas alíquotas fixadas de forma a desestimular a manutenção de propriedades improdutivas;

Art. 154. A União poderá instituir:

I – mediante lei complementar, impostos não previstos no artigo anterior, desde que sejam não-cumulativos e não tenham fato gerador ou base de cálculo próprios dos discriminados nesta Constituição;

Art. 155. Compete aos Estados e ao Distrito Federal instituir impostos sobre:

I – transmissão causa mortis e doação, de quaisquer bens ou direitos;

II – operações relativas à circulação de mercadorias e sobre prestações de serviços de transporte interestadual e intermunicipal e de comunicação, ainda que as operações e as prestações se iniciem no exterior;

III – propriedade de veículos automotores.

§ 2º O imposto previsto no inciso II atenderá ao seguinte:

I – será não-cumulativo, compensando-se o que for devido em cada operação relativa à circulação de mercadorias ou prestação de serviços com o montante cobrado nas anteriores pelo mesmo ou outro Estado ou pelo Distrito Federal;

II – a isenção ou não-incidência, salvo determinação em contrário da legislação:

a) não implicará crédito para compensação com o montante devido nas operações ou prestações seguintes;

b) acarretará a anulação do crédito relativo às operações anteriores;

XII – cabe à lei complementar:

h) definir os combustíveis e lubrificantes sobre os quais o imposto incidirá uma única vez, qualquer que seja a sua finalidade, hipótese em que não se aplicará o disposto no inciso X, b;

§ 4º Na hipótese do inciso XII, h, observar-se-á o seguinte:

IV – as alíquotas do imposto serão definidas mediante deliberação dos Estados e Distrito Federal, nos termos do § 2º, XII, g, observando-se o seguinte:

c) poderão ser reduzidas e restabelecidas, não se lhes aplicando o disposto no art. 150, III, b.

§ 6º O imposto previsto no inciso III:

II – poderá ter alíquotas diferenciadas em função do tipo e utilização.

Art. 156. Compete aos Municípios instituir impostos sobre:

I – propriedade predial e territorial urbana;

II – transmissão "inter vivos", a qualquer título, por ato oneroso, de bens imóveis, por natureza ou acessão física, e de direitos reais sobre imóveis, exceto os de garantia, bem como cessão de direitos a sua aquisição;

III – serviços de qualquer natureza, não compreendidos no art. 155, II, definidos em lei complementar.

§ 1º Sem prejuízo da progressividade no tempo a que se refere o art. 182, § 4º, inciso II, o imposto previsto no inciso I poderá:

I – ser progressivo em razão do valor do imóvel; e

II – ter alíquotas diferentes de acordo com a localização e o uso do imóvel.

§ 3º Em relação ao imposto previsto no inciso III do caput deste artigo, cabe à lei complementar:

II – excluir da sua incidência exportações de serviços para o exterior.

Art. 182. A política de desenvolvimento urbano, executada pelo Poder Público municipal, conforme diretrizes gerais fixadas em lei, tem por objetivo ordenar o pleno desenvolvimento das funções sociais da cidade e garantir o bem- estar de seus habitantes.

§ 4º É facultado ao Poder Público municipal, mediante lei específica para área incluída no plano diretor, exigir, nos termos da lei federal, do proprietário do solo urbano não edificado, subutilizado ou não utilizado, que promova seu adequado aproveitamento, sob pena, sucessivamente, de:

I – parcelamento ou edificação compulsórios;

II – imposto sobre a propriedade predial e territorial urbana progressivo no tempo;

III – desapropriação com pagamento mediante títulos da dívida pública de emissão previamente aprovada pelo Senado Federal, com prazo de resgate de até dez anos, em parcelas anuais, iguais e sucessivas, assegurados o valor real da indenização e os juros legais.

Art. 195. A seguridade social será financiada por toda a sociedade, de forma direta e indireta, nos termos da lei, mediante recursos provenientes dos orçamentos da União, dos Estados, do Distrito Federal e dos Municípios, e das seguintes contribuições sociais:

§ 4º A lei poderá instituir outras fontes destinadas a garantir a manutenção ou expansão da seguridade social, obedecido o disposto no art. 154, I.

§ 6º As contribuições sociais de que trata este artigo só poderão ser exigidas após decorridos noventa dias da data da publicação da lei que as houver instituído ou modificado, não se lhes aplicando o disposto no art. 150, III, "b".

- **CÓDIGO TRIBUTÁRIO NACIONAL**

Art. 97. Somente a lei pode estabelecer:

I – a instituição de tributos, ou a sua extinção;

II – a majoração de tributos, ou sua redução, ressalvado o disposto nos artigos 21, 26, 39, 57 e 65;

III – a definição do fato gerador da obrigação tributária principal, ressalvado o disposto no inciso I do § 3º do artigo 52, e do seu sujeito passivo;

IV – a fixação de alíquota do tributo e da sua base de cálculo, ressalvado o disposto nos artigos 21, 26, 39, 57 e 65;

V – a cominação de penalidades para as ações ou omissões contrárias a seus dispositivos, ou para outras infrações nela definidas;

VI – as hipóteses de exclusão, suspensão e extinção de créditos tributários, ou de dispensa ou redução de penalidades.

§ 1º Equipara-se à majoração do tributo a modificação da sua base de cálculo, que importe em torná-lo mais oneroso.

§ 2º Não constitui majoração de tributo, para os fins do disposto no inciso II deste artigo, a atualização do valor monetário da respectiva base de cálculo.

Art. 98. Os tratados e as convenções internacionais revogam ou modificam a legislação tributária interna, e serão observados pela que lhes sobrevenha.

Art. 104. Entram em vigor no primeiro dia do exercício seguinte àquele em que ocorra a sua publicação os dispositivos de lei, referentes a impostos sobre o patrimônio ou a renda:

I – que instituem ou majoram tais impostos;

II – que definem novas hipóteses de incidência;

III – que extinguem ou reduzem isenções, salvo se a lei dispuser de maneira mais favorável ao contribuinte, e observado o disposto no artigo 178.

Art. 105. A legislação tributária aplica-se imediatamente aos fatos geradores futuros e aos pendentes, assim entendidos aqueles cuja ocorrência tenha tido início mas não esteja completa nos termos do artigo 116.

Art. 106. A lei aplica-se a ato ou fato pretérito:

I – em qualquer caso, quando seja expressamente interpretativa, excluída a aplicação de penalidade à infração dos dispositivos interpretados;

II – tratando-se de ato não definitivamente julgado:

a) quando deixe de defini-lo como infração;

b) quando deixe de tratá-lo como contrário a qualquer exigência de ação ou omissão, desde que não tenha sido fraudulento e não tenha implicado em falta de pagamento de tributo;

c) quando lhe comine penalidade menos severa que a prevista na lei vigente ao tempo da sua prática.

Art. 111. Interpreta-se literalmente a legislação tributária que disponha sobre:

I – suspensão ou exclusão do crédito tributário;

II – outorga de isenção;

III – dispensa do cumprimento de obrigações tributárias acessórias.

Art. 178 – A isenção, salvo se concedida por prazo certo e em função de determinadas condições, pode ser revogada ou modificada por lei, a qualquer tempo, observado o disposto no inciso III do art. 104.

• RESOLUÇÃO SENADO FEDERAL Nº 9, DE 1992

Estabelece alíquota máxima para o Imposto sobre Transmissão Causa Mortis e Doação

Art. 1º A alíquota máxima do imposto de que trata a alínea a, inciso I, do art. 155 da Constituição Federal será de oito por cento, a partir de 1º de janeiro de 1992.

Art. 2º As alíquotas dos impostos, fixadas em lei estadual, poderão ser progressivas em função do quinhão que cada herdeiro efetivamente receber, nos termos da Constituição Federal.

CAPÍTULO IV

IMUNIDADES TRIBUTÁRIAS

1. CONCEITO, CLASSIFICAÇÕES E DISTINÇÕES

A **imunidade** é uma exoneração tributária prevista na Constituição Federal, mediante normas que estabelecem situações em que é vedado às pessoas políticas exercerem suas competências tributárias.

Imunidades constituem, outrossim, **limitações constitucionais ao poder de tributar**, embora possam ser vistas também como **direito subjetivo do cidadão de não ser tributado** nas situações constitucionalmente previstas. Mais precisamente, a imunidade tributária possui duas facetas, segundo o ponto de vista do ente tributante ou do contribuinte, conforme abaixo demonstrado:

IMUNIDADE TRIBUTÁRIA
- vedação a que o ente tributante exerça a competência tributária
- direito subjetivo do cidadão de não ser tributado

Na **imunidade subjetiva**, o ente federativo não tem o direito ao exercício da competência para tributar determinadas pessoas, como é o caso da imunidade dos templos de qualquer culto (CF, art. 150, VI, "b"). Já na **imunidade objetiva**, a vedação atinge o objeto da tributação, como ocorre na imunidade do livro (CF, art. 150, VI, "d").

ATENÇÃO:

Há uma classificação doutrinária das imunidades quanto a serem ou não consequências necessárias de um princípio. Na lição de Regina Helena Costa, as imunidades **ontológicas** são reconhecidas como consequência necessária de um princípio constitucional. Em geral é a isonomia, manifestada ora pela capacidade contributiva, ora pela autonomia das pessoas políticas, que impõe a identificação das imunidades ontológicas. Assim, mesmo que essa espécie de imunidade seja suprimida do texto constitucional, a exoneração permanecerá, por ser uma consequência dos princípios que a edificam. Por exemplo, a imunidade recíproca. Pelo fato das pessoas políticas não disporem de capacidade contributiva, a imunidade recíproca manteria seus efeitos mesmo com a supressão de seu texto expresso da Carta Constitucional. De outro lado, tem-se as imunidades **políticas**, que não se constituem consequência necessária de um princípio e beneficiam, eventualmente, pessoas que tem capacidade contributiva. Por exemplo, as imunidades dos templos, das entidades sindicais dos trabalhadores e dos partidos políticos. Na hipótese de serem retiradas do texto constitucional pelo Poder Constituinte Originário, as exonerações não mais serão reconhecidas, o que equivale dizer que "a competência tributária pode voltar a ser exercida nessas situações" (COSTA, Regina Helena. *Imunidades tributárias - teoria e análise da jurisprudência do STF*. Malheiros: São Paulo, 2001, páginas 130/131).

Além das imunidades tributárias **gerais**, estabelecidas no artigo 150, inciso VI, da CF, a Constituição também contempla as chamadas imunidades **específicas**, correspondentes a todas aquelas aplicáveis a tributos determinados, como são, por exemplo, imunidade das taxas (CF, art. 5º, XXXIV) e a imunidade do ICMS nas operações de exportação (CF, art. 155, § 2º, X, "a").

Especificamente em relação às imunidades gerais, previstas no inciso VI do artigo 150, do STF, é importante frisar que se referem exclusivamente a **impostos.** Dessa forma, essas imunidades **não alcançam as contribuições** (RE 378.144-AgR, Rel. Min. Eros Grau, julgamento em 30-11-2004, Primeira Turma, DJ de 22-4-2005), **nem as taxas** (RE 364.202, Rel. Min. Carlos Velloso, julgamento em 3-10-2004, Segunda Turma, DJ de 28-10-2004).

ATENÇÃO:

É importante frisar que a responsabilidade ou a substituição tributária não alteram as premissas centrais da tributação, de modo que a imunidade tributária não afeta a relação de responsabilidade tributária ou de substituição e não exonera o responsável tributário ou o substituto (STF - RE 202987/SP - 2ª. Turma - Rel. Min. Joaquim Barbosa - julg. 30/06/2009).

Também é fundamental saber distinguir as imunidades de outras exonerações tributárias, a começar pela isenção. Enquanto a **imunidade** tributária, como já visto, constitui limitação de competência estabelecida em normas constitucionais, a **isenção** é uma hipótese legal de exclusão do crédito tributário (CTN, art. 175, I), isto é, uma dispensa legal do pagamento do tributo. Portanto, na isenção, a pessoa política exerce a competência tributária instituindo o tributo, mas estabelece algumas situações, pessoas ou bens não atingidos pela regra de tributação, em face da exclusão do crédito tributário, diferente da imunidade, em que o exercício da competência tributária fica vedado.

ATENÇÃO:

Nenhum problema em se afirmar que a imunidade atua no campo da definição da competência, uma vez que as imunidades são justamente previsões constitucionais de situações em que não são conferidas competências tributárias aos entes federativos. Porém, o mesmo não pode ser dito das isenções, sob pena de se passar a falsa impressão de que referida modalidade de exoneração tributária atua para impedir o referido exercício, o que não é o caso, pois na isenção, frise-se, o ente federativo exerce a competência tributária instituindo o tributo, mas estabelece algumas situações, pessoas ou bens que, a despeito da ocorrência da situação que constitui o fato gerador, não são alcançados pela regra de tributação, por força de dispensa legal do pagamento do tributo.

Portanto, a imunidade e a isenção possuem conceitos e efeitos distintos e são veiculadas em patamares diferentes do sistema jurídico. As imunidades, como vedações ao exercício da competência tributária, estão previstas na constituição federal, enquanto as isenções, pela natureza de dispensa legal do pagamento do tributo (exclusão do crédito tributário) devem ser estabelecidas em lei (cf, art. 150, 6º).

Não por outra razão é que uma mesma pessoa pode ser imune a determinado tributo e isenta de outros. Por exemplo, o fato do artigo 195, § 7º, da cf estabelecer que as entidades beneficentes de assistência social são imunes à contribuição para a seguridade social, não afasta a possibilidade da lei beneficiar essas mesmas entidades com isenções relativas a outros tributos (Resp 1.430.257-CE, Rel. Min. Mauro Campbell Marques, j. 18.1.2014. 2ª t – info 539).

Outra exoneração que se distingue da imunidade pelo exercício da competência é a chamada **alíquota zero.** Ao contrário da imunidade, em que o exercício da competência tributária é vedado, na alíquota zero ela é plenamente exercida. Nesse caso, o fato gerador ocorre, mas não há dever de pagar o tributo em razão da multiplicação da base de cálculo pela alíquota zero.

Por fim, também se distingue a imunidade tributária da **não incidência.** Em ambos os casos a competência tributária não é exercida, residindo a diferença justamente nos motivos distintos do não exercício da competência. Assim, há **não incidência** quando o ente federativo, embora autorizado constitucionalmente, **não exerce a sua competência tributária**. Diante da ausência de previsão legal, o tributo não é instituído e, por conseguinte, não ocorrem fatos geradores. Pelas mesmas razões **não se dá o nascimento da obrigação tributária** (dever do contribuinte pagar o tributo), **tampouco do respectivo crédito** (direito do Fisco ao recebimento do tributo). As mesmas consequências tem a imunidade, mas, nesse caso, a competência tributária não é exercida por expressa vedação constitucional.

Um caso de não incidência diz respeito ao imposto sobre grandes fortunas, pois a despeito da competência conferida do artigo 153, inciso VII, da CF, o imposto não foi instituído pela União por meio de lei complementar.

Além da ideia de exoneração decorrente do não exercício da competência tributária, outra visão da **não incidência** é compreendê-la como o fenômeno que se dá quando um fato concreto não se subsume à hipótese de incidência, isto é, quando uma ocorrência não se enquadra na norma legal de incidência. Trata-se de uma acepção de caráter mais pragmático da não incidência. Por exemplo, não há incidência de IPTU sobre um veículo, pois não se trata de um imóvel, ainda que seja um automóvel antigo com o motor quebrado trancado em uma garagem há anos. Outro exemplo: caso haja um empréstimo entre duas pessoas, o ITCMD/ITCD não incidirá, pois empréstimo não tem natureza jurídica de doação e não se enquadra na hipótese de incidência desse imposto (qualquer transmissão não onerosa, *inter vivos*, de bens e direitos).

Vale fazer menção também às chamadas **não incidências declaratórias**, ou seja, "situações que, pela sua própria natureza já estão excluídas do campo de incidência do tributo, mas a lei apenas declara a não incidência para que não reste nenhuma dúvida no momento da aplicação do tributo" (ROSA, José Roberto. *Curso básico de ICMS*. 3ª ed. Itu: Ottoni Editora, 2012, pág. 77). Por exemplo, o artigo 3º, inciso VI, da LC 87/96 estipula que o ICMS não incide sobre "operações de qualquer natureza de que decorra a transferência de propriedade de estabelecimento industrial, comercial ou de outra espécie". Mas, esse dispositivo não seria a rigor necessário, visto que o ICMS é um imposto sobre operações de circulação de mercadorias e estabelecimento não é mercadoria. Por fim, importa ressaltar que as imunidades não dispensam o cumprimento de obrigações acessórias, nem a pessoa beneficiada de pagar tributos na condição de sujeito passivo por responsabilidade tributária. É o que se depreende da norma veiculado no texto do § 1º do artigo 9º, do CTN:

> "O disposto no inciso IV não exclui a atribuição, por lei, às entidades nele referidas, da condição de responsáveis pelos tributos que lhes caiba reter na fonte, e não as dispensa da prática de atos, previstos em lei, assecuratórios do cumprimento de obrigações tributárias por terceiros".

Portanto, do disposto no artigo 9º, § 1º, do CTN decorrem importantes repercussões práticas. Por exemplo, não é porque usufrui de imunidade sobre a comercialização de livros que uma editora estará liberada de emitir nota fiscal e escriturar livros fiscais e contábeis (obrigações acessórias), pois a imunidade cultural que a beneficia não dispensa o cumprimento de obrigações legais de natureza acessória. Da mesma forma, exige-se, normalmente, de entidades imunes, a obrigação de reter imposto de renda na fonte sobre os pagamentos de salários a funcionários, pois, no caso a sua atuação não se dá na condição de contribuinte, mas, sim, de responsável tributário (STF – RE 202987 / SP – 2ª. Turma – Rel. Min. Joaquim Barbosa – julg. 30/06/2009).

2. IMUNIDADE RECÍPROCA

A **imunidade recíproca** dos entes federativos, isto é, a **impossibilidade de uma pessoa política tributar a outra**, consiste na vedação a que União, Estados, Distrito Federal e Municípios instituam **impostos** sobre patrimônio, renda e serviços uns dos outros (CF, art. 150, VI, "a"). Dessa forma, a cobrança de IPTU sobre um imóvel de propriedade da União, sede de repartição pública federal, constituiria um desrespeito à norma de imunidade recíproca do artigo 150, inciso VI, alínea "a" da CF.

Na visão do Supremo Tribunal Federal, conforme vários precedentes, a imunidade recíproca não engloba o conceito de taxa, porquanto o preceito constitucional só faz alusão expressa a imposto. (STF – AI 458.856 – 1ª. Turma – Rel. Min. Eros Grau – DJ 20/04/2007).

É uma imunidade **extensiva às autarquias e às fundações instituídas e mantidas pelo Poder Público** no que se refere ao **patrimônio, à renda e aos**

serviços, vinculados às suas finalidades essenciais ou às delas decorrentes (CF, art. 150, § 2º).

Mas, conforme norma expressa veiculada no § 3º do artigo 150 da CF, a imunidade recíproca **não** se aplica aos serviços:

- relacionados com exploração de atividades econômicas regidas pelas normas aplicáveis a empreendimentos privados;
- em que haja contraprestação ou pagamento de preços ou tarifas pelo usuário.

Por outro lado, decisões do STF vem denotando uma **interpretação extensiva da imunidade recíproca** em relação às **sociedades de economia mista e empresas públicas** que sejam **prestadoras de serviços públicos** (REs 580.264 e 524.615).

Cuidado que esse entendimento abrange tão somente as prestadoras e concessionárias de serviços públicos que sejam empresas públicas ou sociedades de economia mista, integrantes da Administração Indireta do Estado. Não se estendem, porém, às **concessionárias de serviço público do setor privado**, pois, além de serem empresas privadas e não pertencerem à Administração Indireta do Estado, prestam os seus serviços com objetivo de lucro e sob a condição de haver contraprestação ou pagamento de preços ou tarifas pelo usuário.

Coerente com o já citado § 3º do artigo 150 da CF, a **imunidade recíproca também não atinge** as **empresas públicas, sociedades de economia mista** e suas subsidiárias **que explorem atividade econômica** de produção ou comercialização de bens ou de prestação de serviços, situação em que essas empresas estatais:

- estarão **sujeitas ao regime jurídico próprio das empresas privadas**, inclusive quanto aos **direitos e obrigações** civis, comerciais, trabalhistas e **tributários** (CF, art. 173, II);
- não poderão gozar de privilégios fiscais não extensivos às do setor privado (CF, art. 173, § 2º).

Portanto, é nítido o tratamento tributário distinto que a Constituição e a jurisprudência do Supremo Tribunal Federal conferem às empresas públicas e sociedades de economia mista, segundo sejam prestadoras de serviços pública ou explorem atividade econômicas.

Empresas estatais que exploram atividades econômicas	Empresas estatais prestadoras de serviços públicos
tributadas normalmente	Imunidade a impostos sobre patrimônio, rendas e serviços vinculados às suas atividades essenciais

E por falar em jurisprudência do STF, segue um quadro com os entendimentos da Corte sobre a imunidade recíproca:

NATUREZA JURÍDICA	ENTENDIMENTO
Empresa Pública (Correios)	"(...) Prestadora de serviços essenciais, sendo conditio sine qua non para a viabilidade de um serviço postal contínuo, universal e de preços módicos." (RE 601.392). "(...) é empresa pública, executa, como atividade-fim, em regime de monopólio, serviço postal constitucionalmente outorgado à União Federal, qualificando-se, em razão de sua específica destinação institucional, como entidade delegatária dos serviços públicos a que se refere o art. 21, inc. X, da CF, o que exclui essa empresa governamental, em matéria de impostos, por efeito do princípio da imunidade tributária recíproca (CF, art. 150, VI, "a"), do poder de tributar deferido aos entes políticos em geral" (ACO 803 TAR-QO. Rel. Min. Celso de Mello). "A imunidade tributária recíproca reconhecida à Empresa Brasileira de Correios e Telégrafos – ECT alcança o IPTU incidente sobre imóveis de sua proprie-dade, bem assim os por ela utilizados. No entanto, se houver dúvida acerca de quais imóveis estão afetados ao serviço público, cabe à administração fazendária produzir prova em contrário, haja vista militar em favor do contribuinte a presunção de imunidade anteriormente conferida em benefício dele" (RE 773.992/BA).
Sociedade de economia mista (água e esgoto)	"A jurisprudência do STF entende que a sociedade de economia mista prestadora de serviço público de água e esgoto é abrangida pela imunidade tributária recíproca, nos termos da alínea *a* do inciso VI do art. 150 da CF." (RE 631.309-AgR).
Sociedade de economia mista (CODESP)	"Esta Corte reconheceu que a imunidade tributária recíproca aplica-se à sociedades de economia mista que caracterizam-se inequivocamente como instrumentalidades estatais (sociedades de economia mista 'anômalas'). O foco na obtenção de lucro, a transferência do benefício a particular ilegítimo ou a lesão à livre iniciativa e às regras de concorrência podem, em tese, justificar o afastamento da imunidade" (AI 558.682-AgR).
Sociedade de economia mista (saúde – hospital)	"As sociedades de economia mista prestadoras de ações e serviços de saúde, cujo capital social seja majoritariamente estatal, gozam da imunidade tributária prevista na alínea a do inciso VI do art. 150 da CF" (RE 580.264).
OAB (autarquia federal)	"A imunidade tributária gozada pela Ordem dos Advogados do Brasil é da espécie recíproca (art. 150, VI, *a*, da Constituição), na medida em que a OAB desempenha atividade própria de Estado (defesa da Constituição, da ordem jurídica do Estado democrático de direito, dos direitos humanos, da justiça social, bem como a seleção e controle disciplinar dos advogados). A imunidade tributária recíproca alcança apenas as finalidades essenciais da entidade protegida. O reconhecimento da imunidade tributária às operações financeiras não impede a autoridade fiscal de examinar a correção do procedimento adotado pela entidade imune. Constatado desvio de finalidade, a autoridade fiscal tem o poder-dever de constituir o crédito tributário e de tomar as demais medidas legais cabíveis. Natureza plenamente vinculada do lançamento tributário, que não admite excesso de carga" (RE 259.976-A).

NATUREZA JURÍDICA	ENTENDIMENTO
Caixa de Assistência aos Advogados	As atividades da Caixa de Assistência aos Advogados são promovidas em benefício individual dos associados e, assim, se dissociam das atividades inerentes à atuação da OAB, isto é, estão desvinculadas justamente às finalidades essenciais da Ordem. Portanto, de fato, a imunidade recíproca não se aplica às atividades desses órgãos, ainda que integrantes da estrutura da OAB (STF – RE 662816)
Empresa Pública (Infraero)	"A Infraero, empresa pública prestadora de serviço público, está abrangida pela imunidade tributária prevista no art. 150, VI, *a*, da Constituição. Não incide ISS sobre a atividade desempenhada pela Infraero na execução de serviços de infraestrutura aeroportuária, atividade que lhe foi atribuída pela União" (RE 524.615-AgR).
Petrobrás (sociedade de economia mista)	"Trata-se de sociedade de economia mista destinada à exploração econômica em benefício de seus acionistas, pessoas de direito público e privado, e a salvaguarda não se presta a proteger aumento patrimonial dissociado de interesse público primário; A Petrobrás visa à distribuição de lucros, e, portanto, tem capacidade contributiva para participar do apoio econômico aos entes federados; A tributação de atividade econômica lucrativa não implica risco ao pacto federativo" (RE 285.716-AgR, Rel. Min. Joaquim Barbosa, julgamento em 2-3-2010, Segunda Turma, DJE de 26-3-2010).

ATENÇÃO:

O Município não é contribuinte de direito do ICMS sobre serviços de energia elétrica e telefonia. Consequentemente, não se beneficia da imunidade tributária recíproca prevista na alínea "c" do inciso VI do artigo 150 da CF (STF – AgRg-AI 736.607-SC – Rel. Min. Ayres Britto).

Por fim, outro aspecto importante que deve ser enfatizado é que a imunidade recíproca possui caráter subjetivo e pessoal, não sendo extensível a adquirentes e promitentes compradores quando da alienação de bens do patrimônio público. Daí porque a Súmula 583 do STF tem o seguinte texto: "Promitente-comprador de imóvel residencial transcrito em nome de autarquia é contribuinte do imposto predial territorial urbano".

CF	IMUNIDADE	CONSIDERAÇÕES
Art. 150, VI, "a", §§ 2º e 3º	Recíproca	É vedado às pessoas políticas (União, Estados, DF e Municípios) instituir impostos sobre o patrimônio, renda ou serviços uns dos outros. **NÃO SE ESTENDE:** Às pessoas políticas, autarquias e fundações instituídas e mantidas pelo Poder Público que pratiquem atividades econômicas regidas pelas normas aplicáveis a empreendimentos privados (art. 150, VI, § 3º da CF). Às pessoas políticas, autarquias e fundações instituídas e mantidas pelo Poder Público que prestem serviços públicos em que haja contraprestação ou pagamento de preços ou tarifas pelo usuário (art. 150, VI, § 3º, da CF).
Art. 150, VI, "a", §§ 2º e 3º	Recíproca	Ao promitente comprador de bem imóvel pertencente às pessoas políticas (tem que recolher o ITBI e o IPTU). **ESTENDE-SE:** Às **autarquias** e às **fundações** instituídas e mantidas pelo Poder Público, no que se refere ao patrimônio, à renda e aos serviços, vinculados as suas **finalidades essenciais** ou às delas decorrentes.

Consoante a jurisprudência clássica do Supremo Tribunal Federal (**RE 98.382 MG,** Moreira Alves, 1982), a imunidade recíproca não se aplica ao IPTU incidente sobre terrenos vagos e lotes não edificados da propriedade de autarquias e fundações públicas, o que tem absoluta lógica, uma vez não se poder afirmar que um terreno baldio esteja vinculado às finalidade essenciais da entidade. Entretanto, uma recente decisão, também relacionada a imunidade subjetiva, mas das instituição de educação e de assistência social sem fins lucrativos (CF, art. 150, VI, "c"), parece contemporizar um pouco esse entendimento, uma vez tendo sido decidido que a imunidade aplica-se ao imóveis que atendam os requisitos legais, ainda que temporariamente ociosos (STF, RE 767.332 RG/MG, rel. Min. Gilmar Mendes, julgado em 1º/12/2013, acórdão publicado no DJe de 22/11/2013).

Contudo, deve-se observar que, em qualquer caso, o ônus de provar que o imóvel não está afetado a destinação compatível com os objetivos e finalidades institucionais de entidade autárquica recai sobre o ente tributante que pretenda, mediante afastamento da imunidade tributária prevista no § 2º do art. 150 da CF, cobrar IPTU sobre o referido imóvel. Isso porque, conforme orientação jurisprudencial predominante no STJ, presume-se que o imóvel de entidade autárquica está afetado a destinação compatível com seus objetivos e finalidades institucionais. Precedentes citados: AgRg no REsp 1.233.942-RJ, Primeira Turma, DJe 26/9/2012; e AgRg no AREsp 236.545-MG, Segunda Turma, DJe 26/11/2012. AgRg no AREsp 304.126-RJ, Rel. Min. Benedito Gonçalves, julgado em 13/8/2013. (Info 527)

3. IMUNIDADE RELIGIOSA

Nos termos do artigo 150, inciso VI, alínea "b" c/c § 4º, da CF, a imunidade dos **templos de qualquer culto** compreende os impostos sobre o **patrimônio, a renda**

e os serviços relacionados com as finalidades essenciais dessas entidades (CF, art. 150, § 4º). Trata-se, como se vê, de uma **imunidade subjetiva**, que atinge a entidade religiosa como um todo, e não o prédio do templo, que se fosse o caso lhe daria o caráter de imunidade objetiva. Assim, por exemplo, se houver cobrança de taxas para a realização de batismo ou casamentos, não poderá haver exigência de ISS sobre esses serviços, nem cobrança de imposto sobre a renda obtida com a taxa cobrada, haja vista tratarem-se de serviços e rendas inerentes às finalidades essenciais do culto.

Essa imunidade deve abranger não somente os prédios destinados ao culto, como também o IPTU sobre imóveis de propriedade de cultos religiosos que se encontrarem alugados, quando a renda decorrente da locação tiver aplicação relacionada com as finalidades essenciais das entidades (STF – AI 690.712-AgR – 1ª. Turma – Rel. Min. Ricardo Lewandowski – julg. 23/06/2009).

Ainda em relação à chamada imunidade religiosa, o entendimento do Supremo Tribunal Federal é de que os cemitérios que consubstanciam extensões de entidades de cunho religioso estão abrangidos pela imunidade, sendo impossível a incidência de IPTU em relação a eles (STJ – RE 578.562 – Plenário – julg. 21/05/2008). Por outro lado, por ser expressamente aplicável aos templos de qualquer culto, não se estende à maçonaria, em cujas lojas não se professa qualquer religião (STF – RE 562.351 – Rel. Min. Ricardo Lewandowski – julg. 04/09/2012).

4. IMUNIDADE DOS PARTIDOS POLÍTICOS, ENTIDADES SINDICAIS, DE EDUCAÇÃO E DE ASSISTÊNCIA SOCIAL

Segundo a norma do artigo 150, inciso VI, alínea "c", da CF, são imunes a impostos sobre patrimônio, renda ou serviços:

- os partidos políticos, inclusive suas fundações;
- as entidades sindicais dos trabalhadores;
- as instituições de educação e de assistência social, sem fins lucrativos.

No caso das **entidades sindicais**, muita atenção que a norma é explicitamente restrita aos sindicatos **de trabalhadores**, de modo que as entidades de empregadores não gozam dessa imunidade.

Em todos os casos, a Constituição exige que sejam **atendidos os requisitos de lei**, razão pela qual se pode afirmar que **essas normas de imunidade não são autoaplicáveis.** É assim que, com base na referida competência constitucional, o artigo 14 do CTN estabelece os requisitos legais para o gozo da imunidade por essas entidades, quais sejam: I – não distribuírem qualquer parcela de seu patrimônio ou de suas rendas, a qualquer título; II – aplicarem integralmente, no País, os seus recursos na manutenção dos seus objetivos institucionais; III – manterem escrituração de suas receitas e despesas em livros revestidos de formalidades capazes de assegurar sua exatidão.

CF	IMUNIDADE	CONSIDERAÇÕES
Art. 150, VI, "c" e § 4º	Partidos políticos e suas fundações	Refere-se aos impostos sobre o patrimônio, renda ou serviços relacionados com as **finalidades essenciais** dos partidos políticos e suas fundações.
	Entidades sindicais representativas dos trabalhadores	Refere-se aos impostos sobre o patrimônio, renda ou serviços relacionados com as **finalidades essenciais** das entidades sindicais representativas dos trabalhadores. **NÃO SE ESTENDE:** Às entidades sindicais patronais.
	Instituições de educação e de assistência social, sem fins lucrativos	Refere-se aos impostos sobre o patrimônio, renda ou serviços relacionados com as **finalidades essenciais** das instituições de educação e de assistência social, sem fins lucrativos.
REQUISITOS previstos em lei (CTN) a serem observados por tais instituições (art. 14 do CTN): Não distribuírem qualquer parcela de seu patrimônio ou de suas rendas, a qualquer título; Aplicarem integralmente, no País, os seus recursos na manutenção dos seus objetivos institucionais; Manterem escrituração de suas receitas e despesas em livros revestidos de formalidades capazes de assegurar sua exatidão.		

Não com outros fundamentos, desatendida qualquer uma das exigências legais, é absolutamente lícito que a autoridade administrativa suspenda a aplicação da norma de imunidade. Ou seja, não basta ser uma instituição de assistência social ou de educação que ostente em seus estatutos a condição de "entidade sem fins lucrativos", mas, é necessário também atender aos requisitos do artigo 14 do CTN.

ATENÇÃO:

Em recente julgamento de vários processos reunidos, oo Supremo Tribunal Federal decidiu pela exigência de lei complementar para estabelecer os requisitos legais das imunidades não autoaplicáveis do artigo 150, inciso VI, alínea "a", da CF. O fundamento é que cabe à lei complementar regular limitações constitucionais ao poder de tributar (CF, art. 146, II), como é o caso das imunidades (ADIs 2028, 2036, 2228 e 2621).

A exemplo do que ocorre na imunidade dos templos de qualquer culto, à luz do § 4º do artigo 150 da CF, a imunidade a impostos dos partidos políticos, entidades sindicais de trabalhadores e instituições de educação e assistência social sem fins lucrativos compreende somente o patrimônio, renda e serviços relacionados com as finalidades essenciais das entidades. Por interpretação dessa norma constitucional, a jurisprudência do STF é pacífica no sentido de acolher que a imunidade se estende às receitas decorrentes de locação imobiliária, sempre que a renda dos aluguéis seja aplicada nas finalidades institucionais de uma entidade imune (STF – RE 247.809-RJ, Rel. Min. Ilmar Galvão, julg. 15.05.2001). Da mesma forma, eventual renda obtida pela instituição de assistência social mediante cobrança de estacionamento de veículos em área interna da entidade, destinada ao custeio das atividades desta, está abrangida pela imunidade (STF – ARE 673.606 – Rel. Min. Luiz Fux – julg. em 19/03/2012), dando-se o mesmo com a renda obtida pelo SESC na prestação de serviços de diversão pública, mediante a venda de ingressos de cinema ao público em geral, e aproveitada em suas finalidades assistenciais (AI 155822 AgR/SP).

Em contrapartida, inexiste a imunidade no caso da colônia de férias de um sindicato, por não ser o patrimônio ligado às suas finalidades essenciais (STJ – RE 245.093-AgR – 1ª. Turma – Rel. Min. Sepúlveda Pertence – julg. 14/11/2006). Por igual, consoante a jurisprudência do Supremo Tribunal Federal (**STF – AgR-AI 661.713,** Dias Toffoli, 2013), a imunidade recíproca não se aplica ao IPTU incidente sobre terrenos vagos e lotes não edificados de propriedade de entidades de assistência social ou de educação sem fins lucrativos, como é o caso da Fundação Getúlio Vargas, o que tem absoluta lógica, uma vez não se poder afirmar que um terreno baldio esteja vinculado às finalidade essenciais da entidade.

Tema sempre controverso, mas em relação ao qual a jurisprudência do Supremo vem se consolidando pela imunidade, diz respeito aos impostos incidentes sobre a importação de bens por instituições de assistência social e de educação, sem fins lucrativos. Prevalece, pois, o entendimento de que, com fundamento na norma de imunidade do artigo 150, inciso VI, alínea "c", da CF, Imposto de Importação, Imposto sobre Produtos Industrializados e ICMS não incidem sobre bens importados a serem utilizados na prestação dos serviços específicos dessas entidades (STF – RE 243.807 – 1ª. Turma – Rel. Min. Ilmar Galvão – julg. 15/02/2000 e AI 621.506-AgR – 1ª. Turma – Rel. Min. Dias Toffoli – julg.07/02/2012).

Como se vê, a interpretação do Supremo em relação a patrimônio, renda e serviços das instituições de educação e assistência social é bastante ampla, fundamentando-se, essencialmente, na exigência de vínculo com as finalidades essenciais da entidade (CF, art. 150, § 4º). Dessa linha não foge nem mesmo o IOF, sob o argumento do STF de que o fato de a entidade proceder à aplicação de recursos não significa atuação fora do que previsto no ato de sua constituição ou finalidade lucrativa (STF – RE 454.753-AgR – 2ª. Turma – Rel. Ministro Joaquim Barbosa – julg. 20/04/2010).

Porém, em relação ao ICMS, no tocante à aquisição de mercadorias e serviços no mercado interno, o STF que parecia seguir tendência de se posicionar pela aplicação da imunidade, desde que os bens adquiridos integrem o patrimônio das entidades beneficentes (STF – AI 535.922 – 2ª. Turma – Relª. Minª Ellen Gracie – julg. 30/09/2008), em recente decisão com repercussão geral, acabou fechando questão em sentido diverso, isto é, de que a "imunidade tributária subjetiva aplica-se a seus beneficiários na posição de contribuinte de direito, mas não na de simples contribuinte de fato, sendo irrelevante para a verificação da existência do beneplácito constitucional a repercussão econômica do tributo envolvido" (STF – RE 608872). Para que fique mais claro, nos dizeres do relator Ministro Dias Toffoli: "a incidência não implica tributar patrimônio, renda ou serviços da entidade beneficente filantrópica, mas traz mera repercussão econômica para o comprador".

Muito importante, por fim, estar atento ao teor da **Súmula Vinculante nº 52:**

> Ainda quando alugado a terceiros, permanece imune ao IPTU o imóvel pertencente a qualquer das entidades referidas pelo art. 150, VI, "c", da Constituição Federal, desde que o valor dos aluguéis seja aplicado nas atividades para as quais tais entidades foram constituídas.

Esse entendimento não é nenhuma novidade, mas, por se tratar de uma das mais recentes súmulas vinculantes, a tendência é que seja bastante cobrado nos concursos.

Finalmente, em recente decisão (RE 767.332 RG/MG), entendeu o STF que a imunidade aplica-se aos imóveis que atendam os requisitos legais, ainda que temporariamente ociosos (lotes vagos).

5. IMUNIDADE CULTURAL OU INFORMATIVA

De acordo com a redação da alínea "d" do inciso VI do artigo 150 da CF, são imunes a impostos os livros, jornais, periódicos e o papel destinado a sua impressão. Em uma questão de concurso público, se nenhuma referência se fizer a entendimentos doutrinários e jurisprudenciais, a alternativa correta será a que estiver mais fiel à literalidade do texto constitucional.

Sobre a extensão da imunidade do papel a outros insumos dos livros, jornais e periódicos, a jurisprudência do Supremo Tribunal Federal é bem controvertida. Há decisões no sentido de que a referência a interpretação deve ser ampla, abrangendo produto, maquinário, tinta e insumos de impressão em geral (STF – RE 202.149 – 1ª. Turma – Rel. p/ac. Min Marco Aurélio – julg. 26/04/2011).

Por outro lado, existem acórdãos em sentido oposto, isto é, no de que a interpretação deve ser restritiva, pela aplicação da imunidade apenas ao papel, não se estendendo a outros insumos de impressão (STF – RE 324.600-AgR – 1ª Turma – Relª. Minª Ellen Gracie – julg. 03/09/2002 e RE 372.645 – 1ª. Turma – Relª. Minª. Cármen Lúcia – julg. 20/10/2009), muito embora, nesse caso, o entendimento seja contrário ao teor da Súmula 657 do próprio STF, que admite, pelo menos, que a imunidade abrange os filmes e papéis fotográficos necessários à publicação de jornais e periódicos.

Com tantas divergências, dois aspectos são certos. O primeiro é que essa imunidade refere-se **apenas** a **impostos**, não se aplicando a outras espécies de tributos. E o segundo diz respeito à interpretação bastante ampla adotada pelo Supremo em relação ao conteúdo das publicações de livros, jornais e periódicos que a norma contempla. Essa concepção interpretativa faz jus não apenas ao tratamento que lhe é dispensado com a expressão **"imunidade cultural"**, como vai além, ao reconhecer o escopo intelectual, artístico, científico e de comunicação, bem como de facilitar o acesso da população à cultura, à informação e à educação, sem ressalvas quanto ao valor artístico ou didático, à relevância das informações ou à qualidade cultural, para abranger, por exemplo, álbuns de figurinhas (STF, REC 179.893 – 1ª. Turma – Rel. Min. Menezes Direito – julg. 15/04/2008), veículos de difusão cultural simplificada como as apostilas (STF – RE 183.403 – 2ª. Turma – Rel. Min. Marco Aurélio – julg. 07/11/2000) e listas telefônicas, ainda que veiculem anúncios e publicidade, inserções que visam a permitir a divulgação das informações necessárias ao serviço informativo a custo zero para os assinantes (STF – AI 663.747-AgR – 2ª. Turma – Rel. Min. Joaquim Barbosa – julg. 06/04/2010).

Por outro prisma, quando se fala em anúncios e publicidade, é pacífico que a imunidade não se estende a encartes de propaganda distribuídos com jornais e periódicos, que têm exclusiva índole comercial e não podem ser considerados como destinados à cultura e à educação (STF – RE 213.094 – 1ª. Turma – Rel. Min. Ilmar Galvão – julg. 03/08/1999).

Agora, uma pergunta: a imunidade tributária concedida a livros, jornais, periódicos e ao papel destinação à sua impressão, prevista na alínea "d" do inciso VI do artigo 150 da Constituição Federal, alcança os livros eletrônicos ou *e-books*? A resposta à controvérsia foi dada pelo STF no âmbito dos recursos extraordinários números 330817 e 595676, ambos com repercussão geral. Nessas decisões unânimes, ficou consolidada interpretação de que a Constituição Federal volta o seu olhar para a finalidade da norma da chamada imunidade cultural ou informativa, ficando afastada, ainda, a ideia de que o Poder Constituinte poderia ter tido a intenção da restringir a imunidade ao livro editado em papel. Nessa linha, ficaram pacificados os seguintes entendimentos: i) a regra da imunidade alcança não apenas o livro eletrônico ou digital, mas também aos parelhos leitores de livros eletrônicos ou e-readers, confeccionados exclusivamente para esse fim, ainda que eventualmente estejam equipados com funcionalidades acessórias que auxiliem a leitura digital como acesso à internet para download de livros, possibilidade de alterar tipo e tamanho de fonte e espaçamento (interpretação evolutiva coerente com os avanços tecnológicos dos meios de difusão da cultura e da informação); ii) a imunidade abrange também peças e componentes a serem utilizados como material didático que acompanhe publicações (os componentes eletrônicos que acompanham material didático em curso prático de montagem de computadores estão abarcados pela imunidade em questão, uma vez que as peças e sua montagem eletrônica não sobrevivem autonomamente). A tese de repercussão geral aprovada no julgamento do RE 330817 foi: "A imunidade tributária constante do artigo 150, VI, "d", da Constituição Federal, aplica-se ao livro eletrônico (e-book), inclusive aos suportes exclusivamente utilizados para fixá-lo". E no julgamento do RE 595676 foi: "a imunidade tributária da alínea "d" do inciso VI do artigo 150 da Constituição Federal alcança componentes eletrônicos destinados exclusivamente a integrar unidades didáticas com fascículos".

Finalmente, a imunidade em questão tem caráter objetivo e incide diretamente sobre o livro, o jornal, o periódico e o papel destinado à impressão. Não se estende ao patrimônio das pessoas jurídicas empreendedoras de negócios relativos a esses bens de valor cultural, devendo ser interpretada restritivamente sob esse aspecto, não abrangendo os serviços prestados por empresas que fazem a distribuição, o transporte ou a entrega de livros, jornais, periódicos e do papel destinado a sua impressão (STF – RE 630.462-AgR – 2ª. Turma – Rel. Min. Ayres Brito – julg. 07/02/2012).

6. IMUNIDADE MUSICAL

A Emenda Constitucional nº 75/2013, originária da chamada "PEC da música", proposta com o objetivo de propiciar competitividade em preços no mercado musical e, assim, fazer frente à pirataria, trouxe mais uma **imunidade geral,** do tipo **objetiva,** ao incluir a **alínea "e" no inciso VI do artigo 150 da CF,** que veda aos entes federativos instituir **impostos** sobre "fonogramas e videofonogramas musicais produzidos no Brasil contendo obras musicais ou literomusicais de autores brasileiros e/ou obras em geral interpretadas por artistas brasileiros bem como os suportes materiais ou arquivos digitais que os contenham, salvo na etapa de replicação industrial de mídias ópticas de leitura a laser".

Para uma visão mais analítica, veja o quadro a seguir, que contempla as novas imunidade e a exceção estabelecida pelo Poder Constituinte:

Hipótese constitucional	Explicações/Exemplos
Fonogramas e videofonogramas musicais produzidos no Brasil contendo obras musicais ou literomusicais de autores brasileiros	isto é, álbuns, videoclipes, espetáculos literomusicais produzidos no Brasil contendo composições musicais de autores brasileiros
e/ou	
Fonogramas e videofonogramas musicais produzidos no Brasil contendo obras em geral interpretadas por artistas brasileiros	ou seja, músicas e vídeos musicais nos quais o intérprete seja brasileiro (aqui não é necessário que o autor seja brasileiro, só o intérprete)
bem como	
os suportes materiais ou arquivos digitais que os contenham	tais como CDs, DVDs, *blu rays* e os próprios *downloads* de músicas e *ringtones* comercializados pela *internet*
salvo (exceção)	
na etapa de replicação industrial de mídias ópticas de leitura a laser	não há a imunidade em relação aos impostos devidos pela indústria de CDs, DVDs, *blu rays* e outras mídias ópticas de leitura a laser que vierem a surgir com a evolução tecnológica

Portanto, pode-se afirmar que a **imunidade** abrange todas as etapas de **produção e comercialização das obras audiovisuais** contempladas no artigo 150, inciso VI, alínea "e", da CF, e respectivos suportes materiais, com **exceção** da etapa de **replicação industrial de mídias ópticas de leitura a laser.**

Para melhor compreensão, cumpre dizer que a produção de fonogramas e videogramas tem início nos estúdios das gravadoras, onde se dá a gravação de sons (fonografias) e imagens (cinematografias), inclusive trucagem, dublagem, mixagem e congêneres, etapa sujeita ao **ISSQN**, nos termos dos **itens 13.02 e 13.03 da Lista de Serviços Anexa à Lei Complementar 116/2003,** e **agora imune** nas hipóteses do artigo 150, inciso VI, alínea "e", da CF. O resultado é a obtenção da matriz da obra, que a norma constitucional trata por fonograma, tal como o CD de um sambista, ou videofonograma, a exemplo do DVD do show ao vivo de uma dupla sertaneja, hipótese em que a atividade de estúdio é precedida pelos serviços de captação de imagens e sons durante o evento escolhido para gravação do show.

Pois é justamente depois dessa fase inteiramente sujeita à "imunidade musical" que se dá a etapa excepcionada pela Emenda Constitucional 75/2013, isto é, a replicação industrial das mídias ópticas de leitura a laser, o que fica a cargo de uma indústria, empresa cujo nome costuma constar nos créditos da capa do CD, DVD ou *blu ray* precedida por expressões tais como "fabricado e distribuído por". Portanto, a replicação industrial das mídias ópticas de leitura a laser consiste na atividade de reprodução de tantas cópias da matriz de gravação antes produzida em estúdio quantas forem a encomenda da gravadora, produtora ou dos artistas. Nessa etapa vão **incidir** normalmente o **ICMS e o IPI,** uma vez que foi eleita como exceção à imunidade constitucional em análise.

ATENÇÃO:

Importante ressaltar que a exceção na etapa da replicação industrial atende aos interesses da Zona Franca de Manaus, pois evita que as indústrias localizadas fora da região franca passem a contar com a mesma exoneração de impostos que sempre beneficiou a Zona Franca. Em outras palavras, consagrada a exceção no texto constitucional, em tese, a instalação de uma indústria na Zona Franca de Manaus continua sendo vantajosa, pois, não se submetendo a replicação industrial à imunidade, a exoneração permanece exclusiva daquela região.

Não obstante, logo após a publicação da Emenda Constitucional, a referida imunidade já foi alvo de Ação Direta de Inconstitucionalidade (ADI 5058), proposta exatamente pelo Governador do Estado do Amazonas, alegando, ainda assim, violações de normas constitucionais de garantem incentivos fiscais à Zona Franca de Manaus. A referida ADI não teve seu pedido liminar apreciado pelo relator, Ministro Teori Zavascki, que decidiu adotar o rito abreviado do artigo 12 da Lei 9.868/99 para julgamento da ação diretamente pelo plenário, sem necessidade de apreciação da liminar. Contudo, até o momento da publicação deste livro, o processo ainda se encontrava concluso ao relator, agora o Ministro Alexandre de Moraes, após fase de manifestações da Advocacia Geral da União e da Procuradoria Geral da República.

Vencida a etapa de replicação industrial da mídia óptica, a qual, diga-se de passagem, não está presente nas obras comercializadas via arquivos digitais, sistema de *streaming* e outros meios, todas as etapas subsequentes de comercialização – grosso modo, atacado e varejo – são beneficiadas com a imunidade, que, repita-se, abrange apenas os impostos, não contemplando outras espécies de tributos.

7. IMUNIDADES ESPECÍFICAS

Conforme já adiantado, além das imunidades tributárias gerais do artigo 150, inciso VI, da CF, a Constituição também contempla as chamadas **imunidades específicas**, correspondentes a todas aquelas aplicáveis a tributos determinados.

Confira no quadro a seguir as diversas imunidades específicas previstas na Constituição:

CF	TRIBUTO (imune)	IMUNIDADE SOBRE
Art. 184, § 5º	ITBI	As operações de transferência de imóveis desapropriados para fins de reforma agrária.
Art. 5º, XXXIV, "a" e "b"	TAXAS	Direito de petição aos Poderes Públicos (defesa de direito ou contra ilegalidade ou abuso de poder); Obtenção de certidões em repartições públicas (defesa de direito e esclarecimento de situações de interesse pessoal).
Art. 149, § 2º, I	Contribuições sociais e CIDEs	Receitas decorrentes de exportação.
Art. 153, § 3º, III	IPI	Produtos industrializados destinados ao exterior.
Art. 153, § 4º, II	ITR	Pequenas glebas rurais, definidas em lei, quando as explore o proprietário que não possua outro imóvel.
Art. 156, § 2º, I	ITBI	Transmissão de bens ou direitos incorporados ao patrimônio de pessoa jurídica em realização de capital, nem sobre a transmissão de bens ou direitos decorrente de fusão, incorporação, cisão ou extinção de pessoa jurídica, salvo se, nesses casos, a atividade preponderante do adquirente for a compra e venda desses bens ou direitos, locação de bens imóveis ou arrendamento mercantil.
Art. 155, § 2º, X, "a" a "d"	ICMS	Operações que destinem mercadorias para o exterior, nem sobre serviços prestados a destinatários no exterior, assegurada a manutenção e o aproveitamento do montante do imposto cobrado nas operações e prestações anteriores; Operações que destinem a outros Estados petróleo, inclusive lubrificantes, combustíveis líquidos e gasosos dele derivados, e energia elétrica; O ouro, nas hipóteses definidas no art. 153, § 5º (ou seja, quando for ativo financeiro ou instrumento cambial); As prestações de serviços de comunicação nas modalidades de radiodifusão sonora e de sons e imagens de recepção livre e gratuita.
Art. 195, II	Contribuição social do trabalhador e demais segurados do INSS	Aposentadoria e pensão concedidas pelo regime geral de previdência social de que trata o art. 201.
Art. 155, § 3º	Todos os impostos, exceto ICMS, II e IE	Operações relativas a energia elétrica, serviços de telecomunicações, derivados de petróleo, combustíveis e minerais do País.

CF	TRIBUTO (imune)	IMUNIDADE SOBRE
Art. 156, II, *in fine*	ITBI	Direitos reais de garantia sobre os imóveis (hipoteca e anticrese).
Art. 195, § 7º	Contribuições para a seguridade social	As entidades beneficentes de assistência social que atendam às exigências estabelecidas em lei

Destaque para a imunidade das entidades beneficentes de assistência social às contribuições para a seguridade social, que constitui previsão expressa do artigo 195, § 7º da CF. Embora o dispositivo em questão utilize a expressão "isentas" ao invés de "imunes", por se tratar de uma exoneração tributária veiculada na Constituição Federal, a mesma possui natureza de imunidade.

Sobre essa imunidade, cabe ressaltar que, segundo a norma do artigo 195, § 7º, da CF, são isentas de contribuição para a seguridade social as entidades beneficentes de assistência social que atendam às exigências estabelecidas em lei.

ATENÇÃO:

A imunidade a impostos das operações relativas a energia elétrica, serviços de telecomunicações, derivados de petróleo, combustíveis e minerais do País **não** se aplica aos impostos de importação e exportação, nem ao ICMS, por força do disposto no artigo 155, § 3º, da CF. Também não se aplica a imunidade a contribuições (inteligência da Súmula 659 do STF) e, por analogia ao entendimento sumulado, a outros tributos diversos de impostos.

8. SÚMULAS

Súmula vinculante 52: "Ainda quando alugado a terceiros, permanece imune ao IPTU o imóvel pertencente a qualquer das entidades referidas pelo art. 150, VI, "c", da Constituição, desde que o valor dos aluguéis seja aplicado nas atividades essenciais de tais entidades".

Súmula 75 STF: "Sendo vendedora uma autarquia, a sua imunidade fiscal não compreende o imposto de transmissão *inter vivos*, que é encargo do comprador".

Súmula 76 STF: "As sociedades de economia mista não estão protegidas pela imunidade fiscal do art. 31, V, "a", Constituição Federal".

Súmula 324 STF: "A imunidade do art. 31, V, da Constituição Federal não compreende as taxas".

Súmula 336 STF: "A imunidade da autarquia financiadora, quanto ao contrato de financiamento, não se estende à compra e venda entre particulares, embora constantes os dois atos de um só instrumento".

Súmula 583 STF: "Promitente-Comprador de imóvel residencial transcrito em nome de autarquia é contribuinte do imposto predial territorial urbano".

Súmula 591 STF: "A imunidade ou a isenção tributária do comprador não se estende ao produtor, contribuinte do imposto sobre produtos industrializados".

Súmula 657 STF: "A imunidade prevista no art. 150, VI, "d" da CF abrange os filmes e papéis fotográficos necessários à publicação de jornais e periódicos".

Súmula 659 STF: "É legítima a cobrança da COFINS, do PIS e do Finsocial sobre as operações relativas a energia elétrica, serviços de telecomunicações, derivados de petróleo, combustíveis e minerais do país".

Súmula 730 STF: "A imunidade tributária conferida a instituições de assistência social sem fins lucrativos pelo art. 150, VI, c, da Constituição, somente alcança as entidades fechadas de previdência social privada se não houver contribuição dos beneficiários".

Súmula 352 STJ: "A obtenção ou a renovação do Certificado de Entidade Beneficente de Assistência Social (CEBAS) não exime a entidade do cumprimento dos requisitos legais supervenientes".

Súmula 612 STJ: "O certificado de entidade beneficente de assistência social (CEBAS), no prazo de sua validade, possui natureza declaratória para fins tributários, retroagindo seus efeitos à data em que demonstrado o cumprimento dos requisitos estabelecidos por lei complementar para a fruição da imunidade".

9. LEGISLAÇÃO RELACIONADA AO CAPÍTULO

- **CONSTITUIÇÃO FEDERAL**

Art. 5º.:

XXXIV – são a todos assegurados, independentemente do pagamento de taxas:

a) o direito de petição aos Poderes Públicos em defesa de direitos ou contra ilegalidade ou abuso de poder;

b) a obtenção de certidões em repartições públicas, para defesa de direitos e esclarecimento de situações de interesse pessoal;

Art. 149. Compete exclusivamente à União instituir contribuições sociais, de intervenção no domínio econômico e de interesse das categorias profissionais ou econômicas, como instrumento de sua atuação nas respectivas áreas, observado o disposto nos arts. 146, III, e 150, I e III, e sem prejuízo do previsto no art. 195, § 6º, relativamente às contribuições a que alude o dispositivo.

§ 2º As contribuições sociais e de intervenção no domínio econômico de que trata o caput deste artigo:

I – não incidirão sobre as receitas decorrentes de exportação;

Art. 150. Sem prejuízo de outras garantias asseguradas ao contribuinte, é vedado à União, aos Estados, ao Distrito Federal e aos Municípios:

VI – instituir impostos sobre:

a) patrimônio, renda ou serviços, uns dos outros;

b) templos de qualquer culto;

c) patrimônio, renda ou serviços dos partidos políticos, inclusive suas fundações, das entidades sindicais dos trabalhadores, das instituições de educação e de assistência social, sem fins lucrativos, atendidos os requisitos da lei;

d) livros, jornais, periódicos e o papel destinado a sua impressão.

e) fonogramas e videofonogramas musicais produzidos no Brasil contendo obras musicais ou literomusicais de autores brasileiros e/ou obras em geral interpretadas por artistas brasileiros bem como os suportes materiais ou arquivos digitais que os contenham, salvo na etapa de replicação industrial de mídias ópticas de leitura a laser.

§ 2º A vedação do inciso VI, "a", é extensiva às autarquias e às fundações instituídas e mantidas pelo Poder Público, no que se refere ao patrimônio, à renda e aos serviços, vinculados a suas finalidades essenciais ou às delas decorrentes.

§ 3º As vedações do inciso VI, "a", e do parágrafo anterior não se aplicam ao patrimônio, à renda e aos serviços, relacionados com exploração de atividades econômicas regidas pelas normas aplicáveis a empreendimentos privados, ou em que haja contraprestação ou pagamento de preços ou tarifas pelo usuário, nem exonera o promitente comprador da obrigação de pagar imposto relativamente ao bem imóvel.

§ 4º As vedações expressas no inciso VI, alíneas "b" e "c", compreendem somente o patrimônio, a renda e os serviços, relacionados com as finalidades essenciais das entidades nelas mencionadas.

Art. 153. Compete à União instituir impostos sobre:

IV – produtos industrializados;

VI – propriedade territorial rural;

§ 3º O imposto previsto no inciso IV:

III – não incidirá sobre produtos industrializados destinados ao exterior.

§ 4º O imposto previsto no inciso VI do caput:

II – não incidirá sobre pequenas glebas rurais, definidas em lei, quando as explore o proprietário que não possua outro imóvel;

Art. 155. Compete aos Estados e ao Distrito Federal instituir impostos sobre:

II – operações relativas à circulação de mercadorias e sobre prestações de serviços de transporte interestadual e intermunicipal e de comunicação, ainda que as operações e as prestações se iniciem no exterior;

X – não incidirá:

a) sobre operações que destinem mercadorias para o exterior, nem sobre serviços prestados a destinatários no exterior, assegurada a manutenção e o aproveitamento do montante do imposto cobrado nas operações e prestações anteriores;

b) sobre operações que destinem a outros Estados petróleo, inclusive lubrificantes, combustíveis líquidos e gasosos dele derivados, e energia elétrica;

c) sobre o ouro, nas hipóteses definidas no art. 153, § 5º;

d) nas prestações de serviço de comunicação nas modalidades de radiodifusão sonora e de sons e imagens de recepção livre e gratuita;

Art. 156. Compete aos Municípios instituir impostos sobre:

II – transmissão "inter vivos", a qualquer título, por ato oneroso, de bens imóveis, por natureza ou acessão física, e de direitos reais sobre imóveis, exceto os de garantia, bem como cessão de direitos a sua aquisição;

III – serviços de qualquer natureza, não compreendidos no art. 155, II, definidos em lei complementar.

§ 2º O imposto previsto no inciso II:

I – não incide sobre a transmissão de bens ou direitos incorporados ao patrimônio de pessoa jurídica em realização de capital, nem sobre a transmissão de bens ou direitos decorrente de fusão, incorporação, cisão ou extinção de pessoa jurídica, salvo se, nesses casos, a atividade preponderante do adquirente for a compra e venda desses bens ou direitos, locação de bens imóveis ou arrendamento mercantil;

§ 3º Em relação ao imposto previsto no inciso III do caput deste artigo, cabe à lei complementar:

II – excluir da sua incidência exportações de serviços para o exterior.

Art. 184, § 5º São isentas de impostos federais, estaduais e municipais as operações de transferência de imóveis desapropriados para fins de reforma agrária.

Art. 195. A seguridade social será financiada por toda a sociedade, de forma direta e indireta, nos termos da lei, mediante recursos provenientes dos orçamentos da União, dos Estados, do Distrito Federal e dos Municípios, e das seguintes contribuições sociais:

II – do trabalhador e dos demais segurados da previdência social, não incidindo contribuição sobre aposentadoria e pensão concedidas pelo regime geral de previdência social de que trata o art. 201;

§ 7º São isentas de contribuição para a seguridade social as entidades beneficentes de assistência social que atendam às exigências estabelecidas em lei.

- **CÓDIGO TRIBUTÁRIO NACIONAL**

Art. 9º É vedado à União, aos Estados, ao Distrito Federal e aos Municípios:

I – instituir ou majorar tributos sem que a lei o estabeleça, ressalvado, quanto à majoração, o disposto nos artigos 21, 26 e 65;

II – cobrar imposto sobre o patrimônio e a renda com base em lei posterior à data inicial do exercício financeiro a que corresponda;

III – estabelecer limitações ao tráfego, no território nacional, de pessoas ou mercadorias, por meio de tributos interestaduais ou intermunicipais;

IV – cobrar imposto sobre:

a) o patrimônio, a renda ou os serviços uns dos outros;

b) templos de qualquer culto;

c) o patrimônio, a renda ou serviços dos partidos políticos, inclusive suas fundações, das entidades sindicais dos trabalhadores, das instituições de educação e de assistência social, sem fins lucrativos, observados os requisitos fixados na Seção II deste Capítulo;

d) papel destinado exclusivamente à impressão de jornais, periódicos e livros.

§ 1º O disposto no inciso IV não exclui a atribuição, por lei, às entidades nele referidas, da condição de responsáveis pelos tributos que lhes caiba reter na fonte, e não as dispensa da prática de atos, previstos em lei, assecuratórios do cumprimento de obrigações tributárias por terceiros.

§ 2º O disposto na alínea a do inciso IV aplica-se, exclusivamente, aos serviços próprios das pessoas jurídicas de direito público a que se refere este artigo, e inerentes aos seus objetivos.

Art. 10. É vedado à União instituir tributo que não seja uniforme em todo o território nacional, ou que importe distinção ou preferência em favor de determinado Estado ou Município.

Art. 11. É vedado aos Estados, ao Distrito Federal e aos Municípios estabelecer diferença tributária entre bens de qualquer natureza, em razão da sua procedência ou do seu destino.

Art. 12. O disposto na alínea a do inciso IV do artigo 9º, observado o disposto nos seus §§ 1º e 2º, é extensivo às autarquias criadas pela União, pelos Estados, pelo Distrito Federal ou pelos Municípios, tão-somente no que se refere ao patrimônio, à renda ou aos serviços vinculados às suas finalidades essenciais, ou delas decorrentes.

Art. 13. O disposto na alínea a do inciso IV do artigo 9º não se aplica aos serviços públicos concedidos, cujo tratamento tributário é estabelecido pelo poder concedente, no que se refere aos tributos de sua competência, ressalvado o que dispõe o parágrafo único.

Parágrafo único. Mediante lei especial e tendo em vista o interesse comum, a União pode instituir isenção de tributos federais, estaduais e municipais para os serviços públicos que conceder, observado o disposto no § 1º do artigo 9º.

Art. 14. O disposto na alínea c do inciso IV do artigo 9º é subordinado à observância dos seguintes requisitos pelas entidades nele referidas:

I – não distribuírem qualquer parcela de seu patrimônio ou de suas rendas, a qualquer título;

II – aplicarem integralmente, no País, os seus recursos na manutenção dos seus objetivos institucionais;

III – manterem escrituração de suas receitas e despesas em livros revestidos de formalidades capazes de assegurar sua exatidão.

§ 1º Na falta de cumprimento do disposto neste artigo, ou no § 1º do artigo 9º, a autoridade competente pode suspender a aplicação do benefício.

§ 2º Os serviços a que se refere a alínea c do inciso IV do artigo 9º são exclusivamente, os diretamente relacionados com os objetivos institucionais das entidades de que trata este artigo, previstos nos respectivos estatutos ou atos constitutivos.

QUESTÕES

CAPÍTULOS III E IV

1. QUESTÕES COMENTADAS

01. **(Analista Judiciário – Execução de Mandados – TRF 2ª região/ 2007 – FCC)** Em matéria de princípios gerais e das limitações ao poder de tributar, assinale a alternativa correta.

a) O princípio da não-cumulatividade não é geral, sendo aplicado apenas nos impostos sobre produtos industrializados (IPI), circulação de mercadoria (ICMS) e nos eventuais criados pela União, na sua competência residual.

b) Não é necessário que o tributo da União seja igual em todo o território nacional, com distinção entre Estados, Distrito Federal e Municípios.

c) A União, os Estados, o Distrito Federal e os Municípios poderão instituir impostos sobre o patrimônio, renda ou serviços, uns dos outros, vedadas as taxas.

d) Os subsídios, isenções, anistia ou remissão relativos aos tributos podem ser concedidos pelo Chefe do Executivo, a seu critério, por decreto, se houver interesse público.

e) A União poderá tributar a remuneração e os proventos dos respectivos agentes públicos, em níveis superiores aos que fixar para suas obrigações e para seus agentes.

COMENTÁRIOS:

Questão versa sobre duas modalidades de limitações constitucionais ao poder de tributar, os princípios (normas fundamentais do sistema tributário nacional) e as imunidades tributárias (vedações constitucionais ao exercício das competências tributárias).

Alternativa correta: letra "a": o princípio tributário da não cumulatividade é específico, relativo ao Imposto sobre Produtos Industrializados – **IPI** (CF, art. 153, § 3º, II) e ao Imposto sobre Operações relativas à Circulação de Mercadorias e sobre Prestações de Serviços de Transporte Interestadual e Intermunicipal e de Comunicação – **ICMS** (CF, art. 155, § 2º, I). A não cumulatividade compreende a regra segundo a qual o imposto será não cumulativo, compensando-se o que for devido em cada operação com o montante cobrado nas anteriores. Ainda, o exercício da competência tributária residual, privativamente pela União, está reservado à lei complementar

(CF, art. 154, I) e possibilita a instituição de novos impostos, desde que sejam não cumulativos e não tenham fato gerador ou base de cálculo próprios dos discriminados na Constituição.

Alternativa "b": incorreta. Como regra, nos tributos de competência da União não se admitem discriminações regionais ou locais com relação aos mesmos fatos geradores ou bases de cálculo, pois é vedado à União instituir tributo que não seja uniforme em todo o território nacional **ou** que implique distinção ou preferência em relação a Estado, ao Distrito Federal ou a Município, em detrimento de outro (CF, art. 151, I). Porém há uma única exceção a essa regra, conhecida como princípio da uniformidade geográfica, segundo a qual se admite que a União conceda incentivos fiscais destinados a promover o equilíbrio do desenvolvimento socioeconômico entre as diferentes regiões do País.

Alternativa "c": a Constituição Federal prevê uma exoneração chamada de **imunidade recíproca**, segundo a qual é vedado aos entes federativos instituírem **impostos** sobre patrimônio, renda ou serviços uns dos outros (CF, art. 150, VI, "a"). Tal imunidade **não se aplica a qualquer tributo sobre patrimônio, rendas ou serviços**, mas, **apenas aos impostos** incidentes sobre essas bases de tributação. Logo, alternativa incorreta.

Alternativa "d": em regra, "qualquer subsídio ou isenção, redução de base de cálculo, concessão de crédito presumido, anistia ou remissão, relativos a impostos, taxas ou contribuições, só poderá ser concedido mediante **lei específica**, federal, estadual ou municipal, que regule exclusivamente as matérias acima enumeradas ou o correspondente tributo" (CF, art. 150, § 6º). Entretanto, o citado dispositivo ressalva expressamente o caso do ICMS, que, segundo o artigo 155, § 2º, inciso XII, alínea "g", da CF, cabe à lei complementar "regular a forma como, mediante deliberação dos Estados e do Distrito Federal, isenções, incentivos e benefícios fiscais serão concedidos ou revogados". Portanto, alternativa incorreta.

Alternativa "e": errada. É vedado à União tributar a renda das obrigações da dívida pública dos Estados, do Distrito Federal e dos Municípios, bem como a remuneração e os proventos dos respectivos agentes públicos, em níveis superiores aos que fixar para suas obrigações e para seus agentes (CF, art. 151, II).

02. (Analista Judiciário – Área Judiciária – TRF 2ª região/ 2012 – FCC) Em matéria tributária, de modo geral, NÃO pode ser considerada imunidade constitucional, dentre outras situações:

a) a proibição à tributação de livros, dos jornais e dos periódicos, bem como do papel destinado à sua impressão.

b) o conjunto de favores concedidos por lei, dispensando o pagamento de um tributo devido, compreendendo todos os contribuintes do território da entidade tributante ou de determinada região.

c) a vedação à instituição de tributos interestaduais ou intermunicipais, objetivando estabelecer limitações ao tráfego de pessoas ou de mercadorias, com exclusão da cobrança de pedágio.

d) o não cabimento de tributação entre si das pessoas jurídicas de Direito Público interno sobre o patrimônio, a renda ou os serviços, com exclusão de situações específicas.

e) a impossibilidade de tributação sobre o patrimônio, a renda ou serviços das instituições de educação ou assistência social, com exclusão de situações específicas.

COMENTÁRIOS:

As imunidades tributárias, vedações ao exercício das competências tributárias previstas na Constituição podem ser **gerais**, quando aplicáveis a todos os tributos ou a vários tributos de uma mesma espécie, ou **específicas**, assim compreendidas aquelas imunidades aplicáveis a um tributo determinado. Atenção para a exigência de que seja assinalada a alternativa que não pode ser considerada uma imunidade constitucional.

Alternativa correta: letra "b": a **imunidade** é uma exoneração tributária prevista na Constituição Federal, mediante normas que estabelecem situações em que é vedado às pessoas políticas exercerem suas competências tributárias. A imunidade não é sinônima de isenção. Enquanto a **imunidade** tributária, como já visto, constitui limitação de competência estabelecida em normas constitucionais, a **isenção** é uma hipótese **legal** de exclusão do crédito tributário (CTN, art. 175, I), isto é, uma dispensa legal do pagamento do tributo. A alternativa mencionou benesses fiscais concedidas por lei, logo, não se trata de imunidade, que demanda necessariamente previsão constitucional.

Alternativa "a": de acordo com a redação da alínea "d" do inciso VI do artigo 150 da CF, são imunes a impostos os livros, jornais, periódicos e o papel destinado a sua impressão.

Alternativa "c": pelo princípio da liberdade de tráfego é vedado estabelecer limitações ao tráfego de pessoas ou bens, por meio de tributos interestaduais ou intermunicipais, ressalvada a cobrança de pedágio pela utilização de vias conservadas pelo Poder Público (CF, art. 150, V). Na verdade, a doutrina considera essa norma constitucional um princípio tributário, e não uma imunidade. Entretanto, por enunciar uma vedação à competência tributária, não se pode considerar incorreto o tratamento de imunidade dado pela alternativa em questão.

Alternativa "d": a **imunidade recíproca** dos entes federativos, isto é, a impossibilidade de uma pessoa política tributar a outra, consiste na vedação de que União, Estados, Distrito Federal e Municípios instituam impostos sobre patrimônio, renda e serviços uns dos outros (CF, art. 150, VI, "a").

Alternativa "e": Segundo a norma do artigo 150, inciso VI, alínea "d", da CF, são imunes a impostos sobre patrimônio, renda ou serviços: (i) os partidos políticos, inclusive suas fundações; (ii) as entidades sindicais dos trabalhadores e; (iii) as **instituições de educação** e de **assistência social**, sem fins lucrativos. Em todos os casos, a Constituição exige que sejam **atendidos os requisitos de lei**. É assim que, com base na referida competência constitucional, o artigo 14 do CTN estabelece os requisitos legais para o gozo da imunidade por essas entidades, quais sejam: I – não distribuírem qualquer parcela de seu patrimônio ou de suas rendas, a qualquer título; II – aplicarem integralmente, no País, os seus recursos na manutenção dos seus objetivos institucionais; III – manterem escrituração de suas receitas e despesas em livros revestidos de formalidades capazes de assegurar sua exatidão.

03. **(Analista Judiciário – Área Judiciária – TRF 3ª região/ 2007 – FCC)** Nos termos da Constituição Federal, cuidando-se de matéria relativa à limitação do poder de tributar, NÃO é vedado

a) à União, dentre outras hipóteses, instituir isenções de tributos de competência dos Estados, do Distrito Federal ou dos Municípios.

b) aos Estados, ao Distrito Federal e aos Municípios estabelecer diferença tributária entre bens e serviços de qualquer natureza, em razão de sua procedência ou destino.

c) à União, aos Estados e aos Municípios, cobrar tributos em relação a fatos geradores ocorridos depois do início da vigência da lei que os houver instituído ou aumentado.

d) aos Municípios utilizar tributo com efeito de confisco e instituir impostos sobre templos de qualquer culto.

e) ao Distrito Federal instituir impostos sobre livros, jornais, periódicos e o papel destinado a sua impressão.

COMENTÁRIOS:

O enunciado exige que o candidato assinale uma alternativa que contemple uma situação de não vedação, ou seja, de permissão.

Alternativa correta: letra "c": de fato, não é vedado à União, aos Estados, ao Distrito Federal e aos Municípios cobrar tributos em relação a fatos geradores ocorridos **depois** do início da vigência da lei que os houver instituído ou aumentado. Ao contrário, o que é vedado é a cobrança de tributos em relação a fatos geradores ocorridos **antes** do início da vigência da lei que os houver instituído ou aumentado (trata-se do chamado Princípio da Irretroatividade Tributária, previsto no artigo 150, inciso III, alínea "a" da Constituição Federal).

Alternativa "a": é vedado à União instituir isenções de tributos da competência dos Estados, do Distrito Federal ou dos Municípios (CF, art. 151, III).

Alternativa "b": é vedado aos Estados, ao Distrito Federal e aos Municípios estabelecer diferença tributária entre bens e serviços, de qualquer natureza, em razão de sua procedência ou destino (CF, art. 152).

Alternativa "d": é vedado à União, aos Estados, ao Distrito Federal e aos **Municípios** utilizar tributo com efeito de confisco (CF, art. 150, IV) e instituir impostos sobre templos de qualquer culto (CF, art. 150, VI, "b").

Alternativa "e": é vedado à União, aos Estados, ao **Distrito Federal** e aos Municípios instituir impostos sobre livros, jornais, periódicos e o papel destinado a sua impressão (CF, art. 150, VI, "d").

04. (Analista Judiciário – Execução de Mandados – TRF 5ª região/ 2008 – FCC) Dentre outras limitações ao poder de tributar da União, dos Estados, do Distrito Federal e dos Municípios é vedado instituir impostos sobre:

a) templos de qualquer culto, sendo extensivo aos demais tributos como taxas, contribuições de melhoria e contribuições para-fiscais, relacionados ou não com suas atividades essenciais.

b) patrimônio, renda ou serviços das entidades sindicais patronais e dos trabalhadores, relacionados, ou não com as finalidades essenciais dessas entidades.

c) patrimônio, renda ou serviço, uns dos outros, e é extensivo às autarquias e às fundações instituídas pelo Poder Público, no que se refere ao patrimônio, à renda e aos serviços, vinculados a suas finalidades ou às delas decorrentes .

d) livros, jornais, periódicos, revistas, o papel destinado à sua impressão, os noticiários por qualquer meio de radiodifusão, assim como os institutos de educação ou de assistência social, com ou sem finalidade lucrativa.

e) patrimônio dos partidos políticos e coligações partidárias, salvo a renda, ainda que não contabilizada, assim como os serviços de qualquer natureza, mesmo decorrentes de suas finalidades.

COMENTÁRIOS:

São comuns as questões sobre a temática imunidades. Como dica, a Emenda Constitucional nº75/2013, originária da chamada "PEC da música", proposta com o objetivo de propiciar competitividade em preços no mercado musical e, assim, fazer frente à pirataria, trouxe mais uma **imunidade geral**, do tipo **objetiva**, ao incluir a **alínea "e" no inciso VI do artigo 150 da CF**, que veda aos entes federativos instituir impostos sobre fonogramas e videofonogramas musicais produzidos no Brasil contendo obras musicais ou literomusicais de autores brasileiros e/ou obras em geral interpretadas por artistas brasileiros bem como os suportes materiais ou arquivos digitais que os contenham, salvo na etapa de replicação industrial de mídias ópticas de leitura a laser.

Alternativa correta: letra "c": a alternativa retrata a imunidade recíproca, pela qual é vedado aos entes tributantes instituir impostos sobre patrimônio, renda ou serviços, uns dos outros (CF, art. 150, VI, "a"). A imunidade recíproca é extensiva às autarquias e às fundações instituídas e mantidas pelo Poder Público no que se refere ao patrimônio, à renda e aos serviços, vinculados às suas finalidades essenciais ou às delas decorrentes (CF, art. 150, § 2º). Decisões do STF vêm denotando uma interpretação extensiva da imunidade recíproca em relação às empresas públicas prestadoras de serviço público (REs 580.264 e 524.615), como é o caso da Empresa Brasileira de Correios e Telégrafos, prestadora de serviços essenciais. Assim, até que está correto o examinador dizer que a imunidade recíproca é aplicável às autarquias e empresas públicas que prestem inequívoco serviço público.

Alternativa "a": o equívoco da alternativa reside no ponto que estende a imunidade dos templos de qualquer culto (CF, art. 150, VI, "b") às taxas, contribuições de melhoria e contribuições parafiscais, relacionados ou não com suas atividades essenciais, quando, na verdade, restringe-se **aos impostos** incidentes sobre o patrimônio, a renda e os serviços, relacionados com as suas finalidades essenciais.

Alternativa "b": a alternativa apresenta dois erros. Um refere-se à extensão da imunidade em questão às entidades sindicais patronais, quando, na verdade, apenas as entidades sindicais que representam os trabalhadores estão abrangidas pela exoneração constitucional (CF, art. 150, VI, "c"). O outro consiste na inclusão da imunidade sobre impostos não relacionados com as suas finalidades essenciais. Ao contrário, apenas os impostos incidentes sobre o patrimônio, a renda e os serviços, relacionados com as suas finalidades essenciais é que estão abrangidos pela imunidade em questão.

Alternativa "d": não estão incluídos na imunidade cultural dos livros, jornais, periódicos e papéis destinados a sua impressão os noticiários por qualquer meio de radiofusão (CF, art. 150, VI, "d"). Ainda, apenas as entidades de educação ou de assistência social sem fins lucrativos e que atendam os requisitos da lei (CF, art. 150, VI, "c" c/c CTN, art. 14) estarão ao abrigo da imunidade.

Alternativa "e": a imunidade dos partidos políticos, inclusive suas fundações, abrange a não cobrança de impostos sobre o patrimônio, a renda e os serviços relacionados com as suas finalidades essenciais (CF, art. 150, VI, "c" e § 4º).

05. (FCC/TCE/AP/Analista/2012) A imunidade tributária

a) só pode ser concedida por lei complementar.

b) pode ser concedida pela União relativamente a impostos estaduais, desde que esta esteja também regulando impostos federais.

c) implica ausência de competência tributária para instituir tributo e está prevista apenas na Constituição Federal.

d) é causa de exclusão do crédito tributário, ao lado da anistia e da isenção.

e) alcança apenas patrimônio, renda e serviços de tributos que incidem sobre atividades relacionadas a livro, jornal, periódico e o papel destinado a sua impressão.

COMENTÁRIOS:

Na **imunidade subjetiva**, o ente federativo não tem o direito ao exercício da competência para tributar determinadas pessoas, como é o caso da imunidade dos templos de qualquer culto (CF, art. 150, VI, "b"). Já na **imunidade objetiva**, a vedação atinge o objeto da tributação, como ocorre na imunidade do livro (CF, art. 150, VI, "d").

Alternativa correta: letra "c": a **imunidade** é uma exoneração tributária prevista na Constituição Federal, mediante normas que estabelecem situações em que é vedado às pessoas políticas exercerem suas competências tributárias. Portanto, nenhum problema em se afirmar que a imunidade atua no campo da definição da competência, uma vez que as imunidades são justamente previsões constitucionais de situações em que não são conferidas competências tributárias aos entes federativos. Porém, o mesmo não pode ser dito das isenções, sob pena de se passar a falsa impressão de que referida modalidade de exoneração tributária atua para impedir o referido exercício, o que não é o caso, pois na isenção, frise-se, o ente federativo exerce a competência tributária instituindo o tributo, mas estabelece algumas situações, pessoas ou bens não alcançados pela regra de tributação.

Alternativa "a": as imunidades tributárias são exonerações fiscais previstas no texto constitucional. Há outras exonerações previstas em lei, tais como isenções, remissões, anistias, entre outras, porém nenhuma delas é considerada imunidade.

Alternativa "b": a isenção heterotópica, também denominada de isenção heterônoma, é aquela concedida por ente federativo tributante diferente daquele que teria por regra competência para instituí-la. O artigo 151, inciso III, da CF proibiu tal tipo de isenção ao vedar à União instituir isenções de tributos da competência dos Estados, do Distrito Federal ou dos Municípios. Alternativa incorreta.

Alternativa "d": são apenas duas as causas de exclusão do crédito tributário, isenção e anistia (CTN, art. 175). Alternativa incorreta.

Alternativa "e": as imunidades gerais, como é o caso da cultural (sobre livros, jornais, revistas e o papel para impressão dos mesmos), referem-se somente a **impostos** (espécie) e não ao gênero **tributo**, motivo pelo qual a alternativa está errada (CF, art. 150, VI, "d").

2. QUESTÕES DE CONCURSO

01. (FCC – Agente Fiscal de Rendas – SP/2013) O art. 150, I, da Constituição Federal, estipula que, sem prejuízo de outras garantias asseguradas ao contribuinte, é vedado à União, aos Estados, ao Distrito Federal e aos Municípios exigir ou aumentar tributo sem lei que o estabeleça. Este dispositivo enuncia o Princípio da:

a) Uniformidade Tributária, e admite exceções. Dentre estas, a redução e o restabelecimento por ato do Poder Executivo da alíquota da Contribuição de Intervenção no Domínio Econômico – CIDE relativa às atividades de importação de petróleo.

b) Legalidade Tributária, e admite exceções. Dentre estas, a fixação das alíquotas máximas e mínimas do ISS por meio de Resolução do Senado Federal, aprovada por 1/3 dos Senadores.

c) Inafastabilidade Tributária, e admite exceções. Dentre estas, o aumento da base de cálculo do IOF por meio de decreto do Poder Executivo Federal.

d) Uniformidade Tributária, e não admite exceções.

e) Legalidade Tributária, e admite exceções. Dentre estas, a redução e o restabelecimento por ato do Poder Executivo da alíquota da Contribuição de Intervenção no Domínio Econômico - CIDE relativa às atividades de comercialização de álcool combustível.

02. **(Procurador do Município – Prefeitura Recife-PE/2008 – FCC)** Lei municipal publicada em 20 de dezembro de 2007 majorou as alíquotas do ITBI de 2% para 4% e a base de cálculo do IPTU em 20%. As novas faixas de valores serão aplicadas

a) em noventa dias a contar da publicação da lei para o ITBI e no primeiro dia do exercício seguinte ao da publicação da lei para o IPTU.

b) no primeiro dia do exercício seguinte ao da publicação da lei, para os dois casos.

c) no primeiro dia do exercício seguinte ao da publicação da lei para o ITBI e no primeiro dia do exercício seguinte ao exercício do vencimento de noventa dias da publicação da lei para o IPTU.

d) noventa dias a contar da publicação da lei, para os dois casos.

e) em noventa dias a contar do primeiro dia do exercício seguinte ao da publicação da lei, para os dois casos.

03. **(Procurador do Município – Prefeitura Salvador-BA/2006 – FCC)** Segundo entendimento pacificado do Supremo Tribunal Federal acerca da progressividade de alíquotas para impostos, é correto afirmar:

a) O IPTU sempre pôde ter alíquotas progressivas em razão do valor venal do imóvel, como forma de atendimento ao princípio da capacidade contributiva.

b) O ITBI não pode ter alíquotas progressivas em razão do valor venal, por não se submeter ao princípio da capacidade contributiva.

c) O ITBI e o IPTU podem ter alíquotas progressivas como forma de atendimento da função social da propriedade.

d) Qualquer imposto pode ter alíquotas progressivas, como forma de atendimento ao princípio da capacidade contributiva.

e) O IPTU pode ter alíquotas progressivas no tempo como forma de atendimento ao princípio da capacidade contributiva.

04. **(Cespe – Promotor de Justiça – PI/2012)** A respeito das limitações do poder de tributar, assinale a opção correta.

a) O princípio da vedação do confisco é extensível às multas, apesar de estas terem natureza jurídica diversa dos tributos.

b) Em razão do princípio da imunidade recíproca, é vedado à União, aos estados, ao DF e aos municípios instituir impostos sobre patrimônio, renda ou serviços uns dos outros, inclusive quando houver contraprestação ou pagamento de preços ou tarifas pelo usuário.

c) O princípio da isonomia não se inclui entre os princípios que limitam o poder de tributar, mas entre os princípios universais de justiça.

d) O princípio da legalidade, o mais importante no âmbito do direito tributário, não comporta exceções ou mitigações.

e) É vedada, em razão da aplicação do princípio da anterioridade, a cobrança de tributos em relação a fatos geradores ocorridos antes do início da vigência da lei que os houver instituído ou aumentado.

05. **(FCC – Procurador do Estado – MT/ 2011)** A Constituição Federal fixa regras que limitam o exercício da competência tributária. Dentre elas podem ser citadas as regras da anterioridade anual e da anterioridade nonagesimal. Estas regras não são absolutas, comportando exceções. NÃO se submete às regras da anterioridade anual e nonagesimal, ao mesmo tempo, a majoração de alíquota do imposto sobre

a) produtos industrializados (IPI).

b) a renda e proventos de qualquer natureza (IR).

c) operações de crédito, câmbio e seguro, ou relativas a títulos ou valores mobiliários (IOF).

d) a propriedade territorial rural (ITR).

e) circulação de mercadorias e sobre prestação de serviços de transporte interestadual e intermunicipal e de comunicação (ICMS).

06. **(FCC – Agente Fiscal de Rendas – SP/2013)** É uma das limitações constitucionais do poder de tributar:

a) A imunidade recíproca entre os Entes da Federação – União, Estados, Distrito Federal e Municípios que garante a isonomia na distribuição de receitas tributárias.

b) A imunidade aos impostos que gravem o patrimônio, a renda ou os serviços das entidades de assistência social, sem fins lucrativos, desde que não distribuam qualquer parcela do seu patrimônio ou de suas rendas, a qualquer título.

c) O princípio da anualidade, vigente na atual ordem constitucional, que impõe a necessidade, para a cobrança de determinado tributo, de sua previsão na lei orçamentária aprovada na legislatura no ano calendário anterior, salvo as exceções constitucionalmente previstas.

d) A legalidade tributária estrita, incluída na Constituição Federal de 1988 pela Emenda Constitucional 42, de 19 de dezembro de 2003.

e) A imunidade aos impostos, taxas e contribuições de melhoria dos templos de qualquer culto.

07. (FCC – Procurador do Estado – RO/ 2011) O Sindicato Patronal das Indústrias do Setor de Plásticos e Derivados, alegando como argumento o fato de constituir-se como sindicato, requereu imunidade constitucional tributária abrangendo a totalidade de seu patrimônio, renda e serviços. Com relação ao pleito e fundamentação apresentada,

a) aplica-se a imunidade tributária exclusivamente ao patrimônio do sindicato patronal.

b) aplica-se a imunidade exclusivamente para os serviços, em função do princípio da imunidade recíproca.

c) aplica-se a imunidade integral, abrangendo inclusive, taxas e contribuições, em razão da finalidade da entidade.

d) não se aplica a imunidade por se tratar de sindicato patronal.

e) não se aplica a imunidade, que é restrita, exclusivamente, aos templos de qualquer culto, às entidades de assistência social sem fins lucrativos e aos livros, jornais e periódicos.

08. (FCC – Agente Fiscal de Rendas – SP/2013) A imunidade tributária

a) conferida a instituições de assistência social sem fins lucrativos pela Constituição Federal somente alcança as entidades fechadas de previdência social privada se não houver contribuição dos beneficiários.

b) recíproca é aplicável às autarquias e empresas públicas que prestem inequívoco serviço público, desde que distribuam lucros e tenham por objetivo principal conceder acréscimo patrimonial ao poder público.

c) não abrange renda obtida pela instituição de assistência social, por meio de cobrança de estacionamento de veículos em área interna da entidade, destinada ao custeio das atividades desta.

d) não abrange a renda obtida pelo SESC na prestação de serviços de diversão pública, mediante a venda de ingressos de cinema ao público em geral, e aproveitada em suas finalidades assistenciais.

e) não abrange IPTU de imóvel pertencente a entidades sindicais dos trabalhadores, quando alugado a terceiros, mesmo que o valor dos aluguéis seja aplicado nas atividades essenciais de tais entidades.

09. (FCC/PGM/Teresina/Procurador/2010) Em virtude de imunidade, o Município NÃO pode instituir

a) impostos sobre patrimônio não relacionado com atividades essenciais dos templos de qualquer culto.

b) imposto sobre a transmissão de bens ou direitos incorporados ao patrimônio de pessoa jurídica em realização de capital.

c) taxa sobre serviço de coleta de lixo domiciliar prestado para a União relativamente a seus imóveis.

d) contribuição de melhoria por obra pública municipal que gere valorização imobiliária a imóveis de domínio do Estado.

e) impostos sobre patrimônio, renda e serviços de empresas públicas exploradoras de atividade econômica.

10. **(FGV - TJ/AL - Analista - área jurídica / 2018)** Leia a afirmativa a seguir. *"Diz respeito à incidência progressiva de alíquotas na razão inversa da essencialidade da mercadoria ou do serviço"*. A afirmativa diz respeito ao princípio da

a) razoabilidade.

b) proporcionalidade.

c) seletividade.

d) não-cumulatividade.

e) capacidade contributiva.

11. **(Cespe – Analista de Controle – Área Jurídica – TCE – PR/2016)** Assinale a opção correta, acerca do poder de tributar e de suas limitações.

a) A proibição de que União, estados, Distrito Federal e municípios instituam impostos sobre templos de qualquer culto é exemplo do instituto da isenção.

b) A imunidade recíproca não atinge os impostos sobre a renda dos entes federados.

c) É vedado à União conceder incentivos que visem à promoção do equilíbrio socioeconômico a determinadas áreas do país.

d) É vedado aos estados, ao Distrito Federal e aos municípios estabelecer diferença tributária de qualquer natureza entre bens e serviços em razão de sua procedência ou destino.

e) A União possui a prerrogativa de cobrar tributos relativos a fatos geradores ocorridos antes do início da vigência da lei que os houver instituído ou aumentado.

12. **(Cespe – Analista de Controle – Área Jurídica – TCE – PR/2016)** Considerando a matéria tributária definida na CF, assinale a opção correta.

a) É facultado ao Poder Executivo, respeitados as condições e os limites legais, alterar as alíquotas do imposto sobre produtos industrializados.

b) Dado o princípio da isonomia, os impostos não podem ter caráter pessoal.

c) As limitações constitucionais ao poder de tributar podem ser reguladas por lei ordinária.

d) As contribuições de intervenção no domínio econômico não incidem sobre as receitas decorrentes de importação.

e) O imposto sobre a propriedade territorial rural será progressivo e não incidirá sobre pequenas glebas rurais exploradas pelo proprietário, mesmo que ele possua outro imóvel.

13. **(FMP – Defensor Público – PA/2015)** Assinale a alternativa CORRETA.

a) Segundo entendimento do Supremo Tribunal Federal (STF), a imunidade tributária dos templos de qualquer culto alcança as lojas maçônicas.

b) A imunidade tributária endereçada aos livros e periódicos não alcança, no entendimento do STF, álbuns de figurinhas.

c) A imunidade tributária recíproca não alcança o Imposto sobre operações relativas à Circulação de Mercadorias e sobre a prestação de Serviços de Transporte interestadual e intermunicipal e de comunicação (ICMS) que incide no transporte de bens e mercadorias realizado pela Empresa Brasileira de Correios e Telégrafos (ECT) porque, na esteira do entendimento do STF, tal atividade tem fins lucrativos, não merecendo tratamento tributário privilegiado.

d) Têm imunidade tributária fonogramas e videofonogramas musicais produzidos no Brasil contendo obras musicais ou literomusicais de autores brasileiros e/ou obras em geral, interpretadas por artistas brasileiros, bem como os suportes materiais ou arquivos digitais que os contenham, salvo na etapa de replicação industrial de mídias ópticas de leitura a laser.

e) Não têm imunidade tributária recíproca as autarquias e fundações instituídas e mantidas pelo Poder Público no que se refere ao patrimônio, à renda e aos serviços vinculados às suas finalidades essenciais.

14. **(Consulplan – Oficial de Justiça Avaliador – TRF2/2017)** Todas as hipóteses referidas nas alternativas a seguir refletem hipótese de imunidade tributária. Assinale aquela que contemple imunidade subjetiva e autoexecutável (ou incondicional).

a) Impedimento de instituir impostos sobre livros, jornais, periódicos e o papel destinado a sua impressão.

b) Proibição aos Entes da Federação de instituir impostos sobre patrimônio, renda e serviços uns dos outros.

c) Interdição de instituir imposto sobre patrimônio, renda ou serviços dos partidos políticos, inclusive suas fundações.

d) Vedação à União, aos Estados, ao Distrito Federal e aos Municípios de instituir impostos sobre templos de qualquer culto.

15. **(FGV – Procurador Município – Prefeitura Niterói – RJ/2014)** Por meio da Emenda nº 42, de 2003, a Constituição Federal passou a exigir, como regra geral, o respeito ao chamado princípio da noventena, também conhecido como princípio da nonagesimalidade, ou, ainda, princípio da anterioridade mitigada – reclamando um intervalo mínimo de 90 (noventa) dias entre a publicação da lei que cria ou majora tributos e a produção de seus efeitos práticos.

Assinale a opção que apresenta, exclusivamente, impostos federais que não estão sujeitos à nonagesimalidade/noventena.

a) Imposto sobre a Renda (IR), Imposto de Importação (II) e Imposto sobre Operações Financeiras (IOF).

b) Imposto sobre Produtos Industrializados (IPI), Imposto de Exportação (IE) e Imposto sobre a Propriedade Territorial Rural (ITR).

c) Imposto sobre Grandes Fortunas (IGF), Imposto de Importação (II) e Imposto sobre Operações Financeiras (IOF).

d) Imposto de Importação (II), Imposto de Exportação (IE) e Imposto sobre Produtos Industrializados (IPI).

e) Imposto sobre a Propriedade Territorial Rural (ITR), Imposto sobre a Renda (IR) e Imposto sobre Grandes Fortunas (IGF).

GABARITO		
Questão	**Resposta**	**Fundamentação**
01	E	CF, art. 177, § 4º, I, b
02	A	CF, art. 150, III, b, c e § 1º
03	B	Súmula 656 do STF
04	A	STF, RE 523.471-AgR
05	C	CF, art. 150, § 1º
06	B	CF, art. 150, VI, c e CTN, art. 14, I
07	D	CF, art. 150, VI, c
08	A	STF, Súmula 730
09	B	CF, art. 156, § 2º, I
10	C	CF, arts. 153, § 3º, I e 155, § 2º, III
11	D	CF, art. 152
12	A	CF, art. 153, § 1º
13	D	CF, art. 150, VI, "e"
14	B	CF, art. 150, VI, "a"
15	A	CF, art. 150, § 1º

3. QUESTÕES DISSERTATIVAS E ESTUDOS DE CASOS

QUESTÃO DISSERTATIVA 01:

Defina o Princípio da Praticabilidade da Tributação.

***Resposta sugerida pelos autores*[1]:**

O Princípio da Praticabilidade Tributária pode ser compreendido como o conjunto de técnicas que visa a viabilizar a adequada execução do ordenamento jurídico, utilizando-se, notadamente, de meios eficazes e com menor custo (COSTA, Regina Helena. Praticabilidade e Justiça Tributária. São Paulo: Malheiros Editores, 2007). Com base nesse princípio, as obrigações fiscais (principais e acessórias) devem ser eficientes para a proposta arrecadatória e de coibição da sonegação (ambas de interesse do Fisco). Ao mesmo tempo, não pode representar oneração excessiva para contribuintes e responsáveis (baixos custos de conformidade).

QUESTÃO DISSERTATIVA 02:

A imunidade tributária dispensa o cumprimento das obrigações tributárias acessórias?

Resposta sugerida pelos autores:

As imunidades não dispensam o cumprimento de obrigações acessórias, nem a pessoa beneficiada de pagar tributos na condição de sujeito passivo por responsabilidade tributária. É o que se depreende da norma veiculada no texto do § 1º do artigo 9º, do CTN: "O disposto no inciso IV não exclui a atribuição, por lei, às entidades nele referidas, da condição de responsáveis pelos tributos que lhes caiba reter na fonte, e não as dispensa da prática de atos, previstos em lei, assecuratórios do cumprimento de obrigações tributárias por terceiros". Portanto, do disposto no artigo 9º, § 1º, do CTN decorrem duas importantes repercussões práticas: 1º) Não é porque usufrui de imunidade sobre a comercialização de livros que uma editora estará liberada de emitir nota fiscal e escriturar livros fiscais e contábeis, pois a imunidade cultural que a beneficia não dispensa o cumprimento de obrigações legais de natureza acessória. 2º) Exige-se, normalmente, de entidades imunes, a obrigação de reter imposto de renda na fonte sobre os pagamentos de salários a funcionários, pois, no caso, a sua atuação não se dá na condição de contribuinte, mas, sim, de responsável tributário.

---

1. Nas respostas dadas aqui serão indicados trechos normativos ou precedentes jurisprudenciais, mas na prova não há necessidade dessa indicação, salvo quando expressamente previsto no edital do concurso.

ESTUDO DE CASO 01:

Juan (nacionalidade argentina), José (nacionalidade venezuelana), Astrid (de nacionalidade uruguaia) e Rubens (de nacionalidade colombiana) residem, atualmente, no Brasil e formam um grupo musical chamado "Los andinos", que compõe e interpreta melodias brasileiras e estrangeiras. Apresentam-se em todos os Estados brasileiros, nas principais cidades. O último DVD do grupo, com canções folclóricas brasileiras, cujas letras foram escritas por compositores brasileiros e melodias foram criadas por autores mexicanos residentes no Brasil, foi produzido no Estado do Rio Grande do Sul. Com tais considerações, a venda do referido DVD está abrangido por alguma imunidade tributária prevista na Constituição Federal?

Resposta sugerida pelos autores:

A Emenda Constitucional nº 75/2013, originária da chamada "PEC da música", proposta com o objetivo de propiciar competitividade em preços no mercado musical e, assim, fazer frente à pirataria, trouxe mais uma imunidade geral, do tipo objetiva, ao incluir a alínea "e" no inciso VI do artigo 150 da CF, que veda aos entes federativos instituir impostos "fonogramas e videofonogramas musicais produzidos no Brasil contendo obras musicais ou literomusicais de autores brasileiros e/ou obras em geral interpretadas por artistas brasileiros bem como os suportes materiais ou arquivos digitais que os contenham, salvo na etapa de replicação industrial de mídias ópticas de leitura a laser". Portanto, o citado DVD está abrangido pela imunidade musical (CF, art. 150, VI, "e"), pois foi produzido no Brasil (RS) e as letras são de autoria de compositores brasileiros.

ESTUDO DE CASO 02:

O prefeito recém-eleito do município X prometeu, em sua campanha eleitoral, tornar o IPTU mais justo aos munícipes. Nesse sentido, pretende transformar o referido imposto, que atualmente é proporcional, em progressivo. Nesse sentido, estabeleça a diferença entre tributo progressivo e proporcional e esclareça se há amparo constitucional para que o IPTU seja progressivo.

Resposta sugerida pelos autores:

Em linhas gerais, um tributo progressivo apresenta alíquotas maiores conforme há um aumento na base de cálculo, que é diferente de um tributo proporcional, em que é mantida a mesma alíquota, independentemente da base de cálculo.

A progressividade constitucional delineada para o IPTU pode ser subdividida em:

i) progressividade fiscal, cujo único objetivo é a arrecadação, em razão do valor do imóvel (CF, art. 156, § 1°, I);

ii) progressividade extrafiscal, que tem por objetivo promover a função social da propriedade, estabelecendo a progressividade no tempo do IPTU para o proprietário de imóvel subutilizado ou não utilizado que deixar de promover o seu adequado aproveitamento, nos termos do plano diretor do Município (CF, art. 182, § 4°, II).

Portanto, de acordo com os artigos 156, § 1°, inciso I e 182, § 4°, inciso II, da CF, há sim amparo constitucional para transformar o IPTU proporcional em progressivo.

CAPÍTULO V

PANORAMA DOS IMPOSTOS

Conforme já abordado no capítulo II, nos termos da CF, cada ente federativo tem competência exclusiva para instituir determinados impostos. Portanto, cabe aqui traçar um panorama geral dos impostos federais, estaduais e municipais.

Os **impostos federais** são aqueles de **competência da União**, previstos no **artigo 153 da CF**, a saber: II – imposto de importação; IE – imposto de exportação; IR – imposto de renda e proventos de qualquer natureza; IPI – imposto sobre produtos industrializados; IOF – imposto sobre operações financeiras (crédito, câmbio, seguro e títulos e valores mobiliários); ITR – imposto territorial rural; IGF – imposto sobre grandes fortunas (até hoje não instituído e dependente de lei complementar).

Lembrando que, além das competências privativas, a União tem as seguintes competências: i) **residual** para instituir, mediante lei complementar, impostos não previstos no artigo 153 da Constituição, desde que sejam não cumulativos e não tenham fato gerador ou base de cálculo próprios dos demais discriminados no texto constitucional (CF, art. 154, I); ii) **extraordinária** para, na iminência ou no caso de **guerra externa**, instituir **impostos extraordinários**, compreendidos ou não em sua competência tributária, os quais serão suprimidos, gradativamente, cessadas as causas de sua criação (CF, art. 154, II).

Os **impostos estaduais** são aqueles de **competência dos Estados e do Distrito Federal**, previstos no **artigo 155 da CF**, quais sejam: ITCMD/ITCD – transmissão *causa mortis* e doação, de quaisquer bens ou direitos; ICMS – operações relativas à circulação de mercadorias e sobre prestações de serviços de transporte interestadual e intermunicipal e de comunicação, ainda que as operações e as prestações se iniciem no exterior; IPVA – propriedade de veículos automotores.

E os impostos municipais estão previstos no artigo 156 da CF. São eles: IPTU – imposto sobre a propriedade predial e territorial urbana; ITBI – imposto sobre a transmissão inter vivos, a qualquer título, por ato oneroso, de bens imóveis, por natureza ou acessão física, e de direitos reais sobre imóveis, exceto os de garantia, bem como cessão de direitos a sua aquisição; ISSQN – imposto sobre serviços de qualquer natureza. Atenção:

Competem à União, em Território Federal, os impostos estaduais e, se o Território não for dividido em Municípios, cumulativamente, os impostos municipais; ao Distrito Federal cabem os impostos municipais (CF, art. 147).

Norma hierarquicamente superior do sistema jurídico, a Constituição Federal não se restringe a conferir aos entes federativos competências exclusivas para instituição cada qual de seus impostos. Além disso, ao prever as pessoas políticas competentes, o texto constitucional delineia a materialidade e campo de incidência de cada imposto, bem como estabelece normas fundamentais a serem observadas pelo legislador infraconstitucional no exercício da competência que lhe foi conferida.

Mas, o legislador competente para instituir cada imposto não fica adstrito exclusivamente aos ditames traçados pela Constituição, uma vez que o **artigo 146, inciso III, alínea "a", da CF**, dispõe que cabe à **lei complementar** estabelecer **normas gerais em matéria de legislação tributária**, especialmente sobre definição de tributos e de suas espécies, bem como, em relação aos impostos discriminados na Constituição, a dos respectivos fatos geradores, bases de cálculo e contribuintes. Essas normas gerais possuem caráter nacional, de modo a vincularem à respectiva observância a União, quando versarem sobre impostos federais, todos os Estados e o Distrito Federal para os impostos estaduais e todos os Municípios e o Distrito Federal para os impostos municipais.

ATENÇÃO:

A competência da União para estabelecer normas gerais em matéria tributária também se encontra prevista no artigo 24, § 1º da CF. Porém, a competência da União para legislar sobre normas gerais não exclui a competência suplementar dos Estados, uma vez que, inexistindo lei federal sobre normas gerais, os Estados exercerão a competência legislativa plena, para atender a suas peculiaridades (CF, art. 24, §§ 2º e 3º). Nesse caso, a superveniência de lei federal sobre normas gerais suspende a eficácia da lei estadual, no que lhe for contrário (CF, art. 24, § 4º), lembrando que em matéria tributária as normas gerais estão reservadas à lei complementar e possuem caráter nacional (CF, art. 146, III). Por fim, importante dizer que não há previsão de competência suplementar para os municípios.

Portanto, não é apenas a Constituição, mas também as leis complementares que devem ser observadas pelo legislador competente para **instituir e legislar sobre o imposto**, via de regra, por meio de **lei ordinária**, salvo as exceções do IGF e dos impostos de competência residual da União, que exigem lei complementar (CF, arts. 153, VII e 154, I)

Instituído o tributo por meio de lei ordinária, prevalece, então, a norma do artigo 99 do CTN, que confere competência ao **Poder Executivo**, por meio de **decretos**, para **regulamentar** a lei, isto é, esclarecer, detalhar e dar cumprimento às leis a que se referem. E, nesse ponto, não se deve perder de vista que o conteúdo e o alcance dos decretos restringem-se aos das leis em função das quais sejam expedidos (CTN, art. 99).

Por fim, normas mais específicas e minuciosas ainda podem ser estabelecidas pela **Administração Tributária**, por meio de **atos normativos** tais como portarias e resoluções, que o artigo 100, inciso I, do CTN caracteriza como **normas complementares das leis e decretos**.

Para se ter uma ideia mais precisa de todo o desencadeamento lógico-normativo exposto, pode-se dizer que, quando um contribuinte do ICMS destaca o imposto devido em uma Nota Fiscal Eletrônica, o faz fundamentado em toda a estrutura legislativa que suporta a cobrança desse imposto estadual. Primeiramente, a CF atribui competência aos Estados e ao Distrito Federal para instituir o ICMS e estabelece as normas fundamentais (CF, art. 155, II e §§ 2º a 5º). Depois, normas gerais sobre o tributo, aplicáveis a todos os Estados, são veiculadas em lei complementar (Lei complementar 87/96). Seguindo as diretrizes constitucionais e os ditames da lei complementar, a lei estadual instituirá o tributo e exigirá a emissão de nota fiscal como obrigação acessória. Em seguida, o Regulamento do ICMS, aprovado por decreto, disporá que a nota fiscal poderá ser eletrônica e atos normativos expedidos pelas autoridades administrativas tributárias definirão como será essa Nota Fiscal Eletrônica em termos de *layout*, sistemas, transmissão etc.

Uma análise detalhada de toda a legislação tributária relativa a cada um dos impostos federais, estaduais e municipais demandaria não apenas uma obra a parte, como, mais do que isso, um verdadeiro tratado. Dessa forma, no presente capítulo, além dessa visão geral traçada, o panorama dos impostos será complementado com uma abordagem sobre as normas fundamentais estabelecidas na Constituição e uma menção, em quadro sinóptico, às principais normas infraconstitucionais que regem cada imposto.

1. IMPOSTOS FEDERAIS

	Quadro sinótico da legislação aplicável aos impostos federais[1]					
	II	**IE**	**IR**	**IPI**	**IOF**	**ITR**
CF/88	art. 153, I	art. 153, II	art. 153, III	art. 153, IV	art. 153, V	art. 153, VI
Lei Complementar	CTN (arts. 19-22)	CTN (arts. 23-28)	CTN (arts. 43-45)	CTN (arts. 46-51)	CTN (arts. 63-67)	CTN (arts. 29-31)
Lei Ordinária	DL 37/66 (DL 2.472/88)	DL 1.578/77	Lei 7.713/88, Leis 9.249/95 e 9.430/96 e alterações posteriores	Lei 4.502/64	Lei 5.143/66	Lei 9.393/96
Decreto	6.759/09	6.759/09	9.580/18	7.212/10	6.306/07	4.382/02

1. *In:* MARTINS, Alan; SCARDOELLI, Dimas Yamada. *Direito Tributário – curso rápido e didático para estudos e revisões*. Leme: Editora JH Mizuno, 2012, página 68.

1.1. Imposto de Importação

Incide sobre a **importação de produtos estrangeiros** (CF, art. 153, I) e tem como fato gerador a entrada destes no território nacional (CTN, art. 19).

Nos termos do artigo 70 do Decreto 6.759/2009 – Regulamento Aduaneiro, considera-se estrangeira, para fins de incidência do imposto de importação, a mercadoria nacional ou nacionalizada exportada que retorne ao País.

> ATENÇÃO:
>
> Há duas bases de incidência na importação de produtos mediante contrato de arrendamento mercantil, são elas a prestação de serviço (*leasing*) e a própria importação. Com base nessa premissa, o STF decidiu não existir bitributação em se exigir o IPI na importação mediante *leasing* (STF – RE 42930 – Rel. Min. Joaquim Barbosa – 2ª Turma – julg. 1.2.2011).

Contribuinte do imposto é: I – o importador ou quem a lei a ele equiparar; II – o arrematante de produtos apreendidos ou abandonados (CTN, art. 20).

Poderá ter suas **alíquotas** alteradas pelo Poder Executivo, atendidas as condições e os limites estabelecidos em lei (CF, art. 153, § 1º). O objetivo é ajustar o imposto aos objetivos da política cambial e do comércio exterior (CTN, art. 21), o que revela o seu caráter regulatório (natureza extrafiscal).

Além disso, poderá ser cobrado na data da publicação da lei que o houver instituído ou do ato normativo do Poder Executivo ou lei que tiver majorado sua alíquota, pois constitui exceção aos princípios da anterioridade do exercício e nonagesimal (CF, art. 150, § 1º).

Nos termos do artigo 20 do CTN, a **base de cálculo** do imposto poderá ser:

- a unidade de medida adotada pela lei tributária (inciso I), nos casos em que a alíquota for específica (um valor em moeda por unidade de medida);
- o preço normal que o produto, ou seu similar, alcançaria, ao tempo da importação, em uma venda em condições de livre concorrência, para entrega no porto ou lugar de entrada do produto no País (inciso II), nos casos de alíquota *ad valorem* (percentual);
- o preço da arrematação (inciso III), quando se tratar de produto apreendido ou abandonado, levado a leilão.

De acordo com a sistemática de apuração estabelecida na respectiva legislação, verifica-se que, ordinariamente, o imposto está sujeito ao **lançamento por homologação**.

1.2. Imposto de Exportação

Incide sobre a **exportação, para o exterior, de produtos nacionais ou nacionalizados** (CF, art. 153, II) e tem como fato gerador a saída destes do território nacional (CTN, art. 23).

Contribuinte do imposto é o exportador ou quem a lei a ele equiparar (CTN, art. 27).

Poderá ter suas **alíquotas** alteradas pelo Poder Executivo, atendidas as condições e os limites estabelecidos em lei (CF, art. 153, § 1º). O objetivo é ajustar o imposto aos objetivos da política cambial e do comércio exterior (CTN, art. 21) e sua receita líquida destina-se à formação de reservas monetárias (CTN, art. 28), o que revela o seu caráter regulatório (natureza extrafiscal).

Além disso, poderá ser cobrado na data da publicação da lei que o houver instituído ou do ato normativo do Poder Executivo ou lei que tiver majorado sua alíquota, pois constitui exceção aos princípios da anterioridade do exercício e nonagesimal (CF, art. 150, § 1º).

Nos termos do artigo 24 do CTN, sua **base de cálculo** poderá ser:

- a unidade de medida adotada pela legislação tributária (inciso I), quando a alíquota for específica;
- o preço normal que o produto, ou seu similar, alcançaria, ao tempo da exportação, em uma venda em condições de livre concorrência (inciso II), quando a alíquota for *ad valorem*, considerando-se a entrega como efetuada no porto ou lugar da saída do produto, deduzidos os tributos diretamente incidentes sobre a operação de exportação e, nas vendas efetuadas a prazo superior aos correntes no mercado internacional o custo do financiamento (parágrafo único).

Alternativamente, a lei pode adotar como base de cálculo a parcela do valor ou do preço, referidos no artigo 24 do CTN, excedente de valor básico, fixado de acordo com os critérios e dentro dos limites por ela estabelecidos (CTN, art. 25).

De acordo com a sistemática de apuração estabelecida na respectiva legislação, verifica-se que, ordinariamente, o imposto está sujeito ao **lançamento por homologação.**

1.3. Imposto de Renda

Sua incidência é sobre a **renda e proventos de qualquer natureza** (CF, art. 153, III) e não se submete ao princípio da anterioridade nonagesimal (CF, art. 150, § 1º), podendo ser instituído no exercício seguinte ao da publicação da lei, mesmo que não tenham decorrido noventa dias.

Será informado pelos seguintes critérios estabelecidos no § 2º, do artigo 153 da CF:

- **Generalidade:** qualquer pessoa física ou jurídica poderá ser sujeito passivo do imposto, ressalvadas, é claro, as imunidades tributárias, que possuem a mesma estatura constitucional do princípio e excluem do campo de incidência do imposto as rendas de determinadas pessoas.
- **Universalidade:** nenhuma renda ou provento ficará fora do campo de incidência do imposto;
- **Progressividade:** com grande aderência ao princípio da capacidade contributiva, o imposto possui alíquotas diferenciadas segundo for aumentando a base de cálculo.

ATENÇÃO:

IR. Renda acumulada.

No caso de benefício previdenciário pago em atraso e acumuladamente, não é legítima a cobrança de imposto de renda com parâmetro no montante global pago extemporaneamente. Isso porque a incidência do imposto de renda deve observar as tabelas e alíquotas vigentes na época em que os valores deveriam ter sido adimplidos, devendo ser observada a renda auferida mês a mês pelo segurado. Precedente citado: REsp 1.118.429-SP, Primeira Seção, DJe 14/5/2010 (REPETITIVO). AgRg no AREsp 300.240-RS, Rel. Min. Humberto Martins, julgado em 9/4/2013.

Consoante dispõe o artigo 43 do CTN, o Imposto de Renda tem por fato gerador a **aquisição da disponibilidade econômica ou jurídica**:

I – de **renda**, assim entendido o produto do capital, do trabalho ou da conjugação de ambos;

II – de **proventos** de qualquer natureza, assim entendidos todos os acréscimos não compreendidos no conceito de renda.

Importante ressaltar que a incidência do imposto **independe** da denominação da receita ou do rendimento, da localização, condição jurídica ou nacionalidade da fonte, da origem e da forma de percepção (CTN, art. 43, § 1º).

Ainda é preciso ter em mente que nem toda aquisição patrimonial representa acréscimo deste. Está bastante sedimentada a jurisprudência no sentido de que as indenizações não ensejam a incidência de imposto de renda, justamente por não implicarem acréscimo patrimonial, mas apenas a reparação por uma perda, constituindo mera recomposição do patrimônio.

Os valores recebidos a título de férias proporcionais e respectivo terço constitucional são indenizações, portanto, isentas do pagamento do Imposto de Renda, conforme preceitua a Súmula 386 do STJ: "São isentas de imposto de renda as indenizações de férias proporcionais e o respectivo adicional".

Por outro lado, segundo jurisprudência do próprio STJ, os juros incidentes na devolução de depósitos judiciais (caráter remuneratório) e na repetição de indébito tributário (moratórios com caráter de lucros cessantes) não possuem natureza indenizatória, estando sujeitos à incidência de Imposto de Renda (REsp 1138695 SC, Rel. Ministro MAURO CAMPBELL MARQUES, PRIMEIRA SEÇÃO, Julgado em 22/05/2013, DJE 31/05/2013).

A indenização relativa às perdas e danos emergentes, consoante orientação do STJ, não é fato gerador do imposto de renda, haja vista a natureza eminentemente indenizatória de tal verba, na qual não há qualquer acréscimo patrimonial, mas apenas a recomposição dos danos suportados. (REsp 1080187). No mesmo sentido, a Súmula nº 498 do STJ: "Não incide imposto de renda sobre a indenização por danos morais".

Na hipótese de receita ou de rendimento oriundos do exterior, a lei estabelecerá as condições e o momento em que se dará sua disponibilidade, para fins de incidência do imposto de renda (art. 43, § 2º).

A base de cálculo do imposto é o montante, real, arbitrado ou presumido, da renda ou dos proventos tributáveis (art. 44). No caso das pessoas jurídicas, essas três possíveis bases de cálculo refletem-se nos regimes de apuração do imposto, denominados Lucro Real, Lucro Presumido e Lucro Arbitrado. Isso sem mencionar as empresas optantes do regime do Simples Nacional, sujeitas a um tratamento diferenciado e favorecido, com recolhimento unificado de IR com vários outros impostos e contribuições federais, ICMS estadual e ISS Municipal.

Contribuinte do imposto é o titular da disponibilidade econômica ou jurídica de rendas ou proventos de qualquer natureza, sem prejuízo de atribuir a lei essa condição ao possuidor, a qualquer título, dos bens produtores de renda ou dos proventos tributáveis (art. 45).

Não obstante, a lei pode atribuir à fonte pagadora da renda ou dos proventos tributáveis a condição de responsável pelo imposto cuja retenção e recolhimento lhe caibam (art. 45, parágrafo único).

De acordo com a sistemática de apuração estabelecida na respectiva legislação, verifica-se que, ordinariamente, o imposto está sujeito ao **lançamento por homologação.**

Regulamentação do imposto: Decreto nº 9.580/2018 - Regulamento do Imposto de Renda - RIR/2018.

1.4. Imposto sobre Produtos Industrializados

A **incidência** do IPI dá-se sobre os **produtos industrializados** (CF, art. 153, IV), observadas as normas fundamentais estabelecidas no § 3º do artigo 153 da CF, segundo as quais o imposto:

I. será **seletivo**, em função da essencialidade do produto (princípio da seletividade);

II. será **não cumulativo**, compensando-se o que for devido em cada operação com o montante cobrado nas anteriores (princípio da não-cumulatividade);

III. não incidirá sobre produtos industrializados destinados ao exterior (**imunidade nas exportações**);

IV. **terá reduzido seu impacto sobre a aquisição de bens de capital** pelo contribuinte do imposto, **na forma da lei** (norma acrescentada pela Emenda Constitucional 42/2003).

ATENÇÃO:

Cuidado com a sutileza de que, acerca da seletividade, a CF determina que o ICMS poderá ser seletivo e o IPI será seletivo. Cuidado com essa "pegadinha" nos concursos.

Considera-se **produto industrializado** aquele que tenha sido submetido a qualquer operação que lhe modifique a natureza ou a finalidade, ou o aperfeiçoe para o consumo (CTN, art. 46, parágrafo único). Nessa linha, o artigo 4º do Regulamento do IPI – RIPI, aprovado pelo Decreto nº 7.212/2010, define as modalidades de industrialização como sendo:

I – a que, exercida sobre matérias-primas ou produtos intermediários, importe na obtenção de espécie nova (**transformação**);

II – a que importe em modificar, aperfeiçoar ou, de qualquer forma, alterar o funcionamento, a utilização, o acabamento ou a aparência do produto (**beneficiamento**);

III – a que consista na reunião de produtos, peças ou partes e de que resulte um novo produto ou unidade autônoma, ainda que sob a mesma classificação fiscal (**montagem**);

IV – a que importe em alterar a apresentação do produto, pela colocação da embalagem, ainda que em substituição da original, salvo quando a embalagem colocada se destine apenas ao transporte da mercadoria (**acondicionamento ou reacondicionamento**); ou

V – a que, exercida sobre produto usado ou parte remanescente de produto deteriorado ou inutilizado, renove ou restaure o produto para utilização (**renovação ou recondicionamento**).

Embora o IPI tenha sido instituído pela Lei 4.502/64, para uma compreensão mais precisa de seu campo de incidência, sugere-se recorrer ao Decreto 7.212/2010, que veicula a versão mais recente do RIPI – Regulamento do IPI. Assim procedendo-se é possível compreender que, conforme disposto no artigo 2º, parágrafo único do citado diploma regulamentar, o imposto incide sobre todos os produtos com alíquota, ainda que zero, relacionados na TIPI – Tabela de Incidência do IPI, observadas as disposições contidas nas respectivas notas complementares, excluídos aqueles a que corresponde a notação "NT" (não tributado).

Incidindo sobre os produtos industrializados, dispõe o artigo 46 do CTN sobre o **fato gerador** e o momento de sua ocorrência.

Quando o produto é de **procedência estrangeira**, dá-se o fato gerador no momento do **desembaraço aduaneiro** (inciso I), hipótese em que a **base de cálculo** corresponderá ao preço normal do produto, acrescido do montante: a) do imposto sobre a importação; b) das taxas exigidas para entrada do produto no País; c) dos encargos cambiais efetivamente pagos pelo importador ou dele exigíveis (art. 47, I).

Trata-se do IPI importação, em relação ao qual, colocando fim a uma polêmica que já se arrastava há bastante tempo, em recente decisão com repercussão geral, o Supremo Tribunal Federal decidiu haver incidência do IPI na "importação de veículos automotores por pessoa natural, ainda que não desempenhe atividade empresarial, e o faça para uso próprio" (STF, RE 723.652). Como fundamentos dessa decisão, que se deu por maioria dos Ministros, ficou consignado que a cobrança do IPI na importância realizada por pessoa física não viola o princípio da não cumulatividade nem implica bitributação, mas, pelo contrário, constitui garantia ao princípio da isonomia, ao promover igualdade de condições tributárias entre o fabricante nacional, já sujeito ao imposto em território nacional, e o fornecedor estrangeiro.

ATENÇÃO

Segundo o RIPI, na importação de produtos estrangeiros, a base de cálculo do IPI é valor que servir ou que serviria de base para o cálculo dos tributos aduaneiros, por ocasião do despacho de importação, acrescido do montante desses tributos e dos encargos cambiais efetivamente pagos pelo importador ou dele exigíveis (Decreto 7.212/2010, art. 190, I, "a").

Outro fato gerador é a **saída do estabelecimento** do contribuinte (inciso II), quando a **base de cálculo** corresponderá: a) ao valor da operação de que decorrer a saída da mercadoria; b) na falta do valor desse valor, ao preço corrente da mercadoria, ou sua similar, no mercado atacadista da praça do remetente (art. 47, II).

ATENÇÃO

O STF julgou inconstitucional a Lei 7.798/89 no ponto em que determina a inclusão dos descontos incondicionais na base de cálculo do IPI (STF, RE 567.935, rel. Min. Marco Aurélio, DJe 04/11/2014).

E, quando se tratar de produto apreendido ou abandonado e levado a leilão (inciso III), o fato gerador ocorrerá na arrematação, situação em que a **base de cálculo** será o preço da arrematação (art. 47, III).

Para melhor compreensão, o quadro a seguir apresenta os fatos geradores e referidas bases de cálculo:

Incidência	Fato gerador	Base de cálculo
produto de procedência estrangeira	desembaraço aduaneiro	preço normal do produto, acrescido do montante: a) do imposto sobre a importação; b) das taxas exigidas para entrada do produto no País; c) dos encargos cambiais efetivamente pagos pelo importador ou dele exigíveis
produtos nacionais ou nacionalizados	saída do estabelecimento do contribuinte	a) valor da operação de que decorrer a saída da mercadoria; b) na falta do valor desse valor, o preço corrente da mercadoria, ou sua similar, no mercado atacadista da praça do remetente
produto apreendido ou abandonado e levado a leilão	Arrematação	preço da arrematação

O IPI poderá ter suas **alíquotas** alteradas pelo Poder Executivo, atendidas as condições e os limites estabelecidos em lei (CF, art. 153, § 1º). Além disso, como exceção ao princípio da anterioridade do exercício (CF, art. 150, § 1º), se sujeita somente à **noventena**, podendo ser cobrado no prazo de 90 dias contados da lei que o houver instituído ou do ato do Poder Executivo ou lei que houver majorado a sua alíquota.

Os **contribuintes** do imposto também estão definidos no CTN, como sendo: I – o importador ou quem a lei a ele equiparar; II – o industrial ou quem a lei a ele equiparar; III – o comerciante de produtos sujeitos ao imposto, que os forneça aos contribuintes definidos no inciso anterior; IV – o arrematante de produtos apreendidos ou abandonados, levados a leilão (art. 51).

No que concerne à **não-cumulatividade**, o artigo 49 do CTN estabelece que: "Art. 49. O imposto é não-cumulativo, dispondo a lei de forma que o montante devido resulte da diferença a maior, em determinado período, entre o imposto referente aos produtos saídos do estabelecimento e o pago relativamente aos produtos nele entrados". O período a que se refere a norma é mensal e a sistemática de não-cumulatividade faz resultar no direito ao crédito do IPI do imposto das operações anteriores relativas às entradas de matérias-primas, materiais de embalagem e produtos intermediários (insumos de produção), incluindo-se aqueles que, "embora não se integrando ao novo produto, forem consumidos no processo de industrialização, salvo se compreendidos entre os bens do ativo permanente" (RIPI, art. 266, I).

ATENÇÃO:

"A aquisição de bens que integram o ativo permanente da empresa ou de insumos que não se incorporam ao produto final ou cujo desgaste não ocorra de forma imediata e integral durante o processo de industrialização não gera direito a creditamento de IPI." (STJ, REsp 1075508 – SC, Rel. Min. Luiz Fux, 1ª. seção, DJe 13/10/2009).

De acordo com a Súmula 411, do STJ: "É devida a correção monetária ao creditamento do IPI quando há oposição ao seu aproveitamento decorrente de resistência ilegítima do Fisco". Fora dessa possibilidade de resistência ilegítima do fisco, prevalece o entendimento de que a correção monetária "não incide sobre os créditos de IPI decorrentes do princípio constitucional da não-cumulatividade (créditos escriturais), por ausência de previsão legal" (STJ, REsp 1035847 – RS, Rel. Min. Luiz Fux, 1ª. seção, DJe 03/08/2009).

Por fim, de acordo com a sistemática de apuração estabelecida na respectiva legislação e expressamente enunciado no artigo 182 do RIPI, verifica-se que, ordinariamente, o imposto está sujeito ao **lançamento por homologação.**

1.5. Imposto sobre Operações Financeiras

Mais conhecido como **Imposto sobre Operações Financeiras – IOF**, o imposto previsto no artigo 153, inciso V, da CF, **incide** sobre as operações de crédito, câmbio e seguro, ou relativas a títulos ou valores mobiliários.

Ainda no Código Tributário Nacional, os **fatos geradores** estão descritos artigo 63, enquanto as respectivas **bases de cálculo** encontram-se relacionadas no artigo 64. O quadro a seguir foi elaborado para facilitar o entendimento a respeito:

Inciso	Incidência	Fato gerador	Base de cálculo
I	operações de crédito	entrega total ou parcial do montante ou do valor que constitua o objeto da obrigação, ou sua colocação à disposição do interessado	o montante da obrigação, compreendendo o principal e os juros;

Inciso	Incidência	Fato gerador	Base de cálculo
II	operações de câmbio	entrega de moeda nacional ou estrangeira, ou de documento que a represente, ou sua colocação à disposição do interessado em montante equivalente à moeda estrangeira ou nacional entregue ou posta à disposição por este	montante da operação em moeda nacional, recebido, entregue ou posto à disposição;
III	operações de seguro	emissão da apólice ou do documento equivalente, ou recebimento do prêmio, na forma da lei aplicável	o montante do prêmio
IV	operações relativas a títulos e valores mobiliários	a emissão, transmissão, pagamento ou resgate destes, na forma da lei aplicável	a) na emissão, o valor nominal mais o ágio, se houver; b) na transmissão, o preço ou o valor nominal, ou o valor da cotação em Bolsa, como determinar a lei; c) no pagamento ou resgate, o preço.

Importante ressaltar que a incidência relativa a operações de crédito (inciso I) exclui a relativa a títulos e valores mobiliários (inciso IV), e reciprocamente, quanto à emissão, ao pagamento ou resgate do título representativo de uma mesma operação de crédito (art. 63, parágrafo único).

De acordo com a sistemática de apuração estabelecida na respectiva legislação, verifica-se que, ordinariamente, o imposto está sujeito ao **lançamento por homologação.**

O IOF poderá ter as suas **alíquotas** alteradas pelo Poder Executivo, atendidas as condições e os limites estabelecidos em lei (CF, art. 153, § 1º), a fim de ajustá-lo aos objetivos da política monetária (CTN, art. 65), o que revela o seu caráter extrafiscal. Trata-se de exceção ao princípio da legalidade tributária, que o artigo 165 do CTN estende para a base de cálculo, sem que, contudo essa norma tenha sido recepcionada pela CF, haja vista o § 1º do artigo 153 possibilitar a alteração por ato do Poder Executivo apenas em relação a alíquotas.

Além disso, poderá ser cobrado na data da publicação da lei que o houver instituído ou do ato normativo ou lei que tiver majorado sua alíquota, pois, também, constitui exceção aos princípios da anterioridade do exercício e nonagesimal (CF, art. 150, § 1º).

O imposto também incide sobre o ouro quando definido em lei como ativo financeiro ou instrumento cambial, sendo devido na operação de origem, com alíquota mínima de um por cento (CF, art. 153, § 5º).

1.6. Imposto Territorial Rural

Imposto sobre patrimônio que incide sobre a **propriedade territorial rural** (CF, art. 153, VI), tem como fato gerador a propriedade, o domínio útil (enfiteuse) ou a posse de imóvel por natureza, como definido na lei civil, localização fora da zona urbana do Município (CTN, art. 29).

Portanto, diferente do IPTU, imposto imobiliário urbano, que incide sobre imóveis por natureza ou por acessão física, o ITR incide apenas sobre imóveis por natureza, não constituindo fato gerador do imposto a propriedade de imóvel por acessão física.

ATENÇÃO:

Merece ser ressaltada a existência de algumas situações que geram dúvida quanto à incidência de ITR ou de IPTU. Nesse contexto, dois critérios se destacam: o da "destinação" e o da "localização ou geográfico". Todavia, para que a presente obra não se torne repetitiva, optou-se por eleger, neste mesmo capítulo, o subtítulo relativo ao IPTU municipal para abordagem da matéria.

Coerente com esse fato gerador, o contribuinte do imposto é o proprietário do imóvel rural, o titular de seu domínio útil (enfiteuta), ou o seu possuidor a qualquer título (art. 31).

Por força da **imunidade específica** prevista no inciso II, do artigo 153, § 4º, não incidirá sobre **pequenas glebas rurais**, definidas em lei, quando as explore o proprietário que não possua outro imóvel. Portanto, são três os pressupostos para a imunidade ao ITR das pequenas glebas rurais: **1º)** enquadramento na definição de gleba rural prevista em lei; **2º)** exploração pelo próprio proprietário; **3º)** o proprietário não pode possuir outro imóvel.

Por outro lado, o artigo 1º, § 1º, da Lei 9.393/96, que disciplina o ITR, prevê expressamente que "o ITR incide inclusive sobre o imóvel declarado de interesse social para fins de reforma agrária, enquanto não transferida a propriedade, exceto se houver imissão prévia na posse".

O imposto será **progressivo** e terá suas **alíquotas** fixadas de forma a desestimular a manutenção de propriedades improdutivas (CF art. 153, § 4º, I).

A base de cálculo é o valor fundiário (CTN, art. 30), isto é, o valor da terra, do terreno. Em harmonia com essa norma, dispõe o artigo 11 da Lei 9.393/96 que a base de cálculo do ITR é o valor da terra nua tributável (VTNt). Portanto, excluem-se dessa base de cálculo os valores relativos a construções, instalações e benfeitorias (Lei 9.393/96, art. 10, § 1º, inciso I), além de quaisquer outros que não integrem o conceito de terra nua.

1.7. Imposto sobre Grandes Fortunas

O **Imposto sobre Grandes Fortunas** (CF, art. 153, VII) é de competência da União, nos termos de lei complementar. Portanto, trata-se de um imposto a ser instituído por lei complementar, fugindo da regra da lei ordinária.

A curiosidade é que, embora previsto no texto original da CF de 1988, passados quase 30 (trinta) anos, até o presente momento, a competência federal para instituí-lo não ainda não foi exercida.

1.8. Quadro comparativo dos principais aspectos dos impostos federais

Quadro comparativo dos principais aspectos dos impostos federais[2]

	Fato Gerador	Principal Contribuinte	Principal Base de Cálculo	Observações Constitucionais
II	Entrada de mercadoria estrangeira no território aduaneiro	Importador	Valor Aduaneiro	Exceção aos Princípios da Anterioridade e da Legalidade
IE	Saída de mercadoria nacional ou nacionalizada do território aduaneiro	Exportador	Valor da mercadoria em condições de livre concorrência internacional	Idem
IR	Aquisição de disponibilidade econômica ou jurídica de: Renda: produto do capital, do trabalho ou de ambos; Proventos: outros acréscimos patrimoniais que não sejam rendas	Pessoas físicas e jurídicas titulares das disponibilidades econômicas ou jurídicas de rendas e proventos	Montante real, arbitrado ou presumido da renda e dos proventos tributáveis	Deve observar os critérios da generalidade (todas as pessoas), universidade (tudo ou todas as rendas e proventos) e da progressividade (alíquotas progressivas). Também é exceção ao Princípio da Anterioridade nonagesimal

2. In: MARTINS, Alan; SCARDOELLI, Dimas Yamada. Direito Tributário – curso rápido e didático para estudos e revisões. Leme: Editora JH Mizuno, 2012, página 69.

Quadro comparativo dos principais aspectos dos impostos federais				
	Fato Gerador	**Principal Contribuinte**	**Principal Base de Cálculo**	**Observações Constitucionais**
IPI	Saída de produto industrializado do estabelecimento industrial	Industrial	Valor da operação de saída do estabelecimento industrial	Exceção aos Princípios da Legalidade e da Anterioridade do exercício. Seletivo em função da essencialidade. Não cumulativo. Imunidade na exportação de produtos industrializados. Terá reduzido seu impacto na aquisição de bens de capital
IOF	Efetivação das operações de crédito, câmbio, seguro e relativas a títulos e valores mobiliários	Tomadores de crédito, compradores e vendedores de moeda estrangeira, os segurados e os adquirentes de títulos ou valores mobiliários e titulares de aplicações financeiras	Operações de crédito: valor da obrigação (principal mais juros). Operações de câmbio: montante em moeda nacional (recebida ou entregue). Operações de Seguro: valor do prêmio. Operações de transmissão de títulos e valores mobiliários: preço ou valor da cotação em bolsa de valores.	Exceção aos Princípios da Anterioridade e da Legalidade
ITR	A propriedade, o domínio útil e a posse a qualquer título de imóvel rural	Proprietário, titular do domínio útil ou possuidor a qualquer título de imóvel rural	Valor da terra nua tributável (VTNt)	Progressividade para desestimular propriedades improdutivas. Imunidades de pequenas glebas. Possibilidade de ser cobrado e fiscalizado pelos Municípios que assim optarem na forma da lei (repasse de 100% neste caso)

2. IMPOSTOS ESTADUAIS

Quadro sinótico da legislação aplicável aos impostos estaduais[3]			
	ITCMD/ITCD	**ICMS**	**IPVA**
CF/88	CF, art. 155, I, c/c § 1º	CF, art. 155, II, c/c §§ 2º a 5º	CF, art. 155, III, c/c § 6º
Leis complementares	Competência do art. 155, § 1º, III, não exercida	LC 87/96 – Lei Kandir, LC 24/75 – Convênios, Confaz e concessão de benefícios fiscais	Não há
Leis ordinárias	Leis estaduais	Leis estaduais	Leis estaduais
Decretos	Decretos estaduais	Decretos estaduais	Decretos estaduais

2.1. Imposto sobre transmissão *causa mortis* e doação

Conhecido pela sigla ITCMD em alguns Estados e ITCD em outros, esse imposto estadual incide sobre **transmissão *causa mortis* e doação, de quaisquer bens ou direitos** (CF, art. 155, I). Portanto, é o imposto exigido em face de transmissões de bens e direitos não onerosas, por sucessão hereditária ou doação.

Dessa forma, incidirá o **ITCMD-*causa mortis***, cujo **fato gerador** ocorre no momento da abertura da sucessão, isto é, no momento do óbito do autor da herança (princípio da *saisine*) e corresponde à transmissão de bens pelo *de cujus* aos seus herdeiros e legatários, por sucessão legítima ou testamentária.

Em sintonia com essa norma quanto ao momento do fato gerador, tem-se a Súmula nº 112 do STF: "O imposto de transmissão *causa mortis* é devido pela alíquota vigente ao tempo da abertura da sucessão".

> ATENÇÃO:
>
> Súmula 331 do STF: "É legítima a incidência do imposto de transmissão *causa mortis* no inventário por morte presumida."

Já o **ITCMD-doação**, de modo geral, tem por **fato gerador** a transmissão não onerosa de quaisquer bens e direitos, sendo lugar comum em grande parte das legislações estaduais também estabelecer como fatos geradores a instituição de usufruto, a cessão não onerosa de direitos e a atribuição de quotas acima da

3. In: MARTINS, Alan; SCARDOELLI, Dimas Yamada. *Direito Tributário – curso rápido e didático para estudos e revisões*. Leme: Editora JH Mizuno, 2012, página 71.

meação ou quinhão a que tem direito cônjuge, herdeiros e legatários em partilhas e adjudicações no âmbito de inventários, arrolamentos, separação judicial e divórcio.

O ITCMD/ITCD terá suas **alíquotas** máximas fixadas pelo Senado Federal (CF, art. 155, § 1º, IV). Atualmente, permanece em vigor a Resolução do Senado Federal nº 9/92, que estabelece a alíquota máxima de 8% (oito por cento), bem como a possibilidade das alíquotas fixadas em lei estadual serem progressivas em função do quinhão que cada herdeiro efetivamente receber.

Por ser um imposto estadual, submete-se às normas constitucionais veiculadas no § 1º do artigo 155 da CF, que têm por objetivo evitar conflitos de **competência** entre as unidades da federação, quais sejam:

- relativamente a **bens imóveis e respectivos direitos**, compete ao Estado da situação do bem, ou ao Distrito Federal (inciso I), de modo que, por exemplo: i) na doação de uma fazenda localizada no Estado de Goiás, mesmo se doador e donatário forem residentes no Estado de São Paulo, o imposto será devido para Goiás; ii) na transmissão *causa mortis* de um apartamento localizado em Porto Alegre, o ITCMD será devido para Rio Grande do Sul, mesmo que o inventário seja processado em outro Estado;
- relativamente a **bens móveis, títulos e créditos**, compete ao Estado onde se processar o inventário ou arrolamento, ou tiver domicílio o doador, ou ao Distrito Federal (inciso II), ou seja, por exemplo: i) se uma pessoa estiver domiciliada no Estado de Pernambuco, as doações de dinheiro que fizer serão devidas a Pernambuco, ainda que os valores estejam depositadas em uma agência bancária do Ceará; ii) se um inventário se processar em Belém, o imposto será devido ao Estado do Pará no caso da transmissão *causa mortis* de ações, ainda que a empresa estiver localizada em outro Estado.
- terá a **competência** para sua instituição **regulada por lei complementar**: **a)** se o doador tiver domicílio ou residência no exterior; **b)** se o *de cujus* possuía bens, era residente ou domiciliado ou teve o seu inventário processado no exterior (inciso III).
- Porém, no último caso (competência regulada por lei complementar), tendo em vista que o Congresso Nacional ainda não elaborou a lei complementar, por ter ela caráter de norma geral, cada Estado vem regulando a matéria internamente, no exercício da competência de forma plena, nos termos do artigo 24, § 3º, da CF, mediante lei cuja eficácia deverá perdurar até que sobrevenha a lei de normas gerais.
- Na ausência de normas gerais relativas ao ITCMD, tem-se aplicado, no que compatível com o imposto, as normas do CTN a respeito do antigo ITBI de competência dos Estados, tributo que vigorava à época em que foi editado o CTN, diploma recepcionado pela CF de 1988 com *status* de Lei Complementar. As principais dessas normas que, inclusive, vem sendo cobradas nos concursos públicos em questões sobre o ITCMD, são as seguintes:
- nas transmissões *causa mortis*, ocorrem tantos **fatos geradores** distintos quantos sejam os herdeiros ou legatários (art. 35, parágrafo único);

- a **base de cálculo** do imposto é o valor venal dos bens ou direitos transmitidos (art. 38), assim compreendido o valor de mercado do bem;
- **contribuinte** do imposto é qualquer das partes na operação tributada, como dispuser a lei (art. 42), norma que só é compatível com o ITCMD-doação, já que no caso de transmissão *causa mortis*, o autor da herança é o falecido e não pode ser contribuinte.
- No que diz respeito ao cálculo do ITCMD, embora a Súmula 113 do STF tenha consolidado interpretação antiga no sentido de que o imposto é calculado sobre o valor dos bens na data da avaliação, posteriormente, a jurisprudência do STJ, Corte superior atualmente responsável por julgar matérias de lei federal, passou a se orientar no sentido de que é possível a lei fixar a base de cálculo na data da transmissão dos bens (STJ, REsp 15071/RJ, REsp 2263/RJ). Não obstante, até aqui, o STF não revogou a Súmula 113, que permanece sendo cobrada em sua literalidade nos concursos públicos.

ATENÇÃO:

Súmula 114 do STF: "O imposto de transmissão *causa mortis* não é exigível antes da homologação do cálculo".

De acordo com a sistemática de apuração estabelecida na respectiva legislação, verifica-se que, ordinariamente, o imposto está sujeito ao **lançamento por homologação.**

2.2. Imposto sobre circulação de mercadorias e serviços

O ICMS é o principal imposto estadual e, de modo geral, incide sobre **operações relativas à circulação de mercadorias e sobre prestações de serviços de transporte interestadual e intermunicipal e de comunicação, ainda que as operações e as prestações se iniciem no exterior** (CF, art. 155, II).

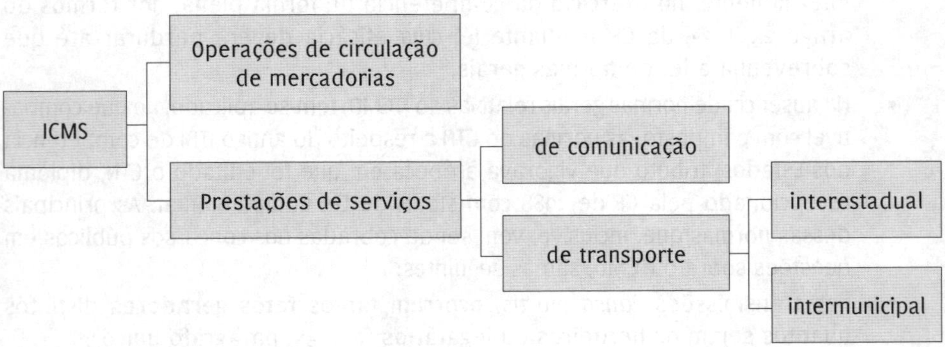

Também incide sobre a entrada de bem ou mercadoria importados do exterior por pessoa física ou jurídica, ainda que não seja contribuinte habitual do imposto, qualquer que seja a sua finalidade, assim como sobre o serviço prestado no exterior, cabendo o imposto ao Estado onde estiver situado o domicílio ou o estabelecimento do destinatário da mercadoria ou bem. Nesse último caso, é discutido no âmbito do STF se a competência é do Estado do domicílio ou estabelecimento do destinatário jurídico da mercadoria, ou se pertence ao do destinatário físico da mesma (Repercussão Geral no ARE 665.134).

ATENÇÃO:

"Não incide o ICMS importação na operação de arrendamento mercantil internacional, salvo na hipótese de antecipação da opção de compra, na medida em que o arrendamento mercantil não implica, necessariamente, transferência de titularidade sobre o bem" (STF – (RE 540.829/SP19, rel. orig. Min. Gilmar Mendes, red. p/ o acórdão Min. Luiz Fux, julgado em 11/9/2014, acórdão publicado no DJe de 18/11/2014).

No que tange ao conceito de mercadoria (objeto das operações tributadas pelo ICMS), a jurisprudência do STF soluciona diversas controvérsias, entre elas:

- "Divergência entre as expressões 'bem' e 'mercadoria' (arts. 155, II, e 155, § 2, IX, a, da Constituição). É constitucional a tributação das operações de circulação jurídica de bens amparados pela importação. A operação de importação não descaracteriza, tão somente por si, a classificação do bem importado como mercadoria. Em sentido semelhante, a circunstância de o destinatário do bem não ser contribuinte habitual do tributo também não afeta a caracterização da operação de circulação de mercadoria. Ademais, a exoneração das operações de importação pode desequilibrar as relações pertinentes às operações internas com o mesmo tipo de bem, de modo a afetar os princípios da isonomia e da livre concorrência" (RE 474.267 e RE 439.796, rel. min. Luiz Fux, julgamento em 6-11-2013, Plenário, DJE de 20-3-2014);
- "O ICMS pode incidir sobre softwares (bens incorpóreos) adquiridos por intermédio de transferência eletrônica de dados, da mesma forma que incide sobre bens incorpóreos vendidos por meio de bens materiais (softwares de prateleira veiculados em disquete, CD ou DVD)" (ADI 1945 MC – Pleno – red. p/ac. Min. Gilmar Mendes – julg. 26/10/2010);
- "O ICMS **não** incide sobre o serviço de fornecimento de água encanada por concessionária de serviço público. Discutia-se a constitucionalidade dessa cobrança. O Tribunal afirmou que a água canalizada, por não se enquadrar no conceito de mercadoria, não seria bem passível de comercialização, e sim prestação de serviço (...) As águas em estado natural são bens públicos e só podem ser exploradas por particulares mediante concessão, permissão

ou autorização" (RE 607.056/RJ, rel. Min. Dias Toffoli, julgado em 10/4/2013, acórdão publicado no DJe de 16/5/2013)

O imposto não incidirá, porém, sobre o transporte de mercadorias realizado pela Empresa Brasileira de Correios e Telégrafos – ECT, haja tratar-se de prestação atingida pela proteção de imunidade tributária recíproca (RE 627.051/PE, rel. Min. Dias Toffoli, julgado em 12/11/2014).

O ICMS poderá, ainda, ser instituído sobre o valor total da operação quando mercadorias forem fornecidas com serviços não compreendidos na competência tributária dos Municípios (CF, art. 155, § 2º, IX, "b").

ATENÇÃO:

Nos termos do artigo 155, § 2º, VII, da CF, as construtoras, via de regra, são contribuintes do ISS. Assim, "(...) empresas de construção civil que adquirem material em Estado-membro que cobra alíquota mais favorável de ICMS não estão compelidas, uma vez empregadas as mercadorias em obra daquela pessoa jurídica, ao recolhimento da diferença em virtude de alíquota maior do Estado-membro destinatário" (STF – RE 248830 AgR-ED – 1ª Turma – Rel. Min. Marco Aurélio – julg. 7.6.2011).

Finalmente, nos termos do artigo 155, § 2º, inciso XII, alínea "h", da CF, incidirá, uma única vez, qualquer que seja a sua finalidade, sobre combustíveis e lubrificantes definidos em lei complementar (ICMS monofásico).

Em consonância com esses fatos geradores, a lei complementar também define os **contribuintes** do imposto. Regra geral, será contribuinte a pessoa física ou jurídica que realize, com habitualidade ou em volume que caracterize intuito comercial, operações ou prestações sujeitas à incidência do imposto. Mas, também, serão contribuintes as pessoas que, mesmo sem habitualidade ou volume que caracterize intuito comercial, realizarem outras operações e prestações sujeitas à incidência do imposto, a exemplo de qualquer pessoa física ou jurídica que importe mercadorias ou bens ou que seja destinatária de serviço prestado no exterior ou cuja prestação tenha sido iniciada no exterior.

Com uma incidência tão vasta, também são múltiplos os seus **fatos geradores**, cujos momentos se encontram definidos na Lei complementar 87/96, podendo ser classificado em quatro classes de fatos geradores:

- **Operações de circulação de mercadorias:** saídas, fornecimento de alimentos e bebidas em bares, restaurantes e similares, transmissão da propriedade de mercadorias a terceiros quando não tenham transitado pelo estabelecimento do transmitente, etc;
- **Prestações de serviços:** transporte interestaduais e intermunicipais, onerosos de comunicação, serviços iniciados no exterior, etc;

- **Entradas de mercadorias:** desembaraço aduaneiro de mercadorias importadas do exterior, entradas interestaduais de petróleo, derivados e energia elétrica quando não sujeitos a posterior industrialização ou comercialização, etc;
- **Fornecimento de mercadorias com prestação de serviços:** fornecimento de mercadorias com prestação de serviços não compreendidos na competência tributária dos municípios, prestações de serviços compreendidos na competência dos municípios com indicação expressa de incidência do imposto de competência estadual, como definido na lei complementar aplicável, etc.

No caso do fornecimento de mercadorias com prestação de serviços, deve-se distinguir três situações distintas: 1) incidência de ICMS; 2) incidência de ISSQN; 3) incidência de ambos (ICMS e ISSQN). Essas três situações estão bem delineadas na Lei Complementar nº 87/96:

- **Incidência apenas de ICMS:** fornecimento de mercadorias com prestação de serviços não compreendidos na competência tributária dos Municípios (art. 2º, inciso IV);
- **Incidência de ambos (ICMS e ISSQN):** fornecimento de mercadorias com prestação de serviços sujeitos ao imposto sobre serviços, de competência dos Municípios, quando a lei complementar aplicável expressamente o sujeitar à incidência do imposto estadual (art. 2º, inciso V);
- **Incidência apenas de ISSQN:** fornecimento de mercadorias com prestação de serviços sujeitos ao imposto sobre serviços, de competência dos Municípios, quando a lei complementar aplicável **não** o sujeitar expressamente à incidência do imposto estadual (interpretação *a contrario sensu* do art. 2º, inciso V)

Sabendo-se que os serviços sujeito ao ISSQN estão definidos na Lista Anexa à Lei complementar nº 116/2003, as três situações podem ser visualizadas de modo sintético e sistematizado no seguinte quadro:

MERCADORIA	+	SERVIÇO (fora da lista de serviços da LC 116/03)	ICMS sobre o total
MERCADORIA (sem ressalva de ICMS na lista de serviços da LC 116/03)	+	SERVIÇO (constante na lista de serviços da LC 116/03)	ISS sobre o total
MERCADORIA (com ressalva de ICMS na lista de serviços da LC 116/03)	+	SERVIÇO (constante na lista de serviços da LC 116/03)	ICMS sobre mercadoria e ISS sobre serviço

Por ser um imposto de grande importância para os Estados (disparado o "carro chefe" da arrecadação entre os tributos estaduais) e, por outro lado, incidir sobre operações e prestações interestaduais, trata-se do tributo com maior número de normas fundamentais estabelecidas na Constituição Federal, entre os parágrafos 2º e 5º, do artigo 155, sobre os quais segue um apanhado geral:

Princípios fundamentais: sujeita-se ao princípio da não cumulatividade (§ 2º, I) e, facultativamente, ao princípio da seletividade (§ 2º, III), analisados com mais vagar no capítulo III deste livro.

Direito ao crédito: decorre do princípio da não cumulatividade e corresponde ao direito do contribuinte compensar o imposto **cobrado** nas operações ou prestações anteriores, isto é, aquele destacado no documento fiscal que acobertou a entrada da mercadoria ou o serviço tomado.

A apuração e pagamento do imposto, nos termos da legislação fica a cargo do contribuinte, que escritura as entradas de mercadorias no Livro de Registro de Entradas, as saídas no Livro de Registro de Saídas e a apuração do Imposto no Livro de Registo e Apuração do ICMS. Da mesma forma, são entregues informações econômico-fiscais mediante declarações ao Fisco e é antecipado o pagamento do imposto apurado, ficando claro que o ICMS é um imposto sujeito ao **lançamento por homologação.**

Mas, atenção que esse direito ao crédito será regulado por lei complementar, na medida em que incumbirá ao legislador complementar disciplinar o regime de compensação do imposto (§ 2º, XII, "c"). Com base nessa norma constitucional, a Lei complementar 87/96 faz várias restrições ao crédito, de modo que, por exemplo:

- créditos sobre entradas de materiais de uso e consumo do estabelecimento estão vedados até 2.019;
- créditos sobre entradas de energia elétrica somente são permitidos se destinados a revenda de energia elétrica, utilização na industrialização de mercadorias ou se resultarem na exportação de mercadorias para o exterior, ficando vedados em todas as demais hipóteses, até 2.019;
- créditos sobre serviços de comunicação utilizados apenas são permitidos se destinados a prestações de serviços de mesma natureza ou se resultarem na exportação de mercadorias para o exterior, estando vedados em todas as demais hipóteses, até 2.019;
- créditos sobre a entrada de bens integrados ao ativo permanente (ou imobilizado) serão permitidos parceladamente, à razão de 1/48 avos ao mês, contados daquele em se deu a entrada do bem.

ATENÇÃO:

A jurisprudência de ambas as Turmas do STF continua firme no sentido de "inexistir ofensa ao princípio da não-cumulatividade no fato de a legislação estadual não autorizar a compensação de créditos de ICMS advindos da aquisição de bens destinados ao consumo e ao ativo fixo do contribuinte com os débitos decorrentes da alienação das mercadorias produzidas" (STF, RE 224531 AgR/SP).

Além disso, esse direito ao crédito, salvo determinação em contrário da legislação (manutenção de crédito), não se faz presente nos casos de isenção ou não incidência, cujas operações: **a)** não implicarão crédito para compensação com o montante devido nas operações ou prestações seguintes; **b)** acarretarão a anulação do crédito relativo às operações anteriores (CF, art. 155, §2º, II). Por outro lado, a despeito da imunidade, tem sua manutenção e aproveitamento garantidos nas operações de exportação (§ 2º, X, "a").

Alíquotas: com objetivos, entre outros, de regular a partilha do imposto nas operações e prestações interestaduais e evitar a chamada "guerra fiscal" entre as unidades da federação (competição entre os Estados para atrair empresas para seus territórios), são inúmeras as normas sobre alíquotas do ICMS. São elas:

- resolução do Senado Federal, de iniciativa do Presidente da República ou de um terço dos Senadores, aprovada pela maioria absoluta de seus membros, estabelecerá as alíquotas aplicáveis às operações e prestações, interestaduais (§ 2º, IV), as quais, atualmente se encontram fixadas em:
  - 4% nas prestações de serviço de transporte aéreo de passageiros, cargas e valores nas operações interestaduais com mercadorias importadas do exterior ou conteúdo de importação superior a 40%;
  - 7% nas operações e prestações com origem nos Estados do Sul e Sudeste (exceto Espírito Santo) destinadas aos Estados do Norte, Nordeste, Centro-Oeste e ao Espírito Santo; e
  - 12% nas demais operações e prestações interestaduais.
- é facultado ao Senado Federal: a) estabelecer alíquotas mínimas nas operações internas, mediante resolução de iniciativa de um terço e aprovada pela maioria absoluta de seus membros; b) fixar alíquotas máximas nas mesmas operações para resolver conflito específico que envolva interesse de Estados, mediante resolução de iniciativa da maioria absoluta e aprovada por dois terços de seus membros (§ 2º, V);
- salvo deliberação em contrário dos Estados e do Distrito Federal, nos termos do disposto no inciso XII, "g", que trata da concessão de benefícios fiscais de ICMS, as alíquotas internas do imposto não poderão ser inferiores às previstas para as operações interestaduais (§ 2º, VI);

- em relação às operações e prestações que destinem bens e serviços a consumidor final contribuinte ou não do imposto, localizado em outro Estado, consoante nova sistemática implementada pela EC 87/2015, adotar-se-á a alíquota interestadual e caberá ao Estado de localização do destinatário o imposto correspondente à diferença entre a alíquota interna do Estado destinatário e a alíquota interestadual (§ 2º, VII), cabendo a responsabilidade pelo recolhimento desse imposto (diferencial de alíquota): a) ao destinatário, quando este for contribuinte do imposto; b) ao remetente, quando o destinatário não for contribuinte do imposto (§ 2º, VIII).

Imunidades específicas: nos termos do inciso X do § 2º do artigo 155, o ICMS não incidirá:

a) sobre operações que destinem mercadorias para o exterior, nem sobre serviços prestados a destinatários no exterior, assegurada a manutenção e o aproveitamento do montante do imposto cobrado nas operações e prestações anteriores (imunidade das exportações, nos moldes da Emenda Constitucional 42/2003);

b) sobre operações que destinem a outros Estados petróleo, inclusive lubrificantes, combustíveis líquidos e gasosos dele derivados e energia elétrica (mas poderá incidir uma única vez sobre os combustíveis e lubrificantes definidos em lei complementar, conforme artigo 155, § 2º, XII, "h");

c) sobre o ouro, nas hipóteses definidas no art. 153, § 5º, da CF, isto é, sobre o ouro como ativo financeiro (portanto, essa imunidade não atinge o ouro quando mercadoria);

d) nas prestações de serviço de comunicação nas modalidades de radiodifusão sonora e de sons e imagens de recepção livre e gratuita (imunidade que beneficia emissoras de rádio e TV aberta, nos moldes da Emenda Constitucional 42/2003).

ATENÇÃO:

Verdade que o artigo 155, § 2º, inciso IV, da CF atribui competência ao Senado Federal para estabelecer as alíquotas do ICMS aplicáveis às operações e prestações, interestaduais e de exportação. Porém, em relação às alíquotas de exportação, essa norma passou a constituir "letra morta" após a promulgação da Emenda Constitucional 42/2003, que alterou a redação do artigo 155, § 2º, inciso X, alínea "a", da CF, contemplando com imunidade todas as operações que destinem mercadorias para o exterior, inclusive, assegurando a manutenção e o aproveitamento do montante do imposto cobrado nas operações anteriores.

ATENÇÃO:

As vendas de salvados pelas companhias seguradoras não se enquadram no conceito de operações relativas à circulação de mercadorias, não se sujeitando ao ICMS. Constituem, sim, atividade integrante das operações de seguro, cuja tributação se sujeitaria à competência da União estabelecida no artigo 153, inciso V da CF (STF – ADI 1648 – Pleno – Rel. Min. Gilmar Mendes – julg. 16.2.2011).

Base de cálculo: a base de cálculo do ICMS **não** compreenderá o montante do imposto sobre produtos industrializados, quando a operação, realizada entre contribuintes e relativa a produto destinado à industrialização ou à comercialização, configure fato gerador dos dois impostos (§ 2º, XI).

Ainda sobre base de cálculo, é muito importante enfatizar que, por expressa previsão constitucional, conforme lei complementar, o montante do próprio ICMS integrará a base de cálculo do imposto. E isso ocorre, inclusive, na importação do exterior de bem, mercadoria ou serviço, por força da alínea "i" que a Emenda Constitucional nº 33/2001 acrescentou ao inciso XII do § 2º do artigo 155 da CF. O chamado "cálculo por dentro", isto é, a inclusão do ICMS na sua própria base de cálculo é constitucional. Fundamento: CF, art. 155, § 2º, XII, "i" (STF – RE 58246 – Pleno – Rel. Min. Gilmar Mendes – julg. 18.5.2011 – Repercussão Geral).

ATENÇÃO:

Sobre a base de cálculo nas bonificações e no caso de descontos incondicionais, há recente de decisão do STF: "2. A bonificação é uma modalidade de desconto que consiste na entrega de uma maior quantidade de produto vendido em vez de conceder uma redução do valor da venda. Dessa forma, o provador das mercadorias é beneficiado com a redução do preço médio de cada produto, mas sem que isso implique redução do preço do negócio. 3. A literalidade do art. 13 da Lei Complementar n. 87/96 é suficiente para concluir que a base de cálculo do ICMS nas operações mercantis é aquela efetivamente realizada, não se incluindo os "descontos concedidos incondicionais." (RE 635.688/RS20, rel. Min. Gilmar Mendes, julgado em 16/10/2014)

Matérias reservadas à lei complementar: segundo dispõe o inciso XII, do §2º, do artigo 155, da CF, em matéria de ICMS, cabe à lei complementar: **a)** definir seus contribuintes; **b)** dispor sobre substituição tributária; **c)** disciplinar o regime de compensação do imposto; **d)** fixar, para efeito de sua cobrança e definição do estabelecimento responsável, o local das operações relativas à circulação de mercadorias e das prestações de serviços; **e)** excluir da incidência do imposto, nas exportações para o exterior, serviços e outros produtos além dos mencionados no inciso X, alínea "a"; **f)** prever casos de manutenção de crédito, relativamente à remessa para outro Estado e exportação para o exterior, de serviços e de mercadorias; **g)** regular a forma como, mediante deliberação dos Estados e do Distrito Federal, isenções, incentivos e benefícios fiscais serão concedidos e revogados; **h)** definir os combustíveis e lubrificantes sobre os quais o imposto incidirá uma única vez, qualquer que seja a sua finalidade, hipótese em que não se aplicará a imunidade do inciso X, alínea "b"; **i)** fixar a base de cálculo de modo que o montante do imposto a integre também na importação do exterior de bem, mercadoria ou serviço.

A maioria dessas competências teve seu exercício consolidado na Lei complementar 87/96, conhecida como Lei Kandir. Caso à parte diz respeito à forma como, mediante deliberação dos Estados e do Distrito Federal, isenções, incentivos e benefícios fiscais serão concedidos e revogados (CF, art. 155, § 2º, XII, "g"). Essa matéria encontra-se regida pela Lei complementar 24/75, que foi recepcionada pela CF de 1988 e prevê a aprovação unânime dos Estados no âmbito do Confaz – Conselho Nacional de Política Fazendária. Aliás, é nesse ponto que reside o grande nó crítico da chamada Guerra Fiscal entre os Estados, quando unidades da federação concedem benefícios e incentivos fiscais disfarçados em outros atos jurídicos, sem a devida aprovação no âmbito do Confaz.

2.3. Imposto sobre propriedade de veículos automotores

Incidente sobre a **propriedade de veículos automotores** (CF, art. 155, III).

ATENÇÃO:

O STF já firmou entendimento de que o campo de incidência do IPVA **não inclui** as embarcações e aeronaves (STF, Recursos Extraordinários 134.509, 255.111 e 322.799, dentre outros). O argumento é pela interpretação restritiva da expressão **veículos automotores**. "A definição do alcance da expressão ´veículos automotores' que deve ser tomada em sua acepção técnica, abrange exclusivamente os veículos de transporte viário ou terrestre; escapam de seu alcance, pois, as aeronaves (aparelho manobrável em voo, apto a se sustentar e circular no espaço aéreo mediante reações aerodinâmicas e capaz de transportar pessoas e coisas de acordo com a legislação aeronáutica) e embarcações. Se houvesse pretendido abrangê-las, o constituinte deveria ter sido específico" (STF, RE 134.509, Relator Ministro Sepúlveda Pertence).

Como não há lei complementar sobre o IPVA (nem mesmo o CTN trata do imposto), os Estados exercem a competência plena em relação ao imposto (STF – RE 601.247 – CF, art. 24, § 3º).

De maneira geral, as leis estaduais tem fixado os **fatos geradores** em função do veículo ser novo, importado ou usado, nos seguintes termos:

Veículo	Fato gerador
Novo	aquisição do veículo
Importado	desembaraço aduaneiro
Usado	1º de janeiro de cada exercício

Em relação aos veículos importados, porém, há casos em que a legislação posterga o fato gerador para momento posterior ao desembaraço aduaneiro, como ocorre, por exemplo, quando o veículo é importado por concessionária para revenda, hipótese em que as leis estaduais têm postergado o fato gerador para o momento da revenda do veículo pelo estabelecimento importador.

Por ser um imposto sobre a propriedade de veículos, a lei estadual estabelece, invariavelmente, que o proprietário (ou adquirente-proprietário) é o **contribuinte** do IPVA.

Já a **base de cálculo** é o valor do venal do veículo automotor, que irá variar segundo cada modalidade de fato gerador. Por exemplo, em relação ao veículo novo será o valor de aquisição constante da nota fiscal, ao passo que, para o veículo usado, corresponderá ao valor de mercado do bem.

O imposto terá alíquotas mínimas fixadas pelo Senado a serem respeitadas pelo legislador estadual, podendo essas alíquotas serem diferenciadas em função do tipo e utilização (CF, art. 155, § 6º).

E, quanto ao **lançamento**, dependendo da legislação de cada unidade da federação, o IPVA pode ser lançado de ofício, por homologação ou por ambas as modalidades. Por exemplo, pode-se estabelecer o lançamento por homologação para a aquisição de veículos novos e o lançamento de ofício para os veículos usados, com base no cadastro de veículos licenciados.

2.4. Quadro comparativo dos principais aspectos dos impostos estaduais

Quadro comparativo dos principais aspectos dos impostos estaduais[4]				
	Fato Gerador	**Principais Contribuintes**	**Principal Base de Cálculo**	**Observações Constitucionais**
ITCMD/ ITCD	Transmissão *causa mortis* na sucessão legítima ou testamentária; doações e outras transmissões não onerosas (usufrutos, renúncias translativas a heranças, atribuição de bens e direitos acima da meação ou quinhão na divisão de patrimônio comum, partilha ou adjudicação etc.)	Herdeiro, legatário ou donatário	Valor dos bens e direitos transmitidos	Bens imóveis – imposto compete ao Estado de situação do bem. Bens móveis, títulos e direitos – imposto compete ao Estado onde se processar o inventário ou tiver domicílio o doador. Doador ou *de cujus* domiciliado ou residente no exterior ou se *de cujus* tinha bens no exterior – competência conforme lei complementar. Alíquotas máximas fixadas pelo Senado Federal

4. In: MARTINS, Alan; SCARDOELLI, Dimas Yamada. Direito Tributário – curso rápido e didático para estudos e revisões. Leme: Editora JH Mizuno, 2012, página 72.

Quadro comparativo dos principais aspectos dos impostos estaduais				
	Fato Gerador	**Principais Contribuintes**	**Principal Base de Cálculo**	**Observações Constitucionais**
ICMS	Operações relativas à circulação de mercadorias; prestações de serviços de transporte interestadual e intermunicipal; prestações onerosas de serviços de comunicação; fornecimento de mercadorias com prestação de serviços não compreendidos na competência tributária dos Municípios ou sujeitos ao imposto sobre serviços, quando a lei complementar aplicável expressamente o sujeitar à incidência do imposto estadual; entrada de mercadorias ou bens importados do exterior; serviços prestados no exterior ou cuja prestação tenha se iniciado no exterior; entrada no Estado de petróleo e derivados quando não destinados à comercialização ou industrialização	Pessoa física ou jurídica que realize, com habitualidade ou em volume que caracterize intuito comercial, operações ou prestações sujeitas à incidência do imposto; qualquer pessoa física ou jurídica que importe mercadorias ou bens, seja destinatária de serviço prestado no exterior ou cuja prestação tenha sido iniciada no exterior, adquira em licitação mercadorias ou bens apreendidos, adquira lubrificantes combustíveis derivados do petróleo e energia elétrica de outro Estado, quando não destinados à comercialização ou industrialização	Valor da operação de circulação de mercadoria ou da prestação de serviço. Inclusão do próprio imposto na base de cálculo (chamado "cálculo por dentro")	Imposto não cumulativo. Seletividade em função da essencialidade das mercadorias e serviços. Competência do Senado para fixar alíquotas interestaduais e alíquotas internas mínimas, e, em alguns casos, máximas. Previsão, como regra, de tributação no Estado de origem, salvo direito do Estado de destino a diferencial de alíquota nas operações destinadas a consumidores finais. Imunidade nas operações de exportação, saídas para outros Estados de combustíveis e lubrificantes, ouro como ativo financeiro e comunicação gratuita na modalidade de radiodifusão de sons e imagens. Cabe à lei complementar definir contribuintes, dispor sobre substituição tributária, disciplinar regime de compensação, regular a forma como, mediante deliberação entre os Estados (convênios), benefícios fiscais serão concedidos ou revogados, entre outras matérias

Quadro comparativo dos principais aspectos dos impostos estaduais				
	Fato Gerador	Principais Contribuintes	Principal Base de Cálculo	Observações Constitucionais
IPVA	Propriedade de veículo automotor novo (na aquisição), importado (no desembaraço aduaneiro) ou de veículo usado (em 1º de janeiro de cada exercício)	Proprietário	Valor do veículo	Pode ter alíquotas mínimas fixadas pelo Senado Federal e alíquotas diferenciadas em razão do tipo e utilização

3. IMPOSTOS MUNICIPAIS

Quadro sinótico da legislação aplicável aos impostos municipais[5]			
	IPTU	ITBI	ISS
CF/88	CF, art. 156, I, c/c § 1º	CF, art. 156, II, c/c § 2º	CF, art. 156, III c/c § 3º
Leis complementares	CTN, arts. 32 a 34	CTN, arts. 35 a 42	LC 116/03
Leis ordinárias	Leis municipais	Leis municipais	Leis municipais
Decretos	Decretos municipais	Decretos municipais	Decretos municipais

3.1. Imposto sobre Propriedade Predial e Territorial Urbana

Imposto de competência municipal previsto no artigo 156, inciso I, da CF, a base de incidência do **IPTU** é a propriedade predial e territorial urbana.

Nos termos do artigo 32 do CTN, esse imposto tem como fato gerador a propriedade, o domínio útil (enfiteuse) ou a posse de bem imóvel por natureza ou por acessão física, como definido na lei civil, localizado na zona urbana do Município.

Nesse ponto distingue-se do ITR não apenas porque incide sobre imóveis urbanos, enquanto aquele incide sobre imóveis rurais, mas, também, pelo fato de que o fato gerador do ITR abrange apenas imóveis por natureza, enquanto o IPTU incide também sobre imóveis por acessão física.

Importante frisar que a incidência do imposto se dá anualmente, cabendo à lei municipal estabelecer o momento de ocorrência desse fato garador, no que os municípios têm estabelecido o parâmetro de 1º de janeiro de cada exercício.

5. In: MARTINS, Alan; SCARDOELLI, Dimas Yamada. *Direito Tributário – curso rápido e didático para estudos e revisões*. Leme: Editora JH Mizuno, 2012, página 74.

O § 1º do mesmo artigo 32 do CTN veicula o conceito de **zona urbana**, ou seja, aquela definida em lei municipal, observado o requisito mínimo da existência de melhoramentos indicados em pelo menos 2 (dois) entre os seguintes, construídos ou mantidos pelo Poder Público:

I – meio-fio ou calçamento, com canalização de águas pluviais;

II – abastecimento de água;

III – sistema de esgotos sanitários;

IV – rede de iluminação pública, com ou sem posteamento para distribuição domiciliar;

V – escola primária ou posto de saúde a uma distância máxima de 3 (três) quilômetros do imóvel considerado.

Além disso, a lei municipal pode considerar urbanas as áreas urbanizáveis, ou de expansão urbana, constantes de loteamentos aprovados pelos órgãos competentes, destinados à habitação, à indústria ou ao comércio, mesmo que localizados fora das zonas definidas em lei municipal como zona urbana (CTN, art. 32, § 2º).

A propriedade de bens imóveis está sujeita à tributação do ITR ou do IPTU. O ITR é de competência da União enquanto o IPTU é de competência dos Municípios. Para a determinação da incidência de um ou de outro, dois critérios despontam, o geográfico e o da destinação do uso imóvel. O CTN, em seu artigo 32, prestigia o **critério geográfico**, ao prever que "o imposto, de competência dos Municípios, sobre a propriedade predial e territorial urbana tem como fato gerador a propriedade, o domínio útil ou a posse de bem imóvel por natureza ou por acessão física, como definido na lei civil, **localizado na zona urbana do Município**". Não obstante o critério legal estipulado no artigo 32 do CTN (critério da localização do imóvel), o STJ, recentemente, proferiu decisões que indicam a opção por outra linha, que se consubstancia no chamado **critério da destinação do uso do imóvel**, ora reconhecendo a incidência do ITR sobre área situada na zona urbana, ora decidindo pela incidência do IPTU em área situada fora da zona urbana. Vejam-se dois exemplos:

- **Incidência de ITR sobre imóvel situado na zona urbana com base no critério da destinação do uso do bem:** "a jurisprudência desta Corte Superior é no sentido de que incide o ITR, e não o IPTU, sobre imóveis que sejam comprovadamente utilizados em exploração extrativa, vegetal, agrícola, pecuária ou agroindustrial, ainda que localizados em áreas consideradas urbanas por legislação municipal" (STJ, AgRg no AREsp 80947 / ES, Min Mauro Campbell, DJE 08.03.2012).
- **Incidência de IPTU sobre imóvel situado em área que não atende os requisitos para ser considerada zona urbana:** "cabível a cobrança do IPTU sobre 'sítio de recreio' assim considerado por lei municipal como situado em área de expansão urbana, mesmo que não contenha os melhoramentos previstos

no art. 31, § 1º, do CTN. Interpretação do art. 32, § 2º, do CTN c/c arts. 14, do D.L. 57/66, e 29, do CTN. Precedentes. 4. Recurso especial improvido. (REsp 218.788/SP, Rel. Ministro CASTRO MEIRA, SEGUNDA TURMA, julgado em 08/03/2005, DJ 01/08/2005, p. 370).

Consoante entendimento do STJ, o estabelecimento da restrição consubstanciada na exigência de manutenção de uma área de preservação permanente em parte de imóvel urbano, no caso, um loteamento, não afasta a incidência do Imposto Predial e Territorial Urbano (IPTU), pois não houve alteração do fato gerador da exação, que é a propriedade localizada na zona urbana do município (REsp 1.128.981-SP, Rel. Min. Benedito Gonçalves, julgado em 18/3/2010. 1ª Turma).

Em consonância com o fato gerador, **contribuinte** do imposto é o proprietário do imóvel, o titular do seu domínio útil (enfiteuta), ou o seu possuidor a qualquer título (CTN, art. 34). Essa norma parece conflitar com a Súmula 399 do STJ, segundo a qual "cabe à legislação municipal estabelecer o sujeito passivo do IPTU". Entretanto, deve-se esclarecer que o artigo 34 do CTN apenas traça limites à atuação do legislador municipal, a quem incumbe, efetivamente, definir a sujeição passiva do imposto.

Fiel a essa orientação, o STJ entendeu ser possível a lei municipal escolher para definir como contribuintes o promitente comprador (adquirente – possuidor a qualquer título) ou o promitente vendedor (proprietário segundo Registro Imobiliário) – REsp 475.078/SP, Rel. Min. Teori Albino Zavascki, DJ 27.9.2004 e REsp 1111202 SP, Rel. Ministro MAURO CAMPBELL MARQUES, PRIMEIRA SEÇÃO, julgado em 10/06/2009, DJe 18/06/2009.

Nessa mesma linha, segundo a jurisprudência do STJ, o IPTU "é imposto que tem como contribuinte o proprietário ou possuidor por direito real que exerce a posse com *aninumus* definitivo – art. 34 do CTN" (REsp 325489/SP). As posses de locatário e comodatário não exteriorizam domínio, pois "são meros titulares de direitos pessoais limitados em relação à coisa" (REsp 40240/SP), razão pela qual essas figuras jamais poderão ser consideradas contribuintes do IPTU. Ademais, considerando-se o que dispõe o artigo 123 do CTN (irrelevância das convenções particulares para o Direito Tributário), a transferência da responsabilidade pelo pagamento do IPTU ao locatário no contrato de locação não possui valor algum perante o Fisco. Além disso, a menos que haja expressa previsão em legislação municipal, apenas com base nas normas do CTN não há fundamento para se considerar locatário ou comodatário sujeitos passivos nem mesmo na condição de responsáveis tributários.

ATENÇÃO:

Não há necessidade de prévia inscrição de unidades autônomas no registro de imóveis para a cobrança de IPTU individualizado – REsp 1.347.693-RS, Rel. Min. Benedito Gonçalves, j. 11.4.2013. 1ª T. (Info 520)

Desde o advento da Emenda Constitucional nº 29/2000, o IPTU tornou-se um imposto que pode ser **progressivo em razão do valor do imóvel** (CF, art. 156, § 1º, I). Essa **progressividade** possui caráter **fiscal** e poderá ser adotada, sem prejuízo da **progressividade no tempo**, de natureza **extrafiscal**, a que se refere o artigo 182, § 4º, inciso II da CF.

Entretanto, não foi sempre que o IPTU pôde ter alíquotas progressivas em razão do valor do imóvel, como bem enunciado na **Súmula 668 do STF**, cuja redação é a seguinte: "É inconstitucional a lei municipal que tenha estabelecido, **antes da Emenda Constitucional 29/2000**, alíquotas progressivas para o IPTU, salvo se destinada a assegurar o cumprimento da função social da propriedade urbana".

Essa situação anterior à Emenda Constitucional 29/2000 repercute até hoje, tendo dado ensejo a recente acórdão do STF a respeito dos efeitos de decisão que declarou inconstitucional a progressividade do IPTU em relação a fatos geradores ocorridos entre 1995 e 1999: "Declarada inconstitucional a progressividade de alíquota tributária, é devido o tributo calculado pela alíquota mínima correspondente, de acordo com a destinação do imóvel" (RE 602.347/MG, rel. Min. Edson Fachin, julgado em 4/11/2015).

Esclarecida a progressividade fiscal, deve-se tratar, também, da **progressividade extrafiscal**, que consiste em uma espécie de sanção ao proprietário do solo urbano não edificado, subutilizado ou não utilizado. Para tanto, é necessário que o Poder Público municipal exerça a sua faculdade de, mediante lei específica para área incluída no plano diretor, exigir o adequado aproveitamento do solo e, antes da adoção do **IPTU progressivo no tempo**, tenha intentado promovê-lo pelo parcelamento ou edificação compulsórios.

De modo bem objetivo, a diferença entre progressividade fiscal e extrafiscal no campo do IPTU encontra-se expressa no quadro a seguir:

<table>
<tr><td rowspan="2">Progressividade do IPTU</td><td>Progressividade Fiscal</td><td>CF, art. 156, § 1º, I</td><td>em razão do valor do imóvel</td></tr>
<tr><td>Progressividade Extrafiscal</td><td>CF, art. 184, § 4º, II</td><td>progressivo no tempo</td></tr>
</table>

Cabe aqui, também, fazer uma distinção mais precisa entre a progressividade fiscal, prevista no **inciso I** do § 1º do artigo 156 da CF, que é fixada em razão do valor do imóvel, da possibilidade de se estabelecer para o IPTU **alíquotas diferentes de acordo com a localização e uso do** imóvel, prevista no **inciso II** do mesmo § 1º do artigo 156 da CF.

No primeiro caso (da progressividade fiscal), as alíquotas serão progressivas de acordo com o **valor do imóvel**. Por exemplo:

0,5%	até R$ 200.000,00
1,0%	de R$ 200,000,01 até R$ 500.000,00
1,5%	de R$ 500,000,01 até R$ 1.000.000,00
2,0%	acima de R$ 1.000.000,00

E, no segundo caso (alíquotas diferenciadas), a variação das alíquotas seguirá os critérios de **localização** (bairro, região etc) e **uso** do imóvel (comercial, residencial etc).

A **base de cálculo** do imposto é o valor venal do imóvel (art. 33), excluindo-se dessa base o valor dos bens móveis mantidos, em caráter permanente ou temporário, no imóvel, para efeito de sua utilização, exploração, aformoseamento ou comodidade (CTN, art. 33, parágrafo único).

ATENÇÃO:

Nos termos da Súmula 539 do STF, é constitucional a lei do município que reduz o imposto predial urbano sobre imóvel ocupado pela residência do proprietário, que não possua outro.

Por fim, o IPTU é um tributo sujeito ao a **lançamento de ofício**. Inclusive, nos termos da Súmula 97 do STJ: "o contribuinte do IPTU é notificado do lançamento pelo envio do carnê ao seu endereço".

3.2. Imposto sobre transmissão onerosa de bens imóveis *inter vivos*

Esse imposto municipal incide sobre a **transmissão *inter vivos*, a qualquer título, por ato oneroso, de bens imóveis, por natureza ou acessão física, e de direitos reais sobre imóveis, exceto os de garantia, bem como cessão de direitos a sua aquisição** (CF, art. 156, II). Designado pela sigla ITBI, compete ao Município da situação do bem (CF, art. 156, § 2º, II).

Não incide, porém, sobre a transmissão de bens ou direitos incorporados ao patrimônio de pessoa jurídica em realização de capital, nem sobre a transmissão de bens ou direitos decorrente de fusão, incorporação, cisão ou extinção de pessoa jurídica, salvo se, nesses casos, a atividade preponderante do adquirente for a compra e venda desses bens ou direitos, locação de bens imóveis ou arrendamento mercantil (CF, art. 156, § 2º, I). Trata-se, como se vê, de uma norma de imunidade específica repleta de detalhes e que comporta exceções, razão pela qual melhor se afigura esmiuçá-la da seguinte forma:

ITBI NÃO INCIDE SOBRE A TRANSMISSÃO DE	• bens ou direitos incorporados ao patrimônio de pessoa jurídica em realização de capital. • bens ou direitos decorrentes de fusão, incorporação, cisão ou extinção de pessoa jurídica.

ITBI INCIDE SE A ATIVIDADE PREPONDERANTE DO ADQUIRENTE FOR	• compra e venda dos bens ou direitos • locação de imóveis ou arrendamento mercantil

Na ausência de normas gerais relativas ao ITBI de competência dos Municípios, tem-se aplicado, no que compatível com o imposto, as normas do CTN a respeito do antigo ITBI de competência dos Estados, tributo que vigorava à época em que foi editado o CTN, diploma recepcionado pela CF de 1988 com *status* de Lei Complementar. As principais dessas normas vêm sendo cobradas nos concursos públicos, razão pela qual serão aqui abordadas.

O artigo 35 guarda total coerência com a base de incidência estabelecida na CF/88, razão pela qual permanece plenamente em vigor como norma definidora dos **fatos geradores** do imposto, quais seja:

I – a transmissão, a qualquer título, da propriedade ou do domínio útil de bens imóveis por natureza ou por acessão física, como definidos na lei civil;

II – a transmissão, a qualquer título, de direitos reais sobre imóveis, exceto os direitos reais de garantia;

III – a cessão de direitos relativos às transmissões referidas nos incisos I e II.

Já o artigo 36, permanece coerente com as situações constitucionais em que não há incidência do imposto, prevendo que o imposto não incide em relação às transmissões onerosas de imóveis:

I – quando efetuada para sua incorporação ao patrimônio de pessoa jurídica em pagamento de capital nela subscrito;

II – quando decorrente da incorporação ou da fusão de uma pessoa jurídica por outra ou com outra.

ATENÇÃO:

O imposto não incide sobre a transmissão aos mesmos alienantes, dos bens e direitos adquiridos em decorrência da sua desincorporação do patrimônio da pessoa jurídica a que foram conferidos (CTN, art. 36, parágrafo único).

Também mantém alinhamento com o texto constitucional de 1988, o artigo 37 que estabelece como exceções à não incidência as pessoas jurídicas adquirentes que tenham como atividade preponderante a venda ou locação de propriedade imobiliária ou a cessão de direitos relativos à sua aquisição. Nesse ponto, o CTN regula quando se consideram preponderantes essas atividades, o que faz nos seguintes parágrafos do artigo 37:

> "§ 1º Considera-se caracterizada a atividade preponderante referida neste artigo quando mais de 50% (cinquenta por cento) da receita operacional da pessoa jurídica adquirente, nos 2 (dois) anos anteriores e nos 2 (dois) anos subsequentes à aquisição, decorrer de transações mencionadas neste artigo.
>
> § 2º Se a pessoa jurídica adquirente iniciar suas atividades após a aquisição, ou menos de 2 (dois) anos antes dela, apurar-se-á a preponderância referida no parágrafo anterior levando em conta os 3 (três) primeiros anos seguintes à data da aquisição.
>
> § 3º Verificada a preponderância referida neste artigo, tornar-se-á devido o imposto, nos termos da lei vigente à data da aquisição, sobre o valor do bem ou direito nessa data.
>
> § 4º O disposto neste artigo não se aplica à transmissão de bens ou direitos, quando realizada em conjunto com a da totalidade do patrimônio da pessoa jurídica alienante".

Quanto ao **momento do fato gerador** manifestou-se o Superior Tribunal de Justiça, tendo assentado a seguinte jurisprudência: "A propriedade imobiliária apenas se transfere com o registro do respectivo título (CC, art. 530). O registro imobiliário é o fato gerador do Imposto de Transmissão de Bens Imóveis. Assim, a pretensão de cobrar o ITBI antes do registro imobiliário contraria o Ordenamento Jurídico" (STJ – Resp 12546-0-RJ). Ressalte-se, porém, não ser raro as legislações municipais exigirem o pagamento do imposto antes da lavratura da escritura de compra e venda, que constitui ato anterior ao registro imobiliário.

Ainda considerando que o fato gerador ocorre no momento do registro imobiliário, o mesmo STJ vem decidindo que não há incidência de ITBI nos casos de promessa compra e venda não registrada. No mesmo sentido, já houve, também, a seguinte decisão do STF: "A celebração de contrato de compromisso de compra e venda não gera obrigação ao pagamento do ITBI" (AI 603.309- AgR, Rel. Min. Eros Grau, Segunda Turma, DJ 23.2.2007). *A contrario sensu*, pode-se dizer que compromisso de compra e venda, quando registrado, constituirá fato gerador do imposto.

No que concerne ao cálculo do imposto, as **alíquotas** do ITBI serão estabelecidas em lei municipal, porém, não poderão ser progressivas, consoante Súmula nº 656 do STF: "É inconstitucional a lei que estabelece alíquotas progressivas para o imposto de transmissão inter vivos de bens imóveis – ITBI com base no valor venal do imóvel".

A **base de cálculo** do imposto é o valor venal dos bens ou direitos transmitidos (CTN, art. 38), mas não coincidirá com a base de cálculo do IPTU, uma vez que, nos termos da jurisprudência do STJ, o Fisco não está obrigado a utilizar como base de cálculo do ITBI o mesmo valor obtido quando da apuração do valor venal do imóvel para o cálculo do IPTU, podendo arbitrar o seu valor nos termos do artigo 148 do CTN (AgRg no AREsp 36.740/RS).

ATENÇÃO:

O STJ, aplicando o artigo 38 do CTN, já se pronunciou também sobre a base de cálculo do ITBI em caso de arrematação de imóvel em hasta pública: "Segundo consubstancia o art. 38 do CTN, a base de cálculo do imposto mencionado é o valor venal dos bens ou direitos transmitidos..." Precedentes citados: REsp 863.893-PR, DJ 7/11/2006, e REsp 2.525-PR, DJ 25/6/1990. REsp 1.188.655-RS, Rel. Min. Luiz Fux, julgado em 20/5/2010. 1ª Turma. (Info 435)

De volta às normas do CTN, resta dizer que **contribuinte** do ITBI é qualquer das partes na operação tributada, como dispuser a lei (art. 42). Significa dizer que a lei poderá, por exemplo, atribuir a condição de contribuinte tanto ao vendedor, quanto ao adquirente de um imóvel, sendo muito mais comum a última situação.

E, por fim, consoante amplamente reconhecido pela doutrina e presente nas legislações municipais, pode afirma que, diante da particularidade de ter seu fato gerador vinculado a atos praticados perante cartórios, o l**ançamento por declaração ou misto** é a modalidade de constituição do crédito tributário que melhor se adequa à sistemática desse imposto.

3.3. Imposto sobre serviços de qualquer natureza

O **Imposto sobre Serviços de Qualquer Natureza – ISSQN** incide sobre serviços de qualquer natureza, mas, desde que preenchidas duas condições que se depreendem do artigo 156, inciso III, da CF:

- o serviço não pode estar compreendido no artigo 155, inciso II, da CF, isto é, não pode ser serviço de comunicação ou de transporte interestadual ou intermunicipal, que ficam sujeitos à incidência do ICMS estadual;

- o serviço deve ser definido em lei complementar, vigorando, atualmente, a Lista de Serviços Anexa à Lei complementar 116/2003.

ATENÇÃO:

A Lei complementar nº 157/2016, de acordo com a competência conferida pelo artigo 156, inciso III, da CF, ampliou a relação de serviços passíveis de tributação pelo ISS. Para tanto, incluiu novos itens e subitens na Lista Anexa à Lei complementar nº 116/2016, bem como promoveu a alteração de outros presentes na redação original. Muita atenção para os novos serviços a seguir relacionados: 1.03 – Processamento, armazenamento ou hospedagem de dados, textos, imagens, vídeos, páginas eletrônicas, aplicativos e sistemas de informação, entre outros formatos, e congêneres; 1.04 – Elaboração de programas de computadores, inclusive de jogos eletrônicos, independentemente da arquitetura construtiva da máquina em que o programa será executado, incluindo tablets, smartphones e congêneres; 1.09 – Disponibilização, sem cessão definitiva, de conteúdos de áudio, vídeo, imagem e texto por meio da internet, respeitada a imunidade de livros, jornais e periódicos (exceto a distribuição de conteúdos pelas prestadoras de Serviço de Acesso Condicionado, de que trata a Lei no 12.485, de 12 de setembro de 2011, sujeita ao ICMS); 6.06 – Aplicação de tatuagens, piercings e congêneres; 7.16 – Florestamento, reflorestamento, semeadura, adubação, reparação de solo, plantio, silagem, colheita, corte e descascamento de árvores, silvicultura, exploração florestal e dos serviços congêneres indissociáveis da formação, manutenção e colheita de florestas, para quaisquer fins e por quaisquer meios; 11.02 – Vigilância, segurança ou monitoramento de bens, pessoas e semoventes; 13.05 – Composição gráfica, inclusive confecção de impressos gráficos, fotocomposição, clicheria, zincografia, litografia e fotolitografia, exceto se destinados a posterior operação de comercialização ou industrialização, ainda que incorporados, de qualquer forma, a outra mercadoria que deva ser objeto de posterior circulação, tais como bulas, rótulos, etiquetas, caixas, cartuchos, embalagens e manuais técnicos e de instrução, quando ficarão sujeitos ao ICMS; 14.05 – Restauração, recondicionamento, acondicionamento, pintura, beneficiamento, lavagem, secagem, tingimento, galvanoplastia, anodização, corte, recorte, plastificação, costura, acabamento, polimento e congêneres de objetos quaisquer; 14.14 – Guincho intramunicipal, guindaste e içamento; 16.01 – Serviços de transporte coletivo municipal rodoviário, metroviário, ferroviário e aquaviário de passageiros; 16.02 – Outros serviços de transporte de natureza municipal; 17.25 – Inserção de textos, desenhos e outros materiais de propaganda e publicidade, em qualquer meio (exceto em livros, jornais, periódicos e nas modalidades de serviços de radiodifusão sonora e de sons e imagens de recepção livre e gratuita); 25.02 – Translado intramunicipal e cremação de corpos e partes de corpos cadavéricos; 25.05 – Cessão de uso de espaços em cemitérios para sepultamento. A cobrança do imposto sobre os novos serviços depende da instituição por lei municipal, que deve respeitar os limites da lei complementar, bem como da observância ao princípio da anterioridade, nas suas vertentes anual e nonagesimal.

Além de estabelecer os serviços sujeitos à incidência do imposto, também cabe à lei complementar: I – fixar as suas alíquotas máximas e mínimas; II – excluir da sua incidência exportações de serviços para o exterior; III – regular a forma e as condições como isenções, incentivos e benefícios fiscais serão concedidos e revogados (CF, art. 156, § 3º). Enfim, considerando-se, também, o disposto no artigo 146, inciso III, da CF/88, incumbe à lei complementar estabelecer normas gerais relativas ao ISSQN.

É nesse sentido que a Lei complementar 116/2003 estabelece como **fato gerador** do ISSQN a prestação de serviços constantes da Lista Anexa, ainda que esses não se constituam como atividade preponderante do prestador (art. 1º).

Além disso, a lei complementar também dispõe que o imposto incide sobre:

- o serviço proveniente do exterior do País ou cuja prestação se tenha iniciado no exterior do País (art. 1º, § 1º);
- os serviços prestados mediante a utilização de bens e serviços públicos explorados economicamente mediante autorização, permissão ou concessão, com o pagamento de tarifa, preço ou pedágio pelo usuário final do serviço (art. 1º, § 3º);

ATENÇÃO:

A incidência do imposto não depende da denominação dada ao serviço prestado (LC 116/2003, art. 1º, § 4º).

Por outro lado, o imposto **não incide** sobre:

I – as exportações de serviços para o exterior do País (isenção heterônoma excepcionalmente permitida pelo artigo 156, inciso § 3º, inciso II, da CF);

II – a prestação de serviços em relação de emprego, dos trabalhadores avulsos, dos diretores e membros de conselho consultivo ou de conselho fiscal de sociedades e fundações, bem como dos sócios-gerentes e dos gerentes-delegados;

III – o valor intermediado no mercado de títulos e valores mobiliários, o valor dos depósitos bancários, o principal, juros e acréscimos moratórios relativos a operações de crédito realizadas por instituições financeiras (operações bancárias, sujeitas ao IOF federal).

Se a incidência do ISSQN é afastada em relação às operações bancárias, tais como operações de crédito, deve-se ter muita atenção que o mesmo não ocorre quanto aos serviços prestados pelos bancos que não tenham o caráter de operação bancária, normalmente tributadas nos termos do item 15 da lista de serviços anexa à Lei Complementar 116/2003. Em outras palavras, operação bancária (sujeita ao IOF) e serviços bancários (sujeitos ao ISS) são expressões que não se confundem.

Além dessas situações, colhem-se da jurisprudência do STF algumas hipóteses em que a incidência do ISSQN foi considerada inconstitucional. A mais clássica diz respeito às operações de locações de móveis, que deu ensejo à Súmula Vinculante nº 31: "é inconstitucional a incidência do Imposto sobre Serviços de Qualquer Natureza - ISS sobre operações de locação de bens móveis". Porém, a mesma jurisprudência do STF orienta-se no sentido de que a Súmula Vinculante 31 não chega a exonerar a prestação de serviços concomitante à locação de bens móveis do pagamento do ISS, de modo que, se houver ao mesmo tempo locação de bem móvel e prestação de serviços, o ISSQN incidirá sobre o segundo fato (serviços correlatos), sem atingir o primeiro (locação de bem móvel) (STF - ARE 656709 - 2ª. Turma - Rel. Min. Joaquim Barbosa - julg. 14/02/2012).

Em outras situações, o imposto não incidirá quanto a hipóteses pertencentes ao campo de incidência do ICMS estadual, sobre o que há várias decisões judiciais.

O ICMS, nas prestações de Serviços de transporte interestadual e intermunicipal, afasta a incidência do ISS, cabendo ao município tributar pelo ISSQN apenas o serviço de transporte intramunicipal, ou seja, dentro do mesmo município, consoante definido em lei complementar.

O ISS não incide sobre operações de industrialização por encomenda de embalagens, destinadas à integração ou utilização direta em processo subsequente de industrialização ou de circulação de mercadoria. Presentes os requisitos constitucionais e legais, incidirá o ICMS. (ADI 4389 MC, Relator(a): Min. JOAQUIM BARBOSA, Tribunal Pleno, julgado em 13/04/2011, PROCESSO ELETRÔNICO DJe-098 DIVULG 24-05-2011 PUBLIC 25-05-2011 RDDT nº 191, 2011, p. 196-206 RT v. 100, nº 912, 2011, p. 488-505)".

Importante esclarecer sobre o que dispõe a Súmula nº 156 do STJ, que pode ter sua redação literalmente cobrada em concursos: "A prestação de serviço de composição gráfica, personalizada e sob encomenda, ainda que envolva fornecimento de mercadorias, está sujeita, apenas, ao ISS". Porém, essa súmula é antiga e o próprio Supremo Tribunal Federal, mais recentemente, decidiu pela incidência do ICMS nesses casos, desde que presentes os requisitos conceituais e legais (ADI 4389 MC - Tribunal Pleno - Rel. Min. Joaquim Barbosa, julgado em 13/04/2011). Com o advento da Lei complementar nº 157/2016 e a alteração da redação do subitem 13.05 da Lista de Serviços Anexa à Lei complementar nº 116/2003, encontra-se mais ainda superada a Súmula nº 156 do STJ, haja vista que a composição gráfica destinada a posterior operação de industrialização de embalagens, bulas, rótulos, manuais de instrução ou integração a produtos passou a se submeter expressamente ao ICMS. Para que nenhuma dúvida possa pairar, veja-se a redação do referido subitem: "Composição gráfica, inclusive confecção de impressos gráficos, fotocomposição, clicheria, zincografia, litografia e fotolitografia, **exceto** se destinados a posterior operação de comercialização ou industrialização, ainda que incorporados, de qualquer forma, a outra mercadoria que deva ser objeto de posterior circulação, tais como bulas, rótulos, etiquetas, caixas, cartuchos, embalagens e manuais técnicos e de instrução, quando ficarão sujeitos ao ICMS".

ATENÇÃO:

O STF entende o que o ISSQN incide sobre serviços de registros públicos, cartorários e notariais." (ADI 3.089, Rel. p/ o ac. Min. Joaquim Barbosa, julgamento em 13-2- 2008, Plenário, DJE de 1º-8-2008)

No campo da sujeição passiva, o artigo 5º, da Lei complementar 116/2003 define que **contribuinte** do ISSQN é o prestador do serviço (LC 116/2003). E, sob o aspecto quantitativo, o mesmo diploma dispõe sobre base de cálculo e alíquotas, respectivamente, nos artigos 7º e 8º.

A **base de cálculo** do imposto é o preço do serviço (art. 7º), não se incluindo na mesma, porém, o valor dos materiais fornecidos pelo prestador dos serviços previstos nos itens 7.02 e 7.05 da lista de serviços anexa a esta Lei Complementar (art. 7º, § 2º, I). Ficam excluídos, portanto, os materiais utilizados em obras de construção civil, o que, inclusive, já foi considerado legítimo pelo Supremo Tribunal Federal (RE 603.497/MG).

ATENÇÃO:

"1. A competência para cobrança do ISS, sob a égide do DL 406/68 era o do local da prestação do serviço (art. 12), o que foi alterado pela LC 116/2003, quando passou a competência para o local da sede do prestador do serviço (art. 3º). 2. Em se tratando de construção civil, diferentemente, antes ou depois da lei complementar, o imposto é devido no local da construção (art.12, letra "b" do DL 406/68 e art.3º, da LC 116/2003). 3. Mesmo estabeleça o contrato diversas etapas da obra de construção, muitas das quais realizadas fora da obra e em município diverso, onde esteja a sede da prestadora, considera-se a obra como uma universalidade, sem divisão das etapas de execução para efeito de recolhimento do ISS" (REsp 1117121 SP, Rel. Ministra ELIANA CALMON, PRIMEIRA SEÇÃO, julgado em 14/10/2009, DJe 29/10/2009)

Ainda com relação à base de cálculo do ISSQN, deve-se ter muita atenção em relação a algumas decisões do STJ e do STF de grande repercussão.

Do STJ, merece destaque a jurisprudência sedimentada quanto à exclusão dos valores repassados a profissionais credenciados da base de cálculo ISSQN devido por empresas gestoras de planos de saúde (REsp 783.022/MG, Rel. Ministra Denise Arruda, Primeira Turma, DJe 16/03/2009).

E, de ambos os tribunais superiores (STF e STJ), não se pode deixar de citar as seguintes decisões:

- **Legalidade da tributação em valores fixos de sociedades unipessoais integradas por profissionais que atuam com responsabilidade pessoal:** a jurisprudência do Superior Tribunal de Justiça firmou-se no sentido de que o benefício da alíquota fixa do ISS, embora legítimo em face da não revogação do artigo 9º do Decreto-Lei 406/68 pela LC 116/2003, somente é devido às sociedades unipessoais integradas por profissionais que atuam com responsabilidade pessoal, não alcançando as sociedades empresariais, como as sociedades por quotas, cuja responsabilidade é limitada ao capital social (AgRg nos EDcl no AREsp 33.365/PR, Rel. Ministro Humberto Martins, Segunda Turma, julgado em 22/11/2011, DJe 25/11/2011).

- **Recepção das bases de cálculo previstas para as sociedades prestadoras de serviços profissionais pela nova ordem constitucional:** de acordo com vários precedentes do STF, nos seguintes termos: "As bases de cálculo previstas para as sociedades prestadoras de serviços profissionais foram recepcionadas pela nova ordem jurídico-constitucional, na medida em que se mostram adequadas a todo o arcabouço principiológico do sistema tributário nacional. Ao contrário do que foi alegado, a tributação diferenciada se presta a concretizar a isonomia e a capacidade contributiva. As normas inscritas nos § 1º e § 3º não implicam redução da base de cálculo." (AI 703.982-AgR, rel. min. Dias Toffoli, julgamento em 9-4-2013, Primeira Turma, DJE de 7-6-2013.) No mesmo sentido: RE 795.415-AgR, rel. min. Cármen Lúcia, julgamento em 3-6-2014, Segunda Turma, DJE de 13-6-2014.

Ainda sob o aspecto quantitativo, diferente de outros impostos, em que as competências relacionadas a alíquotas máximas e mínimas são conferidas ao Senado Federal, no caso do ISSQN, elas são atribuídas à lei complementar (CF, 156, § 3º, I), diante do que o artigo 8º, inciso II, da Lei complementar 116/2003, estabeleceu que a **alíquota máxima** do imposto corresponde ao percentual de 5% (cinco por cento).

No que se refere às alíquotas mínimas, o art. 88 do ADCT dispõe que:

> "Art.88. Enquanto lei complementar não disciplinar o disposto nos incisos I e III do § 3º do art. 156 da Constituição Federal, o imposto a que se refere o inciso III do caput do mesmo artigo: I – terá alíquota mínima de dois por cento, exceto para os serviços a que se referem os itens 32, 33 e 34 da Lista de Serviços anexa ao Decreto-Lei nº 406, de 31 de dezembro de 1968; II – não será objeto de concessão de isenções, incentivos e benefícios fiscais, que resulte, direta ou indiretamente, na redução da alíquota mínima estabelecida no inciso I".

Durante muito tempo, esse dispositivo produziu seus efeitos, pois, a Lei Complementar nº 116, de 2003, que veio posteriormente a dispor sobre o ISSQN, não estabelecia alíquota mínima, nem regulava a forma e as condições para a concessão, pelos Municípios, de isenções, incentivos e benefícios fiscais no que diz respeito ao imposto. O cenário, porém, mudou com o advento da Lei Complementar nº 157, de 2016, que incluiui na Lei complementar nº 116, de 2003 o artigo 8º-A, com a seguinte redação:

> "Art. 8º-A: A alíquota mínima do Imposto sobre Serviços de Qualquer Natureza é de 2% (dois por cento).
>
> § 1º O imposto não será objeto de concessão de isenções, incentivos ou benefícios tributários ou financeiros, inclusive de redução de base de cálculo ou de crédito presumido ou outorgado, ou sob qualquer outra forma que resulte, direta ou indiretamente, em carga tributária menor que a decorrente da aplicação da alíquota mínima estabelecida no caput, exceto para os serviços a que se referem os subitens 7.02, 7.05 e 16.01 da lista anexa a esta Lei Complementar.
>
> § 2º É nula a lei ou o ato do Município ou do Distrito Federal que não respeite as disposições relativas à alíquota mínima previstas neste artigo no caso de serviço prestado a tomador ou intermediário localizado em Município diverso daquele onde está localizado o prestador do serviço.
>
> § 3º A nulidade a que se refere o § 2º deste artigo gera, para o prestador do serviço, perante o Município ou o Distrito Federal que não respeitar as disposições deste artigo, o direito à restituição do valor efetivamente pago do Imposto sobre Serviços de Qualquer Natureza calculado sob a égide da lei nula".

Quanto às exceções à vedação à concessão de isenções, incentivos ou benefícios (§ 2º), referem-se elas ao seguintes serviços:

> 7.02. Execução, por administração, empreitada ou subempreitada, de obras de construção civil, hidráulica ou elétrica e de outras obras semelhantes, inclusive sondagem, perfuração de poços, escavação, drenagem e irrigação, terraplanagem, pavimentação, concretagem e a instalação e montagem de produtos, peças e equipamentos (exceto o fornecimento de mercadorias produzidas pelo prestador de serviços fora do local da prestação dos serviços, que fica sujeito ao ICMS);
>
> 7.05. Reparação, conservação e reforma de edifícios, estradas, pontes, portos e congêneres (exceto o fornecimento de mercadorias produzidas pelo prestador dos serviços, fora do local da prestação dos serviços, que fica sujeito ao ICMS);
>
> 16.01. Serviços de transporte coletivo municipal rodoviário, metroviário, ferroviário e aquaviário de passageiros.

Por fim, de acordo com a sistemática de apuração estabelecida nas legislações municipais, verifica-se que, ordinariamente, o imposto está sujeito ao **lançamento por homologação.**

3.4. Quadro comparativo dos principais aspectos dos impostos municipais

Quadro comparativo dos Principais aspectos dos impostos municipais[6]			
Fato Gerador	**Principais Contribuintes**	**Principal Base de Cálculo**	**Observações Constitucionais**
A propriedade, o domínio útil e a posse a qualquer título de imóvel urbano	Proprietário, titular do domínio útil ou possuidor a qualquer título de imóvel urbano	Valor venal do imóvel	Poderá ser progressivo em função do tempo e em razão do valor do imóvel, além de ter alíquotas diferentes de acordo com a localização e o uso do imóvel
Quaisquer negócios jurídicos, independentemente de registro, que transfiram onerosamente bem imóvel ou direito real sobre bem imóvel (exceto os de garantia)	Qualquer das partes na operação tributada (em geral, o adquirente)	Valor venal do imóvel ou do direito transmitido	Imunidades na transmissão de bens ou direitos incorporados à pessoa jurídica como integralização do capital social, na transmissão de bens ou direitos decorrentes de fusão, incorporação, cisão ou extinção de pessoa jurídica (salvo se a atividade preponderante do adquirente for a compra e venda desses bens ou direitos, locação de bens imóveis ou arrendamento mercantil)
Prestação de serviços constantes na lista anexa à LC 116/2003, ainda que esses não se constituam como atividade preponderante do prestador	Prestador de serviços	Preço do serviço	Imunidade sobre exportações de serviços para o exterior

4. AS ALÍQUOTAS NA CF/88

Em diversos dispositivos constitucionais há menção a vários aspectos relativos às alíquotas aplicáveis aos impostos, conforme o quadro a seguir:

Tributo	Alíquota	Competência/Observação
IOF (ouro)	Mínima	1%
ITCMD	Máxima	Senado Federal

6. In: MARTINS, Alan; SCARDOELLI, Dimas Yamada. *Direito Tributário – curso rápido e didático para estudos e revisões*. Leme: Editora JH Mizuno, 2012, página 75.

Tributo	Alíquota	Competência/Observação
ICMS (operações internas)	Mínima	Senado Federal (resolução de iniciativa de um terço dos senadores e aprovada por maioria absoluta)
ICMS (operações internas)	Máxima	Senado Federal (resolução de iniciativa da maioria absoluta e aprovada por 2/3 dos senadores)
ICMS (operações internas)	Deve ser maior do que a	Alíquota interestadual
ICMS (operações interestaduais)	a ser fixada pelo	Senado Federal (resolução de iniciativa do Presidente da República ou de um terço dos senadores)
IPVA	Mínima	Senado Federal
ISS	Mínimas/Máximas	Lei Complementar

5. SÚMULAS

Súmula vinculante 31: "É inconstitucional a incidência do Imposto sobre Serviços de Qualquer Natureza – ISS sobre operações de locação de bens móveis".

Súmula vinculante 32: "O ICMS não incide sobre a alienação de salvados de sinistros pelas seguradoras".

Súmula vinculante 48: "Na entrada de mercadoria importada do exterior, é legítima a cobrança do ICMS por ocasião do desembaraço aduaneiro".

Súmula 93 STF: "Não está isenta do imposto de renda a atividade profissional do arquiteto".

Súmula 112 STF: "O imposto de transmissão causa mortis é devido pela alíquota vigente ao tempo da abertura da sucessão".

Súmula 113 STF: "O imposto de transmissão causa mortis é calculado sobre o valor dos bens na data da avaliação".

Súmula 114 STF: "O imposto de transmissão causa mortis não é exigível antes da homologação do cálculo".

Súmula 115 STF: "Sobre os honorários do advogado contratado pelo inventariante, com a homologação do juiz, não incide o imposto de transmissão *causa mortis*".

Súmula 331 STF: "É legítima a incidência do imposto de transmissão causa mortis no inventário por morte presumida".

Súmula 539 STF: "É constitucional a lei do município que reduz o imposto predial urbano sobre imóvel ocupado pela residência do proprietário, que não possua outro".

Súmula 573 STF: "Não constitui fato gerador do imposto de circulação de mercadorias a saída física de máquinas, utensílios e implementos a título de comodato".

Súmula 574 STJ: "Sem lei estadual que a estabeleça, é ilegítima a cobrança do imposto de circulação de mercadorias sobre o fornecimento de alimentação e bebidas em restaurante ou estabelecimento similar".

Súmula 575 STF: "À mercadoria importada de país signatário do GATT, ou membro da ALALC, estende-se a isenção do imposto sobre circulação de mercadorias concedida a similar nacional".

Súmula 583 STF: "Promitente-comprador de imóvel residencial transcrito em nome de autarquia é contribuinte do imposto predial territorial urbano".

Súmula 584 STF: "Ao imposto de renda calculado sobre os rendimentos do ano-base, aplica-se a lei vigente no exercício financeiro em que deve ser apresentada a declaração".

Súmula 586 STF: "Incide imposto de renda sobre os juros remetidos para o exterior, com base em contrato de mútuo".

Súmula 587 STF: "Incide imposto de renda sobre o pagamento de serviços técnicos contratados no exterior e prestados no Brasil".

Súmula 588 STF: "O imposto sobre serviços não incide sobre os depósitos, as comissões e taxas de desconto, cobrados pelos estabelecimentos bancários".

Súmula 589 STF: "É inconstitucional a fixação de adicional progressivo do imposto predial e territorial urbano em função do número de imóveis do contribuinte".

Súmula 590 STF: "Calcula-se o imposto de transmissão "causa mortis" sobre o saldo credor da promessa de compra e venda de imóvel, no momento da abertura da sucessão do promitente vendedor".

Súmula 591 STF: "A imunidade ou a isenção tributária do comprador não se estende ao produtor, contribuinte do imposto sobre produtos industrializados".

Súmula 656 STF: "É inconstitucional a lei que estabelece alíquotas progressivas para o imposto de transmissão *inter vivos* de bens imóveis – ITBI com base no valor venal do imóvel".

Súmula 660 STF: "Não incide ICMS na importação de bens por pessoa física ou jurídica que não seja contribuinte do imposto".

Súmula 662 STF: "É legítima a incidência do ICMS na comercialização de exemplares de obras cinematográficas, gravados em fitas de videocassete".

Súmula 663 STF: "Os §§ 1° e 3° do art. 9° do DL 406/68 foram recebidos pela Constituição".

Súmula 664 STF: "É inconstitucional o inciso V do art. 1° da Lei 8.033/90, que instituiu a incidência do imposto nas operações de crédito, câmbio e seguros - IOF sobre saques efetuados em caderneta de poupança".

Súmula 668 STF: "É inconstitucional a lei municipal que tenha estabelecido, antes da Emenda Constitucional 29/2000, alíquotas progressivas para o IPTU, salvo se destinada a assegurar o cumprimento da função social da propriedade urbana".

Súmula 20 STJ: "A mercadoria importada de país signatário do GATT é isenta do ICM, quando contemplado com esse favor o similar nacional".

Súmula 68 STJ: "A parcela relativa ao ICM inclui-se na base de cálculo do PIS".

Súmula 95 STJ: "A redução da alíquota do imposto sobre produtos industrializados ou do imposto de importação não implica redução do ICMS".

Súmula 125 STJ: "O pagamento de férias não gozadas por necessidade do serviço não está sujeito à incidência do imposto de renda".

Súmula 135 STJ: "O ICMS não incide na gravação e distribuição de filmes e videoteipes".

Súmula 136 STJ: "O pagamento de licença-prêmio não gozada por necessidade do serviço não está sujeito ao imposto de renda".

Súmula 138 STJ: "O ISS incide na operação de arrendamento mercantil de coisas móveis".

Súmula 155 STJ: "O ICMS incide na importação de aeronave, por pessoa física, para uso próprio".

Súmula 156 STJ: "A prestação de serviço de composição gráfica, personalizada e sob encomenda, ainda que envolva fornecimento de mercadorias, está sujeita, apenas, ao ISS".

Súmula 160 STJ: "É defeso, ao Município, atualizar o IPTU, mediante decreto, em percentual superior ao índice oficial de correção monetária".

Súmula 163 STJ: "O fornecimento de mercadorias com a simultânea prestação de serviços em bares, restaurantes e estabelecimentos similares constitui fato gerador do ICMS a incidir sobre o valor total da operação".

Súmula 166 STJ: "Não constitui fato gerador do ICMS o simples deslocamento de mercadoria de um para outro estabelecimento do mesmo contribuinte".

Súmula 167 STJ: "O fornecimento de concreto, por empreitada, para construção civil, preparado no trajeto até a obra em betoneiras acopladas a caminhões, é prestação de serviço, sujeitando-se apenas à incidência do ISS".

Súmula 185 STJ: "Nos depósitos judiciais, não incide o imposto sobre operações financeiras".

Súmula 198 STJ: "Na importação de veículo por pessoa física, destinado a uso próprio, incide o ICMS".

Súmula 215 STJ: "A indenização recebida pela adesão a programa de incentivo à demissão voluntária não está sujeita à incidência do imposto de renda".

Súmula 237 STJ: "Nas operações com cartão de crédito, os encargos relativos ao financiamento não são considerados no cálculo do ICMS".

Súmula 262 STJ: "Incide o imposto de renda sobre o resultado das aplicações financeiras realizadas pelas cooperativas".

Súmula 274 STJ: "O ISS incide sobre o valor dos serviços de assistência médica, incluindo-se neles as refeições, os medicamentos e as diárias hospitalares".

Súmula 334 STJ: "O ICMS não incide no serviço dos provedores de acesso à internet".

Súmula 350 STJ: "O ICMS não incide sobre o serviço de habilitação de telefone celular".

Súmula 386 STJ: "São isentas de imposto de renda as indenizações de férias proporcionais e o respectivo adicional".

Súmula 391 STJ: "O ICMS incide sobre o valor da tarifa de energia elétrica correspondente à demanda de potência efetivamente utilizada".

Súmula 395 STJ: "O ICMS incide sobre o valor da venda a prazo constante da nota fiscal".

Súmula 397 STJ: "O contribuinte do IPTU é notificado do lançamento pelo envio do carnê ao seu endereço".

Súmula 399 STJ: "Cabe à legislação municipal estabelecer o sujeito passivo do IPTU".

Súmula 411 STJ: "É devida a correção monetária ao creditamento do IPI quando há oposição ao seu aproveitamento decorrentes de resistência ilegítima do Fisco".

Súmula 424 STJ: "É legítima a incidência de ISS sobre os serviços bancários congêneres da lista anexa ao DL n° 406/1968 e à LC 56/1987".

Súmula 425 STJ: "A retenção da contribuição para a seguridade social pelo tomador do serviço não se aplica às empresas optantes pelo Simples".

Súmula 433 STJ: "O produto semielaborado, para fins de incidência de ICMS, é aquele que preenche cumulativamente os três requisitos do art. 1° da Lei Complementar 65/1991".

Súmula 447 STJ: "Os Estados e o Distrito Federal são partes legítimas na ação de restituição de imposto de renda retido na fonte proposta por seus servidores".

Súmula 457 STJ: "Os descontos incondicionais nas operações mercantis não se incluem na base de cálculo do ICMS".

Súmula 463 STJ: "Incide imposto de renda sobre os valores percebidos a título de indenização por horas extraordinárias trabalhadas, ainda que decorrentes de acordo coletivo".

Súmula 494 STJ: "O benefício fiscal do ressarcimento do crédito presumido do IPI relativo às exportações incide mesmo quando as matérias-primas ou os insumos sejam adquiridos de pessoa física ou jurídica não contribuinte do PIS/PASEP".

Súmula 495 STJ: "A aquisição de bens integrantes do ativo permanente da empresa não gera direito a creditamento de IPI".

Súmula 498 STJ: "Não incide imposto de renda sobre a indenização por danos morais".

Súmula 524 STJ: "No tocante à base de cálculo, o ISSQN incide apenas sobre a taxa de agenciamento quando o serviço prestado por sociedade empresária de trabalho temporário for de intermediação, devendo, entretanto, englobar também os valores dos salários e encargos sociais dos trabalhadores por ela contratados nas hipóteses de fornecimento de mão de obra".

Súmula 556 STJ: "É indevida a incidência de imposto de renda sobre o valor da complementação de aposentadoria pago por entidade de previdência privada e em relação ao resgate de contribuições recolhidas para referidas entidades patrocinadoras no período de 1º/1/1989 a 31/12/1995, em razão da isenção concedida pelo art. 6º, VII, b, da Lei n. 7.713/1988, na redação anterior à que lhe foi dada pela Lei n. 9.250/1995".

Súmula 584 STJ: "As sociedades corretoras de seguros, que não se confundem com as sociedades de valores mobiliários ou com os agentes autônomos de seguro privado, estão fora do rol de entidades constantes do art. 22, § 1º, da Lei n. 8.212/1991, não se sujeitando à majoração da alíquota da Cofins prevista no art. 18 da Lei n. 10.684/2003".

Súmula 590 STJ: "Constitui acréscimo patrimonial a atrair a incidência do imposto de renda, em caso de liquidação de entidade de previdência privada, a quantia que couber a cada participante, por rateio do patrimônio, superior ao valor das respectivas contribuições à entidade em liquidação, devidamente atualizadas e corrigida".

6. LEGISLAÇÃO RELACIONADA AO CAPÍTULO[7]

- **CONSTITUIÇÃO FEDERAL**

Art. 24. (...)

§ 1º No âmbito da legislação concorrente, a competência da União limitar-se-á a estabelecer normas gerais.

§ 2º A competência da União para legislar sobre normas gerais não exclui a competência suplementar dos Estados.

7. Por opção didática, optou-se por transcrever neste capítulo apenas as normas constitucionais e aquelas com estatura de lei complementar para os impostos federais, estaduais e municipais. O candidato deve estar, porém, atento aos editais quanto à eventual cobrança de leis ordinárias e regulamentos relacionados aos impostos. De qualquer maneira, toda a base fundamental para a compreensão e estudo dos impostos em espécie encontra-se estabelecida nos patamares das normas constitucionais e leis complementares.

§ 3º Inexistindo lei federal sobre normas gerais, os Estados exercerão a competência legislativa plena, para atender a suas peculiaridades.

§ 4º A superveniência de lei federal sobre normas gerais suspende a eficácia da lei estadual, no que lhe for contrário.

Art. 146. Cabe à lei complementar:

I – dispor sobre conflitos de competência, em matéria tributária, entre a União, os Estados, o Distrito Federal e os Municípios;

II – regular as limitações constitucionais ao poder de tributar;

III – estabelecer normas gerais em matéria de legislação tributária, especialmente sobre:

a) definição de tributos e de suas espécies, bem como, em relação aos impostos discriminados nesta Constituição, a dos respectivos fatos geradores, bases de cálculo e contribuintes;

b) obrigação, lançamento, crédito, prescrição e decadência tributários;

c) adequado tratamento tributário ao ato cooperativo praticado pelas sociedades cooperativas.

d) definição de tratamento diferenciado e favorecido para as microempresas e para as empresas de pequeno porte, inclusive regimes especiais ou simplificados no caso do imposto previsto no art. 155, II, das contribuições previstas no art. 195, I e §§ 12 e 13, e da contribuição a que se refere o art. 239.

Art. 147. Competem à União, em Território Federal, os impostos estaduais e, se o Território não for dividido em Municípios, cumulativamente, os impostos municipais; ao Distrito Federal cabem os impostos municipais.

Art. 153. Compete à União instituir impostos sobre:

I – importação de produtos estrangeiros;

II – exportação, para o exterior, de produtos nacionais ou nacionalizados;

III – renda e proventos de qualquer natureza;

IV – produtos industrializados;

V – operações de crédito, câmbio e seguro, ou relativas a títulos ou valores mobiliários;

VI – propriedade territorial rural;

VII – grandes fortunas, nos termos de lei complementar.

§ 1º É facultado ao Poder Executivo, atendidas as condições e os limites estabelecidos em lei, alterar as alíquotas dos impostos enumerados nos incisos I, II, IV e V.

§ 2º O imposto previsto no inciso III:

I – será informado pelos critérios da generalidade, da universalidade e da progressividade, na forma da lei;

§ 3º O imposto previsto no inciso IV:

I – será seletivo, em função da essencialidade do produto;

II – será não-cumulativo, compensando-se o que for devido em cada operação com o montante cobrado nas anteriores;

III – não incidirá sobre produtos industrializados destinados ao exterior.

IV – terá reduzido seu impacto sobre a aquisição de bens de capital pelo contribuinte do imposto, na forma da lei.

§ 4º O imposto previsto no inciso VI do *caput*:

I – será progressivo e terá suas alíquotas fixadas de forma a desestimular a manutenção de propriedades improdutivas;

II – não incidirá sobre pequenas glebas rurais, definidas em lei, quando as explore o proprietário que não possua outro imóvel;

III – será fiscalizado e cobrado pelos Municípios que assim optarem, na forma da lei, desde que não implique redução do imposto ou qualquer outra forma de renúncia fiscal.

§ 5º O ouro, quando definido em lei como ativo financeiro ou instrumento cambial, sujeita-se exclusivamente à incidência do imposto de que trata o inciso V do "caput" deste artigo, devido na operação de origem; a alíquota mínima será de um por cento, assegurada a transferência do montante da arrecadação nos seguintes termos:

I – trinta por cento para o Estado, o Distrito Federal ou o Território, conforme a origem;

II – setenta por cento para o Município de origem.

Art. 154. A União poderá instituir:

I – mediante lei complementar, impostos não previstos no artigo anterior, desde que sejam não-cumulativos e não tenham fato gerador ou base de cálculo próprios dos discriminados nesta Constituição;

II – na iminência ou no caso de guerra externa, impostos extraordinários, compreendidos ou não em sua competência tributária, os quais serão suprimidos, gradativamente, cessadas as causas de sua criação.

Art. 155. Compete aos Estados e ao Distrito Federal instituir impostos sobre:

I – transmissão causa mortis e doação, de quaisquer bens ou direitos;

II – operações relativas à circulação de mercadorias e sobre prestações de serviços de transporte interestadual e intermunicipal e de comunicação, ainda que as operações e as prestações se iniciem no exterior;

III – propriedade de veículos automotores.

§ 1º O imposto previsto no inciso I:

I – relativamente a bens imóveis e respectivos direitos, compete ao Estado da situação do bem, ou ao Distrito Federal

II – relativamente a bens móveis, títulos e créditos, compete ao Estado onde se processar o inventário ou arrolamento, ou tiver domicílio o doador, ou ao Distrito Federal;

III – terá competência para sua instituição regulada por lei complementar:

a) se o doador tiver domicilio ou residência no exterior;

b) se o de cujus possuía bens, era residente ou domiciliado ou teve o seu inventário processado no exterior;

IV – terá suas alíquotas máximas fixadas pelo Senado Federal;

§ 2º O imposto previsto no inciso II atenderá ao seguinte:

I – será não-cumulativo, compensando-se o que for devido em cada operação relativa à circulação de mercadorias ou prestação de serviços com o montante cobrado nas anteriores pelo mesmo ou outro Estado ou pelo Distrito Federal;

II – a isenção ou não-incidência, salvo determinação em contrário da legislação:

a) não implicará crédito para compensação com o montante devido nas operações ou prestações seguintes;

b) acarretará a anulação do crédito relativo às operações anteriores;

III – poderá ser seletivo, em função da essencialidade das mercadorias e dos serviços;

IV – resolução do Senado Federal, de iniciativa do Presidente da República ou de um terço dos Senadores, aprovada pela maioria absoluta de seus membros, estabelecerá as alíquotas aplicáveis às operações e prestações, interestaduais e de exportação;

V – é facultado ao Senado Federal:

a) estabelecer alíquotas mínimas nas operações internas, mediante resolução de iniciativa de um terço e aprovada pela maioria absoluta de seus membros;

b) fixar alíquotas máximas nas mesmas operações para resolver conflito específico que envolva interesse de Estados, mediante resolução de iniciativa da maioria absoluta e aprovada por dois terços de seus membros;

VI – salvo deliberação em contrário dos Estados e do Distrito Federal, nos termos do disposto no inciso XII, "g", as alíquotas internas, nas operações relativas à circulação de mercadorias e nas prestações de serviços, não poderão ser inferiores às previstas para as operações interestaduais;

VII – nas operações e prestações que destinem bens e serviços a consumidor final, contribuinte ou não do imposto, localizado em outro Estado, adotar-se-á a alíquota interestadual e caberá ao Estado de localização do destinatário o imposto correspondente à diferença entre a alíquota interna do Estado destinatário e a alíquota interestadual;

VIII – a responsabilidade pelo recolhimento do imposto correspondente à diferença entre a alíquota interna e a interestadual de que trata o inciso VII será atribuída:

a) ao destinatário, quando este for contribuinte do imposto;

b) ao remetente, quando o destinatário não for contribuinte do imposto;

IX – incidirá também:

a)sobre a entrada de bem ou mercadoria importados do exterior por pessoa física ou jurídica, ainda que não seja contribuinte habitual do imposto, qualquer que seja a sua finalidade, assim como sobre o serviço prestado no exterior, cabendo o imposto ao Estado onde estiver situado o domicílio ou o estabelecimento do destinatário da mercadoria, bem ou serviço;

b) sobre o valor total da operação, quando mercadorias forem fornecidas com serviços não compreendidos na competência tributária dos Municípios;

X – não incidirá:

a) sobre operações que destinem mercadorias para o exterior, nem sobre serviços prestados a destinatários no exterior, assegurada a manutenção e o aproveitamento do montante do imposto cobrado nas operações e prestações anteriores;

b) sobre operações que destinem a outros Estados petróleo, inclusive lubrificantes, combustíveis líquidos e gasosos dele derivados, e energia elétrica;

c) sobre o ouro, nas hipóteses definidas no art. 153, § 5º;

d) nas prestações de serviço de comunicação nas modalidades de radiodifusão sonora e de sons e imagens de recepção livre e gratuita;

XI – não compreenderá, em sua base de cálculo, o montante do imposto sobre produtos industrializados, quando a operação, realizada entre contribuintes e relativa a produto destinado à industrialização ou à comercialização, configure fato gerador dos dois impostos;

XII – cabe à lei complementar:

a) definir seus contribuintes;

b) dispor sobre substituição tributária;

c) disciplinar o regime de compensação do imposto;

d) fixar, para efeito de sua cobrança e definição do estabelecimento responsável, o local das operações relativas à circulação de mercadorias e das prestações de serviços;

e) excluir da incidência do imposto, nas exportações para o exterior, serviços e outros produtos além dos mencionados no inciso X, "a";

f) prever casos de manutenção de crédito, relativamente à remessa para outro Estado e exportação para o exterior, de serviços e de mercadorias;

g) regular a forma como, mediante deliberação dos Estados e do Distrito Federal, isenções, incentivos e benefícios fiscais serão concedidos e revogados.

h) definir os combustíveis e lubrificantes sobre os quais o imposto incidirá uma única vez, qualquer que seja a sua finalidade, hipótese em que não se aplicará o disposto no inciso X, *b*;

i) fixar a base de cálculo, de modo que o montante do imposto a integre, também na importação do exterior de bem, mercadoria ou serviço.

§ 3º À exceção dos impostos de que tratam o inciso II do *caput* deste artigo e o art. 153, I e II, nenhum outro imposto poderá incidir sobre operações relativas a energia elétrica, serviços de telecomunicações, derivados de petróleo, combustíveis e minerais do País.

§ 4º Na hipótese do inciso XII, *h*, observar-se-á o seguinte:

I – nas operações com os lubrificantes e combustíveis derivados de petróleo, o imposto caberá ao Estado onde ocorrer o consumo;

II – nas operações interestaduais, entre contribuintes, com gás natural e seus derivados, e lubrificantes e combustíveis não incluídos no inciso I deste parágrafo, o imposto será repartido entre os Estados de origem e de destino, mantendo-se a mesma proporcionalidade que ocorre nas operações com as demais mercadorias;

III – nas operações interestaduais com gás natural e seus derivados, e lubrificantes e combustíveis não incluídos no inciso I deste parágrafo, destinadas a não contribuinte, o imposto caberá ao Estado de origem;

IV – as alíquotas do imposto serão definidas mediante deliberação dos Estados e Distrito Federal, nos termos do § 2º, XII, *g*, observando-se o seguinte:

a) serão uniformes em todo o território nacional, podendo ser diferenciadas por produto;

b) poderão ser específicas, por unidade de medida adotada, ou *ad valorem*, incidindo sobre o valor da operação ou sobre o preço que o produto ou seu similar alcançaria em uma venda em condições de livre concorrência;

c) poderão ser reduzidas e restabelecidas, não se lhes aplicando o disposto no art. 150, III, *b*.

§ 5º As regras necessárias à aplicação do disposto no § 4º, inclusive as relativas à apuração e à destinação do imposto, serão estabelecidas mediante deliberação dos Estados e do Distrito Federal, nos termos do § 2º, XII, *g*.

§ 6º O imposto previsto no inciso III:

I – terá alíquotas mínimas fixadas pelo Senado Federal;

II – poderá ter alíquotas diferenciadas em função do tipo e utilização.

Art. 156. Compete aos Municípios instituir impostos sobre:

I – propriedade predial e territorial urbana;

II – transmissão "inter vivos", a qualquer título, por ato oneroso, de bens imóveis, por natureza ou acessão física, e de direitos reais sobre imóveis, exceto os de garantia, bem como cessão de direitos a sua aquisição;

III – serviços de qualquer natureza, não compreendidos no art. 155, II, definidos em lei complementar.

§ 1º Sem prejuízo da progressividade no tempo a que se refere o art. 182, § 4º, inciso II, o imposto previsto no inciso I poderá:

I – ser progressivo em razão do valor do imóvel; e

II – ter alíquotas diferentes de acordo com a localização e o uso do imóvel.

§ 2º O imposto previsto no inciso II:

I – não incide sobre a transmissão de bens ou direitos incorporados ao patrimônio de pessoa jurídica em realização de capital, nem sobre a transmissão de bens ou direitos decorrente de fusão, incorporação, cisão ou extinção de pessoa jurídica, salvo se, nesses casos, a atividade preponderante do adquirente for a compra e venda desses bens ou direitos, locação de bens imóveis ou arrendamento mercantil;

II – compete ao Município da situação do bem.

§ 3º Em relação ao imposto previsto no inciso III do *caput* deste artigo, cabe à lei complementar:

I – fixar as suas alíquotas máximas e mínimas;

II – excluir da sua incidência exportações de serviços para o exterior.

III – regular a forma e as condições como isenções, incentivos e benefícios fiscais serão concedidos e revogados.

• CÓDIGO TRIBUTÁRIO NACIONAL

Impostos sobre a Importação

Art. 19. O imposto, de competência da União, sobre a importação de produtos estrangeiros tem como fato gerador a entrada destes no território nacional.

Art. 20. A base de cálculo do imposto é:

I – quando a alíquota seja específica, a unidade de medida adotada pela lei tributária;

II – quando a alíquota seja ad valorem, o preço normal que o produto, ou seu similar, alcançaria, ao tempo da importação, em uma venda em condições de livre concorrência, para entrega no porto ou lugar de entrada do produto no País;

III – quando se trate de produto apreendido ou abandonado, levado a leilão, o preço da arrematação.

Art. 21. O Poder Executivo pode, nas condições e nos limites estabelecidos em lei, alterar as alíquotas ou as bases de cálculo do imposto, a fim de ajustá-lo aos objetivos da política cambial e do comércio exterior.

Art. 22. Contribuinte do imposto é:

I – o importador ou quem a lei a ele equiparar;

II – o arrematante de produtos apreendidos ou abandonados.

Imposto sobre a Exportação

Art. 23. O imposto, de competência da União, sobre a exportação, para o estrangeiro, de produtos nacionais ou nacionalizados tem como fato gerador a saída destes do território nacional.

Art. 24. A base de cálculo do imposto é:

I – quando a alíquota seja específica, a unidade de medida adotada pela lei tributária;

II – quando a alíquota seja ad valorem, o preço normal que o produto, ou seu similar, alcançaria, ao tempo da exportação, em uma venda em condições de livre concorrência.

Parágrafo único. Para os efeitos do inciso II, considera-se a entrega como efetuada no porto ou lugar da saída do produto, deduzidos os tributos diretamente incidentes sobre a operação de exportação e, nas vendas efetuadas a prazo superior aos correntes no mercado internacional o custo do financiamento.

Art. 25. A lei pode adotar como base de cálculo a parcela do valor ou do preço, referidos no artigo anterior, excedente de valor básico, fixado de acordo com os critérios e dentro dos limites por ela estabelecidos.

Art. 26. O Poder Executivo pode, nas condições e nos limites estabelecidos em lei, alterar as alíquotas ou as bases de cálculo do imposto, a fim de ajustá-los aos objetivos da política cambial e do comércio exterior.

Art. 27. Contribuinte do imposto é o exportador ou quem a lei a ele equiparar.

Art. 28. A receita líquida do imposto destina-se à formação de reservas monetárias, na forma da lei.

Imposto sobre a Propriedade Territorial Rural

Art. 29. O imposto, de competência da União, sobre a propriedade territorial rural tem como fato gerador a propriedade, o domínio útil

ou a posse de imóvel por natureza, como definido na lei civil, localização fora da zona urbana do Município.

Art. 30. A base do cálculo do imposto é o valor fundiário.

Art. 31. Contribuinte do imposto é o proprietário do imóvel, o titular de seu domínio útil, ou o seu possuidor a qualquer título.

Imposto sobre a Propriedade Predial e Territorial Urbana

Art. 32. O imposto, de competência dos Municípios, sobre a propriedade predial e territorial urbana tem como fato gerador a propriedade, o domínio útil ou a posse de bem imóvel por natureza ou por acessão física, como definido na lei civil, localizado na zona urbana do Município.

§ 1º Para os efeitos deste imposto, entende-se como zona urbana a definida em lei municipal; observado o requisito mínimo da existência de melhoramentos indicados em pelo menos 2 (dois) dos incisos seguintes, construídos ou mantidos pelo Poder Público:

I – meio-fio ou calçamento, com canalização de águas pluviais;

II – abastecimento de água;

III – sistema de esgotos sanitários;

IV – rede de iluminação pública, com ou sem posteamento para distribuição domiciliar;

V – escola primária ou posto de saúde a uma distância máxima de 3 (três) quilômetros do imóvel considerado.

§ 2º A lei municipal pode considerar urbanas as áreas urbanizáveis, ou de expansão urbana, constantes de loteamentos aprovados pelos órgãos competentes, destinados à habitação, à indústria ou ao comércio, mesmo que localizados fora das zonas definidas nos termos do parágrafo anterior.

Art. 33. A base do cálculo do imposto é o valor venal do imóvel.

Parágrafo único. Na determinação da base de cálculo, não se considera o valor dos bens móveis mantidos, em caráter permanente ou temporário, no imóvel, para efeito de sua utilização, exploração, aformoseamento ou comodidade.

Art. 34. Contribuinte do imposto é o proprietário do imóvel, o titular do seu domínio útil, ou o seu possuidor a qualquer título.

Imposto sobre a Transmissão de Bens Imóveis e de Direitos a eles Relativos

Art. 35. O imposto, de competência dos Estados, sobre a transmissão de bens imóveis e de direitos a eles relativos tem como fato gerador:

I – a transmissão, a qualquer título, da propriedade ou do domínio útil de bens imóveis por natureza ou por acessão física, como definidos na lei civil;

II – a transmissão, a qualquer título, de direitos reais sobre imóveis, exceto os direitos reais de garantia;

III – a cessão de direitos relativos às transmissões referidas nos incisos I e II.

Parágrafo único. Nas transmissões causa mortis, ocorrem tantos fatos geradores distintos quantos sejam os herdeiros ou legatários.

Art. 36. Ressalvado o disposto no artigo seguinte, o imposto não incide sobre a transmissão dos bens ou direitos referidos no artigo anterior:

I – quando efetuada para sua incorporação ao patrimônio de pessoa jurídica em pagamento de capital nela subscrito;

II – quando decorrente da incorporação ou da fusão de uma pessoa jurídica por outra ou com outra.

Parágrafo único. O imposto não incide sobre a transmissão aos mesmos alienantes, dos bens e direitos adquiridos na forma do inciso I deste artigo, em decorrência da sua desincorporação do patrimônio da pessoa jurídica a que foram conferidos.

Art. 37. O disposto no artigo anterior não se aplica quando a pessoa jurídica adquirente tenha como atividade preponderante a venda ou locação de propriedade imobiliária ou a cessão de direitos relativos à sua aquisição.

§ 1º Considera-se caracterizada a atividade preponderante referida neste artigo quando mais de 50% (cinqüenta por cento) da receita operacional da pessoa jurídica adquirente, nos 2 (dois) anos anteriores e nos 2 (dois) anos subseqüentes à aquisição, decorrer de transações mencionadas neste artigo.

§ 2º Se a pessoa jurídica adquirente iniciar suas atividades após a aquisição, ou menos de 2 (dois) anos antes dela, apurar-se-á a preponderância referida no parágrafo anterior levando em conta os 3 (três) primeiros anos seguintes à data da aquisição.

§ 3º Verificada a preponderância referida neste artigo, tornar-se-á devido o imposto, nos termos da lei vigente à data da aquisição, sobre o valor do bem ou direito nessa data.

§ 4º O disposto neste artigo não se aplica à transmissão de bens ou direitos, quando realizada em conjunto com a da totalidade do patrimônio da pessoa jurídica alienante.

Art. 38. A base de cálculo do imposto é o valor venal dos bens ou direitos transmitidos.

Art. 39. A alíquota do imposto não excederá os limites fixados em resolução do Senado Federal, que distinguirá, para efeito de aplicação de alíquota mais baixa, as transmissões que atendam à política nacional de habitação.

Art. 40. O montante do imposto é dedutível do devido à União, a título do imposto de que trata o artigo 43, sobre o provento decorrente da mesma transmissão.

Art. 41. O imposto compete ao Estado da situação do imóvel transmitido, ou sobre que versarem os direitos cedidos, mesmo que a mutação patrimonial decorra de sucessão aberta no estrangeiro.

Art. 42. Contribuinte do imposto é qualquer das partes na operação tributada, como dispuser a lei.

Imposto sobre a Renda e Proventos de Qualquer Natureza

Art. 43. O imposto, de competência da União, sobre a renda e proventos de qualquer natureza tem como fato gerador a aquisição da disponibilidade econômica ou jurídica:

I – de renda, assim entendido o produto do capital, do trabalho ou da combinação de ambos;

II – de proventos de qualquer natureza, assim entendidos os acréscimos patrimoniais não compreendidos no inciso anterior.

§ 1º A incidência do imposto independe da denominação da receita ou do rendimento, da localização, condição jurídica ou nacionalidade da fonte, da origem e da forma de percepção.

§ 2º Na hipótese de receita ou de rendimento oriundos do exterior, a lei estabelecerá as condições e o momento em que se dará sua disponibilidade, para fins de incidência do imposto referido neste artigo.

Art. 44. A base de cálculo do imposto é o montante, real, arbitrado ou presumido, da renda ou dos proventos tributáveis.

Art. 45. Contribuinte do imposto é o titular da disponibilidade a que se refere o artigo 43, sem prejuízo de atribuir a lei essa condição ao possuidor, a qualquer título, dos bens produtores de renda ou dos proventos tributáveis.

Parágrafo único. A lei pode atribuir à fonte pagadora da renda ou dos proventos tributáveis a condição de responsável pelo imposto cuja retenção e recolhimento lhe caibam.

Imposto sobre Produtos Industrializados

Art. 46. O imposto, de competência da União, sobre produtos industrializados tem como fato gerador:

I – o seu desembaraço aduaneiro, quando de procedência estrangeira;

II – a sua saída dos estabelecimentos a que se refere o parágrafo único do artigo 51;

III – a sua arrematação, quando apreendido ou abandonado e levado a leilão.

Parágrafo único. Para os efeitos deste imposto, considera-se industrializado o produto que tenha sido submetido a qualquer operação que lhe modifique a natureza ou a finalidade, ou o aperfeiçoe para o consumo.

Art. 47. A base de cálculo do imposto é:

I – no caso do inciso I do artigo anterior, o preço normal, como definido no inciso II do artigo 20, acrescido do montante:

a) do imposto sobre a importação;

b) das taxas exigidas para entrada do produto no País;

c) dos encargos cambiais efetivamente pagos pelo importador ou dele exigíveis;

II – no caso do inciso II do artigo anterior:

a) o valor da operação de que decorrer a saída da mercadoria;

b) na falta do valor a que se refere a alínea anterior, o preço corrente da mercadoria, ou sua similar, no mercado atacadista da praça do remetente;

III – no caso do inciso III do artigo anterior, o preço da arrematação.

Art. 48. O imposto é seletivo em função da essencialidade dos produtos.

Art. 49. O imposto é não-cumulativo, dispondo a lei de forma que o montante devido resulte da diferença a maior, em determinado período, entre o imposto referente aos produtos saídos do estabelecimento e o pago relativamente aos produtos nele entrados.

Parágrafo único. O saldo verificado, em determinado período, em favor do contribuinte transfere-se para o período ou períodos seguintes.

Art. 50. Os produtos sujeitos ao imposto, quando remetidos de um para outro Estado, ou do ou para o Distrito Federal, serão acompanhados de nota fiscal de modelo especial, emitida em séries próprias e contendo, além dos elementos necessários ao controle fiscal, os dados indispensáveis à elaboração da estatística do comércio por cabotagem e demais vias internas.

Art. 51. Contribuinte do imposto é:

I – o importador ou quem a lei a ele equiparar;

II – o industrial ou quem a lei a ele equiparar;

III – o comerciante de produtos sujeitos ao imposto, que os forneça aos contribuintes definidos no inciso anterior;

IV – o arrematante de produtos apreendidos ou abandonados, levados a leilão.

Parágrafo único. Para os efeitos deste imposto, considera-se contribuinte autônomo qualquer estabelecimento de importador, industrial, comerciante ou arrematante.

Imposto sobre Operações de Crédito, Câmbio e Seguro, e sobre Operações Relativas a Títulos e Valores Mobiliários

Art. 63. O imposto, de competência da União, sobre operações de crédito, câmbio e seguro, e sobre operações relativas a títulos e valores mobiliários tem como fato gerador:

I – quanto às operações de crédito, a sua efetivação pela entrega total ou parcial do montante ou do valor que constitua o objeto da obrigação, ou sua colocação à disposição do interessado;

II – quanto às operações de câmbio, a sua efetivação pela entrega de moeda nacional ou estrangeira, ou de documento que a represente, ou sua colocação à disposição do interessado em montante equivalente à moeda estrangeira ou nacional entregue ou posta à disposição por este;

III – quanto às operações de seguro, a sua efetivação pela emissão da apólice ou do documento equivalente, ou recebimento do prêmio, na forma da lei aplicável;

IV – quanto às operações relativas a títulos e valores mobiliários, a emissão, transmissão, pagamento ou resgate destes, na forma da lei aplicável.

Parágrafo único. A incidência definida no inciso I exclui a definida no inciso IV, e reciprocamente, quanto à emissão, ao pagamento ou resgate do título representativo de uma mesma operação de crédito.

Art. 64. A base de cálculo do imposto é:

I – quanto às operações de crédito, o montante da obrigação, compreendendo o principal e os juros;

II – quanto às operações de câmbio, o respectivo montante em moeda nacional, recebido, entregue ou posto à disposição;

III – quanto às operações de seguro, o montante do prêmio;

IV – quanto às operações relativas a títulos e valores mobiliários:

a) na emissão, o valor nominal mais o ágio, se houver;

b) na transmissão, o preço ou o valor nominal, ou o valor da cotação em Bolsa, como determinar a lei;

c) no pagamento ou resgate, o preço.

Art. 65. O Poder Executivo pode, nas condições e nos limites estabelecidos em lei, alterar as alíquotas ou as bases de cálculo do imposto, a fim de ajustá-lo aos objetivos da política monetária.

Art. 66. Contribuinte do imposto é qualquer das partes na operação tributada, como dispuser a lei.

Art. 67. A receita líquida do imposto destina-se a formação de reservas monetárias, na forma da lei.

Impostos Extraordinários

Art. 76. Na iminência ou no caso de guerra externa, a União pode instituir, temporariamente, impostos extraordinários compreendidos ou não entre os referidos nesta Lei, suprimidos, gradativamente, no prazo máximo de cinco anos, contados da celebração da paz.

Art. 96. A expressão "legislação tributária" compreende as leis, os tratados e as convenções internacionais, os decretos e as normas complementares que versem, no todo ou em parte, sobre tributos e relações jurídicas a eles pertinentes.

Art. 97. Somente a lei pode estabelecer:

I – a instituição de tributos, ou a sua extinção;

II – a majoração de tributos, ou sua redução, ressalvado o disposto nos artigos 21, 26, 39, 57 e 65;

III – a definição do fato gerador da obrigação tributária principal, ressalvado o disposto no inciso I do § 3º do artigo 52, e do seu sujeito passivo;

IV – a fixação de alíquota do tributo e da sua base de cálculo, ressalvado o disposto nos artigos 21, 26, 39, 57 e 65;

V – a cominação de penalidades para as ações ou omissões contrárias a seus dispositivos, ou para outras infrações nela definidas;

VI – as hipóteses de exclusão, suspensão e extinção de créditos tributários, ou de dispensa ou redução de penalidades.

§ 1º Equipara-se à majoração do tributo a modificação da sua base de cálculo, que importe em torná-lo mais oneroso.

§ 2º Não constitui majoração de tributo, para os fins do disposto no inciso II deste artigo, a atualização do valor monetário da respectiva base de cálculo.

Art. 98. Os tratados e as convenções internacionais revogam ou modificam a legislação tributária interna, e serão observados pela que lhes sobrevenha.

Art. 99. O conteúdo e o alcance dos decretos restringem-se aos das leis em função das quais sejam expedidos, determinados com observância das regras de interpretação estabelecidas nesta Lei.

Art. 100. São normas complementares das leis, dos tratados e das convenções internacionais e dos decretos:

I – os atos normativos expedidos pelas autoridades administrativas;

• LEI COMPLEMENTAR Nº 24, DE 7 DE JANEIRO DE 1975

Convênios para a concessão de isenções do imposto sobre operações relativas à circulação de mercadorias

Art. 1º – As isenções do imposto sobre operações relativas à circulação de mercadorias serão concedidas ou revogadas nos termos de convênios celebrados e ratificados pelos Estados e pelo Distrito Federal, segundo esta Lei.

Parágrafo único – O disposto neste artigo também se aplica:

I – à redução da base de cálculo;

II – à devolução total ou parcial, direta ou indireta, condicionada ou não, do tributo, ao contribuinte, a responsável ou a terceiros;

III – à concessão de créditos presumidos;

IV – à quaisquer outros incentivos ou favores fiscais ou financeiro-fiscais, concedidos com base no Imposto de Circulação de Mercadorias, dos quais resulte redução ou eliminação, direta ou indireta, do respectivo ônus;

V – às prorrogações e às extensões das isenções vigentes nesta data.

Art. 2º – Os convênios a que alude o art. 1º, serão celebrados em reuniões para as quais tenham sido convocados representantes de todos os Estados e do Distrito Federal, sob a presidência de representantes do Governo federal.

§ 1º – As reuniões se realizarão com a presença de representantes da maioria das Unidades da Federação.

§ 2º – A concessão de benefícios dependerá sempre de decisão unânime dos Estados representados; a sua revogação total ou parcial dependerá de aprovação de quatro quintos, pelo menos, dos representantes presentes.

§ 3º – Dentro de 10 (dez) dias, contados da data final da reunião a que se refere este artigo, a resolução nela adotada será publicada no Diário Oficial da União.

Art. 3º – Os convênios podem dispor que a aplicação de qualquer de suas cláusulas seja limitada a uma ou a algumas Unidades da Federação.

Art. 4º – Dentro do prazo de 15 (quinze) dias contados da publicação dos convênios no Diário Oficial da União, e independentemente de qualquer outra comunicação, o Poder

Executivo de cada Unidade da Federação publicará decreto ratificando ou não os convênios celebrados, considerando-se ratificação tácita dos convênios a falta de manifestação no prazo assinalado neste artigo.

§ 1º – O disposto neste artigo aplica-se também às Unidades da Federação cujos representantes não tenham comparecido à reunião em que hajam sido celebrados os convênios.

§ 2º – Considerar-se-á rejeitado o convênio que não for expressa ou tacitamente ratificado pelo Poder Executivo de todas as Unidades da Federação ou, nos casos de revogação a que se refere o art. 2º, § 2º, desta Lei, pelo Poder Executivo de, no mínimo, quatro quintos das Unidades da Federação.

Art. 5º – Até 10 (dez) dias depois de findo o prazo de ratificação dos convênios, promover-se-á, segundo o disposto em Regimento, a publicação relativa à ratificação ou à rejeição no Diário Oficial da União.

Art. 6º – Os convênios entrarão em vigor no trigésimo dia após a publicação a que se refere o art. 5º, salvo disposição em contrário.

Art. 7º – Os convênios ratificados obrigam todas as Unidades da Federação inclusive as que, regularmente convocadas, não se tenham feito representar na reunião.

Art. 8º – A inobservância dos dispositivos desta Lei acarretará, cumulativamente:

I – a nulidade do ato e a ineficácia do crédito fiscal atribuído ao estabelecimento recebedor da mercadoria;

II – a exigibilidade do imposto não pago ou devolvido e a ineficácia da lei ou ato que conceda remissão do débito correspondente.

Parágrafo único – As sanções previstas neste artigo poder-se-ão acrescer a presunção de irregularidade das contas correspondentes ao exercício, a juízo do Tribunal de Contas da União, e a suspensão do pagamento das quotas referentes ao Fundo de Participação, ao Fundo Especial e aos impostos referidos nos itens VIII e IX do art. 21 da Constituição federal.

Art. 9º – É vedado aos Municípios, sob pena das sanções previstas no artigo anterior, concederem qualquer dos benefícios relacionados no art. 1º no que se refere à sua parcela na receita do imposto de circulação de mercadorias.

Art. 10 – Os convênios definirão as condições gerais em que se poderão conceder, unilateralmente, anistia, remissão, transação, moratória, parcelamento de débitos fiscais e ampliação do prazo de recolhimento do imposto de circulação de mercadorias.

Art. 11 – O Regimento das reuniões de representantes das Unidades da Federação será aprovado em convênio.

Art. 12 – São mantidos os benefícios fiscais decorrentes de convênios regionais e nacionais vigentes à data desta Lei, até que revogados ou alterados por outro.

§ 1º – Continuam em vigor os benefícios fiscais ressalvados pelo § 6º do art. 3º do Decreto-Lei nº 406, de 31 de dezembro de 1968, com a redação que lhe deu o art. 5º do Decreto-Lei nº 834, de 8 de setembro de 1969, até o vencimento do prazo ou cumprimento das condições correspondentes.

§ 2º – Quaisquer outros benefícios fiscais concedidos pela legislação estadual considerar-se-ão revogados se não forem convalidados pelo primeiro convênio que se realizar na forma desta Lei, ressalvados os concedidos por prazo certo ou em função de determinadas condições que já tenham sido incorporadas ao patrimônio jurídico de contribuinte. O prazo para a celebração deste convênio será de 90 (noventa) dias a contar da data da publicação desta Lei.

§ 3º – A convalidação de que trata o parágrafo anterior se fará pela aprovação de 2/3 (dois terços) dos representantes presentes, observando-se, na respectiva ratificação, este quorum e o mesmo processo do disposto no art. 4º.

Art. 13 – O art. 178 do Código Tributário Nacional (Lei nº 5.172, de 25 de outubro de 1966), passa a vigorar com a seguinte redação:

"Art. 178 - A isenção, salvo se concedida por prazo certo e em função de determinadas condições, pode ser revogada ou modificada por lei, a qualquer tempo, observado o disposto no inciso III do art. 104."

Art. 14 – Sairão com suspensão do Imposto de Circulação de Mercadorias:

I – as mercadorias remetidas pelo estabelecimento do produtor para estabelecimento de Cooperativa de que faça parte, situada no mesmo Estado;

II – as mercadorias remetidas pelo estabelecimento de Cooperativa de Produtores, para estabelecimento, no mesmo Estado, da própria Cooperativa, de Cooperativa Central ou de Federação de Cooperativas de que a Cooperativa remetente faça parte.

§ 1º – O imposto devido pelas saídas mencionadas nos incisos I e II será recolhido pelo destinatário quando da saída subseqüente, esteja esta sujeita ou não ao pagamento do tributo.

§ 2º – Ficam revogados os incisos IX e X do art. 1º da Lei Complementar nº 4, de 2 de dezembro de 1969.

Art. 15 – O disposto nesta Lei não se aplica às indústrias instaladas ou que vierem a instalar-se na Zona Franca de Manaus, sendo vedado às demais Unidades da Federação determinar a exclusão de incentivo fiscal, prêmio ou estimulo concedido pelo Estado do Amazonas.

• LEI COMPLEMENTAR Nº 87, DE 13 DE SETEMBRO DE 1996

Imposto dos Estados e do Distrito Federal sobre operações relativas à circulação de mercadorias e sobre prestações de serviços de transporte interestadual e intermunicipal e de comunicação

Art. 1º Compete aos Estados e ao Distrito Federal instituir o imposto sobre operações relativas à circulação de mercadorias e sobre prestações de serviços de transporte interestadual e intermunicipal e de comunicação, ainda que as operações e as prestações se iniciem no exterior.

Art. 2º O imposto incide sobre:

I – operações relativas à circulação de mercadorias, inclusive o fornecimento de alimentação e bebidas em bares, restaurantes e estabelecimentos similares;

II – prestações de serviços de transporte interestadual e intermunicipal, por qualquer via, de pessoas, bens, mercadorias ou valores;

III – prestações onerosas de serviços de comunicação, por qualquer meio, inclusive a geração, a emissão, a recepção, a transmissão, a retransmissão, a repetição e a ampliação de comunicação de qualquer natureza;

IV – fornecimento de mercadorias com prestação de serviços não compreendidos na competência tributária dos Municípios;

V – fornecimento de mercadorias com prestação de serviços sujeitos ao imposto sobre serviços, de competência dos Municípios, quando a lei complementar aplicável expressamente o sujeitar à incidência do imposto estadual.

§ 1º O imposto incide também:

I – sobre a entrada de mercadoria ou bem importados do exterior, por pessoa física ou jurídica, ainda que não seja contribuinte habitual do imposto, qualquer que seja a sua finalidade;

II – sobre o serviço prestado no exterior ou cuja prestação se tenha iniciado no exterior;

III – sobre a entrada, no território do Estado destinatário, de petróleo, inclusive lubrificantes e combustíveis líquidos e gasosos dele derivados, e de energia elétrica, quando não destinados à comercialização ou à industrialização, decorrentes de operações interestaduais, cabendo o imposto ao Estado onde estiver localizado o adquirente.

§ 2º A caracterização do fato gerador independe da natureza jurídica da operação que o constitua.

Art. 3º O imposto não incide sobre:

I – operações com livros, jornais, periódicos e o papel destinado a sua impressão;

II – operações e prestações que destinem ao exterior mercadorias, inclusive produtos primários e produtos industrializados semi-elaborados, ou serviços;

III – operações interestaduais relativas a energia elétrica e petróleo, inclusive lubrificantes e combustíveis líquidos e gasosos dele derivados, quando destinados à industrialização ou à comercialização;

IV – operações com ouro, quando definido em lei como ativo financeiro ou instrumento cambial;

V – operações relativas a mercadorias que tenham sido ou que se destinem a ser utilizadas na prestação, pelo próprio autor da saída, de serviço de qualquer natureza definido em lei complementar como sujeito ao imposto sobre serviços, de competência dos Municípios, ressalvadas as hipóteses previstas na mesma lei complementar;

VI – operações de qualquer natureza de que decorra a transferência de propriedade de estabelecimento industrial, comercial ou de outra espécie;

VII – operações decorrentes de alienação fiduciária em garantia, inclusive a operação efetuada pelo credor em decorrência do inadimplemento do devedor;

VIII – operações de arrendamento mercantil, não compreendida a venda do bem arrendado ao arrendatário;

IX – operações de qualquer natureza de que decorra a transferência de bens móveis salvados de sinistro para companhias seguradoras.

Parágrafo único. Equipara-se às operações de que trata o inciso II a saída de mercadoria realizada com o fim específico de exportação para o exterior, destinada a:

I – empresa comercial exportadora, inclusive tradings ou outro estabelecimento da mesma empresa;

II – armazém alfandegado ou entreposto aduaneiro.

Art. 4º Contribuinte é qualquer pessoa, física ou jurídica, que realize, com habitualidade ou em volume que caracterize intuito comercial, operações de circulação de mercadoria ou prestações de serviços de transporte interestadual e intermunicipal e de comunicação, ainda que as operações e as prestações se iniciem no exterior.

Parágrafo único. É também contribuinte a pessoa física ou jurídica que, mesmo sem habitualidade ou intuito comercial:

I – importe mercadorias ou bens do exterior, qualquer que seja a sua finalidade;

II – seja destinatária de serviço prestado no exterior ou cuja prestação se tenha iniciado no exterior;

III – adquira em licitação mercadorias ou bens apreendidos ou abandonados;

IV – adquira lubrificantes e combustíveis líquidos e gasosos derivados de petróleo e energia elétrica oriundos de outro Estado, quando não destinados à comercialização ou à industrialização.

Art. 5º Lei poderá atribuir a terceiros a responsabilidade pelo pagamento do imposto e acréscimos devidos pelo contribuinte ou responsável, quando os atos ou omissões daqueles concorrerem para o não recolhimento do tributo.

Art. 6º Lei estadual poderá atribuir a contribuinte do imposto ou a depositário a qualquer título a responsabilidade pelo seu pagamento, hipótese em que assumirá a condição de substituto tributário.

§ 1º A responsabilidade poderá ser atribuída em relação ao imposto incidente sobre uma ou mais operações ou prestações, sejam antecedentes, concomitantes ou subseqüentes, inclusive ao valor decorrente da diferença entre alíquotas interna e interestadual nas operações e prestações que destinem bens e serviços a consumidor final localizado em outro Estado, que seja contribuinte do imposto.

§ 2º A atribuição de responsabilidade dar-se-á em relação a mercadorias, bens ou serviços previstos em lei de cada Estado.

Art. 7º Para efeito de exigência do imposto por substituição tributária, inclui-se, também, como fato gerador do imposto, a entrada de mercadoria ou bem no estabelecimento do adquirente ou em outro por ele indicado.

Art. 8º A base de cálculo, para fins de substituição tributária, será:

I – em relação às operações ou prestações antecedentes ou concomitantes, o valor da operação ou prestação praticado pelo contribuinte substituído;

II – em relação às operações ou prestações subseqüentes, obtida pelo somatório das parcelas seguintes:

a) o valor da operação ou prestação própria realizada pelo substituto tributário ou pelo substituído intermediário;

b) o montante dos valores de seguro, de frete e de outros encargos cobrados ou transferíveis aos adquirentes ou tomadores de serviço;

c) a margem de valor agregado, inclusive lucro, relativa às operações ou prestações subseqüentes.

§ 1º Na hipótese de responsabilidade tributária em relação às operações ou prestações antecedentes, o imposto devido pelas referidas operações ou prestações será pago pelo responsável, quando:

I – da entrada ou recebimento da mercadoria, do bem ou do serviço;

II – da saída subseqüente por ele promovida, ainda que isenta ou não tributada;

III – ocorrer qualquer saída ou evento que impossibilite a ocorrência do fato determinante do pagamento do imposto.

§ 2º Tratando-se de mercadoria ou serviço cujo preço final a consumidor, único ou máximo, seja fixado por órgão público competente, a base de cálculo do imposto, para fins de substituição tributária, é o referido preço por ele estabelecido.

§ 3º Existindo preço final a consumidor sugerido pelo fabricante ou importador, poderá a lei estabelecer como base de cálculo este preço.

§ 4º A margem a que se refere a alínea c do inciso II do caput será estabelecida com base em preços usualmente praticados no mercado considerado, obtidos por levantamento, ainda que por amostragem ou através de informações e outros elementos fornecidos por entidades representativas dos respectivos setores, adotando-se a média ponderada dos preços coletados, devendo os critérios para sua fixação ser previstos em lei.

§ 5º O imposto a ser pago por substituição tributária, na hipótese do inciso II do caput, corresponderá à diferença entre o valor resultante da aplicação da alíquota prevista para as operações ou prestações internas do Estado de destino sobre a respectiva base de cálculo e o valor do imposto devido pela operação ou prestação própria do substituto.

§ 6º Em substituição ao disposto no inciso II do caput, a base de cálculo em relação às operações ou prestações subseqüentes poderá ser o preço a consumidor final usualmente praticado no mercado considerado, relativamente ao serviço, à mercadoria ou sua similar, em condições de livre concorrência, adotando-se para sua apuração as regras estabelecidas no § 4º deste artigo.

Art. 9º A adoção do regime de substituição tributária em operações interestaduais dependerá de acordo específico celebrado pelos Estados interessados.

§ 1º A responsabilidade a que se refere o art. 6º poderá ser atribuída:

I – ao contribuinte que realizar operação interestadual com petróleo, inclusive lubrificantes, combustíveis líquidos e gasosos dele derivados, em relação às operações subseqüentes;

II – às empresas geradoras ou distribuidoras de energia elétrica, nas operações internas e interestaduais, na condição de contribuinte ou de substituto tributário, pelo pagamento do imposto, desde a produção ou importação até a última operação, sendo seu cálculo efetuado sobre o preço praticado na operação final, assegurado seu recolhimento ao Estado onde deva ocorrer essa operação.

§ 2º Nas operações interestaduais com as mercadorias de que tratam os incisos I e II do parágrafo anterior, que tenham como destinatário consumidor final, o imposto incidente na operação será devido ao Estado onde estiver localizado o adquirente e será pago pelo remetente.

Art. 10. É assegurado ao contribuinte substituído o direito à restituição do valor do imposto pago por força da substituição tributária, correspondente ao fato gerador presumido que não se realizar.

§ 1º Formulado o pedido de restituição e não havendo deliberação no prazo de noventa dias, o contribuinte substituído poderá se creditar, em sua escrita fiscal, do valor objeto do pedido, devidamente atualizado segundo os mesmos critérios aplicáveis ao tributo.

§ 2º Na hipótese do parágrafo anterior, sobrevindo decisão contrária irrecorrível, o contribuinte substituído, no prazo de quinze dias da respectiva notificação, procederá ao estorno dos créditos lançados, também devidamente atualizados, com o pagamento dos acréscimos legais cabíveis.

Art. 11. O local da operação ou da prestação, para os efeitos da cobrança do imposto e definição do estabelecimento responsável, é:

I – tratando-se de mercadoria ou bem:

a) o do estabelecimento onde se encontre, no momento da ocorrência do fato gerador;

b) onde se encontre, quando em situação irregular pela falta de documentação fiscal ou quando acompanhado de documentação inidônea, como dispuser a legislação tributária;

c) o do estabelecimento que transfira a propriedade, ou o título que a represente, de mercadoria por ele adquirida no País e que por ele não tenha transitado;

d) importado do exterior, o do estabelecimento onde ocorrer a entrada física;

e) importado do exterior, o do domicílio do adquirente, quando não estabelecido;

f) aquele onde seja realizada a licitação, no caso de arrematação de mercadoria ou bem importados do exterior e apreendidos ou abandonados;

g) o do Estado onde estiver localizado o adquirente, inclusive consumidor final, nas operações interestaduais com energia elétrica e petróleo, lubrificantes e combustíveis dele derivados, quando não destinados à industrialização ou à comercialização;

h) o do Estado de onde o ouro tenha sido extraído, quando não considerado como ativo financeiro ou instrumento cambial;

i) o de desembarque do produto, na hipótese de captura de peixes, crustáceos e moluscos;

II – tratando-se de prestação de serviço de transporte:

a) onde tenha início a prestação;

b) onde se encontre o transportador, quando em situação irregular pela falta de documentação fiscal ou quando acompanhada de documentação inidônea, como dispuser a legislação tributária;

c) o do estabelecimento destinatário do serviço, na hipótese do inciso XIII do art. 12 e para os efeitos do § 3º do art. 13;

III – tratando-se de prestação onerosa de serviço de comunicação:

a) o da prestação do serviço de radiodifusão sonora e de som e imagem, assim entendido o da geração, emissão, transmissão e retransmissão, repetição, ampliação e recepção;

b) o do estabelecimento da concessionária ou da permissionária que forneça ficha, cartão, ou assemelhados com que o serviço é pago;

c) o do estabelecimento destinatário do serviço, na hipótese e para os efeitos do inciso XIII do art. 12;

c-1) o do estabelecimento ou domicílio do tomador do serviço, quando prestado por meio de satélite;

d) onde seja cobrado o serviço, nos demais casos;

IV – tratando-se de serviços prestados ou iniciados no exterior, o do estabelecimento ou do domicílio do destinatário.

§ 1º O disposto na alínea c do inciso I não se aplica às mercadorias recebidas em regime de depósito de contribuinte de Estado que não o do depositário.

§ 2º Para os efeitos da alínea h do inciso I, o ouro, quando definido como ativo financeiro ou instrumento cambial, deve ter sua origem identificada.

§ 3º Para efeito desta Lei Complementar, estabelecimento é o local, privado ou público, edificado ou não, próprio ou de terceiro, onde pessoas físicas ou jurídicas exerçam suas atividades em caráter temporário ou permanente, bem como onde se encontrem armazenadas mercadorias, observado, ainda, o seguinte:

I – na impossibilidade de determinação do estabelecimento, considera-se como tal o local em que tenha sido efetuada a operação ou prestação, encontrada a mercadoria ou constatada a prestação;

II – é autônomo cada estabelecimento do mesmo titular;

III – considera-se também estabelecimento autônomo o veículo usado no comércio ambulante e na captura de pescado;

IV – respondem pelo crédito tributário todos os estabelecimentos do mesmo titular.

§ 4º (VETADO)

§ 5º Quando a mercadoria for remetida para armazém geral ou para depósito fechado do próprio contribuinte, no mesmo Estado, a posterior saída considerar-se-á ocorrida no estabelecimento do depositante, salvo se para retornar ao estabelecimento remetente.

§ 6º Na hipótese do inciso III do caput deste artigo, tratando-se de serviços não medidos, que envolvam localidades situadas em diferentes unidades da Federação e cujo preço seja cobrado por períodos definidos, o imposto devido será recolhido em partes iguais para as unidades da Federação onde estiverem localizados o prestador e o tomador.

Art. 12. Considera-se ocorrido o fato gerador do imposto no momento:

I – da saída de mercadoria de estabelecimento de contribuinte, ainda que para outro estabelecimento do mesmo titular;

II – do fornecimento de alimentação, bebidas e outras mercadorias por qualquer estabelecimento;

III – da transmissão a terceiro de mercadoria depositada em armazém geral ou em depósito fechado, no Estado do transmitente;

IV – da transmissão de propriedade de mercadoria, ou de título que a represente, quando a mercadoria não tiver transitado pelo estabelecimento transmitente;

V – do início da prestação de serviços de transporte interestadual e intermunicipal, de qualquer natureza;

VI – do ato final do transporte iniciado no exterior;

VII – das prestações onerosas de serviços de comunicação, feita por qualquer meio, inclusive a geração, a emissão, a recepção, a transmissão, a retransmissão, a repetição e a ampliação de comunicação de qualquer natureza;

VIII – do fornecimento de mercadoria com prestação de serviços:

a) não compreendidos na competência tributária dos Municípios;

b) compreendidos na competência tributária dos Municípios e com indicação expressa de incidência do imposto de competência estadual, como definido na lei complementar aplicável;

IX – do desembaraço aduaneiro de mercadorias ou bens importados do exterior;

X – do recebimento, pelo destinatário, de serviço prestado no exterior;

XI – da aquisição em licitação pública de mercadorias ou bens importados do exterior e apreendidos ou abandonados;

XII – da entrada no território do Estado de lubrificantes e combustíveis líquidos e gasosos derivados de petróleo e energia elétrica oriundos de outro Estado, quando não destinados à comercialização ou à industrialização;

XIII – da utilização, por contribuinte, de serviço cuja prestação se tenha iniciado em outro Estado e não esteja vinculada a operação ou prestação subseqüente.

§ 1º Na hipótese do inciso VII, quando o serviço for prestado mediante pagamento em ficha, cartão ou assemelhados, considera-se ocorrido o fato gerador do imposto quando do fornecimento desses instrumentos ao usuário.

§ 2º Na hipótese do inciso IX, após o desembaraço aduaneiro, a entrega, pelo depositário, de mercadoria ou bem importados do exterior deverá ser autorizada pelo órgão responsável pelo seu desembaraço, que somente se fará mediante a exibição do comprovante de pagamento do imposto incidente no ato do despacho aduaneiro, salvo disposição em contrário.

§ 3º Na hipótese de entrega de mercadoria ou bem importados do exterior antes do desembaraço aduaneiro, considera-se ocorrido o fato gerador neste momento, devendo a autoridade responsável, salvo disposição em contrário, exigir a comprovação do pagamento do imposto.

Art. 13. A base de cálculo do imposto é:

I – na saída de mercadoria prevista nos incisos I, III e IV do art. 12, o valor da operação;

II – na hipótese do inciso II do art. 12, o valor da operação, compreendendo mercadoria e serviço;

III – na prestação de serviço de transporte interestadual e intermunicipal e de comunicação, o preço do serviço;

IV – no fornecimento de que trata o inciso VIII do art. 12;

a) o valor da operação, na hipótese da alínea a;

b) o preço corrente da mercadoria fornecida ou empregada, na hipótese da alínea b;

V – na hipótese do inciso IX do art. 12, a soma das seguintes parcelas:

a) o valor da mercadoria ou bem constante dos documentos de importação, observado o disposto no art. 14;

b) imposto de importação;

c) imposto sobre produtos industrializados;

d) imposto sobre operações de câmbio;

e) quaisquer outros impostos, taxas, contribuições e despesas aduaneiras;

VI – na hipótese do inciso X do art. 12, o valor da prestação do serviço, acrescido, se for o caso, de todos os encargos relacionados com a sua utilização;

VII – no caso do inciso XI do art. 12, o valor da operação acrescido do valor dos impostos de importação e sobre produtos industrializados e de todas as despesas cobradas ou debitadas ao adquirente;

VIII – na hipótese do inciso XII do art. 12, o valor da operação de que decorrer a entrada;

IX – na hipótese do inciso XIII do art. 12, o valor da prestação no Estado de origem.

§ 1º Integra a base de cálculo do imposto, inclusive na hipótese do inciso V do caput deste artigo:

I – o montante do próprio imposto, constituindo o respectivo destaque mera indicação para fins de controle;

II – o valor correspondente a:

a) seguros, juros e demais importâncias pagas, recebidas ou debitadas, bem como descontos concedidos sob condição;

b) frete, caso o transporte seja efetuado pelo próprio remetente ou por sua conta e ordem e seja cobrado em separado.

§ 2º Não integra a base de cálculo do imposto o montante do Imposto sobre Produtos Industrializados, quando a operação, realizada entre contribuintes e relativa a produto destinado à industrialização ou à comercialização, configurar fato gerador de ambos os impostos.

§ 3º No caso do inciso IX, o imposto a pagar será o valor resultante da aplicação do percentual equivalente à diferença entre a alíquota interna e a interestadual, sobre o valor ali previsto.

§ 4º Na saída de mercadoria para estabelecimento localizado em outro Estado, pertencente ao mesmo titular, a base de cálculo do imposto é:

I – o valor correspondente à entrada mais recente da mercadoria;

II – o custo da mercadoria produzida, assim entendida a soma do custo da matéria-prima, material secundário, mão-de-obra e acondicionamento;

III – tratando-se de mercadorias não industrializadas, o seu preço corrente no mercado atacadista do estabelecimento remetente.

§ 5º Nas operações e prestações interestaduais entre estabelecimentos de contribuintes diferentes, caso haja reajuste do valor depois da remessa ou da prestação, a diferença fica sujeita ao imposto no estabelecimento do remetente ou do prestador.

Art. 14. O preço de importação expresso em moeda estrangeira será convertido em moeda nacional pela mesma taxa de câmbio utilizada no cálculo do imposto de importação, sem qualquer acréscimo ou devolução posterior se houver variação da taxa de câmbio até o pagamento efetivo do preço.

Parágrafo único. O valor fixado pela autoridade aduaneira para base de cálculo do imposto de importação, nos termos da lei aplicável, substituirá o preço declarado.

Art. 15. Na falta do valor a que se referem os incisos I e VIII do art. 13, a base de cálculo do imposto é:

I – o preço corrente da mercadoria, ou de seu similar, no mercado atacadista do local da operação ou, na sua falta, no mercado atacadista regional, caso o remetente seja produtor, extrator ou gerador, inclusive de energia;

II – o preço FOB estabelecimento industrial à vista, caso o remetente seja industrial;

III – o preço FOB estabelecimento comercial à vista, na venda a outros comerciantes ou industriais, caso o remetente seja comerciante.

§ 1º Para aplicação dos incisos II e III do caput, adotar-se-á sucessivamente:

I – o preço efetivamente cobrado pelo estabelecimento remetente na operação mais recente;

II – caso o remetente não tenha efetuado venda de mercadoria, o preço corrente da mercadoria ou de seu similar no mercado atacadista do local da operação ou, na falta deste, no mercado atacadista regional.

§ 2º Na hipótese do inciso III do caput, se o estabelecimento remetente não efetue vendas a outros comerciantes ou industriais ou, em qualquer caso, se não houver mercadoria similar, a base de cálculo será equivalente a setenta e cinco por cento do preço de venda corrente no varejo.

Art. 16. Nas prestações sem preço determinado, a base de cálculo do imposto é o valor corrente do serviço, no local da prestação.

Art. 17. Quando o valor do frete, cobrado por estabelecimento pertencente ao mesmo titular da mercadoria ou por outro estabelecimento de empresa que com aquele mantenha relação de interdependência, exceder os níveis normais de preços em vigor, no mercado local, para serviço semelhante, constantes de tabelas elaboradas pelos órgãos competentes, o valor excedente será havido como parte do preço da mercadoria.

Parágrafo único. Considerar-se-ão interdependentes duas empresas quando:

I – uma delas, por si, seus sócios ou acionistas, e respectivos cônjuges ou filhos menores, for titular de mais de cinqüenta por cento do capital da outra;

II – uma mesma pessoa fizer parte de ambas, na qualidade de diretor, ou sócio com funções de gerência, ainda que exercidas sob outra denominação;

III – uma delas locar ou transferir a outra, a qualquer título, veículo destinado ao transporte de mercadorias.

Art. 18. Quando o cálculo do tributo tenha por base, ou tome em consideração, o valor ou o preço de mercadorias, bens, serviços ou direitos, a autoridade lançadora, mediante processo regular, arbitrará aquele valor ou preço, sempre que sejam omissos ou não mereçam fé as declarações ou os esclarecimentos prestados, ou os documentos expedidos pelo sujeito passivo ou pelo terceiro legalmente obrigado, ressalvada, em caso de contestação, avaliação contraditória, administrativa ou judicial.

Art. 19. O imposto é não-cumulativo, compensando-se o que for devido em cada operação relativa à circulação de mercadorias ou prestação de serviços de transporte interestadual e intermunicipal e de comunicação com o montante cobrado nas anteriores pelo mesmo ou por outro Estado.

Art. 20. Para a compensação a que se refere o artigo anterior, é assegurado ao sujeito passivo o direito de creditar-se do imposto anteriormente cobrado em operações de que tenha resultado a entrada de mercadoria, real ou simbólica, no estabelecimento, inclusive a destinada ao seu uso ou consumo ou ao ativo permanente, ou o recebimento de serviços de transporte interestadual e intermunicipal ou de comunicação.

§ 1º Não dão direito a crédito as entradas de mercadorias ou utilização de serviços resultantes de operações ou prestações isentas ou não tributadas, ou que se refiram a mercadorias ou serviços alheios à atividade do estabelecimento.

§ 2º Salvo prova em contrário, presumem-se alheios à atividade do estabelecimento os veículos de transporte pessoal.

§ 3º É vedado o crédito relativo a mercadoria entrada no estabelecimento ou a prestação de serviços a ele feita:

I – para integração ou consumo em processo de industrialização ou produção rural, quando a saída do produto resultante não for tributada ou estiver isenta do imposto, exceto se tratar-se de saída para o exterior;

II – para comercialização ou prestação de serviço, quando a saída ou a prestação subseqüente não forem tributadas ou estiverem isentas do imposto, exceto as destinadas ao exterior.

§ 4º Deliberação dos Estados, na forma do art. 28, poderá dispor que não se aplique, no todo ou em parte, a vedação prevista no parágrafo anterior.

§ 5º Para efeito do disposto no caput deste artigo, relativamente aos créditos decorrentes de entrada de mercadorias no estabelecimento destinadas ao ativo permanente, deverá ser observado:

I – a apropriação será feita à razão de um quarenta e oito avos por mês, devendo a primeira fração ser apropriada no mês em que ocorrer a entrada no estabelecimento;

II – em cada período de apuração do imposto, não será admitido o creditamento de que trata o inciso I, em relação à proporção das operações de saídas ou prestações isentas ou não tributadas sobre o total das operações de saídas ou prestações efetuadas no mesmo período;

III – para aplicação do disposto nos incisos I e II deste parágrafo, o montante do crédito a ser apropriado será obtido multiplicando-se o valor total do respectivo crédito pelo fator igual a 1/48 (um quarenta e oito avos) da relação entre o valor das operações de saídas e prestações tributadas e o total das operações de saídas e prestações do período, equiparando-se às tributadas, para fins deste inciso, as saídas e prestações com destino ao exterior ou as saídas de papel destinado à impressão de livros, jornais e periódicos;

IV – o quociente de um quarenta e oito avos será proporcionalmente aumentado ou diminuído, pro rata die, caso o período de apuração seja superior ou inferior a um mês;

V – na hipótese de alienação dos bens do ativo permanente, antes de decorrido o prazo de quatro anos contado da data de sua aquisição, não será admitido, a partir da data da alienação, o creditamento de que trata este parágrafo em relação à fração que corresponderia ao restante do quadriênio;

VI – serão objeto de outro lançamento, além do lançamento em conjunto com os demais créditos, para efeito da compensação prevista neste artigo e no art. 19, em livro próprio ou de outra forma que a legislação determinar, para aplicação do disposto nos incisos I a V deste parágrafo; e

VII – ao final do quadragésimo oitavo mês contado da data da entrada do bem no estabelecimento, o saldo remanescente do crédito será cancelado.

§ 6º Operações tributadas, posteriores a saídas de que trata o § 3º, dão ao estabelecimento que as praticar direito a creditar-se do imposto cobrado nas operações anteriores às isentas ou não tributadas sempre que a saída isenta ou não tributada seja relativa a:

I – produtos agropecuários;

II – quando autorizado em lei estadual, outras mercadorias.

Art. 21. O sujeito passivo deverá efetuar o estorno do imposto de que se tiver creditado sempre que o serviço tomado ou a mercadoria entrada no estabelecimento:

I – for objeto de saída ou prestação de serviço não tributada ou isenta, sendo esta circunstância imprevisível na data da entrada da mercadoria ou da utilização do serviço;

II – for integrada ou consumida em processo de industrialização, quando a saída do produto resultante não for tributada ou estiver isenta do imposto;

III – vier a ser utilizada em fim alheio à atividade do estabelecimento;

IV – vier a perecer, deteriorar-se ou extraviar-se.

§ 2º Não se estornam créditos referentes a mercadorias e serviços que venham a ser objeto de operações ou prestações destinadas ao exterior ou de operações com o papel destinado à impressão de livros, jornais e periódicos.

§ 3º O não creditamento ou o estorno a que se referem o § 3º do art. 20 e o caput deste artigo, não impedem a utilização dos mesmos créditos em operações posteriores, sujeitas ao imposto, com a mesma mercadoria.

Art. 22. (VETADO)

Art. 23. O direito de crédito, para efeito de compensação com débito do imposto, reconhecido ao estabelecimento que tenha recebido as mercadorias ou para o qual tenham sido prestados os serviços, está condicionado à idoneidade da documentação e, se for o caso, à escrituração nos prazos e condições estabelecidos na legislação.

Parágrafo único. O direito de utilizar o crédito extingue-se depois de decorridos cinco anos contados da data de emissão do documento.

Art. 24. A legislação tributária estadual disporá sobre o período de apuração do imposto. As obrigações consideram-se vencidas na data em que termina o período de apuração e são liquidadas por compensação ou mediante pagamento em dinheiro como disposto neste artigo:

I – as obrigações consideram-se liquidadas por compensação até o montante dos créditos escriturados no mesmo período mais o saldo credor de período ou períodos anteriores, se for o caso;

II – se o montante dos débitos do período superar o dos créditos, a diferença será liquidada dentro do prazo fixado pelo Estado;

III – se o montante dos créditos superar os dos débitos, a diferença será transportada para o período seguinte.

Art. 25. Para efeito de aplicação do disposto no art. 24, os débitos e créditos devem ser apurados em cada estabelecimento, compensando-se os saldos credores e devedores entre os estabelecimentos do mesmo sujeito passivo localizados no Estado.

§ 1º Saldos credores acumulados a partir da data de publicação desta Lei Complementar por estabelecimentos que realizem operações e prestações de que tratam o inciso II do art. 3º e seu parágrafo único podem ser, na proporção que estas saídas representem do total das saídas realizadas pelo estabelecimento:

I – imputados pelo sujeito passivo a qualquer estabelecimento seu no Estado;

II – havendo saldo remanescente, transferidos pelo sujeito passivo a outros contribuintes do mesmo Estado, mediante a emissão pela autoridade competente de documento que reconheça o crédito.

§ 2º Lei estadual poderá, nos demais casos de saldos credores acumulados a partir da vigência desta Lei Complementar, permitir que:

I – sejam imputados pelo sujeito passivo a qualquer estabelecimento seu no Estado;

II – sejam transferidos, nas condições que definir, a outros contribuintes do mesmo Estado.

Art. 26. Em substituição ao regime de apuração mencionado nos arts. 24 e 25, a lei estadual poderá estabelecer:

I – que o cotejo entre créditos e débitos se faça por mercadoria ou serviço dentro de determinado período;

II – que o cotejo entre créditos e débitos se faça por mercadoria ou serviço em cada operação;

III – que, em função do porte ou da atividade do estabelecimento, o imposto seja pago em parcelas periódicas e calculado por estimativa, para um determinado período, assegurado ao sujeito passivo o direito de impugná-la e instaurar processo contraditório.

§ 1º Na hipótese do inciso III, ao fim do período, será feito o ajuste com base na escrituração regular do contribuinte, que pagará a diferença apurada, se positiva; caso contrário, a diferença será compensada com o pagamento referente ao período ou períodos imediatamente seguintes.

§ 2º A inclusão de estabelecimento no regime de que trata o inciso III não dispensa o sujeito passivo do cumprimento de obrigações acessórias.

Art. 27. (VETADO)

Art. 28.(VETADO)

Art. 29. (VETADO)

Art. 30.(VETADO)

Art. 31. Nos exercícios financeiros de 2003 a 2006, a União entregará mensalmente recursos aos Estados e seus Municípios, obedecidos os montantes, os critérios, os prazos e as demais condições fixadas no Anexo desta Lei Complementar.

§ 1º Do montante de recursos que couber a cada Estado, a União entregará, diretamente:

I – setenta e cinco por cento ao próprio Estado; e

II – vinte e cinco por cento aos respectivos Municípios, de acordo com os critérios previstos no parágrafo único do art. 158 da Constituição Federal.

§ 2º Para atender ao disposto no caput, os recursos do Tesouro Nacional serão provenientes:

I – da emissão de títulos de sua responsabilidade, ficando autorizada, desde já, a inclusão nas leis orçamentárias anuais de estimativa de receita decorrente dessas emissões, bem como de dotação até os montantes anuais previstos no Anexo, não se aplicando neste caso, desde que atendidas as condições e os limites globais fixados pelo Senado Federal, quaisquer restrições ao acréscimo que acarretará no endividamento da União;

II – de outras fontes de recursos.

§ 3º A entrega dos recursos a cada unidade federada, na forma e condições detalhadas no Anexo, especialmente no seu item 3, será satisfeita, primeiro, para efeito de pagamento ou compensação da dívida da respectiva unidade, inclusive de sua administração indireta, vencida e não paga junto à União, bem como para o ressarcimento à União de despesas decorrentes de eventuais garantias honradas de operações de crédito externas. O saldo remanescente, se houver, será creditado em moeda corrente.

§ 4º A entrega dos recursos a cada unidade federada, na forma e condições detalhadas no Anexo, subordina-se à existência de disponibilidades orçamentárias consignadas a essa finalidade na respectiva Lei Orçamentária Anual da União, inclusive eventuais créditos adicionais.

§ 5º Para efeito da apuração de que trata o art. 4º da Lei Complementar no 65, de 15 de abril de 1991, será considerado o valor das respectivas exportações de produtos industrializados, inclusive de semi-elaborados, não submetidas à incidência do imposto sobre operações relativas à circulação de mercadorias e sobre prestações de serviços de transporte interestadual e intermunicipal e de comunicação, em 31 de julho de 1996.

Art. 32. A partir da data de publicação desta Lei Complementar:

I – o imposto não incidirá sobre operações que destinem ao exterior mercadorias, inclusive produtos primários e produtos industrializados semi-elaborados, bem como sobre prestações de serviços para o exterior;

II – darão direito de crédito, que não será objeto de estorno, as mercadorias entradas no estabelecimento para integração ou consumo em processo de produção de mercadorias industrializadas, inclusive semi-elaboradas, destinadas ao exterior;

III – entra em vigor o disposto no Anexo integrante desta Lei Complementar.

Art. 33. Na aplicação do art. 20 observar-se-á o seguinte:

I – somente darão direito de crédito as mercadorias destinadas ao uso ou consumo do estabelecimento nele entradas a partir de 1º de janeiro de 2020;

II – somente dará direito a crédito a entrada de energia elétrica no estabelecimento:

a) quando for objeto de operação de saída de energia elétrica;

b) quando consumida no processo de industrialização;

c) quando seu consumo resultar em operação de saída ou prestação para o exterior, na proporção destas sobre as saídas ou prestações totais; e

d) a partir de 1º de janeiro de 2020 nas demais hipóteses;

III – somente darão direito de crédito as mercadorias destinadas ao ativo permanente do estabelecimento, nele entradas a partir da data da entrada desta Lei Complementar em vigor.

IV – somente dará direito a crédito o recebimento de serviços de comunicação utilizados pelo estabelecimento:

a) ao qual tenham sido prestados na execução de serviços da mesma natureza;

b) quando sua utilização resultar em operação de saída ou prestação para o exterior, na proporção desta sobre as saídas ou prestações totais; e

c) a partir de 1º de janeiro de 2020 nas demais hipóteses.

Art. 34. (VETADO)

Art. 35. As referências feitas aos Estados nesta Lei Complementar entendem-se feitas também ao Distrito Federal.

• LEI COMPLEMENTAR Nº 116, DE 31 DE JULHO DE 2003

Imposto sobre Serviços de Qualquer Natureza

Art. 1º O Imposto Sobre Serviços de Qualquer Natureza, de competência dos Municípios e do Distrito Federal, tem como fato gerador a prestação de serviços constantes da lista anexa, ainda que esses não se constituam como atividade preponderante do prestador.

§ 1º O imposto incide também sobre o serviço proveniente do exterior do País ou cuja prestação se tenha iniciado no exterior do País.

§ 2º Ressalvadas as exceções expressas na lista anexa, os serviços nela mencionados não ficam sujeitos ao Imposto Sobre Operações Relativas à Circulação de Mercadorias e Prestações de Serviços de Transporte Interestadual e Intermunicipal e de Comunicação – ICMS, ainda que sua prestação envolva fornecimento de mercadorias.

§ 3º O imposto de que trata esta Lei Complementar incide ainda sobre os serviços prestados mediante a utilização de bens e serviços públicos explorados economicamente mediante autorização, permissão ou concessão, com o pagamento de tarifa, preço ou pedágio pelo usuário final do serviço.

§ 4º A incidência do imposto não depende da denominação dada ao serviço prestado.

Art. 2º O imposto não incide sobre:

I – as exportações de serviços para o exterior do País;

II – a prestação de serviços em relação de emprego, dos trabalhadores avulsos, dos diretores e membros de conselho consultivo ou de conselho fiscal de sociedades e fundações, bem como dos sócios-gerentes e dos gerentes-delegados;

III – o valor intermediado no mercado de títulos e valores mobiliários, o valor dos depósitos bancários, o principal, juros e acréscimos moratórios relativos a operações de crédito realizadas por instituições financeiras.

Parágrafo único. Não se enquadram no disposto no inciso I os serviços desenvolvidos no Brasil, cujo resultado aqui se verifique, ainda que o pagamento seja feito por residente no exterior.

Art. 3º O serviço considera-se prestado, e o imposto, devido, no local do estabelecimento prestador ou, na falta do estabelecimento, no local do domicílio do prestador, exceto nas hipóteses previstas nos incisos I a XXV, quando o imposto será devido no local:

I – do estabelecimento do tomador ou intermediário do serviço ou, na falta de estabelecimento, onde ele estiver domiciliado, na hipótese do § 1º do art. 1º desta Lei Complementar;

II – da instalação dos andaimes, palcos, coberturas e outras estruturas, no caso dos serviços descritos no subitem 3.05 da lista anexa;

III – da execução da obra, no caso dos serviços descritos no subitem 7.02 e 7.19 da lista anexa;

IV – da demolição, no caso dos serviços descritos no subitem 7.04 da lista anexa;

V – das edificações em geral, estradas, pontes, portos e congêneres, no caso dos serviços descritos no subitem 7.05 da lista anexa;

VI – da execução da varrição, coleta, remoção, incineração, tratamento, reciclagem, separação e destinação final de lixo, rejeitos e outros resíduos quaisquer, no caso dos serviços descritos no subitem 7.09 da lista anexa;

VII – da execução da limpeza, manutenção e conservação de vias e logradouros públicos, imóveis, chaminés, piscinas, parques, jardins e congêneres, no caso dos serviços descritos no subitem 7.10 da lista anexa;

VIII – da execução da decoração e jardinagem, do corte e poda de árvores, no caso dos serviços descritos no subitem 7.11 da lista anexa;

IX – do controle e tratamento do efluente de qualquer natureza e de agentes físicos, químicos e biológicos, no caso dos serviços descritos no subitem 7.12 da lista anexa;

X – (VETADO)

XI – (VETADO)

XII – do florestamento, reflorestamento, semeadura, adubação, reparação de solo, plantio, silagem, colheita, corte, descascamento de árvores, silvicultura, exploração florestal e serviços congêneres indissociáveis da formação, manutenção e colheita de florestas para quaisquer fins e por quaisquer meios;

XIII – da execução dos serviços de escoramento, contenção de encostas e congêneres, no caso dos serviços descritos no subitem 7.17 da lista anexa;

XIV – da limpeza e dragagem, no caso dos serviços descritos no subitem 7.18 da lista anexa;

XV – onde o bem estiver guardado ou estacionado, no caso dos serviços descritos no subitem 11.01 da lista anexa;

XVI – dos bens, dos semoventes ou do domicílio das pessoas vigiados, segurados ou monitorados, no caso dos serviços descritos no subitem 11.02 da lista anexa;

XVII – do armazenamento, depósito, carga, descarga, arrumação e guarda do bem, no caso dos serviços descritos no subitem 11.04 da lista anexa;

XVIII – da execução dos serviços de diversão, lazer, entretenimento e congêneres, no caso dos serviços descritos nos subitens do item 12, exceto o 12.13, da lista anexa;

XIX – do Município onde está sendo executado o transporte, no caso dos serviços descritos pelo item 16 da lista anexa;

XX – do estabelecimento do tomador da mão-de-obra ou, na falta de estabelecimento, onde ele estiver domiciliado, no caso dos serviços descritos pelo subitem 17.05 da lista anexa;

XXI – da feira, exposição, congresso ou congênere a que se referir o planejamento, organização e administração, no caso dos serviços descritos pelo subitem 17.10 da lista anexa;

XXII – do porto, aeroporto, ferroporto, terminal rodoviário, ferroviário ou metroviário, no caso dos serviços descritos pelo item 20 da lista anexa.

XXIII – do domicílio do tomador dos serviços dos subitens 4.22, 4.23 e 5.09;

XXIV – do domicílio do tomador do serviço no caso dos serviços prestados pelas administradoras de cartão de crédito ou débito e demais descritos no subitem 15.01;

XXV – do domicílio do tomador dos serviços dos subitens 10.04 e 15.09.

§ 1º No caso dos serviços a que se refere o subitem 3.04 da lista anexa, considera-se ocorrido o fato gerador e devido o imposto em cada Município em cujo território haja extensão de ferrovia, rodovia, postes, cabos, dutos e condutos de qualquer natureza, objetos de locação, sublocação, arrendamento, direito de passagem ou permissão de uso, compartilhado ou não.

§ 2º No caso dos serviços a que se refere o subitem 22.01 da lista anexa, considera-se ocorrido o fato gerador e devido o imposto em cada Município em cujo território haja extensão de rodovia explorada.

§ 3º Considera-se ocorrido o fato gerador do imposto no local do estabelecimento prestador nos serviços executados em águas marítimas, excetuados os serviços descritos no subitem 20.01.

§ 4º Na hipótese de descumprimento do disposto no **caput** ou no § 1º, ambos do art. 8º-A desta Lei Complementar, o imposto será devido no local do estabelecimento do tomador ou intermediário do serviço ou, na falta de estabelecimento, onde ele estiver domiciliado.

Art. 4º Considera-se estabelecimento prestador o local onde o contribuinte desenvolva a atividade de prestar serviços, de modo permanente ou temporário, e que configure unidade econômica ou profissional, sendo irrelevantes para caracterizá-lo as denominações de sede, filial, agência, posto de atendimento, sucursal, escritório de representação ou contato ou quaisquer outras que venham a ser utilizadas.

Art. 5º Contribuinte é o prestador do serviço.

Art. 6º Os Municípios e o Distrito Federal, mediante lei, poderão atribuir de modo expresso a responsabilidade pelo crédito tributário a terceira pessoa, vinculada ao fato gerador da respectiva obrigação, excluindo a responsabilidade do contribuinte ou atribuindo-a a este em caráter supletivo do cumprimento total ou parcial da referida obrigação, inclusive no que se refere à multa e aos acréscimos legais.

§ 1º Os responsáveis a que se refere este artigo estão obrigados ao recolhimento integral do imposto devido, multa e acréscimos legais, independentemente de ter sido efetuada sua retenção na fonte.

§ 2º Sem prejuízo do disposto no caput e no § 1º deste artigo, são responsáveis:

I – o tomador ou intermediário de serviço proveniente do exterior do País ou cuja prestação se tenha iniciado no exterior do País;

II – a pessoa jurídica, ainda que imune ou isenta, tomadora ou intermediária dos serviços descritos nos subitens 3.05, 7.02, 7.04, 7.05, 7.09, 7.10, 7.12, 7.14, 7.15, 7.16, 7.17, 7.19, 11.02, 17.05 e 17.10 da lista anexa.

III – a pessoa jurídica tomadora ou intermediária de serviços, ainda que imune ou isenta, na hipótese prevista no § 4º do art. 3º desta Lei Complementar.

§ 3º No caso dos serviços descritos nos subitens 10.04 e 15.09, o valor do imposto é devido ao Município declarado como domicílio tributário da pessoa jurídica ou física tomadora do serviço, conforme informação prestada por este.

§ 4º No caso dos serviços prestados pelas administradoras de cartão de crédito e débito, descritos no subitem 15.01, os terminais eletrônicos ou as máquinas das operações efetivadas deverão ser registrados no local do domicílio do tomador do serviço.

Art. 7º A base de cálculo do imposto é o preço do serviço.

§ 1º Quando os serviços descritos pelo subitem 3.04 da lista anexa forem prestados no território de mais de um Município, a base de cálculo será proporcional, conforme o caso, à extensão da ferrovia, rodovia, dutos e condutos de qualquer natureza, cabos de qualquer natureza, ou ao número de postes, existentes em cada Município.

§ 2º Não se incluem na base de cálculo do Imposto Sobre Serviços de Qualquer Natureza:

I – o valor dos materiais fornecidos pelo prestador dos serviços previstos nos itens 7.02 e 7.05 da lista de serviços anexa a esta Lei Complementar;

II – (VETADO)

§ 3º (VETADO)

Art. 8º As alíquotas máximas do Imposto Sobre Serviços de Qualquer Natureza são as seguintes:

I – (VETADO)

II – demais serviços, 5% (cinco por cento).

Art. 8º-A. A alíquota mínima do Imposto sobre Serviços de Qualquer Natureza é de 2% (dois por cento).

§ 1º O imposto não será objeto de concessão de isenções, incentivos ou benefícios tributários ou financeiros, inclusive de redução de base de cálculo ou de crédito presumido ou outorgado, ou sob qualquer outra forma que resulte, direta ou indiretamente, em carga tributária menor que a decorrente da aplicação da alíquota mínima estabelecida no caput, exceto para os serviços a que se referem os subitens 7.02, 7.05 e 16.01 da lista anexa a esta Lei Complementar.

§ 2º É nula a lei ou o ato do Município ou do Distrito Federal que não respeite as disposições relativas à alíquota mínima previstas neste artigo no caso de serviço prestado a tomador ou intermediário localizado em Município diverso daquele onde está localizado o prestador do serviço.

§ 3º A nulidade a que se refere o § 2º deste artigo gera, para o prestador do serviço, perante o Município ou o Distrito Federal que não respeitar as disposições deste artigo, o direito à restituição do valor efetivamente pago do Imposto sobre Serviços de Qualquer Natureza calculado sob a égide da lei nula.

Art. 9º Esta Lei Complementar entra em vigor na data de sua publicação.

Art. 10. Ficam revogados os arts. 8º, 10, 11 e 12 do Decreto-Lei no 406, de 31 de dezembro de 1968; os incisos III, IV, V e VII do art. 3º do Decreto-Lei no 834, de 8 de setembro de 1969; a Lei Complementar no 22, de 9 de dezembro de 1974; a Lei no 7.192, de 5 de junho de 1984; a Lei Complementar no 56, de 15 de dezembro de 1987; e a Lei Complementar no 100, de 22 de dezembro de 1999.

Lista de serviços anexa à Lei Complementar nº 116, de 31 de julho de 2003.

1 – Serviços de informática e congêneres.

1.01 – Análise e desenvolvimento de sistemas.

1.02 – Programação.

1.03 – Processamento, armazenamento ou hospedagem de dados, textos, imagens, vídeos, páginas eletrônicas, aplicativos e sistemas de informação, entre outros formatos, e congêneres.

1.04 – Elaboração de programas de computadores, inclusive de jogos eletrônicos, independentemente da arquitetura construtiva da máquina em que o programa será executado, incluindo tablets, smartphones e congêneres.

1.05 – Licenciamento ou cessão de direito de uso de programas de computação.

1.06 – Assessoria e consultoria em informática.

1.07 – Suporte técnico em informática, inclusive instalação, configuração e manutenção de programas de computação e bancos de dados.

1.08 – Planejamento, confecção, manutenção e atualização de páginas eletrônicas.

1.09 – Disponibilização, sem cessão definitiva, de conteúdos de áudio, vídeo, imagem e texto por meio da internet, respeitada a imunidade de livros, jornais e periódicos (exceto a distribuição de conteúdos pelas prestadoras de Serviço de Acesso Condicionado, de que trata a Lei no 12.485, de 12 de setembro de 2011, sujeita ao ICMS).

2 – Serviços de pesquisas e desenvolvimento de qualquer natureza.

2.01 – Serviços de pesquisas e desenvolvimento de qualquer natureza.

3 – Serviços prestados mediante locação, cessão de direito de uso e congêneres.

3.01 – (VETADO)

3.02 – Cessão de direito de uso de marcas e de sinais de propaganda.

3.03 – Exploração de salões de festas, centro de convenções, escritórios virtuais, stands, quadras esportivas, estádios, ginásios, auditórios, casas de espetáculos, parques de diversões, canchas e congêneres, para realização de eventos ou negócios de qualquer natureza.

3.04 – Locação, sublocação, arrendamento, direito de passagem ou permissão de uso, compartilhado ou não, de ferrovia, rodovia, postes, cabos, dutos e condutos de qualquer natureza.

3.05 – Cessão de andaimes, palcos, coberturas e outras estruturas de uso temporário.

4 – Serviços de saúde, assistência médica e congêneres.

4.01 – Medicina e biomedicina.

4.02 – Análises clínicas, patologia, eletricidade médica, radioterapia, quimioterapia, ultra-sonografia, ressonância magnética, radiologia, tomografia e congêneres.

4.03 – Hospitais, clínicas, laboratórios, sanatórios, manicômios, casas de saúde, prontos-socorros, ambulatórios e congêneres.

4.04 – Instrumentação cirúrgica.

4.05 – Acupuntura.

4.06 – Enfermagem, inclusive serviços auxiliares.

4.07 – Serviços farmacêuticos.

4.08 – Terapia ocupacional, fisioterapia e fonoaudiologia.

4.09 – Terapias de qualquer espécie destinadas ao tratamento físico, orgânico e mental.

4.10 – Nutrição.

4.11 – Obstetrícia.

4.12 – Odontologia.

4.13 – Ortóptica.

4.14 – Próteses sob encomenda.

4.15 – Psicanálise.

4.16 – Psicologia.

4.17 – Casas de repouso e de recuperação, creches, asilos e congêneres.

4.18 – Inseminação artificial, fertilização in vitro e congêneres.

4.19 – Bancos de sangue, leite, pele, olhos, óvulos, sêmen e congêneres.

4.20 – Coleta de sangue, leite, tecidos, sêmen, órgãos e materiais biológicos de qualquer espécie.

4.21 – Unidade de atendimento, assistência ou tratamento móvel e congêneres.

4.22 – Planos de medicina de grupo ou individual e convênios para prestação de assistência médica, hospitalar, odontológica e congêneres.

4.23 – Outros planos de saúde que se cumpram através de serviços de terceiros contratados, credenciados, cooperados ou apenas pagos pelo operador do plano mediante indicação do beneficiário.

5 – Serviços de medicina e assistência veterinária e congêneres.

5.01 – Medicina veterinária e zootecnia.

5.02 – Hospitais, clínicas, ambulatórios, prontos-socorros e congêneres, na área veterinária.

5.03 – Laboratórios de análise na área veterinária.

5.04 – Inseminação artificial, fertilização in vitro e congêneres.

5.05 – Bancos de sangue e de órgãos e congêneres.

5.06 – Coleta de sangue, leite, tecidos, sêmen, órgãos e materiais biológicos de qualquer espécie.

5.07 – Unidade de atendimento, assistência ou tratamento móvel e congêneres.

5.08 – Guarda, tratamento, amestramento, embelezamento, alojamento e congêneres.

5.09 – Planos de atendimento e assistência médico-veterinária.

6 – Serviços de cuidados pessoais, estética, atividades físicas e congêneres.

6.01 – Barbearia, cabeleireiros, manicuros, pedicuros e congêneres.

6.02 – Esteticistas, tratamento de pele, depilação e congêneres.

6.03 – Banhos, duchas, sauna, massagens e congêneres.

6.04 – Ginástica, dança, esportes, natação, artes marciais e demais atividades físicas.

6.05 – Centros de emagrecimento, spa e congêneres.

6.06 – Aplicação de tatuagens, piercings e congêneres.

7 – Serviços relativos a engenharia, arquitetura, geologia, urbanismo, construção civil, manutenção, limpeza, meio ambiente, saneamento e congêneres.

7.01 – Engenharia, agronomia, agrimensura, arquitetura, geologia, urbanismo, paisagismo e congêneres.

7.02 – Execução, por administração, empreitada ou subempreitada, de obras de construção civil, hidráulica ou elétrica e de outras obras semelhantes, inclusive sondagem, perfuração de poços, escavação, drenagem e irrigação, terraplanagem, pavimentação, concretagem e a instalação e montagem de produtos, peças e equipamentos (exceto o fornecimento de mercadorias produzidas pelo prestador de serviços fora do local da prestação dos serviços, que fica sujeito ao ICMS).

7.03 – Elaboração de planos diretores, estudos de viabilidade, estudos organizacionais e outros, relacionados com obras e serviços de engenharia; elaboração de anteprojetos, projetos básicos e projetos executivos para trabalhos de engenharia.

7.04 – Demolição.

7.05 – Reparação, conservação e reforma de edifícios, estradas, pontes, portos e congêneres (exceto o fornecimento de mercadorias produzidas pelo prestador dos serviços, fora do local da prestação dos serviços, que fica sujeito ao ICMS).

7.06 – Colocação e instalação de tapetes, carpetes, assoalhos, cortinas, revestimentos de parede, vidros, divisórias, placas de gesso e congêneres, com material fornecido pelo tomador do serviço.

7.07 – Recuperação, raspagem, polimento e lustração de pisos e congêneres.

7.08 – Calafetação.

7.09 – Varrição, coleta, remoção, incineração, tratamento, reciclagem, separação e destinação final de lixo, rejeitos e outros resíduos quaisquer.

7.10 – Limpeza, manutenção e conservação de vias e logradouros públicos, imóveis, chaminés, piscinas, parques, jardins e congêneres.

7.11 – Decoração e jardinagem, inclusive corte e poda de árvores.

7.12 – Controle e tratamento de efluentes de qualquer natureza e de agentes físicos, químicos e biológicos.

7.13 – Dedetização, desinfecção, desinsetização, imunização, higienização, desratização, pulverização e congêneres.

7.14 – (VETADO)

7.15 – (VETADO)

7.16 – Florestamento, reflorestamento, semeadura, adubação, reparação de solo, plantio, silagem, colheita, corte e descascamento de árvores, silvicultura, exploração florestal e dos serviços congêneres indissociáveis da formação, manutenção e colheita de florestas, para quaisquer fins e por quaisquer meios.

7.17 – Escoramento, contenção de encostas e serviços congêneres.

7.18 – Limpeza e dragagem de rios, portos, canais, baías, lagos, lagoas, represas, açudes e congêneres.

7.19 – Acompanhamento e fiscalização da execução de obras de engenharia, arquitetura e urbanismo.

7.20 – Aerofotogrametria (inclusive interpretação), cartografia, mapeamento, levantamentos topográficos, batimétricos, geográficos, geodésicos, geológicos, geofísicos e congêneres.

7.21 – Pesquisa, perfuração, cimentação, mergulho, perfilagem, concretação, testemunhagem, pescaria, estimulação e outros serviços relacionados com a exploração e explotação de petróleo, gás natural e de outros recursos minerais.

7.22 – Nucleação e bombardeamento de nuvens e congêneres.

8 – Serviços de educação, ensino, orientação pedagógica e educacional, instrução, treinamento e avaliação pessoal de qualquer grau ou natureza.

8.01 – Ensino regular pré-escolar, fundamental, médio e superior.

8.02 – Instrução, treinamento, orientação pedagógica e educacional, avaliação de conhecimentos de qualquer natureza.

9 – Serviços relativos a hospedagem, turismo, viagens e congêneres.

9.01 – Hospedagem de qualquer natureza em hotéis, apart-service condominiais, flat, apart-hotéis, hotéis residência, residence-service, suite service, hotelaria marítima, motéis, pensões e congêneres; ocupação por temporada com fornecimento de serviço (o valor da alimentação e gorjeta, quando incluído no preço da diária, fica sujeito ao Imposto Sobre Serviços).

9.02 – Agenciamento, organização, promoção, intermediação e execução de programas de turismo, passeios, viagens, excursões, hospedagens e congêneres.

9.03 – Guias de turismo.

10 – Serviços de intermediação e congêneres.

10.01 – Agenciamento, corretagem ou intermediação de câmbio, de seguros, de cartões de crédito, de planos de saúde e de planos de previdência privada.

10.02 – Agenciamento, corretagem ou intermediação de títulos em geral, valores mobiliários e contratos quaisquer.

10.03 – Agenciamento, corretagem ou intermediação de direitos de propriedade industrial, artística ou literária.

10.04 – Agenciamento, corretagem ou intermediação de contratos de arrendamento mercantil (leasing), de franquia (franchising) e de faturização (factoring).

10.05 – Agenciamento, corretagem ou intermediação de bens móveis ou imóveis, não abrangidos em outros itens ou subitens, inclusive aqueles realizados no âmbito de Bolsas de Mercadorias e Futuros, por quaisquer meios.

10.06 – Agenciamento marítimo.

10.07 – Agenciamento de notícias.

10.08 – Agenciamento de publicidade e propaganda, inclusive o agenciamento de veiculação por quaisquer meios.

10.09 – Representação de qualquer natureza, inclusive comercial.

10.10 – Distribuição de bens de terceiros.

11 – Serviços de guarda, estacionamento, armazenamento, vigilância e congêneres.

11.01 – Guarda e estacionamento de veículos terrestres automotores, de aeronaves e de embarcações.

11.02 – Vigilância, segurança ou monitoramento de bens, pessoas e semoventes.

11.03 – Escolta, inclusive de veículos e cargas.

11.04 – Armazenamento, depósito, carga, descarga, arrumação e guarda de bens de qualquer espécie.

12 – Serviços de diversões, lazer, entretenimento e congêneres.

12.01 – Espetáculos teatrais.

12.02 – Exibições cinematográficas.

12.03 – Espetáculos circenses.

12.04 – Programas de auditório.

12.05 – Parques de diversões, centros de lazer e congêneres.

12.06 – Boates, taxi-dancing e congêneres.

12.07 – Shows, ballet, danças, desfiles, bailes, óperas, concertos, recitais, festivais e congêneres.

12.08 – Feiras, exposições, congressos e congêneres.

12.09 – Bilhares, boliches e diversões eletrônicas ou não.

12.10 – Corridas e competições de animais.

12.11 – Competições esportivas ou de destreza física ou intelectual, com ou sem a participação do espectador.

12.12 – Execução de música.

12.13 – Produção, mediante ou sem encomenda prévia, de eventos, espetáculos, entrevistas, shows, ballet, danças, desfiles, bailes, teatros, óperas, concertos, recitais, festivais e congêneres.

12.14 – Fornecimento de música para ambientes fechados ou não, mediante transmissão por qualquer processo.

12.15 – Desfiles de blocos carnavalescos ou folclóricos, trios elétricos e congêneres.

12.16 – Exibição de filmes, entrevistas, musicais, espetáculos, shows, concertos, desfiles, óperas, competições esportivas, de destreza intelectual ou congêneres.

12.17 – Recreação e animação, inclusive em festas e eventos de qualquer natureza.

13 – Serviços relativos a fonografia, fotografia, cinematografia e reprografia.

13.01 – (VETADO)

13.02 – Fonografia ou gravação de sons, inclusive trucagem, dublagem, mixagem e congêneres.

13.03 – Fotografia e cinematografia, inclusive revelação, ampliação, cópia, reprodução, trucagem e congêneres.

13.04 – Reprografia, microfilmagem e digitalização.

13.05 – Composição gráfica, inclusive confecção de impressos gráficos, fotocomposição, clicheria, zincografia, litografia e fotolitografia, exceto se destinados a posterior operação de comercialização ou industrialização, ainda que incorporados, de qualquer forma, a outra mercadoria que deva ser objeto de posterior circulação, tais como bulas, rótulos, etiquetas, caixas, cartuchos, embalagens e manuais técnicos e de instrução, quando ficarão sujeitos ao ICMS.

14 – Serviços relativos a bens de terceiros.

14.01 – Lubrificação, limpeza, lustração, revisão, carga e recarga, conserto, restauração, blindagem, manutenção e conservação de máquinas, veículos, aparelhos, equipamentos, motores, elevadores ou de qualquer objeto (exceto peças e partes empregadas, que ficam sujeitas ao ICMS).

14.02 – Assistência técnica.

14.03 – Recondicionamento de motores (exceto peças e partes empregadas, que ficam sujeitas ao ICMS).

14.04 – Recauchutagem ou regeneração de pneus.

14.05 – Restauração, recondicionamento, acondicionamento, pintura, beneficiamento, lavagem, secagem, tingimento, galvanoplastia, anodização, corte, recorte, plastificação, costura, acabamento, polimento e congêneres de objetos quaisquer.

14.06 – Instalação e montagem de aparelhos, máquinas e equipamentos, inclusive montagem industrial, prestados ao usuário final, exclusivamente com material por ele fornecido.

14.07 – Colocação de molduras e congêneres.

14.08 – Encadernação, gravação e douração de livros, revistas e congêneres.

14.09 – Alfaiataria e costura, quando o material for fornecido pelo usuário final, exceto aviamento.

14.10 – Tinturaria e lavanderia.

14.11 – Tapeçaria e reforma de estofamentos em geral.

14.12 – Funilaria e lanternagem.

14.13 – Carpintaria e serralheria.

14.14 – Guincho intramunicipal, guindaste e içamento.

15 – Serviços relacionados ao setor bancário ou financeiro, inclusive aqueles prestados por instituições financeiras autorizadas a funcionar pela União ou por quem de direito.

15.01 – Administração de fundos quaisquer, de consórcio, de cartão de crédito ou débito e congêneres, de carteira de clientes, de cheques pré-datados e congêneres.

15.02 – Abertura de contas em geral, inclusive conta-corrente, conta de investimentos e aplicação e caderneta de poupança, no País e no exterior, bem como a manutenção das referidas contas ativas e inativas.

15.03 – Locação e manutenção de cofres particulares, de terminais eletrônicos, de terminais de atendimento e de bens e equipamentos em geral.

15.04 – Fornecimento ou emissão de atestados em geral, inclusive atestado de idoneidade, atestado de capacidade financeira e congêneres.

15.05 – Cadastro, elaboração de ficha cadastral, renovação cadastral e congêneres, inclusão ou exclusão no Cadastro de Emitentes de Cheques sem Fundos – CCF ou em quaisquer outros bancos cadastrais.

15.06 – Emissão, reemissão e fornecimento de avisos, comprovantes e documentos em geral; abono de firmas; coleta e entrega de documentos, bens e valores; comunicação com outra agência ou com a administração central; licenciamento eletrônico de veículos; transferência de veículos; agenciamento fiduciário ou depositário; devolução de bens em custódia.

15.07 – Acesso, movimentação, atendimento e consulta a contas em geral, por qualquer meio ou processo, inclusive por telefone, fac-símile, internet e telex, acesso a terminais de atendimento, inclusive vinte e quatro horas; acesso a outro banco e a rede compartilhada; fornecimento de saldo, extrato e demais informações relativas a contas em geral, por qualquer meio ou processo.

15.08 – Emissão, reemissão, alteração, cessão, substituição, cancelamento e registro de contrato de crédito; estudo, análise e avaliação de operações de crédito; emissão, concessão, alteração ou contratação de aval, fiança, anuência e congêneres; serviços relativos a abertura de crédito, para quaisquer fins.

15.09 – Arrendamento mercantil (leasing) de quaisquer bens, inclusive cessão de direitos e obrigações, substituição de garantia, alteração, cancelamento e registro de contrato, e demais serviços relacionados ao arrendamento mercantil (leasing).

15.10 – Serviços relacionados a cobranças, recebimentos ou pagamentos em geral, de títulos quaisquer, de contas ou carnês, de câmbio, de tributos e por conta de terceiros, inclusive os efetuados por meio eletrônico, automático ou por máquinas de atendimento; fornecimento de posição de cobrança, recebimento ou pagamento; emissão de carnês, fichas de compensação, impressos e documentos em geral.

15.11 – Devolução de títulos, protesto de títulos, sustação de protesto, manutenção de títulos, reapresentação de títulos, e demais serviços a eles relacionados.

15.12 – Custódia em geral, inclusive de títulos e valores mobiliários.

15.13 – Serviços relacionados a operações de câmbio em geral, edição, alteração, prorrogação, cancelamento e baixa de contrato de câmbio; emissão de registro de exportação ou de crédito; cobrança ou depósito no exterior; emissão, fornecimento e cancelamento de cheques de viagem; fornecimento, transferência, cancelamento e demais serviços relativos a carta de crédito de importação, exportação e garantias recebidas; envio e recebimento de mensagens em geral relacionadas a operações de câmbio.

15.14 – Fornecimento, emissão, reemissão, renovação e manutenção de cartão magnético, cartão de crédito, cartão de débito, cartão salário e congêneres.

15.15 – Compensação de cheques e títulos quaisquer; serviços relacionados a depósito, inclusive depósito identificado, a saque de contas quaisquer, por qualquer meio ou processo, inclusive em terminais eletrônicos e de atendimento.

15.16 – Emissão, reemissão, liquidação, alteração, cancelamento e baixa de ordens de pagamento, ordens de crédito e similares, por qualquer meio ou processo; serviços relacionados à transferência de valores, dados, fundos, pagamentos e similares, inclusive entre contas em geral.

15.17 – Emissão, fornecimento, devolução, sustação, cancelamento e oposição de cheques quaisquer, avulso ou por talão.

15.18 – Serviços relacionados a crédito imobiliário, avaliação e vistoria de imóvel ou obra, análise técnica e jurídica, emissão, reemissão, alteração, transferência e renegociação de contrato, emissão e reemissão do termo de quitação e demais serviços relacionados a crédito imobiliário.

16 – Serviços de transporte de natureza municipal.

16.01 – Serviços de transporte coletivo municipal rodoviário, metroviário, ferroviário e aquaviário de passageiros.

16.02 – Outros serviços de transporte de natureza municipal.

17 – Serviços de apoio técnico, administrativo, jurídico, contábil, comercial e congêneres.

17.01 – Assessoria ou consultoria de qualquer natureza, não contida em outros itens desta lista; análise, exame, pesquisa, coleta, compilação e fornecimento de dados e informações de qualquer natureza, inclusive cadastro e similares.

17.02 – Datilografia, digitação, estenografia, expediente, secretaria em geral, resposta audível, redação, edição, interpretação, revisão, tradução, apoio e infra-estrutura administrativa e congêneres.

17.03 – Planejamento, coordenação, programação ou organização técnica, financeira ou administrativa.

17.04 – Recrutamento, agenciamento, seleção e colocação de mão-de-obra.

17.05 – Fornecimento de mão-de-obra, mesmo em caráter temporário, inclusive de empregados ou trabalhadores, avulsos ou temporários, contratados pelo prestador de serviço.

17.06 – Propaganda e publicidade, inclusive promoção de vendas, planejamento de campanhas ou sistemas de publicidade, elaboração de desenhos, textos e demais materiais publicitários.

17.07 – (VETADO)

17.08 – Franquia (franchising).

17.09 – Perícias, laudos, exames técnicos e análises técnicas.

17.10 – Planejamento, organização e administração de feiras, exposições, congressos e congêneres.

17.11 – Organização de festas e recepções; bufê (exceto o fornecimento de alimentação e bebidas, que fica sujeito ao ICMS).

17.12 – Administração em geral, inclusive de bens e negócios de terceiros.

17.13 – Leilão e congêneres.

17.14 – Advocacia.

17.15 – Arbitragem de qualquer espécie, inclusive jurídica.

17.16 – Auditoria.

17.17 – Análise de Organização e Métodos.

17.18 – Atuária e cálculos técnicos de qualquer natureza.

17.19 – Contabilidade, inclusive serviços técnicos e auxiliares.

17.20 – Consultoria e assessoria econômica ou financeira.

17.21 – Estatística.

17.22 – Cobrança em geral.

17.23 – Assessoria, análise, avaliação, atendimento, consulta, cadastro, seleção, gerenciamento de informações, administração de contas a receber ou a pagar e em geral, relacionados a operações de faturização (factoring).

17.24 – Apresentação de palestras, conferências, seminários e congêneres.

17.25 – Inserção de textos, desenhos e outros materiais de propaganda e publicidade, em qualquer meio (exceto em livros, jornais, periódicos e nas modalidades de serviços de radiodifusão sonora e de sons e imagens de recepção livre e gratuita).

18 – Serviços de regulação de sinistros vinculados a contratos de seguros; inspeção e avaliação de riscos para cobertura de contratos de seguros; prevenção e gerência de riscos seguráveis e congêneres.

18.01 – Serviços de regulação de sinistros vinculados a contratos de seguros; inspeção e avaliação de riscos para cobertura de contratos de seguros; prevenção e gerência de riscos seguráveis e congêneres.

19 – Serviços de distribuição e venda de bilhetes e demais produtos de loteria, bingos, cartões, pules ou cupons de apostas, sorteios, prêmios, inclusive os decorrentes de títulos de capitalização e congêneres.

19.01 – Serviços de distribuição e venda de bilhetes e demais produtos de loteria, bingos, cartões, pules ou cupons de apostas, sorteios, prêmios, inclusive os decorrentes de títulos de capitalização e congêneres.

20 – Serviços portuários, aeroportuários, ferroportuários, de terminais rodoviários, ferroviários e metroviários.

20.01 – Serviços portuários, ferroportuários, utilização de porto, movimentação de passageiros, reboque de embarcações, rebocador escoteiro, atracação, desatracação, serviços de praticagem, capatazia, armazenagem de qualquer natureza, serviços acessórios, movimentação de mercadorias, serviços de apoio marítimo, de movimentação ao largo, serviços de armadores, estiva, conferência, logística e congêneres.

20.02 – Serviços aeroportuários, utilização de aeroporto, movimentação de passageiros, armazenagem de qualquer natureza, capatazia, movimentação de aeronaves, serviços de apoio aeroportuários, serviços acessórios, movimentação de mercadorias, logística e congêneres.

20.03 – Serviços de terminais rodoviários, ferroviários, metroviários, movimentação de passageiros, mercadorias, inclusive suas operações, logística e congêneres.

21 – Serviços de registros públicos, cartorários e notariais.

21.01 – Serviços de registros públicos, cartorários e notariais.

22 – Serviços de exploração de rodovia.

22.01 – Serviços de exploração de rodovia mediante cobrança de preço ou pedágio dos usuários, envolvendo execução de serviços de conservação, manutenção, melhoramentos para adequação de capacidade e segurança de trânsito, operação, monitoração, assistência aos usuários e outros serviços definidos em contratos, atos de concessão ou de permissão ou em normas oficiais.

23 – Serviços de programação e comunicação visual, desenho industrial e congêneres.

23.01 – Serviços de programação e comunicação visual, desenho industrial e congêneres.

24 – Serviços de chaveiros, confecção de carimbos, placas, sinalização visual, banners, adesivos e congêneres.

24.01 – Serviços de chaveiros, confecção de carimbos, placas, sinalização visual, banners, adesivos e congêneres.

25 – Serviços funerários.

25.01 – Funerais, inclusive fornecimento de caixão, urna ou esquifes; aluguel de capela; transporte do corpo cadavérico; fornecimento de flores, coroas e outros paramentos; desembaraço de certidão de óbito; fornecimento de véu, essa e outros adornos; embalsamento, embelezamento, conservação ou restauração de cadáveres.

25.02 – Translado intramunicipal e cremação de corpos e partes de corpos cadavéricos.

25.03 – Planos ou convênio funerários.

25.04 – Manutenção e conservação de jazigos e cemitérios.

25.05 – Cessão de uso de espaços em cemitérios para sepultamento.

26 – Serviços de coleta, remessa ou entrega de correspondências, documentos, objetos, bens ou valores, inclusive pelos correios e suas agências franqueadas; courrier e congêneres.

26.01 – Serviços de coleta, remessa ou entrega de correspondências, documentos, objetos, bens ou valores, inclusive pelos correios e suas agências franqueadas; courrier e congêneres.

27 – Serviços de assistência social.

27.01 – Serviços de assistência social.

28 – Serviços de avaliação de bens e serviços de qualquer natureza.

28.01 – Serviços de avaliação de bens e serviços de qualquer natureza.

29 – Serviços de biblioteconomia.

29.01 – Serviços de biblioteconomia.

30 – Serviços de biologia, biotecnologia e química.

30.01 – Serviços de biologia, biotecnologia e química.

31 – Serviços técnicos em edificações, eletrônica, eletrotécnica, mecânica, telecomunicações e congêneres.

31.01 – Serviços técnicos em edificações, eletrônica, eletrotécnica, mecânica, telecomunicações e congêneres.

32 – Serviços de desenhos técnicos.

32.01 – Serviços de desenhos técnicos.

33 – Serviços de desembaraço aduaneiro, comissários, despachantes e congêneres.

33.01 – Serviços de desembaraço aduaneiro, comissários, despachantes e congêneres.

34 – Serviços de investigações particulares, detetives e congêneres.

34.01 – Serviços de investigações particulares, detetives e congêneres.

35 – Serviços de reportagem, assessoria de imprensa, jornalismo e relações públicas.

35.01 – Serviços de reportagem, assessoria de imprensa, jornalismo e relações públicas.

36 – Serviços de meteorologia.

36.01 – Serviços de meteorologia.

37 – Serviços de artistas, atletas, modelos e manequins.

37.01 – Serviços de artistas, atletas, modelos e manequins.

38 – Serviços de museologia.

38.01 – Serviços de museologia.

39 – Serviços de ourivesaria e lapidação.

39.01 – Serviços de ourivesaria e lapidação (quando o material for fornecido pelo tomador do serviço).

40 – Serviços relativos a obras de arte sob encomenda.

40.01 – Obras de arte sob encomenda.

CAPÍTULO VI

LEGISLAÇÃO TRIBUTÁRIA

1. FONTES DO DIREITO TRIBUTÁRIO E LEGISLAÇÃO TRIBUTÁRIA

Na acepção mais difundida, a expressão **fontes do direito** diz respeito à investigação sobre de onde o direito provém. Sucede que a ambiguidade da palavra "direito", utilizada em várias acepções pelos juristas, vem dando margem a várias classificações, entre as quais se notabiliza, no campo tributário, a divisão em **fontes materiais** e **fontes formais**.

- **Fontes materiais** seriam os fatos jurídicos que dão nascimento a relações jurídico-tributárias. Correspondem aos fatos geradores das obrigações tributárias, como a circulação de mercadorias, que constitui um dos fatos geradores do ICMS.
- **Fontes formais** seriam os próprios textos normativos, a legislação tributária. Subdividem-se em **fontes primárias** (legislação em regra emanada do Poder Legislativo, tais como leis ordinárias e leis complementares caracterizadas por promoverem inovações na ordem jurídico-tributária) e **fontes secundárias** (atos normativos executivos e administrativos, tais como decretos, portarias, resoluções etc, editados para complementar ou regularmentar as fontes primárias).

Parte da Doutrina considera os decretos fontes primárias do direito tributário. Todavia, há de se ponderar que, de maneira geral, os decretos não inovam a ordem jurídica, ficando restritos à complementação e à regulamentação das leis e dos tratados. A nosso ver, os decretos funcionam como fontes primárias apenas quando são editados pelo Poder Executivo para alterar alíquotas dos impostos extrafiscais ou reduzir e restabelecer CIDE-combustível e ICMS-combustível monofásico, hipóteses em que atuam inovando a ordem jurídica.

No que tange às fontes formais, dispõe o artigo 96 do CTN que a expressão "legislação tributária" compreende o conjunto de normas que versem, **no todo ou em parte**, sobre **tributos** e relações jurídicas a ele pertinentes (CTN, art. 96). Essas normas são: (i) as leis; (ii) os tratados e as convenções internacionais; (iii) os decretos e (iv) as normas complementares da legislação tributária.

ATENÇÃO:

A expressão "legislação tributária" é definida no artigo 96 do CTN, e "compreende as leis, os tratados e as convenções internacionais, os decretos e as normas complementares que versem, no todo ou em parte, sobre tributos e relações jurídicas a eles pertinentes". Já a expressão "normas complementares" é definida no artigo 100 do CTN e compreende "os atos normativos expedidos pelas autoridades administrativas, as decisões dos órgãos singulares ou coletivos de jurisdição administrativa, a que a lei atribua eficácia normativa, as práticas reiteradamente observadas pelas autoridades administrativas e os convênios que entre si celebrem a União, os Estados, o Distrito Federal e os Municípios". Logo, todas as normas complementares também compõem a ideia de legislação tributária.

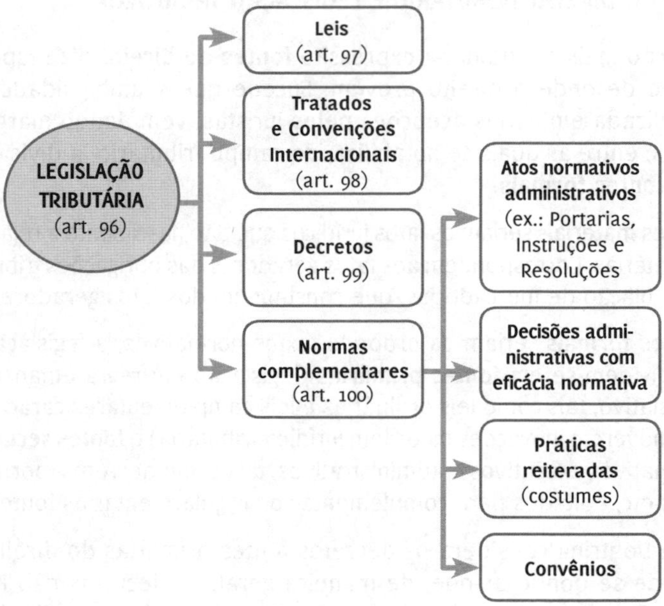

O título I do Livro Segundo do CTN dispõe sobre o tema e aborda, também, os subtemas da vigência, aplicação, integração e interpretação da legislação tributária.

1.1. Constituição Federal e Emendas Constitucionais

Comandos hierarquicamente superiores da ordem jurídica, as **normas constitucionais** encontram-se veiculadas na Carta Política da nação, denominada **Constituição**.

Como veículo introdutor das normas de patamar mais elevado, a Constituição demarca o princípio do sistema jurídico. Dessa forma, **toda a legislação infraconstitucional deve guardar perfeita conformidade com a Constituição,** considerando-se **inconstitucional** toda norma inferior que contrarie ou viole quaisquer de seus preceitos e comandos normativos.

Assim, as normas tributárias fundamentais são veiculadas na Constituição Federal, mais precisamente, no capítulo do Sistema Tributário Nacional.

Existem constituições rígidas, que possuem um processo de alteração mais lento do que para a aprovação das leis ordinárias e/ou que exigem uma deliberação especial para a aprovação das emendas constitucionais, e as constituições flexíveis, passíveis de alteração pelo procedimento legislativo ordinário. A CF brasileira tem natureza rígida, eis que pode ser alterada por um procedimento legislativo mais solene, além de possuir um núcleo normativo de modificação expressamente vedada (chamadas cláusulas pétreas).

Dessa forma, o próprio poder constituinte originário que promulgou a Constituição de 1988 legitimou o Congresso Nacional como poder constituinte derivado reformador. Também instituiu um procedimento legislativo solene para alteração constitucional, por meio das **Emendas à Constituição** (CF, art. 59, I).

O procedimento solene é o do artigo 60, segundo o qual a Constituição poderá ser emendada mediante proposta: I – de um terço, no mínimo, dos membros da Câmara dos Deputados ou do Senado Federal; II – do Presidente da República; III – ou de mais da metade das Assembleias Legislativas das unidades da Federação, manifestando-se, cada uma delas, pela maioria relativa de seus membros (CF, art. 60). A proposta será discutida e votada em cada Casa do Congresso Nacional, em dois turnos, considerando-se aprovada se obtiver, em ambos, três quintos dos votos dos respectivos membros, isto é, por maioria qualificada (CF, art. 60, § 2º). A Emenda à Constituição será promulgada pelas Mesas da Câmara dos Deputados e do Senado Federal, com o respectivo número de ordem (CF, art. 60, § 3º).

Eis o procedimento observado, por exemplo, para promulgação da Emenda Constitucional nº 42/2003, que alterou normas importantes do sistema tributário nacional, como foi o caso da norma do princípio da anterioridade, mediante a inclusão da regra nonagesimal do artigo 150, inciso III, alínea "c" da CF.

Como já ressaltado, além do procedimento legislativo mais solene, há também um núcleo normativo constitucional cuja modificação é expressamente vedada. Trata-se das chamadas **cláusulas pétreas**, que não podem ser alteradas nem mesmo por emendas constitucionais.

Saliente-se, contudo, que a vedação restringe-se a alterações que tenham o efeito de suprimir ou enfraquecer o comando normativo eleito como cláusula pétrea. É nesse sentido que o artigo 60, § 4º da CF estabelece que não será objeto de deliberação a proposta de emenda **tendente a abolir**: I – a forma federativa de Estado; II – o voto direto, secreto, universal e periódico; III – a separação dos Poderes; IV – os direitos e garantias individuais.

Diante do rol constitucional, é possível identificar **cláusulas pétreas em matéria tributária**, com destaque para as garantias individuais consubstanciadas nas limitações constitucionais ao poder de tributar (princípios constitucionais tributários e imunidades tributárias) e para as normas que estabelecem competências tributárias, estas fundamentais na sustentação das estruturas da forma federativa de Estado.

Por outro lado, justamente pelo fato de que a vedação refere-se a modificações que tendam a abolir as normas eleitas como núcleo pétreo da constituição, é que não se inclui na restrição emendas constitucionais que visem a fortalecer o princípio. É exatamente o que aconteceu com o artigo 150, inciso III, alínea "c" da Constituição Federal, cujo desiderato foi justamente de fortalecer o princípio da anterioridade da norma tributária.

ATENÇÃO:

Verdade que, no plano infraconstitucional, as competências tributárias são inalteráveis. Entretanto, por emendas à constituição, a princípio, não é vedada a alteração de competências tributárias, desde que essa alteração não represente um enfraquecimento da cláusula pétrea da forma federativa de Estado (CF, art. 60, § 4º, I). Assim, seria inconstitucional uma emenda constitucional que suprimisse dos Estados e do Distrito Federal e conferisse à União a competência para instituir o ICMS, "carro chefe" da arrecadação de boa parte dos Estados brasileiros, cuja supressão propiciaria um enfraquecimento do pacto federativo.

Por fim, não se deve deixar de mencionar a existência de expressa vedação a que a Constituição seja emendada na vigência de intervenção federal, de estado de defesa ou de estado de sítio (CF, art. 60, § 1º). E a matéria constante de proposta de emenda rejeitada ou havida por prejudicada não poderá ser objeto de nova proposta na mesma sessão legislativa (CF, art. 60, § 5º).

1.2. Leis complementares

As **leis complementares** são aprovadas por **maioria absoluta**, ou seja, por metade mais um dos membros da casa legislativa (CF, art. 69).

Em razão desse quórum de aprovação, parte da doutrina defende a superioridade hierárquica das leis complementares em relação às leis ordinárias (aprovadas por maioria simples). Outra corrente defende uma hierarquia tão somente material, na medida em que a Constituição Federal reserva algumas matérias a serem tratadas exclusivamente por lei complementar.

A polêmica surge quando matérias que dependem apenas de lei ordinária são tratadas em lei complementar. Em caso de revogação, fica a indagação quanto à possibilidade de uma lei formalmente complementar (aprovada por maioria absoluta), ser revogada por lei ordinária quanto a matérias que não dependem de lei complementar. Nesse ponto, o posicionamento do Supremo Tribunal Federal tem seguido o precedente decorrente de dois acórdãos que tiveram por relator o Ministro

Gilmar Mendes. Naquelas ocasiões, por maioria de votos (vencidos os ministros Eros Grau e Marco Aurélio), ficou decidido que uma lei formalmente complementar, mas materialmente ordinária, pode ser revogada por lei ordinária, pois não há relação hierárquica, mas apenas distribuição material entre as espécies legais (STF – REs 377.457 e 381.964 – Pleno – Rel. Min. Gilmar Mendes – DJe 19/12/2008). Na mesma linha de raciocínio, tem-se a Súmula 508 do STJ ("A isenção da Cofins concedida pelo artigo 6º, II, da LC 70/91 às sociedades civis de prestação de serviços profissionais foi revogada pelo artigo 56 da Lei 9.430/96").

Portanto, o posicionamento atual do STF é de que **não** há subordinação hierárquica da lei ordinária à lei complementar (**não** há hierarquia formal), mas, apenas, campos de atuação distintos (o que alguns chamam de hierarquia material).

De acordo com o contexto da previsão constitucional, a lei complementar aprovada pelo Congresso Nacional poderá ter caráter **federal** (aplicável apenas no âmbito da União) ou **nacional** (aplicável a todos os entes da Federação, à União, a todos os Estados e o Distrito Federal ou a todos os Municípios).

São de **caráter federal** as leis complementares exigidas para instituição de alguns tributos de competência da União, quais sejam: imposto sobre grandes fortunas (CF, art. 153, VII), empréstimos compulsórios (CF, art. 148); impostos de competência residual da União (CF, art. 154, I) e contribuições sociais para custeio da seguridade social de competência residual da União (CF, art. 195, § 4º c/c art. 154, I).

ATENÇÃO:

Para instituição das contribuições do artigo 149, a CF não especificou a exigência de lei complementar, bastando, portanto, lei ordinária. O STF, inclusive, acolheu essa posição (RE 449233 AgR/RS).

Já as **leis complementares de caráter nacional** são mais numerosas, no que se destaca o **artigo 146, do CTN**, segundo o qual incumbe à lei complementar: **I – dispor sobre conflitos de competência**, em matéria tributária, entre a União, os Estados, o Distrito Federal e os Municípios; **II – regular as limitações constitucionais ao poder de tributar**; **III – estabelecer normas gerais em matéria de legislação tributária**, especialmente sobre: **a)** definição de tributos e de suas espécies, bem como, em relação aos impostos discriminados nesta Constituição, a dos respectivos fatos geradores, bases de cálculo e contribuintes; **b)** obrigação, lançamento, crédito, prescrição e decadência tributários; **c)** adequado tratamento tributário ao ato cooperativo praticado pelas sociedades cooperativas; **d)** definição de tratamento diferenciado e favorecido para as microempresas e para as empresas de pequeno porte.

Em relação à alínea "a" do inciso III, um fator complicador a que se deve chamar atenção, pois já foi objeto de exigência em concurso público é que:

- a primeira parte do dispositivo refere-se a tributos em geral (portanto, é competência da lei complementar estabelecer normas gerais sobre a definição de **tributos** e suas espécies);
- a segunda parte do dispositivo diz respeito **apenas a impostos** (de modo que é competência da lei complementar estabelecer normas gerais em relação aos **impostos** discriminados na Constituição e aos respectivos fatos geradores, bases de cálculo e contribuintes).

ATENÇÃO:

A Súmula Vinculante nº 8 do STF dispõe que: "São inconstitucionais o parágrafo único do artigo 5º do Decreto-Lei nº 1.569/1977 e os artigos 45 e 46 da Lei nº 8.212/1991, que tratam da prescrição e decadência do crédito tributário". Esse entendimento fundamenta-se no fato de que essas leis ordinárias estabelecem prazos de prescrição e decadência especiais em relação a contribuições sociais previdenciárias, invadindo, portanto, a competência da lei complementar para estabelecer normas gerais em matéria de legislação tributária sobre "obrigação, lançamento, crédito, prescrição e decadência tributários" (CF, art. 146, III, "b").

O Código Tributário Nacional, além de versar sobre normas gerais de direito tributário (CF, art. 146, III), quando estabelece a disciplina jurídica da obrigação, do lançamento, do crédito, da prescrição e da decadência tributária, ainda regula no plano infraconstitucional várias limitações ao poder de tributar (CF, art. 146, II). Embora seja formalmente uma lei ordinária anterior à Constituição Federal de 1988 (Lei 5.172/66), trata-se de diploma com ela compatível. Assim, com fundamento no artigo 34, § 5º do ADCT – Ato das Disposições Constitucionais Transitórias, foi recepcionado com estatura de lei complementar pela ordem constitucional vigente. É por isso que, desde o advento da Constituição Federal de 1988, o CTN passou a somente poder ser alterado ou revogado por lei complementar.

Também é importante realçar o conceito de normas gerais de direito tributário como sendo normas sobre matérias constitucionalmente definidas, aplicáveis a todos os entes federativos competentes para instituir determinado tributo. As normas gerais, de certa forma, constituem um limite à atuação do legislador da pessoa política competente para instituir e legislar sobre o tributo. Nessa direção, tem-se o teor da **Súmula 399 do STJ:**

> "Cabe à legislação municipal estabelecer o sujeito passivo do IPTU".

Há de se lembrar dos limites do CTN à legislação municipal, no sentido do seu artigo 34:

> "Contribuinte do imposto é o proprietário do imóvel, o titular do seu domínio útil, ou o seu possuidor a qualquer título".

Importante anotar que a lei complementar sobre o tratamento diferenciado das microempresas e empresas de pequeno porte, de que trata a alínea "c" do inciso III do artigo 146 da CF, também poderá instituir um regime único de arrecadação dos impostos e contribuições da União, dos Estados, do Distrito Federal e dos Municípios, observado que: I – será opcional para o contribuinte; II – poderão ser estabelecidas condições de enquadramento diferenciadas por Estado; III – o recolhimento será unificado e centralizado e a distribuição da parcela de recursos pertencentes aos respectivos entes federados será imediata, vedada qualquer retenção ou condicionamento; IV – a arrecadação, a fiscalização e a cobrança poderão ser compartilhadas pelos entes federados, adotado cadastro nacional único de contribuintes (CF, art. 146, parágrafo único).

Com esses objetivos, a **Lei Complementar 123/2006**, ao instituir o **Estatuto Nacional da Microempresa e da Empresa de Pequeno Porte**, também estatuiu o Regime Especial Unificado de Arrecadação de Tributos e Contribuições devidos pelas Microempresas e Empresas de Pequeno Porte – **Simples Nacional**. Essa legislação sofreu várias alterações desde então, sendo as mais recentes implementadas pela Lei complementar 155/2016

Ainda, está reservada à competência da lei complementar estabelecer critérios especiais de tributação, com o objetivo de prevenir desequilíbrios da concorrência, sem prejuízo da competência de a União, por lei, estabelecer normas de igual objetivo (CF, art. 146-A).

Por fim, cabe ressaltar que diversas matérias também estão reservadas à lei complementar em relação a tributos específicos, com destaque para:

- **ISS**: Lei complementar 116/2003: incidência do ISS (CF 156, III), fixação das alíquotas máxima e mínima, excluir da incidência exportações de serviços para o exterior e regular a forma e as condições como isenções, incentivos e benefícios fiscais serão concedidos e revogados (CF, art. 156, § 3º, I a III).
- **ICMS:** diversas normas gerais pela Lei complementar 87/96 (CF, art. 155, § 2º, XII, "a" a "f" e "i") e Lei complementar 24/75, que disciplina a forma como, mediante deliberação dos Estados e do Distrito Federal, isenções, incentivos e benefícios fiscais serão concedidos e revogados (CF, art. 155, § 2º, XII, "g").
- **ITCMD:** competência para instituição se o doador tiver domicílio ou residência no exterior ou se o *de cujus* possuía bens, era residente ou domiciliado ou teve o seu inventário processado no exterior (CF, art. 155, § 1º, III, "a" e "b").
- **Contribuições sociais:** limites para concessão de isenção ou anistia para determinadas contribuições (CF, art. 195, § 11).

1.3. Tratados e convenções internacionais

Os **tratados e convenções internacionais**, nos termos do artigo 96 do CTN, são fontes formais primárias do Direito Tributário. Revogam ou modificam a legislação tributária interna, e serão observados pela que lhes sobrevenha.

Porém, para que produzam esse efeito, esses tratados necessitam ser internalizados, isto é, transpostos para a legislação interna, conforme consagrado na jurisprudência do STF (CR 8279 AgR).

A **competência** para resolver definitivamente sobre **internalização** desses diplomas normativos é **exclusiva do Congresso Nacional** (CF, art. 49, I). Logo, o instrumento normativo hábil é o **decreto legislativo** que, nos termos do artigo 109, inciso II do Regimento Interno da Câmara dos Deputados e do artigo 213, II do Regimento Interno do Senado Federal, é o veículo normativo destinado a matérias de competência exclusiva do Congresso Nacional, isto é, aquelas que independem de sanção do Presidente da República. Além disso, o artigo 172, inciso II, alínea "c" do Regimento Interno do Senado Federal também faz expressa menção ao decreto legislativo referente a tratado, convênio ou acordo internacional.

Segundo posicionamento tradicional do STF, os **tratados** ou **convenções internacionais**, uma vez incorporados ao direito interno, **situam-se**, no sistema jurídico brasileiro, **nos mesmos planos de validade**, de eficácia e de autoridade em que se posicionam as leis ordinárias (STF – ADI 1.480-3 / DF). Assim, da mesma forma que um tratado novo ou especial revoga uma **lei ordinária** anterior ou geral, a recíproca é verdadeira, isto é, uma lei ordinária nova pode revogar um tratado anterior, entendimento que entra em conflito com a literalidade do artigo 98 do CNT, segundo o qual os tratados devem prevalecer sobre a legislação que lhes sobrevenha (posterior).

Sobre esse ponto polêmico, ainda em relação ao artigo 98 do CTN, valem as lições trazidas por Ricardo Alexandre (ALEXANDRE, Ricardo. *Direito tributário esquematizado.* 8ª ed. São Paulo: Método, 2014, páginas 213/214) sobre a jurisprudência do STJ vir considerando a distinção que se faz entre **tratado-lei** ou **tratado-normativo** (que estabelece norma cogente, isto é, de observância obrigatória para todos os Estados signatários, havendo coincidência de vontades entre os mesmos) e **tratado-contrato** ou **contratual** (que estabelecem obrigações recíprocas entre os Estados signatários, ou seja, vontades não coincidentes). A posição prevalente no STJ é de que: "Toda a construção a respeito da prevalência da norma interna com o poder de revogar os tratados, equiparando-os à legislação ordinária, foi feita tendo em vista os designados tratados-contratos, e não os tratados-leis" (REsp 426.945). Mas, o tema é bastante controvertido mesmo, pois no STF, há decisões em sentido oposto, pela impossibilidade do tratado-contrato ser revogado por legislação nacional (REsp 228.324).

Aliás, em decisão mais recente, no âmbito do Recurso Extraordinário nº 229.096, o STF acabou se posicionando em sentido oposto ao tradicional entendimento de que o tratado em matéria tributária possui hierarquia de lei ordinária. Nesse acórdão, a Corte decidiu pela **supremacia dos tratados sobre a lei ordinária** em matéria tributária, entendimento que guarda coerência com o texto literal do artigo 98 do CTN, segundo o qual: "Os tratados e as convenções internacionais revogam ou modificam a legislação tributária interna, e serão observados pela que lhes sobrevenha". Uma explicação para esse posicionamento é de que os tratados veiculam normas especiais quando, por exemplo, estabelecem uma isenção nas importações em relação a determinado produto que a lei ordinária interna (norma geral) considera tributada. Por essa razão, os tratados devem prevalecer mesmo sobre as leis ordinárias posteriores, segundo o critério de que a lei especial prevalece sempre sobre a lei geral.

Esse entendimento já foi, inclusive, exigido em prova organizada pela Fundação Carlos Chagas – FCC, que considerou correta a seguinte assertiva sobre os tratados e convenções internacionais de que trata o artigo 98 do CTN: "são normas supralegais, mas encontram limite nas normas constitucionais, não podendo dispor de forma contrária àquilo que está disciplinado na Constituição acerca de matéria tributária". Nitidamente, a questão considerou que os tratados devem prevalecer sobre as leis, respeitando tão somente os limites estabelecidos na Constituição Federal.

Mas o tema não é pacífico mesmo. No próprio STF, encontra-se em julgamento há vários anos o Recurso Extraordinário nº 460.320. É verdade que, no voto do Ministro Relator Gilmar Mendes foi reconhecida a supremacia dos tratados sobre a legislação ordinária interna e, portanto, desconsiderada a distinção entre tratado-contrato e tratado-lei, bem como o tradicional posicionamento de que o tratado-contrato teria hierarquia de lei ordinária. Porém, o processo ainda se encontra pendente de julgamento, após pedido de vista do Ministro Dias Toffoli.

Mais livres de controvérsias mesmo estão somente os tratados e convenções internacionais sobre direitos humanos que, se forem aprovados, em cada Casa do Congresso Nacional, em dois turnos, por três quintos dos votos dos respectivos membros, serão equivalentes às emendas constitucionais (CF, art. 5º, § 3º, incluído pela Emenda Constitucional 45/2004). Assim, embora essa norma estipule a equivalência dos tratados e convenções internacionais aprovados pelo Congresso Nacional com as Emendas Constitucionais, ela está restrita àqueles que versem sobre direitos humanos e que sejam aprovados pelo quórum qualificado de que trata o artigo 5º, § 3º, da CF.

Já, em relação aos tratados sobre direitos humanos aprovados por quórum inferior ao previsto no artigo 5º, § 3º, da CF (três quintos em dois turnos nas duas Casas do Congresso Nacional), merece ser realçado o entendimento do Ministro Gilmar Mendes, no sentido de que esses tratados de direitos humanos não aprovados por 3/5 possuem caráter supralegal (STF – RE 466.343/SP), ou seja, não serão internalizados com estatura constitucional, mas ficarão acima das leis ordinárias na ordem jurídica.

A esse propósito, vale citar um trecho de interessante parecer exarado pela banca ESAF diante de recursos apresentados em prova de concurso para a Procuradoria Geral da Fazenda Nacional:

"Os tratados internacionais são, na maioria dos casos, equivalentes às leis ordinárias nacionais, salvo nas exceções previstas pelo art. 5º, parágrafos 2º e 3º da Constituição Federal, em que as normas de tratados sobre direitos humanos são equiparadas às normas constitucionais. Assim, temos que entre tratados não há hierarquia, mas tão somente a aplicação de normas em suas órbitas próprias, nas relações internas e externas" (Parecer exarado pela ESAF – Diretoria de Recrutamento e Seleção em apreciação aos recursos interpostos às provas objetivas do concurso público de PGFN/2012).

Embora o parecer se prenda à tradicional jurisprudência que equipara os tratados à lei ordinária, a qual já se demonstrou aqui encontrar-se em cheque pela evolução jurisprudencial, serve bem para sedimentar a força de norma constitucional dos tratados que versam sobre direitos humanos.

Como se vê, o tema é repleto de nuances controvertidas. Daí a pertinência de fechar o presente tópico com o um quadro que tem por objetivo fazer uma síntese dos principais posicionamentos abordados, que são os mais cobradas em concursos públicos:

Espécie Normativa	Fundamento	Status	Consequência
Tratados e convenções em matéria tributária	Jurisprudência tradicional do STF	Lei ordinária	Revoga ou modifica legislação interna anterior e sofre alterações ou revogação pela legislação interna posterior.
Tratados e convenções em matéria tributária	CTN, art. 98 e jurisprudência mais recente do STF	Supralegal	Revogam ou modificam a legislação tributária interna, e serão observados pela que lhes sobrevenha.
Tratados de direitos humanos aprovados por 3/5 do Congresso Nacional	CF, art. 5º, § 3º	Constitucional	Prevalece sobre toda a legislação interna
Tratados de direitos humanos aprovados por quórum inferior a 3/5	RE 466.343/SP HC 85.585/TO	Supralegal	Prevalece sobre a legislação interna infraconstitucional

1.4. Leis ordinárias

A **lei ordinária** é aprovada por **maioria simples**, isto é, por metade mais um dos presentes à votação. Toda matéria que depende de lei, como regra, deve ser regida por lei ordinária. São os casos da instituição ou majoração de tributos (CF, art. 150, I) e da imposição de sujeição passiva por substituição tributária (CF, art. 150, § 7º).

> **ATENÇÃO:**
>
> Em matéria tributária, inexiste norma constitucional que estabeleça previsão de iniciativa exclusiva das leis ao Chefe do Poder Executivo (ARE 743.480 RG/MG, rel. Min. Gilmar Mendes, julgado em 11/10/2013, acórdão publicado no DJe de 20/11/2013)

Além disso, o artigo 97 do CTN regula no âmbito infraconstitucional o princípio da legalidade tributária, estabelecendo que **somente a lei poderá** dispor sobre: I – a instituição de tributos ou a sua extinção; II – a majoração de tributos ou sua redução, salvo exceções; III – a definição do fato gerador da obrigação tributária principal, salvo exceções, e do seu sujeito passivo; IV – a fixação de alíquota do tributo e da sua base de cálculo, salvo exceções; V – a cominação de penalidades para as ações ou omissões contrárias a seus dispositivos, ou para outras infrações nela definidas; VI – as hipóteses de exclusão, suspensão e extinção de créditos tributários, ou de dispensa ou redução de penalidades.

PRINCÍPIO DA ESTRITA LEGALIDADE OU DA TIPICIDADE CERRADA (assuntos que necessariamente devem ser normatizados por lei – "somente a lei pode estabelecer")	
Art. 97 do CTN	**Matéria**
I	Instituição ou extinção de tributos.
II	Majoração ou redução de tributos (exceções: II, IE, IPI e IOF). "Equipara-se à majoração do tributo a modificação da sua base de cálculo, que importe em torná-lo mais oneroso" (§ 1º). "Não constitui majoração de tributo a atualização do valor monetário da respectiva base de cálculo" (§ 2º).
III	Definição do fato gerador da obrigação tributária principal e de seu sujeito passivo.
IV	Fixação da alíquota e da base de cálculo (exceções quanto à alíquota: II, IE, IPI e IOF).
V e VI	Cominação, dispensa ou redução de penalidades.
VI	Hipóteses de exclusão do crédito tributário (isenções e anistias).
VI	Hipóteses de suspensão de exigibilidade do crédito tributário (CTN, art. 151).
VI	Hipóteses de extinção do crédito tributário (CTN, art. 156).

A exclusão do crédito tributário (isenção e anistia) é matéria cuja disciplina se sujeita à estrita legalidade, ou seja, é imprescindível que os seus requisitos para fruição constem no texto legal, conforme expressamente estipulado nos artigos 97, inciso VI e 176 do CTN. Dessa forma, os atos administrativos normativos, que são infralegais, tidos como normas complementares à legislação tributária, não têm a prerrogativa de disciplinar assuntos típicos de lei.

ATENÇÃO:

A fixação do prazo de recolhimento de tributo não é matéria que deve, necessariamente, estar prevista em lei. As matérias reservadas à previsão em lei são aquelas elencadas no artigo 97 do CTN (Princípio da Estrita Legalidade Tributária).

Merecem especial destaque, ainda, os parágrafos do artigo 97, cumprindo lembrar que **se equipara à majoração do tributo**, e, portanto, fere o princípio da legalidade, a **modificação de sua base de cálculo, que importar em torná-lo mais oneroso** (CTN, art. 97, § 1º). Ao contrário, **não constitui majoração de tributo**, não ferindo o princípio da legalidade, a **mera atualização monetária da respectiva base de cálculo** (CTN, art. 97, § 2º). Alguns tratam o § 2º como uma exceção ao princípio da legalidade, mas ainda que a regra não estivesse veiculada no CTN, não se poderia considerar a atualização monetária como majoração de tributo, haja vista a sua natureza de instrumento de reposição inflacionária.

Em coadunância com esses dois parágrafos, tem-se a Súmula nº 160 do STJ, segundo a qual:

> "É defeso, ao Município, atualizar o IPTU, mediante decreto, em percentual superior ao índice oficial de correção monetária".

O aumento deve ser por meio de lei, em respeito ao Princípio da Legalidade. É certo que a atualização monetária não é majoração, e assim, não estaria inserida na tipicidade cerrada, que implica a exigência de expressa previsão legal (CTN, art. 97, II e § 1º). Entretanto, a majoração da base de cálculo acima dos índices oficiais de atualização monetária constitui sim um assunto reservado à lei, eis que importa em tornar o tributo mais oneroso (CTN, art. 97, II e § 2º).

Como regra, a lei ordinária é o veículo adequado para inovar a ordem jurídica. Isso não é dado às portarias, regulamentos, decretos e instruções normativas, que apenas servem para conferir executoriedade às leis, nos estritos limites estabelecidos por elas (STJ – REsp 172169/RS – 2ª Turma – Rel.ª Min.ª Eliana Calmon – DJe 13/05/2009).

ATENÇÃO:

"Lei ordinária" não é sinônimo de "lei delegada" (CF, art. 68). As leis delegadas serão elaboradas pelo Presidente da República, que deverá solicitar a delegação ao Congresso Nacional (a delegação será por meio de resolução, que especificará seu conteúdo e os termos de seu exercício). Algumas matérias não podem ser objeto de leis delegadas (CF, art. 68, § 1º). Dentre as restrições, a única que pode atingir a ordem tributária é a vedação de delegação de matéria reservada à lei complementar.

Ainda, com fundamento no artigo 34, § 5º do ADCT, a CF/88 recepcionou com força de lei ordinária vários decretos-lei baixados pelo Poder Executivo. Esta recepção pode ser apenas parcial, isto é, restrita às normas do diploma recepcionado que forem compatíveis com a nova ordem jurídico-constitucional (STF – RE 214206/AL – Pleno – Rel. Min. Nelson Jobim – DJ 29/5/1998).

Por fim, segue um paralelo entre lei ordinária e lei complementar:

Lei Complementar (LC)	Lei Ordinária (LO)
Aprovada por maioria absoluta (mais da metade dos integrantes da Casa Legislativa).	Aprovada por maioria simples (mais da metade dos congressistas presentes, desde que presentes mais da metade do total de integrantes da Casa Legislativa)
A CF/88 expressamente elegeu (reservou) algumas matérias a serem disciplinadas por LC.	O seu campo de atuação é por exclusão, ou seja, excetuadas as matérias reservadas à LC, todas as demais a que a CF menciona termo "lei", na verdade, refere-se à LO.

ATENÇÃO:

A LC que discipline matéria típica de LO pode ser revogada por LO.

1.5. Medidas provisórias

A **medida provisória** é regida pelo artigo 62 da CF, com a redação da Emenda Constitucional 32/2001 que, em doze parágrafos, veio com o objetivo de, entre outros, eliminar uma das principais dúvidas que pairava sobre o tema, qual seja, o cabimento ou não da medida provisória como norma instituidora de tributos.

Atualmente, o § 2º do artigo 62 especifica o cabimento da medida provisória na **função de instituir e majorar impostos**. Deve-se ter muita atenção que o referido dispositivo não faz referência a tributo (que é gênero), mas sim a **impostos** (espécie do gênero tributo).

Nesse dispositivo, a preocupação do poder constituinte reformador foi, sobretudo, garantir o respeito aos princípios constitucionais, com destaque para legalidade e anterioridade, prestigiados quando se estabelece que a medida provisória que implicar na instituição ou majoração de impostos, **exceto** os previstos nos artigos 153, incisos I, II, IV, V e 154, inciso II, só produzirá efeitos no exercício financeiro seguinte (**anterioridade**) se houver sido convertida em lei até o último dia daquele em que foi editada (**legalidade**). As exceções citadas são os impostos de importação (II), de exportação (IE), sobre produtos industrializados (IPI), sobre operações financeiras (IOF) e extraordinários de guerra.

No que tange ao princípio da anterioridade nonagesimal, deve-se observar que o artigo 62, § 2º, da CF, não faz menção à noventena, o que pode levar a questionamento quanto à aplicação do preceito nos casos de instituição ou majoração de impostos por medida provisória. Nesse ponto, deve-se esclarecer que a noventena é limitação constitucional ao poder de tributar que constitui regra geral. Logo, para excluir a sua aplicação para impostos instituídos por medida provisória, seria necessário que a Constituição excepcionasse a hipótese expressamente, o que, definitivamente, não ocorre. Conclui-se, então, que a anterioridade nonagesimal deve ser respeitada também na instituição ou majoração de impostos por medida provisória, restando, porém, a seguinte dúvida: qual o termo inicial da contagem dos noventa dias? Seria a data de edição da medida provisória ou o dia que foi convertida em lei? Sobre o assunto já decidiu o Supremo Tribunal Federal: "a anterioridade nonagesimal (foi) cumprida durante período no qual a novel norma tributária ainda era enunciada por medida provisória. O **prazo de noventa dias conta-se da publicação primitiva do enunciado prescritivo que cria ou majora tributo**, ou seja, da data em que foi editada a medida provisória, e não da sua conversão em lei. Precedentes de ambas as turmas e do Plenário do STF" (STF – RE 790861 AgR / RJ – Relator Min. DIAS TOFFOLI – Julgamento: 24/03/2015– Órgão Julgador: Segunda Turma).

Na mesmo sentido, não se pode perder de vista que o artigo 62, § 2º, da CF, estabelece suas exigências especificamente em relação a **impostos**, nada se referindo a outras espécies tributárias, tais como taxas e contribuições.

Fica, assim, uma outra indagação: se o artigo 62, § 2º refere-se apenas a impostos, os demais tributos não estariam sujeitos aos princípios da anterioridade e da legalidade com base nas normas gerais dos artigos 150, inciso I e 150, inciso III, alíneas "b" e "c"? Sobre essa questão, o STF não se posicionou após a promulgação da Emenda Constitucional 32/2001, razão pela qual o que vem sendo cobrado nos concursos é mesmo a redação literal do artigo 62, § 2º que, repita-se, refere-se tão somente a impostos.

ATENÇÃO:

Segundo a doutrina de Michel Temer, já cobrada em provas pela banca ESAF, a medida provisória paralisa temporariamente a eficácia da lei que versava sobre a matéria, eis que, caso venha a ser rejeitada, restaura-se a eficácia da norma anterior (Elementos de Direito Constitucional. 13ª edição. São Paulo: Malheiros, 1997, p. 153).

Outro ponto importante é que a **medida provisória não pode versar sobre matérias reservadas à lei complementar** (CF, art. 62, § 1º, III). Dessa forma, por exemplo, não pode ser editada medida provisória que tenha por condão estabelecer normas gerais sobre definição de base de cálculo de um imposto, pois se trata de matéria reservada à lei complementar, segundo o artigo 146, inciso III, alínea "a", da CF.

Por fim, vários são os julgados do STF que apregoam que **os requisitos de relevância e urgência para edição de medida provisória são de apreciação discricionária do chefe do Poder Executivo**, não cabendo, **salvo os casos de excesso de poder**, seu exame pelo Poder Judiciário (ADI 2150).

1.6. Decretos

O **Chefe do Poder Executivo** (Presidente da República, Governador de Estado, Prefeito Municipal) tem a **competência para expedir decretos**.

No âmbito das fontes do Direito Tributário o decreto do Poder Executivo exerce o papel de regulamentar as leis instituidoras dos tributos, de maneira que o seu

conteúdo e o seu alcance restringem-se aos das leis em função das quais sejam expedidos (CTN, art. 99). *A contrario sensu*, o decreto não tem o condão de inovar (por exemplo, criando novas obrigações).

ATENÇÃO:

O STF firmou o entendimento segundo o qual "se o regulamento vai além do conteúdo da lei, ou se afasta dos limites que esta lhe traça, comete ilegalidade e não inconstitucionalidade, pelo que não se sujeita, quer no controle concentrado, quer no controle difuso, à jurisdição constitucional" (RE n. 189.550, Relator o Ministro Carlos Velloso, DJ de 27.6.97).

Portanto, a lei limita a normatividade do decreto (de competência do Poder Executivo), cujo papel é regulamentador (detalhar, explicar, esmiuçar os dizeres da lei). Tanto é assim, que os populares "regulamentos" dos tributos (por exemplo: RIR – Regulamento do Imposto de Renda e RICMS – Regulamento do ICMS) são aprovados por Decretos (no caso do RIR foi aprovado pelo Decreto do Poder Executivo Federal nº 3.000/99 e o RICMS/SP foi aprovado pelo Decreto do Poder Executivo Paulista nº 45.490/2000).

1.7. Normas complementares da legislação tributária

São **"normas complementares" à legislação tributária**, isto é, das leis, das convenções internacionais e dos decretos: (a) os **atos normativos expedidos pelas autoridades administrativas**, tais como portarias, resoluções, instruções normativas etc; (b) as **decisões administrativas de eficácia normativa**; (c) as **práticas reiteradamente observadas pelas autoridades administrativas** e (d) os **convênios** que entre si celebram os entes federativos tributantes (CTN, art. 100).

No caso das decisões administrativas, atenção que devem possuir eficácia normativa outorgada por lei, nos termos do artigo 100, inciso II, do CTN. São as chamadas **decisões normativas**.

Consoante artigo 100, parágrafo único, do CTN, as penalidades e os acessórios (juros de mora e atualização monetária) ficam excluídos pela observância das normas complementares, mas isso sempre sem prejuízo do cumprimento da obrigação tributária principal, correspondente ao pagamento do tributo.

No que tange às práticas reiteradas, os chamados **costumes administrativos**, em face do princípio da legalidade tributária, somente as práticas administrativas que estiverem de acordo com a legislação podem ser admitidas no campo tributário. Dessa forma, as práticas reiteradamente observadas pelas autoridades administrativas (CTN, art. 100, III) são usos e costumes administrativos observados na interpretação e aplicação da legislação tributária.

Nessa linha, já decidiu o STJ que, se em várias situações idênticas, a autoridade fazendária afastou os acréscimos legais do tributo e cobrou apenas o imposto de renda devido, o procedimento se caracteriza como prática reiterada na aplicação da legislação tributária (STJ – REsp 142280/SC – 2ª. Turma – Rel. Min. Hélio Mossimann – Julg. 23/03/2003).

1.8. Resoluções do Senado

As **resoluções do Senado** possuem importância ímpar em matéria de tributos estaduais, sendo o veículo normativo competente para fixação de alíquotas máximas de ITCMD (CF, art. 155, § 1º, IV), mínimas de IPVA (CF, art. 155, § 6º, I) e de alíquotas de ICMS nas hipóteses dos incisos IV e V do § 2º do art. 155 da CF, quais sejam:

- resolução do Senado Federal, de iniciativa do Presidente da República ou de um terço dos Senadores, aprovada pela maioria absoluta de seus membros, estabelecerá as alíquotas aplicáveis às operações e prestações, interestaduais e de exportação (§ 2º, IV);
- é facultado ao Senado Federal: a) estabelecer alíquotas mínimas nas operações internas, mediante resolução de iniciativa de um terço e aprovada pela maioria absoluta de seus membros; b) fixar alíquotas máximas nas mesmas operações para resolver conflito específico que envolva interesse de Estados, mediante resolução de iniciativa da maioria absoluta e aprovada por dois terços de seus membros (§ 2º, V).

ATENÇÃO:

Embora o texto do inciso V do § 2º do artigo 155 da CF não tenha sofrido alteração na sua redação original, a competência do Senado Federal para estabelecer as alíquotas aplicáveis às operações e prestações, interestaduais e de exportação, não possui mais eficácia, no que se refere exclusivamente à exportação. Isso porque, desde a promulgação da Emenda Constitucional 42/2003, a alínea "a" do inciso X do mesmo § 2º do artigo 155 passou a contemplar com imunidade tributária todas as operações e prestações de serviços destinadas ao exterior. Portanto, desde então, tornou-se incabível se falar em alíquota de ICMS para exportações.

2. VIGÊNCIA

Vigência é a força de uma norma jurídica para regular condutas dentro de limites de tempo e espaço estabelecidos na ordem de direito positivo. É propriedade das regras jurídicas que estão prontas para propagar efeitos tão logo aconteçam no mundo fático os eventos que elas descrevem.

A vigência não se confunde com a **validade**. Esta consiste na relação de pertinência de uma norma jurídica com o sistema de direito positivo em que foi introduzida.

Dessa forma, enquanto se diz válida a norma jurídica que está de acordo com legislação hierarquicamente superior e com as normas estruturais do sistema jurídico (normas sobre a edição de outras normas), classificam-se como vigentes as normas aptas a produzirem efeitos em tempo e local determinados.

Outro conceito importante que se relaciona à vigência é o de **eficácia**, ou seja, a efetiva produção de efeitos pela norma jurídica. Em alguns casos, admite-se que uma norma revogada (não mais vigente) seja eficaz. Trata-se do **efeito prospectivo** da lei. Por exemplo, imagine que um fato gerador tenha ocorrido na vigência de uma norma, que atualmente esteja revogada. Antes de operada a decadência, nos dias de hoje, o auditor fiscal efetua o lançamento de ofício por infringência à referida norma. Trata-se de uma norma hoje não vigente, mas eficaz, na medida em que ainda irradia seus efeitos.

ATENÇÃO

Em face do princípio da anterioridade, como regra, a norma tributária que cria ou aumenta um tributo pode ser considerada vigente com a sua publicação (e/ou após decorrida a *vacacio legis*), mas, somente terá eficácia no exercício seguinte e após decorridos noventa dias.

Estabelecidas essas distinções conceituais, cumpre pontuar que a vigência das normas tributárias rege-se pelas disposições aplicáveis às normas jurídicas em geral, com as ressalvas estabelecidas nos artigos 102 a 104 do CTN (art. 101).

Dessa forma, como qualquer outra norma jurídica, a de natureza tributária segue o disposto na Lei de Introdução às Normas do Direito Brasileiro – veiculada pelo Decreto-lei nº 4.657, de 4 de setembro de 1942 e na Lei complementar 95, de 26 de fevereiro de 1998, que dispõe sobre elaboração, redação, alteração e consolidação das leis.

2.1. Vigência no tempo

Especificamente em relação às normas tributárias, a vigência no tempo submete-se também às disposições dos artigos 103 e 104 do CTN. Enquanto o artigo 103 regula a vigência das normas complementares da legislação tributária elencadas no artigo 100, o artigo 104 versa sobre a anterioridade da norma tributária e deve ser aplicado em consonância com os dispositivos constitucionais que regem o princípio (CF, art. 150, III, "b" e "c" e § 1º), já abordados no capítulo III deste livro (princípios).

O artigo 103 do CTN estipula que, salvo disposição em contrário, os atos administrativos a que se refere o inciso I do artigo 100, isto é, os atos normativos administrativos, entram em vigor na data da sua publicação. Ao fazer a ressalva, o referido artigo permite que os decretos (hierarquicamente superiores) disponham sobre o termo inicial da vigência dos atos expedidos pelas autoridades administrativas tributárias. Por inteligência do artigo 103, inciso II c/c artigo 100, inciso II, ambos do CTN, as decisões dos órgãos singulares ou coletivos de jurisdição administrativa, a que a lei atribua eficácia normativa, ou seja, as chamadas decisões normativas, salvo disposição em contrário, entram em vigor 30 (trinta) dias após a data da sua publicação.

Já os convênios de cooperação, de que trata inciso IV do artigo 100, entram na data neles prevista (CTN, art. 103), sem ressalvas.

O quadro a seguir resume a ideia da vigência da lei tributária no tempo[1]:

Artigo 100 (CTN)	Artigo 103 (CTN)
São normas complementares das leis, dos tratados e das convenções internacionais e dos decretos:	Salvo disposição em contrário, entram em vigor:
I – os atos normativos expedidos pelas autoridades administrativas; **(DATA DA PUBLICAÇÃO)**	I – os atos administrativos a que se refere o inciso I do artigo 100, na data da sua publicação;
II – as decisões dos órgãos singulares ou coletivos de jurisdição administrativa, a que a lei atribua eficácia normativa; **(30 DIAS)**	II – as decisões a que se refere o inciso II do artigo 100 quanto a seus efeitos normativos, 30 (trinta) dias após a data da sua publicação;
III – as práticas reiteradamente observadas pelas autoridades administrativas; **(SEM DATA PARA A VIGÊNCIA)**	–
IV – os convênios que entre si celebrem a União, os Estados, o Distrito Federal e os Municípios. **(NA DATA NELES PREVISTA).**	III – os convênios a que se refere o inciso IV do artigo 100 na data neles prevista.

2.2. Vigência no espaço

A vigência da norma tributária no espaço está estritamente ligada à respectiva fonte de produção. Assim, uma lei será vigente no espaço territorial de competência do órgão legislativo (Congresso Nacional, Assembleias Legislativas ou Câmaras Municipais), um decreto no território de abrangência do órgão executivo expedidor (União, Estado, Distrito Federal ou Município) e uma portaria ou instrução normativa na esfera territorial alcançada pelo respectivo órgão administrativo (Receita Federal, Secretaria da Fazenda, Delegacia Tributária etc).

1. In: MARTINS, Alan; SCARDOELLI, Dimas Yamada; CAIRO, Thiana; LEITE, Harisson. *Revisaço Direito Tributário*. Salvador: Editora Juspodivm, 2014, página 549.

Assim, no que tange à vigência no espaço, as leis podem ser classificadas em **municipais, estaduais, federais** e **nacionais**.

A diferença entre **leis nacionais** e **leis federais** é que, embora vigentes em todo o território brasileiro, as leis nacionais aplicam-se às relações jurídicas tributárias relativas a todas as pessoas políticas da federação (União, Estados, Distrito Federal e Municípios). São os casos do Código Tributário Nacional e da Lei Complementar 87/96, esta última responsável por estabelecer as normas gerais que regem o ICMS de todos os estados da federação. Já as federais aplicam-se apenas às relações jurídicas tributárias que envolvam a União. Serve de exemplo qualquer lei que institua tributo de competência da União.

O CTN dispõe sobre vigência de normas fora do espaço territorial do ente federativo no artigo 102, segundo o qual a legislação tributária dos Estados, do Distrito Federal e dos Municípios vigora, no País, fora dos respectivos territórios, nos limites em que lhe reconheçam **extraterritorialidade** os convênios de que participem, ou do que disponham esta ou outras leis de normas gerais expedidas pela União. Portanto, em outras palavras, há situação em que o CTN permite expressamente a extraterritorialidade.

3. APLICAÇÃO

De acordo com o artigo 105 do CTN, **a norma tributária se aplica imediatamente aos fatos geradores futuros** (ainda não ocorridos) **e aos pendentes** (cuja ocorrência tenha tido início, mas não esteja completa).

A norma guarda coerência com o artigo 150, inciso III, alínea "a" da Constituição, dispositivo que veicula o **princípio da irretroatividade** da norma tributária (vedação à cobrança de tributos em relação a fatos geradores ocorridos antes da vigência da lei que a houver instituído ou aumentado).

Excepcionalmente, a norma tributária **retroagirá** para atingir atos ou fatos geradores pretéritos **quando se tratar de lei**:

a) **interpretativa** (CTN, art. 106, I), isto é, aquela sem conteúdo imperativo, destinada a esclarecer o conteúdo e alcance de outras normas preexistentes;

b) **que beneficie o infrator** da legislação tributária em matéria de infrações e penalidades (CTN, art. 106, inciso II, alíneas "a", "b", "c").

De modo mais esmiuçado, as hipóteses do artigo 106 do CTN em que a lei tributária, excepcionalmente, aplica-se retroativamente, são as seguintes: (i) em qualquer caso, quando seja expressamente interpretativa, excluída a aplicação de penalidade à infração dos dispositivos interpretados; (ii) tratando-se de ato não definitivamente julgado, (ii.1) quando deixe de defini-lo como infração; (ii.2) quando deixe de tratá-lo como contrário a qualquer exigência de ação ou omissão, desde que não tenha sido fraudulento e não tenha implicado falta de pagamento de tributo e (ii.3) quando lhe comine penalidade menos severa que a prevista na lei vigente ao tempo da sua prática.

Aplicação da norma tributária no tempo			
Regra	Irretroatividade (CTN, art. 105)	aplicação da lei tributária aos fatos geradores	futuros
			pendentes
Exceções	Retroatividade (CTN, art. 106)	lei aplica-se aos fatos geradores pretéritos	I- em qualquer caso, quando seja expressamente interpretativa
			II – tratando-se de ato não definitivamente julgado: a) quando deixe de defini-lo como infração; b) quando deixe de tratá-lo como contrário a qualquer exigência de ação ou omissão, desde que não tenha sido fraudulento e não tenha implicado em falta de pagamento de tributo; c) quando lhe comine penalidade menos severa que a prevista na lei vigente ao tempo da sua prática.

Curioso anotar que a regra do inciso I, aplicada *a contrario sensu*, levou o STJ a firmar jurisprudência no sentido de que, não obstante estabelecido no texto de lei que o artigo 3º da Lei complementar 118/2005 teria natureza interpretativa, referido dispositivo altera o prazo de decadência para pedir repetição de indébito relativa aos tributos sujeitos ao lançamento por homologação de 10 para 5 anos. Logo, trata-se, na verdade, de uma lei modificativa, e não interpretativa, à qual não se aplica a regra da retroatividade estabelecida no artigo 106, inciso I do CTN (STJ – REsp 674706/MG – 1ª. Turma – Rel. Min. Teori Albino Zavascki – Julg. 21/08/2008).

Já em relação à regra do inciso II, é sempre bom frisar que se aplica exclusivamente em matéria de infrações. Significa que, em casos ainda não definitivamente julgados, ao prever multa punitiva menos pesada, a lei nova retroage para atingir infrações praticadas sob a égide da lei velha mais gravosa. Por outro lado, se a redução for da alíquota do imposto, não se tratando de matéria de infração, aplica-se a regra da irretroatividade e a alíquota aplicável será sempre a vigente na época do fato gerador.

Embora pela literalidade do texto do artigo 106, inciso II, alínea "c", do CTN, a retroatividade benigna da norma tributária, refira-se à redução de penalidades por infrações, as jurisprudências do STF e do STJ assentaram interpretação hoje plenamente aceita no sentido de que a norma mais benigna também retroage nos casos em que houver redução de multas moratórias (por exemplo: STF – RE 79.625, STJ REsp. 802405).

Outro detalhe muito importante a se enfatizar é a importância da expressão "ato não definitivamente julgado" do inciso II do artigo 106. Por exemplo, quando, na alínea "c", apregoa que a "lei aplica-se a ato ou fato pretérito, tratando-se de ato não definitivamente julgado, quando lhe comine penalidade menos severa que a prevista na lei vigente ao tempo da sua prática". A leitura não permite qualquer restrição da expressão "ato não definitivamente julgado" aos processos administrativos. Mesmo no caso de processos judiciais em andamento (por exemplo, numa ação anulatória de lançamento de débito fiscal, cujo objetivo é desconstituir o crédito tributário), uma lei nova que comine penalidade menos severa deve ser aplicada retroativamente. É a posição do STJ (REsp 295.762/RS).

4. INTERPRETAÇÃO E INTEGRAÇÃO

A par das regras da Lei de Introdução às Normas do Direito Brasileiro (Decreto-lei 4.657/42), o CTN estabelece disposições específicas a respeito de integração e interpretação da legislação tributária.

A **integração** consiste na tarefa de colmatar (preencher) lacunas da legislação tributária, mediante a qual a autoridade competente se vale do auxílio de critérios para suprir situações sobre as quais a legislação deixou de dispor. No direito tributário, a integração é tarefa de qualquer autoridade competente para aplicação da legislação tributária, seguindo critérios sucessivos estabelecidos no artigo 108 do CTN.

Já a **interpretação** diz respeito ao raciocínio lógico jurídico desenvolvido para compreensão do conteúdo e alcance de uma norma jurídica ou de um conjunto dessas normas, visando à correta aplicação da legislação. Em matéria tributária, os artigos 109 a 112 do CTN estabelecem inúmeras regras de interpretação normativa.

4.1. Interpretação

As normas do CTN sobre interpretação da legislação tributária encontram-se veiculadas nos artigos 109 a 112.

Os princípios gerais de direito privado utilizam-se para pesquisa da definição, do conteúdo e do alcance de seus institutos, conceitos e formas, **mas não para** definição dos respectivos efeitos tributários (CTN, art. 109). Além disso, **a lei tributária não pode alterar a definição, o conteúdo e o alcance de institutos, conceitos e formas de direito privado,** utilizados, expressa ou implicitamente, pela Constituição Federal, pelas Constituições dos Estados, ou pelas Leis Orgânicas do Distrito Federal ou dos Municípios, para definir ou limitar competências tributárias (CTN, art. 110), sob pena de validar a alteração da competência tributária por normas infraconstitucionais tributárias. À vista de tais normas é que o legislador tributário não pode eleger os imóveis como mercadorias, para não elastecer indevidamente o conceito de mercadoria da legislação de direito privado (STJ – REsp 110962/MG – 2ª. Turma – Rel. Min. Aldir Passarinho Junior – Julg. 05/03/1999).

O mesmo se aplica à autoridade competente para aplicar a lei tributária que, a rigor, pode se valer de conceitos de institutos, conceitos e formas de direito privado para, por exemplo, interpretar se o IPTU incide com relação a certo imóvel ou o IPVA quanto a determinado veículo, definindo, assim, os efeitos tributários da propriedade. Mas, não pode, é claro, alterar o conceito de propriedade para exigir imposto sobre um bem que não seja de propriedade do contribuinte.

Como decorrência do princípio constitucional da estrita legalidade (CTN, art. 150, I), **interpreta-se literalmente a legislação tributária que disponha sobre**: I – suspensão ou exclusão do crédito tributário; II – outorga de isenção; III – dispensa do cumprimento de obrigações tributárias acessórias (CTN, art. 111). E não poderia ser diferente, sob pena de permitir-se àquele que aplica a norma tributária atuar como legislador positivo (STJ – REsp 939484/PR – 2ª. Turma – Relª. Minª. Eliana Calmon – Julg. 26/08/2008).

Essa interpretação literal, também chamada de gramatical, parte do exame do significado de cada palavra da norma jurídica, ou seja, baseia-se na letra da norma jurídica. Assim, embora não busque na sua essência uma ampliação da norma, tem como limite o próprio texto normativo.

O STJ já decidiu que o "artigo 111 do CTN, que prescreve a interpretação literal da norma, não pode levar o aplicador do direito à absurda conclusão de que esteja ele impedido, no seu mister de apreciar e aplicar as normas de direito, de valer-se de uma equilibrada ponderação dos elementos lógico-sistemático, histórico e finalístico ou teleológico, os quais integram a moderna metodologia de interpretação das normas jurídicas" (RESP 192.531/RS). Assim, se em várias oportunidades posicionou-se pela inaplicabilidade da analogia para concessão de isenção (por exemplo, no RESP 1.089.952/RJ), em outras, admitiu uma interpretação mais ampla na outorga de isenções (tais como a ponderação dos elementos lógico-sistemático, histórico e teleológico anteriormente referidos).

Além disso, **a lei tributária que define infrações, ou lhe comina penalidades, deve ser interpretada da maneira mais favorável ao acusado**, em caso de dúvida quanto: I – à capitulação legal do fato; II – à natureza ou às circunstâncias materiais do fato, ou à natureza ou extensão dos seus efeitos; III – à autoria, imputabilidade, ou punibilidade; IV – à natureza da penalidade aplicável, ou à sua graduação (CTN, art. 112). A norma especifica no campo tributário a tradicional regra hermenêutica do *in dubio pro reo*, tratada pela doutrina como ***in dubio pro contribuinte***. Mas, repita-se, é aplicável apenas em matéria de infrações e penalidades, não servindo, por exemplo, para definir se o contribuinte deve ser tributado ou se uma obrigação acessória deve ser cumprida.

4.2. Integração

Integrar é **colmatar lacunas, suprir as omissões da ordem jurídica**, de acordo com preceitos extraídos do próprio sistema normativo.

Em matéria tributária, a integração normativa é regida pelo artigo 108 do CTN. Diferente da norma geral de integração normativa do artigo 4º da Lei de Introdução às Normas do Direito Brasileiro, destina-se não apenas ao juiz, mas também a toda e qualquer autoridade competente para aplicar a legislação tributária.

Prevê a utilização, **sucessivamente**, dos seguintes critérios de integração: **1º) analogia; 2º) princípios gerais de direito tributário; 3º) princípios gerais de direito público; 4º) equidade**. E nesse ponto, também diverge da regra geral do artigo 4º da Lei de Introdução. Enquanto os critérios da Lei de Introdução (analogia, costumes e princípios gerais do direito) podem ser utilizados em qualquer ordem, aleatoriamente, na integração da norma tributária, a autoridade competente deverá seguir na ordem (sucessivamente) um a um dos critérios do artigo 108 do CTN.

Porém, o próprio artigo 108, em seus dois parágrafos, prevê **exceções** que prestigiam, no plano infraconstitucional, o princípio da legalidade tributária. Dessa forma, o emprego da **analogia não poderá resultar na exigência de tributo não previsto em lei** (CTN, art. 108, § 1º), já tendo sido decidido pelo STJ que a lista de serviços sujeitos à incidência do ISSQN é taxativa, não podendo ser ampliada pelo uso da analogia (STJ – REsp 1008130/GO – 1ª. Turma – Rel. Min. José Delgado – Julg. 03/06/2008).

Quanto à **equidade**, que pode ser entendida como "senso de Justiça" ou uma atenuação do rigor da norma escrita ao aplicá-la aos casos concretos, **não poderá levar à dispensa do pagamento de tributo devido** (CTN, art. 108, § 2º), regra que motivou o STJ a **não** equiparar "vendas inadimplidas" a "vendas canceladas" para fins de exclusão de créditos tributários de PIS e COFINS, mesmo entendendo que a medida faria justiça tributária (STJ – REsp 751368/SC – 1ª. Turma – Rel. Min. Luiz Fux – Julg. 17/05/2007).

ATENÇÃO:

A "legislação tributária" apresenta critérios de integração para suprimento de lacunas que são diversos daqueles utilizados pelo restante da legislação (demais normas que não as tributárias). O artigo 108 do CTN determina que, na ausência de disposição normativa expressa, o aplicador da norma utilize, sucessivamente (nesta ordem), a analogia (que não pode resultar na exigência de um tributo não previsto em lei), os princípios gerais de direito tributário, os princípios gerais de direito público e a equidade (que não pode resultar na dispensa de um tributo devido). Já a Lei de Introdução às Normas do Direito Brasileiro, em seu artigo 4º, estipula que "quando a lei for omissa, o juiz decidirá o caso de acordo com a analogia, os costumes e os princípios gerais de direito". Perceba que, exceto a analogia, os demais critérios de integração são diferentes. Ainda, para a integração das demais normas (exceto a "legislação tributária"), não há ordem sucessiva de critérios a ser seguida.

Quadro comparativo entre a integração da legislação tributária e a integração das demais normas jurídicas:

Integração da Legislação Tributária	Integração das Demais Normas
Art. 108 do CTN	Art. 4º da Lei de Introdução às Normas do Direito Brasileiro (Decreto-Lei 4.657/42)
Os quatro critérios abaixo obedecem a uma ordem sucessiva.	Os três critérios não estão sujeitos a uma ordem de aplicação.
1º) Analogia (O emprego da analogia não poderá resultar na exigência de tributo não previsto em lei)	Analogia
2º) Princípios Gerais de Direito Tributário	Costumes
3º) Princípios Gerais de Direito Público	Princípios Gerais de Direito
4º) Equidade(O emprego da equidade não poderá resultar na dispensa do pagamento de tributo devido)	–

5. SÚMULAS

Súmula Vinculante 50: "Norma legal que altera o prazo de recolhimento da obrigação tributária não se sujeita ao princípio da anterioridade".

Súmula 112, do STF: "O imposto de transmissão *causa mortis* é devido pela alíquota vigente ao tempo da abertura da sucessão".

6. LEGISLAÇÃO RELACIONADA AO CAPÍTULO

- **CONSTITUIÇÃO FEDERAL**

Art. 5º § 3º Os tratados e convenções internacionais sobre direitos humanos que forem aprovados, em cada Casa do Congresso Nacional, em dois turnos, por três quintos dos votos dos respectivos membros, serão equivalentes às emendas constitucionais.

Art. 24. Compete à União, aos Estados e ao Distrito Federal legislar concorrentemente sobre:

I – direito tributário, financeiro, penitenciário, econômico e urbanístico;

§ 1º No âmbito da legislação concorrente, a competência da União limitar-se-á a estabelecer normas gerais.

§ 2º A competência da União para legislar sobre normas gerais não exclui a competência suplementar dos Estados.

§ 3º Inexistindo lei federal sobre normas gerais, os Estados exercerão a competência legislativa plena, para atender a suas peculiaridades.

§ 4º A superveniência de lei federal sobre normas gerais suspende a eficácia da lei estadual, no que lhe for contrário.

Art. 48. Cabe ao Congresso Nacional, com a sanção do Presidente da República, não exigida esta para o especificado nos arts. 49, 51 e 52, dispor sobre todas as matérias de competência da União, especialmente sobre:

I – sistema tributário, arrecadação e distribuição de rendas;

Art. 49. É da competência exclusiva do Congresso Nacional:

I – resolver definitivamente sobre tratados, acordos ou atos internacionais que acarretem encargos ou compromissos gravosos ao patrimônio nacional;

Art. 59. O processo legislativo compreende a elaboração de:

I – emendas à Constituição;

II – leis complementares;

III – leis ordinárias;

IV – leis delegadas;

V – medidas provisórias;

VI – decretos legislativos;

VII – resoluções.

Parágrafo único. Lei complementar disporá sobre a elaboração, redação, alteração e consolidação das leis.

Art. 60. A Constituição poderá ser emendada mediante proposta:

I – de um terço, no mínimo, dos membros da Câmara dos Deputados ou do Senado Federal;

II – do Presidente da República;

III – de mais da metade das Assembléias Legislativas das unidades da Federação, manifestando-se, cada uma delas, pela maioria relativa de seus membros.

§ 1º A Constituição não poderá ser emendada na vigência de intervenção federal, de estado de defesa ou de estado de sítio.

§ 2º A proposta será discutida e votada em cada Casa do Congresso Nacional, em dois turnos, considerando-se aprovada se obtiver, em ambos, três quintos dos votos dos respectivos membros.

§ 3º A emenda à Constituição será promulgada pelas Mesas da Câmara dos Deputados e do Senado Federal, com o respectivo número de ordem.

§ 4º Não será objeto de deliberação a proposta de emenda tendente a abolir:

I – a forma federativa de Estado;

II – o voto direto, secreto, universal e periódico;

III – a separação dos Poderes;

IV – os direitos e garantias individuais.

§ 5º A matéria constante de proposta de emenda rejeitada ou havida por prejudicada não pode ser objeto de nova proposta na mesma sessão legislativa.

Art. 62. Em caso de relevância e urgência, o Presidente da República poderá adotar medidas provisórias, com força de lei, devendo submetê-las de imediato ao Congresso Nacional.

§ 1º É vedada a edição de medidas provisórias sobre matéria:

III – reservada a lei complementar;

§ 2º Medida provisória que implique instituição ou majoração de impostos, exceto os previstos nos arts. 153, I, II, IV, V, e 154, II, só produzirá efeitos no exercício financeiro seguinte se houver sido convertida em lei até o último dia daquele em que foi editada.

§ 3º As medidas provisórias, ressalvado o disposto nos §§ 11 e 12 perderão eficácia, desde a edição, se não forem convertidas em lei no prazo de sessenta dias, prorrogável, nos termos do § 7º, uma vez por igual período, devendo o Congresso Nacional disciplinar, por decreto legislativo, as relações jurídicas delas decorrentes.

§ 4º O prazo a que se refere o § 3º contar-se-á da publicação da medida provisória, suspendendo-se durante os períodos de recesso do Congresso Nacional.

§ 5º A deliberação de cada uma das Casas do Congresso Nacional sobre o mérito das medidas provisórias dependerá de juízo prévio sobre o atendimento de seus pressupostos constitucionais.

§ 6º Se a medida provisória não for apreciada em até quarenta e cinco dias contados de sua publicação, entrará em regime de urgência, subseqüentemente, em cada uma das Casas do Congresso Nacional, ficando sobrestadas, até que se ultime a votação, todas as demais deliberações legislativas da Casa em que estiver tramitando.

§ 7º Prorrogar-se-á uma única vez por igual período a vigência de medida provisória que, no prazo de sessenta dias, contado de sua publicação, não tiver a sua votação encerrada nas duas Casas do Congresso Nacional.

§ 8º As medidas provisórias terão sua votação iniciada na Câmara dos Deputados.

§ 9º Caberá à comissão mista de Deputados e Senadores examinar as medidas provisórias e sobre elas emitir parecer, antes de serem apreciadas, em sessão separada, pelo plenário de cada uma das Casas do Congresso Nacional.

§ 10. É vedada a reedição, na mesma sessão legislativa, de medida provisória que tenha sido rejeitada ou que tenha perdido sua eficácia por decurso de prazo.

§ 11. Não editado o decreto legislativo a que se refere o § 3º até sessenta dias após a rejeição ou perda de eficácia de medida provisória, as relações jurídicas constituídas e decorrentes de atos praticados durante sua vigência conservar-se-ão por ela regidas.

§ 12. Aprovado projeto de lei de conversão alterando o texto original da medida provisória, esta manter-se-á integralmente em vigor até que seja sancionado ou vetado o projeto.

Art. 68. As leis delegadas serão elaboradas pelo Presidente da República, que deverá solicitar a delegação ao Congresso Nacional.

§ 1º Não serão objeto de delegação os atos de competência exclusiva do Congresso Nacional, os de competência privativa da Câmara dos Deputados ou do Senado Federal, a matéria reservada à lei complementar, nem a legislação sobre:

I – organização do Poder Judiciário e do Ministério Público, a carreira e a garantia de seus membros;

II – nacionalidade, cidadania, direitos individuais, políticos e eleitorais;

III – planos plurianuais, diretrizes orçamentárias e orçamentos.

§ 2º A delegação ao Presidente da República terá a forma de resolução do Congresso Nacional, que especificará seu conteúdo e os termos de seu exercício.

§ 3º Se a resolução determinar a apreciação do projeto pelo Congresso Nacional, este a fará em votação única, vedada qualquer emenda.

Art. 69. As leis complementares serão aprovadas por maioria absoluta.

Art. 146. Cabe à lei complementar:

I – dispor sobre conflitos de competência, em matéria tributária, entre a União, os Estados, o Distrito Federal e os Municípios;

II – regular as limitações constitucionais ao poder de tributar;

III – estabelecer normas gerais em matéria de legislação tributária, especialmente sobre:

a) definição de tributos e de suas espécies, bem como, em relação aos impostos discriminados nesta Constituição, a dos respectivos fatos geradores, bases de cálculo e contribuintes;

b) obrigação, lançamento, crédito, prescrição e decadência tributários;

c) adequado tratamento tributário ao ato cooperativo praticado pelas sociedades cooperativas.

d) definição de tratamento diferenciado e favorecido para as microempresas e para as empresas de pequeno porte, inclusive regimes especiais ou simplificados no caso do imposto previsto no art. 155, II, das contribuições previstas no art. 195, I e §§ 12 e 13, e da contribuição a que se refere o art. 239.

Parágrafo único. A lei complementar de que trata o inciso III, d, também poderá instituir um regime único de arrecadação dos impostos e contribuições da União, dos Estados, do Distrito Federal e dos Municípios, observado que:

I – será opcional para o contribuinte;

II – poderão ser estabelecidas condições de enquadramento diferenciadas por Estado;

III – o recolhimento será unificado e centralizado e a distribuição da parcela de recursos pertencentes aos respectivos entes federados será imediata, vedada qualquer retenção ou condicionamento;

IV – a arrecadação, a fiscalização e a cobrança poderão ser compartilhadas pelos entes federados, adotado cadastro nacional único de contribuintes.

Art. 146-A. Lei complementar poderá estabelecer critérios especiais de tributação, com o objetivo de prevenir desequilíbrios da concorrência, sem prejuízo da competência de a União, por lei, estabelecer normas de igual objetivo.

Art. 150. Sem prejuízo de outras garantias asseguradas ao contribuinte, é vedado à União, aos Estados, ao Distrito Federal e aos Municípios:

I – exigir ou aumentar tributo sem lei que o estabeleça;

III – cobrar tributos:

a) em relação a fatos geradores ocorridos antes do início da vigência da lei que os houver instituído ou aumentado;

Art. 153. Compete à União instituir impostos sobre:

I – importação de produtos estrangeiros;

II – exportação, para o exterior, de produtos nacionais ou nacionalizados;

III – renda e proventos de qualquer natureza;

IV – produtos industrializados;

V – operações de crédito, câmbio e seguro, ou relativas a títulos ou valores mobiliários;

VI – propriedade territorial rural;

VII – grandes fortunas, nos termos de lei complementar.

§ 1º É facultado ao Poder Executivo, atendidas as condições e os limites estabelecidos em lei, alterar as alíquotas dos impostos enumerados nos incisos I, II, IV e V.

Art. 154. A União poderá instituir:

I – mediante lei complementar, impostos não previstos no artigo anterior, desde que sejam não-cumulativos e não tenham fato gerador ou base de cálculo próprios dos discriminados nesta Constituição;

Art. 155. Compete aos Estados e ao Distrito Federal instituir impostos sobre:

I – transmissão causa mortis e doação, de quaisquer bens ou direitos

II – operações relativas à circulação de mercadorias e sobre prestações de serviços de transporte interestadual e intermunicipal e de comunicação, ainda que as operações e as prestações se iniciem no exterior;

III – propriedade de veículos automotores.

§ 1º O imposto previsto no inciso I:

III – terá competência para sua instituição regulada por lei complementar:

a) se o doador tiver domicilio ou residência no exterior;

b) se o de cujus possuía bens, era residente ou domiciliado ou teve o seu inventário processado no exterior;

IV – terá suas alíquotas máximas fixadas pelo Senado Federal;

§ 2º O imposto previsto no inciso II atenderá ao seguinte:

III – poderá ser seletivo, em função da essencialidade das mercadorias e dos serviços;

IV – resolução do Senado Federal, de iniciativa do Presidente da República ou de um terço dos Senadores, aprovada pela maioria absoluta de seus membros, estabelecerá as alíquotas aplicáveis às operações e prestações, interestaduais e de exportação;

V – é facultado ao Senado Federal:

a) estabelecer alíquotas mínimas nas operações internas, mediante resolução de iniciativa de um terço e aprovada pela maioria absoluta de seus membros;

b) fixar alíquotas máximas nas mesmas operações para resolver conflito específico que envolva interesse de Estados, mediante resolução de iniciativa da maioria absoluta e aprovada por dois terços de seus membros;

XII – cabe à lei complementar:

a) definir seus contribuintes;

b) dispor sobre substituição tributária;

c) disciplinar o regime de compensação do imposto;

d) fixar, para efeito de sua cobrança e definição do estabelecimento responsável, o local das operações relativas à circulação de mercadorias e das prestações de serviços;

e) excluir da incidência do imposto, nas exportações para o exterior, serviços e outros produtos além dos mencionados no inciso X, "a";

f) prever casos de manutenção de crédito, relativamente à remessa para outro Estado e exportação para o exterior, de serviços e de mercadorias;

g) regular a forma como, mediante deliberação dos Estados e do Distrito Federal, isenções, incentivos e benefícios fiscais serão concedidos e revogados.

h) definir os combustíveis e lubrificantes sobre os quais o imposto incidirá uma única vez, qualquer que seja a sua finalidade, hipótese em que não se aplicará o disposto no inciso X, b;

i) fixar a base de cálculo, de modo que o montante do imposto a integre, também na importação do exterior de bem, mercadoria ou serviço.

§ 4º Na hipótese do inciso XII, h, observar-se-á o seguinte:

IV – as alíquotas do imposto serão definidas mediante deliberação dos Estados e Distrito Federal, nos termos do § 2º, XII, g, observando-se o seguinte:

a) serão uniformes em todo o território nacional, podendo ser diferenciadas por produto;

b) poderão ser específicas, por unidade de medida adotada, ou ad valorem, incidindo sobre o valor da operação ou sobre o preço que o produto ou seu similar alcançaria em uma venda em condições de livre concorrência;

c) poderão ser reduzidas e restabelecidas, não se lhes aplicando o disposto no art. 150, III, b.

§ 6º O imposto previsto no inciso III:

I – terá alíquotas mínimas fixadas pelo Senado Federal

Art. 156. Compete aos Municípios instituir impostos sobre:

II – transmissão "inter vivos", a qualquer título, por ato oneroso, de bens imóveis, por natureza ou acessão física, e de direitos reais sobre imóveis, exceto os de garantia, bem como cessão de direitos a sua aquisição;

III – serviços de qualquer natureza, não compreendidos no art. 155, II, definidos em lei complementar.

§ 2º O imposto previsto no inciso II:

II – compete ao Município da situação do bem.

§ 3º Em relação ao imposto previsto no inciso III do caput deste artigo, cabe à lei complementar:

I – fixar as suas alíquotas máximas e mínimas;

II – excluir da sua incidência exportações de serviços para o exterior.

III – regular a forma e as condições como isenções, incentivos e benefícios fiscais serão concedidos e revogados.

Art. 195. (...):

§ 3º A pessoa jurídica em débito com o sistema da seguridade social, como estabelecido em lei, não poderá contratar com o Poder Público nem dele receber benefícios ou incentivos fiscais ou creditícios.

§ 4º A lei poderá instituir outras fontes destinadas a garantir a manutenção ou expansão da seguridade social, obedecido o disposto no art. 154, I.

§ 7º São isentas de contribuição para a seguridade social as entidades beneficentes de assistência social que atendam às exigências estabelecidas em lei.

§ 10. A lei definirá os critérios de transferência de recursos para o sistema único de saúde e ações de assistência social da União para os Estados, o Distrito Federal e os Municípios, e dos Estados para os Municípios, observada a respectiva contrapartida de recursos.

§ 11. É vedada a concessão de remissão ou anistia das contribuições sociais de que tratam os incisos I, a, e II deste artigo, para débitos em montante superior ao fixado em lei complementar.

§ 12. A lei definirá os setores de atividade econômica para os quais as contribuições incidentes na forma dos incisos I, b; e IV do caput, serão não-cumulativas.

ATO DAS DISPOSIÇÕES CONSTITUCIONAIS TRANSITÓRIAS – ADCT

Art. 34. O sistema tributário nacional entrará em vigor a partir do primeiro dia do quinto mês seguinte ao da promulgação da Constituição, mantido, até então, o da Constituição de 1967, com a redação dada pela Emenda nº 1, de 1969, e pelas posteriores.

§ 5º Vigente o novo sistema tributário nacional, fica assegurada a aplicação da legislação anterior, no que não seja incompatível com ele e com a legislação referida nos § 3º e § 4º.

• CÓDIGO TRIBUTÁRIO NACIONAL

Art. 1º Esta Lei regula, com fundamento na Emenda Constitucional nº 18, de 1º de dezembro de 1965, o sistema tributário nacional e estabelece, com fundamento no artigo 5º, inciso XV, alínea b, da Constituição Federal, as normas gerais de direito tributário aplicáveis à União, aos Estados, ao Distrito Federal e aos Municípios, sem prejuízo da respectiva legislação complementar, supletiva ou regulamentar.

Art. 2º O sistema tributário nacional é regido pelo disposto na Emenda Constitucional nº 18, de 1º de dezembro de 1965, em leis complementares, em resoluções do Senado Federal e, nos limites das respectivas competências, em leis federais, nas Constituições e em leis estaduais, e em leis municipais.

Art. 96. A expressão "legislação tributária" compreende as leis, os tratados e as convenções internacionais, os decretos e as normas complementares que versem, no todo ou em parte, sobre tributos e relações jurídicas a eles pertinentes.

Art. 97. Somente a lei pode estabelecer:

I – a instituição de tributos, ou a sua extinção;

II – a majoração de tributos, ou sua redução, ressalvado o disposto nos artigos 21, 26, 39, 57 e 65;

III – a definição do fato gerador da obrigação tributária principal, ressalvado o disposto no inciso I do § 3º do artigo 52, e do seu sujeito passivo;

IV – a fixação de alíquota do tributo e da sua base de cálculo, ressalvado o disposto nos artigos 21, 26, 39, 57 e 65;

V – a cominação de penalidades para as ações ou omissões contrárias a seus dispositivos, ou para outras infrações nela definidas;

VI – as hipóteses de exclusão, suspensão e extinção de créditos tributários, ou de dispensa ou redução de penalidades.

§ 1º Equipara-se à majoração do tributo a modificação da sua base de cálculo, que importe em torná-lo mais oneroso.

§ 2º Não constitui majoração de tributo, para os fins do disposto no inciso II deste artigo, a atualização do valor monetário da respectiva base de cálculo.

Art. 98. Os tratados e as convenções internacionais revogam ou modificam a legislação tributária interna, e serão observados pela que lhes sobrevenha.

Art. 99. O conteúdo e o alcance dos decretos restringem-se aos das leis em função das quais sejam expedidos, determinados com observância das regras de interpretação estabelecidas nesta Lei.

Art. 100. São normas complementares das leis, dos tratados e das convenções internacionais e dos decretos:

I – os atos normativos expedidos pelas autoridades administrativas;

II – as decisões dos órgãos singulares ou coletivos de jurisdição administrativa, a que a lei atribua eficácia normativa;

III – as práticas reiteradamente observadas pelas autoridades administrativas;

IV – os convênios que entre si celebrem a União, os Estados, o Distrito Federal e os Municípios.

Parágrafo único. A observância das normas referidas neste artigo exclui a imposição de penalidades, a cobrança de juros de mora e a atualização do valor monetário da base de cálculo do tributo.

Art. 101. A vigência, no espaço e no tempo, da legislação tributária rege-se pelas disposições legais aplicáveis às normas jurídicas em geral, ressalvado o previsto neste Capítulo.

Art. 102. A legislação tributária dos Estados, do Distrito Federal e dos Municípios vigora, no País, fora dos respectivos territórios, nos limites em que lhe reconheçam extraterritorialidade os convênios de que participem, ou do que disponham esta ou outras leis de normas gerais expedidas pela União.

Art. 103. Salvo disposição em contrário, entram em vigor:

I – os atos administrativos a que se refere o inciso I do artigo 100, na data da sua publicação;

II – as decisões a que se refere o inciso II do artigo 100, quanto a seus efeitos normativos, 30 (trinta) dias após a data da sua publicação;

III – os convênios a que se refere o inciso IV do artigo 100, na data neles prevista.

Art. 104. Entram em vigor no primeiro dia do exercício seguinte àquele em que ocorra a sua publicação os dispositivos de lei, referentes a impostos sobre o patrimônio ou a renda:

I – que instituem ou majoram tais impostos;

II – que definem novas hipóteses de incidência;

III – que extinguem ou reduzem isenções, salvo se a lei dispuser de maneira mais favorável ao contribuinte, e observado o disposto no artigo 178.

Art. 105. A legislação tributária aplica-se imediatamente aos fatos geradores futuros e aos pendentes, assim entendidos aqueles cuja ocorrência tenha tido início mas não esteja completa nos termos do artigo 116.

Art. 106. A lei aplica-se a ato ou fato pretérito:

I – em qualquer caso, quando seja expressamente interpretativa, excluída a aplicação de penalidade à infração dos dispositivos interpretados;

II – tratando-se de ato não definitivamente julgado:

a) quando deixe de defini-lo como infração;

b) quando deixe de tratá-lo como contrário a qualquer exigência de ação ou omissão, desde que não tenha sido fraudulento e não tenha implicado em falta de pagamento de tributo;

c) quando lhe comine penalidade menos severa que a prevista na lei vigente ao tempo da sua prática.

Art. 107. A legislação tributária será interpretada conforme o disposto neste Capítulo.

Art. 108. Na ausência de disposição expressa, a autoridade competente para aplicar a legislação tributária utilizará sucessivamente, na ordem indicada:

I – a analogia;

II – os princípios gerais de direito tributário;

III – os princípios gerais de direito público;

IV – a eqüidade.

§ 1º O emprego da analogia não poderá resultar na exigência de tributo não previsto em lei.

§ 2º O emprego da eqüidade não poderá resultar na dispensa do pagamento de tributo devido.

Art. 109. Os princípios gerais de direito privado utilizam-se para pesquisa da definição, do conteúdo e do alcance de seus institutos, conceitos e formas, mas não para definição dos respectivos efeitos tributários.

Art. 110. A lei tributária não pode alterar a definição, o conteúdo e o alcance de institutos, conceitos e formas de direito privado, utilizados, expressa ou implicitamente, pela Constituição Federal, pelas Constituições dos Estados, ou pelas Leis Orgânicas do Distrito Federal ou dos Municípios, para definir ou limitar competências tributárias.

Art. 111. Interpreta-se literalmente a legislação tributária que disponha sobre:

I – suspensão ou exclusão do crédito tributário;

II – outorga de isenção;

III – dispensa do cumprimento de obrigações tributárias acessórias.

Art. 112. A lei tributária que define infrações, ou lhe comina penalidades, interpreta-se da maneira mais favorável ao acusado, em caso de dúvida quanto:

I – à capitulação legal do fato;

II – à natureza ou às circunstâncias materiais do fato, ou à natureza ou extensão dos seus efeitos;

III – à autoria, imputabilidade, ou punibilidade;

IV – à natureza da penalidade aplicável, ou à sua graduação.

Art. 176. A isenção, ainda quando prevista em contrato, é sempre decorrente de lei que especifique as condições e requisitos exigidos para a sua concessão, os tributos a que se aplica e, sendo caso, o prazo de sua duração.

• LEI COMPLEMENTAR Nº 95, DE 26 DE FEVEREIRO DE 1998

Art. 1º A elaboração, a redação, a alteração e a consolidação das leis obedecerão ao disposto nesta Lei Complementar.

Art. 8º A vigência da lei será indicada de forma expressa e de modo a contemplar prazo razoável para que dela se tenha amplo conhecimento, reservada a cláusula "entra em vigor na data de sua publicação" para as leis de pequena repercussão.

§ 1º A contagem do prazo para entrada em vigor das leis que estabeleçam período de vacância far-se-á com a inclusão da data da publicação e do último dia do prazo, entrando em vigor no dia subseqüente à sua consumação integral.

§ 2º As leis que estabeleçam período de vacância deverão utilizar a cláusula 'esta lei entra em vigor após decorridos (o número de) dias de sua publicação oficial' .

Art. 9º A cláusula de revogação deverá enumerar, expressamente, as leis ou disposições legais revogadas

• DECRETO-LEI Nº 4.657, DE 4 DE SETEMBRO DE 1942

Lei de Introdução às Normas do Direito Brasileiro

(Redação dada pela Lei nº 12.376, de 2010)

Art. 1º Salvo disposição contrária, a lei começa a vigorar em todo o país quarenta e cinco dias depois de oficialmente publicada.

§ 1º Nos Estados, estrangeiros, a obrigatoriedade da lei brasileira, quando admitida, se inicia três meses depois de oficialmente publicada.

§ 3º Se, antes de entrar a lei em vigor, ocorrer nova publicação de seu texto, destinada a correção, o prazo deste artigo e dos parágrafos anteriores começará a correr da nova publicação.

§ 4º As correções a texto de lei já em vigor consideram-se lei nova.

Art. 2º Não se destinando à vigência temporária, a lei terá vigor até que outra a modifique ou revogue.

§ 1º A lei posterior revoga a anterior quando expressamente o declare, quando seja com ela incompatível ou quando regule inteiramente a matéria de que tratava a lei anterior.

§ 2º A lei nova, que estabeleça disposições gerais ou especiais a par das já existentes, não revoga nem modifica a lei anterior.

§ 3º Salvo disposição em contrário, a lei revogada não se restaura por ter a lei revogadora perdido a vigência.

Art. 3º Ninguém se escusa de cumprir a lei, alegando que não a conhece.

Art. 4º Quando a lei for omissa, o juiz decidirá o caso de acordo com a analogia, os costumes e os princípios gerais de direito.

Art. 5º Na aplicação da lei, o juiz atenderá aos fins sociais a que ela se dirige e às exigências do bem comum.

Art. 6º A Lei em vigor terá efeito imediato e geral, respeitados o ato jurídico perfeito, o direito adquirido e a coisa julgada.

§ 1º Reputa-se ato jurídico perfeito o já consumado segundo a lei vigente ao tempo em que se efetuou.

§ 2º Consideram-se adquiridos assim os direitos que o seu titular, ou alguém por êle, possa exercer, como aquêles cujo comêço do exercício tenha têrmo pré-fixo, ou condição pré-estabelecida inalterável, a arbítrio de outrem.

§ 3º Chama-se coisa julgada ou caso julgado a decisão judicial de que já não caiba recurso.

• LEI COMPLEMENTAR Nº 118, DE 9 DE FEVEREIRO DE 2005

Art. 3º Para efeito de interpretação do inciso I do art. 168 da Lei no 5.172, de 25 de outubro de 1966 – Código Tributário Nacional, a extinção do crédito tributário ocorre, no caso de tributo sujeito a lançamento por homologação, no momento do pagamento antecipado de que trata o § 1º do art. 150 da referida Lei.

• RESOLUÇÃO Nº 17, DE 1989 (Regimento Interno da Câmara dos Deputados)

Art. 109. Destinam-se os projetos:

I – de lei a regular as matérias de competência do Poder Legislativo, com a sanção do Presidente da República;

II – de decreto legislativo a regular as matérias de exclusiva competência do Poder Legislativo, sem a sanção do Presidente da República;

- **RESOLUÇÃO Nº 93, DE 1970 (Regimento Interno do Senado Federal)**

Art. 172. A inclusão em Ordem do Dia de proposição em rito normal, sem que esteja instruída com pareceres das comissões a que houver sido distribuída, só é admissível nas seguintes hipóteses:

II – por ato do Presidente, quando se tratar:

c) de projeto de decreto legislativo referente a tratado, convênio ou acordo internacional, se faltarem dez dias, ou menos, para o término do prazo no qual o Brasil deva manifestar-se sobre o ato em apreço;

Art. 213. Os projetos compreendem:

I – projeto de lei, referente a matéria da competência do Congresso Nacional, com sanção do Presidente da República (Const., art. 48);

II – projeto de decreto legislativo, referente à matéria da competência exclusiva do Congresso Nacional (Const., art. 49);

III – projeto de resolução sobre matéria da competência privativa do Senado (Const., art. 52).

QUESTÕES

CAPÍTULOS V E VI

1. QUESTÕES COMENTADAS

01. (Analista Judiciário - Execução de Mandados - TRF 2ª região/ 2012 - FCC) Dentre outros, são impostos do Distrito Federal e da União, respectivamente, aqueles:

a) sobre propriedade de veículos automotores e sobre transmissão *causa mortis*, de bens ou direitos.

b) sobre operações de crédito e câmbio e sobre prestação de serviços de comunicações.

c) sobre doação de quaisquer bens ou direitos e sobre operações relativas a títulos ou valores mobiliários.

d) referentes ao exercício da competência residual e sobre operações relativas a prestação de serviço de transporte interestadual.

e) sobre produtos industrializados e sobre doação de bens móveis, imóveis ou de direitos.

COMENTÁRIOS:

A questão versa sobre a competência tributária para instituição de impostos. Os impostos de competência da União estão previstos nos artigos 153 e 154 da Constituição Federal (II, IE, IR, IPI, IOF, ITR, imposto sobre grandes fortunas, impostos da competência residual e impostos extraordinários). Já os impostos de competência dos Estados estão previstos no artigo 155 da CF (ITCMD, ICMS e IPVA). Os impostos de competência dos Municípios estão previstos no artigo 156 da CF (IPTU, ITBI e ISS). Por fim, ao Distrito Federal cabem os impostos de competência dos Estados e dos Municípios (CF, art. 147).

Alternativa correta: letra "c": de fato, o ITCMD (imposto sobre transmissão *causa mortis* ou doação de quaisquer bens ou direitos) é de competência do Distrito Federal (CF, art. 155, I) e o IOF (imposto sobre operações de crédito, câmbio e seguro, ou relativas a títulos ou valores mobiliários) é de competência da União Federal (CF, art. 155, I).

Alternativa "a": incorreta. Embora o IPVA (imposto sobre propriedade de veículos automotores) seja de fato um imposto de competência do DF (CF, art. 155, III), o ITCMD não é de competência da União e sim dos Estados/DF (CF, arts. 155, I c/c 147).

Alternativa "b": incorreta. Nem o IOF é de competência do DF (pois é um imposto federal nos termos do artigo 153, inciso V, da Constituição Federal), nem o ICMS (imposto sobre operações relativas à circulação de mercadorias e sobre prestações de serviços de transporte interestadual e intermunicipal e de comunicação) é de competência da União (é, na verdade, de competência dos Estados/DF, conforme o artigo 155, inciso II, da Constituição Federal).

Alternativa "d": incorreta. A competência residual para instituição de impostos é privativa da União (CF, art. 154, I). De outro lado, o ICMS é de competência dos Estados/DF (CF, art. 155, II).

Alternativa "e": incorreta. O IPI (imposto sobre produtos industrializados) é federal (CF, art. 153, IV). Já o ITCMD é de competência dos Estados/DF (CF, art. 155, I).

02. **(Analista Judiciário – Área Judiciária – TRF 4ª região/ 2006 – FCC)** Considere as seguintes hipóteses:

I. A transmissão, a qualquer título, do domínio útil de bens imóveis por natureza, como definidos na lei civil.

II. A transmissão, a qualquer título, de direitos reais sobre imóveis, inclusive os direitos reais de garantia.

III. A cessão de direitos relativos à transmissão, a qualquer título, da propriedade de bens imóveis por natureza, como definidos na lei civil.

IV. A transmissão, a qualquer título, do domínio útil de bens imóveis por acessão física, como definidos na lei civil.

De acordo com o Código Tributário Nacional, o imposto (de competência dos Estados) sobre a transmissão de bens imóveis e de direitos a eles relativos tem como fato gerador o que se refere APENAS nas hipóteses:

a) II, III e IV.
b) I, III e IV.
c) I, II e IV.
d) I, II e III.
e) I e III.

COMENTÁRIOS:

Na vigência da Constituição de 1946 (anterior a de 1988), o ITBI (impostos sobre transmissão de bens imóveis) era de competência dos Estados e abrangia, além das transmissões *inter vivos* também as *causa mortis*. Esta abrangência está prevista no artigo 35 do CTN. Com a Constituição Federal de 1988, o ITBI passou à competência tributária dos Municípios, restringindo-se sua incidência aos atos onerosos *inter vivos*. Já as transmissões *causa mortis* e as doações, de quaisquer bens ou direitos, passaram para a competência estadual. É preciso ficar atento à exigência da questão de que seja assinalada a resposta baseada no CTN, que trata o ITBI como de competência estadual, mas que, sob a égide da Constituição Federal de 1988, teve o artigo 35 recepcionado como norma geral a respeito de dois tributos, o ITBI municipal e o ITCMD estadual. Lembrando sempre de que, nos moldes da Constituição de 1988, o ITBI municipal incide sobre a transmissão apenas onerosa e *inter vivos* de imóveis e direitos a eles relativos (CF, art. 156, II), enquanto o ITCMD estadual incide sobre a transmissão de bens quaisquer, mas apenas a título de doação ou sucessão hereditária (CF, art. 155, I)

Alternativa correta: letra "b".

Item I: certo. O artigo 35, inciso I, do CTN estipula que o imposto, de competência dos Estados, sobre a **transmissão de bens imóveis** e de direitos a eles relativos tem como fato gerador a transmissão, a qualquer título, da propriedade ou **do domínio útil de bens imóveis por natureza** ou por acessão física, **como definidos na lei civil.**

Item II: errado. O artigo 35, inciso II, do CTN estipula que o imposto, de competência dos Estados, sobre a **transmissão de bens imóveis** e de direitos a eles relativos tem como fato gerador a transmissão, a qualquer título, de direitos reais sobre imóveis, **exceto os direitos reais de garantia.**

Item III: certo. O artigo 35, inciso III, do CTN estipula que o imposto, de competência dos Estados, sobre a **transmissão de bens imóveis** e de direitos a eles relativos tem como fato gerador **a cessão de direitos relativos às transmissões** referidas nos incisos I e II.

Item IV: certo. O artigo 35, inciso I, do CTN estipula que o imposto, de competência dos Estados, sobre a **transmissão de bens imóveis** e de direitos a eles relativos tem como fato gerador a transmissão, a qualquer título, da propriedade ou **do domínio útil de bens imóveis** por natureza ou **por acessão física, como definidos na lei civil.**

03. **(Analista Judiciário – Área Judiciária – TRF 4ª região/ 2006 – FCC)** O imposto previsto sobre produtos industrializados

a) não poderá ser cobrado no mesmo exercício financeiro em que haja sido publicada a lei que os instituiu ou aumentou.
b) será cumulativo, não havendo compensação nas operações efetuadas pelo contribuinte.
c) incidirá, dentre outras hipóteses, sobre os produtos industrializados que forem destinados ao exterior.
d) será seletivo, em função da essencialidade do produto, havendo dispositivo constitucional neste sentido.
e) não terá reduzido seu impacto sobre a aquisição de bens de capital pelo contribuinte do imposto.

COMENTÁRIOS:

O IPI (imposto sobre produtos industrializados) é de competência federal (CF, art. 153, IV). O parágrafo terceiro do artigo 153 da Constituição Federal, cuja leitura é sugerida, prevê uma série de normas constitucionais aplicáveis ao IPI, as quais são objeto da presente questão.

Alternativa correta: letra "d": o IPI será seletivo, em função da essencialidade do produto (CF, art. 153, § 3º, I). Trata-se do princípio da seletividade do IPI, pelo qual a tributação deverá ter alíquotas diferenciadas de acordo com a essencialidade de um produto industrializado.

Alternativa "a": errada. A alternativa retrata o Princípio da Anterioridade na sua vertente anual, segundo a qual é vedado à União, aos Estados, ao Distrito Federal e aos Municípios cobrar tributos "no mesmo exercício financeiro em que haja sido publicada a lei que os instituiu ou aumentou" (CF, art. 150, III, "b"). Entretanto, o IPI é exceção a essa vertente do Princípio da Anterioridade, conforme previsto no artigo 150, § 1º, da Constituição Federal. A título de ilustração, ainda existe a anterioridade nonagesimal. Esta outra vertente do Princípio da Anterioridade veda à União, aos Estados, ao Distrito Federal e aos Municípios cobrar tributos "antes de decorridos noventa dias da data em que haja sido publicada a lei que os instituiu ou aumentou" (CF, art. 150, III, "c"). O IPI não é exceção a essa vertente nonagesimal da anterioridade.

Alternativa "b": errada. Ao contrário do que constou, o IPI será **não cumulativo,** compensando-se o que for devido em cada operação com o montante cobrado nas anteriores (CF, art. 153, § 3º, II).

Alternativa "c": errada. Ao contrário do que constou, o IPI **não incidirá** sobre produtos industrializados destinados ao exterior (CF, art. 153, § 3º, III). Trata-se de uma imunidade específica.

Alternativa "e": errada. Ao contrário do que constou, o IPI terá reduzido seu impacto sobre a aquisição de bens de capital pelo contribuinte do imposto, na forma da lei (CF, art. 153, § 3º, IV).

04. **(Analista Judiciário - Área Judiciária - TRF 5ª região/ 2008 - FCC)** É correto afirmar que o imposto sobre

a) renda ou proventos de qualquer natureza tem como sujeito passivo a pessoa física ou jurídica que registra acréscimos em seu patrimônio, mas não aquela que tem a obrigação de reter o imposto na fonte.

b) importação de produtos estrangeiros incide em relação a produtos determinados, e desde que previstos no Código Tributário Nacional, estando sujeito ao princípio da anterioridade.

c) exportação abrange os produtos nacionais ou nacionalizados, não está sujeito ao princípio da anterioridade, considerando também que não incide o imposto sobre produtos industrializados nos produtos destinados ao exterior.

d) propriedade territorial rural é de competência concorrente da União e Municípios, mas se instituído pela primeira deverá repassar vinte e cinco por cento para o respectivo Município.

e) operações financeiras (crédito, câmbio e seguro ou relativo a valores mobiliários) incide sobre o ouro, em qualquer situação, destinando-se cinqüenta por cento para os Estados de origem.

COMENTÁRIOS:

A questão aborda aspectos constitucionais e infraconstitucionais (CTN) dos impostos federais.

Alternativa correta: letra "c": de acordo com o artigo 153, inciso III da Constituição Federal, compete à União instituir imposto sobre exportação, para o exterior, de produtos nacionais ou nacionalizados. O IE (imposto sobre exportação) é uma exceção ao princípio da anterioridade, nas suas duas vertentes, anual e nonagesimal (CF, art. 150, § 1º). Por fim, a Carta Constitucional prevê uma imunidade específica ao IPI, no tocante à exportação de produtos industrializados (CF, art. 153, § 3º).

Alternativa "a": incorreta. O sujeito passivo da obrigação principal é a pessoa obrigada ao pagamento do tributo ou da penalidade pecuniária e diz-se contribuinte ou responsável. O artigo 43, parágrafo único, do CTN, ao versar sobre o imposto de renda, estabelece que "a lei pode atribuir à fonte pagadora da renda ou dos proventos tributáveis **a condição de responsável** pelo imposto cuja retenção e recolhimento lhe caibam".

Alternativa "b": incorreta. O imposto de competência da União sobre a importação de produtos estrangeiros tem como fato gerador a entrada destes no território nacional (CTN, art. 19). Perceba que o CTN não lista tais produtos. O imposto de importação é uma exceção ao princípio da anterioridade, nas suas duas vertentes, anual e nonagesimal (CF, art. 150, § 1º).

Alternativa "d": incorreta. O sujeito ativo do ITR é aquele a que a Constituição confere competência para instituir e legislar a respeito do mesmo, isto é, a União (CF, art. 153, VI). Quanto à repartição dessa receita tributária, pertencem aos Municípios cinquenta por cento do produto da arrecadação do ITR, relativamente aos imóveis neles situados, cabendo a totalidade na hipótese da opção pelo Município, na forma da lei, por fiscalizar e cobrar o referido imposto, desde que não implique em sua redução ou qualquer outra forma de renúncia fiscal (CF, art. 158, II c/c art. 153, § 4º, III).

Alternativa "e": incorreta. O ouro, **quando definido em lei como ativo financeiro ou instrumento cambial**, sujeita-se exclusivamente à incidência do IOF, devido na operação de origem (CF, art. 153, § 5º). Entretanto, o ouro enquanto mercadoria (por exemplo: jóias) sofre a incidência do ICMS em suas operações de circulação.

05. **(Analista Judiciário – Execução de Mandados – TRF 5ª região/ 2008 – FCC)** É certo que o imposto sobre operações relativas à circulação de mercadorias e sobre prestações de serviços de transporte interestadual e intermunicipal e de comunicação,

a) será cumulativo, não pode ser seletivo, mesmo em razão da essencialidade das mercadorias ou serviços, e incide mesmo nas remessas de mercadoria para demonstração.

b) será não cumulativo, pode ser seletivo em função da essencialidade das mercadorias e dos serviços, e não incide no simples deslocamento da mercadoria pelo seu proprietário, sem implicar circulação econômica ou jurídica.

c) não está sujeito ao princípio da anterioridade, não pode ser seletivo, em nenhuma hipótese, mas não incide na saída de mercadorias para outro estabelecimento da mesma firma, localizado em outro Estado.

d) é da competência legislativa dos Estados e do Distrito Federal, será cumulativo, não está sujeito ao princípio da anterioridade e incide nas transferências de bens da matriz para suas filiais.

e) é da competência legislativa dos Estados na respectiva área, mas da União, quando no Distrito Federal, e incide sobre a movimentação de mercadorias e prestação de serviços dentro ou fora da corrente comercial.

COMENTÁRIOS:

O ICMS (imposto sobre operações relativas à circulação de mercadorias e sobre prestações de serviços de transporte interestadual e intermunicipal e de comunicação) é de competência dos Estados e do Distrito Federal (CF, art. 155, II). O parágrafo segundo do artigo 155 da Constituição Federal, cuja leitura é sugerida, prevê uma série de normas constitucionais aplicáveis ao ICMS.

Alternativa correta: letra "b": o ICMS **será** não cumulativo (CF, art. 155, § 2º, I) e **poderá** ser seletivo em função da essencialidade das mercadorias e dos serviços (CF, art. 155, § 2º, III). Por sua vez, a Súmula 166 do STJ estipula que "não constitui fato gerador do ICMS o simples deslocamento de mercadoria de um para outro estabelecimento do mesmo contribuinte".

Alternativa "a": ao contrário do que constou, o ICMS **será** não cumulativo (CF, art. 155, § 2º, I) e **poderá** ser seletivo em função da essencialidade das mercadorias e dos serviços (CF, art. 155, § 2º, III).

Alternativa "c": incorreta. O ICMS sujeita-se ao princípio da anterioridade, nas suas vertentes anual e nonagesimal (CF, art. 150, III, "b"e "c") e **poderá** ser seletivo em função da essencialidade das mercadorias e dos serviços (CF, art. 155, § 2º, III).

Alternativa "d": de fato, é de competência dos Estados e do Distrito Federal (CF, art. 155, II). Entretanto, será **não cumulativo** (CF, art. 155, § 2º, I), sujeita-se ao princípio da anterioridade nas suas vertentes anual e nonagesimal (CF, art. 150, III, "b" e "c") e de acordo com a Súmula 166 do STJ não incide sobre a transferência de bens entre matriz e filial. Portanto, alternativa errada.

Alternativa "e": incorreta. O ICMS é de competência dos Estados e do Distrito Federal (CF, art. 155, II). Ainda, contribuinte do ICMS é qualquer pessoa, física ou jurídica, que realize, com habitualidade ou em volume que caracterize intuito comercial, operações de circulação de mercadoria ou prestações de serviços de transporte interestadual e intermunicipal e de comunicação, ainda que as operações e as prestações se iniciem no exterior (LC 87/96, art. 4º).

2. QUESTÕES DE CONCURSO

01. **(STJ - CESPE - Analista Judiciário / 2018)** À luz da jurisprudência majoritária e atual dos tribunais superiores e da doutrina acerca dos princípios constitucionais tributários, do indébito tributário, do crédito tributário e do poder de tributar, julgue o item seguinte.

De acordo com o Supremo Tribunal Federal, a norma legal que altera o prazo de recolhimento da obrigação tributária deve observar o princípio da anterioridade que for aplicável ao respectivo tributo.

02. **(Procurador do Município – Prefeitura Recife-PE/2008 – FCC)** A Constituição Federal dispõe que compete à lei complementar disciplinar normas gerais em matéria tributária, especialmente sobre definição de fato gerador, base de cálculo e contribuintes dos impostos discriminados na Constituição. Considerando esta regra, a definição de fato gerador, base de cálculo e contribuintes do IPTU está disciplinada:

a) em lei complementar municipal.
b) em decreto-lei federal recepcionado como lei complementar.
c) no Código Tributário Nacional.
d) no Código Tributário Municipal.
e) em lei complementar federal específica do IPTU.

03. **(Procurador do Município – Prefeitura Rio Branco-AC/2007 – Cespe)** Julgue os itens seguintes, relativos ao direito tributário, financeiro e orçamentário.

() Suponha-se que a secretaria de fazenda de determinado município da Federação tenha editado instrução normativa que trata de aspectos formais do recolhimento do ISS. Nessa situação, não havendo disposição em contrário, considera-se que o referido ato tenha entrado em vigor na data de sua publicação.

04. **(Procurador do Município – Prefeitura Salvador-BA/2006 – FCC)** Considere as seguintes afirmações:

I. A lei aplica-se a ato ou fato pretérito, em qualquer caso, quando seja expressamente interpretativa, excluída a aplicação de penalidade à infração dos dispositivos interpretados.

II. A lei tributária retroage quando deixe de definir como infração ato não definitivamente julgado.

III. A lei tributária é aplicada a ato pretérito, quando deixe de tratá-lo como contrário a qualquer exigência de ação ou omissão, inclusive quando houver fraude e falta de pagamento de tributo.

No que tange à retroatividade da lei tributária, SOMENTE

a) I está correta.

b) II está correta.

c) I e II estão corretas.

d) I e III estão corretas.

e) II e III estão corretas.

05. (FCC/AFR/2013) A Lei Complementar tem grande importância no Sistema Tributário Nacional. De acordo com a Constituição Federal de 1988, por meio desse instrumento

a) são reguladas as limitações ao direito de tributar, previstas na Constituição Federal, bem como são estabelecidas normas gerais em matéria tributária sobre obrigação, lançamento, crédito, prescrição e decadência.

b) a União, para atender despesas extraordinárias, decorrentes de calamidade pública, pode instituir impostos extraordinários.

c) a União pode instituir impostos não previstos na Constituição, mesmo que, pela excepcionalidade, tenham fato gerador e base de cálculo de impostos iguais aos existentes na Constituição Federal.

d) são estabelecidas normas gerais em matéria tributária, dentre elas a definição dos tributos e suas espécies, bem como, são instituídos os impostos discriminados na Constituição com os respectivos fatos geradores, bases de cálculo e contribuintes.

e) são previstas as percentagens de repartição de receita tributária entre a União, Estados, Distrito Federal e Municípios.

06. (Procurador do Município – Prefeitura Teresina-PI/2010 – FCC) Ao instituir o imposto sobre serviços de qualquer natureza o Município elenca na lei o rol de serviços tributáveis por este imposto. Tratando-se de serviço semelhante, mas não previsto expressamente nesta lei, o Município

a) não poderá sofrer a incidência deste imposto porque é vedada a analogia que resulte na exigência de tributo não previsto em lei.

b) poderá sofrer a incidência deste imposto em virtude da interpretação analógica, aplicável em casos de equidade.

c) deverá sofrer incidência deste imposto por equidade, já que não se admite interpretação que resulte na dispensa do pagamento de tributo devido.

d) está obrigado a tributar para evitar caracterização de renúncia de receita, desde que não altere o conteúdo e o alcance dos conteúdos legais.

e) poderá sofrer a incidência deste imposto se o serviço não for objeto de tributação por imposto de competência do Estado, pois neste caso caberá a aplicação da analogia.

07. **(FCC/AFR/2006)** Ao se referir à interpretação e integração da legislação tributária, o Código Tributário Nacional determina expressamente:

a) O emprego da analogia poderá resultar na exigência de tributo não previsto em lei.

b) Os princípios gerais de direito privado utilizam-se para pesquisa da definição, do conteúdo e do alcance de seus institutos, conceitos e formas, inclusive para a definição dos respectivos efeitos tributários.

c) Na ausência de disposição expressa, a autoridade competente para aplicar a legislação tributária utilizará, sucessivamente, na ordem indicada, a equidade, os princípios gerais de direito tributário, os princípios gerais de direito público e a analogia.

d) Interpreta-se literalmente a legislação tributária que disponha sobre suspensão ou exclusão do crédito tributário e sobre a dispensa do cumprimento de obrigações acessórias.

e) O emprego da equidade poderá resultar na dispensa do pagamento de tributo devido.

08. **(FCC – Juiz de Direito Substituto-GO/ 2012)** Lei estadual que prevê recolhimento antecipado, pelo fabricante/ montadora de veículos, de ICMS incidente sobre a venda de veículos automotores disponíveis para a venda em concessionária de veículos é considerada

a) constitucional, por se tratar de substituição tributária para frente, expressamente autorizada pela Constituição Federal.

b) inconstitucional, por se tratar de fato gerador presumido, ainda não consumado.

c) inconstitucional, por não caber a incidência de ICMS na operação de venda de veículos automotores pelo fabricante/montadora para a concessionária de veículos.

d) constitucional, por se tratar de substituição tributária para trás, com fato gerador consumado quando da saída dos veículos do pátio do fabricante/montadora de veículos.

e) constitucional, já que o fabricante/montadora de veículos realizou o fato gerador do ICMS quando operou a venda de veículos automotores para a concessionária.

09. **(Cespe – Procurador BACEN/2009)** Uma empresa detém a propriedade sobre terras agriculturáveis em diversos estados do Brasil, no ambiente rural, e,

em diversos municípios de seu estado de origem, é proprietária de terras urbanas.

Nessa situação, em razão das propriedades que detém, a empresa torna-se contribuinte de

a) dois impostos federais e um estadual.
b) dois impostos estaduais e um municipal.
c) um imposto municipal e um federal.
d) um imposto municipal, um estadual e um federal.
e) um imposto municipal e um estadual.

10. **(FCC – Procurador do Estado – MT/ 2011)** Diante da ausência de disposição expressa, a autoridade competente poderá aplicar a legislação tributária e utilizar métodos de integração previstos no Código Tributário Nacional. Sobre os métodos de integração é correto afirmar:

a) A autoridade competente poderá aplicar, alternativamente, conforme a necessidade, a analogia, os costumes, a equidade e os princípios gerais de direito.
b) O emprego da analogia só terá cabimento se for impossível a aplicação dos princípios gerais de direito.
c) Não se admite o emprego da equidade, que é reservado exclusivamente a membro do Poder Judiciário no exercício da jurisdição.
d) Os princípios gerais de direito privado são utilizados sucessivamente após ter restado insuficiente o emprego da analogia e dos princípios gerais de direito público.
e) Se com o emprego da analogia resultar exigência de tributo não previsto em lei, deve a autoridade aplicar, sucessivamente, os princípios gerais de direito tributário.

11. **(Cespe – Analista de Controle – Área Jurídica – TCE – PR/2016)** A respeito do que prevê o Código Tributário Nacional sobre a vigência, a aplicação, a interpretação e a integração da legislação tributária, assinale a opção correta.

a) Deverá ser interpretada de forma literal a legislação tributária que dispuser sobre outorga de isenção.
b) No caso de dúvida quanto à natureza da penalidade aplicável, ou à sua gradação, a lei tributária deverá ser interpretada da forma mais favorável ao fisco.
c) A legislação tributária não se aplica imediatamente aos fatos geradores pendentes.

d) É inadmissível, em qualquer hipótese, a aplicação da lei a ato ou fato pretérito.

e) Havendo lacuna da lei tributária, a autoridade competente deverá utilizar a analogia, os princípios gerais do direito tributário, os princípios gerais do direito público e os costumes, nessa ordem.

12. (FGV – ISS-CUIABÁ – 2016) A expressão "legislação tributária" compreende as leis, os tratados e as convenções internacionais, os decretos e as normas complementares que versem sobre tributos e relações jurídicas a eles pertinentes. Sobre a legislação tributária, assinale a afirmativa incorreta.

(A) A lei tributária não se aplica a ato ou fato pretérito, ainda que seja expressamente interpretativa, sob pena de violação do princípio da irretroatividade.

(B) Somente a lei pode estabelecer a cominação de penalidades para ações e omissões contrárias a seus dispositivos.

(C) Os tratados e convenções internacionais podem revogar ou modificar a legislação tributária interna.

(D) O Poder Executivo pode, nas condições e nos limites estabelecidos em lei, alterar as alíquotas do imposto de Importação, Imposto de Exportação, Imposto sobre Produtos Industrializados e Imposto sobre Operações Financeiras.

(E) A lei tributária não pode alterar a definição, o conteúdo e o alcance de institutos, conceitos e formas de direito privado, utilizados pela Constituição Federal, para definir ou limitar competências tributárias.

13. (Consulplan – Analista Judiciário – TRF2/2017) "Idealize que em um Estado qualquer da Federação foi publicado decreto governamental, pelo qual foi alterada a sistemática de recolhimento do ICMS sobre o fornecimento de energia elétrica. Passou-se do sistema de encontro de contas (crédito-débito) estabelecido por lei complementar, para um sistema de recolhimento por estimativa, com base no apurado no mês anterior, realizando-se no mês subsequente o encontro de contas e admitindo-se o creditamento, caso o saldo fosse favorável ao contribuinte." Com relação ao novo sistema de recolhimento do ICMS deste Estado, tal como registrado no decreto, é correto afirmar que:

a) É válido, visto que não há necessidade de lei quando apenas se altera a sistemática de recolhimento do tributo.

b) É ineficaz, até que se complete o exercício fiscal em que foi promulgado o decreto, só produzindo efeitos após este período.

c) Afronta a Constituição, já que a criação de nova maneira de recolhimento do tributo deve ocorrer mediante lei no sentido formal e material.

d) É inconstitucional, uma vez que a fixação de nova sistemática para recolhimento do imposto tem que ser aprovada pelo CONFAZ – Conselho Nacional de Política Fazendária.

14. **(FCC – Defensor Público – RS/2014)** O Imposto sobre a Propriedade Predial e Territorial Urbana – IPTU está previsto no Código Tributário Nacional e as disposições deste diploma devem ser lidas à luz da Constituição Federal. Com base no atual entendimento jurisprudencial,

a) a limitação constitucional relativa à anterioridade nonagesimal é aplicável à fixação da base de cálculo do imposto sobre a propriedade predial e territorial urbana.

b) o imposto, de competência dos Municípios, sobre a propriedade predial e territorial urbana, tem como fato gerador apenas a propriedade, pois a Constituição Federal, ao atribuir aos Municípios tal competência, deixou de referir expressamente a posse.

c) pode ser exigido o IPTU nos casos em que a posse é exercida precariamente, bem como nas demais situações em que, embora envolvam direitos reais, não estejam diretamente correlacionadas com a aquisição da propriedade.

d) a posse apta a gerar a obrigação tributária do Imposto sobre a Propriedade Predial e Territorial Urbana é aquela qualificada pelo *animus domini*, ou seja, a que efetivamente esteja em vias de ser transformada em propriedade, seja por meio da promessa de compra e venda, seja pela posse *ad usucapionem*.

e) a progressividade do imposto sobre a propriedade predial e territorial urbana será permitida apenas em relação ao valor venal do imóvel, se assim o quiser o legislador municipal, já que se trata de sua faculdade.

15. **(FCC – Juiz de Direito – SC/2015)** Wagner, pequeno empresário, domiciliado na cidade de Mafra/SC, desejando ampliar seus negócios, pensou em transformar seu estabelecimento comercial em estabelecimento industrial. Sua preocupação era ter de pagar um imposto que até então lhe era desconhecido: o IPI. Para melhor conhecer esse imposto, conversou com alguns amigos que também eram proprietários de indústria e cada um deles lhe passou as informações que tinham sobre esse imposto. Disseram-lhe, por exemplo, que a competência para instituir esse imposto está prevista na Constituição Federal e que, de acordo com o texto constitucional, o IPI

I. é imposto não cumulativo, compensando-se o que é devido em cada operação com o montante cobrado nas anteriores, pelo mesmo ou outro Estado ou pelo Distrito Federal.

II. tem seu impacto reduzido sobre a aquisição de bens de capital pelo contribuinte do imposto, na forma estabelecida em Regulamento.

III. pode ter suas alíquotas interestaduais alteradas por meio de Resolução do Senado Federal.

IV. é imposto seletivo, em função da essencialidade do produto, mas não o é em função do porte do estabelecimento industrial que promove seu fato gerador.

Está correto o que se afirma em

a) IV, apenas.
b) I, apenas.
c) I, II, III e IV.
d) I e III, apenas.
e) II e IV, apenas.

GABARITO		
Questão	**Resposta**	**Fundamentação**
01	Errado	Súmula vinculante nº 50 do STF
02	C	CTN, arts. 32 a 34
03	Certo	CTN, art. 103, I
04	C	CTN, art. 106
05	A	CF, art. 146, II e III, "b"
06	A	CTN, art. 108, § 1º
07	D	CTN, art. 111
08	A	CF, art. 150, § 7º
09	C	CF, arts. 153, VI e 156, I
10	E	CTN, art. 108, I e § 1º
11	A	CTN, art. 111, II
12	A	CTN, art. 106, I
13	C	STF, RE 632.265
14	D	STJ, REsp 863396/DF
15	A	CF, art. 153, § 3º

3. QUESTÕES DISSERTATIVAS E ESTUDOS DE CASOS

QUESTÃO DISSERTATIVA 01:

A disponibilização, sem cessão definitiva, de conteúdos de áudio, vídeo, imagem e texto por meio da *internet* é hipótese de incidência de ICMS ou ISS?

Resposta sugerida pelos autores[2]*:*

A Lei Complementar 157, de 29/12/2016, além de outros assuntos, alterou a Lei Complementar 116/2003 (que dispõe sobre o Imposto Sobre Serviços de Qualquer Natureza – ISSQN). O seu artigo 3º introduziu novos subitens na lista de serviços anexa à LC 116/2003 (e ampliou outros subitens já existentes), dentre eles o subitem 1.09, cuja redação é a seguinte: "disponibilização, sem cessão definitiva, de conteúdos de áudio, vídeo, imagem e texto por meio da internet, respeitada a imunidade de livros, jornais e periódicos (exceto a distribuição de conteúdos pelas prestadoras de Serviço de Acesso Condicionado, de que trata a Lei no 12.485, de 12 de setembro de 2011, sujeita ao ICMS)". Portanto, em linhas gerais, respeitado o fluxo de positivação (existência de lei municipal, posterior à LC 157/2016, que elenque nas respectivas listas de serviços, os itens novos e ampliados, bem como obediência aos Princípios da Anterioridade e da Irretroatividade por parte dessa lei municipal), tem-se que a situação narrada no enunciado é hipótese de incidência de ISSQN. Vale ressaltar que o próprio subitem em questão ressalva a imunidade cultural (livros, jornais e periódicos, artigo 150, inciso VI, alínea "d" da CF/88) e a incidência de ICMS na distribuição dos referidos conteúdos de forma condicionada ("TVs a cabo").

QUESTÃO DISSERTATIVA 02:

Como exceção constitucional ao Princípio da Legalidade Tributária, o parágrafo primeiro do artigo 153 da CF/88 estipula que "é facultado ao Poder Executivo, atendidas as condições e os limites estabelecidos em lei, alterar as alíquotas dos impostos enumerados nos incisos I, II, IV e V" (os incisos em questão referem-se aos impostos de importação, exportação, produtos industrializados e operações financeiras – II, IE, IPI e IOF). É necessário, segundo a jurisprudência dos tribunais superiores, que a faculdade a que se refere o dispositivo constitucional seja exercida exclusivamente por meio de decreto expedido pelo chefe do Poder Executivo?

Resposta sugerida pelos autores:

O Supremo Tribunal Federal já pacificou o entendimento de que é compatível com a CF/88 a norma que atribua a órgão do Poder Executivo da União a faculdade de estabelecer as alíquotas dos impostos aduaneiros clássicos (II e IE), não sendo essa competência exclusiva do Chefe do Poder Executivo (Presidente da República, por meio de decreto). No precedente jurisprudencial mais conhecido, restou corroborada tal faculdade, que foi atribuída à Câmara de Comércio Exterior (CAMEX) pelo Decreto-lei 1.578/1977 (RE 570.680).

2. Nas respostas dadas aqui serão indicados trechos normativos ou precedentes jurisprudenciais, mas na prova não há necessidade dessa indicação, salvo quando expressamente previsto no edital do concurso.

ESTUDO DE CASO 01:

A Súmula 163 do STJ estabelece que "o fornecimento de mercadorias com a simultânea prestação de serviços em bares, restaurantes e estabelecimentos similares constitui fato gerador do ICMS a incidir sobre o valor total da operação". O Sr. Tício passou férias em um *resort* no litoral nordestino, no sistema *all inclusive*, ou seja, hospedagem com os valores das refeições e bebidas (café da manhã, almoço e jantar) incluídos no preço da diária. Nesse caso, qual foi a incidência tributária sobre hospedagem (ISS, ICMS ou ambos)?

Resposta sugerida pelos autores:

A súmula 163 do STJ não se aplica ao caso, ante a existência de norma específica para o ramo de hotelaria, prevista em lei complementar.

Nesse sentido, de acordo com o item 9.01 da lista de serviços anexa à LC 116/2003 (que trata das normas gerais aplicáveis ao ISSQN), estão sujeitos ao ISS os serviços de "hospedagem de qualquer natureza em hotéis, *apart-service* condominiais, *flat, apart-hotéis*, hotéis residência, *residence-service, suite service*, hotelaria marítima, motéis, pensões e congêneres; ocupação por temporada com fornecimento de serviço (o valor da alimentação e gorjeta, quando incluído no preço da diária, fica sujeito ao Imposto Sobre Serviços)". Portanto, de acordo com o citado item da lista de serviços, a hospedagem na modalidade *all inclusive* (com alimentação e bebidas incluídas na diária) está sujeita exclusivamente à incidência do ISSQN.

ESTUDO DE CASO 02:

A lei que instituiu o ISSQN no município X, que vigora há anos, fixou, em um de seus dispositivos, o prazo para o seu recolhimento mensal, qual seja, até o décimo dia útil. Recentemente, está em debate uma proposta legislativa para alterar somente o prazo de recolhimento do ISSQN, do décimo dia útil para o quinto dia útil (antecipação, portanto, de cinco dias úteis). Em caso de aprovação de tal projeto de lei, deverá ser respeitado o Princípio Constitucional Tributário da Anterioridade do Exercício?

Resposta sugerida pelos autores:

O STF já sedimentou o entendimento de que a norma legal que altere o "prazo de recolhimento de obrigação tributária não se sujeita ao princípio da anterioridade". É o teor da súmula vinculante nº50.

Segundo o STF, a alteração do prazo para recolhimento de tributos não implica em:

(i) Criação de tributo, e/ou;

(ii) Majoração do mesmo.

Portanto, não se aplica o Princípio da Anterioridade Tributária, em nenhuma de suas duas vertentes. O referido princípio está previsto no artigo 150, inciso III, alíneas "b" e "c" ("sem prejuízo de outras garantias asseguradas ao contribuinte, é vedado à União, aos Estados, ao Distrito Federal e aos Municípios: (...) III – cobrar tributos: (...) b) no mesmo exercício financeiro em que haja sido publicada a lei que os instituiu ou aumentou; c) antes de decorridos noventa dias da data em que haja sido publicada a lei que os instituiu ou aumentou, observado o disposto na alínea b")

CAPÍTULO VII

OBRIGAÇÃO TRIBUTÁRIA E FATO GERADOR

A obrigação tributária é **principal** ou **acessória** (CTN, art. 113).

Na verdade, o atendimento à legislação tributária compreende não apenas o pagamento do tributo (**obrigação tributária principal**), como também o cumprimento de obrigações de fazer e não fazer, denominadas **obrigações tributárias acessórias.** Exemplo: recolher o Imposto de Renda da Pessoa Física – IRPF é o objeto da obrigação tributária principal e apresentar a Declaração de Ajuste Anual de Imposto de Renda da Pessoa Física é uma obrigação tributária acessória.

Obrigação Tributária Principal	Obrigação Tributária Acessória
Natureza: de dar	Natureza: de fazer ou não fazer
Objeto: pagar tributo ou penalidade pecuniária	Objetos: prestações positivas ou negativas por parte do contribuinte que interessam à arrecadação e à fiscalização de tributos (exemplos: declaração de ajuste anual de Imposto de Renda, emissão de notas fiscais, escrituração fiscal)
Prevista na lei (estrita legalidade)	Prevista na legislação tributária
–	Inobservância pelo contribuinte: converte-se em obrigação principal relativamente à penalidade pecuniária

1. OBRIGAÇÃO TRIBUTÁRIA PRINCIPAL

A **obrigação principal** surge com a ocorrência do fato gerador, tem por objetivo o pagamento de tributo ou penalidade pecuniária e extingue-se juntamente com o crédito dela decorrente (CTN, art. 113, § 1º). Assim moldada pelo legislador, pode ser analisada sob dois pontos de vista: dinâmico e estático.

<table>
<tr><th>Ponto de vista dinâmico</th><th>Ponto de vista estático</th></tr>
<tr><td>Sob um ponto de vista dinâmico, nasce com a ocorrência do fato gerador (CTN, art. 114) e extingue-se com eventos definidos como extintivos do crédito tributário (CTN, art. 156). Entre o nascimento e a extinção, a obrigação pode, ainda, sofrer vicissitudes, com destaque para as causas suspensivas de exigibilidade (CTN, art. 151) e também para algumas exonerações, como é o caso da anistia (CTN, art. 175, II).
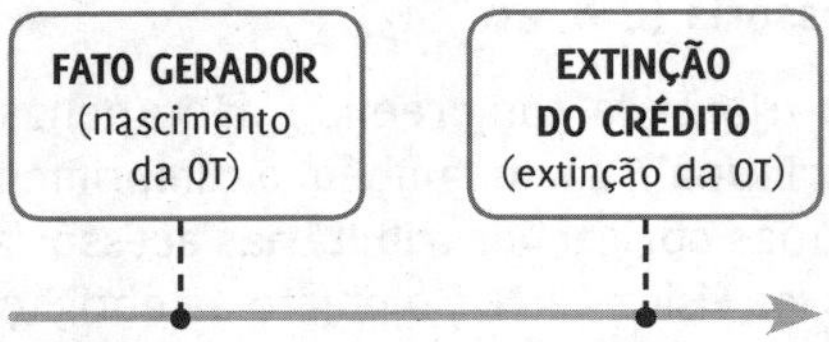
</td>
<td>Sob um ponto de vista estático, como toda obrigação, constitui uma relação jurídica entre sujeito ativo e sujeito passivo, com referência a um objeto, que é a prestação tributária (o pagamento do tributo).
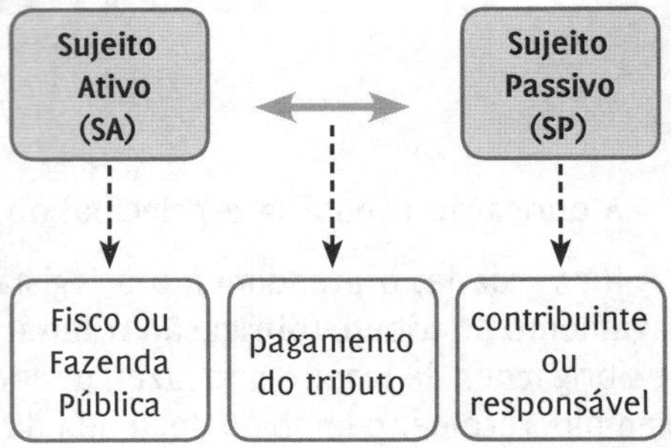
</td></tr>
</table>

Como se vê, a relação jurídica tributária possui natureza obrigacional, na medida em que vincula credor (sujeito ativo – fisco) e devedor (sujeito passivo – contribuinte ou responsável) com referência a um objeto, que é o pagamento do tributo ou penalidade pecuniária.

Para o nascimento dessa obrigação, basta que um fato concreto (fato gerador ou fato jurídico tributário) ocorra nos termos em que abstratamente previsto em uma norma jurídica (hipótese de incidência). Pode-se citar, por exemplo, o caso do Imposto de Importação. A hipótese de incidência definida em lei é a importação de mercadorias do exterior. Verificada uma importação no plano dos fatos, enquadrando-se esse fato na previsão abstrata de norma de incidência, ocorre o fato gerador e nasce a obrigação tributária. A estrutura jurídica é de um vínculo entre a União (sujeito ativo) e o importador (sujeito passivo – contribuinte), que fica obrigado ao pagamento do tributo (Imposto de Importação, objeto da obrigação tributária principal).

ATENÇÃO:

Nas obrigações privadas, o vínculo entre devedor e credor, entre outros requisitos, dá-se com o acordo de vontades das partes (*pacta sunt servanda*). Na obrigação tributária, por sua vez, não existe acordo de vontades entre sujeito ativo e sujeito passivo, decorrendo a obrigação da previsão legal do fato gerador (obrigação *ex lege*).

2. OBRIGAÇÃO TRIBUTÁRIA ACESSÓRIA

Obrigações acessórias são **prestações positivas ou negativas**, tais como emissão de documentos fiscais, escrituração de livros, entrega de declarações, arquivos magnéticos, não recebimento de mercadorias sem documentação fiscal, não contratação com empresas desabilitadas em cadastros fiscais. Encontram-se previstas na legislação tributária no interesse da arrecadação e da fiscalização (CTN, art. 113, § 2º).

Com essa feição, não se confunde com a obrigação tributária principal, a começar pela distinção entre os veículos normativos necessários para as respectivas exigências. Lembrando-se que lei e legislação não são sinônimos, enquanto a obrigação tributária principal deve decorrer de hipótese de incidência prevista somente em lei (fonte formal primária), a obrigação tributária acessória decorre da legislação tributária (conjunto de veículos normativos tributários previstos no artigo 96 do CTN). Portanto, a **obrigação acessória pode ser exigência não só de lei, mas, também, de decreto ou normas complementares** (fontes formais secundárias), pois todos são veículos que compõem a ideia de legislação, nos termos do artigo 96 do CTN.

A obrigação tributária acessória é tida como sinônimo de dever instrumental (fazer e/ou não fazer). "A relação jurídica tributária refere-se não só à obrigação tributária *stricto sensu*, como ao plexo de **deveres instrumentais**, (positivos ou negativos) que gravitam em torno do tributo, colimando facilitar a aplicação exata da norma jurídica que o previu. (...) Todos estes deveres, repita-se, não possuem, em si mesmos, cunho patrimonial" (Roque Antônio CARRAZZA. *Curso de direito constitucional tributário*. 23ª ed. São Paulo: Malheiros, 2007, p. 331-332).

ATENÇÃO:

As obrigações tributárias principais e acessórias são independentes entre si, na medida em que no Direito Tributário não se aplica a máxima jurídica muito difundida no Direito Civil, segundo a qual "o acessório segue a sorte do principal". Pode ocorrer uma situação em que um contribuinte possua obrigações acessórias a adimplir (por exemplo, emitir documentos fiscais aos seus clientes e escriturar seus livros fiscais e contábeis) e, ao mesmo tempo, não possua obrigação principal de pagar tributo, como no caso de ser um contribuinte do ICMS que comercialize apenas mercadorias isentas.

Como são do interesse da arrecadação e fiscalização, não raro, a legislação impõe obrigações acessórias a terceiros vinculados ao fato gerador, mas, não revestidos da condições de contribuintes da obrigação principal. Um bom exemplo é a Declaração de Operações Imobiliárias (DOI), exigidas do serventuários da Justiça pelo artigo 8º da Lei 10.462/2002, compreendendo "informações sobre as operações imobiliárias anotadas, averbadas, lavradas, matriculadas ou registradas nos Cartórios de Notas ou de Registro de Imóveis, Títulos e Documentos sob sua responsabilidade, mediante a apresentação de Declaração sobre Operações Imobiliárias (DOI), em meio magnético, nos termos estabelecidos pela Secretaria da Receita Federal".

A **inobservância de obrigação acessória converte esta em obrigação principal relativamente à penalidade pecuniária** (CTN, 113, § 3º), ou seja, a multa aplicada por descumprimento de obrigação acessória recebe o tratamento de uma obrigação tributária principal. Em outras palavras, uma obrigação tributária acessória (como a apresentação de uma declaração de Imposto de Renda pelo contribuinte), caso não observada/adimplida (o contribuinte deixou de apresentar no prazo), transforma-se em principal (obrigação de dar), culminando na exigência da penalidade pecuniária (pagar a multa).

Mas cuidado que isso **só vale para as multas tributárias**, não se estendendo a outras multas sem caráter tributário, como as de trânsito e as ambientais.

ATENÇÃO:

"O ente federado competente pode autuar o contribuinte pelo descumprimento de obrigação acessória consistente na exigência de nota fiscal para deslocamento de bens do ativo imobilizado e de bens de uso e consumo entre estabelecimentos da mesma instituição financeira, operação que, em tese, não caracteriza hipótese de incidência do ICMS (Súm. 166/STJ). Ressaltou-se que a obrigação acessória é autônoma e pode ser instituída pelo ente legiferante no interesse da arrecadação ou da fiscalização tributária nos termos do § 2º do art. 113 do CTN, ainda que a obrigação principal não exista, obedecendo-se aos princípios da razoabilidade e da proporcionalidade" (STJ - REsp 1.116.792 - 1ª Seção - Rel. Min. Luiz Fux - julg. 24.11.10).

3. FATO GERADOR E HIPÓTESE DE INCIDÊNCIA

Fato gerador da obrigação principal é a situação definida em lei como necessária e suficiente à sua ocorrência (CTN, art. 114).

Além de importante para definir o momento em que se dá o nascimento da obrigação tributária, a norma do artigo 114 tem caráter ambíguo. Bem e sistematicamente interpretada leva à conclusão de que o fato gerador pode ser visto sob dois prismas: **abstrato** e **concreto**.

No **plano abstrato ou normativo**, fato gerador significa a descrição legal do evento que, uma vez ocorrido, dará nascimento à obrigação tributária, acepção em que a melhor Doutrina o designa por **hipótese de incidência**. Já no **plano concreto ou fático**, refere-se à ocorrência efetiva do fato descrito na lei tributária, melhor designada por **fato imponível, fato jurídico-tributário** ou simplesmente **fato gerador**.

Portanto, a ocorrência do fato gerador de que trata o artigo 114 do CTN dá-se com a subsunção de um fato concreto (fato jurídico-tributário) à norma legal que prevê a situação necessária e suficiente para a incidência de regra de tributação (hipótese de incidência).

Subsunção	Plano normativo (abstrato)	Hipótese de incidência
	Plano fático (concreto)	Fato jurídico-tributário

Exemplificativamente, no momento em que o exportador promove a saída de um produto do território nacional, diz-se ocorrer o fato gerador do imposto de exportação. Precisamente, trata-se de um **fato jurídico-tributário** decorrente da subsunção do evento "promover exportação" à hipótese de incidência descrita no artigo 1º do Decreto-lei 1.578/77 (saída do território nacional, de produto nacional ou nacionalizado).

ATENÇÃO:

No Direito Tributário, a expressão "fato gerador" é ambígua, haja vista que contempla ora a descrição legal (significando a hipótese de incidência), ora o fato concreto (significando o fato jurídico-tributário), cuja subsunção deste naquela dá origem à obrigação tributária. De acordo com o artigo 114 do CTN, "fato gerador da obrigação principal é a situação definida em lei como necessária e suficiente à sua ocorrência", ou seja, a partir da subsunção do fato (fato gerador concreto ou fato jurídico-tributário) à norma (fato gerador abstrato ou hipótese de incidência), nasce a obrigação tributária ou, noutras palavras, constitui-se a relação tributária (vínculo entre devedor e credor tributários).

4. O FATO JURÍDICO-TRIBUTÁRIO NO CTN

O artigo 116 do CTN dispõe sobre o momento da ocorrência do fato gerador. Nos termos do inciso I, tratando-se de **situação de fato**, considera-se ocorrido o fato gerador desde o momento em que se verifiquem as circunstâncias materiais necessárias a que produza os efeitos que normalmente lhe são próprios, como por exemplo, a saída da mercadoria no ICMS. Mas se o fato gerador for uma **situação jurídica**, como ocorre nos impostos sobre a propriedade (IPTU, IPVA e ITR), considera-se ocorrido desde o momento em que a situação jurídica estiver definitivamente constituída (inciso II).

Na mesma linha, o artigo 117 do CTN considera que os atos e negócios submetidos a condições suspensivas ou resolutórias que constituam fatos geradores de tributos reputam-se perfeitos e acabados:

i) **na condição suspensiva (inciso I)**, desde o momento de sua implementação, como por exemplo, na doação de materiais de construção a uma entidade filantrópica, condicionada à apresentação de projeto e comprovação da aquisição de terreno para a construção de sua sede, hipótese na qual somente se considera ocorrido o fato gerador quando o projeto for apresentado e o terreno for adquirido;

ii) **na condição resolutória (inciso II)**, desde o momento da prática do ato ou da celebração do negócio, como seria o caso da compra e venda de um imóvel com cláusula de rescisão condicionada a evento futuro e incerto consubstanciado, por exemplo, na hipótese de uma brusca desvalorização do bem no mercado imobiliário no período de três anos posteriores ao negócio.

Merece destaque, por fim, o artigo 118 do CTN, de acordo com o qual se deve interpretar a definição legal do fato gerador independentemente da validade jurídica, natureza do objeto ou efeitos dos atos praticados (inciso I) ou dos fatos ocorridos (inciso II). Diante dessa regra hermenêutica, devem sofrer tributação normal os negócios constitutivos de fatos geradores realizados por empresas de fato (que não tenham contrato social ou outro ato constitutivo) ou irregulares (cujo contrato social ou ato constitutivo não tiverem sido levadas a registro no órgão competente).

Com base nas mesmas normas e não obstante a previsão legal do fato gerador ser sempre fato lícito, consideram-se válidos fatos geradores relacionados a atividades ilícitas, tais como o IPTU do imóvel onde funciona uma banca de jogo de bicho ou a renda obtida por um membro de crime organizado. Trata-se da aplicação do princípio do **non olet** ("o dinheiro não tem cheiro"). Em outras palavras, é possível a incidência de tributação sobre valores arrecadados em virtude de atividade ilícita, consoante o artigo 118 do CTN. Seria contraditório o não pagamento do imposto proveniente de ato ilegal, pois haveria locupletamento da própria torpeza em detrimento do interesse público da satisfação das necessidades coletivas, a qual se daria por meio da exação tributária. HC 94240, Rel. Min. Dias Toffoli, 23.8.2011. 1ª T. (Info 637).

ATENÇÃO:

"A **bitributação** significa a possibilidade de um mesmo fato jurídico ser tributado por mais de uma pessoa. Diante de nosso sistema tributário, tal prática é vedada, pois cada situação fática somente pode ser tributada por uma única pessoa política, aquela apontada constitucionalmente, pois, como visto, a competência tributária é exclusiva ou privativa. Inviável, portanto, que haja mais de uma pessoa política autorizada a exigir tributo sobre o mesmo fato jurídico. Já o ***bis in idem*** é ideia distinta, traduzida na situação de o mesmo fato jurídico ser tributado mais de uma vez pela mesma pessoa política, sendo permitido pelo sistema pátrio desde que expressamente autorizado pela Constituição. Por exemplo, o fato de uma empresa auferir lucro dá margem à exigência de Imposto sobre a Renda, como também da contribuição social sobre o lucro – CSSL, ambos tributos de competência da União. Pois bem. A competência tributária, assim compreendida, há de ser exercida segundo parâmetros constitucionalmente estabelecidos, dentre os quais se destacam os princípios e as imunidades" (COSTA, Regina Helena. *Curso de Direito Tributário – Constituição e Código Tributário Nacional*. 2ª ed. São Paulo: Saraiva, 2012, pág. 67). Em complemento, Ricardo Alexandre (ALEXANDRE, Ricardo. *Direito tributário esquematizado*. 8ª ed. São Paulo: Método, 2014, páginas 201/203) elenca dois exemplos de **bitributação legítima**, quais sejam: **(i)** a instituição, pela União, na iminência ou no caso de guerra externa, de imposto extraordinário (CF, art. 154, II), compreendidos ou não em sua competência tributária, sendo que, caso esteja compreendido na competência federal (como por exemplo, um "novo IR"), estar-se-ia diante de um ***bis in idem*** e, caso esteja compreendido na competência estadual ou municipal (como por exemplo, um "novo ICMS"), estar-se-ia diante de uma **bitributação (legítima)** e; **(ii)** a tributação da renda envolvendo "Estados-nações" diversos, como, por exemplo, no caso de uma pessoa residente no Brasil que recebe rendimentos de trabalho realizado no Uruguai, em que ambos os países tem legitimidade para cobrar o imposto de renda. O autor ressalta que a "única maneira de evitar a dupla incidência é a celebração de tratado internacional, o que não ocorre nos casos envolvendo Brasil e Uruguai" (*Op. cit.*, página 202).

Seria contraditório o não pagamento do imposto proveniente de ato ilegal, pois haveria locupletamento da própria torpeza em detrimento do interesse público da satisfação das necessidades coletivas, a qual se daria por meio da exação tributária. HC 94240, Rel. Min. Dias Toffoli, 23.8.2011. 1ª T. (Info 637).

5. NORMA GERAL ANTIELISÃO

A autoridade administrativa poderá desconsiderar atos ou negócios jurídicos praticados com a finalidade de dissimular a ocorrência do fato gerador do tributo ou a natureza dos elementos constitutivos da obrigação tributária, observados os procedimentos a serem estabelecidos em lei ordinária (CTN, art. 116, parágrafo único).

ATENÇÃO:

A norma antielisão, como é popularmente conhecido o parágrafo único do artigo 116 do CTN, estabelece que a "autoridade administrativa poderá desconsiderar atos ou negócios jurídicos praticados com a finalidade de dissimular a ocorrência do fato gerador do tributo ou a natureza dos elementos constitutivos da obrigação tributária, observados os procedimentos a serem estabelecidos em lei ordinária". Da simples leitura percebe-se que não há exigência de prévia ordem judicial para amparar a desconsideração dos atos e negócios jurídicos, já que a norma antielisão é explícita ao facultar essa prerrogativa à **autoridade administrativa.**

A redação é da Lei Complementar nº 104/2001, que atribui ao legislador da lei ordinária a competência para a sua regulamentação, em razão da ressalva de que deverão ser "observados os procedimentos a serem estabelecidos em lei ordinária".

Logo que incluído no CTN, o parágrafo em questão recebeu o apelido de "norma geral antielisão". A denominação é tecnicamente duvidosa, como se pode concluir pela análise dos conceitos **evasão, elisão** e **dissimulação.**

Para a maioria dos doutrinadores, **evasão** é sinônimo de sonegação de tributos. Diz respeito a qualquer artifício utilizado pelo contribuinte para fraudar ou ocultar a ocorrência de fatos geradores. Trata-se de uma forma ilícita de fugir do pagamento de tributos, como por exemplo, a indústria que comercializa seus produtos sem emitir nota fiscal, ocultando suas operações do Fisco, com o objetivo de deixar de pagar tributos sobre a produção industrial (IPI), sobre receita, lucro e faturamento (contribuições sociais e IR), sobre a circulação de mercadorias (ICMS), entre outros.

Também para a maior parte da doutrina, a **elisão** constitui forma de planejamento tributário, isto é, meio lícito de que se utiliza o contribuinte para impedir a ocorrência do fato gerador e, por via reflexa, evitar sua sujeição passiva à tributação. É o caso do contribuinte que, ao optar entre Lucro Real e Lucro Presumido, escolhe o regime de apuração do Imposto de Renda da Pessoa Jurídica mais vantajoso.

Dissimulação, por fim, refere-se à prática de qualquer ato que tenha por finalidade disfarçar o fato gerador ou os elementos constitutivos da obrigação tributária. Um bom exemplo é da empresa que, por meio de "documentação fria", simula exportações, operações imunes a vários tributos, para dissimular os fatos geradores decorrentes de venda que promove no mercado interno, sem a correspondente emissão dos devidos documentos fiscais.

Com base nessas distinções, verifica-se que as práticas dissimulatórias, na verdade, encontram-se mais ligadas ao conceito de evasão fiscal. Na elisão, não há que se falar em dissimulação do fato gerador, mas em sua não ocorrência em razão do rumo dado aos atos ou negócios do contribuinte. E, sob esta ótica, pode-se defender a impropriedade do apelido de "norma geral antielisão", atribuído ao artigo 116, parágrafo único, do CTN.

Além das práticas flagrantemente sonegatórias, em que há dolo, fraude ou simulação, pertencentes ao campo que se pode classificar como núcleo pacífico da evasão fiscal, existem condutas que alguns juristas vêm defendendo como sendo práticas de planejamento tributário ilícito, por estarem em descompasso com os limites impostos pela legislação de direito privado.

O Código Civil de 2002 introduziu na ordem jurídica brasileira duas novas modalidades de ilícitos civis: o **abuso de direito** e a **fraude à lei**. A tese é de que toda e qualquer prática empresarial que padecer destes vícios constituirá evasão fiscal, escapando totalmente da esfera lícita do planejamento tributário.

A primeira delas é o **abuso de direito**, isto é, a utilização abusiva de uma norma jurídica. Comete ato ilícito o titular de um direito que, ao exercê-lo, excede manifestamente os limites impostos pelo seu fim econômico ou social, pela boa-fé ou pelos bons costumes (CC, art. 187). É o que parece acontecer quando um estabelecimento empresarial é legalmente constituído e opera com mera aparência de funcionamento, tendo por finalidade exclusiva concentrar créditos de tributos como ICMS e IPI cuja utilização pela empresa não seja circunstancialmente vantajosa, objetivando-se posterior venda do estabelecimento a grupo empresarial que tenha interesse em aproveitá-lo. Não é esta a finalidade econômica e social de um estabelecimento empresarial, razão por que a prática pode ser tida como abuso de direito, conduta ilícita à luz do artigo 187 do CC.

Além disso, nos termos do artigo 166, inciso VI do CC, é nulo o negócio jurídico que tiver por objetivo fraudar lei imperativa (**fraude à lei**). Isso ocorre quando, por exemplo, uma norma jurídica é utilizada como camuflagem para que outra norma seja burlada. Assim procede aquele que, pretendendo ceder gratuitamente suas quotas societárias, situação constitutiva de doação e fato gerador do ITCMD, transfere-as de forma onerosa, por valor simbólico, com o nítido desiderato de não se sujeitar ao pagamento do imposto sobre a doação.

Em todas essas situações o sujeito passivo atua em descompasso com a finalidade negocial, ingressando em seara com que a doutrina apenas recentemente passou a se preocupar, que é o campo da **elusão fiscal**. São avenças simuladas ou fraudulentas, totalmente sem propósito negocial, pactuadas apenas e exclusivamente para evitar a incidência tributária. Também tratada por elisão abusiva ou elisão ineficaz, a **elusão fiscal** propicia uma economia tributária que enseja uma concorrência desleal, afrontando a justiça fiscal, que se escora na isonomia e na capacidade contributiva.

Na mesma linha, o planejamento tributário, para ser considerado lícito, tem que apresentar um propósito negocial. Essa análise (do propósito negocial) tem sido apreciada nos julgamentos dos recursos no Conselho Administrativo de Recursos Fiscais – CARF, do Ministério da Fazenda.

7. LEGISLAÇÃO RELACIONADA AO CAPÍTULO

- **CÓDIGO TRIBUTÁRIO NACIONAL**

Art. 113. A obrigação tributária é principal ou acessória.

§ 1º A obrigação principal surge com a ocorrência do fato gerador, tem por objeto o pagamento de tributo ou penalidade pecuniária e extingue-se juntamente com o crédito dela decorrente.

§ 2º A obrigação acessória decorre da legislação tributária e tem por objeto as prestações, positivas ou negativas, nela previstas no interesse da arrecadação ou da fiscalização dos tributos.

§ 3º A obrigação acessória, pelo simples fato da sua inobservância, converte-se em obrigação principal relativamente à penalidade pecuniária.

Art. 114. Fato gerador da obrigação principal é a situação definida em lei como necessária e suficiente à sua ocorrência.

Art. 115. Fato gerador da obrigação acessória é qualquer situação que, na forma da legislação aplicável, impõe a prática ou a abstenção de ato que não configure obrigação principal.

Art. 116. Salvo disposição de lei em contrário, considera-se ocorrido o fato gerador e existentes os seus efeitos:

I – tratando-se de situação de fato, desde o momento em que o se verifiquem as circunstâncias materiais necessárias a que produza os efeitos que normalmente lhe são próprios;

II – tratando-se de situação jurídica, desde o momento em que esteja definitivamente constituída, nos termos de direito aplicável.

Parágrafo único. A autoridade administrativa poderá desconsiderar atos ou negócios jurídicos praticados com a finalidade de dissimular a ocorrência do fato gerador do tributo ou a natureza dos elementos constitutivos da obrigação tributária, observados os procedimentos a serem estabelecidos em lei ordinária. (Incluído pela Lcp nº 104, de 2001)

Art. 117. Para os efeitos do inciso II do artigo anterior e salvo disposição de lei em contrário, os atos ou negócios jurídicos condicionais reputam-se perfeitos e acabados:

I – sendo suspensiva a condição, desde o momento de seu implemento;

II – sendo resolutória a condição, desde o momento da prática do ato ou da celebração do negócio.

Art. 118. A definição legal do fato gerador é interpretada abstraindo-se:

I – da validade jurídica dos atos efetivamente praticados pelos contribuintes, responsáveis, ou terceiros, bem como da natureza do seu objeto ou dos seus efeitos;

II – dos efeitos dos fatos efetivamente ocorridos.

CAPÍTULO VIII

Sujeitos da Relação Tributária

1. SUJEITO ATIVO E SUA CAPACIDADE TRIBUTÁRIA

O **sujeito ativo** da relação tributária, isto é, a pessoa política titular da competência para exigir o cumprimento da obrigação tributária (CTN, art. 119), é o credor com capacidade para constituir o crédito tributário, promover sua inscrição em dívida ativa e ajuizar a respectiva execução fiscal. Seria, por exemplo, o Município em relação ao ISSQN, o Estado em relação ao ICMS, e a União no que concerne ao IPI.

> ATENÇÃO:
>
> O credor, na obrigação tributária (polo ativo), é a pessoa jurídica de direito público, titular da competência para exigir seu cumprimento (CTN, art. 119).

Disso resulta a distinção entre **competência tributária** e **capacidade tributária ativa**. Enquanto a **competência tributária** é conferida pela CF, em caráter indelegável e pleno, à União, aos Estados, ao Distrito Federal e aos Municípios, a **capacidade tributária ativa** compreende as funções de arrecadar e fiscalizar. Esta pode ser delegada pelos entes tributantes a outras pessoas jurídicas de direito público ou pertencer a entidades paraestatais, como ocorria nas contribuições sindicais (Súmula 396 do STJ: "a Confederação Nacional da Agricultura tem legitimidade ativa para a cobrança da contribuição sindical rural").

> ATENÇÃO:
>
> A capacidade tributária ativa, entendida como as prerrogativas de arrecadar ou fiscalizar tributos, ou de executar leis, serviços, atos ou decisões administrativas em matéria tributária, é delegável, ou seja, pode ser conferida por uma pessoa jurídica de direito público a outra (CTN, art. 7º).

Ainda no que se refere à sujeição ativa tributária, o artigo 120 do CTN estabelece que, "salvo disposição de lei em contrário, a pessoa jurídica de direito público, que se constituir pelo desmembramento territorial de outra, **sub-roga-se** nos direitos desta, cuja legislação tributária aplicará até que entre em vigor a sua própria". Dessa forma, ocorrendo a emancipação administrativa de um Município X em relação ao Y, **até que** seja eleita a Câmara Municipal de X para elaboração de sua legislação tributária, os tributos municipais poderão ser exigidos com base na legislação municipal de Y. Isso também pode acontecer se houver o desmembramento de um Estado, como se deu na divisão do Estado de Goiás, que deu origem ao Estado de Tocantins.

2. SUJEITO PASSIVO – CONTRIBUINTE OU RESPONSÁVEL

Sujeito passivo é o devedor da relação tributária, isto é, aquele obrigado ao pagamento do tributo ou da penalidade pecuniária. Como dispõe o artigo 121, parágrafo único do CTN, o sujeito passivo pode ser:

> I – o **contribuinte** (alguém com relação pessoal e direta com a situação que constitua o respectivo fato gerador), o que acontece, por exemplo, com quem é proprietário de imóvel rural em relação ao ITR;
>
> II – o **responsável** (aquele que, não se revestindo da condição de contribuinte, sua obrigação decorra de expressa disposição legal), como é o caso do espólio em relação aos tributos devidos pelo *de cujus* até a data da abertura da sucessão.

O sujeito passivo da obrigação tributária principal, contribuinte ou responsável, tem o dever de pagar o tributo e a penalidade pecuniária (CTN, art. 121). Por sua vez, o sujeito passivo da obrigação tributária acessória é a pessoa obrigada às prestações que constituam o seu objeto (CTN, art. 122).[1]

ATENÇÃO:

O contribuinte e o responsável são sujeitos passivos (gênero) da relação tributária. Numa classificação doutrinária entre sujeito passivo direto e indireto, o primeiro seria o contribuinte (que tem relação pessoal e direta com o fato gerador) e o segundo seria o responsável (com obrigação decorrente de lei).

1. Para muitos estudiosos, a responsabilidade pessoal prevista em várias passagens do CTN é uma hipótese de responsabilidade por substituição, o que implicaria na exoneração de qualquer responsabilidade do contribuinte (entendimento não unânime aprovado no 5º Simpósio Nacional de Direito Tributário realizado em São Paulo, em 1980). Entretanto, para outra linha doutrinária, a responsabilidade pessoal não exclui as demais responsabilidades – contribuintes e responsáveis (tal exclusão, para existir, deveria ser expressa, nos termos do artigo 128 do CTN).

SUJEIÇÃO PASSIVA	
Contribuinte	**Responsável**
Tem relação pessoal e direta com a situação que constitua o respectivo fato gerador	Não se reveste da condição de contribuinte e tem sua obrigação decorrente de disposição legal expressa
Sujeito passivo direto	Sujeito passivo indireto
Realiza a materialidade descrita na regra-matriz tributária (de natureza econômica)	Deve ter uma vinculação, mínima que seja, com o fato gerador

Importante, também, é a distinção entre **responsabilidade pessoal** e **responsabilidade subsidiária**, conforme quadro a seguir:

RESPONSÁVEL	
Responsabilidade pessoal	**Responsabilidade subsidiária**
O terceiro responde pessoalmente, independentemente do contribuinte.	Caso o contribuinte não satisfaça a obrigação, o responsável é chamado a responder.

ATENÇÃO:

A expressão "contribuinte de fato" compõe uma classificação doutrinária que o contrapõe ao "contribuinte de direito". O contribuinte de fato é aquele que efetivamente suporta o encargo financeiro do tributo incluído no preço. Como exemplo, no caso clássico da circulação de mercadorias (ICMS), o contribuinte de direito é o vendedor (pois promove a saída da mercadoria de seu estabelecimento) e o contribuinte de fato é o consumidor, uma vez que no preço final da mercadoria adquirida está contido o ICMS.

Na essência, ambos, contribuinte e responsável, são considerados sujeitos passivos de obrigação principal, dependendo do grau de relação com a situação que constitui o fato gerador, que é **direta** no caso do **contribuinte** e **indireta** para a figura do **responsável**.

3. CONVENÇÕES ENTRE PARTICULARES

Eventual acordo entre particulares com relação à responsabilidade pelo pagamento de tributos, salvo disposição de lei em contrário, **não** pode ser oposto à Fazenda Pública no intuito de modificar a definição legal do sujeito passivo da obrigação tributária correspondente (CTN, art. 123).

Diante da referida norma, que se revela coerente com o princípio da legalidade tributária, em uma contratação de serviços na qual uma pessoa física contratante se responsabilize por arcar com o ISSQN incidente sobre a prestação, havendo falta de pagamento, o fisco municipal procederá ao lançamento de ofício do tributo em face do prestador do serviço, que é contribuinte do imposto. A existência do contrato não servirá de argumento para que o prestador se exima de sua obrigação tributária, nem transferirá a responsabilidade ao contratante, que é pessoa física não contribuinte.

Por outro lado, nada impede que o contribuinte prestador do serviço, tendo sido legalmente compelido ao pagamento do imposto, exerça direito de regresso em face do contratante, com fundamento na obrigação contratual pactuada.

4. SOLIDARIEDADE TRIBUTÁRIA

Solidariedade tributária é a modalidade de sujeição passiva em que a responsabilidade pelo cumprimento da obrigação principal pode ser atribuída a um ou mais devedores ao mesmo tempo.

A solidariedade pode ser verificada, inclusive, entre dois ou mais contribuintes, a exemplo do que se dá na hipótese de cobrança de impostos incidentes sobre imóveis pertencentes a vários proprietários, pois todos possuem interesse comum na situação jurídica que constitui o fato gerador, no caso a propriedade do bem.

No caso de responsabilidade tributária solidária, o débito fiscal pode ser exigido tanto do "contribuinte" como do "responsável", independentemente da existência de uma ordem de cobrança a ser seguida pelo credor (Fazenda Pública), o que significa dizer que a solidariedade **não** comporta **benefício de ordem**, consoante disposto, inclusive, no artigo 124, parágrafo único do CTN.

Sobre as **modalidades** de solidariedade tributária, dispõe o artigo 124 do CTN, segundo o qual são **solidariamente obrigadas**:

> I – as pessoas que tenham interesse comum na situação que constitua o fato gerador da obrigação principal;

Exemplos de solidariedade por interesse comum na situação que constitua o fato gerador (CTN, art. 124, I) podem ser pinçados da jurisprudência do STJ. Um deles refere-se à solidariedade entre empresas de um mesmo grupo econômico que realizem conjuntamente a situação configuradora do fato gerador (STJ – Resp 834044/RS – 1ª. Turma – Relª. Minª. Denise Arruda – Dje 15/12/2008). Outro diz respeito ao tomador e ao prestador de serviços de mão-de-obra na construção civil em relação à contribuição previdenciária incidente sobre a remuneração do vínculo (STJ – REsp 761246/RS – 2.ª Turma – Relª. Minª. Eliana Calmon – julg. 29/06/2007).

> II – as pessoas expressamente designadas por lei.

Trata-se da responsabilidade solidária por força de lei, tal como a prevista no artigo 27, inciso III, do Regulamento do IPI – Decreto 7.212/2010, atribuída ao "adquirente de mercadoria de procedência estrangeira, no caso de importação realizada por sua conta e ordem, por intermédio de pessoa jurídica importadora, pelo pagamento do imposto e acréscimos legais". Também constitui solidariedade por força de lei a hipótese prevista no artigo 9º, inciso V da Lei estadual paulista nº 6.374/89, quando estabelece que o contribuinte que promove a saída de mercadorias sem documentação fiscal responde solidariamente pelo ICMS devido com relação às operações subsequentes.

Como se vê, a solidariedade tributária pode ser classificada em:

- **Natural ou por natureza:** das pessoas que tenham interesse comum na situação que constitua o fato gerador da obrigação principal.
- **Legal:** das pessoas expressamente designadas por lei.

Em qualquer uma das duas hipóteses (por natureza ou legal), são **efeitos da solidariedade** (salvo disposição legal em contrário): **I** – o pagamento efetuado por um dos obrigados aproveita aos demais; **II** – a isenção ou remissão de crédito exonera todos os obrigados, **salvo** se outorgada pessoalmente a um deles, subsistindo, nesse caso, a solidariedade quanto aos demais pelo saldo; **III** – a interrupção da prescrição, em favor ou contra um dos obrigados, favorece ou prejudica aos demais (CTN, art. 125).

Merece mais atenção o efeito estabelecido no inciso II do artigo 125, que comporta regra, exceção e efeito da exceção:

Regra: a isenção ou remissão de crédito exonera todos os obrigados.

Exceção: isenção ou remissão outorgada **pessoalmente** a um dos devedores solidários não exonera os demais.

Efeito da exceção: exonerado um devedor por isenção ou remissão de **caráter pessoal**, a solidariedade subsiste quanto aos demais solidários pelo saldo.

Um exemplo prático pode facilitar.

A, B e C são devedores solidários de um débito tributário no valor de R$ 1.500,00. Se o devedor A for beneficiado por uma isenção ou remissão de caráter pessoal, ele ficará exonerado de pagar R$ 500,00 (1/3 da dívida, pois são 3 devedores). Descontados os R$ 500,00 do débito, o saldo remanescente de R$ 1.000,00 constituirá dívida solidária de B e C, pois a solidariedade subsiste quanto aos demais pelo saldo.

5. CAPACIDADE TRIBUTÁRIA PASSIVA

Em matéria de obrigação tributária, a **capacidade** de direito **do sujeito passivo** é regida pelo artigo 126 do CTN, segundo o qual a capacidade tributária passiva **independe**:

I – da capacidade civil da pessoa física

Sofrem tributação os imóveis, automóveis, rendas, heranças e outros fatos signo--presuntivos de riqueza dos incapazes e relativamente capazes.

II – do fato de se achar sujeita a medidas que importem em privação ou limitação do exercício de atividades civis, comerciais, profissionais ou da administração de seus bens ou negócios

Permanece intacta, por isso, a capacidade tributária passiva dos detentos em regime fechado, ainda que, durante o cumprimento da pena, suas atividades empresariais e administração de bens ou negócios estejam sob a responsabilidade de terceiros que os representem.

III – de estar a pessoa jurídica regularmente constituída, bastando que configure uma unidade econômica ou profissional.

Daí porque uma sociedade de fato pode se revestir do papel de sujeito passivo da obrigação tributária. Por exemplo, se duas pessoas unem forças para criar uma indústria de confecções de fundo de quintal, mesmo que não registrem a empresa na Junta Comercial, ambos terão capacidade tributária passiva. Por terem relação pessoal e direta com a situação que constitui o fato gerador, eles também serão contribuintes dos tributos que incidem sobre a atividade industrial, tais como ICMS, IPI, PIS e COFINS.

Em síntese:

		Pessoa Física	Pessoa Jurídica
Capacidade Tributária Passiva	**INDEPENDE**	da capacidade civil ou do fato de se achar sujeita a medidas que importem em privação ou limitação do exercício de atividades civis, comerciais, profissionais ou da administração de seus bens ou negócios	de estar regularmente constituída

6. DOMICÍLIO TRIBUTÁRIO

De acordo com o artigo 127 do CNT, todo sujeito passivo (contribuinte ou responsável) tem um domicílio tributário, como **regra**, o **domicílio que eleger**[2].

2. **Súmula 435 do STJ** – Presume-se dissolvida irregularmente a empresa que deixar de funcionar no seu domicílio fiscal, sem comunicação aos órgãos competentes, legitimando o redirecionamento da execução fiscal para o sócio-gerente.

Porém, o **domicílio eleito** pelo sujeito passivo **poderá ser recusado pela autoridade fazendária** quando impossibilitar ou dificultar a arrecadação dos tributos (CTN, art. 127, § 2º), possibilidade legal consagrada na jurisprudência dos tribunais superiores (STJ – REsp 437383/MG – 1.ª Turma – Rel. Min. José Delgado – julg. 21/10/2002).

Pode ocorrer, também, **a ausência de eleição de domicílio**, hipótese suprida pelas regras do artigo 127 do CTN. No caso de pessoa física, o domicílio será a residência habitual do contribuinte, ou então, se a residência for incerta ou desconhecida, o centro habitual de suas atividades (inciso I). Na mesma linha, não havendo eleição de domicílio fiscal, será considerado como tal o local da sede da pessoa jurídica de Direito Privado (inciso II) ou da repartição da pessoa jurídica de Direito Público (inciso III).

Ainda supletivamente, não sendo possível a aplicação das regras acima, o domicílio tributário será o lugar da situação dos bens ou da ocorrência dos atos ou fatos que derem origem à obrigação tributária (CTN, art. 127, § 1º). Segundo a jurisprudência, a escolha entre as duas possibilidades cabe à Fazenda Pública, razão por que pode optar pelo lugar do ajuizamento da execução fiscal quando aplicável o § 1º do artigo 127 do CTN (STJ – REsp 7236/RS – 1.ª Turma – Rel. Min. Garcia Vieira – julg. 11/12/1997).

Outra possibilidade, estabelecida no § 2º do artigo 127 do CTN é o direito conferido à autoridade administrativa de recusar o domicílio eleito pelo contribuinte, quando esse vier a impossibilitar ou dificultar a arrecadação ou a fiscalização do tributo. Se essa negativa do fisco ao domicílio eleito ocorrer, será aplicada, então, a regra do § 1º do próprio artigo 127, isto é, domicílio tributário será o lugar da situação dos bens ou da ocorrência dos atos ou fatos que derem origem à obrigação tributária.

Portanto, em matéria de domicílio, tem-se um encadeamento lógico normativo consubstanciado em **regra** (eleição de domicílio a cargo do contribuinte), **normas supletivas** (aplicáveis em caso de inércia do contribuinte) e uma **norma de recusa** (quando o fisco recusar o domicílio eleito pelo contribuinte). Veja:

Regra: eleição pelo contribuinte (art. 127).

Normas supletivas 1: aplicáveis quando o contribuinte não elege o seu domicílio (art. 127, I a III):

I – quanto às **pessoas naturais**, a sua residência habitual, ou, sendo esta incerta ou desconhecida, o centro habitual de sua atividade;

II – quanto às **pessoas jurídicas de direito privado** ou às **firmas individuais**, o lugar da sua sede, ou, em relação aos atos ou fatos que derem origem à obrigação, o de cada estabelecimento;

III – quanto às **pessoas jurídicas de direito público**, qualquer de suas repartições no território da entidade tributante.

Norma supletiva 2: quando não for possível aplicar as normas supletivas 1 (art. 127, I a III), o domicílio tributário será o lugar da situação dos bens ou da ocorrência dos atos ou fatos que derem origem à obrigação tributária (art. 127, § 1º).

Norma de recusa: a autoridade administrativa pode recusar o domicílio eleito, quando impossibilite ou dificulte a arrecadação ou a fiscalização do tributo, aplicando-se então a **regra supletiva 2**.

E, assim, como se vê, a norma **supletiva 2** deve ser adotada em duas situações:

1º) quando não for possível aplicar as **regras supletivas 1**;

2º) no caso de negativa do fisco ao domicílio eleito.

Confira todo esse raciocínio lógico normativo na ilustração a seguir:

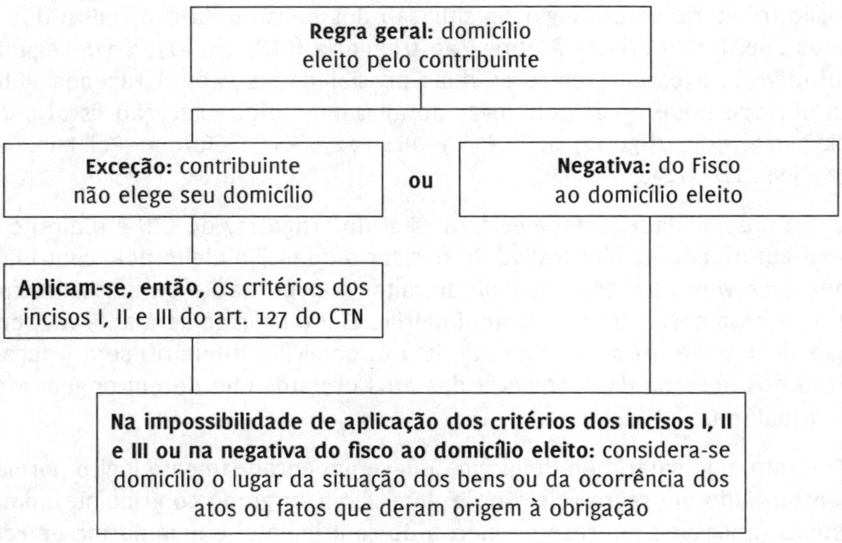

Atualmente, a tendência é que as administrações tributárias ofereçam ao contribuinte a possibilidade pela opção por um domicílio tributário eletrônico, para fins de comunicação fisco-contribuinte por via eletrônica, mediante certificação digital.

No âmbito federal, o **domicílio tributário eletrônico foi instituído pela Lei nº 11.196/2005 (MP do Bem) e Instrução Normativa da Receita Federal nº 664/2006.** Também já foi criado o domicílio eletrônico do contribuinte no Estado de São Paulo, conforme **Lei estadual nº 13.918/2009.**

7. SÚMULAS

Súmula 399 STJ: "Cabe à legislação municipal estabelecer o sujeito passivo do IPTU".

Súmula 430 STJ: "O inadimplemento da obrigação tributária pela sociedade não gera, por si só, a responsabilidade solidária do sócio-gerente".

Súmula 435 STJ: "Presume-se dissolvida irregularmente a empresa que deixar de funcionar no seu domicílio fiscal, sem comunicação aos órgãos competentes, legitimando o redirecionamento da execução fiscal para o sócio-gerente".

8. LEGISLAÇÃO RELACIONADA AO CAPÍTULO

- **CÓDIGO TRIBUTÁRIO NACIONAL**

Art. 119. Sujeito ativo da obrigação é a pessoa jurídica de direito público, titular da competência para exigir o seu cumprimento.

Art. 120. Salvo disposição de lei em contrário, a pessoa jurídica de direito público, que se constituir pelo desmembramento territorial de outra, subroga-se nos direitos desta, cuja legislação tributária aplicará até que entre em vigor a sua própria.

Art. 121. Sujeito passivo da obrigação principal é a pessoa obrigada ao pagamento de tributo ou penalidade pecuniária.

Parágrafo único. O sujeito passivo da obrigação principal diz-se:

I – contribuinte, quando tenha relação pessoal e direta com a situação que constitua o respectivo fato gerador;

II – responsável, quando, sem revestir a condição de contribuinte, sua obrigação decorra de disposição expressa de lei.

Art. 122. Sujeito passivo da obrigação acessória é a pessoa obrigada às prestações que constituam o seu objeto.

Art. 123. Salvo disposições de lei em contrário, as convenções particulares, relativas à responsabilidade pelo pagamento de tributos, não podem ser opostas à Fazenda Pública, para modificar a definição legal do sujeito passivo das obrigações tributárias correspondentes.

Art. 124. São solidariamente obrigadas:

I – as pessoas que tenham interesse comum na situação que constitua o fato gerador da obrigação principal;

II – as pessoas expressamente designadas por lei.

Parágrafo único. A solidariedade referida neste artigo não comporta benefício de ordem.

Art. 125. Salvo disposição de lei em contrário, são os seguintes os efeitos da solidariedade:

I – o pagamento efetuado por um dos obrigados aproveita aos demais;

II – a isenção ou remissão de crédito exonera todos os obrigados, salvo se outorgada pessoalmente a um deles, subsistindo, nesse caso, a solidariedade quanto aos demais pelo saldo;

III – a interrupção da prescrição, em favor ou contra um dos obrigados, favorece ou prejudica aos demais.

Art. 126. A capacidade tributária passiva independe:

I – da capacidade civil das pessoas naturais;

II – de achar-se a pessoa natural sujeita a medidas que importem privação ou limitação do exercício de atividades civis, comerciais ou profissionais, ou da administração direta de seus bens ou negócios;

III – de estar a pessoa jurídica regularmente constituída, bastando que configure uma unidade econômica ou profissional.

Art. 127. Na falta de eleição, pelo contribuinte ou responsável, de domicílio tributário, na forma da legislação aplicável, considera-se como tal:

I – quanto às pessoas naturais, a sua residência habitual, ou, sendo esta incerta ou desconhecida, o centro habitual de sua atividade;

II – quanto às pessoas jurídicas de direito privado ou às firmas individuais, o lugar da sua sede, ou, em relação aos atos ou fatos que derem origem à obrigação, o de cada estabelecimento;

III – quanto às pessoas jurídicas de direito público, qualquer de suas repartições no território da entidade tributante.

§ 1º Quando não couber a aplicação das regras fixadas em qualquer dos incisos deste artigo, considerar-se-á como domicílio tributário do contribuinte ou responsável o lugar da situação dos bens ou da ocorrência dos atos ou fatos que deram origem à obrigação.

§ 2º A autoridade administrativa pode recusar o domicílio eleito, quando impossibilite ou dificulte a arrecadação ou a fiscalização do tributo, aplicando-se então a regra do parágrafo anterior.

Art. 128. Sem prejuízo do disposto neste capítulo, a lei pode atribuir de modo expresso a responsabilidade pelo crédito tributário a terceira pessoa, vinculada ao fato gerador da respectiva obrigação, excluindo a responsabilidade do contribuinte ou atribuindo-a a este em caráter supletivo do cumprimento total ou parcial da referida obrigação.

QUESTÕES

CAPÍTULOS VII E VIII

1. QUESTÕES COMENTADAS

01. **(Analista Judiciário – Execução de Mandados – TRF 2ª região/ 2007 – FCC)** No que tange ao sujeito passivo da obrigação tributária é correto afirmar que

a) a capacidade tributária passiva depende da capacidade civil das pessoas naturais, ou da regularidade da constituição das pessoas jurídicas.

b) na substituição a obrigação constitui-se inicialmente em relação ao contribuinte, comunicando-se depois, porém, para o responsável, podendo ocorrer por subsidiariedade.

c) na transferência a obrigação constitui-se desde logo em relação a uma pessoa, ou responsável, ficando de fora aquele que seria o contribuinte.

d) o sujeito passivo da obrigação acessória, como a prestação de informações, ou a manutenção de papéis, é a pessoa obrigada às prestações.

e) as cláusulas contratuais convencionadas pelas partes sempre alteram a responsabilidade tributária, ficando o fisco obrigado a aceitá-las em quaisquer hipóteses.

COMENTÁRIOS:

Aqui são cinco alternativas do examinador que gravitam em torno da temática sujeição passiva tributária (Capítulo IV, Título II, Livro II, do CTN). O sujeito passivo da obrigação principal é a pessoa obrigada ao pagamento do tributo ou da penalidade pecuniária e diz-se contribuinte ou responsável.

Alternativa correta: letra "d": o sujeito passivo da obrigação acessória é a pessoa obrigada às prestações que constituam o seu objeto (CTN, art. 122).

Alternativa "a": em relação à **pessoa física**, a capacidade tributária passiva independe de sua capacidade civil ou do fato de se achar sujeita a medidas que importem em privação ou limitação do exercício de atividades civis, comerciais, profissionais ou da administração de seus bens ou negócios. Dessa forma, por exemplo, sofrem tributação os imóveis, automóveis, rendas, heranças e outros fatos signo-presuntivos de riqueza dos incapazes e relativamente capazes, como é o caso do menor civilmente incapaz contribuinte do ITR, por ser proprietário de imóvel rural. Já em relação à **pessoa jurídica**, a capacidade tributária passiva independe de estar regularmente constituída, bastando que configure uma unidade econômica ou profissional. Daí porque uma sociedade de fato pode se revestir do papel de sujeito passivo da obrigação tributária. Assim, com base no teor do artigo 126 do CTN, a alternativa está errada.

Alternativa "b": na responsabilidade tributária por substituição, também chamada de substituição tributária, a sujeição passiva recai sobre uma terceira pessoa (não contribuinte) desde a ocorrência do fato gerador. Um exemplo é a retenção de imposto de renda pela fonte pagadora, conforme parágrafo único do artigo 45 do CTN. Portanto, alternativa errada.

Alternativa "c": ao contrário do que constou, na responsabilidade tributária por transferência, quando do surgimento da obrigação tributária o sujeito passivo é um e, posteriormente, em virtude de ocorrência de algum evento previsto em lei, há a modificação desse sujeito passivo por outro. São os casos das responsabilidades por sucessão (CTN, arts. 129 a 133), por solidariedade (CTN, art. 124) e de terceiros (CTN, arts. 134 e 135).

Alternativa "e": incorreta. Salvo disposições de lei em contrário, as convenções particulares, relativas à responsabilidade pelo pagamento de tributos, não podem ser opostas à Fazenda Pública, para modificar a definição legal do sujeito passivo das obrigações tributárias correspondentes (CTN, art. 123).

02. (Analista Judiciário – Execução de Mandados – TRF 2ª região/ 2012 – FCC) Em relação à norma jurídica tributária, analise:

I. O fato ocorrido está fora do alcance da regra jurídica, não nascendo assim a obrigação de pagar o tributo. O fato ocorrido é atípico.

II. O fato gerador não ocorre, visto que, mesmo que haja uma lei, ordinária ou complementar, a Constituição Federal prevalece. Logo a lei infra-constitucional não pode obrigar o pagamento do tributo.

III. O fato gerador descrito na lei no mundo fático ou fenomênico ocorre concretamente.

Tais situações dizem respeito, respectivamente, à

a) não incidência, isenção e incidência.
b) imunidade, não incidência e incidência.
c) imunidade, isenção e fato imponível.
d) isenção, não incidência e incidência.
e) não incidência, imunidade e fato imponível.

COMENTÁRIOS:

As desonerações ou exonerações são situações em que o sujeito passivo da obrigação tributária (contribuinte ou responsável) não possui o dever de pagar o tributo. Dentre elas estão a imunidade, a isenção, a não incidência, a alíquota zero e a remissão.

Alternativa correta: letra "e".

Item I. Não incidência. Há **não incidência** quando o ente federativo, embora autorizado constitucionalmente, **não exerce a sua competência tributária**. Diante da ausência de previsão legal, o tributo não é instituído e, por conseguinte, não ocorrem fatos geradores. Pelas mesmas razões **não se dá o nascimento da obrigação tributária** (dever do contribuinte pagar o tributo), **tampouco do respectivo crédito** (direito do Fisco ao recebimento do tributo). Vale fazer menção também às chamadas **não incidências declaratórias**, ou seja, "situações que, pela sua própria natureza já estão excluídas do campo de incidência do tributo, mas a lei apenas declara a não incidência para que não

reste nenhuma dúvida no momento da aplicação do tributo" (ROSA, José Roberto. Curso básico de ICMS. 3ª ed. Itu: Ottoni Editora, 2012, pág. 77). Por exemplo, o artigo 3º, inciso VI, da LC 87/96 estipula que o ICMS não incide sobre "operações de qualquer natureza de que decorra a transferência de propriedade de estabelecimento industrial, comercial ou de outra espécie". Mas, esse dispositivo não seria a rigor necessário, visto que o ICMS é um imposto sobre operações de circulação de mercadorias e estabelecimento não é mercadoria. Por fim, há ainda outra acepção para a expressão **não incidência**, de caráter mais pragmático, que diz respeito a fatos que não se enquadram na hipótese legal de incidência. Por exemplo, caso haja um empréstimo entre duas pessoas, o ITCMD não incidirá, pois empréstimo não tem natureza jurídica de doação e não se enquadra na hipótese de incidência desse imposto (qualquer transmissão não onerosa, *inter vivos*, de bens e direitos).

Item II. Imunidade. A **imunidade** é uma exoneração tributária prevista na Constituição Federal, mediante norma que estabelece situações em que é vedado ao ente federativo exercer a sua competência tributária. Por ser uma exoneração tributária com previsão constitucional, a imunidade prevalece sobre a legislação infraconstitucional.

Item III. Fato imponível. A expressão **fato gerador** tem caráter ambíguo. No plano normativo (abstrato), é melhor designado pela expressão "hipótese de incidência", podendo ser visto sob três aspectos, quais sejam: material (matéria tributável), espacial (local de ocorrência do fato gerador) e temporal (momento da ocorrência do fato gerador). No plano dos fatos (concreto), diz respeito ao fato gerador propriamente dito, ou fato jurídico-tributário, ou fato imponível, correspondendo à realização prática do que descrito na hipótese de incidência.

03. **(Analista Judiciário – Área Judiciária – TRF 4ª região/ 2006 – FCC)** O sujeito passivo da obrigação principal diz-se responsável quando,

a) revestindo da condição de contribuinte, sua obrigação decorra da vontade das partes ou de disposições testamentárias.

b) revestindo ou não da condição de contribuinte, tenha relação pessoal e direta com a situação que constitua o respectivo fato gerador.

c) revestindo da condição de contribuinte, sua obrigação decorra de disposição expressa de lei.

d) sem revestir a condição de contribuinte, sua obrigação decorra de disposição expressa de lei.

e) sem revestir a condição de contribuinte, sua obrigação decorra da vontade das partes ou de disposições testamentárias.

COMENTÁRIOS:

A sujeição passiva está disciplinada pelo artigo 121 do CTN. O sujeito passivo da obrigação principal é a pessoa obrigada ao pagamento do tributo ou da penalidade pecuniária e diz-se contribuinte ou responsável. O contribuinte tem relação pessoal e direta com a situação que constitua o fato gerador. Já o responsável, que não se reveste da situação de contribuinte, tem a obrigação decorrente de disposição expressa em lei.

Alternativa correta: letra "d": o sujeito passivo da obrigação principal diz-se responsável, quando, sem revestir a condição de contribuinte, sua obrigação decorra de disposição expressa de lei (CTN, art. 121, parágrafo único, II).

Alternativas "a" e "c": incorretas. Na verdade, sujeito passivo da obrigação tributária é gênero, que tem como espécies **o contribuinte** e **o responsável**. Assim, o responsável não se reveste da condição de contribuinte.

Alternativa "b": incorreta. O sujeito passivo da obrigação principal diz-se **contribuinte**, quando possui relação pessoal e direta com a situação que constitua o respectivo fato gerador.

Alternativa "e": incorreta, pois somente a lei pode estabelecer a definição de sujeito passivo da obrigação tributária principal (CTN, art. 97, III). Logo, não decorre da vontade das partes ou de disposições de última vontade.

04. (Cespe – Analista Judiciário – Área Judiciária – STF/2013) Acerca da obrigação tributária, julgue os itens subsequentes.

( ) A obrigação tributária acessória decorre da legislação tributária e pode ter como objeto a inscrição no cadastro fiscal da atividade empresarial desenvolvida, a fim de atender aos interesses da fiscalização tributária.

COMENTÁRIOS:

O item está CERTO. De acordo com o artigo 113, § 2º, do CTN, a obrigação acessória decorre da legislação tributária e tem por objeto as prestações, positivas ou negativas, nela previstas no interesse da arrecadação ou da fiscalização dos tributos. Portanto, a obrigação acessória pode ser classificada como obrigação **de fazer** ou **de não fazer**. Assim, a inscrição no cadastro fiscal da atividade empresarial desenvolvida pelo contribuinte é uma obrigação de fazer no interesse da fiscalização tributária, logo, é uma obrigação acessória.

05. () A obrigação tributária principal tem como objeto o pagamento do tributo devido ou a penalidade pecuniária, que se extinguirá juntamente com o crédito dela decorrente.

COMENTÁRIOS:

O item está CERTO. De acordo com o artigo 113, § 1º, do CTN, a obrigação principal surge com a ocorrência do fato gerador, tem por objeto o pagamento de tributo ou penalidade pecuniária e extingue-se juntamente com o crédito dela decorrente. Portanto, a obrigação principal pode ser classificada como obrigação **de dar.**

2. QUESTÕES DE CONCURSO

(Cespe - Analista Judiciário - Área Judiciária - STF/2013) A respeito da situação hipotética apresentada, julgue os itens seguintes.

João, com mais de dezoito anos de idade, e seu irmão Pedro, com dezessete anos de idade, ambos residentes no Distrito Federal, em endereço conhecido, constituíram, neste local, um negócio informal e passaram a vender roupas, sem informar esse fato ao fisco, deixando de constar no cadastro fiscal. Após fiscalização, a administração tributária descobriu que a prática da atividade comercial durava mais de dois anos, sem nunca ter sido recolhido nenhum tributo. O fisco lavrou o correspondente auto de infração contra João e Pedro, para cobrar o tributo suprimido.

01. ( ) O fisco deve considerar a residência habitual como domicílio tributário, pois nem João nem Pedro, pessoas físicas, têm cadastro fiscal no Distrito Federal.

02. ( ) João e Pedro são contribuintes, e não responsáveis tributários.

03. ( ) Pedro não tem capacidade tributária passiva por ter menos de dezoito anos de idade.

04. **(Cespe – Analista Judiciário – Área Judiciária – STF/2013)** Acerca da obrigação tributária, julgue o item subsequente.

( ) Eventual multa cobrada pelo descumprimento de obrigação tributária acessória converte-se, imediatamente, em obrigação principal.

05. **(CESPE - STJ - Analista Judiciário /2018)** Julgue o item que se segue, a respeito das disposições do Código Tributário Nacional (CTN).

O contribuinte é o sujeito passivo da obrigação principal, enquanto o responsável é o sujeito passivo da obrigação acessória.

06. **(FGV - TJ/AL - Analista - área jurídica / 2018)** Instituição Financeira localizada no Estado de São Paulo, onde tem sua sede, transferiu parte de seu ativo imobilizado para o Estado Delta, para uma nova filial ali instalada há seis meses. Os bens foram acompanhados de nota de simples remessa.

Entretanto, o Estado Delta autuou a Instituição Financeira, por descumprimento da Lei Estadual XXXYYY que registra a necessidade de emissão de nota fiscal para ingresso de bens do ativo imobilizado na unidade federativa referida. Neste caso,

a) a lei estadual de Delta é inconstitucional, já que cria fato gerador novo para fazer incidir ICMS no simples ingresso físico de bens em seu território.

b) a atuação do Estado Delta está correta, já que a obrigação acessória é autônoma, em relação à regra matriz de incidência tributária e persiste para fins fiscalizatórios.

c) a exigência do Estado Delta é inconstitucional, por vício de competência, uma vez que as instituições financeiras não são contribuintes do ICMS.

d) não cabe ao Fisco do Estado Delta impor obrigação acessória, quando inexiste a obrigação principal. O acessório segue a sorte do principal em tema de obrigação.

e) a atuação do Estado Delta é legal, ante a função sancionadora e reguladora que exerce no que diz respeito às situações jurídicas tributárias que ocorram em seu território.

07. (FCC – Auditor Fiscal Tributário Municipal – SP/2012) Um determinado município paulista, ao instituir o ISS, imposto de competência municipal, criou, na mesma lei ordinária, várias obrigações acessórias, no interesse da arrecadação e fiscalização desse imposto.

Com relação à referida lei ordinária, é correto afirmar que

a) ela não poderia ter criado obrigações acessórias, pois isso é atribuição de decreto.

b) ela não poderia ter criado obrigações acessórias, pois isso é atribuição de normas regulamentares e infra regulamentares.

c) não há irregularidade alguma em ela ter criado obrigações acessórias.

d) lei ordinária só pode criar obrigação principal e normas infralegais só podem criar obrigações acessórias.

e) cabe à lei complementar criar tanto obrigações principais, como obrigações acessórias.

08. (FCC/AFR/2006) Em relação à obrigação tributária, é correto afirmar:

a) O fato gerador da obrigação principal tem natureza constitutiva, pois dá concretude à hipótese de incidência e faz surgir a obrigação principal.

b) A obrigação acessória necessita estar expressa em Lei.

c) A obrigação tributária principal decorre de lei, surge com a ocorrência do fato gerador e, como regra geral, torna-se exigível desde logo pelo sujeito ativo, independentemente de qualquer formalidade, pois se trata de dívida líquida e certa.

d) As circunstâncias materiais ou jurídicas relativas ao lançamento do crédito afetam inexoravelmente a obrigação tributária.

e) A validade jurídica dos atos efetivamente praticados pelos contribuintes, bem como a natureza do seu objeto ou dos seus efeitos é elemento essencial na definição legal do fato gerador e nascimento da obrigação tributária.

09. (CESPE - STJ - Analista Judiciário / 2018) À luz das disposições do Código Tributário Nacional (CTN), julgue o item a seguir.

Havendo vários devedores solidários de determinado crédito tributário, eventual isenção outorgada pessoalmente a um deles não exonerará os demais, salvo se houver previsão legal em contrário.

10. (Procurador do Município – Prefeitura Vitória-ES/2007 – Cespe) A respeito de obrigação e crédito tributário, julgue o item que se segue.

( ) Considere que, aos 4 anos de idade, Mônica tenha adquirido, por herança de seu pai, uma propriedade rural no valor de cerca de R$ 6.000.000,00. Nessa situação, não haverá dever de pagar o imposto sobre a propriedade territorial rural (ITR), pois a propriedade do bem imóvel é de pessoa absolutamente incapaz.

11. (FCC – PGE-MT – 2016) A obrigação tributária acessória, relativamente a um determinado evento que constitua, em tese, fato gerador de um imposto,

(A) não poderá ser instituída, em relação a um mesmo fato jurídico, por mais de uma pessoa política distinta.

(B) não pode ser exigida de quem é imune ao pagamento do imposto.

(C) pode ser exigida de quem é isento do imposto.

(D) poderá ser exigida de quaisquer pessoas designadas pela lei tributária que disponham de informação sobre os bens, serviços, rendas ou patrimônio de terceiros, independentemente de cargo, ofício, função, ministério, atividade ou profissão por aqueles exercidas.

(E) não é exigível no caso de não incidência tributária, pois inexiste interesse da arrecadação ou fiscalização tributárias a justificar a imposição acessória.

12. (Cespe – Delegado de Polícia – PE/2016) Tendo como referência o disposto no CTN, assinale a opção correta.

a) A capacidade tributária passiva é plena e independe da capacidade civil.

b) Não haverá incidência tributária sobre atividades ilícitas.

c) A obrigação tributária principal nasce com o lançamento do fato gerador.

d) Fato gerador corresponde ao momento abstrato previsto em lei que habilita o início da relação jurídico-tributária.

e) A denominação do tributo e a destinação legal do produto de sua arrecadação são essenciais para qualificá-lo.

13. **(CESPE/Unb – TCE/ES – Analista Administrativo – Direito /2013)** Considere que a secretaria de fazenda estadual tenha exigido que todos os contribuintes de ICMS tivessem emissores de cupom fiscal em seus estabelecimentos. Durante a fiscalização do cumprimento dessa determinação, vários estabelecimentos foram multados. Com base nessa situação hipotética, assinale a opção correta acerca de obrigação tributária.

a) A multa é obrigação principal apenas quando não paga pelo contribuinte.

b) A obrigação principal sempre está vinculada a uma prestação positiva ou negativa por parte do contribuinte.

c) A multa é uma obrigação acessória.

d) A obrigação do contribuinte de ter a máquina de cupom fiscal é obrigação tributária principal.

e) A multa como penalidade pecuniária é considerada obrigação principal.

14. **(Consulplan – Técnico Judiciário – TRF2/2017)** Quanto ao sujeito passivo tributário e suas características, pode-se afirmar que o responsável tributário é:

a) pessoa jurídica que tem relação pessoal e direta com a situação que constitui o fato gerador do tributo.

b) terceiro a quem a lei atribui o dever de pagar o tributo, por motivos de facilidade de cobrança e de fiscalização do recolhimento.

c) pessoa física ou jurídica que, em decorrência do fenômeno da repercussão, fica obrigada a quitar o tributo.

d) pessoa física ou jurídica obrigada por lei ao cumprimento da prestação tributária principal, por ter com esta relação direta e pessoal.

15. **(Vunesp – Juiz de Direito – SP/2014)** No que diz respeito ao chamado domicílio tributário, é correto afirmar que

a) é coincidente, em qualquer hipótese, com o domicílio civil, previsto no Código Civil brasileiro de 2002.

b) em casos específicos, pode o domicílio tributário ser aquele da situação dos bens ou da ocorrência dos atos ou fatos que deram origem à obrigação.

c) no caso do contribuinte pessoa física, é sempre coincidente com a sua residência.

d) não apresenta qualquer distinção na sua fixação no que diz respeito ao caso dos contribuintes pessoas jurídicas, sejam estas de direito privado de direito público.

GABARITO		
Questão	**Resposta**	**Fundamentação**
01	Certo	CTN, art. 127, I
02	Certo	CTN, art. 121, parágrafo único, I
03	Errado	CTN, art. 126, I
04	Certo	CTN, art. 113, § 3º
05	Errado	CTN, art. 121, parágrafo único, I e II
06	B	CTN, art. 113, § 2º
07	C	CTN, arts. 96 e 113, § 2º
08	A	CTN, art. 114
09	C	CTN, art. 125, II
10	Errado	CTN, art. 126
11	C	CTN, art. 175, parágrafo único
12	A	CTN, art. 126, I
13	E	CTN, art. 113, § 3º
14	B	CTN, art. 121, parágrafo único, II
15	B	CTN, art. 127, § 1º

3. QUESTÕES DISSERTATIVAS E ESTUDOS DE CASOS

QUESTÃO DISSERTATIVA 01:

É possível a incidência de tributação sobre valores arrecadados com o exercício de uma atividade ilícita?

Resposta sugerida pelos autores[3]:

A referida incidência tributária é possível e tem fundamento no teor do artigo 118 do CTN, segundo o qual "a definição legal do fato gerador é interpretada

3. Nas respostas dadas aqui serão indicados trechos normativos ou precedentes jurisprudenciais, mas na prova não há necessidade dessa indicação, salvo quando expressamente previsto no edital do concurso.

abstraindo-se (I) da validade jurídica dos atos efetivamente praticados pelos contribuintes, responsáveis, ou terceiros, bem como da natureza do seu objeto ou dos seus efeitos; (II) dos efeitos dos fatos efetivamente ocorridos".

Em outras palavras, trata-se da aplicação do princípio do *non olet* ("o dinheiro não tem cheiro"), que leva à interpretação objetiva dos fatos geradores preconizada no artigo 118 do CTN, de acordo com o qual se deve interpretar a definição legal do fato gerador independentemente da validade jurídica, natureza do objeto ou efeitos dos atos praticados (inciso I) ou dos fatos ocorridos (inciso II).

Em última análise, "seria contraditório o não pagamento do imposto proveniente de ato ilegal, pois haveria locupletamento da própria torpeza em detrimento do interesse público da satisfação das necessidades coletivas, a qual se daria por meio da exação tributária" (STF, HC 94.240).

QUESTÃO DISSERTATIVA 02:

Qual a diferença entre contribuinte de direito e contribuinte de fato?

Resposta sugerida pelos autores:

A expressão "contribuinte de fato" compõe uma classificação doutrinária que a contrapõe ao "contribuinte de direito". O "contribuinte de fato" é aquele que efetivamente suporta o encargo financeiro do tributo incluído no preço. "Contribuinte de direito" é o sujeito passivo legalmente obrigado ao pagamento do tributo, necessariamente alguém que tenha relação pessoal e direta com o fato gerador (CTN, art. 121, parágrafo único, I). Como exemplo, no caso clássico da circulação de mercadorias (ICMS), o "contribuinte de direito" é o vendedor (pois promove a saída da mercadoria de seu estabelecimento) e o "contribuinte de fato" é o consumidor, uma vez que no preço final da mercadoria adquirida está contido o ICMS.

ESTUDO DE CASO 01:

Considere que a Secretaria de Fazenda de um determinado Estado brasileiro tenha exigido, por meio de norma hábil, que todos os comerciantes (contribuintes de ICMS) tivessem emissores de cupom fiscal em seus estabelecimentos. Diante do descumprimento da norma tributária, vários estabelecimentos foram multados. A referida multa pecuniária tributária é considerada uma obrigação tributária principal ou acessória?

Resposta sugerida pelos autores:

As obrigações são classificadas quanto à natureza em (i) obrigações de dar; (ii) de fazer ou (iii) de não fazer. A obrigação tributária é classificada como principal e acessória. A principal surge com a ocorrência do fato gerador, tem por objeto o pagamento de tributo ou penalidade pecuniária e extingue-se juntamente com o crédito dela decorrente (CTN, art. 113, § 1º), ou seja, possui natureza de dar (pagar tributo). Já a acessória decorre da legislação tributária e tem por objeto as prestações, positivas ou negativas, nela previstas no interesse da arrecadação ou da fiscalização dos tributos (CTN, art. 113, § 2º), ou seja, possui natureza de fazer (prestações positivas) ou não fazer (prestações negativas). Exemplo: recolher o IRPF é o objeto da obrigação tributária principal e apresentar a declaração de ajuste anual de Imposto de Renda da pessoa física é uma obrigação tributária acessória.

Segundo o artigo 113, § 3º do CTN, a obrigação acessória, pelo simples fato da sua inobservância, converte-se em obrigação principal relativamente à penalidade pecuniária. Assim, por ser uma penalidade pecuniária (sanção pelo descumprimento da obrigação tributária acessória de obrigatoriedade de adoção de equipamento emissor de cupom fiscal), a multa é de fato uma obrigação tributária principal.

ESTUDO DE CASO 02:

Tício firmou contrato de locação de um imóvel comercial de sua propriedade junto a uma pessoa jurídica de direito privado. Como de praxe, constou no contrato de locação a cláusula de que a locatária (pessoa jurídica) seria a responsável pelo pagamento do IPTU. Diante da inadimplência da locatária, a Fazenda Pública Municipal promoveu a cobrança do débito junto a Tício. Em sua defesa, Tício arguiu que a responsabilidade pelo débito, segundo o contrato de locação firmado, cabe à empresa locatária. Com base no CTN e diante da inexistência de dispositivo na legislação municipal que expressamente albergue essa possibilidade (de cobrar do locatário com base em contrato firmado), a defesa será provida?

Resposta sugerida pelos autores:

A defesa de Tício não logrará êxito, pois o artigo 123 do CTN é categórico ao prever que "salvo disposições de lei em contrário, as convenções particulares, relativas à responsabilidade pelo pagamento de tributos, não podem ser opostas à Fazenda Pública, para modificar a definição legal do sujeito passivo das obrigações tributárias correspondentes".

Portanto, o contrato de locação (convenção entre as partes, Tício como locador e pessoa jurídica como locatária) não pode ser oposto à Fazenda Pública Municipal, haja vista que o CTN estipula que o contribuinte do IPTU é o proprietário do imóvel, o titular do seu domínio útil, ou o seu possuidor a qualquer título (CTN, art. 34).

Apenas para reforçar tal tese, tem-se que, segundo a jurisprudência do STJ, o IPTU "é imposto que tem como contribuinte o proprietário ou possuidor por direito real que exerce a posse com *animus* definitivo - art. 34 do CTN" (REsp 325489/SP). Na mesma linha, "as posses de locatário e comodatário não exteriorizam domínio, pois são meros titulares de direitos pessoais limitados em relação à coisa" (REsp 40240/SP), motivo pelo qual nunca poderão ser considerados contribuintes do IPTU.

CAPÍTULO IX

RESPONSABILIDADE TRIBUTÁRIA

1. ASPECTOS INTRODUTÓRIOS

A expressão **responsabilidade tributária** e o termo **responsável** são importantíssimos para o Direito Tributário, uma vez que, em linhas gerais, implicam na submissão de determinada pessoa a arcar com o débito fiscal.

Já vimos que a sujeição passiva (gênero) tem como espécies o "contribuinte" e o "responsável". O **contribuinte** tem **relação pessoal e direta com a situação que constitua o** respectivo **fato gerador** da obrigação tributária principal (CTN, art. 121, parágrafo único, I). O **responsável** é aquele que, sem revestir a condição de contribuinte, **sua obrigação decorre de disposição expressa em lei** (CTN, art. 121, parágrafo único, II).

À condição de sujeito passivo do responsável dá -se o nome de **responsabilidade tributária**, tema exaustivamente explorado em concursos públicos. Para desenvolvê-lo, é importante estabelecer uma sistematização das normas de responsabilidade tributária no CTN, podendo-se partir da classificação que subdivide a responsabilidade tributária em **responsabilidade por substituição** (CTN, art. 128) e **responsabilidade por transferência**, esta última compreendendo as seguintes subespécies de responsabilidades: **por sucessão, de terceiros** e **por infrações.**

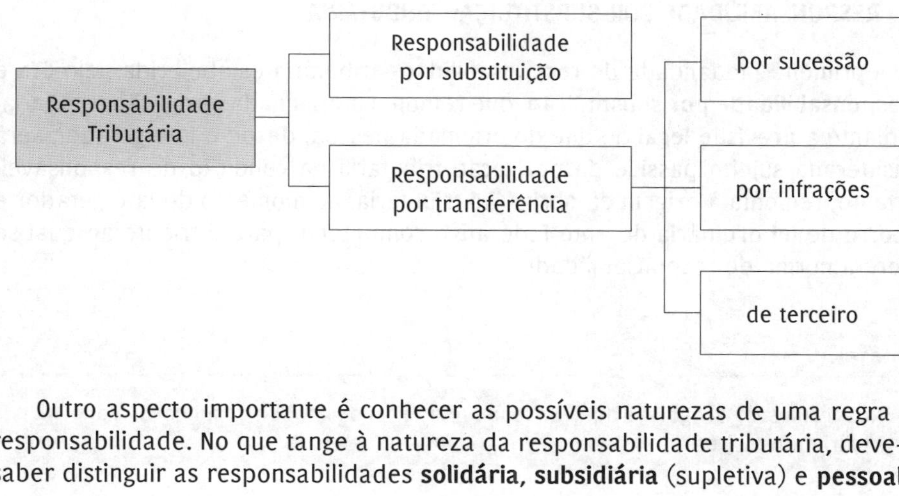

Outro aspecto importante é conhecer as possíveis naturezas de uma regra de responsabilidade. No que tange à natureza da responsabilidade tributária, deve-se saber distinguir as responsabilidades **solidária, subsidiária** (supletiva) e **pessoal.**

2. NATUREZA DA RESPONSABILIDADE TRIBUTÁRIA

Na **responsabilidade solidária**, a dívida tributária pode ser exigida tanto do "contribuinte" como do "responsável", independentemente da existência de uma ordem de cobrança a ser seguida pelo credor (Fazenda Pública). Noutras palavras, a solidariedade **não** comporta **benefício de ordem** (CTN, art. 124, parágrafo único).

As hipóteses de responsabilidade solidária devem ser compreendidas à luz das normas gerais sobre solidariedade tributária, veiculadas nos artigos 124 e 125 do CTN e estudadas no capítulo anterior desta obra.

De modo diverso, a **responsabilidade subsidiária** recai sobre o sujeito passivo, tido como "responsável", diante da impossibilidade de exigência da obrigação junto ao sujeito passivo "contribuinte", por absoluta falta de patrimônio deste para operar a quitação.

Por fim, tem-se, ainda, a **responsabilidade pessoal**, em que o terceiro responde pessoalmente, independentemente do contribuinte.

Responsabilidade Solidária	Responsabilidade Subsidiária	Responsabilidade pessoal
A dívida tributária pode ser exigida tanto do "contribuinte" como do "responsável", sem benefício de ordem	Responsabilidade decorre da impossibilidade de exigência da obrigação junto ao "contribuinte".	Exclusiva da pessoa indicada como responsável tributária, ficando afastada a responsabilidade do contribuinte

No estudo das modalidades de responsabilidade tributária, que será apresentado na sequência, essas três naturezas ficarão facilmente perceptíveis em cada norma.

3. RESPONSABILIDADE POR SUBSTITUIÇÃO TRIBUTÁRIA

A primeira modalidade de responsabilidade tributária estabelecida pelo CTN é a **responsabilidade por substituição**, que remonta à origem da obrigação tributária, mediante a **previsão legal** de que determinada pessoa, desde o fato gerador, será considerada sujeito passivo da obrigação tributária na condição de responsável. Portanto, remonta à **origem** da obrigação tributária, ao momento do fato gerador e decorre de **lei ordinária** do ente federativo competente para o tributo ao qual se refere a norma de responsabilidade.

ATENÇÃO:

Nos termos do artigo 128 do CTN, somente a lei pode atribuir responsabilidade tributária a terceiros.

No entanto, a lei **não** pode indicar como responsável uma pessoa totalmente alheia ao fato gerador. De acordo com o artigo 128 do CTN, que trata da responsabilidade por substituição, o responsável deve ser uma terceira pessoa **"vinculada ao fato gerador da respectiva obrigação"**.

Por outro lado, não se deve confundir essa vinculação do terceiro responsável com a condição de contribuinte. Na responsabilidade tributária, a relação do responsável com o fato gerador é indireta. Aquele que tem relação pessoal e direta, isto é, quem se enquadra na situação fática que constitui o fato gerador, não é classificado como responsável tributário, mas sim reúne as características para ser considerado contribuinte.

Ainda nos termos do artigo 128 do CTN, verifica-se que a natureza da responsabilidade por substituição tributária pode ser **pessoal** ou **subsidiária.** Isso ocorre na medida em que a norma veiculada no dispositivo prevê que a responsabilidade será atribuída à terceira pessoa vinculada ao fato gerador **"excluindo a responsabilidade do contribuinte ou atribuindo-a a este em caráter supletivo do cumprimento total ou parcial da referida obrigação"** (CTN, art. 128).

Portanto, no que se refere à sua natureza, a responsabilidade por substituição pode ser:

Pessoal: quando a lei exclui a responsabilidade do contribuinte.

Subsidiária: quando a lei atribui a responsabilidade ao terceiro em caráter supletivo do cumprimento total ou parcial da obrigação (pelo contribuinte).

Também no campo da responsabilidade por substituição, a expressão **retenção na fonte** decorre de norma específica do parágrafo único do artigo 45 do CTN, o qual dispõe que "a lei pode atribuir à fonte pagadora da renda ou dos proventos tributáveis a condição de responsável pelo imposto cuja retenção e recolhimento lhe caibam".

Clássico tema polêmico, por força da Emenda Constitucional 3/96, a substituição tributária foi elevada à estatura de norma constitucional, com a inclusão do § 7º ao artigo 150 da CF, segundo o qual: "A **lei** poderá atribuir a sujeito passivo de obrigação tributária a condição de **responsável** pelo pagamento de imposto ou contribuição, **cujo fato gerador deva ocorrer posteriormente**, assegurada a imediata e preferencial restituição da quantia paga, caso não se realize o fato gerador presumido".

Essa norma, interpretada sistematicamente com o artigo 128 do CTN, delineia no campo da tributação plurifásica, típica de impostos indiretos como ICMS e IPI, a responsabilidade por substituição das operações subsequentes, conhecida como **substituição tributária para frente ou progressiva.** Nessa hipótese, há uma antecipação da exigência do recolhimento do imposto relativo aos fatos geradores de toda a cadeia produtiva que está para ocorrer.

Um exemplo no campo do ICMS é a responsabilidade da indústria de bebidas pelo imposto devido em todas as etapas subsequentes de circulação das mercadorias (atacado e varejo), prevista nas legislações da maioria dos Estados brasileiros.

Outro ponto a se observar na substituição tributária para frente é de que a responsabilidade é atribuída ao substituído, **assegurada a imediata e preferencial restituição da quantia paga, caso não se realize o fato gerador presumido** (CF, art. 150, § 7º, *in fine*). Significa dizer que, caso o substituto efetue o pagamento do tributo relativo às operações subsequentes, mas estas não venham a se efetivar posteriormente, o tributo pago antecipadamente deve ser devolvido imediata e preferencialmente.

ATENÇÃO:

Tema objeto de infindáveis polêmicos sempre foi a possibilidade restituição da diferença entre a quantia paga de acordo com a base de cálculo presumida e o valor da efetiva operação de venda. Depois de muitas decisões em sentido contrário, no julgamento do Recurso Extraordinário 593.849, o Supremo Tribunal Federal exarou decisão com repercussão geral no seguinte sentido: "É devida a restituição da diferença do Imposto sobre Circulação de Mercadorias e Serviços (ICMS) pago a mais no regime de substituição tributária para a frente se a base de cálculo efetiva da operação for inferior à presumida." Os efeitos dessa decisão também foram modulados pela Corte, de modo que atingirão os casos futuros e apenas os pretéritos que já estejam tramitando na Justiça. Na mesma ocasião e de acordo com o mesmo entendimento, também foram julgadas improcedentes as ADIs 2675 e 2777, que questionavam a constitucionalidade de leis dos Estados de São Paulo e Pernambuco que autorizavam a restituição em questão.

Também no campo do ICMS, a responsabilidade poderá ser atribuída em relação ao imposto incidente sobre uma ou mais operações ou prestações, sejam **antecedentes, concomitantes** ou **subsequentes** (LC 87/96, art. 6º, § 1º). Dessa forma, ao lado da substituição tributária das operações subsequentes (para frente ou progressiva), também no campo do ICMS, é possível identificar mais duas modalidades, que são a **substituição tributária para trás ou regressiva**, relativa às operações antecedentes, e a **substituição tributária de operações/prestações concomitantes.**

Na substituição tributária para trás ou regressiva, também chamada de **diferimento**, a lei estabelece uma postergação da exigência do pagamento do tributo para uma etapa posterior da cadeia de circulação da mercadoria.

Tem-se, por fim, a substituição tributária relativa às operações/prestações concomitantes, muito menos frequente na legislação. Pode ocorrer quando acontecem ao mesmo tempo prestação de serviço de transporte e circulação de mercadorias, ambos fatos geradores do ICMS. Nesse caso, a lei pode atribuir ao comerciante, que é contribuinte do em razão da operação de circulação de mercadorias, a responsabilidade pelo pagamento do imposto devido pelo transportador em razão da prestação de serviço de transporte das mercadorias, na condição de substituto tributário.

No quadro abaixo, uma recapitulação das três modalidades de substituição tributária que acabam de ser abordadas.

Responsabilidade por substituição (SUBSTITUIÇÃO TRIBUTÁRIA)		
Substituição Tributária para trás (das operações antecedentes)	**Substituição Tributária para frente (das operações subsequentes)**	**Substituição Tributária de operações concomitantes**
Diferimento (postergação do recolhimento do tributo de toda cadeia produtiva para o último elo)	Antecipação do recolhimento de toda cadeia produtiva que está para ocorrer (retenção na fonte)	Em geral, serviços de transporte que acontecem em concomitância com a circulação de mercadorias (art. 6º, § 1º, da LC 87/96)

4. RESPONSABILIDADE POR TRANSFERÊNCIA

Além da responsabilidade por substituição, o CTN estipula em seu capítulo V do Título II (do Livro II) hipóteses em que a **responsabilidade tributária** se dá **por transferência**, isto é, em um momento posterior ao fato gerador, a responsabilidade transfere-se para a figura do responsável. São modalidades de responsabilidade por transferência as responsabilidades **dos sucessores, de terceiros e por infrações.**

4.1. responsabilidade dos sucessores

A **responsabilidade dos sucessores** encontra-se disciplinada entre os artigos 129 a 133 do CTN, cujos principais aspectos encontram-se resumidos no quadro a seguir:

Responsabilidade dos Sucessores	
Aplica-se por igual aos créditos tributários definitivamente constituídos ou em curso de constituição à data dos atos nela referidos e aos constituídos posteriormente aos mesmos atos, desde que relativos a obrigações tributárias surgidas até a referida data.	
Tributos "propter rem" (imóveis) – CTN, art. 130	Subrogam-se na pessoa dos respectivos adquirentes, **salvo quando conste do título a prova de sua quitação.**
Aquisição de imóvel em hasta pública – CTN, art. 130, parágrafo único	A sub-rogação dos tributos "propter rem" ocorre sobre o respectivo preço.
Responsabilidade pessoal – CTN, art. 131, I	do adquirente ou remitente, pelos tributos relativos aos bens adquiridos ou remidos.
Responsabilidade pessoal – CTN, art. 131, II	do sucessor a qualquer título e o cônjuge meeiro, pelos tributos devidos pelo *de cujus* até a data da partilha ou adjudicação, limitada esta responsabilidade ao montante do quinhão do legado ou da meação.
Responsabilidade pessoal – CTN, art. 131, III	do espólio, pelos tributos devidos pelo *de cujus* até a data da abertura da sucessão.

Responsabilidade dos Sucessores	
Pessoa jurídica de direito privado que resultar de fusão, transformação ou incorporação – CTN, art. 132	é responsável pelos tributos devidos até a data do ato pelas pessoas jurídicas de direito privado fusionadas, transformadas ou incorporadas.
Extinção de pessoa jurídica de direito privado – CTN, art. 132, parágrafo único	quando a exploração da respectiva atividade seja continuada por qualquer sócio remanescente, ou seu espólio, sob a mesma ou outra razão social, ou sob firma individual, estes são responsáveis.
Pessoa natural ou jurídica que adquire de outra um estabelecimento (fundo de comércio) – CTN, art. 133	Responde pelos tributos, relativos ao fundo ou estabelecimento adquirido, devidos até a data do ato: I – integralmente, se o alienante cessar a exploração do comércio, indústria ou atividade; II – subsidiariamente com o alienante, se este prosseguir na exploração ou iniciar dentro de seis meses a contar da data da alienação, nova atividade no mesmo ou em outro ramo de comércio, indústria ou profissão.
Pessoa natural ou jurídica que adquire estabelecimento (fundo de comércio) de outra em processo de falência; ou adquire filial ou unidade produtiva isolada, em processo de recuperação judicial – CTN, art. 133, §§ 1º e 2º	Não responde pelos tributos, quer integral, quer subsidiariamente, **exceto** quando o adquirente for: I – sócio da sociedade falida ou em recuperação judicial, ou sociedade controlada pelo devedor falido ou em recuperação judicial; II – parente, em linha reta ou colateral até o 4º (quarto) grau, consanguíneo ou afim, do devedor falido ou em recuperação judicial ou de qualquer de seus sócios; ou III – identificado como agente do falido ou do devedor em recuperação judicial com o objetivo de fraudar a sucessão tributária.

Anote-se que, segundo posicionamento firmado pelo STJ, "a responsabilidade tributária do sucessor abrange, além dos tributos devidos pelo sucedido, as multas moratórias ou punitivas, que, por representarem dívida de valor, acompanham o passive do patrimônio adquirido pelo sucessor, desde que seu fato gerador tenha ocorrido até a data da sucessão" (Precedentes: REsp 1085071/SP, Rel. Ministro BENEDITO GONÇALVES, PRIMEIRA TURMA, julgado em 21/05/2009, DJe 08/06/2009; REsp 959.389/RS, Rel. Ministro CASTRO MEIRA, SEGUNDA TURMA, julgado em 07/05/2009, DJe 21/05/2009).

4.1.1. *Responsabilidade por tributos propter rem nas transmissões imobiliárias*

As hipóteses do artigo 130 são de sucessão relativa aos impostos *propter rem*, ou seja, devidos em razão da propriedade do bem, incidentes sobre bens imóveis, conceito no qual se enquadram o IPTU para imóveis urbanos e o ITR para imóveis rurais. Vale também para as taxas de serviços, tal como a taxa de coleta de lixo domiciliar, e para as contribuições de melhoria relacionadas ao bem imóvel, consoante fica claro no texto do dispositivo:

> **Art. 130.** Os créditos tributários relativos a **impostos** cujo fato gerador seja a propriedade, o domínio útil ou a posse de bens imóveis, e bem assim os relativos a **taxas pela prestação de serviços** referentes a tais bens, ou a **contribuições de melhoria**, subrogam-se na pessoa dos respectivos adquirentes, salvo quando conste do título a prova de sua quitação.

Essa responsabilidade tributária do adquirente refere-se aos **débitos tributários anteriores** à respectiva aquisição do imóvel. Muito cuidado ao examinar situações em que o débito fiscal decorrer de fato gerador posterior ao título aquisitivo, pois nesses casos o adquirente deverá ser considerado contribuinte, por ter relação pessoal e direta com o fato gerador.

Havendo pendência de débitos desses tributos sobre o imóvel adquirido, os respectivos adquirentes responderão por essa dívida, **exceto** se do título aquisitivo (por exemplo, a escritura de compra e venda) constar a prova da quitação desses tributos (CTN, art. 130).

ATENÇÃO:

A responsabilidade por sucessão de que trata o artigo 130 do CTN refere-se a impostos, contribuições de melhoria e, quanto a taxas, apenas àquelas sobre prestação de serviços públicos relativos a tais bens, **não** abrangendo as taxas pelo exercício regular do poder de polícia.

Outra exceção é prevista no parágrafo único do artigo 130 do CTN e diz respeito à aquisição de imóvel em hasta pública (praça ou leilão). Nessa hipótese, os débitos de IPTU e ITR estarão subrogados no respectivo preço, o que significa que, do produto obtido com a arrematação do bens alienados, deverá ser retirado o valor necessário para cobrir os impostos sobre o imóvel pendentes de pagamento. Como se vê, nesse caso, o arrematante do imóvel adquire a sua propriedade livre de quaisquer ônus de impostos de caráter *propter rem*, o que vale também para as taxas de prestação de serviços e contribuições de melhoria.

Assim, as normas de responsabilidade por sucessão do artigo 130 do CTN podem ser sintetizadas no seguinte quadro:

Responsável (sucessor)	Contribuinte (sucedido)	Objeto	Exceções
Adquirente (sub-rogação)	Alienante	Créditos tributários relativos a **impostos** cujo fato gerador seja a propriedade, o domínio útil ou a posse de bens imóveis, e **taxas** pela prestação de serviços referentes a tais bens, ou a **contribuições de melhoria**	salvo quando conste do título a prova da quitação
			arrematação em hasta pública (a sub-rogação ocorre sobre o respectivo preço)

4.1.2. Responsabilidade pessoal nas aquisições de bens e transmissões *causa mortis*

O artigo 131 enfatiza a natureza pessoal da responsabilidade dos sucessores nas hipóteses que enumera (rol taxativo dos incisos I a III).

No caso do inciso I, é responsável o adquirente ou remitente (no caso de remição de dívida objeto de execução judicial). Essa responsabilidade refere-se aos bens adquiridos ou remidos, mas, diferente do que acontece no artigo 130, não se restringe a bens imóveis, de modo que pode ser atribuída, por exemplo, ao adquirente de um veículo automotor em relação aos débitos pendentes de IPVA. Porém, no caso do artigo 131, inciso I, do CTN (responsabilidade do adquirente ou remitente pelos bens adquiridos ou remidos), não foi prevista a ressalva "salvo quando conste do título a prova de sua quitação", que fica restrita à hipótese de responsabilidade por sucessão relacionada imóveis do artigo 130 do CTN.

ATENÇÃO:

"A responsabilidade solidária do ex-proprietário, prevista no art. 134 do Código de Trânsito Brasileiro – CTB, não abrange o IPVA incidente sobre o veículo automotor, no que se refere ao período posterior à sua alienação" (Súmula 585 do STJ). De fato, a responsabilidade de que trata o CTN na alienação de bens é por sucessão é imposta ao adquirente, enquanto a norma do CTB, não aplicável na esfera tributária, mas apenas na seara das multas de trânsito, é imposta ao alienante.

Quanto às hipóteses dos incisos II e III do mesmo artigo 131 do CTN, referem-se ambas a situações que envolvem a sucessão *causa mortis*, isto é, aquela decorrente da morte de uma pessoa.

- **CTN, art. 131, inciso III:** o espólio é que responderá pelos tributos devidos pelo *de cujus* até a data da abertura da sucessão (CTN, art. 131, III). Ou seja, o **falecido** é o **contribuinte** e o **espólio** o **responsável**.

Porém, essa norma só tem aplicação até a homologação da partilha dos bens. É que, nesse momento, o espólio deixa de existir, não havendo como se lhe atribuir mais a responsabilidade. Assim, não resta outra interpretação plausível senão a de que os tributos devidos pelo *de cujus* descobertos após a partilha devem ser pagos pelo sucessor a qualquer título ou pelo cônjuge meeiro nos limites do montante de seus quinhões, legados ou meação, nos termos estabelecidos pelo inciso II do artigo 131, que será analisado adiante. E, nesse caso, o **contribuinte** continua sendo o ***de cujus***, mas o **responsável** passa a ser o **herdeiro, legatário** ou o **cônjuge meeiro**.

- **CTN, art. 131, II:** já os tributos devidos pelo *de cujus* até a partilha ou adjudicação dos bens são de responsabilidade do sucessor a qualquer título (herdeiro ou legatário) ou do cônjuge meeiro (proporcional à sua meação), cabendo enfatizar bem que essa **responsabilidade é limitada ao montante do quinhão, do legado ou da meação**. Isto é, ninguém responder por tributos que ultrapassem o valor da herança, legado ou meação a que teve direito na partilha ou adjudicação.

Aqui, por interpretação sistemática com o inciso III, fica subentendido que o fato gerador pode ter ocorrido também após a abertura da sucessão. Assim, o **espólio** é que ostenta condição de **contribuinte**, pois é ele que tem relação pessoal e direta com o fato gerador ocorrido após a abertura da sucessão, figurando **herdeiros, legatários e cônjuge meeiro** como **responsáveis** tributários por sucessão, a partir da sentença de partilha.

Perceba você que o legislador parece ter invertido a ordem cronológica dos incisos II e III, ficando mais lógico o estudo desses dispositivos em ordem inversa, conforme acima apresentado.

Em relação à sucessão *causa mortis*, o Prof. Eduardo Sabbag elaborou um quadro mnemônico que merece destaque nos estudos do tema:[1]

Quadro mnemônico – Responsabilidade dos sucessores1				
Tributos	**Contribuinte**	**Responsável**	**Tipo**	**CTN**
Devidos ATÉ a morte	*De cujus*	Espólio	Pessoal	Art. 131, III
Devidos APÓS a morte (descobertos ANTES da sentença de partilha)	Espólio	Inventariante	Solidária	Art. 134, IV
Devidos ATÉ a morte e não pagos ATÉ a partilha (descobertos APÓS a sentença de partilha)	*De cujus*	Sucessores e cônjuge meeiro	Pessoal	Art. 131, II
Devidos APÓS a morte e não pagos ATÉ a partilha (descobertos APÓS a sentença de partilha)	Espólio	Sucessores e cônjuge meeiro	Pessoal	Art. 131, II

Fique atento pois a segunda hipótese contemplada no quadro, que diz respeito à responsabilidade solidária do inventariante (CTN, art. 134, IV) será analisada no próximo tópico deste capítulo, sendo de bom alvitre adiantar que não se trata de hipótese de responsabilidade por sucessão, mas, sim, possui natureza de responsabilidade de terceiro.

4.1.3. Responsabilidade nas incorporações, transformações e fusões

A pessoa jurídica de direito privado que resultar de fusão, transformação ou incorporação de outra ou em outra é responsável pelos tributos devidos até à data

1. *In:* SABBAG, Eduardo. *Manual de Direito Tributário*. 2ª ed. São Paulo: Saraiva, 2010, página 702.

do ato pelas pessoas jurídicas de direito privado fusionadas, transformadas ou incorporadas (CTN, art. 132).

Para entender essa norma é imprescindível conhecer os conceitos de transformação, incorporação, fusão e cisão, estabelecidos na Lei 6.404/76, que rege as Sociedades por Ações, nos seguintes termos:

- **Transformação:** é a operação pela qual a sociedade passa, independentemente de dissolução e liquidação, de um tipo para outro (Lei 6.404/76, art. 220). Por exemplo: uma sociedade limitada (Ltda) torna-se sociedade anônima ou sociedade por ações (S/A).
- **Incorporação:** é a operação pela qual uma ou mais sociedades são absorvidas por outra, que lhes sucede em todos os direitos e obrigações (Lei 6.404/76, art. 227), como ocorre, por exemplo, quando uma empresa A absorve o patrimônio de uma empresa B, passando A a suceder B em todos os direitos e obrigações.
- **Fusão:** é a operação pela qual se unem duas ou mais sociedades para formar sociedade nova, que lhes sucederá em todos os direitos e obrigações (Lei 6.404/76, art. 228). Por exemplo, as sociedades A e B se unem para formar a empresa C.
- **Cisão:** é a operação pela qual a companhia transfere parcelas do seu patrimônio para uma ou mais sociedades, constituídas para esse fim ou já existentes, extinguindo-se a companhia cindida, se houver versão de todo o seu patrimônio, ou dividindo-se o seu capital, se parcial a versão (Lei 6.404/76, art. 228). Assim, pela cisão, uma companhia A pode dar origem, por exemplo, a duas novas companhias B e C, mediante a versão de todo o seu patrimônio (cisão total). Em outra hipótese, a companhia A pode dar origem apenas à companhia B, o que acontece no caso de mera divisão do seu capital (cisão parcial). Embora não conste expressamente do rol do art. 132 do CTN, a cisão da sociedade é modalidade de mutação empresarial sujeita, para efeito de responsabilidade tributária, ao mesmo tratamento jurídico conferido às demais espécies de sucessão (REsp 970.585/RS, 1ª Turma, Min. José Delgado, DJe de 07/04/2008).

E, dessa maneira, à luz do artigo 132 do CTN e da jurisprudência do STJ, a responsabilidade por sucessão nas mutações societárias empresariais pode ser representada pelo seguinte quadro:

Responsável (sucessor)	Contribuinte (sucedido)	Objeto	Exemplos
Pessoas resultantes de	Pessoa jurídida de direito privado fusionada	Fusão	A + B - **C**
	Pessoa jurídica de direito privado transformada	Transformação	A Ltda ↓ **A S/A**
	Pessoa Jurídica de direito privado incorporada	Incorporação	A + B = **A**
	Pessoa jurídica de direito privado cindida	Cisão	A = **A** e **C** ou A = **B** e **C**

Atenção, ainda, que a mesma responsabilidade por sucessão aplica-se aos casos de extinção de pessoas jurídicas de direito privado, quando a exploração da respectiva atividade seja continuada por qualquer sócio remanescente, ou seu espólio, sob a mesma ou outra razão social, ou sob firma individual (CTN, art. 132, parágrafo único), conforme este outro quadro:

Responsável (sucessor)	Contribuinte (sucedido)	Objeto	Condição
Sócio remanescente ou espólio que continue a exploração	Pessoa Jurídica de direito privado	Extinção de pessoas jurídicas de direito privado	Continuação de exploração sob a mesma ou outra razão social ou sob firma individual

4.1.4. *Responsabilidade do adquirente do fundo de comércio ou estabelecimento*

O artigo 133 do CTN trata da responsabilidade por sucessão do adquirente de fundo de comércio ou estabelecimento comercial, industrial ou profissional. Portanto, nessa hipótese de responsabilidade tributária por sucessão, é relevante que saiba os conceitos jurídicos de estabelecimento e de fundo de comércio:

- **Estabelecimento:** para a lei civil compreende todo complexo de bens organizado, para exercício da empresa, por empresário, ou por sociedade empresária (Código Civil, art. 1.142).
- **Fundo de comércio:** segundo o Dicionário Aurélio é o conjunto de bens e direitos, tangíveis ou não, que constituem o patrimônio do comerciante

(instalações, mercadorias, ponto do estabelecimento, freguesia, etc). É o mesmo que *goodwill* (do inglês, conforme Dicionário Michaelis).

O adquirente de fundo de comércio ou estabelecimento comercial, industrial ou profissional é **integralmente** responsável pelos tributos devidos **até a data** do ato **se o vendedor cessar a exploração** do objeto social sucedido (CTN, art. 133, I). Mas, **se o vendedor prosseguir na exploração** do objeto social sucedido **ou reiniciá-la dentro de seis meses**, a **responsabilidade** do adquirente será **subsidiária** (CTN, art. 133, II). Para facilitar, veja o seguinte quadro esquemático:

<table>
<tr><th>Responsável (sucessor)</th><th>Contribuinte (sucedido)</th><th>Objeto</th><th>Natureza</th></tr>
<tr><td rowspan="2">Pessoa jurídica de direito privado (que continuar exploração)</td><td rowspan="2">Outra pessoa jurídica de direito privado</td><td rowspan="2">Tributos devidos relativos ao fundo de comércio ou estabelecimento comercial, industrial ou profissional, objeto de aquisição, por qualquer título, por uma pessoa física ou jurídica de direito privado</td><td>I – integralmente, se o alienante cessar a exploração ou atividade;</td></tr>
<tr><td>II – subsidiariamente, se prosseguir na exploração ou iniciar em 6 meses a contar da data da alienação, nova atividade no mesmo ou em outro ramo</td></tr>
</table>

Em regra, a alienação de estabelecimento empresarial enseja a responsabilização por sucessão do adquirente, seja integralmente, seja subsidiariamente, a depender do enquadramento das hipóteses previstas nos incisos I e II do artigo 133 do CTN. Entretanto, tal regra não se aplica nas situações estipuladas no § 1º do mesmo artigo, incluídas pela Lei complementar 118/2005, e relacionados com processos de falência e recuperação de empresas.

> **§ 1º** O disposto no *caput* deste artigo não se aplica na hipótese de alienação judicial:
>
> **I** – em processo de falência;
>
> **II** – de filial ou unidade produtiva isolada, em processo de recuperação judicial.

Há três situações, contudo, que o legislador elegeu como presumivelmente fraudulentas e, dessa forma, resolveu incluir como "exceções da exceção", ou seja, situações ligadas a falência e recuperação judicial nas quais a sucessão vai se operar em razão de uma das seguintes condições pessoais dos adquirentes, estabelecidas no § 2º do artigo 133 do CTN:

> **I** – sócio da sociedade falida ou em recuperação judicial, ou sociedade controlada pelo devedor falido ou em recuperação judicial;

II – parente, em linha reta ou colateral até o 4º (quarto) grau, consanguíneo ou afim, do devedor falido ou em recuperação judicial ou de qualquer de seus sócios; ou

III – identificado como agente do falido ou do devedor em recuperação judicial com o objetivo de fraudar a sucessão tributária.

Por fim, em processo da falência, o produto da alienação judicial de empresa, filial ou unidade produtiva isolada permanecerá em conta de depósito à disposição do juízo de falência pelo prazo de 1 (um) ano, contado da data de alienação, somente podendo ser utilizado para o pagamento de créditos extraconcursais ou de créditos que preferem ao tributário, tema que será melhor analisado no capítulo atinente às garantias e privilégios do crédito tributário (CTN, art. 133, § 3º).

4.2. Responsabilidade de terceiros

A **responsabilidade de terceiros** está disciplinada nos artigos 134 e 135 do CTN.

No caso do **artigo 134**, a responsabilidade **independe de uma conduta irregular** por parte dos responsáveis, que são: **I** – os pais, pelos tributos devidos por seus filhos menores; **II** – os tutores e curadores, pelos tributos devidos por seus tutelados ou curatelados; **III** – os administradores de bens de terceiros, pelos tributos devidos por estes; **IV** – o inventariante, pelos tributos devidos pelo espólio; **V** – o síndico e o comissário, pelos tributos devidos pela massa falida ou pelo concordatário; **VI** – os tabeliães, escrivães e demais serventuários de ofício, pelos tributos devidos sobre os atos praticados por eles, ou perante eles, em razão do seu ofício; **VII** – os sócios, no caso de liquidação de sociedade de pessoas.

ATENÇÃO:

Há uma particularidade interessante no texto do artigo 134 do CTN, segundo o qual "nos casos de impossibilidade de exigência do cumprimento da obrigação principal pelo contribuinte, respondem **solidariamente** com este nos atos em que intervierem ou pelas omissões de que forem responsáveis (...)". O termo **solidariamente,** na verdade, deve ser entendido como **subsidiariamente,** já que os terceiros somente serão responsabilizados na "impossibilidade de exigência do cumprimento da obrigação principal pelo contribuinte". Há, portanto, um nítido benefício de ordem. Muita atenção, porém, porque a cobrança em provas de concursos, na maioria das vezes, se dá pela literalidade do texto (termo "solidariamente"), o que não exclui a possibilidade de questões apresentarem assertivas que sigam a interpretação de que essa responsabilidade se dá "subsidiariamente".

Importante frisar que o disposto no **artigo 134 só se aplica, em matéria de penalidades, às de caráter moratório** (CTN, art. 134, parágrafo único), norma cuja literalidade é bastante cobrada em provas.

Já a **responsabilidade do artigo 135**, além de ser **pessoal** ("respondem pessoalmente"), **depende de condutas irregulares por parte dos responsáveis**, isto é, refere-se a obrigações tributárias resultantes de atos praticados com **excesso de poderes** ou **infração de lei, contrato social ou estatutos**. Nessa hipótese respondem: **I** – as pessoas referidas no artigo anterior, isto é, no artigo 134: **II** – os mandatários, prepostos e empregados; **III** – os diretores, gerentes ou representantes de pessoas jurídicas de direito privado.

A conjugação dos dois artigos ensejou o seguinte quadro sistematizado:

Responsabilidade de Terceiros		
Nos casos de impossibilidade de exigência do cumprimento da obrigação principal pelo contribuinte, respondem solidariamente com este nos atos em que intervierem ou pelas omissões de que forem responsáveis. O disposto neste artigo só se aplica, em matéria de penalidades, às de caráter moratório (art. 134, parágrafo único).		
Contribuinte, tributos devidos pelos:	**Terceiro Responsável**	**CTN, artigo 134, inciso:**
Filhos menores	Pais	I
Tutelados e curatelados	Tutores e curadores	II
Terceiros	Administradores de bens de terceiros	III
Espólio	Inventariante	IV
Massa falida ou concordatário	Síndico e comissário (atualmente "administrador judicial")	V
Atos praticados por tabeliães, escrivães e demais serventuários de ofício, ou perante eles, em razão do seu ofício	os tabeliães, escrivães e demais serventuários de ofício	VI
Liquidação de sociedade de pessoas	Sócios	VII

Todas estas pessoas elencadas na coluna "terceiro responsável"	+	Os mandatários, prepostos e empregados	+	Os diretores, gerentes ou representantes de pessoas jurídicas de direito privado

São pessoalmente responsáveis pelos créditos correspondentes a obrigações tributárias resultantes de atos praticados:	
Com excesso de poderes ou	Infração de lei, contrato social ou estatutos

E para que fiquem bem claras mesmo todas as nuances dessa responsabilidade, que tem caráter pessoal e decorre de atividade irregular, cumpre transcrever o texto completo do artigo 135:

> Art. 135. São **pessoalmente** responsáveis pelos créditos correspondentes a obrigações tributárias **resultantes** de atos praticados com **excesso de poderes** ou **infração de lei**, contrato social ou estatutos:
>
> I – as pessoas referidas no artigo anterior;
>
> II – os mandatários, prepostos e empregados;
>
> III – os diretores, gerentes ou representantes de pessoas jurídicas de direito privado.

Não obstante a existência de entendimento contrário das Fazendas Públicas, a jurisprudência e a doutrina coincidem no entendimento de que mera inadimplência ou **mora** não são suficientes para a responsabilização pessoal dos terceiros de que trata o artigo 135. Para a referida responsabilização, é imprescindível que se comprove o excesso de poder ou a infração à lei, condutas que, no campo empresarial, ficam restritas às pessoas com poderes de gestão (STJ – REsp 841561/RJ – 2.ª Turma – Rel.ª Min.ª Eliana Calmon – julg. 21/08/2008).

Nesse sentido, tem-se Súmula nº 430 do STJ, segundo a qual o simples inadimplemento **não** permite o redirecionamento da obrigação tributária ao sócio-administrador da empresa:

> **Súmula 430 do STJ** – O inadimplemento da obrigação tributária pela sociedade não gera, por si só, a responsabilidade solidária do sócio-gerente.

Segundo o artigo 135, inciso III, do CTN, para que haja responsabilização pessoal do sócio-administrador, é preciso que ele tenha agido com "excesso de poderes ou infração de lei, contrato social ou estatuto". O mero inadimplemento, segundo o STJ, não é considerado excesso de poder, nem infração à lei, tampouco infração ao contrato social (AgRg no REsp 1273450/SP).

O STJ também consolidou que a **dissolução irregular de sociedade** acarreta a responsabilidade pessoal do sócio gerente pelos débitos da empresa, implicando no redirecionamento da execução fiscal ao referido sócio gerente (STJ, EDcl no AgRg no RECURSO ESPECIAL Nº 1.153.339 – SP).

Sedimentando esse entendimento, editou a Súmula nº 435, com o seguinte texto:

> "Presume-se dissolvida irregularmente a empresa que deixar de funcionar no seu domicílio fiscal, sem comunicação aos órgãos competentes, legitimando o redirecionamento da execução fiscal para o sócio-gerente".

Importante enfatizar, também, que a jurisprudência mais recente do STJ inclina-se no sentido de que o pressuposto para a responsabilidade do sócio-gerente ou sócio-administrador é a sua condição de gestor na data da dissolução irregular da sociedade, sendo irrelevante saber se ocupava ou não essa condição quando da ocorrência dos fatos geradores ou do vencimento dos tributos – REsp 1.520.257-SP, Rel. Min. Og Fernandes, julgado em 16/6/2015, DJe 23/6/2015 (Informativo 564).

Como se vê, o estudo desse tema, de caráter infraconstitucional, perpassa pela análise da jurisprudência do Superior Tribunal de Justiça, que também se manifesta no sentido de que o redirecionamento aos sócios-gerentes ou administradores **não** exclui a responsabilidade da pessoa jurídica devedora – REsp 1.455.490-PR, Rel. Min. Herman Benjamin, julgado em 26/8/2014 (Informativo nº 550).

4.3. Responsabilidade por infrações

Por fim, a **responsabilidade por infrações** está disciplinada nos artigos 136 a 138 do CTN.

O artigo 136 dispõe sobre o caráter objetivo das infrações à legislação tributária, enquanto o artigo 137 trata da responsabilidade pessoal do agente, mediante normas que são apresentadas no quadro apresentado a seguir:

<table>
<tr><th colspan="3">RESPONSABILIDADE POR INFRAÇÕES</th></tr>
<tr><th colspan="3">Responsabilidade objetiva por infrações (art. 136):</th></tr>
<tr><td colspan="3">Salvo disposição de lei em contrário, a responsabilidade por infrações da legislação tributária independe da intenção do agente ou do responsável e da efetividade, natureza e extensão dos efeitos do ato.</td></tr>
<tr><th colspan="3">A responsabilidade é pessoal ao agente (art. 137):</th></tr>
<tr><td colspan="3">– quanto às infrações conceituadas por lei como crimes ou contravenções, salvo quando praticadas no exercício regular de administração, mandato, função, cargo ou emprego, ou no cumprimento de ordem expressa emitida por quem de direito;
– quanto às infrações em cuja definição o dolo específico do agente seja elementar;
– quanto às infrações que decorram direta e exclusivamente de dolo específico:</td></tr>
<tr><td>dos "terceiros responsáveis" contra os "contribuintes" por quem respondem (rol do artigo 134 do CTN – Responsabilidade de Terceiros)</td><td>dos mandatários, prepostos ou empregados, contra seus mandantes, preponentes ou empregadores;</td><td>dos diretores, gerentes ou representantes de pessoas jurídicas de direito privado, contra estas.</td></tr>
</table>

Foi ao prever que a responsabilidade por infrações **independe da intenção do agente**, determinando que se desprezem os aspectos subjetivos relacionados ao elemento volitivo (vontade do agente), que o artigo 136 do CTN estabeleceu a **responsabilidade objetiva**. Dessa forma, para imposição de penalidade por infração de falta de pagamento de tributo, não se afigura relevante saber se houve deliberado intento de praticar sonegação de tributos na conduta do infrator. Basta, por exemplo, ter o ocorrido o descumprimento de uma obrigação acessória (como a ausência de escrituração fiscal ou falta de emissão de documento fiscal) e a consequente falta de pagamento do imposto para que se considere a infração perpetrada e tenha lugar a imposição de multa.

Entretanto, nos tributos não cumulativos (exemplo: ICMS), em que os créditos das entradas de mercadorias podem ser compensados com os débitos das saídas, especificamente no julgamento dos casos consistentes na infração por creditamento indevido amparado por notas fiscais frias (declaradas inidôneas), o Poder Judiciário, culminando em consolidada jurisprudência do STJ, passou a acolher a tese de que o adquirente de boa-fé não pode ser responsabilizado pela infração, atenuando a aplicação do artigo 136 do CTN (STJ - REsp 1.148.444 - 1ª. Seção - Rel. Min. Luiz Fux - julg. 14.4.10).

O entendimento terminou sumulado, a partir do enunciado da Súmula 509, segundo o qual: "É lícito ao comerciante de boa-fé aproveitar os créditos de ICMS decorrentes de nota fiscal posteriormente declarada inidônea, quando demonstrada a veracidade da compra e venda".

Por outro lado, a vontade ou intenção do agente passa a ter relevância quando se trata da possibilidade de se responsabilizar pessoalmente o agente (infrator). Assim, a **responsabilidade** é **pessoal do agente** nos termos do **artigo 137 do CTN,** isto é, respondem pessoalmente pela infração à legislação tributária as pessoas físicas cujas condutas estejam enquadradas em uma das hipóteses do artigo 137 do CTN, a saber:

> I - quanto às infrações conceituadas por lei como crimes ou contravenções, salvo quando praticadas no exercício regular de administração, mandato, função, cargo ou emprego, ou no cumprimento de ordem expressa emitida por quem de direito.

Primeiramente, como se vê a responsabilidade será pessoal quanto às **infrações tipificadas** em lei como **crime**s ou **contravençõe**s, o que enseja, por óbvio, a aplicação da norma tributária em consonância com fatos e normas da esfera penal.

Também é relevante mencionar que o legislador não se restringe a crimes ou contravenções tipificadas na esfera tributária, de modo que a responsabilidade pessoal do agente terá lugar não apenas quando se tratar de crimes contra a ordem tributária (Lei 8.137/90). Igualmente, haverá essa responsabilização quando a infração à legislação tributária estiver relacionada a crimes tipificados na legislação penal em geral, bem como às infrações caracterizadas como contravenções penais.

E ainda não se pode deixar de dar ênfase à estrutura normativa de regra e exceção dessa primeira norma de responsabilização pessoal do agente:

Regra: responsabilidade pessoal do agente quanto às infrações conceituadas por lei como crimes ou contravenções.

Exceção: salvo quando infração conceituada como crime ou contravenção tiver sido praticada: **i)** no **exercício regular** de administração, mandato, função, cargo ou emprego ou; **ii)** no **cumprimento de ordem** expressa emitida por quem de direito.

II – quanto às infrações em cuja definição o dolo específico do agente seja elementar

Enquanto o dolo diz respeito à intenção do agente de cometer a infração, no **dolo específico** a conduta intencional qualifica-se com um **fim especial** por parte do agente que, no caso das infrações à legislação tributária, confundir-se-á com os crimes contra a ordem tributária tipificados no artigo 1º, incisos I a IV da Lei 8.137/90, em cujos tipos penais está presente o fim especial de **suprimir ou reduzir tributos**.

III – quanto às infrações que decorram direta e exclusivamente de dolo específico:

a) das pessoas referidas no artigo 134, contra aquelas por quem respondem;

b) dos mandatários, prepostos ou empregados, contra seus mandantes, preponentes ou empregadores;

c) dos diretores, gerentes ou representantes de pessoas jurídicas de direito privado, contra estas.

Nessas hipóteses infracionais o dolo específico não tem por vítima o Estado, porém, terceiros. Mais precisamente, será responsável pessoalmente o agente quanto às infrações que decorram direta e exclusivamente de seu dolo específico contra terceiros. Pressupõe, portanto, a existência do autor da infração e de um terceiro como vítima, consoante se pode melhor visualizar no quadro abaixo:

Autor	Vítima
pessoas referidas no artigo 134	**aquelas por quem respondam**
Pais	filhos menores
tutores ou curadores	tutelado ou curatelados
administradores de bens terceiros	terceiros
Espólio	inventariante
síndico ou comissário	massa falida ou concordatário
tabeliães, escrivães e demais serventuários em razão de seu ofício	terceiros que perante eles pratiquem atos
Sócios	sociedades de pessoas
mandatários, prepostos ou empregados	**mandantes, preponentes ou empregadores**
diretores, gerentes ou representantes	**pessoas jurídicas de direito privado**

5. DENÚNCIA ESPONTÂNEA

De acordo com o artigo 138 do CTN, "a **responsabilidade** é **excluída** pela **denúncia espontânea** da infração, acompanhada, se for o caso, do **pagamento do tributo devido e dos juros de mora**, ou do depósito da importância arbitrada pela autoridade administrativa, quando o montante do tributo dependa de apuração".

Trata-se do instituto jurídico da denúncia espontânea, segundo o qual o contribuinte pode regularizar uma situação infracional com o pagamento do tributo devido e dos encargos moratórios, ficando livre das multas pecuniárias (sanções típicas e rigorosas aplicadas às infrações tributárias apuradas pelo Fisco).

No entanto, "**não** se considera espontânea a denúncia apresentada após o início de qualquer procedimento administrativo ou medida de fiscalização, relacionados com a infração" (CTN, art. 138, parágrafo único).

Em síntese, a **exclusão da responsabilidade** pela denúncia espontânea depende do pagamento do tributo e dos encargos moratórios **antes** do início de qualquer ação fiscal, conforme ilustrado na figura seguinte:

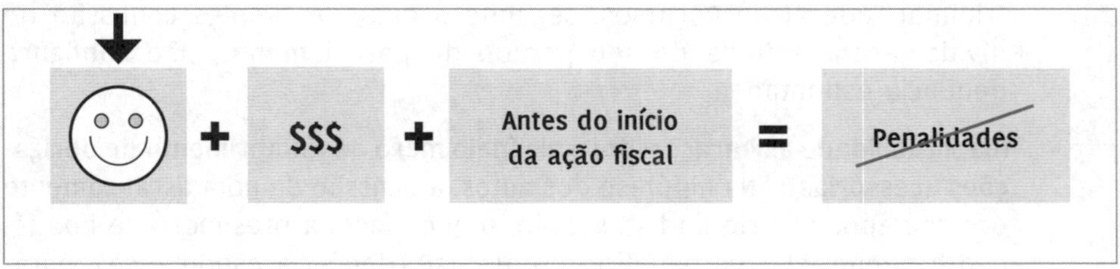

Além disso, na redação do artigo 138 do CTN há dois pontos muito importantes a se realçar.

O primeiro deles é que, quando o tributo depende de apuração, os efeitos da denúncia espontânea vão se operar pelo depósito da importância arbitrada pela autoridade administrativa.

> **ATENÇÃO:**
>
> Para que se operem os efeitos jurídicos de exclusão de responsabilidade pela denúncia espontânea, o pagamento do tributo deve ser integral, não sendo produzidos esses efeitos em caso de quitação parcial do débito fiscal decorrente da prática infracional.

E o segundo é que a exclusão de penalidades pela denúncia espontânea depende do pagamento do tributo, acrescido dos juros de mora. Nesse ponto, nenhum problema em se concluir que o afastamento da responsabilidade não irá se consolidar se o sujeito passivo pagar ou depositar tão somente o valor do principal, sem acrescentar os consectários de juros moratórios.

Entretanto, acende-se a polêmica quanto à extensão da responsabilidade que é excluída. Nesse ponto, a jurisprudência do STJ sedimenta o entendimento de que tanto a multa punitiva como a multa moratória são afastadas pela denúncia espontânea.

Por fim, para um bom desempenho em provas e concursos, além de compreender a sistemática da denúncia espontânea e de saber do entendimento do STJ sobre a exclusão de multas moratória e punitiva, também é importante conhecer a jurisprudência do Superior Tribunal de Justiça a respeito de outros aspectos do instituto, com destaque para os seguintes entendimentos:

- **Inaplicabilidade aos casos de parcelamento do débito tributário:** o instituto da denúncia espontânea (art. 138 do CTN) não se aplica aos casos de parcelamento do débito tributário. (STJ, REsp 1.102.577-DF, Rel. Min. Herman Benjamin, julgado em 22/4/2009). Nesse caso, de fato, não há o pagamento do tributo com juros, pressuposto essencial para a exclusão de penalidades de que trata o artigo 138 do CTN. O entendimento é bem antigo e consolidado, vindo, inclusive, da antiga Súmula 208 do extinto Tribunal Federal de Recursos, segundo a qual: "A simples confissão de dívida, acompanhada do seu pedido de parcelamento, não configura denúncia espontânea".

- **Inaplicabilidade às infrações formais (pelo mero descumprimento de obrigações acessórias):** "Na hipótese dos autos, a emissão da nota fiscal somente ocorreu após o início da fiscalização, o que afasta a presunção de boa-fé, não havendo falar no benefício do art. 138 (denúncia espontânea), parágrafo único, do CTN. Ainda que assim não fosse, é pacífico o entendimento de que as sanções por infrações formais (entrega de declarações, emissão de documentos fiscais) não são afastadas pela denúncia espontânea. A reprovabilidade da conduta é avaliada pelo legislador ao quantificar a penalidade prevista na lei. É por essa razão que às situações que envolvam fraude ou má-fé são fixadas, não raro, multas muito mais gravosas que os 30% previstos pela legislação local" (STJ – REsp 1.142.739 – 2ª Turma – Rel. Min. Herman Benjamin – julg. 16.3.10).

ATENÇÃO:

"TRIBUTÁRIO. MULTA MORATÓRIA. ART. 138 DO CTN. ENTREGA EM ATRASO DA DECLARAÇÃO DE RENDIMENTOS. 1. A denúncia espontânea não tem o condão de afastar a multa decorrente do atraso na entrega da declaração de rendimentos, uma vez que **os efeitos do artigo 138** do CTN **não** se **estendem às obrigações acessórias autônomas.** Precedentes. 2. Recurso especial não provido" (STJ, Segunda Turma, RESP 1129202, Dje 29/06/2010).

- **Súmula 360 do STJ** – "O benefício da denúncia espontânea **não** se aplica aos **tributos sujeitos a lançamento por homologação** regularmente **declarados**, mas **pagos a destempo**". Assim, por exemplo, como será melhor compreendido após o estudo do lançamento por homologação, se o contribuinte do ICMS escritura e declara todas as suas operações, mas descumpre o prazo de pagamento do imposto, quando efetuar a quitação do débito fiscal, esse pagamento em atraso **não** será considerado como denúncia espontânea, ficando esse contribuinte normalmente sujeito à incidência de multa de mora.

6. SÚMULAS

Súmula 360 STJ: "O benefício da denúncia espontânea não se aplica aos tributos sujeitos a lançamento por homologação regularmente declarados, mas pagos a destempo".

Súmula 430 STJ: "O inadimplemento da obrigação tributária pela sociedade não gera, por si só, a responsabilidade solidária do sócio-gerente".

Súmula 435 STJ: "Presume-se dissolvida irregularmente a empresa que deixar de funcionar no seu domicílio fiscal, sem comunicação aos órgãos competentes, legitimando o redirecionamento da execução fiscal para o sócio-gerente".

Súmula 509 STJ: "É lícito ao comerciante de boa-fé aproveitar os créditos de ICMS decorrentes de nota fiscal posteriormente declarada inidônea, quando demonstrada a veracidade da compra e venda".

Súmula 554 STJ: "Na hipótese de sucessão empresarial, a responsabilidade da sucessora abrange não apenas os tributos devidos pela sucedida, mas também as multas moratórias ou punitivas referentes a fatos geradores ocorridos até a data da sucessão".

Súmula 585 STJ: "A responsabilidade solidária do ex-proprietário, prevista no art. 134 do Código de Trânsito Brasileiro – CTB, não abrange o IPVA incidente sobre o veículo automotor, no que se refere ao período posterior à sua alienação".

7. LEGISLAÇÃO RELACIONADA AO CAPÍTULO

- **CONSTITUIÇÃO FEDERAL**

Art. 150: (...)

§ 7º A lei poderá atribuir a sujeito passivo de obrigação tributária a condição de responsável pelo pagamento de imposto ou contribuição, cujo fato gerador deva ocorrer posteriormente, assegurada a imediata e preferencial restituição da quantia paga, caso não se realize o fato gerador presumido.

- **CÓDIGO TRIBUTÁRIO NACIONAL**

Art. 45. Contribuinte do imposto é o titular da disponibilidade a que se refere o artigo 43, sem prejuízo de atribuir a lei essa condição ao possuidor, a qualquer título, dos bens produtores de renda ou dos proventos tributáveis.

Parágrafo único. A lei pode atribuir à fonte pagadora da renda ou dos proventos tributáveis a condição de responsável pelo imposto cuja retenção e recolhimento lhe caibam.

Art. 128. Sem prejuízo do disposto neste capítulo, a lei pode atribuir de modo expresso a responsabilidade pelo crédito tributário a terceira pessoa, vinculada ao fato gerador da respectiva obrigação, excluindo a responsabilidade do contribuinte ou atribuindo-a a este em caráter supletivo do cumprimento total ou parcial da referida obrigação.

Art. 129. O disposto nesta Seção aplica-se por igual aos créditos tributários definitivamente constituídos ou em curso de constituição à data dos atos nela referidos, e aos constituídos posteriormente aos mesmos atos, desde que relativos a obrigações tributárias surgidas até a referida data.

Art. 130. Os créditos tributários relativos a impostos cujo fato gerador seja a propriedade, o domínio útil ou a posse de bens imóveis, e bem assim os relativos a taxas pela prestação de serviços referentes a tais bens, ou a contribuições de melhoria, subrogam-se na pessoa dos respectivos adquirentes, salvo quando conste do título a prova de sua quitação.

Parágrafo único. No caso de arrematação em hasta pública, a sub-rogação ocorre sobre o respectivo preço.

Art. 131. São pessoalmente responsáveis:

I – o adquirente ou remitente, pelos tributos relativos aos bens adquiridos ou remidos;

II – o sucessor a qualquer título e o cônjuge meeiro, pelos tributos devidos pelo de cujus até a data da partilha ou adjudicação, limitada esta responsabilidade ao montante do quinhão do legado ou da meação;

III – o espólio, pelos tributos devidos pelo de cujus até a data da abertura da sucessão.

Art. 132. A pessoa jurídica de direito privado que resultar de fusão, transformação ou incorporação de outra ou em outra é responsável pelos tributos devidos até à data do ato pelas pessoas jurídicas de direito privado fusionadas, transformadas ou incorporadas.

Parágrafo único. O disposto neste artigo aplica-se aos casos de extinção de pessoas jurídicas de direito privado, quando a exploração da respectiva atividade seja continuada por qualquer sócio remanescente, ou seu espólio, sob a mesma ou outra razão social, ou sob firma individual.

Art. 133. A pessoa natural ou jurídica de direito privado que adquirir de outra, por qualquer título, fundo de comércio ou estabelecimento comercial, industrial ou profissional, e continuar a respectiva exploração, sob a mesma ou outra razão social ou sob firma ou nome individual, responde pelos tributos, relativos ao fundo ou estabelecimento adquirido, devidos até à data do ato:

I – integralmente, se o alienante cessar a exploração do comércio, indústria ou atividade;

II – subsidiariamente com o alienante, se este prosseguir na exploração ou iniciar dentro de seis meses a contar da data da alienação, nova atividade no mesmo ou em outro ramo de comércio, indústria ou profissão.

§ 1º O disposto no **caput** deste artigo não se aplica na hipótese de alienação judicial:

I – em processo de falência;

II – de filial ou unidade produtiva isolada, em processo de recuperação judicial.

§ 2º Não se aplica o disposto no § 1º deste artigo quando o adquirente for:

I – sócio da sociedade falida ou em recuperação judicial, ou sociedade controlada pelo devedor falido ou em recuperação judicial;

II – parente, em linha reta ou colateral até o 4º (quarto) grau, consangüíneo ou afim, do devedor falido ou em recuperação judicial ou de qualquer de seus sócios; ou

III – identificado como agente do falido ou do devedor em recuperação judicial com o objetivo de fraudar a sucessão tributária.

§ 3º Em processo da falência, o produto da alienação judicial de empresa, filial ou unidade produtiva isolada permanecerá em conta de depósito à disposição do juízo de falência pelo prazo de 1 (um) ano, contado da data de alienação, somente podendo ser utilizado para o pagamento de créditos extraconcursais ou de créditos que preferem ao tributário.

Art. 134. Nos casos de impossibilidade de exigência do cumprimento da obrigação principal pelo contribuinte, respondem solidariamente com este nos atos em que intervierem ou pelas omissões de que forem responsáveis:

I – os pais, pelos tributos devidos por seus filhos menores;

II – os tutores e curadores, pelos tributos devidos por seus tutelados ou curatelados;

III – os administradores de bens de terceiros, pelos tributos devidos por estes;

IV – o inventariante, pelos tributos devidos pelo espólio;

V – o síndico e o comissário, pelos tributos devidos pela massa falida ou pelo concordatário;

VI – os tabeliães, escrivães e demais serventuários de ofício, pelos tributos devidos sobre os atos praticados por eles, ou perante eles, em razão do seu ofício;

VII – os sócios, no caso de liquidação de sociedade de pessoas.

Parágrafo único. O disposto neste artigo só se aplica, em matéria de penalidades, às de caráter moratório.

Art. 135. São pessoalmente responsáveis pelos créditos correspondentes a obrigações tributárias resultantes de atos praticados com excesso de poderes ou infração de lei, contrato social ou estatutos:

I – as pessoas referidas no artigo anterior;

II – os mandatários, prepostos e empregados;

III – os diretores, gerentes ou representantes de pessoas jurídicas de direito privado.

Art. 136. Salvo disposição de lei em contrário, a responsabilidade por infrações da legislação tributária independe da intenção do agente ou do responsável e da efetividade, natureza e extensão dos efeitos do ato.

Art. 137. A responsabilidade é pessoal ao agente:

I – quanto às infrações conceituadas por lei como crimes ou contravenções, salvo quando praticadas no exercício regular de administração, mandato, função, cargo ou emprego, ou no cumprimento de ordem expressa emitida por quem de direito;

II – quanto às infrações em cuja definição o dolo específico do agente seja elementar;

III – quanto às infrações que decorram direta e exclusivamente de dolo específico:

a) das pessoas referidas no artigo 134, contra aquelas por quem respondem;

b) dos mandatários, prepostos ou empregados, contra seus mandantes, preponentes ou empregadores;

c) dos diretores, gerentes ou representantes de pessoas jurídicas de direito privado, contra estas.

Art. 138. A responsabilidade é excluída pela denúncia espontânea da infração, acompanhada, se for o caso, do pagamento do tributo devido e dos juros de mora, ou do depósito da importância arbitrada pela autoridade administrativa, quando o montante do tributo dependa de apuração.

Parágrafo único. Não se considera espontânea a denúncia apresentada após o início de qualquer procedimento administrativo ou medida de fiscalização, relacionados com a infração.

• CÓDIGO PENAL BRASILEIRO

Falsidade ideológica

Art. 299 – Omitir, em documento público ou particular, declaração que dele devia constar, ou nele inserir ou fazer inserir declaração falsa ou diversa da que devia ser escrita, com o fim de prejudicar direito, criar obrigação ou alterar a verdade sobre fato juridicamente relevante:

Pena – reclusão, de um a cinco anos, e multa, se o documento é público, e reclusão de um a três anos, e multa, de quinhentos mil réis a cinco contos de réis, se o documento é particular.

Parágrafo único – Se o agente é funcionário público, e comete o crime prevalecendo-se do cargo, ou se a falsificação ou alteração é de assentamento de registro civil, aumenta-se a pena de sexta parte.

• LEI 6.404, DE 15 DE DEZEMBRO DE 1976

Dispõe sobre as Sociedades por Ações

Art. 220. A transformação é a operação pela qual a sociedade passa, independentemente de dissolução e liquidação, de um tipo para outro.

Art. 227. A incorporação é a operação pela qual uma ou mais sociedades são absorvidas por outra, que lhes sucede em todos os direitos e obrigações.

Art. 228. A fusão é a operação pela qual se unem duas ou mais sociedades para formar sociedade nova, que lhes sucederá em todos os direitos e obrigações.

Art. 229. A cisão é a operação pela qual a companhia transfere parcelas do seu patrimônio para uma ou mais sociedades, constituídas para esse fim ou já existentes, extinguindo-se a companhia cindida, se houver versão de todo o seu patrimônio, ou dividindo-se o seu capital, se parcial a versão.

• LEI 8.137, DE 27 DE DEZEMBRO DE 1990

Define crimes contra a ordem tributária, econômica e contra as relações de consumo, e dá outras providências

Art. 1° Constitui crime contra a ordem tributária suprimir ou reduzir tributo, ou contribuição social e qualquer acessório, mediante as seguintes condutas:

I – omitir informação, ou prestar declaração falsa às autoridades fazendárias;

II – fraudar a fiscalização tributária, inserindo elementos inexatos, ou omitindo operação de qualquer natureza, em documento ou livro exigido pela lei fiscal;

III – falsificar ou alterar nota fiscal, fatura, duplicata, nota de venda, ou qualquer outro documento relativo à operação tributável;

IV – elaborar, distribuir, fornecer, emitir ou utilizar documento que saiba ou deva saber falso ou inexato;

V – negar ou deixar de fornecer, quando obrigatório, nota fiscal ou documento equivalente, relativa a venda de mercadoria ou prestação de serviço, efetivamente realizada, ou fornecê-la em desacordo com a legislação.

Pena – reclusão de 2 (dois) a 5 (cinco) anos, e multa.

Parágrafo único. A falta de atendimento da exigência da autoridade, no prazo de 10 (dez) dias, que poderá ser convertido em horas em razão da maior ou menor complexidade da matéria ou da dificuldade quanto ao atendimento da exigência, caracteriza a infração prevista no inciso V.

- **LEI COMPLEMENTAR 87, DE 13 DE SETEMBRO DE 1996**

Dispõe sobre o imposto dos Estados e do Distrito Federal sobre operações relativas à circulação de mercadorias e sobre prestações de serviços de transporte interestadual e intermunicipal e de comunicação, e dá outras providências. (LEI KANDIR)

Art. 6º Lei estadual poderá atribuir a contribuinte do imposto ou a depositário a qualquer título a responsabilidade pelo seu pagamento, hipótese em que assumirá a condição de substituto tributário.

§ 1º A responsabilidade poderá ser atribuída em relação ao imposto incidente sobre uma ou mais operações ou prestações, sejam antecedentes, concomitantes ou subseqüentes, inclusive ao valor decorrente da diferença entre alíquotas interna e interestadual nas operações e prestações que destinem bens e serviços a consumidor final localizado em outro Estado, que seja contribuinte do imposto.

§ 2º A atribuição de responsabilidade dar-se-á em relação a mercadorias, bens ou serviços previstos em lei de cada Estado.

Art. 7º Para efeito de exigência do imposto por substituição tributária, inclui-se, também, como fato gerador do imposto, a entrada de mercadoria ou bem no estabelecimento do adquirente ou em outro por ele indicado.

CAPÍTULO X

CRÉDITO TRIBUTÁRIO E SUA CONSTITUIÇÃO

1. CRÉDITO TRIBUTÁRIO E LANÇAMENTO

Direito subjetivo da Fazenda Pública ao objeto da obrigação tributária, o crédito tributário, para ser exigido, deve ser formalizado por meio do lançamento.

O crédito tributário decorre da obrigação principal e tem a mesma natureza desta (CTN, art. 139), de modo que, a exemplo da obrigação tributária, o crédito tributário constitui o direito subjetivo da Fazenda Pública exigir a prestação tributária do contribuinte ou responsável.

Logo, também, crédito tributário **não** é sinônimo de obrigação tributária. Aliás, segundo o artigo 140 do CTN, "as **circunstâncias que modificam o crédito tributário**, sua extensão ou seus efeitos, ou as garantias ou os privilégios a ele atribuídos, ou que excluem sua exigibilidade **não afetam** a **obrigação tributária** que lhe deu origem". Assim, por exemplo, se um auto de infração for julgado parcialmente procedente e o crédito tributário reduzido por um órgão administrativo de julgamento, a obrigação tributária não será afetada. Isso porque, a obrigação tributária nasce do fato gerador e o crédito tributário constitui uma formalização dessa obrigação, de modo que qualquer modificação do crédito tributário mantém a obrigação tributária intacta, caracterizando-se apenas como um ajuste do lançamento à obrigação a que se refere.

No julgamento dos embargos de divergência no Recurso Especial nº 700290/PR, o STJ foi categórico ao assinalar que "do exame sistemático das normas insertas no Código Tributário Nacional (arts. 113, §§ 1º e 3º, e 139), observa-se que crédito tributário **não diz respeito apenas a tributo** em sentido estrito, mas **alcança, também, as penalidades que incidam sobre ele**".

Compete privativamente à autoridade administrativa **constituir** o crédito tributário **pelo lançamento**, que se deve entender como o procedimento administrativo tendente a verificar a ocorrência do fato gerador da obrigação correspondente, determinar a matéria tributável, calcular o montante do tributo devido, identificar o sujeito passivo e sendo o caso, propor a aplicação da penalidade cabível (CTN, art. 142).

Como ficará mais claro adiante, a constituição do crédito tributário é pressuposto de sua exigibilidade. E, embora pela expressão "constituir", veiculada no artigo 142 do CTN, conclua-se pela **natureza constitutiva do lançamento**, parte da doutrina considera que o lançamento possui **eficácia declaratória** de uma obrigação preexistente.

Embora de acordo com o artigo 142 do CTN o lançamento seja um procedimento, para alguns doutrinadores seria apenas um ato administrativo. Uma solução intermediária e, talvez, mais congruente com a prática tributária, seria compreender o lançamento como ato e procedimento, designando tanto o procedimento administrativo de que trata o artigo 142 do CTN, como também a conclusão daquele procedimento, que tem natureza de ato administrativo com atributo de exigibilidade. Todavia, para concursos públicos, mais segura a concepção de **procedimento**, porque é a adotada no texto do Código Tributário Nacional.

ATENÇÃO:

"O lançamento segue o princípio documental. Sua forma dependerá do regime de lançamento do tributo e das circunstâncias nas quais é apurado. Certo é que estará documentado e que seu instrumento terá de conter os elementos indispensáveis à identificação inequívoca da obrigação surgida. Os lançamentos dos tributos antes administrados pela SRF são feitos mediante a lavratura de Auto de Infração (AI), enquanto aqueles relativos a tributos antes administrados pela SRP são efetuados mediante Notificação Fiscal de Lançamento de Débitos (NFLD)" (http://www.leandropaulsen.com/site/textos_detalhe.asp?ID=5, acesso em 11/6/2012).

Em outras palavras, **o crédito tributário é constituído pelo lançamento**, como bem apregoa o artigo 142 do CTN. De acordo com a leitura do citado artigo, o lançamento tem o condão de **constituir** o crédito tributário. Para tal, é entendido como um **procedimento administrativo** que **(i)** verifica a ocorrência do fato gerador da obrigação tributária correspondente; **(ii)** determina a matéria tributável; **(iii)** calcula o montante do tributo devido; **(iv)** identifica o sujeito passivo e **(v)** comina a penalidade cabível. Embora de cunho **constitutivo** (do crédito tributário), o lançamento possui um **viés declaratório** da obrigação tributária (que nasce com a ocorrência do fato gerador)[1].

No que tange ao cálculo do montante do tributo devido, o **arbitramento da base de cálculo** para o lançamento tributário está lastreado no artigo 148 do CTN, que dispõe que "quando o cálculo do tributo tenha por base, ou tome em consideração, o valor ou o preço de bens, direitos, serviços ou atos jurídicos, a autoridade lançadora, mediante processo regular, arbitrará aquele valor ou preço, sempre que sejam omissos ou não mereçam fé as declarações ou os esclarecimentos prestados, ou os documentos expedidos pelo sujeito passivo ou pelo terceiro

1. **Súmula Vinculante 24** – Não se tipifica crime material contra a ordem tributária, previsto no artigo 1º, incisos I a IV, da Lei 8.137/90, antes do lançamento definitivo do tributo.

legalmente obrigado, ressalvada, em caso de contestação, avaliação contraditória, administrativa ou judicial".

Coerente com o princípio da irretroatividade da norma tributária, o lançamento reporta-se à data da ocorrência do fato gerador da obrigação e rege-se pela lei então vigente, ainda que posteriormente modificada ou revogada (CTN, art. 144). Na verdade, o **lançamento tributário tem efeitos ex *tunc***. A expressão latina *ex tunc* pode ser traduzida como **desde à época**. Ao dizer que o lançamento tributário é *ex tunc* significa que seus efeitos retroagem à época da ocorrência do fato gerador (fato jurídico-tributário).

Natureza	Constitutiva do crédito tributário
Em relação à obrigação tributária	Viés declaratório da obrigação tributária
Efeitos	"ex tunc" (seus efeitos retroagem à época da ocorrência do fato gerador)
Competência	Privativa da autoridade administrativa
Deve conter	a) A verificação da ocorrência do fato gerador da obrigação tributária; b) A determinação da matéria tributável; c) O cálculo do montante do tributo devido; d) A identificação do sujeito passivo; e) A aplicação da penalidade cabível (se for o caso).

Na mesma linha, a **modificação** introduzida **de ofício ou em consequência de decisão administrativa ou judicial, nos critérios jurídicos** adotados pela autoridade administrativa no exercício **do lançamento, somente pode ser efetivada, em relação a um mesmo sujeito passivo, quanto a fato gerador ocorrido posteriormente à sua introdução** (CTN, art. 146). Em linhas gerais, tal norma proíbe a revisão de lançamentos tributários já realizados com fundamento em **erro de direito**, que, frise-se, não está no rol das hipóteses em que o lançamento pode ser revisto de ofício estipulado no artigo 149 do CTN. Assim, por exemplo, se a Administração Tributária alterar a classificação fiscal de uma mercadoria, resultando numa carga tributária maior por conta dessa nova classificação fiscal, fato é que, na esteira do artigo 146 do CTN, somente poderá adotar essa nova classificação em relação aos fatos geradores ocorridos posteriormente a ela, impossibilitando qualquer revisão de lançamento tributário que já tenha sido efetuado com base na classificação antiga.

Por outro lado, como uma moderação da irretroatividade, **aplica-se ao lançamento a legislação que, posteriormente à ocorrência do fato gerador da obrigação, tenha instituído novos critérios de apuração ou processos de fiscalização, ampliando os poderes de investigação das autoridades administrativas** (CTN, art. 144, § 1º).

Essa regra não colide com o princípio da irretroatividade, pois não se refere a nenhuma das hipóteses de reserva legal do artigo 97 do CTN, mas apenas a deveres instrumentais (obrigações acessórias).

A parte inicial do § 1º do artigo 144 do CTN refere-se à hipótese de edição de uma nova norma de direito tributário formal (também chamada de procedimental, por introduzir "novos critérios de apuração ou processos de fiscalização"), que terá aplicabilidade imediata, inclusive para ser utilizada na apuração e lançamento de créditos tributários de exercícios anteriores ao de sua introdução no ordenamento jurídico (daí porque é vista como de aplicação retroativa). Já a parte final do mesmo § 1º do artigo 144 do CTN veda a aplicação retroativa caso a nova norma atribua "responsabilidade tributária a terceiros", o que de certa forma está correto, haja vista que as normas sobre responsabilidade tributária são classificadas como substantivas, ou seja, classificadas como de direito tributário material.

Salvo disposição de lei em contrário, quando o **valor tributário esteja expresso em moeda estrangeira**, no lançamento far-se-á sua **conversão em moeda nacional** ao câmbio do dia da ocorrência do fato gerador da obrigação (CTN, art. 143).

Para dar exemplo de uma aplicação prática, essa norma é reprisada na legislação do Imposto de Importação (Decreto 6.759/2009, art. 97), o que leva a concluir que, em relação ao referido imposto, a conversão deve ocorrer na data do registro da declaração de importação, consoante interpretação sistemática do artigo 72 do Decreto 6.759/2009 ("o fato gerador do imposto de importação é a entrada de mercadoria estrangeira no território aduaneiro") com o artigo 73, inciso I, do mesmo regulamento ("para efeito de cálculo do imposto, considera-se ocorrido o fato gerador na data do registro da declaração de importação").

2. MODALIDADES DE LANÇAMENTO

Não obstante a previsão do artigo 142 do CTN de que o lançamento seria atividade privativa da autoridade administrativa, interpretação sistemática das normas veiculadas no CTN leva à conclusão de que a ordem jurídica contempla três espécies de lançamento. Essas espécies são classificadas de acordo com os graus de participação do Fisco e do sujeito passivo no procedimento, nas seguintes modalidades: **lançamento de ofício, lançamento por declaração** e **lançamento por homologação.**

CTN	Modalidade de Lançamento	Resumo
Art. 147	Por Declaração	Lançamento efetivado pela autoridade administrativa (agente do órgão fazendário) a partir de informações imprescindíveis, declaradas pelo sujeito passivo ou por terceiro.

CTN	Modalidade de Lançamento	Resumo
Art. 149	Direto ou "de ofício"	Lançamento efetivado diretamente pela autoridade administrativa, independentemente de qualquer informação ou ato do sujeito passivo ou de terceiro.
Art. 150	Por Homologação ou "autolançamento"	O sujeito passivo antecipa o pagamento sem prévia análise da autoridade administrativa. A homologação pela autoridade administrativa pode ser expressa ou tácita (mais comum, pelo decurso de tempo).

2.1. Lançamento de ofício

O **lançamento de ofício**, também chamado pela doutrina de **lançamento direto**, tem lugar sempre que a lei determinar à **autoridade administrativa tributária** que promova o lançamento **sem nenhuma participação do sujeito passivo** (CTN, art. 149, I). É efetuado exclusivamente pela autoridade administrativa tributária, como ocorre com o IPTU da maioria dos municípios.

ATENÇÃO:

"A instituição e a cobrança de taxas de emissão ou remessa de carnês/guias de recolhimento de tributos são inconstitucionais." (STF, RE 789.218 RG/MG, rel. Min. Dias Toffoli, julgado em 18/4/2014).

Há orientação da Súmula 397 do STJ no sentido de que "o contribuinte de IPTU é notificado do lançamento pelo envio do carnê ao seu endereço". Atenção para que a jurisprudência mais recente do STJ, firmada a partir de vários precedentes, orienta-se no sentido que essa notificação presumida de lançamento admite prova em contrário, ou seja, pode ser ilidida mediante comprovação pelo contribuinte de que não recebeu a notificação pelo Correio (REsp 868629/SC e REsp 1111124/PR). O entendimento é válido, inclusive, para outros tributos com periodicidade anual de incidência, tais como a taxa de licença, quando também lançada de ofício mediante notificação enviado ao endereço do estabelecimento (REsp 1114780/SC).

ATENÇÃO:

"O Superior Tribunal de Justiça possui o entendimento firme de que nos tributos sujeitos a lançamento de ofício, tal como o IPVA e o IPTU, a própria remessa, pelo Fisco, da notificação para pagamento ou carnê constitui o crédito tributário, momento em que se inicia o prazo prescricional quinquenal para sua cobrança judicial, nos termos do art. 174 do CTN (...)" (AgRg no REsp 1477734/SC, Rel. Ministro MAURO CAMPBELL MARQUES, SEGUNDA TURMA, julgado em 11/11/2014, DJe 18/11/2014).

Além disso, o lançamento de ofício será promovido em **outras hipóteses previstas no artigo 149 do CTN**. Entre elas, é fundamental citar as que contemplam **lançamento de ofício substitutivo de lançamento por declaração ou de lançamento por homologação**. Pode ocorrer, por exemplo, em situações nas quais a declaração não é prestada pelo sujeito passivo ou se houver irregularidades no cumprimento das obrigações acessórias que impliquem na falta de pagamento do imposto. Nesses casos, o instrumento para o lançamento de ofício será o auto de infração, com cobrança do imposto devido e acessórios legais, além da cominação e exigência da penalidade pecuniária aplicável em razão da infração perpetrada.

2.2. Lançamento por declaração ou misto

Haverá **lançamento por declaração** ou **misto** quando a lei determinar que o sujeito passivo preste informações sobre o fato gerador, mediante uma declaração que servirá de base para a autoridade tributária constituir o crédito tributário, notificando o sujeito passivo para o recolhimento do tributo (CTN, arts. 147 e 148).

Modalidade muito rara na prática tributária atual, no passado, foi a modalidade de lançamento prevista em lei para o ITR, que hoje é lançado por homologação. Em alguns municípios, o ITBI é lançado por declaração.

Dispõe o artigo 147, § 1º do CTN que a **retificação da declaração por iniciativa do próprio declarante**, quando vise a reduzir ou a excluir tributo, só é admissível mediante comprovação do erro em que se funde e antes de notificado o lançamento. Disso decorre que é lícito ao contribuinte retificar a declaração apresentada perante a autoridade administrativa tributária, porém, a retificação só poderá ser feita **antes da notificação do lançamento** e mediante **comprovação de erro** nas hipóteses em que tiver por objetivo reduzir ou excluir tributo.

Claro que esse direito do contribuinte não exclui o **poder-dever da autoridade administrativa a que competir a revisão da declaração de retificar os erros nela contidos e apuráveis pelo seu exame** (CTN, art. 147, § 2º).

2.3. Lançamento por homologação

O **lançamento por homologação** ou **autolançamento**, como prefere parte da doutrina, é peculiar aos tributos cuja legislação atribua ao sujeito passivo o **dever de antecipar o pagamento sem prévio exame da autoridade administrativa** (CTN, art. 150).

Em sua manifestação mais completa, o lançamento por homologação compreende não apenas o dever do sujeito passivo antecipar o pagamento do tributo, como também abrange obrigações acessórias de prestar ao fisco, por declaração, todas as informações relativas ao fato gerador e ao cálculo do tributo devido. Nesse contexto, inserem-se os documentos fiscais e as escriturações de livros contábeis e fiscais pelas empresas, além das declarações de informações econômico-fiscais do IR, contribuições federais e, no âmbito dos Estados, relativas ao ICMS.

O **efeito do pagamento antecipado é extinguir o crédito tributário**, sob **condição resolutória** de **posterior homologação do lançamento** (CTN, art. 150, § 1º).

Ainda sobre o lançamento por homologação, é importante fixar que a homologação não se refere especificamente ao pagamento, mas à atividade do contribuinte, isto é, ao procedimento de apuração, quantificação e cálculo efetuados pelo sujeito passivo e declarados ao fisco. Tanto isso é verdade que, mesmo não tendo sido feito o pagamento, desde que a apuração seja efetuada e regularmente declarada ao fisco, o lançamento considera-se concluído, podendo o débito ser inscrito em dívida ativa (STJ - AgRg no Ag 512823/MG - 2.ª Turma - Rel. Min. Castro Vieira - julg. 11/11/2003).

Ressalte-se que o **prazo para o fisco homologar** o lançamento é de **cinco anos a contar** da ocorrência **do fato gerador**, prazo durante o qual a Fazenda pode fiscalizar o contribuinte e cobrar eventual diferença que apurar quanto ao tributo devido.

Findo o prazo de cinco anos, sem expressa homologação do fisco, dá-se a **homologação tácita** e o crédito tributário é definitivamente extinto (CTN, art. 150, § 4º). Esta homologação tácita, como será exposto no capítulo XII, sobre extinção do crédito tributário, tem natureza decadencial.

A ideia de autolançamento e homologação tácita fica muito clara na Súmula nº436 do STJ, segundo a qual "a entrega de declaração pelo contribuinte reconhecendo débito fiscal constitui o crédito tributário, dispensada qualquer outra providência por parte do fisco".

Pensamento diferente é o de Hugo de Brito Machado, cujo ponto de vista é de que, por ser atividade privativa da autoridade administrativa, o lançamento feito pelo sujeito passivo, ainda que por ficção legal, tem feitura privativa da autoridade administrativa competente, dependendo sempre de sua homologação expressa ou tácita (MACHADO, Hugo de Brito. Curso de Direito Tributário. 25 ed. São Paulo: Malheiros, p. 176).

Forte corrente doutrinária sustenta a desnecessidade de lançamento para receber o crédito consignado em pagamento ou na conversão do depósito em renda.

Na mesma linha, há várias decisões do Superior Tribunal de Justiça no sentido de que o depósito do montante integral constitui declaração do contribuinte hábil a configurar lançamento por homologação. É o que ficou decidido, por exemplo, no âmbito dos Embargos de Divergência no Recurso Especial - EREsp 686479/RJ.

Entretanto, é importante ressaltar que a Lei Paulista 13.457/2009, em seu artigo 30, estipula a necessidade de lançamento de ofício para prevenir a decadência, no caso de existência de depósito do montante integral.

3. REVISÃO DO LANÇAMENTO

Após devidamente notificado ao sujeito passivo, o **lançamento só poderá ser alterado por: I** – impugnação do próprio sujeito passivo; **II** – recurso de ofício; **III** – iniciativa de ofício da autoridade administrativa, nos casos previstos no artigo 149 (CTN, art. 145).

> ATENÇÃO:
>
> O CTN restringe as hipóteses de alteração do lançamento ao regularmente notificado ao sujeito passivo (CTN, art. 145). Logo, a *contrario sensu*, enquanto não notificado ao sujeito passivo, o lançamento poderá ser livremente alterado pela autoridade administrativa.

As **hipóteses do artigo 149**, em que o lançamento será revisto por iniciativa da autoridade administrativa, são as seguintes: **I** – quando a lei assim o determine; **II** – quando a declaração não seja prestada, por quem de direito, no prazo e na forma da legislação tributária; **III** – quando a pessoa legalmente obrigada, embora tenha prestado declaração nos termos do inciso anterior, deixe de atender, no prazo e na forma da legislação tributária, a pedido de esclarecimento formulado pela autoridade administrativa, recuse-se a prestá-lo ou não o preste satisfatoriamente, a juízo daquela autoridade; **IV** – quando se comprove falsidade, erro ou omissão quanto a qualquer elemento definido na legislação tributária como sendo de declaração obrigatória; **V** – quando se comprove omissão ou inexatidão, por parte da pessoa legalmente obrigada, no exercício da atividade a que se refere o artigo seguinte; **VI** – quando se comprove ação ou omissão do sujeito passivo, ou de terceiro legalmente obrigado, que dê lugar à aplicação de penalidade pecuniária; **VII** – quando se comprove que o sujeito passivo, ou terceiro em benefício daquele, agiu com dolo, fraude ou simulação; **VIII** – quando deva ser apreciado fato não conhecido ou não provado por ocasião do lançamento anterior; **IX** – quando se comprove que, no lançamento anterior, ocorreu fraude ou falta funcional da autoridade que o efetuou, ou omissão, pela mesma autoridade, de ato ou formalidade especial.

Porém, a revisão do lançamento só pode ser iniciada enquanto o direito da Fazenda Pública de efetuá-lo não estiver extinto (CTN, art. 149, parágrafo único), o que se dá pelo esgotamento do prazo de decadência.

4. SÚMULAS

Súmula 397 STJ: "O contribuinte do IPTU é notificado do lançamento pelo envio do carnê ao seu endereço".

Súmula 436 STJ: "A entrega de declaração pelo contribuinte reconhecendo débito fiscal constitui o crédito tributário, dispensada qualquer outra providência por parte do fisco".

5. LEGISLAÇÃO RELACIONADA AO CAPÍTULO

• CÓDIGO TRIBUTÁRIO NACIONAL

Art. 139. O crédito tributário decorre da obrigação principal e tem a mesma natureza desta.

Art. 140. As circunstâncias que modificam o crédito tributário, sua extensão ou seus efeitos, ou as garantias ou os privilégios a ele atribuídos, ou que excluem sua exigibilidade não afetam a obrigação tributária que lhe deu origem.

Art. 141. O crédito tributário regularmente constituído somente se modifica ou extingue, ou tem sua exigibilidade suspensa ou excluída, nos casos previstos nesta Lei, fora dos quais não podem ser dispensadas, sob pena de responsabilidade funcional na forma da lei, a sua efetivação ou as respectivas garantias.

Art. 142. Compete privativamente à autoridade administrativa constituir o crédito tributário pelo lançamento, assim entendido o procedimento administrativo tendente a verificar a ocorrência do fato gerador da obrigação correspondente, determinar a matéria tributável, calcular o montante do tributo devido, identificar o sujeito passivo e, sendo caso, propor a aplicação da penalidade cabível.

Parágrafo único. A atividade administrativa de lançamento é vinculada e obrigatória, sob pena de responsabilidade funcional.

Art. 143. Salvo disposição de lei em contrário, quando o valor tributário esteja expresso em moeda estrangeira, no lançamento far-se-á sua conversão em moeda nacional ao câmbio do dia da ocorrência do fato gerador da obrigação.

Art. 144. O lançamento reporta-se à data da ocorrência do fato gerador da obrigação e rege-se pela lei então vigente, ainda que posteriormente modificada ou revogada.

§ 1º Aplica-se ao lançamento a legislação que, posteriormente à ocorrência do fato gerador da obrigação, tenha instituído novos critérios de apuração ou processos de fiscalização, ampliado os poderes de investigação das autoridades administrativas, ou outorgado ao crédito maiores garantias ou privilégios, exceto, neste último caso, para o efeito de atribuir responsabilidade tributária a terceiros.

§ 2º O disposto neste artigo não se aplica aos impostos lançados por períodos certos de tempo, desde que a respectiva lei fixe expressamente a data em que o fato gerador se considera ocorrido.

Art. 145. O lançamento regularmente notificado ao sujeito passivo só pode ser alterado em virtude de:

I – impugnação do sujeito passivo;

II – recurso de ofício;

III – iniciativa de ofício da autoridade administrativa, nos casos previstos no artigo 149.

Art. 146. A modificação introduzida, de ofício ou em conseqüência de decisão administrativa ou judicial, nos critérios jurídicos adotados pela autoridade administrativa no exercício do lançamento somente pode ser efetivada, em relação a um mesmo sujeito passivo, quanto a fato gerador ocorrido posteriormente à sua introdução.

Art. 147. O lançamento é efetuado com base na declaração do sujeito passivo ou de terceiro, quando um ou outro, na forma da legislação tributária, presta à autoridade administrativa informações sobre matéria de fato, indispensáveis à sua efetivação.

§ 1º A retificação da declaração por iniciativa do próprio declarante, quando vise a reduzir ou a excluir tributo, só é admissível mediante comprovação do erro em que se funde, e antes de notificado o lançamento.

§ 2º Os erros contidos na declaração e apuráveis pelo seu exame serão retificados de ofício pela autoridade administrativa a que competir a revisão daquela.

Art. 148. Quando o cálculo do tributo tenha por base, ou tome em consideração, o valor ou o preço de bens, direitos, serviços ou atos jurídicos, a autoridade lançadora, mediante processo regular, arbitrará aquele valor ou preço, sempre que sejam omissos ou não mereçam fé as declarações ou os esclarecimentos prestados, ou os documentos expedidos pelo sujeito passivo ou pelo terceiro legalmente obrigado, ressalvada, em caso de contestação, avaliação contraditória, administrativa ou judicial.

Art. 149. O lançamento é efetuado e revisto de ofício pela autoridade administrativa nos seguintes casos:

I – quando a lei assim o determine;

II – quando a declaração não seja prestada, por quem de direito, no prazo e na forma da legislação tributária;

III – quando a pessoa legalmente obrigada, embora tenha prestado declaração nos termos do inciso anterior, deixe de atender, no prazo e na forma da legislação tributária, a pedido de esclarecimento formulado pela autoridade administrativa, recuse-se a prestá-lo ou não o preste satisfatoriamente, a juízo daquela autoridade;

IV – quando se comprove falsidade, erro ou omissão quanto a qualquer elemento definido na legislação tributária como sendo de declaração obrigatória;

V – quando se comprove omissão ou inexatidão, por parte da pessoa legalmente obrigada, no exercício da atividade a que se refere o artigo seguinte;

VI – quando se comprove ação ou omissão do sujeito passivo, ou de terceiro legalmente obrigado, que dê lugar à aplicação de penalidade pecuniária;

VII – quando se comprove que o sujeito passivo, ou terceiro em benefício daquele, agiu com dolo, fraude ou simulação;

VIII – quando deva ser apreciado fato não conhecido ou não provado por ocasião do lançamento anterior;

IX – quando se comprove que, no lançamento anterior, ocorreu fraude ou falta funcional da autoridade que o efetuou, ou omissão, pela mesma autoridade, de ato ou formalidade especial.

Parágrafo único. A revisão do lançamento só pode ser iniciada enquanto não extinto o direito da Fazenda Pública.

Art. 150. O lançamento por homologação, que ocorre quanto aos tributos cuja legislação atribua ao sujeito passivo o dever de antecipar o pagamento sem prévio exame da autoridade administrativa, opera-se pelo ato em que a referida autoridade, tomando conhecimento da atividade assim exercida pelo obrigado, expressamente a homologa.

§ 1º O pagamento antecipado pelo obrigado nos termos deste artigo extingue o crédito, sob condição resolutória da ulterior homologação ao lançamento.

§ 2º Não influem sobre a obrigação tributária quaisquer atos anteriores à homologação, praticados pelo sujeito passivo ou por terceiro, visando à extinção total ou parcial do crédito.

§ 3º Os atos a que se refere o parágrafo anterior serão, porém, considerados na apuração do saldo porventura devido e, sendo o caso, na imposição de penalidade, ou sua graduação.

§ 4º Se a lei não fixar prazo a homologação, será ele de cinco anos, a contar da ocorrência do fato gerador; expirado esse prazo sem que a Fazenda Pública se tenha pronunciado, considera-se homologado o lançamento e definitivamente extinto o crédito, salvo se comprovada a ocorrência de dolo, fraude ou simulação.

QUESTÕES

CAPÍTULOS IX E X

1. QUESTÕES COMENTADAS

01. **(Analista Judiciário – Área Judiciária – TRF 2ª região/ 2012 – FCC)** Samuel vendeu, por escritura pública, um imóvel para Sueli. Havia débitos referentes ao imposto predial e territorial urbano. O contrato de venda e compra estipulou a transferência dessa responsabilidade (quitação dos débitos) para Rafael (então devedor de Samuel), mas que deixou de cumpri-la. Nesse caso, a responsabilidade da quitação do débito perante a Fazenda Pública do Município será

a) de Rafael, ou seja, o terceiro integrante no contrato.
b) de Samuel, ou seja, o vendedor do imóvel.
c) de Sueli, ou seja, a compradora e atual proprietária do imóvel.
d) do vendedor Samuel e da compradora Sueli.
e) da compradora Sueli e do terceiro Rafael.

COMENTÁRIOS:

Essa questão é interessante na medida em que exige do candidato conhecimentos acerca da responsabilidade por sucessão (aquisição de imóvel), prevista no artigo 130 do CTN, com a vedação de alteração da sujeição passiva por contrato particular (CTN, art. 123).

Alternativa correta: letra "c": os créditos tributários relativos a impostos cujo fato gerador seja a propriedade de bens imóveis (como é o caso do IPTU) subrogam-se na pessoa dos respectivos adquirentes, salvo quando conste do título a prova de sua quitação (CTN, art. 130). A adquirente, no caso, é a Sueli.

Alternativas "a" e "e": o artigo 123 do CTN prevê que "salvo disposições de lei em contrário, as convenções particulares, relativas à responsabilidade pelo pagamento de tributos, não podem ser opostas à Fazenda Pública, para modificar a definição legal do sujeito passivo das obrigações tributárias correspondentes". No caso houve uma convenção entre particulares (acordo ou contrato) em que ficou estipulada a responsabilidade do Rafael pelo pagamento da dívida tributária. Ocorre que, conforme o artigo citado, esta convenção não pode ser oposta à Fazenda Pública, mantendo-se como devedor o sujeito passivo previsto na legislação. Portanto, como o Rafael não será responsabilizado, as alternativas estão incorretas.

Alternativas "b" e "d": reitera-se que os créditos tributários relativos a impostos cujo fato gerador seja a propriedade de bens imóveis (como é o caso do IPTU) subrogam-se na pessoa dos respectivos adquirentes, salvo quando conste do título a prova de sua quitação (CTN, art. 130). A adquirente, no caso, é a Sueli, que passa a ser a responsável por transferência (do tipo sucessão) pelo IPTU. As alternativas são incorretas por atribuírem essa responsabilidade ao vendedor Samuel.

02. **(Analista Judiciário – Execução de Mandados – TRF 3ª região/ 2007 – FCC)** O lançamento tributário

a) é efetuado com base na declaração do sujeito ativo, acompanhado de informações indispensáveis à sua efetivação.

b) reporta-se à data da ocorrência do fato gerador da obrigação, regendo-se pela lei vigente, salvo se posteriormente modificada ou revogada.

c) decorre de atividade administrativa desvinculada e facultativa.

d) notificado ao sujeito passivo, não pode, em qualquer hipótese, ser alterado.

e) por homologação ocorre quanto aos tributos cuja legislação atribua ao sujeito passivo o dever de antecipar o pagamento sem prévio exame da autoridade administrativa.

COMENTÁRIOS:

O crédito tributário é constituído pelo lançamento, como bem apregoa o artigo 142 do CTN. De acordo com a leitura do citado artigo, o lançamento tem o condão de constituir o crédito tributário. Para tal, é entendido como um procedimento administrativo que (i) verifica a ocorrência do fato gerador da obrigação tributária correspondente; (ii) determina a matéria tributável; (iii) calcula o montante do tributo devido; (iv) identifica o sujeito passivo e (vi) comina a penalidade cabível. Embora de cunho constitutivo (do crédito tributário), o lançamento possui um viés declaratório da obrigação tributária (que nasce com a ocorrência do fato gerador).

Alternativa correta: letra "e": a modalidade de lançamento tributário chamada de **lançamento por homologação**, ocorre quanto aos tributos cuja **legislação atribua ao sujeito passivo o dever de antecipar o pagamento sem prévio exame da autoridade administrativa** (CTN, art. 150).

Alternativa "a": incorreta. O artigo 147 do CTN prevê uma modalidade de lançamento tributário chamada de lançamento por declaração. Nessa modalidade, o lançamento é efetuado com base na declaração do **sujeito passivo** ou de terceiro, quando um ou outro, na forma da legislação tributária, presta à autoridade administrativa informações sobre matéria de fato, indispensáveis à sua efetivação. Na alternativa constou erroneamente que a declaração é do **sujeito ativo.**

Alternativa "b": incorreta. O artigo 144 do CTN estipula que "o lançamento reporta-se à data da ocorrência do fato gerador da obrigação e rege-se pela lei então vigente, **ainda que posteriormente modificada ou revogada**".

Alternativa "c": incorreta. A atividade administrativa de lançamento é **vinculada e obrigatória**, sob pena de responsabilidade functional (CTN, art. 142, parágrafo único).

Alternativa "d": errada, pois o lançamento regularmente notificado ao sujeito passivo pode ser alterado em razão de impugnação do próprio sujeito passivo, recurso de ofício, ou por iniciativa da autoridade administrativa, caso ocorra uma das diversas hipóteses previstas no artigo 149 do CTN (como por exemplo, quando se comprove que o sujeito passivo, ou terceiro em benefício daquele, agiu com dolo, fraude ou simulação).

(Cespe – Analista Judiciário – Área Judiciária – STF/2013) A respeito da situação hipotética apresentada, julgue os itens seguintes.

João, com mais de dezoito anos de idade, e seu irmão Pedro, com dezessete anos de idade, ambos residentes no Distrito Federal, em endereço conhecido, constituíram, neste local, um negócio informal e passaram a vender roupas, sem informar esse fato ao fisco, deixando de constar no cadastro fiscal. Após fiscalização, a administração tributária descobriu que a prática da atividade comercial durava mais de dois anos, sem nunca ter sido recolhido nenhum tributo. O fisco lavrou o correspondente auto de infração contra João e Pedro, para cobrar o tributo suprimido.

03. Na situação em apreço, a modalidade de lançamento realizada pelo fisco é denominada lançamento misto.

COMENTÁRIOS:

O item está ERRADO. No caso apresentado na questão, houve **lançamento de ofício** (ou **direto**). São três as modalidades de lançamento: (i) por homologação; (ii) por declaração, também chamado de misto e (iii) de ofício, também chamado de direto. Haverá **lançamento por declaração** (ou **misto**) quando a lei determinar que o sujeito passivo preste informações sobre o fato gerador, mediante uma declaração que servirá de base para a autoridade tributária constituir o crédito tributário, notificando o sujeito passivo para o recolhimento do tributo (CTN, arts. 147 e 148). Já o **lançamento direto** (ou **de ofício**) é aquele em que é efetuado e revisto de ofício pela autoridade administrativa, nas hipóteses de cabimento elencadas no artigo 149 do CTN. No lançamento pela modalidade "de ofício" a autoridade administrativa não se baseia nas informações prestadas pelo contribuinte, ao contrário, independe de qualquer informação ou ato deste.

04. Não cabe o benefício de ordem em relação à responsabilidade de João e de Pedro.

COMENTÁRIOS:

O item está CERTO. De acordo com o artigo 124 do CTN, são solidariamente obrigadas as pessoas que tenham interesse comum na situação que constitua o fato gerador da obrigação principal (no caso João e Pedro). O parágrafo único do mesmo artigo estipula que a responsabilidade solidária em questão não comporta benefício de ordem.

05. É certo afirmar que o ilícito administrativo tributário independe da prova de que João e Pedro agiram com dolo ou culpa.

COMENTÁRIOS:

O item está CERTO. Segundo o artigo 136 do CTN, "salvo disposição de lei em contrário, a responsabilidade por infrações da legislação tributária **independe da intenção do agente** ou do responsável e da efetividade, natureza e extensão dos efeitos do ato". O artigo 136 do CTN, ao prever que a responsabilidade por infrações **independe da intenção do agente**, estabeleceu a responsabilidade objetiva.

2. QUESTÕES DE CONCURSO

01. **(Analista Judiciário – Execução de Mandados – TRF 3ª região/ 2007 – FCC)** Quanto à obrigação tributária é correto afirmar:

a) A capacidade tributária passiva depende, dentre outras, da capacidade civil das pessoas naturais e de estar a pessoa jurídica regularmente constituída.

b) O sujeito ativo da obrigação principal é a pessoa obrigada ao pagamento de tributo ou penalidade pecuniária.

c) A obrigação tributária acessória surge com a ocorrência do fato gerador e tem por objeto o pagamento de tributo ou penalidade não pecuniária.

d) A pessoa jurídica de direito privado que resultar de fusão, é responsável pelos tributos devidos até a data do ato pelas pessoas jurídicas de direito privado fusionadas.

e) A solidariedade das pessoas que tenham interesse comum na situação que constitua o fato gerador da obrigação principal comporta o benefício de ordem.

02. **(Procurador do Município – Prefeitura Teresina-PI/2010 – FCC)** Segundo o Código Tributário Nacional, a denúncia espontânea

a) é causa de extinção do crédito tributário.

b) é uma forma de anistia do crédito tributário.

c) exclui a incidência dos juros de mora.

d) está afastada se realizada após início de procedimento de fiscalização.

e) alcança apenas a penalidade e não o crédito tributário.

03. **(Procurador do Município – Prefeitura Recife-PE/2008 – FCC)** Se o sujeito passivo tem que prestar declaração com informações sobre matéria de fato, indispensáveis à sua efetivação, para só então o Fisco proceder ao lançamento, notificando o sujeito passivo, está-se diante da modalidade de lançamento

a) por homologação.
b) por autolançamento.
c) por declaração.
d) direto.
e) de ofício.

04. **(CESPE - STJ - Analista Judiciário / 2018)** À luz da jurisprudência majoritária e atual dos tribunais superiores e da doutrina acerca dos princípios constitucionais tributários, do indébito tributário, do crédito tributário e do poder de tributar, julgue o item seguinte.

O instituto denominado substituição para frente se refere à antecipação do pagamento de uma obrigação tributária por um substituto localizado na cadeia econômica em posição anterior à do contribuinte.

05. **(FCC – Auditor Fiscal Tributário Municipal – SP/2012)** Auditor fiscal municipal, ao dar início aos seus trabalhos de fiscalização, lavrou termo de início desses trabalhos em livro fiscal da empresa Venha a mim Ltda., arrecadando, naquela oportunidade, diversos documentos e livros fiscais, a fim de realizar seu trabalho na repartição municipal de sua sede. João Modesto, dono da empresa fiscalizada, ao ser alertado pelo seu contador de que os documentos e livros fiscais apontariam infrações relacionadas com o não pagamento de imposto, determinou a elaboração das guias de pagamento dos impostos não recolhidos e relativos à documentação apreendida, a fim de evitar que fosse lavrado auto de infração contra sua empresa.

Caso a fiscalização descubra as irregularidades fiscais da empresa,

a) não poderá lavrar auto de infração pelas infrações possivelmente identificadas na análise documental, tendo em vista que a empresa saneou as irregularidades, ao pagar os impostos devidos, antes da efetiva notificação do auto de infração.

b) não poderá lavrar auto de infração, pois o procedimento de início de fiscalização foi irregular, na medida em que o fiscal, ao invés de ter lavrado o termo de início da fiscalização no livro do contribuinte, deveria ter-lhe entregado, obrigatoriamente, uma notificação apartada.

c) poderá lavrar auto de infração, cobrando multa, pelas infrações cometidas, tendo em vista que a possibilidade de denúncia espontânea estaria excluída, pois o termo de início de fiscalização fora lavrado regularmente antes da tentativa saneadora da empresa.

d) poderá lavrar auto de infração, cobrando multa a qualquer momento, mesmo que, antes da lavratura do termo de início de fiscalização, aposto em livro fiscal pelo auditor municipal, as irregularidades fiscais tivessem sido saneadas.

e) poderá lavrar auto de infração, cobrando multa pelas infrações cometidas, mesmo após a tentativa saneadora efetivada pela empresa, devendo ser regularizado, todavia, o procedimento de início de fiscalização, com a lavratura de "notificação de correção de termo de início de fiscalização", documento oficial a ser assinado pelo contribuinte, para evitar que o auto de infração seja cancelado por vício formal.

06. **(FCC – Auditor Fiscal Tributário Municipal – SP/2012)** Um determinado tributo, cuja legislação de regência determine aos seus contribuintes a emissão do correspondente documento fiscal, com sua posterior escrituração no livro fiscal próprio, seguida da apuração do valor devido no final de cada período de competência e, finalmente, do subsequente recolhimento do valor apurado junto à rede bancária, tudo sem a prévia conferência do fisco, ficando essa atividade desenvolvida pelo contribuinte sujeita à posterior análise e exame pelo agente do fisco, que poderá considerá-la exata ou não, caracteriza a forma de lançamento denominada

a) de ofício.

b) por homologação.

c) por declaração.

d) misto.

e) extemporâneo.

07. **(FCC – Agente Fiscal de Rendas – SP/2013)** Com fundamento nas previsões do CTN, considere:

I. Supondo que Aglaope é terceira pessoa vinculada ao fato gerador de determinada obrigação tributária e Leucosia é o contribuinte desta obrigação tributária, a atribuição de responsabilidade pelo crédito tributário a Aglaope deve ser expressamente estipulada por meio de lei, excluindo a responsabilidade de Leucosia ou atribuindo-a a esta em caráter supletivo do cumprimento total ou parcial da referida obrigação.

II. Perséfone é proprietária de bem imóvel e deseja vendê-lo. Logo, a responsabilidade pelo pagamento do crédito tributário relativo a imposto cujo fato gerador seja a propriedade imobiliária sub-roga-se na pessoa dos eventuais adquirentes do imóvel de Perséfone, mesmo quando conste do título a prova de sua quitação.

III. Sabázio morre, e deixa como herança três imóveis. Selene e Sarpédon são os únicos herdeiros, em igualdade de condições. Após ser realizada a partilha dos bens de Sabázio, ficam Selene e Sarpédon pessoalmente responsáveis, limitado ao montante do respectivo quinhão, pelos tributos devidos até este momento.

IV. A empresa Jardim das Hespérides S.A. adquire da empresa Hamadríade Industrial Ltda. uma fábrica instalada no Estado de São Paulo. Aproveitando todo o maquinário existente, a adquirente continua a exploração da mesma atividade. Com respeito aos tributos devidos por esta fábrica até o momento da transação empresarial, a empresa Jardim das Hespérides S.A. responde subsidiariamente com o alienante se este cessar a exploração da indústria, e responde a adquirente pessoalmente se o alienante iniciar dentro de seis meses, a contar da data da alienação, nova atividade no mesmo ramo de indústria.

V. Na hipótese de alienação judicial em processo de falência, a pessoa jurídica de direito privado que adquirir fundo de comércio nesta situação e continuar a respectiva exploração responde, em qualquer hipótese, pelos tributos relativos ao fundo de comércio adquirido, devidos até a data da operação.

Está correto o que se afirma APENAS em

a) I e II.

b) I e III.

c) II e V.

d) III e IV.

e) IV e V.

08. (Cespe – Juiz Federal Substituto 5ª região/ 2011) No que concerne a obrigação tributária, assinale a opção correta.

a) Na falta de eleição, pelo contribuinte ou responsável, de domicílio tributário, considera-se, na forma da legislação aplicável, como domicílio tributário, preferencialmente, o lugar da situação do bem ou da ocorrência dos atos ou fatos que deram origem à obrigação.

b) Considere que Ômega tenha adquirido, a título oneroso, estabelecimento empresarial de Delta Auto Peças Ltda. e, após três meses, Delta tenha iniciado nova atividade empresarial, na área de venda de medicamentos. Nesse caso, Ômega será subsidiariamente responsável pelos débitos tributários devidos por Delta até a data da alienação.

c) Os tutores respondem solidariamente pelo cumprimento de obrigações principais e acessórias devidas pelos tutelados, nos atos em que intervierem, ou pelas omissões, nos casos de impossibilidade de exigência do cumprimento da obrigação tributária pelo contribuinte.

d) A responsabilidade do agente por infrações é excluída pela denúncia espontânea, que deve ser apresentada antes da propositura da ação penal, em relação às conceituadas por lei como crimes.

e) Estabelece-se, como um dos efeitos da solidariedade, que a isenção ou remissão de crédito outorgada pessoalmente a qualquer dos coobrigados exonera todos os demais.

09. (FCC – Juiz de Direito Substituto – PE/2013) Na sucessão *causa mortis* haverá responsabilidade tributária

a) do espólio, pelos tributos devidos pelo *de cujus* até a data da abertura da sucessão, bem como até a partilha ou adjudicação.

b) do espólio, pelos tributos devidos pelo *de cujus*, ainda que tenha havido a partilha ou adjudicação dos bens.

c) dos sucessores a qualquer título, pelos tributos devidos pelo *de cujus* após a abertura da sucessão.

d) do espólio e dos sucessores, solidariamente, por todos os tributos cujos fatos geradores surgirem durante o inventário ou partilha.

e) do cônjuge meeiro, pelos tributos devidos pelo *de cujus* até a data da abertura da sucessão.

10. (FCC/AFR/2009) Dispõe o Código Tributário Nacional, art. 135, inciso II que são pessoalmente responsáveis pelos créditos correspondentes a obrigações tributárias resultantes de atos praticados com excesso de poderes ou infração de lei, contrato ou estatuto os mandatários, prepostos e empregados. Por sua vez, o mesmo diploma dispõe no art. 137, inciso III, alínea "b", que a responsabilidade é pessoal do agente quanto às infrações que decorrem direta e exclusivamente de dolo específico dos mandatários, prepostos ou empregados, contra seus mandantes, preponentes ou empregadores. Já o Código Civil, Parágrafo Único do art. 1.177, dispõe que os prepostos, no exercício de suas funções, são pessoalmente responsáveis, perante os preponentes, pelos atos culposos, e, perante terceiros, solidariamente com o preponente, pelos atos dolosos. Da conjugação destes dispositivos é correto concluir que

a) a regra de direito civil prevalece sobre a regra de direito tributário, por ser a lei civil mais nova que a lei tributária.

b) a responsabilidade tributária do preposto por excesso de poderes, infração de lei, contrato ou estatuto é sempre solidária com o preponente, por entendimento pacífico e unânime na doutrina e na jurisprudência.

c) o preposto responde pessoalmente pelos tributos cujos fatos geradores decorreram exclusivamente do excesso de poderes ou infração de lei, contrato ou estatuto.

d) existe um conflito entre as regras do art. 135, II e 137, III, b, do CTN, devendo prevalecer a regra do art. 135, II, do CTN, por interpretação com o Parágrafo Único do art. 1.177, do Código Civil.

e) o preponente responde solidariamente com o preposto pelas infrações tributárias por este cometidas de forma dolosa.

11. **(Consulplan – Cartório – MG – Remoção/2015)** A respeito da responsabilidade tributária, é correto afirmar que

a) o espólio é pessoalmente responsável pelo pagamento dos tributos devidos pelo de cujos até a data da abertura da sucessão.

b) os créditos tributários relativos a impostos cujo fato gerador seja a propriedade, o domínio útil ou a posse de bens imóveis sub-rogam-se na pessoa dos respectivos adquirentes, ainda que conste do título a prova de sua quitação.

c) há responsabilidade pessoal dos sucessores a qualquer título pelos tributos devidos pelo de cujos até a data da partilha, a qual não está limitada ao montante do quinhão do legado.

d) de acordo com previsão expressa do Código Tributário Nacional, a lei pode atribuir a responsabilidade pelo crédito tributário a terceira pessoa, ainda que não vinculada ao fato gerador da obrigação.

12. **(Consulplan – Cartório – MG – Provimento/2016)** Segundo disposições do Código Tributário Nacional, são situações que autorizam a autoridade administrativa, de ofício, a efetivação e revisão do lançamento, EXCETO:

a) Quando se comprove omissão do sujeito passivo ou de terceiro legalmente obrigado, que dê lugar à aplicação de penalidade pecuniária.

b) Quando se alterar a interpretação jurídica dada à norma tributária.

c) Quando deva ser apreciado fato não conhecido ou não provado por ocasião do lançamento anterior.

d) Quando a declaração não seja prestada, por quem de direito, no prazo e na forma da legislação tributária.

13. **(FGV – ISS-CUIABÁ – 2016)** Segundo a legislação, Caio, proprietário do imóvel X, celebra contrato de locação com Tício, no qual estabelece que o responsável pelo pagamento do Imposto sobre a Propriedade Territorial Urbana – IPTU será o locatário do imóvel. O referido contrato foi registrado no Cartório de

Registro de Imóveis competente. Sobre a hipótese apresentada, assinale a afirmativa correta.

a) O contrato é válido, podendo ser oposto ao Fisco, que deverá realizar o lançamento do IPTU tendo como sujeito passivo Tício, locatário do imóvel.

b) O contrato é valido e terá seus efeitos limitados aos contratantes, mas não produzirá efeito contra o Fisco, no que se refere à responsabilidade tributária.

c) O contrato é nulo, uma vez que altera definição de sujeição passiva disposta em lei.

d) O contrato é valido, tendo em vista que o Código Tributário Nacional prevê que o locatário é o sujeito passivo da obrigação tributária referente ao pagamento do IPTU.

(E) O contrato é válido e cria, para o pagamento do IPTU, uma forma de responsabilidade solidária entre o locador e o locatário.

14. **(FGV - MP/AL - Analista - Área Jurídica / 2018)** Com relação à responsabilidade tributária, analise as afirmativas listadas a seguir e assinale (V) para a afirmativa verdadeira e (F) para a falsa.

( ) No caso de hasta pública de bem imóvel, os créditos tributários relativos a impostos cujo fato gerador seja a propriedade, o domínio útil ou a posse de bens imóveis se sub-rogam sobre o respectivo preço.

( ) Os administradores de bens de terceiros respondem, subsidiariamente, pelos tributos devidos pelos administrados, nos fatos geradores que tiverem intervindo.

( ) No caso de transformação societária, como a fusão, a pessoa jurídica resultante desta operação societária será responsável pelos tributos devidos até a data do ato, pelas pessoas jurídicas fusionadas. Assinale a opção que apresenta a sequência correta, segundo a ordem apresentada.

A) V – V – F.

B) V – F – V.

C) V – F – F.

D) F – V – F.

E) F – V – V.

15. **(PUC/PR – TCE/MS – Auditor/2013)** Com base no Código Tributário Nacional, assinale a alternativa CORRETA.

a) A lei, ao atribuir de modo expresso a responsabilidade pelo crédito tributário a terceira pessoa, vinculada ou não ao fato gerador da respectiva obrigação, poderá excluir a responsabilidade do contribuinte ou atribuí-la a este em caráter supletivo.

b) A empresa Alfa adquiriu, a título oneroso, estabelecimento comercial no ramo varejista de roupas da empresa Beta, sob outra razão social, continuando a exploração da atividade. Após cinco meses da data da alienação, a empresa alienante iniciou nova atividade empresarial no ramo de restaurantes. Nesse caso, Alfa será subsidiariamente responsável pelos tributos devidos por Beta até a data da alienação.

c) As irmãs Teliana, Joana e Flaviana constituíram a sociedade Três Irmãs Ltda. de prestação de serviços de limpeza de imóveis, sujeitas ao ISS no município do domicilio tributário. Iniciaram suas atividades antes de inscrever o contrato social no registro competente, deixando de recolher o ISS correspondente. Nesse caso, tendo o Fisco municipal cobrado todo o tributo devido de Joana, esta pode invocar benefício de ordem para redirecionar a cobrança do imposto para a irmã Flaviana, sócia que possui 70% das quotas da sociedade.

d) Na sucessão *causa mortis*, haverá responsabilidade tributária do espólio pelos tributos devidos pelo de cujus até a data da abertura da sucessão, mas somente dos créditos já definitivamente constituídos na data do falecimento.

e) Locatário de um apartamento assume, no contrato de locação, a obrigação pelo pagamento do IPTU do imóvel locado. Deixa, porém, de adimplir o tributo devido. A Fazenda Municipal, neste caso, só pode exigir subsidiariamente do proprietário do imóvel o recolhimento do IPTU em atraso, haja vista o acordo celebrado entre as partes.

GABARITO		
Questão	**Resposta**	**Fundamentação**
01	D	CTN, art. 132
02	D	CTN, art. 138, parágrafo único
03	C	CTN, art. 147
04	Certo	CF, art. 150, § 6º
05	C	CTN, art. 138, parágrafo único
06	B	CTN, art. 150
07	B	CTN, arts. 128 e 131, II
08	B	CTN, art. 133, II
09	A	CTN, art. 131, III
10	C	CTN, art. 135, II

11	A	CTN, art. 131, III
12	B	CTN, art. 149
13	B	CTN, art. 123
14	B	CTN, art. 134 (texto literal)
15	B	CTN, art. 133

3. QUESTÕES DISSERTATIVAS E ESTUDOS DE CASOS

QUESTÃO DISSERTATIVA 01:

O que é substituição tributária no ICMS? Quais são as modalidades existentes no ICMS?

Resposta sugerida pelos autores[2]:

A Substituição Tributária (ST) é o mecanismo (técnica) pelo qual a responsabilidade pelo ICMS devido em relação às operações ou prestações de serviços tributadas pelo imposto é atribuída a outro contribuinte.

Por força da Emenda Constitucional 3/96, a temática da substituição tributária foi elevada à estatura de norma constitucional, com a inclusão do § 7º ao artigo 150 da CF/88, segundo o qual: "A lei poderá atribuir a sujeito passivo de obrigação tributária a condição de responsável pelo pagamento de imposto ou contribuição, cujo fato gerador deva ocorrer posteriormente, assegurada a imediata e preferencial restituição da quantia paga, caso não se realize o fato gerador presumido".

Essa norma, interpretada sistematicamente com o artigo 128 do CTN, delineia no campo da tributação plurifásica, típica de impostos indiretos como ICMS e IPI, a responsabilidade por substituição das **operações subsequentes**, conhecida como substituição tributária **para frente ou progressiva**. Nessa hipótese, há uma antecipação da exigência do recolhimento do imposto relativo aos fatos geradores de toda a cadeia produtiva que está para ocorrer.

No campo do ICMS, a responsabilidade poderá ser atribuída em relação ao imposto incidente sobre uma ou mais operações ou prestações, sejam **antecedentes, concomitantes** ou **subsequentes** (LC 87/96, art. 6º, § 1º).

Um exemplo no campo do ICMS da substituição das **operações subsequentes** (**para frente ou progressiva**) é a responsabilidade da indústria de bebidas pelo imposto

2. Nas respostas dadas aqui serão indicados trechos normativos ou precedentes jurisprudenciais, mas na prova não há necessidade dessa indicação, salvo quando expressamente previsto no edital do concurso.

devido em todas as etapas de circulação das mercadorias, prevista nas legislações da maioria dos Estados brasileiros. A indústria de bebidas é considerada substituta tributária e os demais comerciantes subsequentes são considerados substituídos.

Ao lado da substituição tributária das operações **subsequentes (para frente ou progressiva)**, é possível identificar mais duas modalidades, que são a substituição tributária para **trás ou regressiva**, relativa às operações **antecedentes**, e a substituição tributária de **operações e prestações concomitantes**.

Na substituição tributária para **trás ou regressiva**, também chamada de **diferimento**, a lei estabelece uma postergação da exigência do pagamento do tributo para uma etapa posterior da cadeia de circulação da mercadoria. Com isso, uma norma estadual pode, por exemplo, estabelecer que o imposto devido na saída do milho em grãos fica diferido (postergado) para o momento da saída dos produtos resultantes da industrialização.

Tem-se, por fim, a substituição tributária relativa às operações e prestações **concomitantes**, muito menos frequente na legislação. Pode ocorrer quando acontecem ao mesmo tempo prestação de serviço de transporte e circulação de mercadorias, ambos fatos geradores do ICMS. Nesse caso, a lei pode atribuir ao comerciante, que é contribuinte do em razão da operação de circulação de mercadorias, a atribuição, na condição de substituto tributário, da responsabilidade pelo pagamento do imposto devido pelo transportador em razão da prestação de serviço de transporte das mercadorias.

QUESTÃO DISSERTATIVA 02:

Quais são as modalidades de lançamento tributário existentes no Direito Tributário Brasileiro?

Resposta sugerida pelos autores:

O crédito tributário (direito subjetivo da Fazenda Pública ao objeto da obrigação tributária), para ser exigido, deve ser formalizado por meio do lançamento.

Compete privativamente à autoridade administrativa constituir o crédito tributário pelo lançamento, que se deve entender como o procedimento administrativo tendente a verificar a ocorrência do fato gerador da obrigação correspondente, determinar a matéria tributável, calcular o montante do tributo devido, identificar o sujeito passivo e sendo o caso, propor a aplicação da penalidade cabível (CTN, art. 142).

Não obstante a previsão do artigo 142 do CTN de que o lançamento seria atividade privativa da autoridade administrativa, interpretação sistemática das normas veiculadas no CTN leva à conclusão de que a ordem jurídica contempla três espécies de lançamento. Essas espécies são classificadas de acordo com os graus de participação do Fisco e do sujeito passivo no procedimento, nas seguintes modalidades: lançamento de ofício, lançamento por declaração e lançamento por homologação.

O lançamento de ofício, também chamado de direto, está previsto no artigo 149 do CTN e é o lançamento efetivado diretamente pela autoridade administrativa, independentemente de qualquer informação ou ato do sujeito passivo ou de terceiro.

O lançamento por declaração está previsto no artigo 147 do CTN e é o lançamento efetivado pela autoridade administrativa (agente do órgão fazendário) a partir de informações imprescindíveis, declaradas pelo sujeito passivo ou por terceiro.

Por fim, o lançamento por homologação, também chamado de autolançamento, está previsto no artigo 150 do CTN e é aquele em que o sujeito passivo antecipa o pagamento sem prévia análise da autoridade administrativa, de maneira que a homologação pela autoridade administrativa pode ser expressa ou tácita (mais comum, pelo decurso do prazo de cinco anos, contados da ocorrência do fato gerador).

ESTUDO DE CASO 01:

Por força da Emenda Constitucional 3/96, a temática da substituição tributária foi elevada à estatura de norma constitucional, com a inclusão do § 7º ao artigo 150 da CF, segundo o qual: "A lei poderá atribuir a sujeito passivo de obrigação tributária a condição de responsável pelo pagamento de imposto ou contribuição, cujo fato gerador deva ocorrer posteriormente, assegurada a imediata e preferencial restituição da quantia paga, caso não se realize o fato gerador presumido". Essa norma, interpretada sistematicamente com o artigo 128 do CTN, delineia no campo da tributação plurifásica, típica de impostos indiretos como ICMS e IPI, a responsabilidade por substituição das operações subsequentes, conhecida como substituição tributária para frente ou progressiva. Nesse caso, há uma antecipação da exigência do recolhimento do imposto relativo aos fatos geradores de toda a cadeia produtiva que está para ocorrer. A parte final do citado dispositivo constitucional deixa claro o direito à imediata e preferencial restituição do tributo pago caso não se concretize o fato gerador presumido. Na hipótese do fato gerador presumido se concretizar, porém por valor abaixo do utilizado no recolhimento antecipado, o direito à restituição remanesce?

Resposta sugerida pelos autores:

Tema objeto de infindáveis polêmicos sempre foi a possibilidade restituição da diferença entre a quantia paga de acordo com a base de cálculo presumida e o valor da efetiva operação de venda. Depois de muitas decisões em sentido contrário, no julgamento do Recurso Extraordinário 593.849, o Supremo Tribunal Federal exarou decisão com repercussão geral no seguinte sentido: "É devida a restituição da diferença do Imposto sobre Circulação de Mercadorias e Serviços (ICMS) pago a mais no regime de substituição tributária para a frente se a base de cálculo efetiva da operação for inferior à presumida." Os efeitos dessa decisão também foram modulados pela Corte, de modo que atingirão os casos futuros e apenas os pretéritos que já estejam tramitando na Justiça.

ESTUDO DE CASO 02:

O ICMS sujeita-se ao Princípio da Não-Cumulatividade, que permite a compensação do que for devido "em cada operação relativa à circulação de mercadorias ou prestação de serviços com o montante cobrado nas anteriores pelo mesmo ou outro Estado ou pelo Distrito Federal" (CF, art. 153, § 2º, I). Um determinado contribuinte varejista efetivamente adquiriu mercadorias para revenda junto ao fornecedor X. Diante do destaque do ICMS na nota fiscal de compra, o varejista efetuou o crédito de ICMS, que ao cabo do mês foi compensado com o débito devido pelas suas vendas, fazendo valer o citado Princípio da Não-Cumulatividade. Dois anos depois, a referida nota fiscal foi considerada inidônea pelo Fisco Estadual, diante de irregularidades no que tange ao funcionamento do fornecedor X. Na hipótese de se iniciar o procedimento de fiscalização tributária estadual junto ao varejista três anos após a operação de compra, deverá o mesmo varejista ser responsabilizado pelo crédito de ICMS que realizou naquela oportunidade, no montante destacado na nota fiscal do fornecedor X? Como premissas, tem-se que o varejista tem como comprovar (1) que desconhecia a irregularidade do fornecedor X, bem como (2) que a operação de compra efetivamente ocorreu.

Resposta sugerida pelos autores:

Com fundamento no teor do artigo 136 do CTN ("salvo disposição de lei em contrário, a responsabilidade por infrações da legislação tributária independe da intenção do agente ou do responsável e da efetividade, natureza e extensão dos efeitos do ato"), que de certa forma apregoa a responsabilidade objetiva para as infrações tributárias, por muitos anos prevaleceu a tese de que o adquirente de uma mercadoria acompanhada de uma "nota fria" seria o responsável pelo crédito indevido de ICMS. Entretanto, o STJ aprovou a Súmula 509, segundo a qual "é lícito ao comerciante de boa-fé aproveitar os créditos de ICMS decorrentes de nota fiscal posteriormente declarada inidônea, quando demonstrada a veracidade da compra e venda". Essa súmula prestigiou o adquirente de boa-fé, ou seja, aquele que consegue comprovar a regularidade da operação mercantil (com pedidos, anotações de entrada no estoque, comprovantes de transporte e pagamento, dentre outros documentos probatórios) e, ao mesmo tempo, desconhecia a situação irregular do fornecedor perante o Fisco. Portanto, com base na Súmula 509 do STJ e de acordo com as premissas, o varejista não deverá ser responsabilizado pelo crédito de ICMS que realizou (no montante destacado na nota fiscal do fornecedor X).

CAPÍTULO XI

SUSPENSÃO DA EXIGIBILIDADE DO CRÉDITO TRIBUTÁRIO

Somente o crédito tributário regularmente constituído é líquido, certo e exigível, podendo ser cobrado judicialmente pela Fazenda Pública, por meio de execução fiscal (Lei nº 6.830/80). Por **exigibilidade** entende-se a possibilidade de cobrar o crédito tributário no Poder Judiciário, via execução fiscal. A exigibilidade advém da constituição definitiva do crédito tributário pelo lançamento e requer ainda a sua inscrição em Dívida Ativa. Portanto, as **causas de suspensão da exigibilidade** do crédito tributário (CTN, art. 151) **impedem o ajuizamento da execução fiscal**.

Em uma visão mais ampla, a suspensão da exigibilidade do crédito tributário, não apenas **impede o Fisco de** ajuizar a Execução Fiscal, como também de **praticar atos de cobrança quaisquer, inscrever o débito na Dívida Ativa ou incluir o nome do devedor em cadastros de contribuinte inadimplentes**.

Em outras palavras, a suspensão da exigibilidade do crédito tributário refere-se a causas que, temporariamente, obstam que o crédito tributário seja cobrado pela Fazenda Pública. E, logicamente, se a causa de suspensão apresentar-se posteriormente ao ajuizamento da execução fiscal, esta deverá ficar sobrestada até que o motivo da suspensão cesse.

As **hipóteses de suspensão da exigibilidade** do crédito tributário estão previstas no **artigo 151 do CTN** e serão analisadas adiante. Mas, no final do capítulo, após a exposição das causas de suspensão da exigibilidade do crédito tributário, alguns comentários de extrema relevância ainda serão necessários, especialmente no que tange a cumprimento de obrigações acessórias, incidência da prescrição e decadência e fluência de multa e de juros enquanto o crédito tributário estiver com a exigibilidade suspensa.

Art. 151 CTN, inciso	Hipóteses	Resumo
I	Moratória	Postergação do momento do pagamento do crédito tributário
II	Depósito de seu montante integral	Depósito, pelo contribuinte, do valor do crédito tributário discutido
III	Defesas e recursos no âmbito do processo administrativo fiscal (PAF)	Atos de defesa do contribuinte face ao lançamento de ofício, conforme previsão nas leis que regem o PAF

Art. 151 CTN, inciso	Hipóteses	Resumo
IV	Liminar em mandado de segurança	Ordem judicial concedida no início do procedimento do mandado de segurança, em geral, sem ouvir a parte contrária
V	Liminar/tutela antecipada em outras espécies de ações judiciais	Ordem judicial concedida no início da ação, em geral, sem ouvir a parte contrária
VI	Parcelamento	Acordo de quitação em parcelas de um crédito tributário reconhecido e confessado pelo contribuinte, conforme diretrizes fixadas em lei

1. A MORATÓRIA

A **moratória**, isto é, a prorrogação do prazo para pagamento do tributo, concedida pelo ente tributante por meio de lei, constitui hipótese de suspensão da exigibilidade do crédito tributário prevista **no inciso I do artigo 151 do CTN** e regida pelos artigos 152 a 155-A do mesmo diploma, nos seguintes termos:

Trata-se de um adiamento que **somente** pode ser concedido: **I – em caráter geral**: a) pela pessoa jurídica de direito público competente para instituir o tributo a que se refira (tida como moratória autônoma); b) pela União, quanto a tributos de competência dos Estados, do Distrito Federal ou dos Municípios, quando simultaneamente concedida quanto aos tributos de competência federal e às obrigações de direito privado (tida como moratória heterônoma); **II – em caráter individual**, por despacho da autoridade administrativa, desde que autorizada por lei nas mesmas condições aplicáveis à moratória geral (CTN, art. 152).

> ATENÇÃO:
>
> Para os doutrinadores em geral, ante a ausência de previsão na Constituição e por incompatibilidade com o sistema federativo e de repartição de competências tributárias, a moratória heterônoma estabelecida no CTN (artigo 152, inciso I, alínea "b") não se compatibiliza com o Sistema Tributário Nacional. Não há conhecimento de uma moratória heterônoma efetivamente concedida pela União, tampouco há algum julgado a respeito.

A **lei concessiva de moratória** pode circunscrever expressamente a sua aplicabilidade a determinada região do território da pessoa jurídica de direito público que a expedir, ou a determinada classe ou categoria de sujeitos passivos (CTN, art. 152, parágrafo único). Além disso, especificará, sem prejuízo de outros requisitos: **I** – o prazo de duração do favor; **II** – as condições da concessão do favor em caráter individual; III – sendo caso: **a)** os tributos a que se aplica; **b)** o número de prestações e seus vencimentos, dentro do prazo de duração do favor, podendo atribuir a fixação de uns e de outros à autoridade administrativa, para cada caso de concessão em caráter individual; **c)** as garantias que devem ser fornecidas pelo beneficiado no caso de concessão em caráter individual (CTN, art. 153).

Em respeito à segurança jurídica e coerente com o princípio da irretroatividade da norma tributária, salvo disposição de lei em contrário, a moratória somente abrange os créditos definitivamente constituídos à data da lei ou do despacho que a conceder, ou cujo lançamento já tenha sido iniciado àquela data por ato regularmente notificado ao sujeito passivo (CTN, art. 154).

Especificamente em relação à moratória em caráter individual, é importante frisar que ela não gera direito adquirido e será revogada de ofício sempre que se apure que o beneficiado não satisfazia ou deixou de satisfazer as condições ou não cumpria ou deixou de cumprir os requisitos para a concessão do favor. Nesse caso, será cobrado o crédito acrescido de juros de mora, com imposição da penalidade cabível, nos casos de dolo ou simulação do beneficiado, ou de terceiro em benefício daquele, mas sem imposição de penalidade, nos demais casos (CTN, art. 155, I e II).

ATENÇÃO:

A moratória não aproveita aos casos de dolo, fraude ou simulação do sujeito passivo ou do terceiro em benefício daquele (CTN, art. 154, parágrafo único).

Assim, se um tributo teve seu prazo para pagamento dilatado por lei, é absolutamente coerente que o sujeito ativo não possa exigi-lo perante o Poder Judiciário antes de esgotado tal prazo.

2. O DEPÓSITO DE SEU MONTANTE INTEGRAL

A segunda situação que implica na suspensão da exigibilidade do crédito tributário é o **depósito de seu montante integral (CTN, art. 151, II)**, que pode ser efetuado no âmbito judicial ou no administrativo. Além de suspender a exigibilidade do crédito tributário, **serve também para afastar os efeitos da mora em relação à exação em discussão.**

A expressão **"montante integral"** diz respeito ao **valor do tributo segundo o entendimento da Fazenda Pública** e não do contribuinte (STJ – AgRg no REsp 969579/SP – 2ª Turma – Rel. Min. Castro Meira – 31/10/2007).

E esse depósito integral deve ser em dinheiro, inclusive conforme sacramentado na Súmula 112 do STJ: "O depósito somente suspende a exigibilidade do crédito tributário se for integral e em dinheiro".

Quando promovido no âmbito judicial, o depósito, geralmente, é feito no bojo de ações que visam a desconstituir o lançamento do crédito tributário (ações anulatórias). Assim, a execução fiscal não poderá ser ajuizada ou, quando já proposta, terá sua tramitação suspensa até decisão final da ação anulatória.

Se o contribuinte tiver êxito na impugnação, terá direito a levantar o depósito efetuado. Mas, se a Fazenda Pública sair vitoriosa na lide, ela converterá o depósito em renda e extinguirá o crédito tributário respectivo (CTN, art. 156, VI).

Ainda quando efetuado no âmbito administrativo ou, antes do lançamento, judicialmente, para impugnação da pretensão via ação declaratória ou mandado de segurança, o depósito não impede o trâmite do processo administrativo fiscal de impugnação do crédito tributário, obstando apenas o ajuizamento da ação de execução fiscal.

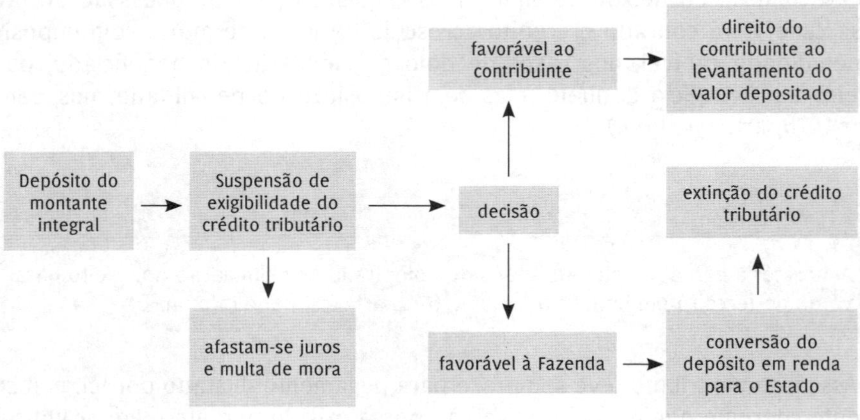

Em consequência desse raciocínio, pode parecer tranquila a conclusão de que, em caso de impugnação judicial anterior ao lançamento, na hipótese de sucumbência do contribuinte na ação, a conversão do depósito em renda esteja condicionada a que o Fisco tenha efetuado o lançamento, dentro do prazo decadencial. Entretanto, há quem entenda, em sentido totalmente contrário, que a constituição do crédito tributário por meio de auto de infração seja desnecessária. A tese é de que o depósito constituiria uma antecipação de pagamento e configuraria lançamento por homologação, de modo que a conversão do depósito em renda constituiria uma hipótese de extinção do crédito tributário, nos termos do art. 156, inc. VI, do CTN (STJ – EREsp 464343/DF – 1.ª Seção – Rel. Min. José Delgado – 10/10/2007).

3. AS RECLAMAÇÕES E OS RECURSOS ADMINISTRATIVOS

Por ter natureza de acusação fiscal (natureza administrativa), o lançamento tributário de ofício dá direito ao exercício da ampla defesa e do contraditório via devido processo legal

(CF, art. 5º, LIV), mediante reclamações e recursos administrativos, no âmbito do que se convencionou chamar de processo administrativo fiscal (PAF) ou tributário (PAT).

Caso um contribuinte sofra contra si um lançamento de ofício, inclusive por meio de auto de infração, poderá apresentar uma **defesa e recursos** para instâncias administrativas superiores **no âmbito do PAF (PAT)**. O efeito do ato será a suspensão da exigibilidade do crédito tributário constituído, consoante o artigo 151, III do CTN e conforme consagrado na jurisprudência do Superior Tribunal de Justiça (STJ, Resp 1.259.763-PR, DJe 26/9/2011; EREsp 850.332-SP, Dje 12/8/2008, e AgRg no AREsp 55.060-PR, DJe 23/5/2012. AgRg no AREsp 170.309-RJ, Rel. Min. Benedito Gonçalves, julgado em 4/10/2012).

A suspensão da exigibilidade do crédito tributário remanescerá até a apreciação final dos meios administrativos de defesa e recursos.

4. A CONCESSÃO DE MEDIDAS LIMINARES

Tradicionalmente, sempre constituiu causa de suspensão da exigibilidade do crédito tributário a **concessão de medida liminar em mandado de segurança (CTN, art. 151, IV)**.

Ocorre que, além do mandado de segurança, várias são as ações de que se pode valer um contribuinte para questionar uma determinada exigência tributária, como, por exemplo, a ação anulatória de débito fiscal e a ação declaratória de inexistência de relação jurídico-tributária. Também no âmbito dessas ações, há possibilidade de se obter tutelas urgentes e provisórias, de modo que, além da liminar em mandado de segurança, as demais medidas liminares ou tutelas antecipadas deveriam ter o condão de suspender a exigibilidade do crédito tributário.

Foi por essa razão e com o objetivo de aprimorar a redação original das causas suspensivas de exigibilidade, que o legislador, por meio da Lei Complementar 104/2001, acrescentou **a concessão de medida liminar ou de tutela antecipada em outras espécies de ação judicial (CTN, art. 151, V)**.

Importante ressaltar que a concessão de liminares submete-se a pressupostos estabelecidos na legislação processual civil, com destaque para o *fumus boni iuris* e o *periculum in mora*, tratados no artigo 300 do Código de Processo Civil – CPC/2015 (Lei 13.105/2015) como "probabilidade do direito" (*fumus boni iuris*) e "perigo de dano" (*periculum in mora*).

Dessa forma, o depósito do montante integral do tributo constitui hipótese autônoma de suspensão de exigibilidade do crédito tributário, não podendo ser considerada como pressuposto processual ou condição de ações judiciais de iniciativa do contribuinte, nem como requisito para concessão de liminares. Nesse sentido, tem-se a **Súmula Vinculante nº 28** ("é inconstitucional a exigência de depósito prévio como requisito de admissibilidade de ação judicial na qual se pretenda discutir a exigibilidade do crédito tributário") e a **Súmula Vinculante nº 21** ("É inconstitucional a exigência de depósito ou arrolamento prévios de dinheiro ou bens para admissibilidade de recurso administrativo"). E na mesma direção, a **Súmula nº 373 do STJ:** "É ilegítima a exigência de depósito prévio para admissibilidade de recurso administrativo".

Aliás, essa hipótese de suspensão da exigibilidade do crédito tributário afigura-se totalmente compatível com o novo Código de Processo Civil - CPC. Isso porque, ao abarcar como hipótese suspensiva de exigibilidade a concessão de medida liminar ou de tutela antecipada em outras espécies de ação judicial (CTN, art. 151, V), o texto do inciso V do artigo 151 do CTN guarda coerência não apenas com as tradicionais liminares cautelares e de tutela antecipada (já previstas no CPC de 1973), mas também com a nova espécie de liminar prevista no CPC/2015, a tutela de evidência (CPC, art. 311).

5. O PARCELAMENTO

A Lei Complementar 104/2001 também foi o veículo de inclusão do **parcelamento** como causa de suspensão da exigibilidade do crédito tributário (**CTN, arts. 151, VI e 155-A**).

O **parcelamento** nada mais é do que uma **espécie de moratória**, vez consistir na postergação do cumprimento da obrigação tributária, que se pactua cumprir de forma fracionada, em parcelas. Tanto que, nos termos do artigo 155-A, § 2º, do CTN, **aplicam-se, subsidiariamente, ao parcelamento as disposições** do Código **relativas à moratória.**

Tratando-se de uma espécie de moratória, é possível defender que a inclusão do parcelamento entre as hipóteses legais de suspensão da exigibilidade do crédito tributário seria até desnecessária, revelando-se mais como uma medida de política legislativa, que tem por objetivo afastar quaisquer dúvidas quanto aos seus efeitos sobre o crédito tributário.

> **ATENÇÃO:**
>
> O parcelamento do débito é causa de suspensão da exigibilidade do crédito tributário e, por via de consequência, da execução fiscal. Inteligência do artigo 151, inciso VI, do CTN. O STJ entende que a adesão do devedor ao REFIS apenas suspende a execução durante o prazo concedido pelo credor. Logo, é indevida a extinção da execução (TRF da 4ª Região - AC 3251 - SC - Relª. Des ª. Vânia Hack de Almeida - 3ª Turma - julg. 03/10/2007).

Também a exemplo da moratória, o parcelamento será concedido **na forma e condições estabelecidas em lei específica** (CTN, art. 155-A, *caput*), ou seja, a lei nacional, no caso o CTN, traça apenas a norma geral de exigência de lei, cabendo à lei específica municipal, estadual ou federal conceder parcelamentos, estabelecendo suas formas e condições, tais como, procedimento para pedido, quantidade de parcela, requisitos para fazer jus à concessão etc.

Salvo disposição de lei em contrário, o parcelamento do crédito tributário **não** exclui a incidência de juros e multas (CTN, art. 155-A, § 1º). Significa que, no silêncio da lei do ente federativo competente, os juros e multas fluirão durante o parcelamento, devendo ser considerados no cálculo de cada uma das parcelas. Logo, também, para que a autoridade administrativa não faça a exigência de juros e multas sobre o parcelamento, a exclusão desses acréscimos deve estar expressamente prevista na lei municipal, estadual ou federal que autorize aquele parcelamento.

Segundo norma acrescida ao CTN pela Lei complementar 118/2005, lei específica disporá sobre as condições de parcelamento dos créditos tributários do devedor em recuperação judicial (CTN, art. 155-A, § 3º). Porém, não existindo essa lei específica, serão aplicadas as leis gerais de parcelamento do ente da Federação ao devedor em recuperação judicial, não podendo, neste caso, ser o prazo de parcelamento inferior ao concedido pela lei federal específica (CTN, art. 155-A, § 4º). Veja:

Parcelamento de devedor em recuperação judicial	Em caso de ausência de lei específica
lei específica disporá sobre as condições de parcelamento dos créditos tributários do devedor em recuperação judicial	serão aplicadas as leis gerais de parcelamento do ente da Federação ao devedor em recuperação judicial
	o prazo de parcelamento **não** poderá ser inferior ao concedido pela lei federal específica

6. O CRÉDITO TRIBUTÁRIO COM EXIGIBILIDADE SUSPENSA

Antes de se falar nos efeitos sobre o crédito tributário, é conveniente lembrar que a **suspensão da exigibilidade não dispensa o cumprimento das obrigações acessórias** dependentes da obrigação principal cujo crédito seja suspenso (CTN, art. 151, parágrafo único).

É importante frisar também que eventual causa suspensiva de exigibilidade precedente ao lançamento não irá operar nenhum efeito sobre a decadência. Assim, mesmo que o sujeito passivo obtenha liminar judicial em ação declaratória de inexigibilidade do crédito tributário ou mandado de segurança preventivo, o fisco terá o dever de constituir o crédito tributário pelo lançamento, sob pena de decadência. Portanto, a suspensão da exigibilidade impede apenas a cobrança do crédito tributário, correndo normalmente contra o Fisco o prazo de decadência do direito de proceder o lançamento do tributo.

É nessa linha que o STJ vem decidindo que a suspensão da exigibilidade do crédito tributário na via judicial impede o Fisco de praticar qualquer ato contra o contribuinte visando à cobrança de seu crédito, tais como inscrição em dívida, execução e penhora, **mas não impossibilita a Fazenda de proceder à regular constituição do crédito tributário para prevenir a decadência do direito de lançar"** (STJ, REsp 260.040). E, não por outras razões, a concessão da liminar em mandado de segurança tem o condão de suspender a exigibilidade do crédito tributário e não obsta o direito da Fazenda Pública constituí-lo por intermédio da lavratura de auto de infração e imposição de multa (que é um lançamento de ofício).

Sorte diversa terá a prescrição. **Suspensa a exigibilidade** do crédito tributário definitivamente constituído, **o prazo prescricional também deixará de fluir** (STJ – RESP 267437-MG, 2ª T., Relª. Minª. Eliana Calmon – DJU 17.06.2002).

Por fim, no que diz respeito à incidência de juros e de multa de mora, os **efeitos da suspensão da exigibilidade** do crédito tributário dependerá da causa suspensiva. Veja-se:

- **Parcelamento:** salvo disposição de lei em contrário, o parcelamento do crédito tributário não exclui a incidência de juros e multas (CTN, art. 155-A, § 1º);
- **Liminares:** dependerá da sentença ou acórdão transitado em julgado; em caso de procedência da ação e manutenção da liminar, o crédito tributário será extinto (CTN, art. 156, X); mas se a liminar for revogada e a ação julgada improcedente, o crédito tributário poderá ser exigido acrescido de todos os consectários da mora, até porque, nos termos da Sumula 405 STF: "Denegado o mandado de seguranca pela sentenca, ou no julgamento do agravo, dela interposto, fica sem efeito a liminar concedida, retroagindo os efeitos da decisao contraria"..
- **Depósito do montante integral:** afasta a incidência de juros moratórios e de correção monetária a partir da sua efetivação (STJ – RESP 853552/PR – 1ª Turma – Rel. Min. Luiz Fux – DJ 24/09/2007).

7. SÚMULAS

Súmula vinculante 21: "É inconstitucional a exigência de depósito ou arrolamento prévios de dinheiro ou bens para admissibilidade de recursos administrativos".

Súmula Vinculante nº 28: "É inconstitucional a exigência de depósito prévio como requisito de admissibilidade de ação judicial na qual se pretenda discutir a exigibilidade do crédito tributário".

Súmula 626 STF: "A suspensão da liminar em mandado de segurança, salvo determinação em contrário da decisão que a deferir, vigorará até o trânsito em julgado da decisão definitiva de concessão da segurança ou, havendo recurso, até a sua manutenção pelo Supremo Tribunal Federal, desde que o objeto da liminar deferida coincida, total ou parcialmente, com o da impetração".

Súmula 112 STJ: "O depósito somente suspende a exigibilidade do crédito tributário se for integral e em dinheiro".

Súmula 355 STJ: "É válida a notificação do ato de exclusão do programa de recuperação fiscal do Refis pelo Diário Oficial ou pela Internet".

Súmula 373 STJ: "É ilegítima a exigência de depósito prévio para admissibilidade de recurso administrativo".

Súmula 437 STJ: "A suspensão da exigibilidade do crédito tributário superior a quinhentos mil reais para opção pelo Refis pressupõe a homologação expressa do comitê gestor e a constituição de garantia por meio do arrolamento de bens".

8. LEGISLAÇÃO RELACIONADA AO CAPÍTULO

- **CONSTITUIÇÃO FEDERAL**

Art. 5º: (...)

LIV – ninguém será privado da liberdade ou de seus bens sem o devido processo legal;

LV – aos litigantes, em processo judicial ou administrativo, e aos acusados em geral são assegurados o contraditório e ampla defesa, com os meios e recursos a ela inerentes;

LXIX – conceder-se-á mandado de segurança para proteger direito líquido e certo, não amparado por *habeas corpus* ou *habeas data*, quando o responsável pela ilegalidade ou abuso de poder for autoridade pública ou agente de pessoa jurídica no exercício de atribuições do Poder Público;

- **CÓDIGO TRIBUTÁRIO NACIONAL**

Art. 151. Suspendem a exigibilidade do crédito tributário:

I – moratória;

II – o depósito do seu montante integral;

III – as reclamações e os recursos, nos termos das leis reguladoras do processo tributário administrativo;

IV – a concessão de medida liminar em mandado de segurança.

V – a concessão de medida liminar ou de tutela antecipada, em outras espécies de ação judicial;

VI – o parcelamento.

Parágrafo único. O disposto neste artigo não dispensa o cumprimento das obrigações assessórios dependentes da obrigação principal cujo crédito seja suspenso, ou dela conseqüentes.

Art. 152. A moratória somente pode ser concedida:

I – em caráter geral:

a) pela pessoa jurídica de direito público competente para instituir o tributo a que se refira;

b) pela União, quanto a tributos de competência dos Estados, do Distrito Federal ou dos Municípios, quando simultaneamente concedida quanto aos tributos de competência federal e às obrigações de direito privado;

II – em caráter individual, por despacho da autoridade administrativa, desde que autorizada por lei nas condições do inciso anterior.

Parágrafo único. A lei concessiva de moratória pode circunscrever expressamente a sua aplicabilidade à determinada região do território da pessoa jurídica de direito público que a expedir, ou a determinada classe ou categoria de sujeitos passivos.

Art. 153. A lei que conceda moratória em caráter geral ou autorize sua concessão em caráter individual especificará, sem prejuízo de outros requisitos:

I – o prazo de duração do favor;

II – as condições da concessão do favor em caráter individual;

III – sendo caso:

a) os tributos a que se aplica;

b) o número de prestações e seus vencimentos, dentro do prazo a que se refere o inciso I, podendo atribuir a fixação de uns e de outros à autoridade administrativa, para cada caso de concessão em caráter individual;

c) as garantias que devem ser fornecidas pelo beneficiado no caso de concessão em caráter individual.

Art. 154. Salvo disposição de lei em contrário, a moratória somente abrange os créditos definitivamente constituídos à data da lei ou do despacho que a conceder, ou cujo lançamento já tenha sido iniciado àquela data por ato regularmente notificado ao sujeito passivo.

Parágrafo único. A moratória não aproveita aos casos de dolo, fraude ou simulação do sujeito passivo ou do terceiro em benefício daquele.

Art. 155. A concessão da moratória em caráter individual não gera direito adquirido e será revogado de ofício, sempre que se apure que o beneficiado não satisfazia ou deixou de satisfazer as condições ou não cumprira ou deixou de cumprir os requisitos para a concessão do favor, cobrando-se o crédito acrescido de juros de mora:

I – com imposição da penalidade cabível, nos casos de dolo ou simulação do beneficiado, ou de terceiro em benefício daquele;

II – sem imposição de penalidade, nos demais casos.

Parágrafo único. No caso do inciso I deste artigo, o tempo decorrido entre a concessão da moratória e sua revogação não se computa para efeito da prescrição do direito à cobrança do crédito; no caso do inciso II deste artigo, a revogação só pode ocorrer antes de prescrito o referido direito.

Art. 155-A. O parcelamento será concedido na forma e condição estabelecidas em lei específica.

§ 1º Salvo disposição de lei em contrário, o parcelamento do crédito tributário não exclui a incidência de juros e multas.

§ 2º Aplicam-se, subsidiariamente, ao parcelamento as disposições desta Lei, relativas à moratória.

§ 3º Lei específica disporá sobre as condições de parcelamento dos créditos tributários do devedor em recuperação judicial.

§ 4º A inexistência da lei específica a que se refere o § 3º deste artigo importa na aplicação das leis gerais de parcelamento do ente da Federação ao devedor em recuperação judicial, não podendo, neste caso, ser o prazo de parcelamento inferior ao concedido pela lei federal específica.

- **LEI 6.830, DE 22 SETEMBRO DE 1980**

Lei de Execução Fiscal - LEF

Art. 1º - A execução judicial para cobrança da Dívida Ativa da União, dos Estados, do Distrito Federal, dos Municípios e respectivas autarquias será regida por esta Lei e, subsidiariamente, pelo Código de Processo Civil.

- **LEI 12.016, DE 7 DE AGOSTO DE 2009**

Disciplina o mandado de segurança individual e coletivo e dá outras providências.

Art. 7º Ao despachar a inicial, o juiz ordenará:

I - que se notifique o coator do conteúdo da petição inicial, enviando-lhe a segunda via apresentada com as cópias dos documentos, a fim de que, no prazo de 10 (dez) dias, preste as informações;

II - que se dê ciência do feito ao órgão de representação judicial da pessoa jurídica interessada, enviando-lhe cópia da inicial sem documentos, para que, querendo, ingresse no feito;

III - que se suspenda o ato que deu motivo ao pedido, quando houver fundamento relevante e do ato impugnado puder resultar a ineficácia da medida, caso seja finalmente deferida, sendo facultado exigir do impetrante caução, fiança ou depósito, com o objetivo de assegurar o ressarcimento à pessoa jurídica.

CAPÍTULO XII

EXTINÇÃO DO CRÉDITO TRIBUTÁRIO

Da mesma forma que decorre da obrigação principal (CTN, art. 139), o crédito tributário desaparece juntamente com o vínculo obrigacional, diante de acontecimentos previstos como **hipóteses de extinção** no **artigo 156 do CTN**.

Art. 156 CTN, inciso	Hipóteses	Resumo
I	Pagamento	Adimplemento voluntário pelo sujeito passivo com entrega de pecúnia, em geral via rede bancária
II	Compensação	Os polos da relação jurídica são, ao mesmo tempo, devedores e credores reciprocamente
III	Transação	Concessões mútuas (devedor e credor tributários) que importem em terminação de litígio
IV	Remissão	Perdão legal do crédito tributário existente
V	Prescrição	Perda pelo decurso de prazo, por parte do sujeito ativo, do direito de promover a execução fiscal face ao sujeito passivo
V	Decadência	Perda pelo decurso de prazo, por parte do sujeito ativo, do direito de constituir o crédito tributário
VI	Conversão de depósito em renda	Transformação do depósito feito pelo sujeito passivo em renda para sujeito ativo
VII	Pagamento antecipado e homologação de lançamento	Pagamento realizado pelo sujeito passivo a partir da apuração feita por ele próprio, sem participação do fisco num primeiro momento (por isso o pagamento é tido por antecipado), sendo que a homologação fiscal pode ser expressa ou tácita (decurso de prazo)
VIII	Consignação em pagamento	Diante de obstáculo ao pagamento criado pelo sujeito ativo (hipóteses do artigo 164 do CTN), o sujeito passivo ingressa com a ação para consignar o crédito tributário em pagamento (depositando-o)
IX	Decisão administrativa irreformável	Decisão administrativa favorável ao sujeito passivo sobre a qual não caiba mais recurso

Art. 156 CTN, inciso	Hipóteses	Resumo
X	Decisão judicial transitada em julgado	Decisão judicial favorável ao sujeito passivo sobre a qual não caiba mais recurso
XI	Dação em pagamento de bens imóveis	Espontâneo oferecimento de bens imóveis pelo devedor (ao invés de pecúnia), ao credor, como forma de extinguir a dívida

Por se tratar o crédito tributário de matéria reservada à competência da lei complementar para normas gerais (CF, art. 146, III, "b"), suas hipóteses de extinção também ficam restritas àquelas definidas em lei complementar. Não pode o legislador ordinário estabelecer hipóteses de extinção do crédito tributário distintas daquelas fixadas no artigo 156 do CTN (STF – ADI 124, Rel. Min. Joaquim Barbosa, julgamento em 1º-8-2008, Plenário, *DJE* de 17-4-2009).

1. PAGAMENTO

O crédito tributário extingue-se, primeiramente, pela satisfação da prestação objeto da obrigação tributária, isto é, pelo **pagamento (CTN, art. 156, I)**.

A imposição de penalidade **não** ilide o pagamento integral do crédito tributário (CTN, art. 157), de modo que o auto de infração não apenas impõe multa, como também serve de instrumento para lançamento do tributo eventualmente sonegado.

> ATENÇÃO:
>
> O pagamento de um crédito não importa em presunção de pagamento: I – quando parcial, das prestações em que se decomponha; II – quando total, de outros créditos referentes ao mesmo ou a outros tributos (CTN, art. 158).

Quando a legislação tributária não fixar o tempo do pagamento (agenda tributária), o vencimento ocorre 30 (trinta) dias depois da data em que se considera o sujeito passivo notificado do lançamento (CTN, art. 160). A legislação tributária, nas condições que estabelecer, também pode conceder desconto pela antecipação do pagamento (CTN, art. 160, parágrafo único).

Seja qual for o motivo da falta de pagamento, atraso ou pagamento parcial, o crédito tributário não integralmente pago no vencimento é acrescido de juros de mora (CTN, art. 161), mas os juros de mora não fluem na pendência de consulta formulada pelo devedor ao fisco, dentro do prazo legal para pagamento do crédito (CNT, art. 161, § 2º).

Os juros de mora são calculados à taxa de 1% (um por cento) ao mês, salvo se a lei dispuser de modo diverso (CNT, art. 161, § 2º). É diante da ressalva que as legislações federais, estaduais e municipais estabelecem a SELIC como taxa de juros de mora. Entretanto, além da SELIC não possuir natureza tipicamente moratória, constitui índice que não é fixado em lei, mas por autoridades do Banco Central, o que tem feito vozes levantarem-se contra a sua fixação como juros de mora.

A polêmica era grande e, não obstante existam decisões do STJ reconhecendo a validade jurídica da cobrança de juros de mora pela SELIC mediante expressa previsão legal e à vista do artigo 161, § 2º do CTN (STJ – RESP 152537-PR, 2ª T. – Rel. Min. Francisco Peçanha Martins, DJU 02.02.2004 – p. 00294), o próprio STJ, em outros julgados, chegou a se postar contra a utilização da SELIC a título moratório tributário (STJ – RESP 291155-SP, 2ª T., Rel. Min. Franciulli Netto, DJU 27.09.2004, p. 00289). Atualmente, prevalece o entendimento firmado no Recurso Especial Repetitivo 879.844-MG no sentido de que a aplicação da taxa SELIC como índice de correção monetária e juros de mora só é legítima quando houver lei estadual prevendo a sua incidência. Portanto, deve-se entender que se consolidou a jurisprudência do STJ em torno da possibilidade de se estabelecer a SELIC como índice, desde que exista previsão legal do ente federativo tributante titular da exigência.

De qualquer forma, a incidência de juros dá-se sem prejuízo da imposição das penalidades cabíveis (multa de mora sempre e multa punitiva quando houver), bem como da aplicação de quaisquer medidas de garantia previstas na legislação (CTN, art. 161, *in fine*).

Normas sobre pagamento de pouca utilidade prática em tempos nos quais a arrecadação de tributos, com fundamento no artigo 7º, § 3º, do CTN, é conferida pelas Fazendas Públicas a instituições bancárias, os artigos 159, 162 e 163, do CTN dispõem sobre local, meios e imputação de pagamento, nos seguintes termos:

> **Art. 159** – *Quando a legislação tributária não dispuser a respeito, o pagamento é efetuado na repartição competente do domicílio do sujeito passivo.*
>
> **Art. 162** – *O pagamento é efetuado:*
>
> *I – em moeda corrente, cheque ou vale postal;*
>
> *II – nos casos previstos em lei, em estampilha, em papel selado, ou por processo mecânico.*
>
> **§ 1º** – *A legislação tributária pode determinar as garantias exigidas para o pagamento por cheque ou vale postal, desde que não o torne impossível ou mais oneroso que o pagamento em moeda corrente.*
>
> **§ 2º** – *O crédito pago por cheque somente se considera extinto com o resgate deste pelo sacado.*
>
> **§ 3º** – *O crédito pagável em estampilha considera-se extinto com a inutilização regular daquela, ressalvado o disposto no art. 150.*

> *§ 4º – A perda ou destruição da estampilha, ou o erro no pagamento por esta modalidade não dão direito à restituição, salvo nos casos expressamente previstos na legislação tributária, ou naqueles em que o erro seja imputável à autoridade administrativa.*
>
> *§ 5º – O pagamento em papel selado ou por processo mecânico equipara se ao pagamento em estampilha.*
>
> **Art. 163** – *Existindo simultaneamente dois ou mais débitos vencidos do mesmo sujeito passivo para com a mesma pessoa jurídica de direito público, relativos ao mesmo ou a diferentes tributos ou provenientes de penalidade pecuniária ou juros de mora, a autoridade administrativa competente para receber o determinará a respectiva imputação, obedecidas as seguintes regras, na ordem em que enumeradas:*
>
> *I – em primeiro lugar, aos débitos por obrigação própria, e em segundo lugar aos decorrentes de responsabilidade tributária;*
>
> *II – primeiramente, às contribuições de melhoria, depois às taxas e por fim aos impostos;*
>
> *III – na ordem crescente dos prazos de prescrição;*
>
> *IV – na ordem decrescente dos montantes.*

Atenção especial para o artigo 163, que guarda relação com a Súmula nº 464 do STJ, segundo a qual: "A regra de imputação de pagamentos estabelecida no art. 354 do Código Civil não se aplica às hipóteses de compensação tributária". Portanto, se houver dois ou mais débitos simultaneamente vencidos do mesmo sujeito passivo com o mesmo ente tributante detentor de capacidade tributária ativa para exigir o tributo, aplicam-se as regras de imputação estabelecidas no artigo 163 do CTN. Essas regras são aplicáveis ao mesmo ou a diferentes tributos, e estabelecem que a autoridade administrativa competente determinará a imputação na seguinte ordem:

1ª Regra: 1º) débitos por obrigação própria; 2º) decorrentes de responsabilidade tributária;

2ª Regra: 1º) contribuições de melhoria; 2º) taxas; 3º) impostos.

3ª Regra: ordem crescente dos prazos de prescrição;

4ª Regra: ordem decrescente dos montantes.

Como se vê as quatro regras são sucessivas e, dentro de cada uma, também, há uma ordem a ser observada.

Não obstante a pouca aplicabilidade dessas normas nos dias atuais, elas permanecem em vigor, podendo ser exigidas em concursos públicos quaisquer e requerendo atenção dos candidatos.

1.1. O pagamento indevido

Nos termos do artigo 165, inciso I do CTN, **em caso de cobrança ou pagamento espontâneo de tributo indevido ou maior que o devido** em face da legislação tributária aplicável, ou da natureza ou circunstâncias materiais do fato gerador efetivamente ocorrido, o sujeito passivo tem direito, independentemente de prévio protesto, à **restituição total** (quando indevido) **ou parcial** (quando pago a maior).

Há direito, portanto, à restituição da quantia paga indevidamente, mas não é apenas o **pagamento indevido** que dá direito à restituição, pois a norma faz expressa referência ao **pagamento maior que o devido**.

O **direito à restituição** também estará presente quando houver erro na identificação do sujeito passivo, na determinação da alíquota aplicável, no cálculo do montante do débito ou conferência de qualquer documento relativo ao pagamento (CTN, art. 165, II).

> ATENÇÃO:
>
> Há um lapso de redação no artigo 165, II do CTN. Onde constou "edificação", deveria ser "identificação".

Exemplificativamente, há erro na identificação do sujeito passivo quando alguém, sem previsão legal, recolhe o tributo como se fosse responsável tributário. Quanto à determinação da alíquota aplicável ou cálculo do montante do débito, pode-se citar a utilização de uma alíquota de II ou IE maior do que a devida em face de um erro na classificação de uma mercadoria importada ou exportada; ou então, a utilização de um valor maior que o valor da terra nua tributável (VTNt) para cálculo do ITR.

Igualmente, a **reforma, anulação, revogação ou rescisão de decisão condenatória que determinava o pagamento também ensejam a restituição** (CTN, art. 165, III).

A **restituição de tributos indiretos**, tais como ICMS e IPI, por comportarem, em razão da respectiva natureza, transferência do respectivo encargo financeiro, somente será feita a quem prove haver assumido referido encargo, ou, no caso de tê-lo transferido a terceiro, estar por este expressamente autorizado a recebê-la (**CTN, art. 166**).

Em outras palavras, para que haja restituição de um tributo indireto, o **contribuinte (de direito) deve comprovar que não transferiu o encargo financeiro ao adquirente (contribuinte de fato)** ou, **caso tenha transferido, deve ter uma expressa autorização deste para tal** (CTN, art. 166).

Já o contribuinte de fato (consumidor final), via de regra, não possui legitimidade ativa para pleitear a restituição do tributo indireto. Entretanto, em uma aparente amenização desse entendimento, o STJ decidiu que o consumidor tem legitimidade ativa para propor demanda judicial para questionar a incidência do ICMS em operação envolvendo fornecimento de energia elétrica, conforme ementa a seguir:

> "RECURSO ESPECIAL. REPRESENTATIVO DA CONTROVÉRSIA. ART. 543-C CÓDIGO DE PROCESSO CIVIL. CONCESSÃO DE SERVIÇO PÚBLICO. ENERGIA ELÉTRICA. INCIDÊNCIA DO ICMS SOBRE A DEMANDA "CONTRATADA E NÃO UTILIZADA". LEGITIMIDADE DO CONSUMIDOR PARA PROPOR AÇÃO DECLARATÓRIA C/C REPETIÇÃO DE INDÉBITO.
>
> - Diante do que dispõe a legislação que disciplina as concessões de serviço público e da peculiar relação envolvendo o Estado-concedente, a concessionária e o consumidor, esse último tem legitimidade para propor ação declaratória c/c repetição de indébito na qual se busca afastar, no tocante ao fornecimento de energia elétrica, a incidência do ICMS sobre a demanda contratada e não utilizada.
>
> - O acórdão proferido no REsp 903.394/AL (repetitivo), da Primeira Seção, Ministro Luiz Fux, DJe de 26.4.2010, dizendo respeito a distribuidores de bebidas, não se aplica aos casos de fornecimento de energia elétrica.
>
> Recurso especial improvido. Acórdão proferido sob o rito do art.
>
> 543-C do Código de Processo Civil." (STJ – REsp 1299303/SC, Rel. Ministro CESAR ASFOR ROCHA, PRIMEIRA SEÇÃO, julgado em 08/08/2012, DJe 14/08/2012)

ATENÇÃO:

Para o estudo da temática "restituição de tributos indiretos" é imprescindível conhecer o teor do artigo 166 do CTN, segundo o qual "a restituição de tributos que comportem, por sua natureza, transferência do respectivo encargo financeiro, somente será feita a quem prove haver assumido o referido encargo, ou, no caso de tê-lo transferido a terceiro, estar por este expressamente autorizado a recebê-la". Os tributos indiretos são aqueles em que o contribuinte repassa o encargo financeiro (valor do tributo) no preço da mercadoria, afetando o próximo elo da cadeia. Nessas situações, o contribuinte (vendedor) é tido como "contribuinte de direito" e o adquirente, que suporta o ônus tributário no preço do produto, é o "contribuinte de fato".

Ainda no campo da legitimidade ativa para o pedido de restituição, o Superior Tribunal de Justiça vem entendendo que **não** é parte legítima para pleitear a restituição do indébito "a pessoa jurídica que retém na fonte IRPJ a maior relativo às importâncias pagas a outra pessoa jurídica pela prestação de serviços caracterizadamente de natureza profissional" (STJ – REsp 1.318.163-PR, Rel. Min. Benedito Gonçalves, j. 20.5.2014. 1ª T. (Info 543).

Em qualquer caso, a restituição vence **juros não capitalizáveis**, a partir do trânsito em julgado da decisão que a determinar (CTN, art. 167, parágrafo único).

Ocorrido o pagamento indevido, o **direito de pleitear a restituição extingue-se com o decurso do prazo de 5 (cinco) anos**, contados: I – nas hipóteses dos incisos

I e II do artigo 165, da data da extinção do crédito tributário; II – na hipótese do inciso III do artigo 165, da data em que se tornar definitiva a decisão administrativa ou passar em julgado a decisão judicial que tenha reformado, anulado, revogado ou rescindido a decisão condenatória (CTN, art. 168).

O prazo tem natureza dúplice. Quando aplicado aos pedidos administrativos de restituição, terá natureza decadencial. E quando aplicado aos pedidos judiciais, será contado como prazo prescricional.

Entretanto, optando o interessado pela via administrativa e tendo seu pedido indeferido, a **ação anulatória da decisão administrativa que denegar a restituição prescreverá em 2 (dois) anos** (CTN, art. 169).

Mas, de acordo com a **Súmula nº 625 do STJ**, deve-se saber que: "O pedido administrativo de compensação ou de restituição não interrompe o prazo prescricional para a ação de repetição de indébito tributário de que trata o art. 168 do CTN nem o da execução de título judicial contra a Fazenda Pública".

Outra regra importante é a de que o **prazo de prescrição é interrompido** pelo início da ação judicial, **recomeçando** o seu curso, **pela metade**, a partir da data da intimação validamente feita ao representante judicial da Fazenda Pública interessada (CTN, art. 169, parágrafo único).

Finalmente, no caso do prazo quinquenal do artigo 168 (contado da data da extinção do crédito tributário), a Primeira Seção do STJ firmou entendimento paradigmático de que, na hipótese de tributo sujeito a lançamento por homologação, o prazo para propositura da ação de repetição de indébito seria de 10 (dez) anos a contar do fato gerador, se a homologação fosse tácita (tese dos "cinco mais cinco") (STJ – EREsp 435835/SC – 1.ª Seção – Rel. Min. Francisco Peçanha Martins – julg. 24/03/2004).

O fundamento era de inexistir curso do prazo prescricional sem que houvesse homologação do lançamento pela Fazenda, ato que também homologaria o pagamento indevido, extinguindo o crédito tributário. Como a Fazenda nunca homologa expressamente o lançamento, a homologação sempre ocorre tacitamente, no prazo de 5 (cinco) anos conforme o artigo 150, § 4º do CTN. Daí o prazo de 10 (dez) anos, isto é, 5 (cinco) para homologação do lançamento, a partir de quando começariam a contar mais 5 (cinco) anos de prescrição para a repetição do indébito.

Entretanto, com a edição da Lei complementar nº 118/2005, a tese não mais resiste, haja vista ter disposto seu artigo 3º que, para efeito de interpretação do artigo 168, inciso I do CTN, a extinção do crédito tributário ocorre, no caso de tributo sujeito a lançamento por homologação, no momento do pagamento antecipado de que trata o § 1º do artigo 150 do CTN.

Referida inovação legislativa foi veiculada no bojo da Lei complementar nº 118/2005 como norma interpretativa, no intuito de atribuir-se caráter retroativo à regra e espancar desde a origem a tese dos cinco anos mais cinco burilada pelo STJ. Porém, a tentativa legislativa acabou frustrada pela interpretação do STJ no sentido de que a norma não tem caráter interpretativo, vez que modifica o tratamento que o legislador do CTN havia dado originalmente à questão. E assim, o STJ vem entendendo que o prazo só deixou de ser de cinco anos mais cinco a partir da vigência da Lei complementar nº 118/2005 (STJ – REsp 871470/SP – 1ª Turma – Rel. Min. Teori Albino Zavascki – julg. 18/11/2008).

Mesmo em relação a tributos declarados inconstitucionais, prevalece no STJ o entendimento de que o prazo de prescrição para a repetição de indébito é contado da data do pagamento indevido (extinção do crédito tributário) e não da declaração de inconstitucionalidade (Agravo Regimental nos Embargos de Divergência no Recurso Especial nº 928780/MG).

Diverso da prescrição civil, que extingue apenas a pretensão (o direito de ação) e torna o pagamento de dívida prescrita legítimo e impassível de restituição, a prescrição tributária, nos termos do artigo 156, inciso V, do CTN, antes de extinguir a pretensão, extingue o próprio crédito tributário. Dessa forma, o pagamento de débito tributário prescrito deve ser considerado indevido e, portanto, passível de restituição segundo os exatos termos do artigo 165, inciso I, do CTN. Posicionamento coerente com a jurisprudência do Superior Tribunal de Justiça (REsp 1210340/RS, REsp 646328/RS, REsp 636.495/RS e REsp 1004747/RJ).

2. COMPENSAÇÃO

A lei pode autorizar a compensação de créditos tributários com créditos líquidos e certos, vencidos ou vincendos, do sujeito passivo contra a Fazenda Pública (CTN, art. 170). Trata-se da **compensação**, modalidade de extinção do crédito tributário (**CTN, art. 156, II**).

Trata-se de uma modalidade de extinção do crédito tributário mediante encontro de contas, isto é, de um crédito tributário (credor Fazenda) com um débito da Fazenda Pública (credor é o sujeito passivo do crédito tributário), como demonstrado na ilustração abaixo:

Sendo **vincendo o crédito** do sujeito passivo, a **lei determinará**, para os efeitos de compensação, a **apuração do seu montante**, não podendo, porém, cominar redução maior que a correspondente ao juro de 1% (um por cento) ao mês pelo tempo a decorrer entre a data da compensação e a do vencimento (CTN, art. 170, parágrafo único).

Cabe exclusivamente às leis de cada ente federativo **regular a matéria** em seus respectivos âmbitos, sempre em harmonia com as normas gerais da lei complementar (CTN). No plano federal, a compensação é disciplinada pela Lei 9.430/96 e pela IN SRF 1.717/2017.

Outro aspecto que merece realce é que a **compensação** de crédito **não** pode ser deferida por **medida liminar** (**Súmula 212 do STJ**).

Com o advento da Lei complementar 104/2001, passou a estar expressamente contemplada na legislação a regra que **veda** a compensação mediante aproveitamento de tributo, objeto de contestação judicial pelo sujeito passivo, **antes do trânsito em julgado** da respectiva decisão (**CTN, art. 170-A**).

Nos termos da **Súmula 213 do STJ**, o **mandado de segurança** constitui **ação adequada para a declaração do direito à compensação** tributária. Por outro lado, a mesma via é considerada inadequada para convalidar compensação já efetivada: "É **incabível** o **mandado de segurança** para **convalidar a compensação** tributária realizada pelo contribuinte" (STJ, Súmula 460).

3. TRANSAÇÃO

A **lei pode estabelecer** condições e facultar aos sujeitos ativo e passivo da obrigação tributária celebrar **transação** que, mediante **concessões mútuas**, importe em **terminação de litígio** e consequente extinção de crédito tributário, **indicando também a autoridade competente para autorizar** a transação em cada caso (CTN, art. 171, *caput* e parágrafo único). A transação é mais uma modalidade de **extinção do crédito tributário** (CTN, art. 156, III).

Coerente com o CTN, que exige previsão legal para a transação, a lei que dispõe sobre os Juizados Especiais da Fazenda Pública, estabelece que, nas audiências do rito, os representantes judiciais da Fazenda poderão conciliar, transigir ou desistir, nos termos e nas hipóteses previstas na lei do respectivo ente da Federação (Lei 12.153/2009, art. 8º). O objetivo é um acordo mediante concessões mútuas, a terminação do litígio e a consequente extinção do crédito tributário. Trata-se, portanto, de transação que, em respeito ao artigo 171 do CTN, deve mesmo depender de lei.

Algumas decisões judiciais e certos doutrinadores chegaram a utilizar a expressão transação para fazer referência ao REFIS federal. Entretanto, é um equívoco considerar que o plano de recuperação fiscal extingue o crédito tributário, visto representar, na verdade, modalidade de parcelamento, que é causa de suspensão da exigibilidade do crédito tributário (CTN, art. 151, VI), consoante, inclusive, mansa e pacífica jurisprudência do Superior Tribunal de Justiça (STJ – AgRg no AG 1292805/MS – 2ª Turma – Rel. Min. Herman Benjamin – DJe 01/07/2010).

4. REMISSÃO

A **remissão** é o **perdão da dívida** e constitui hipótese de extinção do crédito tributário (CTN, 156, IV).

Pode ser **total** ou **parcial** e **depende de autorização legal** para que a autoridade administrativa a conceda, por **despacho fundamentado**, atendendo aos **critérios previstos no artigo 172 do CTN**, que são os seguintes:

I – à situação econômica do sujeito passivo;

Exemplo: uma pessoa desempregada.

II – ao erro ou ignorância escusáveis do sujeito passivo, quanto a matéria de fato;

Exemplo: uma microempresa que cometeu erro escusável relacionado a matéria de fato.

III – à diminuta importância do crédito tributário;

Exemplo: créditos tributários de valores irrisórios.

IV – a considerações de equidade, em relação com as características pessoais ou materiais do caso;

Exemplo: imóveis vitimados por enchentes terem remissão de débitos de IPTU.

V – a condições peculiares a determinada região do território da entidade tributante.

Exemplo: regiões prejudicadas com secas e estiagens.

A remissão abrange também os consectários da mora que compõe o crédito tributário (juros e multa de mora).

O despacho da remissão não gera direito adquirido, aplicando-se, quando cabível, o disposto no artigo 155 (CTN, art. 172, parágrafo único). Significa que, quando se tratar de remissão em caráter individual, além de não gerar direito adquirido, ela poderá ser revogada de ofício sempre que se apure que o beneficiado não satisfazia ou deixou de satisfazer as condições ou não cumpria ou deixou de cumprir os requisitos para a concessão do favor. Nesses casos, o crédito será cobrado acrescido de juros de mora, com imposição da penalidade cabível, nos casos de dolo ou simulação do beneficiado, ou de terceiro em benefício daquele, mas sem imposição de penalidade, nos demais casos (CTN, art. 155, I e II c/c art. 172, parágrafo único).

5. DECADÊNCIA

O crédito tributário também se extingue pela decadência (CTN, art. 156, V).

O **artigo 173 do CTN** dispõe sobre a **decadência** do direito do fisco constituir o crédito tributário pelo **lançamento de ofício**. Assim, embora a decadência esteja no rol das hipóteses de extinção do crédito tributário, fato é que, vindo a ocorrer, a Fazenda fica mesmo é legalmente impedida de constitui-lo.

O prazo de decadência aplicável ao lançamento de ofício, fixado pelo artigo 173 do CTN, é de **5 (cinco) anos contados**: **I** – do **primeiro dia do exercício seguinte** àquele em que o lançamento poderia ter sido efetuado; **II** – da data em que se tornar definitiva a decisão que houver anulado, por **vício formal**, o lançamento anteriormente efetuado.

No caso do inciso II, é importante enfatizar que o CTN refere-se apenas a anulação por **vício formal**, não se aplicando a norma, portanto, ao desfazimento do lançamento por **vício material**. Em termos mais precisos, apenas com a anulação por vício formal (e não material) do lançamento anteriormente efetuado é que o prazo de cinco anos é reaberto para que seja feito novo lançamento, nos termos do artigo 173, inciso II, do CTN.

Nos tributos sujeitos ao **lançamento por homologação**, o prazo de decadência também é de **5 (cinco) anos, contados** da ocorrência **do fato gerador** (CTN, art. 150, § 4º). Como se trata de um autolançamento, não se refere a um prazo para o fisco constituir o crédito tributário, mas sim para promover a homologação da atividade do sujeito passivo, o que **se confunde com** o período de 5 (cinco) anos para **homologação tácita** previsto no artigo 150, § 4º do CTN.

Todavia, como expressamente ressalva o próprio artigo 150, § 4º do CTN, o prazo de homologação **não se aplica em situações nas quais houver prova de dolo, fraude ou simulação**. Nesse caso, com fundamento no artigo 149 do CTN, passa a ter lugar o lançamento de ofício substitutivo e o **prazo decadencial aplicável passa a ser o do artigo 173, inciso I** (STJ – EDcl no REsp 1012178/PR – Relª. Minª. Eliana Calmon – 2ª Turma – DJe 4/11/2009 e REsp REsp 733915/SP – Relª. Minª. Eliana Calmon – 2.ª Turma – DJe 16/08/2007), isto é, o prazo relativo ao lançamento de ofício.

Exemplificativamente, se a empresa, à vista de seus registros fiscais e contábeis, apresenta a sua declaração de imposto de renda no prazo legal, a Receita Federal terá cinco anos, contados de cada fato gerador, para homologar a atividade de autolançamento, ou a homologação ocorrerá tacitamente no mesmo prazo, em caso de silêncio do fisco (CTN, art. 150, § 4º). Entretanto, se comprovado pelo fisco que o contribuinte agiu com dolo, fraude ou simulação (CTN, art. 150, § 4º, *in fine*), omitindo receitas que deveriam ter sido levadas à tributação, deverá cobrar a diferença do imposto sonegado mediante lançamento de ofício substitutivo (CTN, art. 149), via auto de infração e imposição de multa. Nesse caso, como o lançamento passa a ser de ofício, o prazo decadencial é contado do primeiro dia do exercício seguinte àquele em que o lançamento poderia ter sido efetuado, que é a regra aplicável ao lançamento de ofício (CTN, art. 173, I).

Ainda quanto à aplicação do artigo 173, inciso I do CTN, a jurisprudência do STJ firmou entendimento no sentido de que a decadência é regida por essa norma: **1º)** quando se trata de tributo sujeito a lançamento por homologação e o contribuinte não realiza o respectivo pagamento parcial antecipado (REsp 973.733/SC – 1ª Seção – Rel. Min Luiz Fux – DJE 18/09/2009 – submetido ao art. 543-C do CPC); **2º)** nos casos em que há creditamento indevido (REsp 979.228/RS – 2ª Turma – Rel. Min. Eliana Calmon – DJE 16/04/2009).

> ATENÇÃO:
>
> No curso do processo administrativo fiscal para impugnação do lançamento, não flui o prazo de decadência, que só flui até o lançamento de ofício, ou seja, até a data da notificação regular da lavratura do auto de infração.

Em síntese, nos tributos sujeitos ao lançamento por homologação, a decadência é definida nos seguintes termos:

I) **Regra Geral:** art. 150, § 4º do CTN, cinco anos contados da ocorrência do fato gerador.

II) **Aplicação do artigo 173, inciso I, do CTN**, cinco anos contados a partir do primeiro dia do exercício seguinte àquele em que o lançamento poderia ter sido efetuado, nas seguintes hipóteses:

- **II.a)** quando houver dolo, fraude ou simulação na atividade do sujeito passivo, decorrente de exceção expressa no artigo 150, § 4º;
- **II.b)** quando houver falta de antecipação do pagamento ou crédito indevido, conforme jurisprudência do STJ;

É justamente esse entendimento do Superior Tribunal de Justiça que tem sido exigido nos principais concursos públicos, razão pela qual, para melhor fixação, além da síntese acima, vale apresentar também o quadro abaixo:

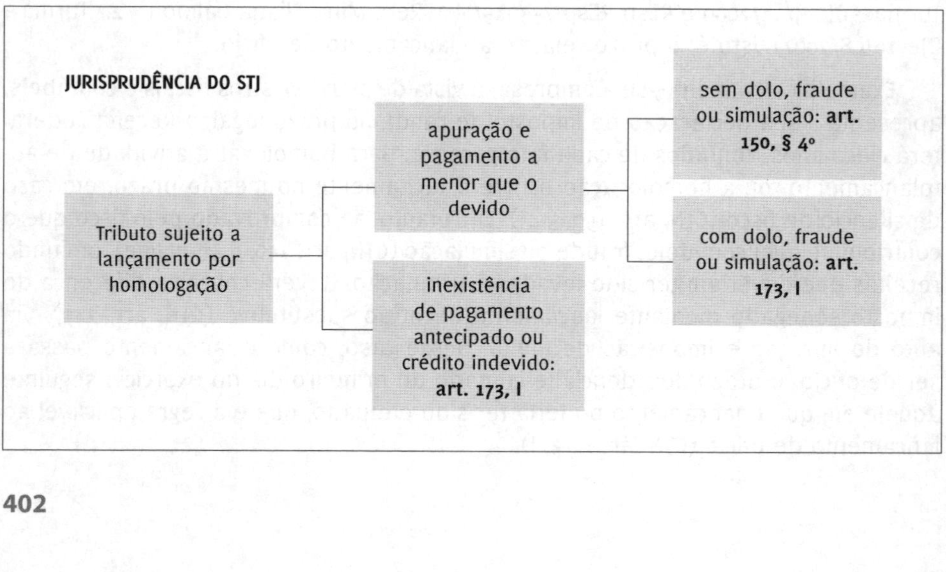

Cuidado, também, que não se deve confundir os casos em que o lançamento deve ser efetuado de ofício com aqueles relativos aos **tributos devidamente declarados e não pagos**, em que descabe qualquer providência do Fisco relativa a lançamento, conforme súmula 436 do STJ ("A entrega de declaração pelo contribuinte reconhecendo débito fiscal constitui o crédito tributário, dispensada qualquer outra providência por parte do fisco"). Consequentemente, nessa circunstância específica, não se fala em decadência, mas sim em prescrição, pois a declaração regular e a ausência do pagamento configuram simples inadimplência, afastando a exigência do lançamento e autorizando a inscrição em Dívida Ativa para a consequente execução fiscal.

Ainda no âmbito dos **tributos declarados e não pagos**, deve-se sempre partir do pressuposto que a decadência extingue o crédito tributário. Por isso, mesmo a declaração constituindo uma confissão de dívida, conforme decidido pelo STJ em sede de recurso repetitivo, **não** é possível constituir crédito tributário com base em confissão de dívida realizada após a extinção do crédito tributário pela decadência (REsp 1.355.947 - SP, Rel. Min. Mauro Campbell Marques, j. 12.6.2013. 1ª S. (Info 522)). Ou seja, depois de operada a decadência, qualquer confissão de dívida por parte do contribuinte será inócua à pretensão da Fazenda relativa ao recebimento do crédito tributário.

> ATENÇÃO:
>
> Normas sobre contagem de prazos do Código Tributário Nacional:
>
> Art. 210. Os prazos fixados nesta lei ou legislação tributária serão **contínuos, excluindo-se** na sua contagem o dia de **início** e **incluindo-se** o de **vencimento**.
>
> Parágrafo único: Os prazos **só se iniciam ou vencem em dia de expediente normal da repartição** em que corra o processo ou deva ser praticado o ato.

6. PRESCRIÇÃO

A **ação para a cobrança do crédito tributário**, isto é, a **execução fiscal** (Lei 6.830/80), **prescreve** em **5 (cinco) anos, contados da constituição definitiva** (CTN, art. 174). A prescrição também extingue o crédito tributário (CTN, art. 156, V).

O termo "definitiva" é tido como a "eficácia que torna indiscutível o crédito tributário" (SABBAG, Eduardo. Manual de Direito Tributário. 2 ed. São Paulo: Saraiva, 2010, p. 785). Portanto, a expressão **"constituição definitiva"**, marco legal do termo de início (*dies a quo*) do prazo prescricional, refere-se ao **esgotamento das vias administrativas** para o sujeito passivo impugnar o lançamento do crédito tributário, o que se dá, alternativamente:

- **em caso de impugnação do lançamento de ofício** por parte do sujeito passivo, com a notificação de seu julgamento definitivo e esgotado o prazo concedido pela Administração para o pagamento voluntário;

- **em caso de ausência de impugnação do lançamento de ofício** por parte do sujeito passivo, pelo decurso do prazo para notificação.

Mas o lançamento nem sempre é efetuado de ofício ou concluído por notificação (lançamento misto), sendo até mais comum o lançamento por homologação. Por esse motivo, importa saber quando se considera definitivamente constituído o crédito tributário e, por conseguinte, quando se dá o termo inicial da prescrição nos casos de **tributos sujeitos ao lançamento por homologação.**

Nos casos de **tributos regularmente declarados e não pagos** dentro do prazo estabelecido na legislação tributária, a **constituição definitiva** do crédito tributário e **início do prazo prescricional** ocorre na **data de vencimento da obrigação tributária,** conforme se depreende de reiteradas decisões do Superior Tribunal de Justiça (STJ – REsp 1.120.295 – 1ª Seção – Rel. Min. Luiz Fux – julg. 12.5.10).

A apresentação da declaração da obrigação tributária não adimplida no vencimento constitui causa interruptiva da prescrição, estabelecida no artigo 174, parágrafo único, do CTN:

> "**Art. 174.** A ação para a cobrança do crédito tributário prescreve em cinco anos, contados da data da sua constituição definitiva.
>
> **Parágrafo único. A prescrição se interrompe:**
>
> I – pelo despacho do juiz que ordenar a citação em execução fiscal;
>
> II – pelo protesto judicial;
>
> III – por qualquer ato judicial que constitua em mora o devedor;
>
> **IV – por qualquer ato inequívoco ainda que extrajudicial, que importe em reconhecimento do débito pelo devedor."**

E uma vez interrompida a prescrição pela apresentação da declaração, o prazo prescricional recomeça a sua contagem na mesma data, o que levou o STJ a entender que, no caso específico de tributos lançados por homologação não pagos no vencimento e com entrega de declaração posterior, a prescrição deve ser contada a partir da data da entrega da declaração, e não do vencimento da obrigação (AgRg no REsp 1347903/SC, Rel. Ministro Humberto Martins, Segunda Turma, julgado em 28/05/2013, DJe 05/06/2013).

Em síntese, como de maneira geral a data da entrega da declaração antecede ao vencimento, o mais comum é que a prescrição seja contada da data do vencimento da obrigação tributária. Porém, nos casos peculiares em que o vencimento ocorrer primeiro, o *dies a quo* do prazo prescricional deverá ser considerado a data da entrega da declaração.

Definidas todas as variáveis possíveis de termo inicial de contagem da prescrição, também é importante explicar que **prescrição** e **decadência** não se confundem.

A distinção básica entre ambas está no fato de que o que **decai** é o **direito de** a Fazenda Pública **constituir o crédito tributário (direito de lançar)** e o que **prescreve** é a **ação de cobrança** do tributo (**execução fiscal**).

Traçando-se uma linha do tempo, verifica-se que o prazo de **decadência antecede o lançamento**, enquanto o prazo de **prescrição** não apenas **sucede o lançamento**, com também vem **depois da constituição definitiva** e sempre em momento **antecedente à cobrança** do crédito tributário mediante execução fiscal e prévia inscrição do débito fiscal em Dívida Ativa.

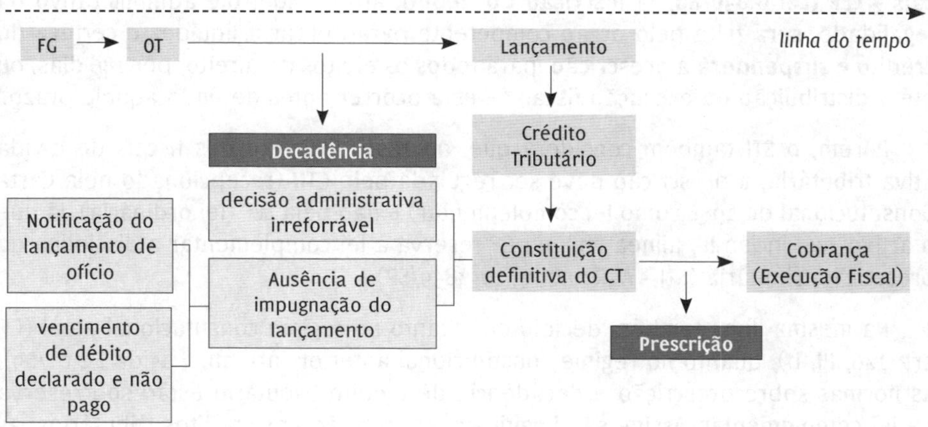

A prescrição é uma hipótese de extinção do crédito tributário, de forma que o recolhimento de um tributo prescrito seria uma segunda forma de extinguir um crédito tributário já extinto, devendo esse pagamento ser considerado indevido. Como tal, abre margem ao pleito de restituição por parte do contribuinte que o efetuou, nos termos do artigo 165 do CTN.

Conforme já anteriormente abordado, o artigo 174 do CTN, em seu parágrafo único, ao disciplinar a prescrição, elenca algumas hipóteses de interrupção do prazo.

A **prescrição será interrompida** por um dos **seguintes atos**: **I** – pelo **despacho** do juiz **que ordenar a citação** em execução fiscal (redação dada pela LC 118/2003); **II** – pelo protesto judicial; **III** – por qualquer ato judicial que constitua em mora o devedor; **IV** – por qualquer ato inequívoco, ainda que extrajudicial, que importe em reconhecimento do débito pelo devedor (CTN, art. 174, parágrafo único). Muito cuidado que, em concursos públicos, os examinadores costumam substituir o verbo "interromper" por "suspender" quando se referem ao artigo 174, parágrafo único, do CTN, o que está errado, pois, nas referidas hipóteses, a prescrição é interrompida e não suspensa.

Como se vê, no parágrafo único do artigo 174, o CTN elenca apenas hipóteses de interrupção da prescrição, não trazendo nenhuma hipótese de suspensão do prazo prescricional. Porém, embora não exista no CTN previsão para a suspensão da prescrição, cuidando-se de tributo definitivamente lançado, **suspensa a exigibilidade do crédito tributário**, por viés lógico de consequência, **suspende-se também a prescrição** (STJ – RESP 267437-MG, 2ª. T., Relª. Minª. Eliana Calmon – DJU 17.06.2002).

No âmbito do processo judicial a prescrição intercorrente é expressamente prevista no artigo 40 da Lei 6.830/80. Sobre o tema vide o Capítulo XVI deste livro.

Conforme se depreende da leitura do **artigo 2º, § 3º, da Lei de Execuções Fiscais – LEF (Lei 6.830/80)**, a **inscrição do débito**, ato de controle administrativo da legalidade, será feita pelo órgão competente para apurar a liquidez e certeza do crédito e **suspenderá a prescrição**, para todos os efeitos de direito, por 180 dias, ou até a distribuição da execução fiscal, se esta ocorrer antes de findo aquele prazo.

Porém, o STJ também considera que, no caso de execuções fiscais de dívida ativa tributária, a prescrição deve ser regulada pelo CTN (recepcionado pela Carta Constitucional de 1988 como lei complementar) e não pela LEF (lei ordinária), já que o artigo 146, inciso III, alínea "b", da CF reserva à lei complementar a disciplina da prescrição tributária (STJ – AgRg no Ag 1054859/SP).

Na mesma linha também decidiu que "tanto no regime constitucional atual (CF, art. 146, III, b), quanto no regime constitucional anterior (art. 18, § 1º da EC 01/69), as normas sobre prescrição e decadência de crédito tributário estão sob reserva de lei complementar. Assim, são ilegítimas, em relação aos créditos tributários, as normas estabelecidas no § 2º, do art. 8º e do § 3º do art. 2º da Lei 6.830/80, que, por decorrerem de lei ordinária, não podiam dispor em contrário às disposições anteriores, previstas em lei complementar" (STJ – AI no Ag 1.037.765 – Corte Especial Rel. Min. Teori Zavascki – julg. 2.3.2011).

6.1. Caso prático de prescrição e decadência

Como se pode perceber, prescrição e decadência são duas formas de extinção do crédito tributário de alta complexidade no que tange à distinção entre ambas, bem como em relação aos termos iniciais de contagem dos respectivos prazos (*dies a quo*), que podem variar de acordo com a modalidade de lançamento.

Pode-se dizer que são grandes as repercussões práticas dessas distinções conceituais e de prazos, razão pela qual se faz interessante apresentar uma recente questão de concurso da Fundação Carlos Chagas, que aborda com grande abrangência esses aspectos práticos e que foi comentada pelos autores desta obra na primeira edição do livro "Revisaço: Agente Fiscal de Rendas (ICMS/SP)", também publicada pela Editora Juspodivm, no ano de 2012. A questão e os respectivos comentários seguem transcritos:

(FCC/AFR/2009) Em abril de 2008, foi realizada fiscalização em empresa atacadista, na qual constatou-se, em sua escrita fiscal, em relação ao ICMS devido no período de setembro de 2002 a novembro de 2003, que não teria havido o correspondente pagamento antecipado por parte do contribuinte e, em relação ao ICMS devido no período de dezembro de 2003 a março de 2005, teria havido pagamento antecipado a menor. Em virtude de tais fatos, foi lavrado Auto de Infração e Imposição de Multa com cobrança das diferenças de ICMS devido, mais multa e juros de mora. A regular notificação do Auto de Infração deu-se em abril de 2008. Nesse caso,

a) os débitos de novembro de 2002 a novembro de 2003 estão prescritos.

b) os débitos de dezembro de 2003 a abril de 2004 estão prescritos.

c) houve decadência em relação aos débitos do período de setembro de 2002 a novembro de 2002.

d) houve decadência em relação aos débitos do período de novembro de 2002 a março de 2003.

e) houve decadência e prescrição em relação aos débitos do período de novembro de 2002 a março de 2003.

COMENTÁRIOS

Nota do autor: para a resolução das questões envolvendo o cômputo de prazos, é importante que o candidato elabore uma **linha do tempo**, em que ficará mais fácil visualizar as ocorrências principais e analisar as alternativas. Veja o exemplo:

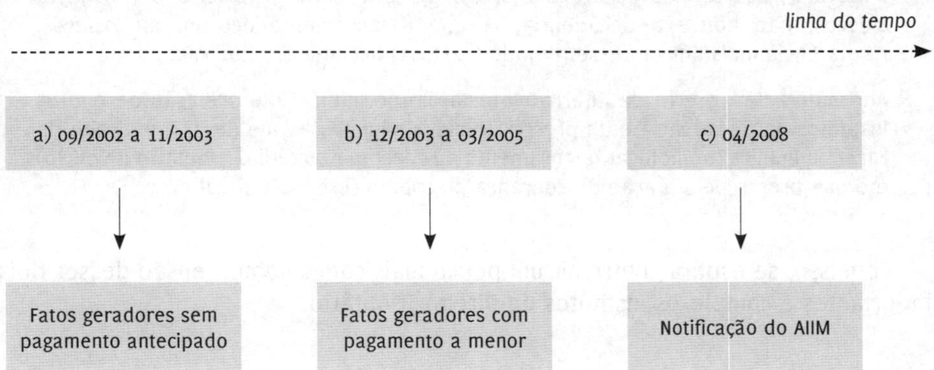

Alternativa correta: letra "c": fazendo uma análise restrita aos eventos do período "a" do quadro retro reproduzido, o *dies a quo* (marco inicial da contagem) do prazo decadencial de cinco anos é o primeiro dia do exercício seguinte ao que o lançamento poderia ter sido efetuado, nos termos do artigo 173, inciso I, do CTN.

Assim, entre as referências 09/2002 a 11/2002, o *dies a quo* é 01/2003, já que na referência 11/2002 o lançamento poderia ter sido efetuado pelo Fisco, num exemplo de eficiência, em 12/2002, de maneira que o primeiro dia do exercício seguinte ao que o lançamento poderia ter sido efetuado seria 01/01/2003. Nesse período (09/2002 a 11/2002) a decadência operou-se em 01/01/2008 (portanto, antes do lançamento). Uma atenção especial merece a referência 12/2002, pois o lançamento poderia ter sido efetuado pelo fisco em 01/2003, e, assim, o primeiro dia do exercício seguinte ao que o lançamento poderia ter sido efetuado é 01/01/2004 (marco inicial do cômputo do prazo decadencial), de forma que a decadência operar-se-ia em 01/01/2009 (posterior ao lançamento, ou seja, o lançamento deu-se antes da decadência em relação a tal referência). Igual raciocínio deve aplicar-se para as referências 01/2003 a 11/2003. Em resumo, como o lançamento de ofício deu-se em abril/2008, já tinham decaído as referências 09/2002 a 11/2002.

Alternativa "a": o principal erro da alternativa consiste em considerar a situação como sujeita ao prazo de prescrição, quando, na verdade, sujeita-se ao prazo decadencial. A prescrição tem seu cômputo iniciado com a constituição definitiva do crédito tributário, nos termos do artigo 174 do CTN, que seria abril/2008 (caso o contribuinte não apresentasse impugnação administrativa) ou a data da decisão administrativa irreformável desfavorável ao contribuinte.

Alternativa "b": *idem* comentário anterior.

Alternativa "d": como visto no comentário da alternativa "c", a partir da referência 12/2002 (inclusive) não houve a decadência. Aliás, o texto da alternativa induz o candidato a assinalá-la (e, portanto, a errar a questão), ensejando a contagem do prazo decadencial a partir da referência do fato gerador (e não do primeiro dia do exercício seguinte ao que o lançamento poderia ter sido efetuado). Na verdade, a contagem do prazo decadencial a partir do fato gerador apenas deve ser aplicada no período "b" do quadro reproduzido (em que há recolhimento antecipado no lançamento por homologação, porém a menor do que o devido), nos termos do artigo 150, § 4º do CTN. Para esse período (12/2003 a 03/2005) não houve a decadência, já que o lançamento ocorreu em 04/2008. A referência mais antiga desse período (12/2003) decairia em 12/2008.

Alternativa "e": o erro da alternativa está em permitir a interpretação de que os institutos da decadência e da prescrição são sinônimos. O que decai é o direito da Fazenda Pública (homologar o lançamento ou constituir o crédito tributário de ofício) e o que prescreve é a ação de cobrança do tributo (execução fiscal).

Com isso, se espera contribuir um pouco mais com a compreensão desses dois importantes e complexos institutos de Direito Tributário.

7. CONVERSÃO DO DEPÓSITO EM RENDA

Como já abordado, o depósito judicial ou administrativo do montante integral do tributo implica na suspensão da exigibilidade do crédito tributário (CTN, art. 151, II). Conforme já explanado também, o depósito é feito para afastar a mora enquanto a exação é questionada pelo sujeito passivo em ação judicial ou processo administrativo tributário.

Ocorre que, **se o contribuinte não lograr êxito** na impugnação **e a Fazenda Pública sair vitoriosa no processo,** a **Fazenda terá direito a converter o depósito em renda,** com a **consequente extinção do** respectivo **crédito tributário** (CTN, art. 156, VI).

Convém lembrar que, em caso de impugnação judicial anterior ao lançamento, típica das ações declaratórias de inexistência de relação jurídico-tributária, existem duas correntes de pensamento. A primeira é de que o fisco, em caso de sucumbência do contribuinte na ação, para ter direito à conversão do depósito em renda, deverá efetuar o lançamento. Nesse caso, deve-se ter atenção para a decadência, pois se o fisco efetuar esse lançamento após o decurso do prazo decadencial, mesmo saindo a Fazenda vitoriosa na ação judicial, verá o crédito tributário extinto sem direito a exigir o seu pagamento. E a segunda encerra o pensamento de que o depósito constituiria uma antecipação de pagamento e configuraria lançamento por homologação, o que tornaria desnecessária a constituição do crédito tributário pelo fisco.

8. PAGAMENTO ANTECIPADO E HOMOLOGAÇÃO DO LANÇAMENTO

O pagamento antecipado tem por efeito extinguir o crédito tributário sob condição resolutória de posterior homologação do lançamento (CTN, 150, § 1º). Sendo resolutória a condição, a extinção do crédito tributário opera-se já no momento do pagamento. Expressa ou tacitamente homologado o pagamento (CTN, 150, § 4º), dá-se a confirmação da extinção do crédito tributário prevista no artigo 156, inciso VII do CTN, que elenca entre as hipóteses legais de extinção do crédito tributário **o pagamento antecipado e a homologação do lançamento.**

Se havia divergências quanto a isso, o que gerava interpretações como a da tese do STJ dos cinco anos mais cinco de prazo para ação de repetição de indébito tributário, o advento da Lei complementar nº 118/2005 acabou espancando quaisquer dúvidas ao dispor que "...a extinção do crédito tributário ocorre, no caso de tributo sujeito a lançamento por homologação, no momento do pagamento antecipado...".

9. CONSIGNAÇÃO EM PAGAMENTO

O crédito tributário também se extingue pela consignação em pagamento (CTN, art. 156, VIII).

A **importância do crédito tributário pode ser consignada judicialmente pelo sujeito passivo, nos casos: I** – de recusa de recebimento, ou subordinação deste ao pagamento de outro tributo ou penalidade, ou ao cumprimento de obrigação acessória; **II** – de subordinação do recebimento ao cumprimento de exigências administrativas sem fundamento legal; **III** – de exigência, por mais de uma pessoa jurídica de Direito Público, de tributo idêntico sobre um mesmo fato gerador (CTN, art. 164). Em relação à última hipótese, pode-se lembrar a situação em que dois municípios (o da prestação e do domicílio do prestador) pretendem receber ISSQN sobre uma mesma prestação de serviços.

Importante frisar que a **consignação só pode versar sobre o crédito que o consignante se propõe a pagar** (CTN, art. 164, § 1º). Quer dizer que, em matéria tributária, a **ação não pode ser ajuizada para discutir a validade ou o valor do tributo**. Nesses casos, a opção do contribuinte deve ser por outra ação (v.g. ação anulatória) e pelo depósito do montante integral para suspender a exigibilidade do crédito, se assim o desejar.

Eis a diferença entre consignação em pagamento, em que o objetivo do sujeito passivo é realizar o pagamento, e ação anulatória com depósito do montante integral do tributo, em que o sujeito passivo tem por objetivo o desfazimento do lançamento.

Julgada **procedente a consignação**, o **pagamento se reputa efetuado e a importância consignada é convertida em renda**; julgada **improcedente a consignação**, no todo ou em parte, **cobra-se o crédito** acrescido de juros de mora, sem prejuízo das penalidades cabíveis (CTN, art. 164, § 2º).

10. DECISÃO ADMINISTRATIVA IRREFORMÁVEL

A decisão administrativa irreformável constitui causa de extinção do crédito tributário (CTN, art. 156, IX) nos casos em que a exigência é julgada improcedente, o que se dá quando o órgão administrativo pronuncia-se pela inexistência de obrigação tributária.

11. DECISÃO PASSADA EM JULGADO

A sentença judicial transitada em julgado que julga procedentes pedidos de contribuintes também extingue o crédito tributário (CTN, 156, X). Pode ocorrer em mandados de segurança, ações anulatórias, embargos à execução etc.

12. DAÇÃO EM PAGAMENTO

A partir da vigência da Lei complementar nº 104/2001, a **dação em pagamento** em **bens imóveis** passou a ser admitida, na forma e condições estabelecidas em lei, como causa de extinção do crédito tributário (CTN, art. 151, XI).

> ATENÇÃO:
>
> Segundo o Código Civil, são bens imóveis "o solo e tudo quanto se lhe incorporar natural ou artificialmente" (artigo 79) e bens móveis aqueles "suscetíveis de movimento próprio, ou de remoção por força alheia, sem alteração da substância ou da

destinação econômico-social" (artigo 82). Tal distinção é muito útil no Direito Tributário, na medida em que são determinantes, inclusive, para a fixação de competências tributárias, como, por exemplo, no ITBI municipal, que incide sobre "transmissão *inter vivos*, a qualquer título, por ato oneroso, de **bens imóveis**, por natureza ou acessão física, e de direitos reais sobre imóveis, exceto os de garantia, bem como cessão de direitos a sua aquisição" (artigo 156, inciso II, da CF). A dação em pagamento é considerada uma hipótese de extinção do crédito tributário desde que se refira a bens imóveis.

Por dação em pagamento entende-se o espontâneo oferecimento de bens pelo devedor (ao invés de pecúnia), ao credor, como forma de extinguir a dívida. No caso de dação em pagamento para extinção de crédito tributário **somente** são admitidos **bens imóveis**.

A dação em pagamento como forma de extinção do crédito tributário também depende de lei específica editada pelo ente tributante. No município de São Paulo, por exemplo, a Lei municipal nº 13.259/2001 autoriza e estabelece as condições para o recebimento de tributos por dação em pagamento.

13. SÚMULAS

Súmula vinculante 8: "São inconstitucionais o parágrafo único do artigo 5° do Decreto-Lei 1.569/1977 e os artigos 45 e 46 da Lei 8.212/1991, que tratam de prescrição e decadência de crédito tributário".

Súmula 71 STF: "Embora pago indevidamente, não cabe restituição de tributo indireto".

Súmula 546 STF: "Cabe a restituição do tributo pago indevidamente, quando reconhecido por decisão, que o contribuinte de jure não recuperou do contribuinte de facto o quantum respectivo".

Súmula 162 STJ: "Na repetição de indébito tributário, a correção monetária incide a partir do pagamento indevido".

Súmula 188 STJ: "Os juros moratórios, na repetição do indébito tributário, são devidos a partir do trânsito em julgado da sentença".

Súmula 212 STJ: "A compensação de créditos tributários não pode ser deferida em ação cautelar ou por medida liminar cautelar ou antecipatória".

Súmula 213 STJ: "O mandado de segurança constitui ação adequada para a declaração do direito à compensação tributária".

Súmula 314 STJ: "Em execução fiscal, não localizados bens penhoráveis, suspende-se o processo por um ano, findo o qual se inicia o prazo da prescrição quinquenal intercorrente".

Súmula 409 STJ: "Em execução fiscal, a prescrição ocorrida antes da propositura da ação pode ser decretada de ofício (art. 219, § 5º, do CPC)".

Súmula 460 STJ: "É incabível o mandado de segurança para convalidar a compensação tributária realizada pelo contribuinte".

Súmula 461 STJ: "O contribuinte pode optar por receber, por meio de precatório ou por compensação, o indébito tributário certificado por sentença declaratória transitada em julgado".

Súmula 464 STJ: "A regra de imputação de pagamentos estabelecida no art. 354 do Código Civil não se aplica às hipóteses de compensação tributária".

Súmula 523 STJ: "A taxa de juros de mora incidente na repetição de indébito de tributos estaduais deve corresponder à utilizada para cobrança do tributo pago em atraso, sendo legítima a incidência da taxa Selic, em ambas as hipóteses, quando prevista na legislação local, vedada sua cumulação com quaisquer outros índices".

Súmula 555 STJ: "Quando não houver declaração do débito, o prazo decadencial quinquenal para o Fisco constituir o crédito tributário conta-se exclusivamente na forma do art. 173, I, do CTN, nos casos em que a legislação atribui ao sujeito passivo o dever de antecipar o pagamento sem prévio exame da autoridade administrativa".

Súmula 622 do STJ: "A notificação do auto de infração faz cessar a contagem da decadência para a constituição do crédito tributário; exaurida a instância administrativa com o decurso do prazo para a impugnação ou com a notificação de seu julgamento definitivo e esgotado o prazo concedido pela Administração para o pagamento voluntário, inicia-se o prazo prescricional para a cobrança judicial".

14. LEGISLAÇÃO RELACIONADA AO CAPÍTULO

- **CONSTITUIÇÃO FEDERAL**

Art. 78 do ADCT. Ressalvados os créditos definidos em lei como de pequeno valor, os de natureza alimentícia, os de que trata o art. 33 deste Ato das Disposições Constitucionais Transitórias e suas complementações e os que já tiverem os seus respectivos recursos liberados ou depositados em juízo, os precatórios pendentes na data de promulgação desta Emenda e os que decorram de ações iniciais ajuizadas até 31 de dezembro de 1999 serão liquidados pelo seu valor real, em moeda corrente, acrescido de juros legais, em prestações anuais, iguais e sucessivas, no prazo máximo de dez anos, permitida a cessão dos créditos.

§ 1º É permitida a decomposição de parcelas, a critério do credor.

§ 2º As prestações anuais a que se refere o *caput* deste artigo terão, se não liquidadas até o final do exercício a que se referem, poder liberatório do pagamento de tributos da entidade devedora.

- **CÓDIGO TRIBUTÁRIO NACIONAL**

Art. 7º: (...)

§ 3º Não constitui delegação de competência o cometimento, a pessoas de direito privado, do encargo ou da função de arrecadar tributos.

Art. 45. Contribuinte do imposto é o titular da disponibilidade a que se refere o artigo 43, sem prejuízo de atribuir a lei essa condição ao possuidor, a qualquer título, dos bens produtores de renda ou dos proventos tributáveis.

Parágrafo único. A lei pode atribuir à fonte pagadora da renda ou dos proventos tributáveis a condição de responsável pelo imposto cuja retenção e recolhimento lhe caibam.

Art. 121. Sujeito passivo da obrigação principal é a pessoa obrigada ao pagamento de tributo ou penalidade pecuniária.

Parágrafo único. O sujeito passivo da obrigação principal diz-se:

I – contribuinte, quando tenha relação pessoal e direta com a situação que constitua o respectivo fato gerador;

II – responsável, quando, sem revestir a condição de contribuinte, sua obrigação decorra de disposição expressa de lei.

Art. 150. O lançamento por homologação, que ocorre quanto aos tributos cuja legislação atribua ao sujeito passivo o dever de antecipar o pagamento sem prévio exame da autoridade administrativa, opera-se pelo ato em que a referida autoridade, tomando conhecimento da atividade assim exercida pelo obrigado, expressamente a homologa.

§ 1º O pagamento antecipado pelo obrigado nos termos deste artigo extingue o crédito, sob condição resolutória da ulterior homologação ao lançamento.

§ 2º Não influem sobre a obrigação tributária quaisquer atos anteriores à homologação, praticados pelo sujeito passivo ou por terceiro, visando à extinção total ou parcial do crédito.

§ 3º Os atos a que se refere o parágrafo anterior serão, porém, considerados na apuração do saldo porventura devido e, sendo o caso, na imposição de penalidade, ou sua graduação.

§ 4º Se a lei não fixar prazo a homologação, será ele de cinco anos, a contar da ocorrência do fato gerador; expirado esse prazo sem que a Fazenda Pública se tenha pronunciado, considera-se homologado o lançamento e definitivamente extinto o crédito, salvo se comprovada a ocorrência de dolo, fraude ou simulação.

Art. 156. Extinguem o crédito tributário:

I – o pagamento;

II – a compensação;

III – a transação;

IV – remissão;

V – a prescrição e a decadência;

VI – a conversão de depósito em renda;

VII – o pagamento antecipado e a homologação do lançamento nos termos do disposto no artigo 150 e seus §§ 1º e 4º;

VIII – a consignação em pagamento, nos termos do disposto no § 2º do artigo 164;

IX – a decisão administrativa irreformável, assim entendida a definitiva na órbita administrativa, que não mais possa ser objeto de ação anulatória;

X – a decisão judicial passada em julgado.

XI – a dação em pagamento em bens imóveis, na forma e condições estabelecidas em lei.

Parágrafo único. A lei disporá quanto aos efeitos da extinção total ou parcial do crédito sobre a ulterior verificação da irregularidade da sua constituição, observado o disposto nos artigos 144 e 149.

Art. 157. A imposição de penalidade não ilide o pagamento integral do crédito tributário.

Art. 158. O pagamento de um crédito não importa em presunção de pagamento:

I – quando parcial, das prestações em que se decomponha;

II – quando total, de outros créditos referentes ao mesmo ou a outros tributos.

Art. 159. Quando a legislação tributária não dispuser a respeito, o pagamento é efetuado na repartição competente do domicílio do sujeito passivo.

Art. 160. Quando a legislação tributária não fixar o tempo do pagamento, o vencimento do crédito ocorre trinta dias depois da data em que se considera o sujeito passivo notificado do lançamento.

Parágrafo único. A legislação tributária pode conceder desconto pela antecipação do pagamento, nas condições que estabeleça.

Art. 161. O crédito não integralmente pago no vencimento é acrescido de juros de mora, seja qual for o motivo determinante da falta, sem prejuízo da imposição das penalidades cabíveis e da aplicação de quaisquer medidas de garantia previstas nesta Lei ou em lei tributária.

§ 1º Se a lei não dispuser de modo diverso, os juros de mora são calculados à taxa de um por cento ao mês.

§ 2º O disposto neste artigo não se aplica na pendência de consulta formulada pelo devedor dentro do prazo legal para pagamento do crédito.

Art. 162. O pagamento é efetuado:

I – em moeda corrente, cheque ou vale postal;

II – nos casos previstos em lei, em estampilha, em papel selado, ou por processo mecânico.

§ 1º A legislação tributária pode determinar as garantias exigidas para o pagamento por cheque ou vale postal, desde que não o torne impossível ou mais oneroso que o pagamento em moeda corrente.

§ 2º O crédito pago por cheque somente se considera extinto com o resgate deste pelo sacado.

§ 3º O crédito pagável em estampilha considera-se extinto com a inutilização regular daquela, ressalvado o disposto no artigo 150.

§ 4º A perda ou destruição da estampilha, ou o erro no pagamento por esta modalidade, não dão direito a restituição, salvo nos casos expressamente previstos na legislação tributária, ou naquelas em que o erro seja imputável à autoridade administrativa.

§ 5º O pagamento em papel selado ou por processo mecânico equipara-se ao pagamento em estampilha.

Art. 163. Existindo simultaneamente dois ou mais débitos vencidos do mesmo sujeito passivo para com a mesma pessoa jurídica de direito público, relativos ao mesmo ou a diferentes tributos ou provenientes de penalidade pecuniária ou juros de mora, a autoridade administrativa competente para receber o pagamento determinará a respectiva imputação, obedecidas as seguintes regras, na ordem em que enumeradas:

I – em primeiro lugar, aos débitos por obrigação própria, e em segundo lugar aos decorrentes de responsabilidade tributária;

II – primeiramente, às contribuições de melhoria, depois às taxas e por fim aos impostos;

III – na ordem crescente dos prazos de prescrição;

IV – na ordem decrescente dos montantes.

Art. 164. A importância de crédito tributário pode ser consignada judicialmente pelo sujeito passivo, nos casos:

I – de recusa de recebimento, ou subordinação deste ao pagamento de outro tributo ou de penalidade, ou ao cumprimento de obrigação acessória;

II – de subordinação do recebimento ao cumprimento de exigências administrativas sem fundamento legal;

III – de exigência, por mais de uma pessoa jurídica de direito público, de tributo idêntico sobre um mesmo fato gerador.

§ 1º A consignação só pode versar sobre o crédito que o consignante se propõe pagar.

§ 2º Julgada procedente a consignação, o pagamento se reputa efetuado e a importância consignada é convertida em renda; julgada improcedente a consignação no todo ou em parte, cobra-se o crédito acrescido de juros de mora, sem prejuízo das penalidades cabíveis.

Art. 165. O sujeito passivo tem direito, independentemente de prévio protesto, à restituição total ou parcial do tributo, seja qual for a modalidade do seu pagamento, ressalvado o disposto no § 4º do artigo 162, nos seguintes casos:

I – cobrança ou pagamento espontâneo de tributo indevido ou maior que o devido em face da legislação tributária aplicável, ou da natureza ou circunstâncias materiais do fato gerador efetivamente ocorrido;

II – erro na edificação do sujeito passivo, na determinação da alíquota aplicável, no cálculo do montante do débito ou na elaboração ou conferência de qualquer documento relativo ao pagamento;

III – reforma, anulação, revogação ou rescisão de decisão condenatória.

Art. 166. A restituição de tributos que comportem, por sua natureza, transferência do respectivo encargo financeiro somente será feita a quem prove haver assumido o referido encargo, ou, no caso de tê-lo transferido a terceiro, estar por este expressamente autorizado a recebê-la.

Art. 167. A restituição total ou parcial do tributo dá lugar à restituição, na mesma proporção, dos juros de mora e das penalidades pecuniárias, salvo as referentes a infrações de caráter formal não prejudicadas pela causa da restituição.

Parágrafo único. A restituição vence juros não capitalizáveis, a partir do trânsito em julgado da decisão definitiva que a determinar.

Art. 168. O direito de pleitear a restituição extingue-se com o decurso do prazo de 5 (cinco) anos, contados:

I – nas hipótese dos incisos I e II do artigo 165, da data da extinção do crédito tributário;

II – na hipótese do inciso III do artigo 165, da data em que se tornar definitiva a decisão administrativa ou passar em julgado a decisão judicial que tenha reformado, anulado, revogado ou rescindido a decisão condenatória.

Art. 169. Prescreve em dois anos a ação anulatória da decisão administrativa que denegar a restituição.

Parágrafo único. O prazo de prescrição é interrompido pelo início da ação judicial, recomeçando o seu curso, por metade, a partir da data da intimação validamente feita ao representante judicial da Fazenda Pública interessada.

Art. 170. A lei pode, nas condições e sob as garantias que estipular, ou cuja estipulação em cada caso atribuir à autoridade administrativa, autorizar a compensação de créditos tributários com créditos líquidos e certos, vencidos ou vincendos, do sujeito passivo contra a Fazenda pública.

Parágrafo único. Sendo vincendo o crédito do sujeito passivo, a lei determinará, para os efeitos deste artigo, a apuração do seu montante, não podendo, porém, cominar redução maior que a correspondente ao juro de 1% (um por cento) ao mês pelo tempo a decorrer entre a data da compensação e a do vencimento.

Art. 170-A. É vedada a compensação mediante o aproveitamento de tributo, objeto de contestação judicial pelo sujeito passivo, antes do trânsito em julgado da respectiva decisão judicial.

Art. 171. A lei pode facultar, nas condições que estabeleça, aos sujeitos ativo e passivo da obrigação tributária celebrar transação que, mediante concessões mútuas, importe em determinação de litígio e conseqüente extinção de crédito tributário.

Parágrafo único. A lei indicará a autoridade competente para autorizar a transação em cada caso.

Art. 172. A lei pode autorizar a autoridade administrativa a conceder, por despacho fundamentado, remissão total ou parcial do crédito tributário, atendendo:

I – à situação econômica do sujeito passivo;

II – ao erro ou ignorância excusáveis do sujeito passivo, quanto a matéria de fato;

III – à diminuta importância do crédito tributário;

IV – a considerações de eqüidade, em relação com as características pessoais ou materiais do caso;

V – a condições peculiares a determinada região do território da entidade tributante.

Parágrafo único. O despacho referido neste artigo não gera direito adquirido, aplicando-se, quando cabível, o disposto no artigo 155.

Art. 173. O direito de a Fazenda Pública constituir o crédito tributário extingue-se após 5 (cinco) anos, contados:

I – do primeiro dia do exercício seguinte àquele em que o lançamento poderia ter sido efetuado;

II – da data em que se tornar definitiva a decisão que houver anulado, por vício formal, o lançamento anteriormente efetuado.

Parágrafo único. O direito a que se refere este artigo extingue-se definitivamente com o decurso do prazo nele previsto, contado da data em que tenha sido iniciada a constituição do crédito tributário pela notificação, ao sujeito passivo, de qualquer medida preparatória indispensável ao lançamento.

Art. 174. A ação para a cobrança do crédito tributário prescreve em cinco anos, contados da data da sua constituição definitiva.

Parágrafo único. A prescrição se interrompe:

I – pelo despacho do juiz que ordenar a citação em execução fiscal; (Redação dada pela Lcp nº 118, de 2005)

II – pelo protesto judicial;

III – por qualquer ato judicial que constitua em mora o devedor;

IV – por qualquer ato inequívoco ainda que extrajudicial, que importe em reconhecimento do débito pelo devedor.

• LEI COMPLEMENTAR Nº 118, DE 9 DE FEVEREIRO DE 2005

Art. 3º Para efeito de interpretação do inciso I do art. 168 da Lei no 5.172, de 25 de outubro de 1966 – Código Tributário Nacional, a extinção do crédito tributário ocorre, no caso de tributo sujeito a lançamento por homologação, no momento do pagamento antecipado de que trata o § 1º do art. 150 da referida Lei.

• LEI Nº 12.153, DE 22 DE DEZEMBRO DE 2009

Juizados Especiais da Fazenda Pública no âmbito dos Estados, do Distrito Federal, dos Territórios e dos Municípios

Art. 8º Os representantes judiciais dos réus presentes à audiência poderão conciliar, transigir ou desistir nos processos da competência dos Juizados Especiais, nos termos e nas hipóteses previstas na lei do respectivo ente da Federação.

• LEI Nº 6.830, DE 22 DE SETEMBRO DE 1980

Lei de Execução Fiscal – LEF

Art. 2º – Constitui Dívida Ativa da Fazenda Pública aquela definida como tributária ou não tributária na Lei nº 4.320, de 17 de março de 1964, com as alterações posteriores, que estatui normas gerais de direito financeiro para elaboração e controle dos orçamentos e balanços da União, dos Estados, dos Municípios e do Distrito Federal.

§ 1º – Qualquer valor, cuja cobrança seja atribuída por lei às entidades de que trata o artigo 1º, será considerado Dívida Ativa da Fazenda Pública.

§ 2º – A Dívida Ativa da Fazenda Pública, compreendendo a tributária e a não tributária, abrange atualização monetária, juros e multa de mora e demais encargos previstos em lei ou contrato.

§ 3º – A inscrição, que se constitui no ato de controle administrativo da legalidade, será feita pelo órgão competente para apurar a liquidez e certeza do crédito e suspenderá a prescrição, para todos os efeitos de direito, por 180 dias, ou até a distribuição da execução fiscal, se esta ocorrer antes de findo aquele prazo.

Art. 8º – O executado será citado para, no prazo de 5 (cinco) dias, pagar a dívida com os juros e multa de mora e encargos indicados na Certidão de Dívida Ativa, ou garantir a execução, observadas as seguintes normas:

I – a citação será feita pelo correio, com aviso de recepção, se a Fazenda Pública não a requerer por outra forma;

II – a citação pelo correio considera-se feita na data da entrega da carta no endereço do executado, ou, se a data for omitida, no aviso de recepção, 10 (dez) dias após a entrega da carta à agência postal;

III – se o aviso de recepção não retornar no prazo de 15 (quinze) dias da entrega da carta à agência postal, a citação será feita por Oficial de Justiça ou por edital;

IV – o edital de citação será afixado na sede do Juízo, publicado uma só vez no órgão oficial, gratuitamente, como expediente judiciário, com o prazo de 30 (trinta) dias, e conterá, apenas, a indicação da exeqüente, o nome do devedor e dos co-responsáveis, a quantia devida, a natureza da dívida, a data e o número da inscrição no Registro da Dívida Ativa, o prazo e o endereço da sede do Juízo.

§ 1º – O executado ausente do País será citado por edital, com prazo de 60 (sessenta) dias.

§ 2º – O despacho do Juiz, que ordenar a citação, interrompe a prescrição.

Art. 40 – O Juiz suspenderá o curso da execução, enquanto não for localizado o devedor ou encontrados bens sobre os quais possa recair a penhora, e, nesses casos, não correrá o prazo de prescrição.

§ 1º – Suspenso o curso da execução, será aberta vista dos autos ao representante judicial da Fazenda Pública.

§ 2º – Decorrido o prazo máximo de 1 (um) ano, sem que seja localizado o devedor ou encontrados bens penhoráveis, o Juiz ordenará o arquivamento dos autos.

§ 3º – Encontrados que sejam, a qualquer tempo, o devedor ou os bens, serão desarquivados os autos para prosseguimento da execução.

§ 4º Se da decisão que ordenar o arquivamento tiver decorrido o prazo prescricional, o juiz, depois de ouvida a Fazenda Pública, poderá, de ofício, reconhecer a prescrição intercorrente e decretá-la de imediato.

§ 5º A manifestação prévia da Fazenda Pública prevista no § 4º deste artigo será dispensada no caso de cobranças judiciais cujo valor seja inferior ao mínimo fixado por ato do Ministro de Estado da Fazenda.

QUESTÕES

Capítulos XI e XII

1. QUESTÕES COMENTADAS

01. **(Analista Judiciário – Área Judiciária – TRF 2ª região/ 2007 – FCC)** Tendo em vista o crédito tributário considere:

I. Depósito de seu montante integral.

II. Moratória.

III. Compensação.

IV. Parcelamento do valor do tributo.

V. Remissão.

VI. Anistia.

Diante disso, observa-se que são causas de suspensão da exigibilidade do crédito tributário, APENAS as hipóteses indicadas em

a) I, II e IV.

b) I, IV e VI.

c) II, IV e V.

d) II, III, IV e V.

e) III, IV, V e VI.

COMENTÁRIOS:

As seis causas de suspensão da exigibilidade do crédito tributário estão elencadas no artigo 151 do CTN (moratória; depósito do montante integral; as defesas e recursos administrativos; concessão de medida liminar em mandado de segurança; concessão de medida liminar ou tutela antecipada em outras ações judiciais e parcelamento). Por exigibilidade entende-se a possibilidade de cobrar o crédito tributário no Poder Judiciário, via execução fiscal. A exigibilidade advém da constituição definitiva do crédito tributário pelo lançamento e requer ainda a sua inscrição em dívida ativa. Portanto, as causas de suspensão da exigibilidade do crédito tributário (CTN, art. 151) impedem o ajuizamento da execução fiscal. Em uma visão mais ampla, a suspensão da exigibilidade do crédito tributário, não apenas impede o Fisco de ajuizar a Execução Fiscal, como também de praticar outros atos de cobrança quaisquer, inscrever o débito na Dívida Ativa ou incluir o nome do devedor em cadastros de contribuintes inadimplentes.

Alternativa correta: letra "a".

Item I. Depósito de seu montante integral. Quando promovido no âmbito judicial, o depósito do montante integral é feito no bojo de uma ação em que se discute o crédito

tributário (anulatória ou declaratória). Nesse caso, a execução fiscal não poderá ser ajuizada ou, quando já proposta, terá sua tramitação suspensa até decisão final da ação, haja vista que o depósito do montante integral é hipótese de **suspensão da exigibilidade do crédito tributário** (CTN, art. 151, II). Se o contribuinte lograr êxito na impugnação, terá direito a levantar o depósito efetuado. Mas se a Fazenda Pública sair vitoriosa na lide, ela converterá o depósito em renda e extinguirá o crédito tributário respectivo (CTN, art. 156, VI).

Item II. Moratória. A moratória, entendida como a postergação do momento do pagamento do crédito tributário, é hipótese de **suspensão da exigibilidade do crédito tributário**, com fundamento no artigo 151, inciso I, do CTN.

Item III. Compensação. A lei pode autorizar a compensação de créditos tributários com créditos líquidos e certos, vencidos ou vincendos, do sujeito passivo contra a Fazenda Pública (CTN, art. 170). Trata-se da compensação, modalidade de **extinção** do crédito tributário (CTN, art. 156, II).

Item IV. Parcelamento do valor do tributo. O parcelamento, ou seja, o acordo de quitação em parcelas de um crédito tributário reconhecido e confessado pelo contribuinte (conforme diretrizes fixadas em lei), é uma hipótese de **suspensão da exigibilidade do crédito tributário**, com fundamento no artigo 151, inciso VI, do CTN.

Item V. Remissão. A remissão é uma hipótese de **extinção** do crédito tributário (CTN, art. 156, IV), constituindo uma previsão legal de perdão do tributo devido. Portanto, não é uma hipótese de suspensão de exigibilidade do crédito tributário.

Item VI. Anistia. A **anistia** consiste no perdão das infrações à legislação tributária. Tem por efeito excluir a punibilidade da infração, de modo que tem por consequência a não aplicação da sanção. Não se aplica ao tributo devido, isto é, ao crédito tributário decorrente da obrigação principal. A anistia possui natureza jurídica de **exclusão** do crédito tributário (CTN, art. 181).

02. (Analista Judiciário - Execução de Mandados - TRF 2ª região/ 2007 - FCC) Tendo em vista o crédito tributário considere:

I. Conversão de depósito em renda.

II. Depósito de seu montante integral.

III. Concessão de medida liminar em mandado de segurança.

IV. Transação e a remissão.

V. Isenção.

VI. Dação em pagamento em bens imóveis, na forma e condições estabelecidas em lei.

Diante disso, observa-se que são modalidades de extinção do crédito tributário, APENAS as hipóteses indicadas em

a) I, IV e VI.

b) II, IV e V.

c) III, V e VI.

d) I, II, IV e V.

e) I, II, III e VI.

COMENTÁRIOS:

A mesma forma que decorre da obrigação principal (CTN, art. 139), o crédito tributário desaparece juntamente com o vínculo obrigacional, diante de acontecimentos previstos como **hipóteses de extinção** no artigo 156 do CTN, cuja leitura é ora recomendada.

Alternativa correta: letra "a".

Item I. Conversão de depósito em renda. Quando promovido no âmbito judicial, o depósito do montante integral é feito no bojo de uma ação em que se discute o crédito tributário (anulatória ou declaratória). Nesse caso, a execução fiscal não poderá ser ajuizada ou, quando já proposta, terá sua tramitação suspensa até decisão final da ação, haja vista que o depósito do montante integral é hipótese de suspensão da exigibilidade do crédito tributário (CTN, art. 151, II). Se o contribuinte lograr êxito na impugnação, terá direito a levantar o depósito efetuado. Mas se a Fazenda Pública sair vitoriosa na lide, ela **converterá o depósito em renda e extinguirá o crédito tributário respectivo** (CTN, art. 156, VI).

Item II. Depósito de seu montante integral. Quando promovido no âmbito judicial, o depósito do montante integral é feito no bojo de uma ação em que se discute o crédito tributário (anulatória ou declaratória). Nesse caso, a execução fiscal não poderá ser ajuizada ou, quando já proposta, terá sua tramitação suspensa até decisão final da ação, haja vista que o depósito do montante integral é hipótese de **suspensão da exigibilidade do crédito tributário** (CTN, art. 151, II).

Item III. Concessão de medida liminar em mandado de segurança. A concessão de medida liminar em mandado de segurança (ordem judicial concedida no início do procedimento do mandado de segurança, em geral, sem ouvir a parte contrária) suspende a exigibilidade do crédito tributário (CTN, art. 151, IV).

Item IV. Transação e a remissão. São hipóteses de **extinção** do crédito tributário previstas, respectivamente, nos incisos III e IV do artigo 156 do CTN. A lei pode estabelecer condições e facultar aos sujeitos ativo e passivo da obrigação tributária celebrar **transação** que, mediante concessões mútuas, importe em terminação de litígio e consequente extinção de crédito tributário, indicando também a autoridade competente para autorizar a transação em cada caso (CTN, art. 171, *caput* e parágrafo único). A **remissão** tributária significa perdão do crédito tributário, que pode ser autorizada por lei, de forma total ou parcial, buscando atender a alguns critérios, dentre eles, a situação econômica do sujeito passivo ou a diminuto valor do crédito perdoado.

Item V. Isenção. Modalidade de **exclusão** do crédito tributário contemplada no artigo 175, inciso I, do CTN, a isenção consiste numa exceção legal à regra de tributação, isto é, numa hipótese em que o ente federativo exerce a competência tributária instituindo o tributo, mas estabelece algumas situações, pessoas ou bens não alcançados pela regra de tributação.

Item VI. Dação em pagamento em bens imóveis, na forma e condições estabelecidas em lei. O pagamento de tributos mediante dação em pagamento de bem imóvel, na forma e condições estabelecidas em lei é uma hipótese de **extinção** do crédito tributário, estabelecida no artigo 156, inciso XI, do CTN. Por dação em pagamento entende-se o espontâneo oferecimento de bens pelo devedor (ao invés de pecúnia), ao credor, como forma de extinguir a dívida. É importante destacar que no Direito Tributário, para extinguir o crédito tributário, admite-se apenas a dação em pagamento de bens **imóveis,** na forma e condições estabelecidas em lei.

03. **(Analista Judiciário – Execução de Mandados – TRF 2ª região/ 2012 – FCC)** No que se refere à extinção do crédito tributário, é INCORRETO afirmar:

a) A remissão é o resgate sempre total da dívida tributária por parte do devedor ou de terceiro, enquanto que a remição é o ato de perdoar essa dívida, porém parcialmente, ou a renúncia de um direito.

b) No caso de tributos sujeitos ao lançamento por homologação, o contribuinte calcula o montante do tributo devido e recolhe antecipadamente aos cofres públicos, ocorrendo a extinção do crédito tributário sobre a importância paga.

c) No Direito Tributário, a compensação é sempre legal, isto é, só será admitida a compensação do crédito tributário com dívidas da Fazenda Pública quando a lei expressamente a autorizar, sendo necessário consenso do sujeito passivo.

d) A hipótese em que a legislação prevê a possibilidade do sujeito passivo pagar a multa com desconto de 50% (cinquenta por cento), desde que paga até determinada data e com a desistência da defesa, representa uma forma de transação.

e) A decisão administrativa irreformável, assim entendida a definitiva na órbita administrativa, que não mais possa ser objeto de ação anulatória ocorre quando a decisão é favorável ao contribuinte. Mas, se desfavorável a este, poderá resolver pelas vias judiciais.

COMENTÁRIOS:

Atenção para a exigência do examinador no que tange a ser assinalada a única afirmação **incorreta** relativa à temática **extinção do crédito tributário** (doze hipóteses, elencadas no artigo 156 do CTN).

Alternativa correta: letra "a": a alternativa trocou os significados dos termos **remição** (com "ç") e **remissão** (com "ss"). A **remição** (com "ç") diz respeito à possibilidade do devedor remir o bem, objeto de garantia real nos autos de Execução Fiscal, isto é, pagar a dívida para liberar o bem da penhora judicial, conforme previsto no artigo 19, inciso II, da Lei 6.830/80. Já a **remissão** (com "ss") é uma hipótese de **extinção** do crédito tributário (CTN, art. 156, IV), constituindo uma previsão legal de perdão do tributo devido.

Alternativa "b": O lançamento por homologação, que ocorre quanto aos tributos cuja **legislação atribua ao sujeito passivo o dever de antecipar o pagamento sem prévio exame da autoridade administrativa**, opera-se pelo ato em que a referida autoridade, tomando conhecimento da atividade assim exercida pelo obrigado, expressamente a homologa (CTN, art. 150). A homologação também poderá ser tácita, por decurso de prazo, prevista no § 4º do art. 150 desse mesmo código. O prazo de homologação tácita do lançamento, pelo decurso de prazo, é de cinco anos. Logo, a afirmação da alternativa está correta.

Alternativa "c": A compensação é causa de extinção do crédito tributário (CTN, art. 156, inciso II) e ocorre quando os polos da relação jurídica são, ao mesmo tempo, devedores e credores reciprocamente. A lei pode, nas condições e sob as garantias que estipular, ou cuja estipulação em cada caso atribuir à autoridade administrativa, autorizar a compensação de créditos tributários com créditos líquidos e certos, vencidos ou vincendos, do sujeito passivo contra a Fazenda Pública (CTN, art. 170). Logo, a afirmação da alternativa está correta.

Alternativa "d": A transação é uma causa de extinção do crédito tributário (CTN, art. 156, inciso III). Segundo o artigo 171 do CTN, "a lei pode facultar, nas condições que estabeleça, aos sujeitos ativo e passivo da obrigação tributária celebrar transação que, mediante concessões mútuas, importe em terminação de litígio e consequente extinção de crédito tributário". A afirmação da alternativa enquadra-se nesse contexto, portanto, é correta.

Alternativa "e": A decisão administrativa irreformável é causa de extinção do crédito tributário (CTN, art. 156, X). A decisão administrativa irreformável é aquela em que no âmbito do processo administrativo fiscal for favorável ao contribuinte, nos termos da legislação específica. Caso o contribuinte não logre êxito no processo administrativo fiscal, ou seja, obtenha uma decisão desfavorável, pelo Princípio da Inafastabilidade do Poder Judiciário (CF, art. 5º, XXXV – a lei não excluirá da apreciação do Poder Judiciário lesão ou ameaça a direito), poderá valer-se de ações próprias para questionar o crédito tributário. Afirmação correta.

04. **(Analista Judiciário – Área Judiciária – TRF 2ª região/ 2012 – FCC)** Para os fins de suspensão do crédito tributário, analise:

I. Não é o depósito do montante integral que suspende a exigibilidade do crédito tributário e sim a apresentação da reclamação ou do recurso, precedido de depósito integral.

II. A moratória concedida em caráter geral é a do parcelamento dos débitos fiscais, sendo certo que a União poderá concedê-la em relação aos tributos de competência dos Estados, do Distrito Federal ou dos Municípios.

III. O parcelamento é sempre individual e deve ser requerido pelo contribuinte, sendo que, no caso de não cumprimento, descontadas as parcelas pagas, é possível à Fazenda Pública executar a dívida, tomando por base as certidões das dívidas ativas.

Nesses casos, está correto o que consta APENAS em

a) I.

b) I e II.

c) II e III.

d) I e III.

e) III.

COMENTÁRIOS:

Por exigibilidade entende-se a possibilidade de cobrar o crédito tributário no Poder Judiciário, via execução fiscal. A exigibilidade advém da constituição definitiva do crédito tributário pelo lançamento e requer ainda a sua inscrição em dívida ativa. Portanto, as causas de suspensão da exigibilidade do crédito tributário (CTN, art. 151) impedem o ajuizamento da execução fiscal.

Alternativa correta: letra "d".

Item I. Correto. Tanto o **depósito do montante integral**, como as **reclamações e recursos** nos termos das leis reguladoras do processo tributário administrativo, suspendem a exigibilidade do crédito tributário (CTN, art. 151, II e III). Ocorre que o **depósito do montante**

integral (**CTN, art. 151, II**) pode ser efetuado no âmbito judicial ou no administrativo. A expressão "montante integral" diz respeito ao valor do tributo segundo o entendimento da Fazenda Pública e não do contribuinte (STJ – AgRg no REsp 969579/SP – 2ª Turma – Rel. Min. Castro Meira – 31/10/2007). Quando promovido no âmbito judicial, o depósito, geralmente, é feito no bojo de ações que visam a desconstituir o lançamento do crédito tributário (ações anulatórias). Assim, a execução fiscal não poderá ser ajuizada ou, quando já proposta, terá sua tramitação suspensa até decisão final da ação anulatória. Conclui-se, portanto, que o depósito do montante integral suspende a exigibilidade do crédito tributário e deve ser materializado nos autos de um processo judicial ou administrativo. Nesse sentido, não obstante a banca examinadora tenha considerado este item correto, a redação ficou dúbia e melhor seria se a questão fosse anulada ou seu gabarito alterado para a alternativa "e".

Item II. Incorreto. Embora haja previsão no CTN de que a moratória poderá ser concedida em caráter geral pela União, quanto a tributos de competência dos Estados, do Distrito Federal ou dos Municípios, quando simultaneamente concedida quanto aos tributos de competência federal e às obrigações de direito privado (CTN, art. 152, I, "b"), a verdade é que é a moratória em caráter individual que se assemelha ao parcelamento de débitos fiscais.

Item III. Correto. A Lei Complementar 104/2001 também foi o veículo de inclusão do **parcelamento** como causa de suspensão da exigibilidade do crédito tributário (**CTN, arts. 151, VI e 155-A**). O parcelamento consiste na postergação do cumprimento da obrigação tributária, que se pactua cumprir de forma fracionada, em parcelas. Ao parcelamento, que também é regido por lei do ente tributante competente para exigir o tributo a que se refere, **aplicam-se subsidiariamente as regras** típicas **da moratória** constantes no CTN (art. 155-A, § 2º). Assim, no caso de não cumprimento, a Fazenda Pública poderá cobrar a dívida, nos termos do artigo 155 do CTN. Tal posição encontra guarida nos precedentes jurisprudenciais (STJ, REsp 793772.

05. **(Analista Judiciário – Área Judiciária – TRF 3ª região/ 2007 – FCC)** Em tema de suspensão da exigibilidade do crédito tributário, é correto afirmar que

a) a moratória, salvo disposição em contrário, somente abrange os créditos definitivamente constituídos à data da lei ou do despacho que a conceder ou cujo lançamento já tenha sido iniciado àquela data por ato regularmente notificado ao sujeito passivo.

b) a moratória não aproveita aos casos de dolo, fraude ou simulação do sujeito ativo, salvo o do terceiro em benefício daquele que gerou o crédito tributário constituído à época do seu fato gerador.

c) o parcelamento do crédito tributário exclui, em qualquer caso, a incidência de juros e multas, não se aplicando a ele as regras da moratória.

d) a concessão da moratória em caráter geral ou individual gera direito adquirido, sempre que se apure que o sujeito passivo não cumpriu os requisitos para a concessão do favor, salvo na hipótese de parcelamento.

e) a lei concessiva de moratória não pode circunscrever expressamente a sua aplicabilidade à determinada região do território do sujeito ativo ou a determinada classe ou categoria de sujeitos ativos.

COMENTÁRIOS:

A moratória, entendida como a postergação do momento do pagamento do crédito tributário, é hipótese de suspensão da exigibilidade do crédito tributário, com fundamento no artigo 151, inciso I, do CTN.

Alternativa correta: letra "a": é a reprodução literal do *caput* do artigo 154 do CTN.

Alternativa "b": incorreta. A moratória não aproveita aos casos de dolo, fraude ou simulação do sujeito passivo **ou do terceiro em benefício daquele** (CTN, art. 154, parágrafo único).

Alternativa "c": incorreta. Salvo disposição de lei em contrário, o parcelamento do crédito tributário **não exclui** a incidência de juros e multas. Ainda, aplicam-se, subsidiariamente, ao parcelamento as disposições do CTN, relativas à moratória (CTN, art. 155-A, §§ 1º e 2º).

Alternativa "d": incorreta. A concessão da moratória em **caráter individual não gera direito adquirido** e será revogada de ofício sempre que se apurar que o beneficiado não satisfazia ou deixou de satisfazer as condições ou não cumprira ou deixou de cumprir os requisitos para a concessão do favor (CTN, art. 155).

Alternativa "e": incorreta. A lei concessiva de moratória **pode** circunscrever expressamente a sua aplicabilidade à determinada região do território da pessoa jurídica de direito público que a expedir, ou a determinada classe ou categoria de sujeitos passivos (CTN, art. 152, parágrafo único).

2. QUESTÕES DE CONCURSO

01. **(Analista Judiciário – Área Judiciária – TRF 4ª região/ 2006 – FCC)** Dentre outras hipóteses, suspendem a exigibilidade do crédito tributário

a) o depósito do seu montante integral e a moratória.
b) o pagamento e a prescrição.
c) o depósito do seu montante integral e a remissão.
d) a remissão e a transação.
e) o parcelamento e a compensação.

02. **(Analista Judiciário – Área Judiciária – TRF 4ª região/ 2010 – FCC)** NÃO configura hipótese de suspensão da exigibilidade do crédito tributário, entre outras,

a) a moratória.
b) as reclamações e os recursos, nos termos das leis reguladoras do processo tributário administrativo.
c) a denegação de medida liminar em mandado de segurança ou cautelar de repetição de indébito.

d) o depósito do seu montante integral.

e) o parcelamento.

03. **(Analista Judiciário – Área Judiciária – TRF 4ª região/ 2010 – FCC)** Pela sistemática tributária em vigor, na hipótese de pagamento indevido,

a) a restituição vence juros capitalizáveis, a partir da decisão, ainda que recorrível, que a determinar.

b) a restituição de tributos que comportem, por sua natureza, transferência do respectivo encargo financeiro, somente será feita a quem prove haver assumido o referido encargo, ou, no caso de tê-lo transferido a terceiro, estar por este expressamente autorizado a recebê-la.

c) prescreve em cinco anos a ação anulatória da decisão administrativa ou judicial que denegar a restituição.

d) a restituição parcial do tributo não dará lugar à restituição, na mesma proporção, dos juros de mora e das penalidades pecuniárias, mesmo que referentes a infrações de caráter formal não prejudicadas pela causa da restituição.

e) o prazo de prescrição é suspenso pelo início da ação judicial de restituição, recomeçando o seu curso, por inteiro, a partir da data da intimação feita a parte interessada.

04. **(Analista Judiciário – Área Judiciária – TRF 5ª região/ 2008 – FCC)** No que se refere às hipóteses de suspensão da exigibilidade e à exclusão do crédito tributário, assinale a alternativa correta.

a) Não é admitida a concessão da moratória em caráter geral, porque nesse esse caso é aplicável a anistia.

b) A moratória pode ser concedida em caráter individual, por despacho da autoridade administrativa, desde que autorizada por lei.

c) A isenção é sempre extensiva às taxas, contribuições de melhoria e aos tributos instituídos posterior mente à sua concessão.

d) O depósito integral do valor do tributo deve ser feito em juízo, não se admitindo perante a Administração Fazendária.

e) O despacho concessivo da anistia gera direito adquirido, é definitivo, não podendo mais ser revogado.

05. **(Analista Judiciário – Execução de Mandados – TRF 5ª região/ 2008 – FCC)** Em matéria de extinção do crédito tributário, analise:

I. Ato pelo qual o credor, pela autoridade administrativa e autorizada por lei, dispensa graciosamente o devedor de pagar a dívida, ou seja, o perdão total ou parcial do débito.

II. Desaparecimento do direito de constituir o crédito tributário; de fazer o lançamento, de formar o título que autoriza a sua cobrança.

III. Faculdade, concessões mútuas que importe evitar ou terminar um litígio com a consequente extinção do crédito tributário.

Essas situações dizem respeito, respectivamente, aos institutos da

a) remissão, prescrição e moratória.
b) anistia, decadência e moratória.
c) transação, prescrição e compensação.
d) remissão, decadência e transação.
e) isenção, pagamento e transação.

06. **(FCC – Auditor Fiscal Tributário Municipal – SP/2012)** Para poder discutir em juízo a incidência ou não de um determinado tributo, lançado por município paulista, o contribuinte ingressou com a ação judicial que considerou apropriada e, no bojo dessa ação, efetuou o depósito da importância em discussão.

Como a decisão definitiva do processo foi contrária ao contribuinte, a quantia depositada foi convertida em renda da Fazenda Pública municipal.

Nesse caso,

a) o depósito da quantia questionada, integral ou parcial, suspende a exigibilidade do crédito tributário e a conversão dele em renda extingue esse mesmo crédito.
b) o depósito integral da quantia questionada suspende a exigibilidade do crédito tributário e a conversão dele em renda extingue esse mesmo crédito.
c) tanto o depósito integral da quantia questionada como sua conversão em renda da Fazenda Pública municipal suspendem a exigibilidade do crédito tributário questionado judicialmente.
d) tanto o depósito integral da quantia questionada como sua conversão em renda da Fazenda Pública municipal extinguem o crédito tributário questionado judicialmente.
e) a conversão em renda da quantia questionada judicialmente extingue o crédito tributário e o seu depósito, integral ou não, suspende definitivamente a exigibilidade desse mesmo crédito.

07. **(ESAF – Fiscal de Rendas – RJ/2010)** Suspendem a exigibilidade do crédito tributário:

a) o depósito de seu montante integral e a concessão de medida liminar em mandado de segurança, exclusivamente.

b) o depósito de seu montante integral, a compensação e a concessão de liminar em mandado de segurança.

c) a interposição de reclamações ou recursos administrativos, a prescrição, a decadência e concessão de liminar em mandado de segurança.

d) o depósito de seu montante integral, o parcelamento, a concessão de liminar em mandado de segurança ou de tutela antecipada em outras espécies de ação judicial.

e) a compensação, a transação, a concessão de medida liminar em mandado de segurança e a remissão.

08. (FCC – Auditor Fiscal Tributário Municipal – SP/2012) Ocorrido o fato gerador do IPTU, iniciou-se o prazo para que a Fazenda Pública municipal efetuasse o lançamento desse tributo, o que foi feito dentro do prazo previsto na legislação.

O contribuinte, discordando do valor do crédito tributário constituído por meio desse lançamento, ofereceu, tempestivamente, impugnação contra ele, a qual, todavia, resultou totalmente infrutífera, já que a decisão definitiva, na esfera administrativa, manteve a integralidade do crédito tributário lançado.

Resignado com essa decisão administrativa, o contribuinte optou por não discutir a questão na esfera judicial, dando ensejo a que a Fazenda Pública pudesse cobrar dele o crédito tributário constituído pelo citado lançamento.

O prazo inicialmente referido para a Fazenda Pública efetuar o lançamento do tributo; o obstáculo jurídico do início da fluência do prazo para a cobrança do crédito tributário definitivamente constituído e o prazo finalmente mencionado para a Fazenda Pública poder cobrar do contribuinte o crédito tributário definitivamente constituído são, respectivamente, denominados

a) decadência; suspensão de exigibilidade do crédito tributário e prescrição.

b) prescrição; suspensão de exigibilidade do crédito tributário e decadência.

c) prescrição; decadência e suspensão de exigibilidade do crédito tributário.

d) decadência; prescrição e suspensão de exigibilidade do crédito tributário.

e) suspensão de exigibilidade do crédito tributário; decadência e prescrição.

09. **(CESPE - STJ - Analista Judiciário / 2018)** Julgue o item que se segue, a respeito das disposições do Código Tributário Nacional (CTN).

A decadência é uma hipótese de extinção do crédito tributário que decorre do transcurso do tempo máximo previsto para a constituição desse crédito.

10. **(FCC – Auditor Fiscal Tributário Municipal – SP/2012)** Uma pessoa adquiriu, no ano de 2011, por meio de contrato de compra e venda, um imóvel localizado no município de São Paulo. Em razão de erro de cálculo, essa pessoa, contribuinte do ITBI, acabou pagando quantia superior à efetivamente devida.

Com consequência desse pagamento indevido, esse contribuinte, neste exercício de 2012,

a) não poderá pleitear a restituição da importância indevidamente paga.

b) poderá pleitear a restituição de tudo o que foi pago, no decurso do prazo de dois anos, contados da data da ocorrência do fato gerador do imposto cujo pagamento foi feito indevidamente, devendo, então, fazer o pagamento da quantia correta.

c) poderá pleitear a restituição de tudo o que foi pago, no decurso do prazo de cinco anos, contados da data da ocorrência do fato gerador do imposto cujo pagamento foi feito indevidamente, devendo, então, fazer o pagamento da quantia correta.

d) poderá pleitear a restituição do que foi pago em excesso, no decurso do prazo de dois anos contados da data em que foi feito o pagamento indevido.

e) poderá pleitear a restituição do que foi pago em excesso, no decurso do prazo de cinco anos contados da data em que foi feito o pagamento indevido.

11. **(Cespe – Delegado de Polícia – PE/2016)** No que diz respeito aos institutos da prescrição e da decadência, assinale a opção correta.

a) A prescrição e a decadência estão previstas no CTN como formas de exclusão do crédito tributário.

b) O direito de ação para a cobrança do crédito tributário decai em cinco anos, contados da data da sua constituição definitiva.

c) O protesto judicial é uma forma de interrupção da prescrição.

d) O direito de a fazenda pública constituir o crédito tributário prescreve após cinco anos, contados do primeiro dia do exercício seguinte àquele em que o lançamento poderia ter sido efetuado.

e) As normas gerais sobre prescrição e decadência na matéria tributária devem ser estabelecidas por meio de lei ordinária.

12. **(FGV – ISS-CUIABÁ – 2016)** Caio, visando à suspensão de exigibilidade de crédito objeto de auto de infração, ajuizou ação anulatória e realizou o depósito do montante integral.

As opções a seguir também apresentam hipóteses de suspensão de exigibilidade do crédito, à exceção de uma. Assinale-a.

a) Moratória.
b) Impugnação ao auto de infração.
c) Anistia fiscal.
d) Parcelamento do crédito.
e) Concessão de medida liminar em mandado de segurança.

13. **(CESPE – TJDF / Juiz de Direito/2015)** Determinado programa de parcelamento de débitos tributários, que possibilita aos contribuintes parcelarem suas dívidas em até cento e vinte meses, foi instituído por lei pelo DF. A empresa Z, que praticou sonegação com emissão de notas fiscais fraudadas, realizou denúncia espontânea e requereu ingresso em tal programa, com o parcelamento da dívida confessada.

A respeito dessa situação hipotética, assinale a opção correta.

a) No caso de dolo, fraude ou simulação por parte do contribuinte, não é possível a concessão de parcelamento, razão por que o requerimento da empresa Z deve ser indeferido.
b) Nessa situação, o parcelamento poderá ser concedido, sendo, no entanto, modalidade de suspensão do crédito tributário, de modo que somente após seu integral cumprimento é que estará excluída a responsabilidade da empresa Z.
c) A comunicação espontânea da empresa à autoridade tributária é suficiente para que seja excluída a sua reponsabilidade pela infração.
d) O parcelamento é modalidade de extinção do crédito tributário, de modo que sua concessão equivale ao pagamento do tributo, o que, aliado à denúncia espontânea, exclui a responsabilidade da empresa Z.
e) Para ser válida, a denúncia espontânea deve ser acompanhada do pagamento do tributo, sendo suficiente para que ela produza efeitos que a empresa Z quite o principal, excluídos os juros e as penalidades.

14. **(Cespe – Procurador do MP junto ao TCU/2015)** Assinale a opção correta no que se refere a limitações do poder de tributar, distinção entre imunidade, isenção e não incidência, vigência, aplicação, interpretação e integração da legislação tributária, e extinção do crédito tributário.

a) A revogação de isenção obedece ao princípio da anterioridade, não se podendo exigir o tributo imediatamente.

b) Na repetição do indébito tributário, a correção monetária incide a partir da citação da fazenda pública.

c) Na repetição do indébito tributário, os juros moratórios são devidos a partir do arbitramento em sentença.

d) Ainda que um tributo indireto seja pago indevidamente, não caberá a sua restituição, salvo se o contribuinte de direito comprovar que não transferiu o encargo financeiro ao contribuinte de fato ou que está expressamente autorizado pelo contribuinte de fato a receber a restituição.

e) A isenção tributária é um favor legal, podendo, ainda que concedida sob condição onerosa, ser livremente suprimida.

15. **(Consulplan – Cartório – MG – Provimento/2015)** Quanto ao crédito tributário e às correspondentes hipóteses de suspensão e extinção, é correta a assertiva:

a) O crédito tributário pode ter sua exigibilidade suspensa, entre outras hipóteses, mediante concessão de moratória, parcelamento ou transação.

b) O parcelamento tributário pode ser instituído e disciplinado por meio de ato infralegal da Fazenda Pública.

c) O crédito tributário pode ser extinto por meio de dação em pagamento de bens imóveis, desde que observadas a forma e as condições estabelecidas em lei.

d) Quando o pagamento é realizado em cotas periódicas, a quitação da última parcela gera a presunção relativa do pagamento das parcelas anteriores.

GABARITO		
Questão	**Resposta**	**Fundamentação**
01	A	CTN, art. 151, I e II
02	C	CTN, art. 151, IV e V
03	B	CTN, art. 166
04	B	CTN, art. 152, II
05	D	CTN, art. 156, III, IV e V
06	B	CTN, arts. 151, II e 156, VI
07	D	CTN, art. 151

08	A	CTN, arts. 151 e 156, V
09	Certo	CTN, art. 173
10	E	CTN, art. 168, I
11	C	CTN, art. 174, parágrafo único, II
12	C	CTN, art. 151 c/c arts. 180 a 182
13	A	CTN, art. 155-A, § 2º e art. 154, parágrafo único
14	D	CTN, art. 166
15	C	CTN, art. 156, XI

3. QUESTÕES DISSERTATIVAS E ESTUDOS DE CASOS

QUESTÃO DISSERTATIVA 01:

Qual a distinção básica entre prescrição e decadência tributários? Quais são os prazos prescricionais e decadenciais?

Resposta sugerida pelos autores[1]:

Tanto a decadência, como a prescrição, extinguem o crédito tributário (CTN, art. 156, V). A distinção básica entre decadência e prescrição está no fato de que o que decai é o direito da Fazenda Pública (de homologar o lançamento ou de constituir o crédito tributário de ofício) e o que prescreve é a ação de cobrança do tributo (execução fiscal). A prescrição tem seu cômputo quinquenal iniciado com a constituição definitiva do crédito tributário, nos termos do artigo 174 do CTN. Já quanto à decadência, por expressa previsão legal, o direito de a Fazenda Pública constituir o crédito tributário extingue-se após 5 (cinco) anos, contados do primeiro dia do exercício seguinte àquele em que o lançamento poderia ter sido efetuado (CTN, art. 173, I) ou da data em que se tornar definitiva a decisão que houver anulado, por vício formal, o lançamento anteriormente efetuado (CTN, art. 173, II). Para além disso, nas hipóteses do lançamento por homologação, há de se observar o artigo 150, § 4º do CTN, que toma como marco inicial a ocorrência do fato gerador, salvo nas hipóteses de dolo, fraude ou simulação, creditamento indevido e falta de antecipação do pagamento, nas quais a jurisprudência do STJ definiu como marco o prazo fixado no artigo 173, inciso I do CTN.

---

1. Nas respostas dadas aqui serão indicados trechos normativos ou precedentes jurisprudenciais, mas na prova não há necessidade dessa indicação, salvo quando expressamente previsto no edital do concurso.

QUESTÃO DISSERTATIVA 02:

A admissibilidade de recursos administrativos no âmbito do PAF (processo administrativo fiscal) pode condicionar-se a depósitos prévios ou arrolamentos de bens por parte dos contribuintes?

Resposta sugerida pelos autores:

Não. A Súmula Vinculante 21 estipula que "é inconstitucional a exigência de depósito ou arrolamento prévios de dinheiro ou bens para admissibilidade de recursos administrativos". O STF entendeu que tais exigências ferem, sobretudo, os Princípios da Ampla Defesa e do Contraditório (CF, art. 5º, LV).

ESTUDO DE CASO 01:

A pessoa jurídica de direito privado X, contribuinte do IPI, por entender que recolheu indevidamente o referido imposto em períodos pretéritos, propõe judicialmente a compensação desses créditos com débitos vincendos do mesmo imposto. Com base no CTN, a referida compensação pode ocorrer em sede de tutela provisória de urgência ("medida liminar")?

Resposta sugerida pelos autores:

Não. Com o advento da Lei complementar 104/2001, passou a estar expressamente contemplada na legislação a regra que **veda a compensação** mediante aproveitamento de tributo, objeto de contestação judicial pelo sujeito passivo, **antes do trânsito em julgado da respectiva decisão** (CTN, art. 170-A).

ESTUDO DE CASO 02:

A empresa Y, do ramo de comércio atacadista de grãos, visando suspender a exigibilidade tributária de um débito fiscal, propõe à Fazenda Pública credora e realização de um depósito de mercadorias (soja) cujo valor refere-se a 40% do valor do débito na cotação de hoje. Essa pretensão da empresa Y tem respaldo legal ou jurisprudencial?

Resposta sugerida pelos autores:

Não. O artigo 151, inciso II, do CTN, prevê que "suspende a exigibilidade do crédito tributário o depósito do seu montante integral". Por sua vez, o STJ editou a súmula 112, segundo a qual "o depósito somente suspende a exigibilidade do crédito tributário se for integral e em dinheiro". Ademais, também decidiu que a expressão "montante integral" diz respeito "ao valor do tributo segundo o entendimento da Fazenda Pública e não do contribuinte" (AgRg no REsp 969579/SP). O depósito pode ser efetuado no âmbito judicial ou no administrativo. Além de suspender a exigibilidade do crédito tributário, serve também para afastar os efeitos da mora em relação à exação em discussão.

CAPÍTULO XIII

EXCLUSÃO DO CRÉDITO TRIBUTÁRIO

Expressão objeto de muitas críticas da doutrina, a **exclusão do crédito tributário** é regida essencialmente pelos artigos 175 a 182 do CTN. Já o artigo 175 elege a **isenção** e a **anistia** como modalidades de exclusão do crédito tributário, isto é, situações em que o sujeito passivo fica exonerado, total ou parcialmente, do pagamento do tributo.

Em ambos os casos, a exoneração **depende de expressa previsão legal**, como consequência do princípio da legalidade (CF, art. 150, I) e reserva do artigo 97, inciso VI, do CTN, demandando, por essa razão, uma **interpretação literal da norma instituidora do benefício** (CTN, art. 111, I e II).

Também em qualquer caso de exclusão do crédito tributário, salvo previsão legal em contrário, a exoneração **não dispensa o contribuinte beneficiado de cumprir com as obrigações tributárias acessórias** (CTN, art. 175, parágrafo único).

Isenção	Anistia
Implica a exclusão ou dispensa do tributo	Implica a exclusão ou dispensa da multa
Alcança somente fatos geradores ocorridos **após** a lei	Alcança somente fatos geradores ocorridos **antes** da lei

1. ISENÇÃO

A isenção encontra a sua raiz jurídica no artigo 150, § 6º da Constituição Federal, segundo o qual:

> **§ 6º** Qualquer subsídio ou **isenção**, redução de base de cálculo, concessão de crédito presumido, anistia ou remissão, relativos a impostos, taxas ou contribuições, só poderá ser concedido mediante **lei específica**, federal, estadual ou municipal, que regule exclusivamente as matérias acima enumeradas ou o correspondente tributo ou contribuição.

Portanto, à luz do texto constitucional, as **isenções** devem constar de **lei específica**, não sendo suficiente que sejam estabelecidas em lei genéricas.

Por depender de expressa previsão legal, parcela da doutrina considera a isenção como uma exceção legal à norma de tributação. Entretanto, sob a ótica do CTN, a isenção constitui uma **dispensa legal do pagamento do tributo**, pois exclui o crédito tributário, ou seja, há a obrigação tributária decorrente da incidência do tributo, entretanto, a constituição do crédito tributário fica inviabilizada pela norma de isenção. Por ser a linha evidenciada na sistemática do Código Tributário, a **dispensa legal do pagamento do tributo** constitui o entendimento recomendado para as provas de concurso público. Claro que, se houver uma questão fazendo menção à doutrina, não se poderá considerar errada qualquer afirmativa no sentido da existência da tese da exceção à norma de tributação.

O Poder Judiciário não pode estender a isenção a pessoas não contempladas por lei, nem mesmo a pretexto de fazer valer o princípio da isonomia (RE 344.331,Rel. Min. Ellen Gracie, julgamento em 11-2-2003, Primeira Turma, *DJ* de 14-3-2003).

ATENÇÃO:

O STJ em várias oportunidades posicionou-se pela inaplicabilidade da analogia para concessão de isenção (por exemplo, no RESP 1.089.952/RJ).

ATENÇÃO:

Dispõe o parágrafo único do artigo 176 do CTN que: "a isenção pode ser restrita a determinada região do território da entidade tributante, em função de condições a ela peculiares".

Voltando ao Código Tributário Nacional, as normas gerais que regem a concessão de isenções encontram-se estabelecidas nos seus artigos 176 a 179.

A lei da qual decorre a isenção deve especificar as condições e os requisitos exigidos para a sua concessão, os tributos a que se referem e, se for o caso, o seu prazo de duração (CTN, art. 176). A exemplo da instituição e como desdobramento do princípio da legalidade, a revogação da isenção é matéria reservada à lei (CTN, art. 97, VI).

Salvo disposição de lei em contrário, a isenção não é extensiva às taxas e às contribuições de melhoria, bem como aos tributos instituídos posteriormente à sua concessão (CTN, art. 177, I e II).

A isenção, **desde que não concedida por prazo certo e em função de determinadas condições, pode ser revogada ou modificada por lei a qualquer tempo** (CTN, art. 178). Essa norma, interpretada *a contrario sensu*, leva ao entendimento esposado na Súmula 544 do STF: "Isenções tributárias concedidas, sob condição onerosa, não podem ser livremente suprimidas".

Quando permitida, a revogação da isenção tem por efeito prático a incidência de tributação, o que faz surgir polêmica quanto à aplicação do princípio da anterioridade quando da exigência do tributo a partir da data da publicação da lei revogadora. Sobre isso, de acordo com a literalidade do artigo 104, inciso III, do CTN, entram em vigor no primeiro dia do exercício seguinte àquele em que ocorra a sua publicação os dispositivos de lei "que extinguem ou reduzem isenções, salvo se a lei dispuser de maneira mais favorável ao contribuinte". Porém, o posicionamento tradicional do Supremo Tribunal Federal dirige-se em sentido oposto, ou seja, de que, revogada a isenção, o tributo torna-se imediatamente exigível, não havendo que se observar o princípio da anterioridade, dado que o tributo já é existente (STF – RE 204062/ES – 2ª. Turma – Rel. Min. Carlos Velloso – julg. 27/09/96). Em concursos públicos, é bom ressaltar que, algumas vezes, as bancas examinadoras cobram a literalidade do CTN pela aplicação da anterioridade, utilizando expressões nos enunciados das questões tais como "de acordo com o CTN" ou "segundo o CTN". Porém, em outras oportunidades, os enunciados utilizam dizeres tais quais "segundo a jurisprudência" ou "de acordo com o STF", hipóteses em que deverá ser considerada correta a afirmação de que a anterioridade não deve ser observada nas revogações de isenções.

A isenção, quando não concedida em caráter geral, é chamada de **isenção específica** e, nos termos do artigo 179 do CTN, deve ser efetivada, em cada caso, por despacho da autoridade administrativa, em requerimento com o qual o interessado faça prova do preenchimento das condições e do cumprimento dos requisitos previstos em lei ou contrato para sua concessão. Tratando-se de tributo lançado por período certo de tempo, o despacho da autoridade será renovado antes da expiração de cada período, cessando automaticamente os seus efeitos a partir do primeiro dia do período para o qual o interessado deixar de promover a continuidade do reconhecimento da isenção (CTN, art. 179, § 1º).

Além disso, nos termos do § 2º do artigo 179 do CTN, **o despacho que concede a isenção não gera direito adquirido**, aplicando-se ao mesmo, quando cabível, a disciplina do artigo 155 do mesmo Código, isto é, a isenção será revogada de ofício sempre que se apurar que o beneficiado não satisfazia ou deixou de satisfazer as condições ou não cumpria ou deixou de cumprir os requisitos para a concessão do favor, cobrando-se o crédito acrescido de juros de mora: I – com imposição da penalidade cabível, nos casos de dolo ou simulação do beneficiado, ou de terceiro em benefício daquele; II – sem imposição de penalidade, nos demais casos.

Portanto, a isenção pode ser classificada em **geral** (concedida em caráter geral, sem necessidade de requerimento à autoridade administrativa tributária) ou **específica** (concedida mediante despacho da autoridade competente, a requerimento do contribuinte), bem como em **condicionada** (concedida sob determinadas condições a serem satisfeitas pelo contribuinte) ou **incondicionada** (não se exige a satisfação de condições pelo contribuinte).

Importante voltar aqui ao tema da **isenção heterônoma**, que seria aquela concedida por ente federativo tributante diferente daquele que teria por regra competência para instituí-la. O artigo 151, inciso III, da CF proibiu tal tipo de isenção ao vedar à União instituir isenções de tributos da competência dos Estados, do Distrito

Federal ou dos Municípios. Entretanto, no texto constitucional, constatam-se duas isenções heterônomas permitidas, quais sejam, (i) a exclusão do ISS incidente sobre exportações de serviços, pela União, via lei complementar (CF, art. 156, § 3º, II) e; (ii) a exclusão do ICMS incidente sobre exportações de serviços e produtos para o exterior (CF, art. 155, § 2º, XII, "e"). A rigor, o fundamento constitucional para a segunda isenção heterônoma mencionada (ICMS-exportação, CF, art. 155, § 2º, XII, "e"), embora não expressamente revogado, perdeu fôlego diante da imunidade trazida pela EC 42/2003, que, ao dar nova redação à alínea "a" do inciso X do § 2º do referido artigo 155 da CF, expressamente asseverou que o ICMS não incidirá "sobre operações que destinem mercadorias para o exterior, nem sobre serviços prestados a destinatários no exterior, assegurada a manutenção e o aproveitamento do montante do imposto cobrado nas operações e prestações anteriores".

Ainda no campo internacional, deve-se frisar que o Supremo Tribunal Federal, por meio do RE 229.096/RS e da ADI 1.600 firmou entendimento quanto à possibilidade de convenção internacional isentar tributos estaduais ou municipais. Também o STJ há muito que admite essa possibilidade, interpretação que levou à edição da sua Súmula 71: "O bacalhau importado do país signatário do GAAT é isento de ICM".

Nessa esteira, o STF já firmou entendimento de que no Direito Internacional somente a República Federativa do Brasil tem competência para firmar tratados, nos termos do artigo 52, § 2º da CF (RE 229.096-RS), dela não dispondo a União, os Estados-membros ou os Municípios. Nesse sentido, o Presidente da República não subscreve tratados como Chefe de Governo, mas como Chefe de Estado, o que descaracteriza a existência de uma isenção heterônoma, vedada pelo artigo 151, inciso III, da Constituição:

> "A cláusula de vedação inscrita no art. 151, inciso III, da Constituição – que proíbe a concessão de isenções tributárias heterônomas – é inoponível ao Estado Federal brasileiro (vale dizer, à República Federativa do Brasil), incidindo, unicamente, no plano das relações institucionais domésticas que se estabelecem entre as pessoas políticas de direito público interno (...). Nada impede, portanto, que o Estado Federal brasileiro celebre tratados internacionais que veiculem cláusulas de exoneração tributária em matéria de tributos locais (como o ISS, p. ex.), pois a República Federativa do Brasil, ao exercer o seu *treaty-making power*, estará praticando ato legítimo que se inclui na esfera de suas prerrogativas como pessoa jurídica de direito internacional público, que detém – em face das unidades meramente federadas – o monopólio da soberania e da personalidade internacional." (STF, **RE 543.943-AgR**, Rel. Min. **Celso de Mello**, julgamento em 30-11-2010, Segunda Turma, *DJE* de 15-2-2011.)

Por essa linha, conclui-se que as isenções pactuadas em tratados e convenções internacionais não são consideradas isenções heterônomas e, portanto, não estão vedadas pelo artigo 151, inciso III, da CF.

2. ANISTIA

A anistia, a exemplo da isenção, busca a sua raiz jurídica no artigo 150, § 6º da Constituição Federal, de modo que deve constar de **lei específica**, não sendo suficiente que seja estabelecida em lei genérica.

A **anistia** consiste no **perdão das infrações à legislação tributária**. Não se aplica ao tributo devido. **Tem por efeito excluir a punibilidade da infração**, de modo que tem por consequência a não aplicação da sanção.

Matéria tratada exclusivamente por lei, conforme reserva do artigo 97, inciso VI do CTN, a anistia é regida em caráter geral pelas seguintes normas:

- **abrange exclusivamente infrações cometidas anteriormente à vigência da lei que a concede** (CTN, art. 180, *caput*);
- **não se aplica**: I – aos atos qualificados em lei como **crimes** ou **contravenções** e aos que, mesmo sem essa qualificação, sejam praticados com **dolo, fraude ou simulação** pelo sujeito passivo ou por terceiro em benefício daquele; II – salvo disposição em contrário, às **infrações resultantes de conluio** entre duas ou mais pessoas naturais ou jurídicas.
- pode ser **geral ou limitada** a tributos, infrações e territórios determinados, além de ser possível condicioná-la ao pagamento de tributo (CTN, art. 181), de modo que um Estado, por exemplo, pode anistiar apenas infrações relativas ao ICMS, condicionando a anistia ao pagamento de todo o imposto vinculado às infrações alcançadas;
- quando **não** for **geral**, dependerá de prova dos requisitos e condições, requerimento do interessado e despacho da autoridade competente (CTN, art. 182);

Além disso, por ser um benefício fiscal, em relação a infrações relativas à legislação do ICMS, deve ser precedida de um convênio interestadual celebrado no âmbito do CONFAZ (CF, art. 155, § 2º, XII, *g*), valendo para a anistia as mesmas normas e procedimentos da Lei complementar nº 87/96 aplicáveis à isenção.

ATENÇÃO:

Segundo o artigo 181 do CTN, além de poder ser concedida em caráter geral, a anistia também pode ser concedida limitadamente em relação (i) às infrações da legislação relativa a determinado tributo; (ii) às infrações punidas com penalidades pecuniárias até determinado montante, conjugadas ou não com penalidades de outra natureza; (iii) a determinada região do território da entidade tributante, em função de condições a ela peculiares; e (iv) sob condição do pagamento de tributo no prazo fixado pela lei que a conceder, ou cuja fixação seja atribuída pela mesma lei à autoridade administrativa.

3. OUTROS BENEFÍCIOS FISCAIS

Além da isenção e da anistia, existem outros benefícios fiscais que resultam na exoneração total ou parcial do pagamento do tributo.

No âmbito do IPI, destaca-se a **alíquota zero**. O resultado é o mesmo da isenção. Mas, tecnicamente, o benefício não se situa no campo da incidência tributária. Diferentemente da isenção, a tributação opera-se, resultando-se a exoneração total do pagamento tão e somente pela aplicação da alíquota zero sobre a base de cálculo.

Já na esfera do ICMS, há uma forma de exoneração parcial denominada **redução de base de cálculo**. Também não se situa no campo da incidência, pois o benefício resulta de uma redução legal da base de cálculo do tributo, que implica em diminuição parcial da carga tributária.

ATENÇÃO:

Segundo orientação firmada pelo Supremo Tribunal Federal, as figuras da **redução da base de cálculo** e da **isenção parcial** se equiparam (RE 522716).

Afeto a vários impostos (ICMS e IPI) e contribuições (PIS, COFINS, CSLL), o **crédito outorgado** consiste em benefício pelo qual é concedido um **crédito presumido** a ser descontado quando da apuração do imposto. Pode ser um percentual sobre o valor do imposto, das operações, do lucro ou do faturamento, dependendo do tributo e da lei que o conceder.

4. BENEFÍCIOS FISCAIS DE ICMS

De acordo com o artigo 150, § 6º da CF, qualquer subsídio ou isenção, redução de base de cálculo, concessão de crédito presumido, anistia ou remissão, relativos a impostos, taxas ou contribuições, só poderá ser concedido mediante lei específica, federal, estadual ou municipal, que regule exclusivamente essas matérias, **sem prejuízo do disposto no artigo 155, § 2º, XII, *g*.**

Já o art. 155, § 2º, XII, *g*, objeto da menção do artigo 150, § 6º é aplicável ao ICMS e reserva à esfera de competência da lei complementar "regular a forma como, mediante deliberação dos Estados e do Distrito Federal, isenções, incentivos e benefícios fiscais serão concedidos e revogados".

Com base nesses comandos normativos, a CF de 1988 recepcionou a Lei complementar 24/75, segundo a qual todos os benefícios fiscais de ICMS devem encontrar fundamento em convênios celebrados pelos Estados no âmbito do CONFAZ – Conselho Nacional de Política Fazendária.

ATENÇÃO:

O CONFAZ é um órgão colegiado estabelecido pela Lei Complementar nº24/75. É composto pelos Secretários da Fazenda de todos os Estados e do Distrito Federal e pelo Ministro da Fazenda (representando o Governo Federal). A competência principal do CONFAZ é promover a celebração de convênios, para efeito de concessão ou revogação de isenções, incentivos e benefícios fiscais no âmbito do ICMS, de acordo com o previsto no artigo 155, § 2º, inciso XII, alínea "g", da CF e na Lei Complementar nº 24, de 7 de janeiro de 1975.

Ainda a respeito da concessão de isenções no âmbito do ICMS, é importante enfatizar que o único instrumento normativo hábil à concessão de benefícios fiscais de ICMS é o convênio celebrado entre os Estados no âmbito do Confaz.

ATENÇÃO:

Os procedimentos para a concessão de benefícios fiscal estabelecidos na Lei complementar 24/75 tem sido muito cobrados em algumas provas de Direito Tributário, razão pela qual não é demais transcrever as normas de regência:

Art. 2º – Os convênios a que alude o art. 1º, serão celebrados em reuniões para as quais tenham sido convocados representantes de todos os Estados e do Distrito Federal, sob a presidência de representantes do Governo federal.

§ 1º – As reuniões se realizarão com a presença de representantes da maioria das Unidades da Federação.

§ 2º – A concessão de benefícios dependerá sempre de decisão unânime dos Estados representados; a sua revogação total ou parcial dependerá de aprovação de quatro quintos, pelo menos, dos representantes presentes.

§ 3º – Dentro de 10 (dez) dias, contados da data final da reunião a que se refere este artigo, a resolução nela adotada será publicada no Diário Oficial da União.

Art. 3º – Os convênios podem dispor que a aplicação de qualquer de suas cláusulas seja limitada a uma ou a algumas Unidades da Federação.

Art. 4º – Dentro do prazo de 15 (quinze) dias contados da publicação dos convênios no Diário Oficial da União, e independentemente de qualquer outra comunicação, o Poder Executivo de cada Unidade da Federação publicará decreto ratificando ou não os convênios celebrados, considerando-se ratificação tácita dos convênios a falta de manifestação no prazo assinalado neste artigo.

§ 1º – O disposto neste artigo aplica-se também às Unidades da Federação cujos representantes não tenham comparecido à reunião em que hajam sido celebrados os convênios.

§ 2º – Considerar-se-á rejeitado o convênio que não for expressa ou tacitamente ratificado pelo Poder Executivo de todas as Unidades da Federação ou, nos casos de revogação a que se refere o art. 2º, § 2º, desta Lei, pelo Poder Executivo de, no mínimo, quatro quintos das Unidades da Federação.

Art. 5º - Até 10 (dez) dias depois de findo o prazo de ratificação dos convênios, promover-se-á, segundo o disposto em Regimento, a publicação relativa à ratificação ou à rejeição no Diário Oficial da União.

Art. 6º - Os convênios entrarão em vigor no trigésimo dia após a publicação a que se refere o art. 5º, salvo disposição em contrário.

Art. 7º - Os convênios ratificados **obrigam todas as Unidades da Federação inclusive as que, regularmente convocadas, não se tenham feito representar na reunião.**

É importante destacar que a Lei complementar 160/2016 veio autorizar as unidades da federação a celebrarem convênios concedendo remissão a créditos tributários constituídos em face de benefícios fiscais instituídos no cenário da chamada "guerra fiscal entre os Estados", em desacordo com a exigência de convênio autorizativo estabelecida na Lei complementar nº 24/75. Essa nova lei complementar ainda possibilita que os convênios promovam a reinstituição dos citados benefícios.

5. SÚMULAS

Súmula 539 STF: "É constitucional a lei do Município que reduz o imposto predial urbano sobre imóvel ocupado pela residência do proprietário, que não possua outro".

Súmula 544 STF: "Isenções tributárias concedidas, sob condição onerosa, não podem ser livremente suprimidas".

Súmula 575 STF: "À mercadoria importada de país signatário do GATT, ou membro da ALALC, estende-se a isenção do imposto de circulação de mercadorias concedida a similar nacional".

Súmula 581 STF: "A exigência de transporte em navio de bandeira brasileira, para efeito de isenção tributária, legitimou-se com o advento do Decreto-lei 666, de 02.7.69".

Súmula 20 STJ: "A mercadoria importada de país signatário do GATT é isenta do ICM, quando contemplado com esse favor o similar nacional".

Súmula 598 STJ: "É desnecessária a apresentação de laudo médico oficial para o reconhecimento judicial da isenção do imposto de renda, desde que o magistrado entenda suficientemente demonstrada a doença grave por outros meios de prova".

Súmula 627 do STJ: "O contribuinte faz jus à concessão ou à manutenção da isenção do imposto de renda, não se lhe exigindo a demonstração da contemporaneidade dos sintomas da doença nem da recidiva da enfermidade".

6. LEGISLAÇÃO RELACIONADO AO CAPÍTULO

- **CONSTITUIÇÃO FEDERAL**

Art. 150. Sem prejuízo de outras garantias asseguradas ao contribuinte, é vedado à União, aos Estados, ao Distrito Federal e aos Municípios:

I – exigir ou aumentar tributo sem lei que o estabeleça;

§ 6º Qualquer subsídio ou isenção, redução de base de cálculo, concessão de crédito presumido, anistia ou remissão, relativos a impostos, taxas ou contribuições, só poderá ser concedido mediante lei específica, federal, estadual ou municipal, que regule exclusivamente as matérias acima enumeradas ou o correspondente tributo ou contribuição, sem prejuízo do disposto no art. 155, § 2.º, XII, g.

Art. 151. É vedado à União:

(...)

III – instituir isenções de tributos da competência dos Estados, do Distrito Federal ou dos Municípios.

Art. 155. Compete aos Estados e ao Distrito Federal instituir impostos sobre:

II – operações relativas à circulação de mercadorias e sobre prestações de serviços de transporte interestadual e intermunicipal e de comunicação, ainda que as operações e as prestações se iniciem no exterior;

§ 2º O imposto previsto no inciso II atenderá ao seguinte:

XII – cabe à lei complementar:

g) regular a forma como, mediante deliberação dos Estados e do Distrito Federal, isenções, incentivos e benefícios fiscais serão concedidos e revogados.

Art. 156. Compete aos Municípios instituir impostos sobre:

III – serviços de qualquer natureza, não compreendidos no art. 155, II, definidos em lei complementar.

§ 3º Em relação ao imposto previsto no inciso III do *caput* deste artigo, cabe à lei complementar:

II – excluir da sua incidência exportações de serviços para o exterior.

- **CÓDIGO TRIBUTÁRIO NACIONAL**

Art. 97. Somente a lei pode estabelecer:

VI – as hipóteses de exclusão, suspensão e extinção de créditos tributários, ou de dispensa ou redução de penalidades.

Art. 104. Entram em vigor no primeiro dia do exercício seguinte àquele em que ocorra a sua publicação os dispositivos de lei, referentes a impostos sobre o patrimônio ou a renda:

III – que extinguem ou reduzem isenções, salvo se a lei dispuser de maneira mais favorável ao contribuinte, e observado o disposto no artigo 178.

Art. 111. Interpreta-se literalmente a legislação tributária que disponha sobre:

I – suspensão ou exclusão do crédito tributário;

II – outorga de isenção;

III – dispensa do cumprimento de obrigações tributárias acessórias.

Art. 175. Excluem o crédito tributário:

I – a isenção;

II – a anistia.

Parágrafo único. A exclusão do crédito tributário não dispensa o cumprimento das obrigações acessórias dependentes da obrigação principal cujo crédito seja excluído, ou dela consequente.

Art. 176. A isenção, ainda quando prevista em contrato, é sempre decorrente de lei que especifique as condições e requisitos exigidos para a sua concessão, os tributos a que se aplica e, sendo caso, o prazo de sua duração.

Parágrafo único. A isenção pode ser restrita a determinada região do território da entidade tributante, em função de condições a ela peculiares.

Art. 177. Salvo disposição de lei em contrário, a isenção não é extensiva:

I – às taxas e às contribuições de melhoria;

II – aos tributos instituídos posteriormente à sua concessão.

Art. 178 – A isenção, salvo se concedida por prazo certo e em função de determinadas condições, pode ser revogada ou modificada por lei, a qualquer tempo, observado o disposto no inciso III do art. 104.

Art. 179. A isenção, quando não concedida em caráter geral, é efetivada, em cada caso, por despacho da autoridade administrativa, em requerimento com o qual o interessado faça prova do preenchimento das condições e do cumprimento dos requisitos previstos em lei ou contrato para sua concessão.

§ 1º Tratando-se de tributo lançado por período certo de tempo, o despacho referido neste artigo será renovado antes da expiração de cada período, cessando automaticamente os seus efeitos a partir do primeiro dia do período para o qual o interessado deixar de promover a continuidade do reconhecimento da isenção.

§ 2º O despacho referido neste artigo não gera direito adquirido, aplicando-se, quando cabível, o disposto no artigo 155.

Art. 180. A anistia abrange exclusivamente as infrações cometidas anteriormente à vigência da lei que a concede, não se aplicando:

I – aos atos qualificados em lei como crimes ou contravenções e aos que, mesmo sem essa qualificação, sejam praticados com dolo, fraude ou simulação pelo sujeito passivo ou por terceiro em benefício daquele;

II – salvo disposição em contrário, às infrações resultantes de conluio entre duas ou mais pessoas naturais ou jurídicas.

Art. 181. A anistia pode ser concedida:

I – em caráter geral;

II – limitadamente:

a) às infrações da legislação relativa a determinado tributo;

b) às infrações punidas com penalidades pecuniárias até determinado montante, conjugadas ou não com penalidades de outra natureza;

c) a determinada região do território da entidade tributante, em função de condições a ela peculiares;

d) sob condição do pagamento de tributo no prazo fixado pela lei que a conceder, ou cuja fixação seja atribuída pela mesma lei à autoridade administrativa.

Art. 182. A anistia, quando não concedida em caráter geral, é efetivada, em cada caso, por despacho da autoridade administrativa, em requerimento com a qual o interessado faça prova do preenchimento das condições e do cumprimento dos requisitos previstos em lei para sua concessão.

Parágrafo único. O despacho referido neste artigo não gera direito adquirido, aplicando-se, quando cabível, o disposto no artigo 155.

• LEI Nº 8.989, DE 24 DE FEVEREIRO DE 1995

Dispõe sobre a Isenção do Imposto sobre Produtos Industrializados – IPI, na aquisição de automóveis para utilização no transporte autônomo de passageiros, bem como por pessoas portadoras de deficiência física.

Art. 1º Ficam isentos do Imposto Sobre Produtos Industrializados – IPI os automóveis de passageiros de fabricação nacional, equipados com motor de cilindrada não superior a dois mil centímetros cúbicos, de no mínimo quatro portas inclusive a de acesso ao bagageiro, movidos a combustíveis de origem renovável ou sistema reversível de combustão, quando adquiridos por:

I – motoristas profissionais que exerçam, comprovadamente, em veículo de sua propriedade atividade de condutor autônomo de passageiros, na condição de titular de autorização, permissão ou concessão do Poder Público e que destinam o automóvel à utilização na categoria de aluguel (táxi);

II – motoristas profissionais autônomos titulares de autorização, permissão ou concessão para exploração do serviço de transporte individual de passageiros (táxi), impedidos de continuar exercendo essa atividade em virtude de destruição completa, furto ou roubo do veículo, desde que destinem o veículo adquirido à utilização na categoria de aluguel (táxi);

III – cooperativas de trabalho que sejam permissionárias ou concessionárias de transporte público de passageiros, na categoria de aluguel (táxi), desde que tais veículos se destinem à utilização nessa atividade;

IV – pessoas portadoras de deficiência física, visual, mental severa ou profunda, ou autistas, diretamente ou por intermédio de seu representante legal;

§ 1º Para a concessão do benefício previsto no art. 1º é considerada também pessoa portadora de deficiência física aquela que apresenta alteração completa ou parcial de um ou mais segmentos do corpo humano, acarretando o comprometimento da função física, apresentando-se sob a forma de paraplegia, paraparesia, monoplegia, monoparesia, tetraplegia, tetraparesia, triplegia, triparesia, hemiplegia, hemiparesia, amputação ou ausência de membro, paralisia cerebral, membros com deformidade congênita ou adquirida, exceto as deformidades estéticas e as que não produzam dificuldades para o desempenho de funções.

§ 2º Para a concessão do benefício previsto no art. 1º é considerada pessoa portadora de deficiência visual aquela que apresenta acuidade visual igual ou menor que 20/200 (tabela de Snellen) no melhor olho, após a melhor correção, ou campo visual inferior a 20°, ou ocorrência simultânea de ambas as situações.

§ 3º Na hipótese do inciso IV, os automóveis de passageiros a que se refere o caput serão adquiridos diretamente pelas pessoas que tenham plena capacidade jurídica e, no caso dos interditos, pelos curadores.

§ 4º A Secretaria Especial dos Diretos Humanos da Presidência da República, nos termos da legislação em vigor e o Ministério da Saúde definirão em ato conjunto os conceitos de pessoas portadoras de deficiência mental severa ou profunda, ou autistas, e estabelecerão as normas e requisitos para emissão dos laudos de avaliação delas.

§ 5º Os curadores respondem solidariamente quanto ao imposto que deixar de ser pago, em razão da isenção de que trata este artigo.

§ 6º A exigência para aquisição de automóveis equipados com motor de cilindrada não superior a dois mil centímetros cúbicos, de no mínimo quatro portas, inclusive a de acesso ao bagageiro, movidos a combustíveis de origem renovável ou sistema reversível de combustão não se aplica aos portadores de deficiência de que trata o inciso IV do caput deste artigo.

Art. 2º A isenção do Imposto sobre Produtos Industrializados – IPI de que trata o art. 1º desta Lei somente poderá ser utilizada uma vez, salvo se o veículo tiver sido adquirido há mais de 2 (dois) anos.

Parágrafo único. O prazo de que trata o caput deste artigo aplica-se inclusive às aquisições realizadas antes de 22 de novembro de 2005.

Art. 3º A isenção será reconhecida pela Secretaria da Receita Federal do Ministério da Fazenda, mediante prévia verificação de que o adquirente preenche os requisitos previstos nesta lei.

- **LEI COMPLEMENTAR Nº 101, DE 4 DE MAIO DE 2000**

Lei de Responsabilidade Fiscal

Art. 14. A concessão ou ampliação de incentivo ou benefício de natureza tributária da qual decorra renúncia de receita deverá estar acompanhada de estimativa do impacto orçamentário-financeiro no exercício em que deva iniciar sua vigência e nos dois seguintes, atender ao disposto na lei de diretrizes orçamentárias e a pelo menos uma das seguintes condições:

I – demonstração pelo proponente de que a renúncia foi considerada na estimativa de receita da lei orçamentária, na forma do art. 12, e de que não afetará as metas de resultados fiscais previstas no anexo próprio da lei de diretrizes orçamentárias;

II – estar acompanhada de medidas de compensação, no período mencionado no caput, por meio do aumento de receita, proveniente da elevação de alíquotas, ampliação da base de cálculo, majoração ou criação de tributo ou contribuição.

§ 1º A renúncia compreende anistia, remissão, subsídio, crédito presumido, concessão de isenção em caráter não geral, alteração de alíquota ou modificação de base de cálculo que implique redução discriminada de tributos ou contribuições, e outros benefícios que correspondam a tratamento diferenciado.

§ 2º Se o ato de concessão ou ampliação do incentivo ou benefício de que trata o caput deste artigo decorrer da condição contida no inciso II, o benefício só entrará em vigor quando implementadas as medidas referidas no mencionado inciso.

§ 3º O disposto neste artigo não se aplica:

I – às alterações das alíquotas dos impostos previstos nos incisos I, II, IV e V do art. 153 da Constituição, na forma do seu § 1º;

II – ao cancelamento de débito cujo montante seja inferior ao dos respectivos custos de cobrança.

• LEI COMPLEMENTAR Nº 24, DE 7 DE JANEIRO DE 1975

Dispõe sobre os convênios para a concessão de isenções do imposto sobre operações relativas à circulação de mercadorias

Art. 1º – As isenções do imposto sobre operações relativas à circulação de mercadorias serão concedidas ou revogadas nos termos de convênios celebrados e ratificados pelos Estados e pelo Distrito Federal, segundo esta Lei.

Parágrafo único – O disposto neste artigo também se aplica:

I – à redução da base de cálculo;

II – à devolução total ou parcial, direta ou indireta, condicionada ou não, do tributo, ao contribuinte, a responsável ou a terceiros;

III – à concessão de créditos presumidos;

IV – à quaisquer outros incentivos ou favores fiscais ou financeiro-fiscais, concedidos com base no Imposto de Circulação de Mercadorias, dos quais resulte redução ou eliminação, direta ou indireta, do respectivo ônus;

V – às prorrogações e às extensões das isenções vigentes nesta data.

Art. 2º – Os convênios a que alude o art. 1º, serão celebrados em reuniões para as quais tenham sido convocados representantes de todos os Estados e do Distrito Federal, sob a presidência de representantes do Governo federal.

§ 1º – As reuniões se realizarão com a presença de representantes da maioria das Unidades da Federação.

§ 2º – A concessão de benefícios dependerá sempre de decisão unânime dos Estados representados; a sua revogação total ou parcial dependerá de aprovação de quatro quintos, pelo menos, dos representantes presentes.

§ 3º – Dentro de 10 (dez) dias, contados da data final da reunião a que se refere este artigo, a resolução nela adotada será publicada no Diário Oficial da União.

Art. 3º – Os convênios podem dispor que a aplicação de qualquer de suas cláusulas seja limitada a uma ou a algumas Unidades da Federação.

Art. 4º – Dentro do prazo de 15 (quinze) dias contados da publicação dos convênios no Diário Oficial da União, e independentemente de qualquer outra comunicação, o Poder Executivo de cada Unidade da Federação publicará decreto ratificando ou não os convênios celebrados, considerando-se ratificação tácita dos convênios a falta de manifestação no prazo assinalado neste artigo.

§ 1º – O disposto neste artigo aplica-se também às Unidades da Federação cujos representantes não tenham comparecido à reunião em que hajam sido celebrados os convênios.

§ 2º – Considerar-se-á rejeitado o convênio que não for expressa ou tacitamente ratificado pelo Poder Executivo de todas as Unidades da Federação ou, nos casos de revogação a que se refere o art. 2º, § 2º, desta Lei, pelo Poder Executivo de, no mínimo, quatro quintos das Unidades da Federação.

Art. 5º – Até 10 (dez) dias depois de findo o prazo de ratificação dos convênios, promover-se-á, segundo o disposto em Regimento, a publicação relativa à ratificação ou à rejeição no Diário Oficial da União.

Art. 6º – Os convênios entrarão em vigor no trigésimo dia após a publicação a que se refere o art. 5º, salvo disposição em contrário.

Art. 7º – Os convênios ratificados obrigam todas as Unidades da Federação inclusive as que, regularmente convocadas, não se tenham feito representar na reunião.

Art. 8º – A inobservância dos dispositivos desta Lei acarretará, cumulativamente:

I – a nulidade do ato e a ineficácia do crédito fiscal atribuído ao estabelecimento recebedor da mercadoria;

II – a exigibilidade do imposto não pago ou devolvido e a ineficácia da lei ou ato que conceda remissão do débito correspondente.

Parágrafo único – As sanções previstas neste artigo poder-se-ão acrescer a presunção de irregularidade das contas correspondentes ao exercício, a juízo do Tribunal de Contas da União, e a suspensão do pagamento das quotas referentes ao Fundo de Participação, ao Fundo Especial e aos impostos referidos nos itens VIII e IX do art. 21 da Constituição federal.

Art. 9º – É vedado aos Municípios, sob pena das sanções previstas no artigo anterior, concederem qualquer dos benefícios relacionados no art. 1º no que se refere à sua parcela na receita do imposto de circulação de mercadorias.

Art. 10 – Os convênios definirão as condições gerais em que se poderão conceder, unilateralmente, anistia, remissão, transação, moratória, parcelamento de débitos fiscais e ampliação do prazo de recolhimento do imposto de circulação de mercadorias.

Art. 11 – O Regimento das reuniões de representantes das Unidades da Federação será aprovado em convênio.

Art. 12 – São mantidos os benefícios fiscais decorrentes de convênios regionais e nacionais vigentes à data desta Lei, até que revogados ou alterados por outro.

§ 1º – Continuam em vigor os benefícios fiscais ressalvados pelo § 6º do art. 3º do Decreto-Lei nº 406, de 31 de dezembro de 1968, com a redação que lhe deu o art. 5º do Decreto-Lei nº 834, de 8 de setembro de 1969, até o vencimento do prazo ou cumprimento das condições correspondentes.

§ 2º – Quaisquer outros benefícios fiscais concedidos pela legislação estadual considerar-se-ão revogados se não forem convalidados pelo primeiro convênio que se realizar na forma desta Lei, ressalvados os concedidos por prazo certo ou em função de determinadas condições que já tenham sido incorporadas ao patrimônio jurídico de contribuinte. O prazo para a celebração deste convênio será de 90 (noventa) dias a contar da data da publicação desta Lei.

§ 3º – A convalidação de que trata o parágrafo anterior se fará pela aprovação de 2/3 (dois terços) dos representantes presentes, observando-se, na respectiva ratificação, este quorum e o mesmo processo do disposto no art. 4º.

Art. 13 – O art. 178 do Código Tributário Nacional (Lei nº 5.172, de 25 de outubro de 1966), passa a vigorar com a seguinte redação:

"Art. 178 - A isenção, salvo se concedida por prazo certo e em função de determinadas condições, pode ser revogada ou modificada por lei, a qualquer tempo, observado o disposto no inciso III do art. 104."

Art. 14 - Sairão com suspensão do Imposto de Circulação de Mercadorias:

I - as mercadorias remetidas pelo estabelecimento do produtor para estabelecimento de Cooperativa de que faça parte, situada no mesmo Estado;

II - as mercadorias remetidas pelo estabelecimento de Cooperativa de Produtores, para estabelecimento, no mesmo Estado, da própria Cooperativa, de Cooperativa Central ou de Federação de Cooperativas de que a Cooperativa remetente faça parte.

§ 1º - O imposto devido pelas saídas mencionadas nos incisos I e II será recolhido pelo destinatário quando da saída subseqüente, esteja esta sujeita ou não ao pagamento do tributo.

§ 2º - Ficam revogados os incisos IX e X do art. 1º da Lei Complementar nº 4, de 2 de dezembro de 1969.

Art. 15 - O disposto nesta Lei não se aplica às indústrias instaladas ou que vierem a instalar-se na Zona Franca de Manaus, sendo vedado às demais Unidades da Federação determinar a exclusão de incentivo fiscal, prêmio ou estimulo concedido pelo Estado do Amazonas.

CAPÍTULO XIV

GARANTIAS E PRIVILÉGIOS DO CRÉDITO TRIBUTÁRIO

As garantias e os privilégios do crédito tributário estão disciplinados no CTN (artigos 183 a 193). Em linhas gerais, tem-se a seguinte distinção entre garantia e privilégio:

Garantias	Privilégios
Instrumentos de que dispõe o Poder Público para assegurar o seu direito de receber o crédito tributário, impelindo o sujeito passivo a extingui-lo (principalmente pelo pagamento).	Preferências gozadas pelo crédito tributário em comparação com créditos de demais naturezas jurídicas.

Essa distinção guarda coerência com a seguinte lição de Paulo de Barros Carvalho:

> "...por **garantias** devemos entender os meios jurídicos assecuratórios que cercam o direito subjetivo do estado de receber a prestação do tributo. E por **privilégios**, a posição de superioridade de que desfruta o crédito tributário, com relação aos demais, excetuando-se os decorrentes da legislação do trabalho." (CARVALHO, Paulo de Barros. **Curso de Direito Tributário.** 21ª edição. Saraiva, 2009, p. 604).

O CTN enumera garantias ao crédito tributário de maneira exemplificativa (e não taxativa), ou seja, não exclui outras que sejam **expressamente** previstas em lei.

A natureza das garantias atribuídas ao crédito tributário não altera a natureza deste nem a da obrigação tributária a que corresponda (CTN, art. 183, parágrafo único), ou seja, por exemplo, o fato de ser atribuída uma garantia real ao crédito tributário, não faz dele um crédito imobiliário, mantendo-se com a natureza jurídica de crédito tributário.

Além disso, deve-se lembrar que crédito tributário **não** é sinônimo de obrigação tributária, de modo que, nos termos do artigo 140 do CTN, "as circunstâncias que modificam o **crédito tributário**, sua extensão ou seus efeitos, ou as **garantias ou os privilégios** a ele atribuídos, ou que excluem sua exigibilidade **não afetam** a **obrigação tributária** que lhe deu origem".

1. AS GARANTIAS ESPECIFICADAS NO CTN

Em uma passagem de sistematização um pouco confusa do CTN, as garantias do crédito tributário são tratadas na seção das disposições gerais do capítulo relativo às garantias e privilégios do crédito tributário. O primeiro dispositivo a respeito é o artigo 184, segundo o qual:

> "Art. 184. Sem prejuízo dos privilégios especiais sobre determinados bens, que sejam previstos em lei, responde pelo pagamento do crédito tributário a totalidade dos bens e das rendas, de qualquer origem ou natureza, do sujeito passivo, seu espólio ou sua massa falida, **inclusive** os gravados por ônus real ou cláusula de inalienabilidade ou impenhorabilidade, seja qual for a data da constituição do ônus ou da cláusula, **excetuados** unicamente os bens e rendas que a lei declare absolutamente impenhoráveis (CTN, art. 184).

Essa norma, como se vê, veicula regra, ênfase e uma única exceção, quais sejam:

- **Regra:** responde pelo pagamento do crédito tributário a **totalidade** dos bens e das rendas, de qualquer origem ou natureza, do sujeito passivo, seu espólio ou sua massa falida.
- **Ênfase da regra:** respondem **inclusive** os bens gravados por ônus real ou cláusula de inalienabilidade ou impenhorabilidade, seja qual for a data da constituição do ônus ou da cláusula.
- **Exceção única:** são **excetuados unicamente** os bens e rendas que a lei declare absolutamente impenhoráveis.

No que tange aos bens absolutamente impenhoráveis, deve-se mencionar a **impenhorabilidade do "bem de família"**, oponível em qualquer processo de execução fiscal, **salvo** se movido para a cobrança de impostos predial (ou territorial), taxas e contribuições devidas em função do imóvel familiar (Lei 8.009/90, art. 3º, inciso IV).

Na sequência, o artigo 185 do CTN teve a sua redação alterada pela Lei complementar 118/2005, que também inclui no Código o artigo 185-A. Esses dois artigos estabelecem regras, exceções, limites e consequências obedecendo à seguinte sistematização:

- **Regra 1 – Presunção de fraude:** presume-se fraudulenta a alienação ou oneração de bens ou rendas, ou seu começo, por sujeito passivo em débito para com a Fazenda Pública, por crédito tributário regularmente inscrito como dívida ativa (art. 185)
- **Exceção à presunção de fraude:** o disposto neste artigo não se aplica na hipótese de terem sido reservados, pelo devedor, bens ou rendas suficientes ao total pagamento da dívida inscrita (art. 185, parágrafo único)
- **Regra 2 – Indisponibilidade de bens:** na hipótese de o devedor tributário, devidamente citado, não pagar nem apresentar bens à penhora no prazo

legal e não forem encontrados bens penhoráveis, o juiz determinará a indisponibilidade de seus bens e direitos (art. 185-A, primeira parte)

- **Consequência 1 da indisponibilidade de bens:** comunicando a decisão, preferencialmente por meio eletrônico, aos órgãos e entidades que promovem registros de transferência de bens, especialmente ao registro público de imóveis e às autoridades supervisoras do mercado bancário e do mercado de capitais, a fim de que, no âmbito de suas atribuições, façam cumprir a ordem judicial (art. 185-A, parte final).

- **Consequência 2 da indisponibilidade de bens:** os órgãos e entidades aos quais se fizer a comunicação de que trata o **caput** deste artigo enviarão imediatamente ao juízo a relação discriminada dos bens e direitos cuja indisponibilidade houverem promovido (art. 185-A, § 2º).

- **Limite da indisponibilidade de bens:** indisponibilidade de que trata o **caput** deste artigo limitar-se-á ao valor total exigível, devendo o juiz determinar o imediato levantamento da indisponibilidade dos bens ou valores que excederem esse limite (art. 185-A, § 1º).

O quadro a seguir sistematiza as garantias previstas no CTN:

Responsabilidade patrimonial	Sem prejuízo dos privilégios especiais sobre determinados bens, responde pelo pagamento do crédito tributário a totalidade dos bens e das rendas, de qualquer origem ou natureza, do sujeito passivo, seu espólio ou sua massa falida, **inclusive os gravados** por **ônus real** ou **cláusula de inalienabilidade ou impenhorabilidade,** seja qual for a data da constituição do ônus ou da cláusula, excetuados unicamente os bens e rendas que a lei declare absolutamente impenhoráveis.
Presunção de Fraude	Presume-se fraudulenta a alienação ou oneração de bens ou rendas, ou seu começo, por sujeito passivo em débito para com a Fazenda Pública, por crédito tributário **regularmente inscrito como dívida ativa.**
Não aplicação da presunção de fraude	Na hipótese de o devedor ter reservado bens ou rendas suficientes para o total pagamento da dívida inscrita.
Determinação judicial de indisponibilidade de bens e direitos do devedor	Na hipótese de o devedor tributário, devidamente citado, não pagar nem apresentar bens à penhora no prazo legal e não forem encontrados bens penhoráveis. A decisão será comunicada aos órgãos e entidades que promovem registros de transferência de bens, especialmente ao registro público de imóveis e às autoridades supervisoras do mercado bancário e do mercado de capitais, a fim de que, no âmbito de suas atribuições, façam cumprir a ordem judicial.
Limite da indisponibilidade	Valor total exigível, devendo o juiz determinar o imediato levantamento da indisponibilidade dos bens ou valores que excederem esse limite.

Prova de tributos quitados	Salvo quando expressamente autorizado por lei, nenhum departamento da administração pública da União, dos Estados, do Distrito Federal, ou dos Municípios, ou sua autarquia, celebrará contrato ou aceitará proposta em concorrência pública sem que o contratante ou proponente faça prova da quitação de todos os tributos devidos à Fazenda Pública interessada, relativos à atividade em cujo exercício contrata ou concorre.

2. REGRA GERAL DAS PREFERÊNCIAS DO CRÉDITO TRIBUTÁRIO (EXCETO NOS CASOS DE FALÊNCIA)

No que se refere às preferências do crédito tributário, uma norma geral encontra-se estabelecida no artigo 186, *caput*, do CTN, segundo o qual:

> "**Art. 186.** O crédito tributário **prefere a qualquer outro**, seja qual for sua natureza ou o tempo de sua constituição, **ressalvados** os créditos decorrentes da **legislação do trabalho** ou do **acidente de trabalho**".

Em linhas gerais:

- O crédito tributário prefere a qualquer outro, **seja qual for sua natureza.**
- O crédito tributário prefere a qualquer outro, **seja qual for o tempo de sua constituição.**
- Há **duas ressalvas:** os créditos decorrentes:

  (1) da legislação do trabalho;

  (2) do acidente de trabalho.

Além disso, nos termos preconizados pelo artigo 187 do CTN, a **cobrança judicial** do crédito tributário **não** é sujeita a:

(1) concurso de credores;

(2) habilitação em falência, recuperação judicial, concordata, inventário ou arrolamento.

Coerente com essa norma, o artigo 5º da Lei 6.830/80 – Lei de Execuções Fiscais dispõe que "a competência para processar e julgar a execução da Dívida Ativa da Fazenda Pública exclui a de qualquer outro Juízo, inclusive o da falência, da concordata, da liquidação, da insolvência ou do inventário".

E, segundo a jurisprudência do Superior Tribunal de Justiça, a decretação da falência não paralisa o processo de execução fiscal, nem desconstitui a penhora (REsp. 188.148-RS).

Cuidado apenas com o fato de que a cobrança judicial não estar sujeita a habilitação em falência, inventário ou arrolamento **não** significa que não existam normas especiais de garantias e preferências relacionadas a esses procedimentos judiciais. É o que se verá adiante neste capítulo.

3. ORDEM DE PREFERÊNCIA NA FALÊNCIA (CTN, ART. 186, PARÁGRAFO ÚNICO, C/C ARTS. 83 E 84 DA LEI 11.101/2005)

A análise sistemática do artigo 186, parágrafo único do CTN e dos artigos 83 e 84 da Lei nº 11.101/2005 (Lei de Falências) enseja a seguinte ordem de preferências de créditos para serem quitados:

1º Créditos extraconcursais (decorrentes do andamento do processo de falência);

2º Importâncias passíveis de restituição (bens e direitos de terceiros arrecadados do falido na data da decretação da falência);

3º Créditos trabalhistas (limitados a 150 salários mínimos por credor) e acidentários (desde que oriundos antes da falência, caso não, serão extraconcursais);

4º Créditos com garantia real (no limite do valor do bem gravado);

5º **Créditos tributários** (desde que não sejam extraconcursais e excetuadas as multas tributárias);

6º Créditos com privilégio especial;

7º Créditos com privilégio geral;

8º Créditos quirografários;

9º Multas contratuais, **multas pecuniárias** por infrações às leis penais, administrativas e **tributárias**;

10º Créditos subordinados

São muito importantes alguns aspectos relacionados aos créditos ordenados em 1º, 5º e 9º lugares.

Primeiramente, o artigo 84 da Lei 11.101/2005 (Lei de Falências) estabelece que os chamados créditos extraconcursais serão pagos com precedências aos demais créditos relacionados em ordem no artigo 83 do mesmo diploma legal. Por créditos extraconcursais entendem-se aqueles surgidos após início do processo de falência, como, por exemplo, a remuneração devida ao administrador judicial. Dentre os créditos extraconcursais, estão explicitamente elencados no inciso V os "tributos relativos a fatos geradores ocorridos após a decretação da falência". Logo, o candidato deve ficar atento nos enunciados, haja vista que um crédito tributário pode ser extraconcursal (primeiro a ser pago, ou melhor, pago com precedência aos demais créditos) ou não extraconcursal (que se sujeitará à ordem estabelecida no quadro retro).

E assim, excluídos os créditos tributários de caráter extraconcursal (1º lugar) e os decorrentes de multas tributárias (9º lugar), todos os demais créditos tributários ocupam a 5ª posição na ordem de preferência dos créditos nos processos falimentares.

Segundo vários julgados do STJ, a exemplo do AgRg no Ag 1023989/SP, a multa fiscal moratória, por constituir pena administrativa, não se incluiria no crédito habilitado em falência (Súmulas nºs 192 e 565 do STF)". Entretanto, cabe anotar que o artigo 83, inciso VII, da Lei 11.101/2005 (que atualmente disciplina a falência e a recuperação judicial e extrajudicial), expressamente coloca as multas tributárias na ordem de classificação dos créditos:

> Art. 83. A classificação dos créditos na falência obedece à seguinte ordem:
>
> VII – as multas contratuais e as penas pecuniárias por infração das leis penais ou administrativas, **inclusive as multas tributárias.**

Com base nesse dispositivo, há recente julgado do próprio STJ admitindo possibilidade de inclusão da multa moratória de natureza tributária na classificação dos créditos na falência (STJ, REsp 1.223.792/MS).

Cabe lembrar que, em processo da falência, o produto da alienação judicial de empresa, filial ou unidade produtiva isolada permanecerá em conta de depósito à disposição do juízo de falência pelo prazo de 1 (um) ano, contado da data de alienação, somente podendo ser utilizado para o pagamento de créditos extraconcursais ou de créditos que preferem ao tributário (CTN, art. 133, § 3º).

E ainda em relação aos aspectos tributários da falência e da recuperação de empresas, a regularidade quanto a débitos fiscais possui grande relevância, uma vez que:

- a extinção das obrigações do falido requer prova de quitação de todos os tributos (CTN, art. 191);
- a concessão de recuperação judicial depende da apresentação da prova de quitação de todos os tributos (art. 191-A).

4. SISTEMA DE GARANTIAS E PREFERÊNCIAS NOS INVENTÁRIOS E PARTILHAS

Nos inventários e nas partilhas têm-se no CTN, como regra, as seguintes normas relativas a garantias e preferências:

> "Art. 189. São pagos preferencialmente a quaisquer créditos habilitados em inventário ou arrolamento, ou a outros encargos do monte, os créditos tributários vencidos ou vincendos, a cargo do *de cujus* ou de seu espólio, exigíveis no decurso do processo de inventário ou arrolamento.
>
> Parágrafo único. Contestado o crédito tributário, proceder-se-á na forma do disposto no § 1º do artigo anterior.
>
> (...)

> Art. 192. Nenhuma sentença de julgamento de partilha ou adjudicação será proferida sem prova da quitação de todos os tributos relativos aos bens do espólio, ou às suas rendas".

Portanto, nos casos de inventário ou partilha, o artigo 189 do CTN impõe a seguinte sistemática de preferência e procedimentos:

- **Primeiro (crédito preferido):** créditos tributários vencidos ou vincendos, a cargo do *de cujus* ou de seu espólio, exigíveis no decurso do processo de inventário ou arrolamento.
- **Depois (crédito preterido):** quaisquer créditos habilitados em inventário ou arrolamento, ou outros encargos do monte.
- **No caso de contestação:** será seguido o procedimento do § 1º do artigo 188 (referente a falências), isto é, contestado o crédito tributário, o juiz remeterá as partes ao processo competente, mandando reservar bens suficientes à extinção total do crédito e seus acrescidos, se a massa não puder efetuar a garantia da instância por outra forma, ouvido, quanto à natureza e valor dos bens reservados, o representante da Fazenda Pública interessada.

Além desse sistema de preferência, existe também a garantia do artigo 192 do CTN, segundo a qual **nenhuma sentença** de julgamento de **partilha ou adjudicação** será proferida **sem prova da quitação de todos os tributos** relativos aos bens do espólio, ou às suas rendas.

Em síntese, em termos de garantias e privilégios, nos inventários e partilhas, as normas são as seguintes:

Garantia	Preferência
Nenhuma sentença de julgamento de partilha ou adjudicação será proferida sem prova da quitação de todos os tributos relativos aos bens do espólio ou às suas rendas.	São pagos preferencialmente a quaisquer créditos habilitados em inventário ou arrolamento, ou a outros encargos do monte, os créditos tributários vencidos ou vincendos, a cargo do *de cujus* ou de seu espólio, exigíveis no decurso do processo de inventário ou arrolamento.

5. ORDEM DE PREFERÊNCIA ENTRE PESSOAS JURÍDICAS DE DIREITO PÚBLICO

O concurso de preferência somente se verifica entre pessoas jurídicas de direito público, na seguinte ordem (CTN, art. 187, parágrafo único do CTN):

1º	União
2º	Estados, Distrito Federal e Territórios, conjuntamente e pró-rata
3º	Municípios, conjuntamente e *pró-rata*

Sobre isso, dispõe a **Súmula 563 do STF:**

> "O concurso de preferência a que se refere o parágrafo único do art. 187 do Código Tributário Nacional é compatível com o disposto no art. 9º, I, da Constituição Federal".

Essa súmula foi editada antes da vigência da CF/88, portanto, o artigo 9º, inciso I que menciona refere-se à Constituição anterior. Mas, há correspondência na Constituição atual, que é o artigo 19, inciso III:

> "Art. 19. É vedado à União, aos Estados, ao Distrito Federal e aos Municípios: (...)
>
> III – criar distinções entre brasileiros ou preferências entre si".

Superada a questão de não haver violação ao artigo 19,inciso III, da CF, cabe ressaltar que o concurso de preferências entre pessoas políticas tem lugar na coexistência de execuções fiscais de diversos entes federativos sobre um mesmo sujeito passivo, quando há pluralidade de penhoras sobre um único bem do devedor.

Nesses casos, o entendimento do Superior Tribunal de Justiça é de que:

> "...verificada a **pluralidade de penhora** sobre o mesmo bem em executivos fiscais ajuizados por diferentes entidades garantidas com o privilégio do concurso de preferência, consagra-se a prelação do pagamento dos créditos tributários da União e suas autarquias em detrimento dos créditos fiscais dos estados e destes em relação aos municípios, conforme a dicção do art. 187, parágrafo único, do CTN c/c o artigo 29 da Lei 6.830/80." (STJ – AgRg no REsp 1341707/RS)

Segundo a mesma linha de raciocínio prevalece também o entendimento de que os créditos das autarquias federais preferem aos créditos da Fazenda estadual, desde que coexistam penhoras sobre o mesmo bem (Súmula 497 do STJ).

Além disso, o mesmo Superior Tribunal de Justiça vem manifestando o entendimento de que:

> "Não viola o artigo 187 do CTN a concessão de parcelamento a uma empresa em recuperação judicial, porquanto o crédito não perde seus privilégios, apenas passa a ser recolhido de modo diferido a fim de que a sociedade empresária possa adimplir a obrigação tributária de forma íntegra, com a exigibilidade do crédito suspensa. À luz da doutrina e da legislação atuais, às sociedades empresárias, mesmo em recuperação judicial, deve ser assegurado o direito de acesso aos planos de parcelamento fiscal, mantendo, com isso, seu ciclo produtivo, os empregos gerados e a satisfação de interesses econômicos e de consumo da comunidade." (STJ, EDcl no AgRg no CC 110.764-DF, 2ª Seção, Rel. Min. Luis Felipe Salomão, julgados em 11/05/2011)

Portanto, o entendimento é de que a concessão de parcelamento em sede de recuperação judicial suspende a exigibilidade do crédito tributário (CTN, art. 151, VI) e **não** suprime as garantias e os privilégios usufruídos pelo crédito tributário.

6. SÚMULAS

Súmula 563 STF: "O concurso de preferência a que se refere o parágrafo único, do art. 187, do Código Tributário Nacional, é compatível com o disposto no art. 9°, inciso I, da Constituição Federal".

Súmula 565 STF: "A multa fiscal moratória constitui pena administrativa, não se incluindo no crédito habilitado em falência".

Súmula 560 STJ: "A decretação da indisponibilidade de bens e direitos, na forma do art. 185-A do CTN, pressupõe o exaurimento das diligências na busca por bens penhoráveis, o qual fica caracterizado quando infrutíferos o pedido de constrição sobre ativos financeiros e a expedição de ofícios aos registros públicos do domicílio do executado, ao Denatran ou Detran".

7. LEGISLAÇÃO RELACIONADA AO CAPÍTULO

• CONSTITUIÇÃO FEDERAL

Art. 19. É vedado à União, aos Estados, ao Distrito Federal e aos Municípios:

III – criar distinções entre brasileiros ou preferências entre si.

• CÓDIGO TRIBUTÁRIO NACIONAL

Art. 140. As circunstâncias que modificam o crédito tributário, sua extensão ou seus efeitos, ou as garantias ou os privilégios a ele atribuídos, ou que excluem sua exigibilidade não afetam a obrigação tributária que lhe deu origem.

Art. 141. O crédito tributário regularmente constituído somente se modifica ou extingue, ou tem sua exigibilidade suspensa ou excluída, nos casos previstos nesta Lei, fora dos quais não podem ser dispensadas, sob pena de responsabilidade funcional na forma da lei, a sua efetivação ou as respectivas garantias.

Art. 183. A enumeração das garantias atribuídas neste Capítulo ao crédito tributário não exclui outras que sejam expressamente previstas em lei, em função da natureza ou das características do tributo a que se refiram.

Parágrafo único. A natureza das garantias atribuídas ao crédito tributário não altera a natureza deste nem a da obrigação tributária a que corresponda.

Art. 184. Sem prejuízo dos privilégios especiais sobre determinados bens, que sejam previstos em lei, responde pelo pagamento do crédito tributário a totalidade dos bens e das rendas, de qualquer origem ou natureza, do sujeito passivo, seu espólio ou sua massa falida, inclusive os gravados por ônus real ou cláusula de inalienabilidade ou impenhorabilidade, seja qual for a data da constituição do ônus ou da cláusula, excetuados unicamente os bens e rendas que a lei declare absolutamente impenhoráveis.

Art. 185. Presume-se fraudulenta a alienação ou oneração de bens ou rendas, ou seu começo, por sujeito passivo em débito para com a Fazenda Pública, por crédito tributário regularmente inscrito como dívida ativa.

Parágrafo único. O disposto neste artigo não se aplica na hipótese de terem sido reservados, pelo devedor, bens ou rendas suficientes ao total pagamento da dívida inscrita.

Art. 185-A. Na hipótese de o devedor tributário, devidamente citado, não pagar nem apresentar bens à penhora no prazo legal e não forem encontrados bens penhoráveis, o juiz determinará a indisponibilidade de seus bens e direitos, comunicando a decisão, preferencialmente por meio eletrônico, aos órgãos e entidades que promovem registros de transferência de bens, especialmente ao registro público de imóveis e às autoridades supervisoras do mercado bancário e do mercado de capitais, a fim de que, no âmbito de suas atribuições, façam cumprir a ordem judicial.

§ 1º A indisponibilidade de que trata o caput deste artigo limitar-se-á ao valor total exigível, devendo o juiz determinar o imediato levantamento da indisponibilidade dos bens ou valores que excederem esse limite.

§ 2º Os órgãos e entidades aos quais se fizer a comunicação de que trata o caput deste artigo enviarão imediatamente ao juízo a relação discriminada dos bens e direitos cuja indisponibilidade houverem promovido.

Art. 186. O crédito tributário prefere a qualquer outro, seja qual for sua natureza ou o tempo de sua constituição, ressalvados os créditos decorrentes da legislação do trabalho ou do acidente de trabalho. http://www.planalto.gov.br/ccivil_03/leis/LCP/Lcp118.htm – art1

Parágrafo único. Na falência:

I – o crédito tributário não prefere aos créditos extraconcursais ou às importâncias passíveis de restituição, nos termos da lei falimentar, nem aos créditos com garantia real, no limite do valor do bem gravado;

II – a lei poderá estabelecer limites e condições para a preferência dos créditos decorrentes da legislação do trabalho; e

III – a multa tributária prefere apenas aos créditos subordinados.

Art. 187. A cobrança judicial do crédito tributário não é sujeita a concurso de credores ou habilitação em falência, recuperação judicial, concordata, inventário ou arrolamento.

Parágrafo único. O concurso de preferência somente se verifica entre pessoas jurídicas de direito público, na seguinte ordem:

I – União;

II – Estados, Distrito Federal e Territórios, conjuntamente e pró rata;

III – Municípios, conjuntamente e pró rata.

Art. 188. São extraconcursais os créditos tributários decorrentes de fatos geradores ocorridos no curso do processo de falência.

§ 1º Contestado o crédito tributário, o juiz remeterá as partes ao processo competente, mandando reservar bens suficientes à extinção total do crédito e seus acrescidos, se a massa não puder efetuar a garantia da instância por outra forma, ouvido, quanto à natureza e valor dos bens reservados, o representante da Fazenda Pública interessada.

§ 2º O disposto neste artigo aplica-se aos processos de concordata.

Art. 189. São pagos preferencialmente a quaisquer créditos habilitados em inventário ou arrolamento, ou a outros encargos do monte, os créditos tributários vencidos ou vincendos, a cargo do de cujus ou de seu espólio, exigíveis no decurso do processo de inventário ou arrolamento.

Parágrafo único. Contestado o crédito tributário, proceder-se-á na forma do disposto no § 1º do artigo anterior.

Art. 190. São pagos preferencialmente a quaisquer outros os créditos tributários vencidos ou vincendos, a cargo de pessoas jurídicas de direito privado em liquidação judicial ou voluntária, exigíveis no decurso da liquidação.

Art. 191. A extinção das obrigações do falido requer prova de quitação de todos os tributos.

Art. 191-A. A concessão de recuperação judicial depende da apresentação da prova de quitação de todos os tributos, observado o disposto nos arts. 151, 205 e 206 desta Lei.

Art. 192. Nenhuma sentença de julgamento de partilha ou adjudicação será proferida sem prova da quitação de todos os tributos relativos aos bens do espólio, ou às suas rendas.

Art. 193. Salvo quando expressamente autorizado por lei, nenhum departamento da administração pública da União, dos Estados, do Distrito Federal, ou dos Municípios, ou sua autarquia, celebrará contrato ou aceitará proposta em concorrência pública sem que o contratante ou proponente faça prova da quitação de todos os tributos devidos à Fazenda Pública interessada, relativos à atividade em cujo exercício contrata ou concorre.

• LEI Nº 8.009, DE 29 DE MARÇO DE 1990

Dispõe sobre a impenhorabilidade do bem de família

Art. 1º O imóvel residencial próprio do casal, ou da entidade familiar, é impenhorável e não responderá por qualquer tipo de dívida civil, comercial, fiscal, previdenciária ou de outra natureza, contraída pelos cônjuges ou pelos pais ou filhos que sejam seus proprietários e nele residam, salvo nas hipóteses previstas nesta lei.

Parágrafo único. A impenhorabilidade compreende o imóvel sobre o qual se assentam a construção, as plantações, as benfeitorias de qualquer natureza e todos os equipamentos, inclusive os de uso profissional, ou móveis que guarnecem a casa, desde que quitados.

Art. 2º Excluem-se da impenhorabilidade os veículos de transporte, obras de arte e adornos suntuosos.

Parágrafo único. No caso de imóvel locado, a impenhorabilidade aplica-se aos bens móveis quitados que guarneçam a residência e que sejam de propriedade do locatário, observado o disposto neste artigo.

Art. 3º A impenhorabilidade é oponível em qualquer processo de execução civil, fiscal, previdenciária, trabalhista ou de outra natureza, salvo se movido:

IV – para cobrança de impostos, predial ou territorial, taxas e contribuições devidas em função do imóvel familiar;

- **LEI Nº 11.101, DE 9 DE FEVEREIRO DE 2005**

Regula a recuperação judicial, a extrajudicial e a falência do empresário e da sociedade empresária

Art. 83. A classificação dos créditos na falência obedece à seguinte ordem:

I – os créditos derivados da legislação do trabalho, limitados a 150 (cento e cinqüenta) salários-mínimos por credor, e os decorrentes de acidentes de trabalho;

II – créditos com garantia real até o limite do valor do bem gravado;

III – créditos tributários, independentemente da sua natureza e tempo de constituição, excetuadas as multas tributárias;

IV – créditos com privilégio especial, a saber:

a) os previstos no art. 964 da Lei no 10.406, de 10 de janeiro de 2002;

b) os assim definidos em outras leis civis e comerciais, salvo disposição contrária desta Lei;

c) aqueles a cujos titulares a lei confira o direito de retenção sobre a coisa dada em garantia;

d) aqueles em favor dos microempreendedores individuais e das microempresas e empresas de pequeno porte de que trata a Lei Complementar no 123, de 14 de dezembro de 2006

V – créditos com privilégio geral, a saber:

a) os previstos no art. 965 da Lei no 10.406, de 10 de janeiro de 2002;

b) os previstos no parágrafo único do art. 67 desta Lei;

c) os assim definidos em outras leis civis e comerciais, salvo disposição contrária desta Lei;

VI – créditos quirografários, a saber:

a) aqueles não previstos nos demais incisos deste artigo;

b) os saldos dos créditos não cobertos pelo produto da alienação dos bens vinculados ao seu pagamento;

c) os saldos dos créditos derivados da legislação do trabalho que excederem o limite estabelecido no inciso I do caput deste artigo;

VII – as multas contratuais e as penas pecuniárias por infração das leis penais ou administrativas, inclusive as multas tributárias;

VIII – créditos subordinados, a saber:

a) os assim previstos em lei ou em contrato;

b) os créditos dos sócios e dos administradores sem vínculo empregatício.

§ 1º Para os fins do inciso II do caput deste artigo, será considerado como valor do bem objeto de garantia real a importância efetivamente arrecadada com sua venda, ou, no caso de alienação em bloco, o valor de avaliação do bem individualmente considerado.

§ 2º Não são oponíveis à massa os valores decorrentes de direito de sócio ao recebimento de sua parcela do capital social na liquidação da sociedade.

§ 3º As cláusulas penais dos contratos unilaterais não serão atendidas se as obrigações neles estipuladas se vencerem em virtude da falência.

§ 4º Os créditos trabalhistas cedidos a terceiros serão considerados quirografários.

Art. 84. Serão considerados créditos extraconcursais e serão pagos com precedência sobre os mencionados no art. 83 desta Lei, na ordem a seguir, os relativos a:

I – remunerações devidas ao administrador judicial e seus auxiliares, e créditos derivados da legislação do trabalho ou decorrentes de acidentes de trabalho relativos a serviços prestados após a decretação da falência;

II – quantias fornecidas à massa pelos credores;

III – despesas com arrecadação, administração, realização do ativo e distribuição do seu produto, bem como custas do processo de falência;

IV – custas judiciais relativas às ações e execuções em que a massa falida tenha sido vencida;

V – obrigações resultantes de atos jurídicos válidos praticados durante a recuperação judicial, nos termos do art. 67 desta Lei, ou após a decretação da falência, e tributos relativos a fatos geradores ocorridos após a decretação da falência, respeitada a ordem estabelecida no art. 83 desta Lei.

QUESTÕES
CAPÍTULOS XIII E XIV

1. QUESTÕES COMENTADAS

01. **(Analista Judiciário – Área Judiciária – TRF 3ª região/ 2007 – FCC)** Quanto a garantias e privilégios do crédito tributário, considere:

I. Presume-se fraudulenta a alienação ou oneração de bens ou rendas, ou seu começo, por sujeito passivo em débito com a Fazenda Pública, por crédito tributário regularmente inscrito como dívida ativa.

II. A cobrança judicial do crédito tributário sujeita-se a concurso de credores ou habilitação em falência, recuperação judicial, concordata, inventário ou partilha.

III. São extraconcursais os créditos tributários decorrentes de fatos geradores ocorridos no curso do processo da falência.

IV. A extinção das obrigações do falido e a concessão da recuperação judicial independem da apresentação da prova de quitação de todos os tributos.

V. A natureza das garantias atribuídas ao crédito tributário não altera a natureza deste nem a da obrigação tributária a que corresponda.

Está correto o que se afirma APENAS em

a) III e IV.
b) II, IV e V.
c) II e V.
d) I, III e V.
e) I e IV.

COMENTÁRIOS:

A questão refere-se à temática "garantias e privilégios do crédito tributário", disciplinada, de forma não exaustiva, pelos artigos 183 a 193 do CTN. As garantias são os meios que asseguram o recebimento do crédito tributário. Já os privilégios são as preferências aplicáveis ao crédito tributário, em relação a outros tipos de créditos.

Alternativa correta: letra "d".

Item I. Correto. Conforme a interpretação do artigo 185 do CTN, há a presunção de fraude na hipótese de o sujeito passivo em débito com a Fazenda Pública (por crédito tributário devidamente inscrito em dívida ativa e em fase de execução) alienar ou onerar seu patrimônio, **exceto** no caso desse mesmo sujeito passivo ter reservado de seu patrimônio bens ou rendas suficientes para a satisfação da dívida objeto da execução.

Item II. Incorreto. "A cobrança judicial do crédito tributário **não é** sujeita a concurso de credores ou **habilitação em falência**, recuperação judicial, concordata, inventário ou arrolamento" (CTN, art. 187).

Item III. Correto. O texto do item reflete o teor do artigo 188 do CTN, segundo o qual "são extraconcursais os créditos tributários decorrentes de fatos geradores ocorridos no curso do processo de falência". Na falência o crédito tributário **não prefere aos créditos extraconcursais** ou às importâncias passíveis de restituição, nos termos da lei falimentar, nem aos créditos com garantia real, no limite do valor do bem gravado (CTN, art. 186, parágrafo único, inciso I).

Item IV. Incorreto. Os artigos 191 e 191-A do CTN dispõem exatamente o contrário ("a extinção das obrigações do falido requer prova de quitação de todos os tributos", assim como "a concessão de recuperação judicial depende da apresentação da prova de quitação de todos os tributos").

Item V. Correto. Trata-se da reprodução *ipsis literis* do parágrafo único do artigo 183 do CTN.

02. **(Analista Judiciário – Área Judiciária – TRF 4ª região/ 2006 – FCC)** A isenção exclui o crédito tributário, sendo certo que

a) não pode, em regra, ser modificada ou revogada a qualquer tempo, salvo se concedida por prazo certo e em função de determinadas condições.
b) é decorrente de lei que especifique os requisitos exigidos para a sua concessão, exceto quando prevista em contrato.
c) não é, em regra, extensiva aos tributos instituídos posteriormente à sua concessão, bem como às taxas e às contribuições de melhoria.
d) abrange exclusivamente as infrações cometidas anteriormente à vigência da lei que a concede, aplicando-se, também, às contravenções.
e) deverá ser sempre concedida em caráter geral, não podendo ser objeto de requerimento individual.

COMENTÁRIOS:

O estudo do tema "exclusão do crédito tributário" consiste, basicamente, em conhecer os contornos normativos (artigos 175 a 182 do CTN) e jurisprudenciais de dois institutos jurídicos, a isenção e a anistia.

Alternativa correta: letra "c": Segundo o artigo 177, incisos I e II do CTN, "salvo disposição de lei em contrário, a isenção não é extensiva (i) às taxas e às contribuições de melhoria e (ii) aos tributos instituídos posteriormente à sua concessão".

Alternativa "a": incorreta. As isenções **podem** ser revogadas ou modificadas por lei, a qualquer tempo, exceto quando concedidas por prazo certo e em funções de determinadas condições (artigo 178 do CTN). Nesses casos, em geral, a doutrina apregoa a irrevogabilidade do benefício isencional em prestígio ao direito adquirido. O assunto está sumulado pelo STF (Súmula 544: "Isenções tributárias concedidas, sob condição onerosa, não podem ser livremente suprimidas").

Alternativa "b": incorreta. Segundo o artigo 176 do CTN "a isenção, **ainda quando prevista em contrato, é sempre decorrente de lei** que especifique as condições e requisitos exigidos para a sua concessão, os tributos a que se aplica e, sendo o caso, o prazo de sua duração".

Alternativa "d": incorreta. O artigo 180, inciso I do CTN dispõe que a **anistia** (e não a isenção) abrange exclusivamente as infrações cometidas anteriormente à vigência da lei que a concede, **não se aplicando aos atos qualificados em lei como crimes ou contravenções** e aos que, mesmo sem essa qualificação, sejam praticados com dolo, fraude ou simulação pelo sujeito passivo ou por terceiro em benefício daquele.

Alternativa "e": incorreta. A isenção, quando não concedida em caráter geral, é efetivada, em cada caso, por despacho da autoridade administrativa, em requerimento com o qual o interessado faça prova do preenchimento das condições e do cumprimento dos requisitos previstos em lei ou contrato para sua concessão (CTN, art. 179). Tal despacho não gera direito adquirido (CTN, art. 179, § 2º) e será revogado de ofício, sempre que se apure que o beneficiado não satisfazia ou deixou de satisfazer as condições ou não cumprira ou deixou de cumprir os requisitos para a concessão do favor.

03. (FCC/AFR/2009) Nos termos do Código Tributário Nacional, a isenção e a anistia constituem causas de:

a) extinção do crédito tributário.

b) exclusão do crédito tributário.

c) moratória do crédito tributário.

d) suspensão da exigibilidade do crédito tributário.

e) imunidade.

COMENTÁRIOS:

Para a resolução da questão é suficiente que o candidato saiba a classificação de dois institutos jurídicos (isenção e anistia) entre os vários aspectos que norteiam o crédito tributário. Basta verificar se são hipóteses ou causas de constituição, de suspensão da exigibilidade, de extinção, de exclusão, de garantias ou de privilégios do crédito tributário. As questões da espécie são relativamente fáceis, na medida em que não exigem o conhecimento de cada instituto jurídico (O que é isenção? O que é anistia?).

Alternativa correta: letra "b": tanto a isenção (dispensa do tributo), como a anistia (dispensa da multa), excluem o crédito tributário, como bem assevera o artigo 175 do CTN.

Alternativa "a": as doze causas de extinção do crédito tributário estão elencadas no artigo 156 do CTN (dentre elas estão o pagamento, a compensação, a transação, a remissão, a prescrição e a decadência). Anistia e isenção não são causas de extinção do crédito tributário, motivo pelo qual essa alternativa está errada.

Alternativa "c": está errada, pois a moratória é uma causa de suspensão da exigibilidade do crédito tributário, prevista no artigo 151, inciso I, do CTN.

Alternativa "d": as seis causas de suspensão da exigibilidade do crédito tributário estão elencadas no artigo 151 do CTN (moratória; depósito do montante integral; as defesas e recursos administrativos; concessão de medida liminar em mandado de segurança; concessão de medida liminar ou tutela antecipada em outras ações judiciais e parcelamento). Anistia e isenção não são causas de suspensão da exigibilidade do crédito tributário, motivo pelo qual essa alternativa está errada.

Alternativa "e": como imunidade entende-se a exoneração tributária constante no texto constitucional, o que não é o caso da isenção e da anistia, tidas como causas de exclusão do crédito tributário, com previsões em leis, conforme artigos 175 e 97, inciso VI, do CTN.

04. **(Procurador do Município – Prefeitura Manaus-AM/2006 – FCC)** Em nosso sistema processual tributário, a presunção de fraude à execução

a) é relativa, pois admite prova em contrário produzida pelo executado.

b) não alcança os atos de oneração de bens pelo executado.

c) torna anulável os atos de disposição de bens praticados pelo executado.

d) pode ser invocada pela Fazenda Pública quando o executado aliena ou onera bens a partir do lançamento de ofício de crédito tributário.

e) pode ser invocada pela Fazenda Pública quando o executado aliena ou onera bens a partir da inscrição do débito fiscal como dívida ativa.

COMENTÁRIOS:

A presunção pode ser relativa ou absoluta. Por relativa, entende-se aquela que admite prova em contrário, também chamada de contra-prova (*júris tantum*). Ao contrário, na ficção legal que é presunção absoluta (*jure et de jure*), o juiz admite o fato presumido e não considera qualquer prova em contrário, ou seja, o fato não é objeto de prova.

Alternativa correta: letra "e": presume-se fraudulenta a alienação ou oneração de bens ou rendas, ou seu começo, por sujeito passivo em débito para com a Fazenda Pública, por crédito tributário regularmente inscrito como dívida ativa (CTN, art. 185). Tal artigo teve nova redação dada pela Lei Complementar nº118/2005, que alterou, em relação ao texto original, exatamente o que é exigido do candidato (momento a partir do qual se inicia a presunção de fraude).

Alternativa "a": incorreta, a presunção de fraude à execução prevista no artigo 185 é absoluta, não admitindo prova em contrário.

Alternativa "b": incorreta, pois alcança a alienação ou oneração de bens ou rendas, ou seu começo, nos termos do citado artigo.

Alternativa "c": incorreta, pois há uma presunção absoluta de fraude, não admitindo prova em contrário. De acordo com a jurisprudência, "a caracterização de má-fé do terceiro adquirente, ou mesmo a prova do conluio, não é necessária para caracterização da fraude à execução fiscal. A natureza jurídica do crédito tributário conduz a que a simples alienação de bens pelo sujeito passivo por quantia inscrita em dívida ativa, sem a reserva de meios para quitação do débito, gere a presunção absoluta de fraude à execução. A alienação havida até 8.6.2005 exige que tenha ocorrido prévia citação no processo judicial para caracterizar a fraude de execução; se o ato translativo foi praticado a partir de 9.6.2005, data de início da vigência da Lei Complementar n. 118/2005, basta a efetivação da inscrição em dívida ativa para a configuração da figura da fraude" (STJ, AgRg no AREsp 241691 / PE).

Alternativa "d": incorreta, já que segundo o artigo 185 do CTN, a presunção de fraude pode ser invocada pela Fazenda Pública quando o executado aliena ou onera bens a partir da inscrição do débito fiscal como dívida ativa.

05. **(Procurador do Município - Prefeitura Natal-RN/2008 - Cespe)** Ainda em relação à disciplina do crédito tributário, cada uma das opções abaixo apresenta uma situação hipotética, seguida de uma assertiva a ser julgada. Assinale a opção que apresenta assertiva correta.

a) Marcelo recebeu por herança testamentária um imóvel comercial, gravado com cláusula de inalienabilidade, impenhorabilidade e incomunicabilidade. Nessa situação, se a fazenda promover execução fiscal contra Marcelo, responderá pelo pagamento do crédito tributário a totalidade de seus bens e rendas, excetuados apenas o referido imóvel recebido por herança e outros declarados por lei ou por ato voluntário como impenhoráveis.

b) Ricardo possui débito para com a fazenda pública, por crédito regularmente inscrito como dívida ativa, em montante atualizado de R$ 15.000,00. Apesar disso, Ricardo alienou imóvel de sua propriedade avaliado em R$ 30.000,00. Nessa situação, presume-se fraudulenta a alienação, independentemente da capacidade econômica de Ricardo.

c) A pessoa jurídica Delta, em processo de falência, possui débito para com a fazenda pública, oriundo de crédito tributário regularmente inscrito como dívida ativa. Nessa situação, para o exercício da preferência, a fazenda pública deverá requerer a habilitação do crédito tributário no processo falimentar.

d) Fabiano possui débitos tributários para com as fazendas nacional, estadual e do DF. Nessa situação, o crédito tributário da fazenda nacional preferirá sobre os demais e os créditos tributários estaduais e distritais não terão preferências entre si, devendo ser satisfeitos conjuntamente e de forma proporcional.

COMENTÁRIOS:

A questão refere-se à temática "garantias e privilégios do crédito tributário", disciplinada, de forma não exaustiva, pelos artigos 183 a 193 do CTN. As garantias são os meios que asseguram o recebimento do crédito tributário. Já os privilégios são as preferências aplicáveis ao crédito tributário em relação a outros tipos de créditos.

Alternativa correta: letra "d": o texto é condizente com o previsto no parágrafo único do artigo 187 do CTN, que apregoa categoricamente que "o concurso de preferência somente se verifica entre pessoas jurídicas de direito público, na seguinte ordem: I – União; II – Estados, Distrito Federal e Territórios, conjuntamente e *pro rata*; III – Municípios, conjuntamente e *pro rata*".

Alternativa "a": incorreta, pois "responde pelo pagamento do crédito tributário a totalidade dos bens e das rendas, de qualquer origem ou natureza, do sujeito passivo, seu espólio ou sua massa falida, **inclusive os gravados por ônus real ou cláusula de inalienabilidade ou impenhorabilidade**, seja qual for a data da constituição do ônus ou da cláusula, excetuados unicamente os bens e rendas que a lei declare absolutamente impenhoráveis" (CTN, art. 184).

Alternativa "b": incorreta, já que a presunção de fraude na alienação ou oneração de bens ou rendas, ou seu começo, por sujeito passivo em débito para com a Fazenda Pública, por crédito tributário regularmente inscrito como dívida ativa não se aplica na hipótese de terem sido reservados, pelo devedor, bens ou rendas suficientes ao total pagamento da dívida inscrita.

Alternativa "c": incorreta, uma vez que "a cobrança judicial do crédito tributário **não é** sujeita a concurso de credores ou **habilitação em falência**, recuperação judicial, concordata, inventário ou arrolamento" (CTN, art. 187).

2. QUESTÕES DE CONCURSO

01. **(Procurador do Município – Prefeitura Recife-PE/2008 – FCC)** O termo inicial para a fraude à execução fiscal é
    a) a citação válida do executado.
    b) o despacho do juiz que ordena a citação.
    c) a distribuição da execução fiscal.
    d) o início de procedimento administrativo de fiscalização.
    e) a inscrição na dívida ativa.

02. **(Procurador do Município – Prefeitura São Paulo-SP/2008 – FCC)** É correto afirmar:
    a) na falência, os tributos relativos a fatos geradores ocorridos após a decretação da falência somente serão pagos após o pagamento de outros créditos extraconcursais elencados na Lei de falência, dentre eles as remunerações devidas ao administrador judicial e seus auxiliares.

b) a aquisição judicial em processo de falência de estabelecimento industrial afasta a responsabilidade tributária do adquirente se este for sócio de sociedade controlada pelo devedor falido.

c) a dissolução irregular de sociedade não acarreta a responsabilidade pessoal do sócio-gerente pelos débitos da empresa, na qualidade de substituto, em razão da prática de ato com infração de lei, mas sim responsabilidade solidária de todos os sócios, na liquidação da sociedade de pessoas.

d) o sucessor a qualquer título é responsável pelos tributos cujos fatos geradores ocorreram até a data da partilha ou adjudicação, mas a responsabilidade será afastada em relação a fatos geradores ocorridos até a data da abertura da sucessão, que será de responsabilidade única do espólio.

e) não haverá responsabilidade do adquirente de imóvel por tributos decorrentes da propriedade, posse ou domínio útil do imóvel, bem assim de taxas ou contribuições de melhoria referentes a tais bens se o alienante assume a obrigação pelos débitos em atraso em escritura pública de compra e venda.

(Procurador do Município – Prefeitura Aracaju-SE/2008 – Cespe) Julgue os itens que se seguem, de acordo com as normas do direito tributário.

03. A União pode instituir isenções de tributos da competência municipal, desde que haja anuência do respectivo município.

04. A concessão de isenção de um tributo municipal, em caráter individual, independe de solicitação administrativa do sujeito passivo.

05. A exclusão do crédito tributário decorrente de uma obrigação principal acarreta a dispensa do cumprimento das obrigações acessórias dela dependentes.

06. **(CESPE - STJ - Analista Judiciário / 2018)** Julgue o item que se segue, a respeito das disposições do Código Tributário Nacional (CTN).

As garantias do crédito tributário estão taxativamente previstas no CTN.

07. **(FCC – Procurador do Estado – RO/ 2011)** Nos termos do Código Tributário Nacional, a isenção concedida por prazo certo e em função de determinadas condições

a) não pode ser revogada a qualquer tempo.

b) somente pode ser revogada após o prazo decadencial de 5 anos.

c) pode ser revogada a qualquer momento, na medida em que a isenção é mera faculdade do sujeito ativo, não se confundindo com a imunidade.

d) pode ser revogada, desde que observado o prazo de 90 dias, em respeito ao princípio da anterioridade nonagesimal.

e) não pode ser revogada porque não existe a possibilidade de concessão de isenção por prazo determinado.

08. (Cespe/TRF3/Juiz/2011) Uma lei que crie determinada anistia tributária atenderá ao que dispõe o CTN se, expressamente, anistiar

a) infrações resultantes de conluio.

b) atos praticados com fraude, mas não considerados crimes ou contravenções.

c) as infrações cometidas antes e depois de sua edição.

d) tanto as multas tributárias quanto os crimes de sonegação.

e) atos praticados com dolo, mas não considerados crimes ou contravenções.

09. (FCC/TCE/AP/Analista/2012) A anistia, isenção em caráter não geral e remissão têm em comum o fato de serem

a) causas de extinção do crédito tributário.

b) causas de exclusão do crédito tributário.

c) causas de suspensão do crédito tributário.

d) formas de renúncia de receita tributária.

e) hipóteses de não incidência qualificada.

10. (FCC/TCE/AP/Analista/2012) Sobre as garantias e privilégios do crédito tributário é correto afirmar:

a) Os créditos tributários preferem os créditos trabalhistas e os créditos decorrentes de acidente do trabalho.

b) A alienação de bens que reduza o devedor à insolvência a partir da regular inscrição do crédito tributário em dívida ativa já caracteriza fraude à execução.

c) A cláusula de inalienabilidade, seja qual for a forma e a data de constituição, é oponível ao Fisco, desde que registrada no Cartório de Registro de Imóveis.

d) A ordem de preferência dos créditos tributários é a mesma em caso de falência ou fora de hipótese de falência.

e) A cobrança de créditos tributários é sujeita a concurso de credores e habilitação em falência, recuperação judicial, inventário e arrolamento.

11. (Consulplan – Cartório – MG – Provimento/2015.1) Considerando o Código Tributário Nacional, assinale a alternativa INCORRETA:

a) A isenção depende de lei e alcança situações posteriores à sua vigência, impedindo o lançamento do tributo.

b) A isenção pode ter caráter específico para atingir determinadas situações, desde que preenchidas condições previstas em lei, sendo efetivada por despacho da autoridade administrativa.

c) A anistia equivale ao perdão legal da infração tributária e pode atingir infrações anteriores e posteriores à vigência da lei que a concede.

d) A remissão visa liberar o sujeito passivo do pagamento do crédito tributário após o respectivo lançamento, em regra, e deve atender, dentre outros aspectos, a diminuta importância do crédito tributário.

12. (FGV – ISS-CUIABÁ – 2016) Sobre as garantias e os privilégios do crédito tributário, assinale a afirmativa correta.

a) Na falência, o crédito tributário prefere a qualquer outro, seja qual for sua natureza ou o tempo de sua constituição, ressalvados apenas, os créditos extraconcursais ou as importâncias passíveis de restituição, nos termos da lei falimentar, e os créditos com garantia real, no limite do valor do bem gravado.

b) Presume-se fraudulenta a alienação ou oneração de bens ou rendas, por sujeito passivo em débito para com a Fazenda Pública, por crédito tributário regularmente inscrito em dívida ativa.

c) O juiz pode determinar a indisponibilidade de bens e direitos do executado antes da sua citação, como forma de assegurar a garantia do juízo na execução fiscal.

d) A cobrança judicial do crédito tributário está sujeita à habilitação em falência e recuperação judicial.

e) Na falência, a multa tributária prefere apenas aos créditos subordinados e quirografários.

13. (Fundatec – Procurador do Estado – RS/2015) Quanto às garantias e privilégios do crédito tributário, analise as assertivas abaixo:

I. A totalidade dos bens e das rendas do sujeito passivo responde pelo pagamento do crédito tributário, inclusive os bens gravados por ônus real e declarados, pela lei civil, relativa e absolutamente impenhoráveis.

II. Presume-se fraudulenta a alienação ou oneração de bens por sujeito passivo em débito para com a Fazenda Pública, desde o momento em que o contribuinte é notificado do lançamento de ofício.

III. O crédito tributário prefere a qualquer outro, ressalvados apenas os decorrentes da legislação do trabalho ou do acidente do trabalho.

IV. Na falência, o crédito tributário não prefere aos créditos hipotecários, se não for ultrapassado o valor do bem gravado.

Após a análise, pode-se dizer que:

a) Está correta apenas a assertiva I.
b) Está correta apenas a assertiva II.
c) Estão corretas apenas as assertivas II e III.
d) Estão corretas apenas as assertivas III e IV.
e) Todas as assertivas estão corretas.

14. **(Vunesp – Procurador Município – Prefeitura São José do Rio Preto – SP/2014)** Assinale a alternativa correta acerca da preferência e cobrança do crédito tributário na falência.

a) O crédito tributário prefere aos créditos extraconcursais.
b) O crédito tributário prefere aos créditos com garantia real, no limite do bem gravado.
d) A multa tributária prefere apenas aos créditos subordinados.
d) A multa tributária prefere aos créditos quirografários.
e) São considerados concursais os créditos tributários decorrentes de fatos geradores ocorridos no curso do processo de falência.

15. **(CESPE/Unb – TCE/ES – Analista Administrativo – Direito /2013)** Considere que um estado da federação tenha concedido benefício fiscal para pessoas com deficiência, de modo que o valor do tributo fosse 70% menor do que o descrito na lei impositiva para a compra de veículos, desde que comprovada a deficiência por laudo assinado por junta médica de entidade pública de saúde. Com base na situação hipotética, assinale a opção correta.

a) Trata-se de anistia do crédito tributário, uma vez que se perdoa parte do tributo cobrado.
b) Trata-se de isenção parcial do tributo devido, cuja obrigação tributária se mantém intacta.
c) Trata-se de remissão parcial do tributo, uma vez que há perdão do tributo a ser pago, sem alteração do crédito tributário.
d) O benefício fiscal faz com que o crédito tributário seja alterado e a própria obrigação tributária seja modificada.
e) Trata-se do instituto da remissão concedida, que é extintiva do crédito tributário.

GABARITO		
Questão	Resposta	Fundamentação
01	E	CTN, art. 185
02	A	CTN, arts. 186, parágrafo único, inciso I e 188, e Lei 11.101/2005, art. 84
03	Errado	CF, art. 151, III
04	Errado	CTN, art. 179
05	Errado	CTN, art. 175
06	Errado	CTN, art. 183
07	A	CTN, art. 178
08	A	CTN, art. 180, II
09	D	LC 101/2000, art. 14, § 1º
10	B	CTN, art. 185
11	C	CTN, art. 180
12	B	CTN, art. 185
13	D	CTN, art. 186, parágrafo único, I
14	C	CTN, art. 186, parágrafo único, III
15	B	STF, RE 465.236-AgR

3. QUESTÕES DISSERTATIVAS E ESTUDOS DE CASOS

QUESTÃO DISSERTATIVA 01:

A Lei de Responsabilidade Fiscal – LRF (LC 101/2000) estipula, em seu artigo 14, que a concessão ou ampliação de incentivo ou benefício de natureza tributária da qual decorra "renúncia de receita" deverá estar acompanhada de estimativa do impacto orçamentário-financeiro no exercício em que deva iniciar sua vigência e nos dois seguintes, atender ao disposto na lei de diretrizes orçamentárias e a pelo menos uma das seguintes condições, quais sejam (i) demonstração pelo proponente de que a renúncia foi considerada na estimativa de receita da lei orçamentária e de que não afetará as metas de resultados fiscais previstas no anexo próprio da lei de diretrizes orçamentárias ou (ii) estar acompanhada de medidas de compensação, no período mencionado no caput, por meio do aumento de receita, proveniente da elevação de alíquotas, ampliação da base de cálculo, majoração ou criação de tributo ou contribuição. Nesse sentido, o que é isenção tributária? A isenção tributária é considerada uma "renúncia de receita"? Justifique.

Resposta sugerida pelos autores[1]:

A isenção é uma causa de exclusão do crédito tributário, considerada uma dispensa legal do pagamento do tributo (CTN, art. 175, I). Vale destacar que a isenção pode ser classificada em **geral** (concedida em caráter geral, sem necessidade de requerimento à autoridade administrativa tributária) ou **específica** (concedida mediante despacho da autoridade competente, a requerimento do contribuinte), bem como em **condicionada** (concedida sob determinadas condições a serem satisfeitas pelo contribuinte) ou **incondicionada** (não se exige a satisfação de condições pelo contribuinte). A isenção de caráter específico é considerada uma "renúncia de receita". Por "renúncia de receita" compreende-se "anistia, remissão, subsídio, crédito presumido, concessão de isenção em caráter não geral, alteração de alíquota ou modificação de base de cálculo que implique redução discriminada de tributos ou contribuições, e outros benefícios que correspondam a tratamento diferenciado" (LC 101/2000, art. 14, § 1º).

QUESTÃO DISSERTATIVA 02:

A alienação ou oneração de bens ou rendas, ou seu começo, por sujeito passivo em débito para com a Fazenda Pública presume-se fraudulenta, segundo o CTN, a partir de qual momento?

Resposta sugerida pelos autores:

O artigo 185 do CTN estipula que "presume-se fraudulenta a alienação ou oneração de bens ou rendas, ou seu começo, por sujeito passivo em débito para com a Fazenda Pública, por crédito tributário regularmente inscrito como dívida ativa". Logo, a presunção de fraude nasce com a regular inscrição do crédito tributário em Dívida Ativa. Não é no lançamento, na declaração de débito, na lavratura do auto de infração, no julgamento administrativo definitivo ou em qualquer outro momento anterior à inscrição em Dívida Ativa que a presunção de fraude se opera. Por outro lado, a referida presunção não depende da execução fiscal estar ajuizada, bastando mesmo que o débito esteja inscrito.

ESTUDO DE CASO 01:

O Município X criou, por lei específica, um "programa de regularização fiscal e cadastral", concedendo o perdão parcial de multas punitivas regularmente constituídas em lançamento de ofício já lavrados (autos de infração e imposição de multa),

1. Nas respostas dadas aqui serão indicados trechos normativos ou precedentes jurisprudenciais, mas na prova não há necessidade dessa indicação, salvo quando expressamente previsto no edital do concurso.

mediante a adesão por parte dos contribuintes interessados. Qual a natureza jurídica desse benefício fiscal?

Resposta sugerida pelos autores:

A dispensa da multa decorrente de infração à legislação tributária relativa ao fato gerador ocorrido antes da lei instituidora do "programa de regularização fiscal e cadastral" materializa o instituto jurídico da anistia. Em outras palavras, a anistia consiste no perdão das infrações à legislação tributária. Não se aplica ao tributo devido, isto é, ao crédito tributário decorrente da obrigação principal. Tem por efeito excluir a punibilidade da infração, de modo que tem por consequência a não aplicação da sanção (CTN, art. 175, II e arts. 180 a 182)..

ESTUDO DE CASO 02:

O artigo 184 do CTN estipula que "sem prejuízo dos privilégios especiais sobre determinados bens, que sejam previstos em lei, responde pelo pagamento do crédito tributário a totalidade dos bens e das rendas, de qualquer origem ou natureza, do sujeito passivo, seu espólio ou sua massa falida, inclusive os gravados por ônus real ou cláusula de inalienabilidade ou impenhorabilidade, seja qual for a data da constituição do ônus ou da cláusula, excetuados unicamente os bens e rendas que a lei declare absolutamente impenhoráveis". O Sr. Tício é proprietário de um único imóvel urbano no qual reside sua família ("bem de família") e está em débito com o IPTU. Na hipótese de ocorrer a execução fiscal do montante do IPTU devido, o bem imóvel em questão poderá ser objeto de penhora?

Resposta sugerida pelos autores:

A impenhorabilidade do "bem de família" é oponível em qualquer processo de execução fiscal, **salvo se** movido para a cobrança de impostos predial (ou territorial), taxas e contribuições devidas em função do imóvel familiar (Lei 8.009/90, art. 3º, inciso IV). Nesse sentido, o bem imóvel em questão poderá ser objeto de penhora na execução fiscal, haja vista que o débito é de um imposto predial (o IPTU).

CAPÍTULO XV
ADMINISTRAÇÃO TRIBUTÁRIA

1. ASPECTOS INTRODUTÓRIOS

O estudo da Administração Tributária é dividido em três temas principais: Fiscalização (CTN, arts. 194 a 200); Dívida Ativa (CTN, arts. 201 a 204) e Certidões Negativas (CTN, arts. 205 a 208).

No âmbito constitucional, a Administração Tributária ganha destaque nos incisos XVIII e XXII do artigo 37 (sem grifos na redação original):

> **Art. 37.** *A administração pública direta e indireta de qualquer dos Poderes da União, dos Estados, do Distrito Federal e dos Municípios obedecerá aos princípios de legalidade, impessoalidade, moralidade, publicidade e eficiência e, também, ao seguinte: (...)*
>
> **XVIII** – *a* ***administração fazendária*** *e seus servidores fiscais terão, dentro de suas áreas de competência e jurisdição,* ***precedência*** *sobre os demais setores administrativos, na forma da lei;*
>
> **XXII** – *as* ***administrações tributárias*** *da União, dos Estados, do Distrito Federal e dos Municípios,* ***atividades essenciais ao funcionamento do Estado****, exercidas por servidores de carreiras específicas,* ***terão recursos prioritários*** *para a realização de suas atividades e* ***atuarão de forma integrada****, inclusive com o compartilhamento de cadastros e de informações fiscais, na forma da lei ou convênio.*

A primazia constitucional da Administração Tributária materializa-se no reconhecimento expresso de sua precedência sobre outros setores administrativos, bem como na sua essencialidade ao Estado com recursos prioritários e atuação integrada.

2. FISCALIZAÇÃO

A Fiscalização de Tributos, chamada muitas vezes simplesmente de Fisco, integra o Poder Executivo (Secretaria da Receita Federal do Brasil na esfera federal, Secretarias Estaduais e Municipais de Fazenda, Receita ou Finanças são as denominações mais comuns nos âmbitos de Estados e Municípios), com servidores de carreiras (conhecidas como "carreiras fiscais"), cujo papel principal é fiscalizar e arrecadar os tributos.

Nos termos do artigo 194 do CTN, as competências das autoridades administrativas tributárias são estabelecidas na legislação tributária, observadas também as disposições do próprio Código Tributário Nacional:

> **Art. 194.** A legislação tributária, observado o disposto nesta Lei, regulará, em caráter geral, ou especificamente em função da natureza do tributo de que se tratar, a competência e os poderes das autoridades administrativas em matéria de fiscalização da sua aplicação.

A princípio, fiscalizar é averiguar o comportamento tributário dos contribuintes, no sentido de confirmar (ou não) a observância da legislação de regência no que tange à apuração e recolhimento de tributos, bem como à obediência aos deveres acessórios.

O respeito aos direitos constitucionais e aos termos legais devem sempre permear a atividade fiscalizatória. Segundo o § 1º do artigo 145 da CF, "sempre que possível, os impostos terão caráter pessoal e serão graduados segundo a capacidade econômica do contribuinte, facultado à administração tributária, especialmente para conferir efetividade a esses objetivos, identificar, **respeitados os direitos individuais e nos termos da lei**, o patrimônio, os rendimentos e as atividades econômicas do contribuinte".

2.1. A autoexecutoriedade fiscal e o início do procedimento de fiscalização

Uma das principais características da Fiscalização de Tributos é a autoexecutoriedade, qual seja, a determinação legal de que os contribuintes estão sujeitos a ser fiscalizados, tendo o dever de exibir mercadorias e documentos em geral ao Fisco, que, por sua vez, tem o direito de examiná-los. A autoexecutoriedade fiscal é reforçada pelo uso de Força Policial, se necessária:

Autoexecutorieda-de (CTN, art. 195)	Art. 195. Para os efeitos da legislação tributária, não têm aplicação quaisquer disposições legais excludentes ou limitativas do direito de examinar mercadorias, livros, arquivos, documentos, papéis e efeitos comerciais ou fiscais, dos comerciantes industriais ou produtores, ou da obrigação destes de exibi-los. **Noutras palavras:** Contribuinte (demais fiscalizados): dever de exibir; Fisco: direito de examinar; O quê? Mercadorias, livros, arquivos, documentos, papéis de trabalho.
Quem está sujeito a ser fiscalizado? (CTN, art. 194, parágrafo único)	Pessoas naturais ou jurídicas, contribuintes ou não, inclusive as que gozem de imunidade tributária ou de isenção de caráter pessoal.
Uso de força policial (CTN, art. 200)	Os fiscais poderão requerer o auxílio de força policial quando vítimas de embaraço ou desacato no exercício de suas funções, ou quando necessário à efetivação dê medida prevista na legislação tributária, ainda que não se configure fato definido em lei como crime ou contravenção.

No que diz respeito aos livros sujeitos à fiscalização, deve-se esclarecer não estarem restritos aos livros especificamente fiscais, abrangendo todos os livros comerciais. Por outro lado, o exame dos livros fica limitado aos pontos objeto da auditoria fiscal, como se depreende com clareza do teor da Súmula 439 do STF: "Estão sujeitos à fiscalização tributária ou previdenciária quaisquer livros comerciais, **limitado o exame aos pontos objeto da investigação"**.

Portanto, a autoexecutoriedade é uma prerrogativa da Fazenda Pública (Fiscalização de Tributos) que encontra fundamento no artigo 195 do CTN, segundo o qual "para os efeitos da legislação tributária, não têm aplicação quaisquer disposições legais excludentes ou limitativas do direito de examinar mercadorias, livros, arquivos, documentos, papéis e efeitos comerciais ou fiscais, dos comerciantes industriais ou produtores, ou da obrigação destes de exibi-los". O seu parágrafo único prevê que "os livros obrigatórios de escrituração comercial e fiscal e os comprovantes dos lançamentos neles efetuados serão conservados até que ocorra a prescrição dos créditos tributários decorrentes das operações a que se refiram".

Em outras palavras, segundo a autoexecutoriedade fiscal, o contribuinte (e demais fiscalizados) tem o dever de exibir ao Fisco suas mercadorias, livros, arquivos, documentos, papéis de trabalho e, por sua vez, o Fisco tem o direito de examiná-los.

O início do procedimento de fiscalização deve ser documentado e a sua formalização marca a cessação da possibilidade de o contribuinte oferecer a sua **denúncia espontânea.**

Sobre essa formalização, o artigo 196 do CTN dispõe que:

> Art. 196. A autoridade administrativa que proceder ou presidir a quaisquer diligências de fiscalização lavrará os termos necessários para que se documente o início do procedimento, na forma da legislação aplicável, que fixará prazo máximo para a conclusão daquelas.
>
> Parágrafo único. Os termos a que se refere este artigo serão lavrados, sempre que possível, em um dos livros fiscais exibidos; quando lavrados em separado deles se entregará, à pessoa sujeita à fiscalização, cópia autenticada pela autoridade a que se refere este artigo.

► **INÍCIO DA FISCALIZAÇÃO (CTN, ART. 196)**

A partir do início da fiscalização não cabe mais o instituto da denúncia espontânea previsto no artigo 138 do CTN.

As técnicas fiscais estão em constante evolução (auditorias informatizadas, malhas fiscais resultantes do cruzamento de informações, operações fiscais, entre outras). Uma nova técnica de fiscalização tem aplicação imediata, mesmo que o Fisco esteja fiscalizando (lançando de ofício) tributos de referências (anos) anteriores não decaídos, como se depreende da leitura do parágrafo primeiro do artigo 144 do CTN: "aplica-se ao lançamento a legislação que, posteriormente à ocorrência do fato gerador da obrigação, tenha instituído novos critérios de apuração ou processos de fiscalização, ampliado os poderes de investigação das autoridades administrativas, ou outorgado ao crédito maiores garantias ou privilégios, exceto, neste último caso, para o efeito de atribuir responsabilidade tributária a terceiros".

No curso da atividade fiscalizatória, às vezes é necessária a obtenção pelo Fisco de algumas informações de contribuintes junto a tabeliães, instituições financeiras, empresas administradoras de bens, corretores, leiloeiros, despachantes oficiais, inventariantes, administradores judiciais de massa falida e outras entidades ou pessoas que a lei designe, em razão de seu cargo, ofício, função, ministério, atividade ou profissão.

Essa obtenção de informações é garantida pelo artigo 197 do CTN, nos seguintes termos:

▶ PRESTAÇÃO DE INFORMAÇÕES (CTN, ART. 197)

Art. 197. Mediante intimação escrita, são obrigados a prestar à autoridade administrativa todas as informações de que disponham com relação aos bens, negócios ou atividades de terceiros:

I – os tabeliães, escrivães e demais serventuários de ofício;

II – os bancos, casas bancárias, Caixas Econômicas e demais instituições financeiras;

III – as empresas de administração de bens;

IV – os corretores, leiloeiros e despachantes oficiais;

V – os inventariantes;

VI – os síndicos, comissários e liquidatários;

VII – quaisquer outras entidades ou pessoas que a lei designe, em razão de seu cargo, ofício, função, ministério, atividade ou profissão.

Parágrafo único. A obrigação prevista neste artigo **não abrange** a prestação de informações quanto a fatos sobre os quais o informante **esteja legalmente obrigado a observar segredo** em razão de cargo, ofício, função, ministério, atividade ou profissão.

Portanto, terceiros que, em razão do ofício, detenham informações de interesse da fiscalização, podem ser notificados e possuem o dever de presta-las. Todavia, se essas informações forem sigilosas em razão do cargo, ofício, função, ministério, atividade ou profissão, o terceiro fica exonerado da obrigação.

2.2. O sigilo fiscal e o sigilo bancário

2.2.1. *O sigilo fiscal*

A Fiscalização, ao desempenhar sua atividade, tem acesso aos mais diversos dados relativos aos contribuintes, extraídos de suas escritas fiscais e contábeis e dos documentos em geral, tais como fornecedores, clientes, preços de compra e de venda, margem de lucro, grau de endividamento, situações econômica e financeira, natureza e estado do negócio.

Tais dados estão sujeitos ao sigilo (fiscal), ou seja, não podem ser divulgados pelas autoridades tributárias, que ficam sujeitas a sanções penais, civis e administrativas.

Em outras palavras, via de regra, a Fazenda Pública e seus servidores estão proibidos de divulgar qualquer informação obtida no desenvolvimento dos trabalhos próprios da fiscalização tributária, que se refira aos sujeitos passivos (contribuintes e responsáveis) ou a terceiros que com estes se relacionam, seja em relação à situação econômica ou financeira, seja no tocante à natureza e ao estado de seus negócios ou atividades. Eis o chamado "sigilo fiscal" (CTN, art. 198, caput, do CTN).

▸ SIGILO FISCAL (CTN, ART. 198, *CAPUT*)

Art. 198. Sem prejuízo do disposto na legislação criminal, é vedada a divulgação, por parte da Fazenda Pública ou de seus servidores, de informação obtida em razão do ofício sobre a situação econômica ou financeira do sujeito passivo ou de terceiros e sobre a natureza e o estado de seus negócios ou atividades.

A violação de sigilo fiscal por parte de servidor público poderá ensejar a apuração do cometimento de crime de violação de sigilo funcional (artigo 325 do Código Penal), como bem apregoado pelo artigo 198 do CTN.

ATENÇÃO:

Segundo a jurisprudência do STF, desde que satisfeitas determinadas condições, a prova emprestada de um processo a outro não viola o sigilo fiscal. Por exemplo, no AI 741.193, o STF posicionou-se no sentido de que "admite-se a utilização de prova emprestada, desde que colhida em outro processo com regular contraditório e com a participação da parte contra quem ela se destina".

Porém, o sigilo fiscal tem uma série de **exceções**, decorrentes dos artigos 198, §§ 1º e 3º e 199, do CTN, explanadas no quadro a seguir:

▶ EXCEÇÕES AO SIGILO FISCAL (CTN, ART. 198, §§ 1º E 3º E 199)

a) Atendimento pelo Fisco de **requisição de autoridade judiciária no interesse da justiça**.

b) Atendimento pelo Fisco de solicitações de **autoridade administrativa no interesse da Administração Pública**, desde que seja **comprovada a instauração regular de processo administrativo**, no órgão ou na entidade respectiva, com o **objetivo de investigar o sujeito passivo** a que se refere a informação, **por prática de infração administrativa**.

c) Divulgação, pelo Fisco, de **informações relativas a representações fiscais para fins penais**.

d) Divulgação, pelo Fisco, de **informações relativas a inscrições na Dívida Ativa** da Fazenda Pública.

e) Divulgação, pelo Fisco, de **informações relativas a parcelamento ou moratória**.

f) **Troca de informações entre os Fiscos** (Federal, Estaduais e Municipais), **por lei ou convênio**.

g) **Troca de informações** entre o **Fisco Federal** e os **estados estrangeiros**, na **forma estabelecida em tratados, acordos ou convênios**, no **interesse da arrecadação e da fiscalização** de tributos.

Em todos esses casos, a prestação, divulgação ou permuta de informações serão permitidas, desde que rigorosamente observados os pressupostos normativos, cuidadosamente destacado em negrito no quadro acima.

Há casos, contudo, em que a prestação, divulgação ou intercâmbio de informações é absolutamente incondicionada, como se dá na hipótese de divulgação de informações relativas a inscrições na Dívida Ativa. Nesses casos, observa-se inclusive a divulgação das informações em sítios eletrônicos de consulta pública, como são os casos dos cadastros de inadimplentes, municiados com informações sobre débitos inscritos em dívida ativa, sem violação a qualquer espécie de dever de sigilo.

Por fim, no que se refere às requisições de autoridade judiciária no interesse da justiça, a jurisprudência do STJ vem se inclinando por um posicionamento que se volta contra a banalização da medida:

> "A tendência jurisprudencial de oficiar a Receita Federal para apresentação de declaração de renda do devedor para fins de identificar bens penhoráveis destaca como requisito o prévio esgotamento, pelo exequente, de todos os meios a ele disponíveis para o recebimento das informações relativas ao devedor e a seus bens, e que, ainda assim, seu esforço tenha sido inútil" (STJ – REsp nº707.026/SP – 1ª Turma).

2.2.2. *O sigilo bancário*

Em algumas situações, a investigação da fraude fiscal pelo Fisco demanda a análise da movimentação bancária (contas correntes e aplicações). Atualmente, esse acesso, sob a temática de sigilo bancário, está disciplinado pelo artigo 6º da LC 105/2001.

> Art. 6º As autoridades e os agentes fiscais tributários da União, dos Estados, do Distrito Federal e dos Municípios somente poderão examinar documentos, livros e registros de instituições financeiras, inclusive os referentes a contas de depósitos e aplicações financeiras, **quando houver processo administrativo instaurado *ou* procedimento fiscal em curso e tais exames sejam considerados indispensáveis pela autoridade administrativa competente.**
>
> Parágrafo único. O resultado dos exames, as informações e os documentos a que se refere este artigo serão conservados em sigilo, observada a legislação tributária.

Da leitura do referido dispositivo, tem-se as seguintes conclusões:

a) Por tal dispositivo, não há necessidade de ordem judicial para que as instituições financeiras facultem o exame pelo Fisco dos dados de seus clientes, suas contas e aplicações.

b) Para tal exame basta (1) um processo administrativo instaurado ou uma fiscalização em andamento, **somado/a** com (2) a imprescindibilidade dos exames segundo a autoridade administrativa.

c) O resultado dos exames em questão sujeita-se ao sigilo fiscal (portanto, não podem ser divulgados pela Fazenda Pública).

É importante destacar que o artigo reproduzido teve, durante muito tempo, a sua constitucionalidade questionada no STF. Contudo, recentemente, em uma decisão histórica e de extrema importância para o exercício do poder de fiscalização pelas administrações tributárias, no julgamento conjunto das **ADIs 2.386, 2.397 e 2.859 e do Recurso Extraordinário 601.314, o Supremo decidiu ser constitucional a Lei complementar 105/2001, ficando consolidado o entendimento de que é permitido aos órgãos de administração tributária requisitar informações bancárias de contribuintes sem autorização judicial.** Os principais argumentos desse julgamento foram os seguintes:

1) Não há propriamente "quebra de sigilo", mas sim "transferência de sigilo", na medida em que as autoridades tributárias deverão preservar a confidencialidade das informações recebidas, observadas as regras que protegem o sigilo fiscal.

2) A preservação do sigilo dos dados bancários obtidos garantirá a proteção à intimidade do correntista-contribuinte.

3) O acesso aos dados bancários pressupõe a existência de processo administrativo ou procedimento fiscal com todas as garantias que permitem o controle sobre os atos da Administração.

4) A obtenção de informações depende da existência legislação estadual ou municipal regulamentadora nos moldes da já existente no plano federal (**Decreto 3.724/2001**).

2.3. Sanções Políticas

Sob a denominação de **sanções políticas** a doutrina repudia meios "alternativos" coercitivos para cobrança de tributos (lembrando que a cobrança de tributos tem todo o rito já disciplinado pela Lei de Execuções Fiscais).

Esse pensamento logo se refletiu na jurisprudência do Supremo Tribunal Federal, levando a um extenso repositório de súmulas a respeito da matéria.

▸ SANÇÕES POLÍTICAS (SÚMULAS DO STF)

Súmula 70: "É inadmissível a interdição de estabelecimento como meio coercitivo para cobrança de tributo".

Súmula 323: "É inadmissível a apreensão de mercadorias como meio coercitivo para pagamento de tributos".

Súmula 547: "Não é lícito à autoridade proibir que o contribuinte em débito adquira estampilhas, despache mercadorias nas alfândegas e exerça suas atividades profissionais".

Vale dizer que, não obstante essas súmulas sejam bem antigas, o pensamento que as orienta permanece bastante presente entre os ministros do STF da contemporaneidade. Por exemplo, recentemente, por decisão unânime, os ministros do Supremo Tribunal Federal (STF) deram provimento ao Recurso Extraordinário (RE) 565048 e julgaram inconstitucional norma do Estado do Rio Grande do Sul que, em razão da existência de débitos tributários, exigia do contribuinte a prestação de garantia para impressão de documentos fiscais. A mesma orientação é seguida pelo STJ, corte que, também recentemente, decidiu que a autoridade fiscal não pode condicionar a liberação de mercadoria importada à prestação de garantia no caso em que a retenção da referida mercadoria decorra da pretensão da Fazenda de efetuar reclassificação tarifária (AgRg no Resp 1.227.611-RS, Rel. Min. Arnaldo Esteves Lima, j. 19.3.2013. 1ª T. – Info 518).

No entanto, é importante destacar que as legislações específicas que disciplinam a fiscalização de tributos (federal, estaduais e municipais) asseguram a apreensão de mercadorias e bens para provar o flagrante infracional, sem que isso constitua violação da Súmula nº 323. Isso porque o abuso não reside na apreensão em si, mas sim na utilização dessa medida como coação ao pagamento de tributo à revelia do regular processo de execução fiscal, sanção política que constitui incontestável violação ao princípio constitucional do devido processo legal.

Nenhum problema haverá, portanto, se a apreensão visar tão somente à comprovação de infração à legislação tributária. A Fiscalização de tributos tem a prerrogativa de verificar a regularidade das mercadorias em trânsito e de, inclusive, apreendê-las nos casos de constatação de flagrante infração à legislação tributária. Inclusive, o próprio STF, no âmbito da ADI 395, já se posicionou nessa direção: "A retenção da mercadoria, até a comprovação da posse legítima daquele que a transporta, não constitui coação imposta em desrespeito ao princípio do devido processo legal tributário".

3. DÍVIDA ATIVA

Segundo o artigo 2º da LEF, a dívida ativa é aquela conceituada pelo artigo 39, § 2º da Lei 4.320, de 17 de março de 1964 *in verbis:*

> Art. 39. (...)
>
> § 2º: "dívida ativa é o **crédito da Fazenda Pública dessa natureza**, proveniente de obrigação legal **relativa a tributos** e respectivos **adicionais** e **multas**, e **dívida ativa não tributária**, os demais créditos da Fazenda Pública, tais como os provenientes de empréstimos compulsórios, contribuições estabelecidas em lei, multas de qualquer origem ou natureza, exceto as tributárias, foros, laudêmios, aluguéis ou taxas de ocupação, custas processuais, preços de serviços prestados por estabelecimentos públicos, indenizações, reposições, restituições, alcances dos responsáveis definitivamente julgados, bem assim os créditos decorrentes de obrigações em moeda estrangeira, de sub-rogação de hipoteca, fiança, aval ou outra garantia, de contratos em geral ou de outras obrigações legais".

Classifica-se, portanto, em dívida ativa **tributária** e dívida ativa **não tributária**, sendo que a **dívida ativa tributária** também compreende os acréscimos e multas, coerente com a sistemática do CTN segundo a qual: 1º) a obrigação tributária tem por objeto o pagamento do tributo ou penalidade pecuniária (multas) – art. 113, § 1º; 2º) o crédito não integralmente pago no vencimento é acrescido de juros de mora e das penalidades cabíveis (acréscimos) – art. 161.

Dessa forma, a **dívida ativa tributária** é um crédito público, valor que a **Fazenda Pública** tem para receber de terceiros, proveniente do crédito tributário, regularmente inscrito na repartição pública competente depois de esgotado o prazo fixadopara pagamento, pela lei ou por decisão final proferida em processo regular.

ATENÇÃO:

O credor tributário é a Fazenda Pública. Sobre essa designação do titular do crédito tributário dispõe o artigo 209 do CTN que: "A expressão 'Fazenda Pública', quando empregada nesta Lei sem qualificação, abrange a Fazenda Pública da União, dos Estados, do Distrito Federal e dos Municípios".

Nos termos do CTN, constitui **dívida ativa tributária** a proveniente de crédito dessa natureza, **regularmente inscrita na repartição administrativa competente**, depois de **esgotado o prazo** fixado **para pagamento**, pela lei **ou por decisão final** proferida **em processo regular** (art. 201).

A dívida regularmente inscrita tem o efeito de **prova pré-constituída** e a fluência de **juros de mora não exclui a liquidez do crédito** (CTN, art. 201, parágrafo único).

Sua efetivação implica a presunção de liquidez e certeza do débito fiscal, consoante artigo 204 do CTN:

> "**Art. 204.** A dívida regularmente inscrita goza da **presunção de certeza e liquidez** e tem o efeito de **prova pré-constituída.**
>
> **Parágrafo único.** A presunção a que se refere este artigo é relativa e pode ser ilidida por prova inequívoca, a cargo do sujeito passivo ou do terceiro a que aproveite.

Portanto, a **presunção de liquidez e certeza do débito fiscal regularmente inscrito** em dívida ativa é ***iuris tantum*** ou **relativa** (e não absoluta), isto é, pode ser ilidida (afastada), na medida em que **admite prova em contrário** do sujeito passivo ou de terceiro que aproveite tal prova.

A inscrição de um débito fiscal na dívida ativa é um ato administrativo de cadastro próprio da Fazenda Pública (que se constitui no ato de controle administrativo da legalidade). Mais precisamente: i) constitui **ato de controle de legalidade** sobre crédito tributário já regularmente constituído; ii) o exame prévio efetuado sobre o crédito tributário para a inscrição constitui meio de controle administrativo de legalidade e legitimidade, bem como uma **garantia de existência do crédito não adimplido no prazo e na forma devidos.**

Segundo o § 4º do artigo 2º da Lei 6.830/80 (Lei de Execução Fiscal), a competência para inscrição da Dívida Ativa da União é atribuída à Procuradoria da Fazenda Nacional.

ATENÇÃO:

A Portaria MF 75/2012 dispõe sobre a não inscrição na Dívida Ativa da União de débito de um mesmo devedor com a Fazenda Nacional de valor consolidado igual ou inferior a R$ 1.000,00 (mil reais).

Os requisitos obrigatórios do termo de inscrição em dívida ativa estão previstos nos artigos 202 do CTN e 2º, § 5º da Lei 6.830/80, entre os quais se pode traçar o seguinte paralelo:

Requisitos obrigatórios do termo de inscrição em dívida ativa	
Segundo o CTN (art. 202)	**Segundo a LEF (art. 2º, § 5º)**
I – o nome do devedor e, sendo caso, o dos corresponsáveis, bem como, sempre que possível, o domicílio ou a residência de um e de outros;	I – o nome do devedor, dos corresponsáveis e, sempre que conhecido, o domicílio ou residência de um e de outros;
II – a quantia devida e a maneira de calcular os juros de mora acrescidos;	II – o valor originário da dívida, bem como o termo inicial e a forma de calcular os juros de mora e demais encargos previstos em lei ou contrato;
III – a origem e natureza do crédito, mencionada especificamente a disposição da lei em que seja fundado;	III – a origem, a natureza e o fundamento legal ou contratual da dívida;
IV – a data em que foi inscrita;	IV – a indicação, se for o caso, de estar a dívida sujeita à atualização monetária, bem como o respectivo fundamento legal e o termo inicial para o cálculo;
V – sendo o caso, o número do processo administrativo de que se originar o crédito.	V – a data e o número da inscrição, no Registro de Dívida Ativa; e
Parágrafo único. A certidão conterá, além dos requisitos deste artigo, a indicação do livro e da folha da inscrição.	VI – o número do processo administrativo ou do auto de infração, se neles estiver apurado o valor da dívida.

Todos esses pressupostos devem estar devidamente preenchidos no Termo de Inscrição em Dívida Ativa. Por exemplo, em observância ao artigo 202, inciso II, do CTN e o artigo 2º, § 5º, inciso II, da LEF, a maneira de calcular os juros de mora acrescidos ao crédito tributário é de indicação obrigatória no termo de inscrição da dívida ativa.

Do termo de inscrição em Dívida Ativa se extrai uma certidão, com os mesmos termos, denominada de CDA – Certidão de Dívida Ativa (CPC/2015, art. 784, inciso IX), que tem natureza de título executivo extrajudicial, ou seja, é imprescindível para a cobrança judicial do crédito pela referida Fazenda Pública, através da Execução Fiscal, disciplinada pela Lei 6.830/80 (LEF – Lei de Execuções Fiscais).

Aliás, a petição inicial da execução fiscal e a Certidão de Dívida Ativa poderão constituir um único documento, preparado inclusive por processo eletrônico.

Saliente-se que a omissão na CDA de qualquer pressuposto do Termo de Inscrição, ou mesmo erro relativo a esses pressupostos, acarretará a nulidade da inscrição e do processo, consoante se depreende do artigo 203 do CTN:

> "**Art. 203.** A **omissão de quaisquer dos requisitos** previstos no artigo anterior, **ou o erro a eles relativo**, são **causas de nulidade** da inscrição e do processo de cobrança dela decorrente, **mas a nulidade poderá ser sanada até a decisão de primeira instância**, mediante substituição da certidão nula, devolvido ao sujeito passivo, acusado ou interessado o prazo para defesa, que somente poderá versar sobre a parte modificada".

Portanto, segundo o artigo 203 do CTN, eventual **nulidade** da certidão da dívida ativa **poderá ser sanada até a decisão de primeira instância da execução fiscal** (cobrança judicial). Assim, a inscrição na dívida ativa tributária, que é considerada o ato de controle administrativo da legalidade, não é a última oportunidade de se alterar a respectiva certidão, o que pode ocorrer até a prolação da sentença de embargos à execução. Nesse sentido, **a Súmula nº 392 do STJ**: "Fazenda Pública pode substituir a certidão de dívida ativa (CDA) até a prolação da sentença de embargos, quando se tratar de correção de erro material ou formal, **vedada a modificação do sujeito passivo da execução**".

Não obstante o entendimento sumulado de que a substituição da CDA não pode contemplar a modificação do sujeito passivo da execução, a jurisprudência do STJ, em sede de recurso repetitivo, considera que não há modificação de sujeito passivo, mas, sim, a correção de "erro material ou formal" quando se tratar de correção do polo passivo na hipótese de ação contra pessoa jurídica empresarial com falência decretada antes do ajuizamento da execução fiscal (REsp 1372243/SE, Rel. Ministro NAPOLEÃO NUNES MAIA FILHO, Rel. p/ Acórdão Ministro OG FERNANDES, PRIMEIRA SEÇÃO, julgado em 11/12/2013,DJe 21/03/2014).

Presume-se fraudulenta a alienação ou oneração de bens ou rendas, ou seu começo, por sujeito passivo em débito para com a Fazenda Pública, por crédito tributário regularmente inscrito como dívida ativa (CTN, art. 185, caput). Trata-se de uma **presunção absoluta**.

Importante esclarecer que, a jurisprudência mais recente do Superior Tribunal de Justiça, à vista da publicação da Lei 12.767/2012, admite a possibilidade de protesto extrajudicial da CDA, revendo, assim, o seu posicionamento anterior, que era contrário (REsp 1126515/ PR, Rel. Ministro HERMAN BENJAMIN, SEGUNDA TURMA, julgado em 03/12/2013, DJe 16/12/2013).

Por fim, conforme já cobrado em concursos, a Lei 10.522/2002 dispõe sobre o Cadastro Informativo dos créditos não quitados de órgãos e entidades federais e dá outras providências. Tal cadastro, chamado de CADIN, conterá a relação das pessoas físicas e jurídicas que sejam responsáveis por obrigações pecuniárias vencidas e não pagas, para com órgãos e entidades da Administração Pública Federal, direta e indireta e que estejam com a inscrição nos cadastros indicados, do Ministério da Fazenda, seja como cancelada no Cadastro de Pessoas Físicas – CPF, seja como declarada inapta perante o Cadastro Geral de Contribuintes – CGC.

Cadastros de sujeitos passivos inadimplentes com características similares foram criados no âmbito dos Estados.

4. CERTIDÕES NEGATIVAS

Em diversas ocasiões exige-se do contribuinte a prova de quitação de tributos. Apenas a título de exemplo, seguem reproduzidas duas exigências legais, previstas no CTN:

> Art. 191. A extinção das obrigações do falido requer **prova de quitação de todos os tributos.**
>
> Art. 193. Salvo quando expressamente autorizado por lei, nenhum departamento da administração pública da União, dos Estados, do Distrito Federal, ou dos Municípios, ou sua autarquia, celebrará contrato ou aceitará proposta em concorrência pública sem que o contratante ou proponente faça **prova da quitação de todos os tributos** devidos à Fazenda Pública interessada, relativos à atividade em cujo exercício contrata ou concorre.

Nos exemplos acima, a prova de quitação de tributos é imprescindível para a extinção das obrigações do falido e para permitir ao interessado participar de concorrência pública.

Como se dá tal prova?

Através da **certidão negativa**, "expedida à vista de requerimento do interessado, que contenha todas as informações necessárias à identificação de sua pessoa, domicílio fiscal e ramo de negócio ou atividade e indique o período a que se refere o pedido (CTN, art. 205)".

Assim, quem expede a certidão é a Fazenda Pública solicitada, a partir de requerimento do interessado. A Fazenda Pública tem o prazo legal de 10 (dez) dias contados da data do protocolo do requerimento (CTN, art. 205, parágrafo único). Atualmente algumas Fazendas Públicas já disponibilizam as certidões pela *internet.*

ATENÇÃO:

Não confundir CND (Certidão Negativa de Débito) com CDA (Certidão de Dívida Ativa). Enquanto aquela é expedida para comprovar a **inexistência** de débitos fiscais em nome do contribuinte, em relação à Fazenda Pública que emite a certidão, esta é o título executivo extrajudicial correspondente aos créditos fiscais inscritos na forma da lei (CPC, art. 784, inciso IX).

Em resumo, o interessado na certidão (em geral o contribuinte) deve requerê-la à Fazenda Pública, que, por sua vez, deve fornecê-la no prazo de dez dias do requerimento. São três as espécies de certidões, conforme detalhes no quadro a seguir:

Abreviatura	Nome	Característica
CND	Certidão Negativa de Débitos	Comprova a inexistência de débitos fiscais em nome do contribuinte em relação à Fazenda Pública que emite a certidão
CPD	Certidão Positiva de Débitos	Comprova a existência de débitos fiscais em nome do contribuinte em relação à Fazenda Pública que emite a certidão
CPD-EN	Certidão Positiva de Débitos, com Efeitos de Negativa	Comprova a existência de débitos fiscais em nome do contribuinte em relação à Fazenda Pública que emite a certidão, porém, poderá ser utilizada pelo contribuinte para os mesmos fins que seria utilizada a CND

Portanto, além da Certidão Negativa de Débitos (CND), prevista no artigo 205 do CTN, e da Certidão Positiva de Débitos (CPD), expedida na comprovada existência de débitos fiscais, o contribuinte tem direito à obtenção de **Certidão Positiva com Efeitos de Negativa (CPD-EN)**, prevista no **artigo 206 do CTN**, nos seguintes termos: "Tem os mesmos efeitos previstos no artigo anterior a certidão de que conste a existência de **créditos não vencidos**, em **curso de cobrança executiva** em que tenha sido **efetivada a penhora**, ou **cuja exigibilidade esteja suspensa**".

Síntese esquemática da CPD-EN (CTN, art. 206)

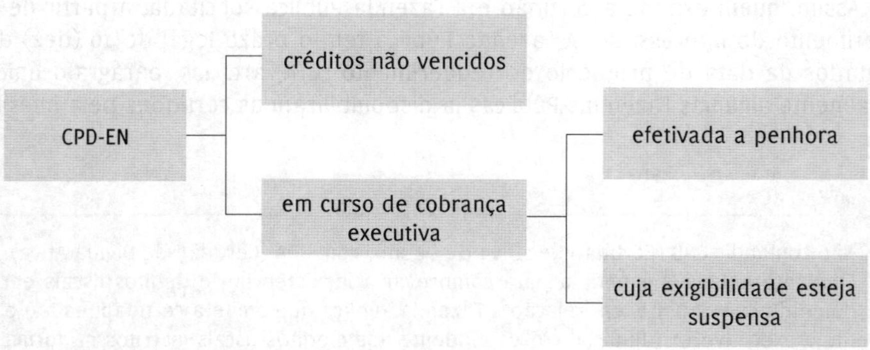

De um modo mais analítico, para obtenção da CPD-EN, exige-se a comprovação de que o interessado, sujeito passivo de débitos fiscais, se enquadra em uma das hipóteses do artigo 206 do CTN, conforme melhor detalhado no quadro abaixo:

▶ O CONTRIBUINTE FAZ JUS À CPD-EN CASO APRESENTE

Débitos fiscais vincendos (ou seja, que ainda estão no prazo para pagamento)

Débitos fiscais em curso de cobrança executiva em que tenha sido efetivada a penhora (hipótese de garantia à execução fiscal)

Débitos fiscais cuja exigibilidade esteja suspensa nos termos do artigo 151 do CTN. São causas de suspensão da exigibilidade:

a) Moratória;

b) Depósito do montante integral;

c) Defesas e recursos no âmbito do processo administrativo fiscal;

d) Concessão de liminar em mandado de segurança;

e) Concessão de liminar ou antecipação de tutela em outas espécies de ação judicial;

f) Parcelamento.

No que diz respeito à CPD-EN emitida em face da comprovação de penhora no curso de cobrança executiva, cabe esclarecer alguns aspectos.

Primeiro, a Lei de Execuções Fiscais (LEF) – Lei 6.830/80, no seu artigo 9º, além da penhora, estabelece outras formas de garantia do juízo da execução, quais sejam: I – depósito em dinheiro, à ordem do Juízo em estabelecimento oficial de crédito, que assegure atualização monetária; II – fiança bancária ou seguro garantia (hipótese com alterações da Lei 13.043/2014); III – nomear bens à penhora, observada a ordem do artigo 11; ou IV – indicar à penhora bens oferecidos por terceiros e aceitos pela Fazenda Pública.

Pois bem, não se deve perder de vista que, não apenas a penhora, mas, também, todas as demais formas de garantia do artigo 9º da LEF, configuram "garantia da execução fiscal (pressuposto para o ajuizamento dos embargos pelo executado), bem como autoriza a expedição de certidão positiva com efeitos de negativa (artigo 206, do CTN), no que concerne aos débitos pertinentes" (STJ – RMS 27473 / SE – 1ª Seção – Rel. Min. Luiz Fux – DJe. 7.04.2011).

Importante também dizer que a existência de débito fiscal e ausência de comprovação das condições do artigo 206, do CTN, mesmo na ausência de lançamento de ofício, importam no indeferimento da pretensão de sujeito passivo à expedição de CND ou CPD-EN. Ou seja, se houve declaração do débito e pagamento a menor, não há que se falar em CND e, ausentes as hipóteses do artigo 206, também não pode ser emitida uma CPD-EN. Nesse sentido, tem-se a **Súmula nº 446 do STJ**, com a seguinte redação: "Declarado e não pago o débito tributário pelo contribuinte, é legítima a recusa de expedição de certidão negativa ou positiva com efeito de negativa".

No caso de Certidão Positiva com efeito de Negativa baseada em garantia da dívida, é fundamental que a penhora seja suficiente, isto é, cubra a importância do débito tributário cobrado via execução fiscal. Logo, "a penhora de bem de valor inferior ao débito não autoriza a expedição de certidão positiva com efeitos de negativa", uma vez que "a expedição da referida certidão está condicionada à existência de penhora suficiente ou à suspensão da exigibilidade do crédito tributário, nos termos dos arts. 151 e 206 do CTN" (REsp 1.479.276-MG, Rel. Min. Mauro Campbell Marques, j. 16.10.2014. 2ª T. – Info 550).

Ainda no campo da penhora ou outra garantia do juízo como pressuposto para emissão de CPD-EN, deve-se ter em mente que o sujeito passivo, que pretenda garantir o juízo para obter a referida certidão, não pode ser prejudicado pela inércia da Fazenda quanto à inscrição do débito em Dívida Ativa e ao ajuizamento da execução fiscal. Assim, já decidiu o Superior Tribunal de Justiça que não pode ser imputado ao contribuinte em condições de oferecer bens à garantia da dívida, prejuízo pela demora do Fisco em ajuizar a execução para a cobrança do débito tributário, sob pena de se propiciar o absurdo de que o contribuinte que contra si tenha ajuizada ação de execução fiscal ostente condição mais favorável do que aquele contra o qual o Fisco ainda não se voltou judicialmente (STJ – REsp 912710 / RN – 1ª. T – Rel. Min. Luiz Fux – DJE 07/08/2008). Nesses casos, ante a presença dos pressupostos *fumus boni iuris* e *periculum in mora*, o Poder Judiciário fica autorizado a admitir, no âmbito de ação cautelar, o oferecimento pelo contribuinte de caução suficiente para cobertura do débito com características similares às garantias de que trata o artigo 9º da Lei 6.830/80 e, assim, determinar ao Fisco que proceda à emissão da competente Certidão Positiva de Débitos com Efeitos de Negativa – CPD-EN. Caução essa que será equiparável à penhora antecipada e viabilizará a certidão pretendida (STJ, 1ª T., AgRg no REsp 734777 / SC; Rel. Luiz Fux, j. 18.05.2006, v.u).

Independentemente de disposição legal permissiva, será dispensada a prova de quitação de tributos, ou o seu suprimento, quando se tratar de prática de ato indispensável para evitar a caducidade de direito, respondendo, porém, todos os participantes no ato pelo tributo porventura devido, juros de mora e penalidades cabíveis, exceto as relativas a infrações cuja responsabilidade seja pessoal ao infrator (CTN, art. 207).

A certidão negativa expedida com dolo ou fraude, que contenha erro contra a Fazenda Pública, responsabiliza pessoalmente o funcionário que a expedir, pelo crédito tributário e juros de mora acrescidos, fato que não exclui a responsabilidade criminal e funcional que no caso couber (CTN, art. 208).

5. SÚMULAS

Súmula 70 STF: "É inadmissível a interdição de estabelecimento como meio coercitivo para cobrança de tributo".

Súmula 323 STF: "É inadmissível a apreensão de mercadorias como meio coercitivo para pagamento de tributos".

Súmula 439 STF: "Estão sujeitos à fiscalização tributária ou previdenciária quaisquer livros comerciais, limitado o exame aos pontos objeto da investigação".

Súmula 542 STF: "Não é inconstitucional a multa instituída pelo Estado-membro, como sanção pelo retardamento do início ou da ultimação do inventário".

Súmula 547 STF: "Não é lícito à autoridade proibir que o contribuinte em débito adquira estampilhas, despache mercadorias nas alfândegas e exerça suas atividades profissionais".

Súmula 392 STJ: "A Fazenda Pública pode substituir a certidão de dívida ativa (CDA) até a prolação da sentença de embargos, quando se tratar de correção de erro material ou formal, vedada a modificação do sujeito passivo da execução".

Súmula 446 STJ: "Declarado e não pago o débito tributário pelo contribuinte, é legítima a recusa de expedição de certidão negativa ou positiva com efeito de negativa".

Súmula 569 STJ: "Na importação, é indevida a exigência de nova certidão negativa de débito no desembaraço aduaneiro, se já apresentada a comprovação da quitação de tributos federais quando da concessão do benefício relativo ao regime de drawback".

6. LEGISLAÇÃO RELACIONADA AO CAPÍTULO

• CONSTITUIÇÃO FEDERAL

Art. 37: (...)

XVIII – a administração fazendária e seus servidores fiscais terão, dentro de suas áreas de competência e jurisdição, precedência sobre os demais setores administrativos, na forma da lei;

XXII – as administrações tributárias da União, dos Estados, do Distrito Federal e dos Municípios, atividades essenciais ao funcionamento do Estado, exercidas por servidores de carreiras específicas, terão recursos prioritários para a realização de suas atividades e atuarão de forma integrada, inclusive com o compartilhamento de cadastros e de informações fiscais, na forma da lei ou convênio.

Art. 145: (...)

§ 1º Sempre que possível, os impostos terão caráter pessoal e serão graduados segundo a capacidade econômica do contribuinte, facultado à administração tributária, especialmente para conferir efetividade a esses objetivos, identificar, respeitados os direitos individuais e nos termos da lei, o patrimônio, os rendimentos e as atividades econômicas do contribuinte.

• CÓDIGO TRIBUTÁRIO NACIONAL

Art. 138. A responsabilidade é excluída pela denúncia espontânea da infração, acompanhada, se for o caso, do pagamento do tributo devido e dos juros de mora, ou do depósito da importância arbitrada pela autoridade administrativa, quando o montante do tributo dependa de apuração.

Parágrafo único. Não se considera espontânea a denúncia apresentada após o início de qualquer procedimento administrativo ou medida de fiscalização, relacionados com a infração.

Art. 144. O lançamento reporta-se à data da ocorrência do fato gerador da obrigação e rege-se pela lei então vigente, ainda que posteriormente modificada ou revogada.

§ 1º Aplica-se ao lançamento a legislação que, posteriormente à ocorrência do fato gerador da obrigação, tenha instituído novos critérios de apuração ou processos de fiscalização, ampliado os poderes de investigação das autoridades administrativas, ou outorgado ao crédito maiores garantias ou privilégios, exceto, neste último caso, para o efeito de atribuir responsabilidade tributária a terceiros.

§ 2º O disposto neste artigo não se aplica aos impostos lançados por períodos certos de tempo, desde que a respectiva lei fixe expressamente a data em que o fato gerador se considera ocorrido.

Art. 183. A enumeração das garantias atribuídas neste Capítulo ao crédito tributário não exclui outras que sejam expressamente previstas em lei, em função da natureza ou das características do tributo a que se refiram.

Parágrafo único. A natureza das garantias atribuídas ao crédito tributário não altera a natureza deste nem a da obrigação tributária a que corresponda.

Art. 184. Sem prejuízo dos privilégios especiais sobre determinados bens, que sejam previstos em lei, responde pelo pagamento do crédito tributário a totalidade dos bens e das rendas, de qualquer origem ou natureza, do sujeito passivo, seu espólio ou sua massa falida, inclusive os gravados por ônus real ou cláusula de inalienabilidade ou impenhorabilidade, seja qual for a data da constituição do ônus ou da cláusula, excetuados unicamente os bens e rendas que a lei declare absolutamente impenhoráveis.

Art. 185. Presume-se fraudulenta a alienação ou oneração de bens ou rendas, ou seu começo, por sujeito passivo em débito para com a Fazenda Pública, por crédito tributário regularmente inscrito como dívida ativa.

Parágrafo único. O disposto neste artigo não se aplica na hipótese de terem sido reservados, pelo devedor, bens ou rendas suficientes ao total pagamento da dívida inscrita.

Art. 185-A. Na hipótese de o devedor tributário, devidamente citado, não pagar nem apresentar bens à penhora no prazo legal e não forem encontrados bens penhoráveis, o juiz determinará a indisponibilidade de seus bens e direitos, comunicando a decisão, preferencialmente por meio eletrônico, aos órgãos e entidades que promovem registros de transferência de bens, especialmente ao registro público de imóveis e às autoridades supervisoras do mercado bancário e do mercado de capitais, a fim de que, no âmbito de suas atribuições, façam cumprir a ordem judicial.

§ 1º A indisponibilidade de que trata o caput deste artigo limitar-se-á ao valor total exigível, devendo o juiz determinar o imediato levantamento da indisponibilidade dos bens ou valores que excederem esse limite.

§ 2º Os órgãos e entidades aos quais se fizer a comunicação de que trata o caput deste artigo enviarão imediatamente ao juízo a relação discriminada dos bens e direitos cuja indisponibilidade houverem promovido.

Art. 186. O crédito tributário prefere a qualquer outro, seja qual for sua natureza ou o tempo de sua constituição, ressalvados os créditos decorrentes da legislação do trabalho ou do acidente de trabalho.

Parágrafo único. Na falência:

I – o crédito tributário não prefere aos créditos extraconcursais ou às importâncias passíveis de restituição, nos termos da lei falimentar, nem aos créditos com garantia real, no limite do valor do bem gravado;

II – a lei poderá estabelecer limites e condições para a preferência dos créditos decorrentes da legislação do trabalho; e

III – a multa tributária prefere apenas aos créditos subordinados.

Art. 187. A cobrança judicial do crédito tributário não é sujeita a concurso de credores ou habilitação em falência, recuperação judicial, concordata, inventário ou arrolamento.

Parágrafo único. O concurso de preferência somente se verifica entre pessoas jurídicas de direito público, na seguinte ordem:

I – União;

II – Estados, Distrito Federal e Territórios, conjuntamente e pró rata;

III – Municípios, conjuntamente e pró rata.

Art. 188. São extraconcursais os créditos tributários decorrentes de fatos geradores ocorridos no curso do processo de falência.

§ 1º Contestado o crédito tributário, o juiz remeterá as partes ao processo competente, mandando reservar bens suficientes à extinção total do crédito e seus acrescidos, se a massa não puder efetuar a garantia da instância por outra forma, ouvido, quanto à natureza e valor dos bens reservados, o representante da Fazenda Pública interessada.

§ 2º O disposto neste artigo aplica-se aos processos de concordata.

Art. 189. São pagos preferencialmente a quaisquer créditos habilitados em inventário ou arrolamento, ou a outros encargos do monte, os créditos tributários vencidos ou vincendos, a cargo do de cujus ou de seu espólio, exigíveis no decurso do processo de inventário ou arrolamento.

Parágrafo único. Contestado o crédito tributário, proceder-se-á na forma do disposto no § 1º do artigo anterior.

Art. 190. São pagos preferencialmente a quaisquer outros os créditos tributários vencidos ou vincendos, a cargo de pessoas jurídicas de direito privado em liquidação judicial ou voluntária, exigíveis no decurso da liquidação.

Art. 191. A extinção das obrigações do falido requer prova de quitação de todos os tributos.

Art. 191-A. A concessão de recuperação judicial depende da apresentação da prova de quitação de todos os tributos, observado o disposto nos arts. 151, 205 e 206 desta Lei.

Art. 192. Nenhuma sentença de julgamento de partilha ou adjudicação será proferida sem prova da quitação de todos os tributos relativos aos bens do espólio, ou às suas rendas.

Art. 193. Salvo quando expressamente autorizado por lei, nenhum departamento da administração pública da União, dos Estados, do Distrito Federal, ou dos Municípios, ou sua autarquia, celebrará contrato ou aceitará proposta em concorrência pública sem que o contratante ou proponente faça prova da quitação de todos os tributos devidos à Fazenda Pública interessada, relativos à atividade em cujo exercício contrata ou concorre.

Art. 194. A legislação tributária, observado o disposto nesta Lei, regulará, em caráter geral, ou especificamente em função da natureza do tributo de que se tratar, a competência e os poderes das autoridades administrativas em matéria de fiscalização da sua aplicação.

Parágrafo único. A legislação a que se refere este artigo aplica-se às pessoas naturais ou jurídicas, contribuintes ou não, inclusive às que gozem de imunidade tributária ou de isenção de caráter pessoal.

Art. 195. Para os efeitos da legislação tributária, não têm aplicação quaisquer disposições legais excludentes ou limitativas do direito de examinar mercadorias, livros, arquivos, documentos, papéis e efeitos comerciais ou fiscais, dos comerciantes industriais ou produtores, ou da obrigação destes de exibi-los.

Parágrafo único. Os livros obrigatórios de escrituração comercial e fiscal e os comprovantes dos lançamentos neles efetuados serão conservados até que ocorra a prescrição dos créditos tributários decorrentes das operações a que se refiram.

Art. 196. A autoridade administrativa que proceder ou presidir a quaisquer diligências de fiscalização lavrará os termos necessários para que se documente o início do procedimento, na forma da legislação aplicável, que fixará prazo máximo para a conclusão daquelas.

Parágrafo único. Os termos a que se refere este artigo serão lavrados, sempre que possível, em um dos livros fiscais exibidos; quando lavrados em separado deles se entregará, à pessoa sujeita à fiscalização, cópia autenticada pela autoridade a que se refere este artigo.

Art. 197. Mediante intimação escrita, são obrigados a prestar à autoridade administrativa todas as informações de que disponham com relação aos bens, negócios ou atividades de terceiros:

I – os tabeliães, escrivães e demais serventuários de ofício;

II – os bancos, casas bancárias, Caixas Econômicas e demais instituições financeiras;

III – as empresas de administração de bens;

IV – os corretores, leiloeiros e despachantes oficiais;

V – os inventariantes;

VI – os síndicos, comissários e liquidatários;

VII – quaisquer outras entidades ou pessoas que a lei designe, em razão de seu cargo, ofício, função, ministério, atividade ou profissão.

Parágrafo único. A obrigação prevista neste artigo não abrange a prestação de informações quanto a fatos sobre os quais o informante esteja legalmente obrigado a observar segredo em razão de cargo, ofício, função, ministério, atividade ou profissão.

Art. 198. Sem prejuízo do disposto na legislação criminal, é vedada a divulgação, por parte da Fazenda Pública ou de seus servidores, de informação obtida em razão do ofício sobre a situação econômica ou financeira do sujeito passivo ou de terceiros e sobre a natureza e o estado de seus negócios ou atividades.

§ 1º Excetuam-se do disposto neste artigo, além dos casos previstos no art. 199, os seguintes:

I – requisição de autoridade judiciária no interesse da justiça;

II – solicitações de autoridade administrativa no interesse da Administração Pública, desde que seja comprovada a instauração regular de processo administrativo, no órgão ou na entidade respectiva, com o objetivo de investigar o sujeito passivo a que se refere a informação, por prática de infração administrativa.

§ 2º O intercâmbio de informação sigilosa, no âmbito da Administração Pública, será realizado mediante processo regularmente instaurado, e a entrega será feita pessoalmente à autoridade solicitante, mediante recibo, que formalize a transferência e assegure a preservação do sigilo.

§ 3º Não é vedada a divulgação de informações relativas a:

I – representações fiscais para fins penais;

II – inscrições na Dívida Ativa da Fazenda Pública;

III – parcelamento ou moratória.

Art. 199. A Fazenda Pública da União e as dos Estados, do Distrito Federal e dos Municípios prestar-se-ão mutuamente assistência para a fiscalização dos tributos respectivos e permuta de informações, na forma estabelecida, em caráter geral ou específico, por lei ou convênio.

Parágrafo único. A Fazenda Pública da União, na forma estabelecida em tratados, acordos ou convênios, poderá permutar informações com Estados estrangeiros no interesse da arrecadação e da fiscalização de tributos.

Art. 200. As autoridades administrativas federais poderão requisitar o auxílio da força pública federal, estadual ou municipal, e reciprocamente, quando vítimas de embaraço ou desacato no exercício de suas funções, ou quando necessário à efetivação dê medida prevista na legislação tributária, ainda que não se configure fato definido em lei como crime ou contravenção.

Art. 201. Constitui dívida ativa tributária a proveniente de crédito dessa natureza, regularmente inscrita na repartição administrativa competente, depois de esgotado o prazo fixado, para pagamento, pela lei ou por decisão final proferida em processo regular.

Parágrafo único. A fluência de juros de mora não exclui, para os efeitos deste artigo, a liquidez do crédito.

Art. 202. O termo de inscrição da dívida ativa, autenticado pela autoridade competente, indicará obrigatoriamente:

I – o nome do devedor e, sendo caso, o dos co-responsáveis, bem como, sempre que possível, o domicílio ou a residência de um e de outros;

II – a quantia devida e a maneira de calcular os juros de mora acrescidos;

III – a origem e natureza do crédito, mencionada especificamente a disposição da lei em que seja fundado;

IV – a data em que foi inscrita;

V – sendo caso, o número do processo administrativo de que se originar o crédito.

Parágrafo único. A certidão conterá, além dos requisitos deste artigo, a indicação do livro e da folha da inscrição.

Art. 203. A omissão de quaisquer dos requisitos previstos no artigo anterior, ou o erro a eles relativo, são causas de nulidade da inscrição e do processo de cobrança dela decorrente, mas a nulidade poderá ser sanada até a decisão de primeira instância, mediante substituição da certidão nula, devolvido ao sujeito passivo, acusado ou interessado o prazo para defesa, que somente poderá versar sobre a parte modificada.

Art. 204. A dívida regularmente inscrita goza da presunção de certeza e liquidez e tem o efeito de prova pré-constituída.

Parágrafo único. A presunção a que se refere este artigo é relativa e pode ser ilidida por prova inequívoca, a cargo do sujeito passivo ou do terceiro a que aproveite.

Art. 205. A lei poderá exigir que a prova da quitação de determinado tributo, quando exigível, seja feita por certidão negativa, expedida à vista de requerimento do interessado, que contenha todas as informações necessárias à identificação de sua pessoa, domicílio fiscal e ramo de negócio ou atividade e indique o período a que se refere o pedido.

Parágrafo único. A certidão negativa será sempre expedida nos termos em que tenha sido requerida e será fornecida dentro de 10 (dez) dias da data da entrada do requerimento na repartição.

Art. 206. Tem os mesmos efeitos previstos no artigo anterior a certidão de que conste a existência de créditos não vencidos, em curso de cobrança executiva em que tenha sido efetivada a penhora, ou cuja exigibilidade esteja suspensa.

Art. 207. Independentemente de disposição legal permissiva, será dispensada a prova de quitação de tributos, ou o seu suprimento, quando se tratar de prática de ato indispensável para evitar a caducidade de direito, respondendo, porém, todos os participantes no ato pelo tributo porventura devido, juros de mora e penalidades cabíveis, exceto as relativas a infrações cuja responsabilidade seja pessoal ao infrator.

Art. 208. A certidão negativa expedida com dolo ou fraude, que contenha erro contra a Fazenda Pública, responsabiliza pessoalmente o funcionário que a expedir, pelo crédito tributário e juros de mora acrescidos.

Parágrafo único. O disposto neste artigo não exclui a responsabilidade criminal e funcional que no caso couber.

Art. 209. A expressão "Fazenda Pública", quando empregada nesta Lei sem qualificação, abrange a Fazenda Pública da União, dos Estados, do Distrito Federal e dos Municípios.

Art. 210. Os prazos fixados nesta Lei ou legislação tributária serão contínuos, excluindo-se na sua contagem o dia de início e incluindo-se o de vencimento.

Parágrafo único. Os prazos só se iniciam ou vencem em dia de expediente normal na repartição em que corra o processo ou deva ser praticado o ato.

• CÓDIGO DE PROCESSO CIVIL

Art. 784. São títulos executivos extrajudiciais:

IX – a certidão de dívida ativa da Fazenda Pública da União, dos Estados, do Distrito Federal e dos Municípios, correspondente aos créditos inscritos na forma da lei;

• LEI COMPLEMENTAR Nº 105, DE JANEIRO DE 2001

Dispõe sobre o sigilo das operações de instituições financeiras e dá outras providências

Art. 6º As autoridades e os agentes fiscais tributários da União, dos Estados, do Distrito Federal e dos Municípios somente poderão examinar documentos, livros e registros de instituições financeiras, inclusive os referentes a contas de depósitos e aplicações financeiras, quando houver processo administrativo instaurado ou procedimento fiscal em curso e tais exames sejam considerados indispensáveis pela autoridade administrativa competente.

Parágrafo único. O resultado dos exames, as informações e os documentos a que se refere este artigo serão conservados em sigilo, observada a legislação tributária.

• LEI Nº 4.320, DE 17 DE MARÇO DE 1964

Estatui Normas Gerais de Direito Financeiro para elaboração e contrôle dos orçamentos e balanços da União, dos Estados, dos Municípios e do Distrito Federal

Art. 39. Os créditos da Fazenda Pública, de natureza tributária ou não tributária, serão escriturados como receita do exercício em que forem arrecadados, nas respectivas rubricas orçamentárias.

§ 1º – Os créditos de que trata este artigo, exigíveis pelo transcurso do prazo para pagamento, serão inscritos, na forma da legislação própria, como Dívida Ativa, em registro próprio, após apurada a sua liquidez e certeza, e a respectiva receita será escriturada a esse título.

§ 2º – Dívida Ativa Tributária é o crédito da Fazenda Pública dessa natureza, proveniente de obrigação legal relativa a tributos e respectivos adicionais e multas, e Dívida Ativa não Tributária são os demais créditos da Fazenda Pública, tais como os provenientes de empréstimos compulsórios, contribuições estabelecidas em lei, multa de qualquer origem ou natureza, exceto as tributárias, foros, laudêmios, alugueis ou taxas de ocupação, custas processuais, preços de serviços prestados por estabelecimentos públicos, indenizações, reposições, restituições, alcances dos responsáveis definitivamente julgados, bem assim os créditos decorrentes de obrigações em moeda estrangeira, de subrogação de hipoteca, fiança, aval ou outra garantia, de contratos em geral ou de outras obrigações legais.

• LEI Nº 6.830, DE 22 DE SETEMBRO DE 1980

Lei de Execução Fiscal – LEF

Art. 2º – Constitui Dívida Ativa da Fazenda Pública aquela definida como tributária ou não tributária na Lei nº 4.320, de 17 de março de 1964, com as alterações posteriores, que estatui normas gerais de direito financeiro para elaboração e controle dos orçamentos e balanços da União, dos Estados, dos Municípios e do Distrito Federal.

(...)

§ 5º – O Termo de Inscrição de Dívida Ativa deverá conter:

I – o nome do devedor, dos co-responsáveis e, sempre que conhecido, o domicílio ou residência de um e de outros;

II – o valor originário da dívida, bem como o termo inicial e a forma de calcular os juros de mora e demais encargos previstos em lei ou contrato;

III – a origem, a natureza e o fundamento legal ou contratual da dívida;

IV – a indicação, se for o caso, de estar a dívida sujeita à atualização monetária, bem como o respectivo fundamento legal e o termo inicial para o cálculo;

V – a data e o número da inscrição, no Registro de Dívida Ativa; e

VI – o número do processo administrativo ou do auto de infração, se neles estiver apurado o valor da dívida.

Art. 9º – Em garantia da execução, pelo valor da dívida, juros e multa de mora e encargos indicados na Certidão de Dívida Ativa, o executado poderá:

I – efetuar depósito em dinheiro, à ordem do Juízo em estabelecimento oficial de crédito, que assegure atualização monetária;

II – oferecer fiança bancária ou seguro garantia;

III – nomear bens à penhora, observada a ordem do artigo 11; ou

IV – indicar à penhora bens oferecidos por terceiros e aceitos pela Fazenda Pública.

§ 1º – O executado só poderá indicar e o terceiro oferecer bem imóvel à penhora com o consentimento expresso do respectivo cônjuge.

§ 2º Juntar-se-á aos autos a prova do depósito, da fiança bancária, do seguro garantia ou da penhora dos bens do executado ou de terceiros.

§ 3º A garantia da execução, por meio de depósito em dinheiro, fiança bancária ou seguro garantia, produz os mesmos efeitos da penhora.

§ 4º – Somente o depósito em dinheiro, na forma do artigo 32, faz cessar a responsabilidade pela atualização monetária e juros de mora.

§ 5º – A fiança bancária prevista no inciso II obedecerá às condições pré-estabelecidas pelo Conselho Monetário Nacional.

§ 6º – O executado poderá pagar parcela da dívida, que julgar incontroversa, e garantir a execução do saldo devedor.

• LEI Nº 10.522, DE 19 DE JULHO DE 2002

Dispõe sobre o Cadastro Informativo dos créditos não quitados de órgãos e entidades federais

Art. 1º O Cadastro Informativo de créditos não quitados do setor público federal (Cadin) passa a ser regulado por esta Lei.

Art. 2º O Cadin conterá relação das pessoas físicas e jurídicas que:

I – sejam responsáveis por obrigações pecuniárias vencidas e não pagas, para com órgãos e entidadesda Administração Pública Federal, direta e indireta;

II – estejam com a inscrição nos cadastros indicados, do Ministério da Fazenda, em uma das seguintes situações:

a) cancelada no Cadastro de Pessoas Físicas – CPF;

b) declarada inapta perante o Cadastro Geral de Contribuintes – CGC.

§ 1º Os órgãos e as entidades a que se refere o inciso I procederão, segundo normas próprias e sob sua exclusiva responsabilidade, às inclusões no Cadin, de pessoas físicas ou jurídicas que se enquadrem nas hipóteses previstas neste artigo.

§ 2º A inclusão no Cadin far-se-á 75 (setenta e cinco) dias após a comunicação ao devedor da existência do débito passível de inscrição naquele Cadastro, fornecendo-se todas as informações pertinentes ao débito.

§ 3º Tratando-se de comunicação expedida por via postal ou telegráfica, para o endereço indicado no instrumento que deu origem ao débito, considerar-se-á entregue após 15 (quinze) dias da respectiva expedição.

§ 4º A notificação expedida pela Secretaria da Receita Federal do Brasil, pela Procuradoria-Geral da Fazenda Nacional ou pela Procuradoria-Geral Federal, dando conhecimento ao devedor da existência do débito ou da sua inscrição em Dívida Ativa atenderá ao disposto no § 2º deste artigo.

§ 5º Comprovado ter sido regularizada a situação que deu causa à inclusão no Cadin, o órgão ou a entidade responsável pelo registro procederá, no prazo de 5 (cinco) dias úteis, à respectiva baixa.

§ 6º Na impossibilidade de a baixa ser efetuada no prazo indicado no § 5º, o órgão ou a entidade credora fornecerá a certidão de regularidade do débito, caso não haja outros pendentes de regularização.

§ 7º A inclusão no Cadin sem a expedição da comunicação ou da notificação de que tratam os §§ 2º e 4º, ou a não exclusão, nas condições e no prazo previstos no § 5º, sujeitará o responsável às penalidades cominadas pela Lei no 8.112, de 11 de dezembro de 1990, e pelo Decreto-Lei no 5.452, de 1º de maio de 1943 (Consolidação das Leis do Trabalho).

§ 8º O disposto neste artigo não se aplica aos débitos referentes a preços de serviços públicos ou a operações financeiras que não envolvam recursos orçamentários.

Art. 3º As informações fornecidas pelos órgãos e entidades integrantes do Cadin serão centralizadas no Sistema de Informações do Banco Central do Brasil – Sisbacen, cabendo à Secretaria do Tesouro Nacional expedir orientações de natureza normativa, inclusive quanto ao disciplinamento das respectivas inclusões e exclusões.

Parágrafo único. As pessoas físicas e jurídicas incluídas no Cadin terão acesso às informações a elas referentes, diretamente junto ao órgão ou entidade responsável pelo registro, ou, mediante autorização, por intermédio de qualquer outro órgão ou entidade integrante do Cadin

Art. 4º A inexistência de registro no Cadin não implica reconhecimento de regularidade de situação, nem elide a apresentação dos documentos exigidos em lei, decreto ou demais atos normativos.

§ 1º No caso de operações de crédito contratadas por instituições financeiras, no âmbito de programas oficiais de apoio à microempresa e empresa de pequeno porte, ficam as mutuárias, no caso de não estarem inscritas no Cadin, dispensadas da apresentação, inclusive aos cartórios, quando do registro dos instrumentos de crédito e respectivas garantias, de quaisquer certidões exigidas em lei, decreto ou demais atos normativos, comprobatórias da quitação de quaisquer tributos e contribuições federais.

§ 2º O disposto no § 1º aplica-se também aos mini e pequenos produtores rurais e aos agricultores familiares.

Art. 5º O Cadin conterá as seguintes informações:

I – nome e número de inscrição no Cadastro Geral de Contribuintes – CGC ou no Cadastro de Pessoas Físicas – CPF, do responsável pelas obrigações de que trata o art. 2º, inciso I;

II – nome e outros dados identificadores das pessoas jurídicas ou físicas que estejam na situação prevista no art. 2º, inciso II, inclusive a indicação do número da inscrição suspensa ou cancelada;

III – nome e número de inscrição no Cadastro Geral de Contribuintes – CGC, endereço e telefone do respectivo credor ou do órgão responsável pela inclusão;

IV – data do registro.

Parágrafo único. Cada órgão ou entidade a que se refere o inciso I do art. 2º manterá, sob sua responsabilidade, cadastro contendo informações detalhadas sobre as operações ou situações que tenham registrado no Cadin, inclusive para atender ao que dispõe o parágrafo único do art. 3º.

Art. 6º É obrigatória a consulta prévia ao Cadin, pelos órgãos e entidades da Administração Pública Federal, direta e indireta, para:

I – realização de operações de crédito que envolvam a utilização de recursos públicos;

II – concessão de incentivos fiscais e financeiros;

III – celebração de convênios, acordos, ajustes ou contratos que envolvam desembolso, a qualquer título, de recursos públicos, e respectivos aditamentos.

Parágrafo único. O disposto neste artigo não se aplica:

I – à concessão de auxílios a Municípios atingidos por calamidade pública reconhecida pelo Governo Federal;

II – às operações destinadas à composição e regularização dos créditos e obrigações objeto de registro no Cadin, sem desembolso de recursos por parte do órgão ou entidade credora;

III – às operações relativas ao crédito educativo e ao penhor civil de bens de uso pessoal ou doméstico.

Art. 7º Será suspenso o registro no Cadin quando o devedor comprove que:

I – tenha ajuizado ação, com o objetivo de discutir a natureza da obrigação ou o seu valor, com o oferecimento de garantia idônea e suficiente ao Juízo, na forma da lei;

II – esteja suspensa a exigibilidade do crédito objeto do registro, nos termos da lei.

Art. 8º A não-observância do disposto no § 1º do art. 2º e nos arts. 6º e 7º desta Lei sujeita os responsáveis às sanções da Lei no 8.112, de 1990, e do Decreto-Lei no 5.452, de 1943.

• LEI Nº 12.767, DE 27 DE DEZEMBRO DE 2012

Art. 25. A Lei no 9.492, de 10 de setembro de 1997, passa a vigorar com as seguintes alterações:

"Art. 1º (...)

Parágrafo único. Incluem-se entre os títulos sujeitos a protesto as certidões de dívida ativa da União, dos Estados, do Distrito Federal, dos Municípios e das respectivas autarquias e fundações públicas." (NR)

CAPÍTULO XVI

PROCESSO JUDICIAL TRIBUTÁRIO E DIREITO PENAL TRIBUTÁRIO

1. ASPECTOS GERAIS E FUNDAMENTAIS

Para se compreender o processo judicial tributário é fundamental saber da existência de dois sistemas processuais no direito brasileiro, que são o **processo penal**, por meio do qual são julgadas as ações de natureza criminal, e o **processo civil**, relativo a todos os demais litígios, inclusive aqueles de natureza tributária.

Ocorre que, ao reger a solução de litígios de natureza tributária, o processo civil, além das normas gerais estabelecidas no Código de Processo Civil e na legislação processual civil esparsa em geral, também é regido por normas de caráter peculiar, aplicáveis especificamente às relações jurídico-processuais que tenham por objeto litígios de natureza tributária.

É assim que surgem as ações judiciais tipicamente tributárias, que são objeto deste capítulo e costumam ser classificadas pela doutrina especializada em:

- **Ações exacionais:** são a execução fiscal e a medida cautelar fiscal, **de iniciativa da Fazenda Pública**, que visam à efetiva satisfação do crédito tributário constituído na esfera administrativa por meio do lançamento.
- **Ações antiexacionais:** são **ajuizadas pelo sujeito passivo** da obrigação tributária e tem por objetivo a obtenção de uma sentença contrária à pretensão do fisco à constituição ou exigência do crédito tributário. Pertencem a essa categoria a ação declaratória de inexistência de relação jurídico-tributária, a ação anulatória de débito fiscal, o mandado de segurança (preventivo e repressivo), os embargos à execução, a exceção de pré-executividade, a ação de repetição de indébito e a consignação em pagamento.

Para uma melhor compreensão desses aspectos gerais e fundamentais, veja o esquema abaixo:

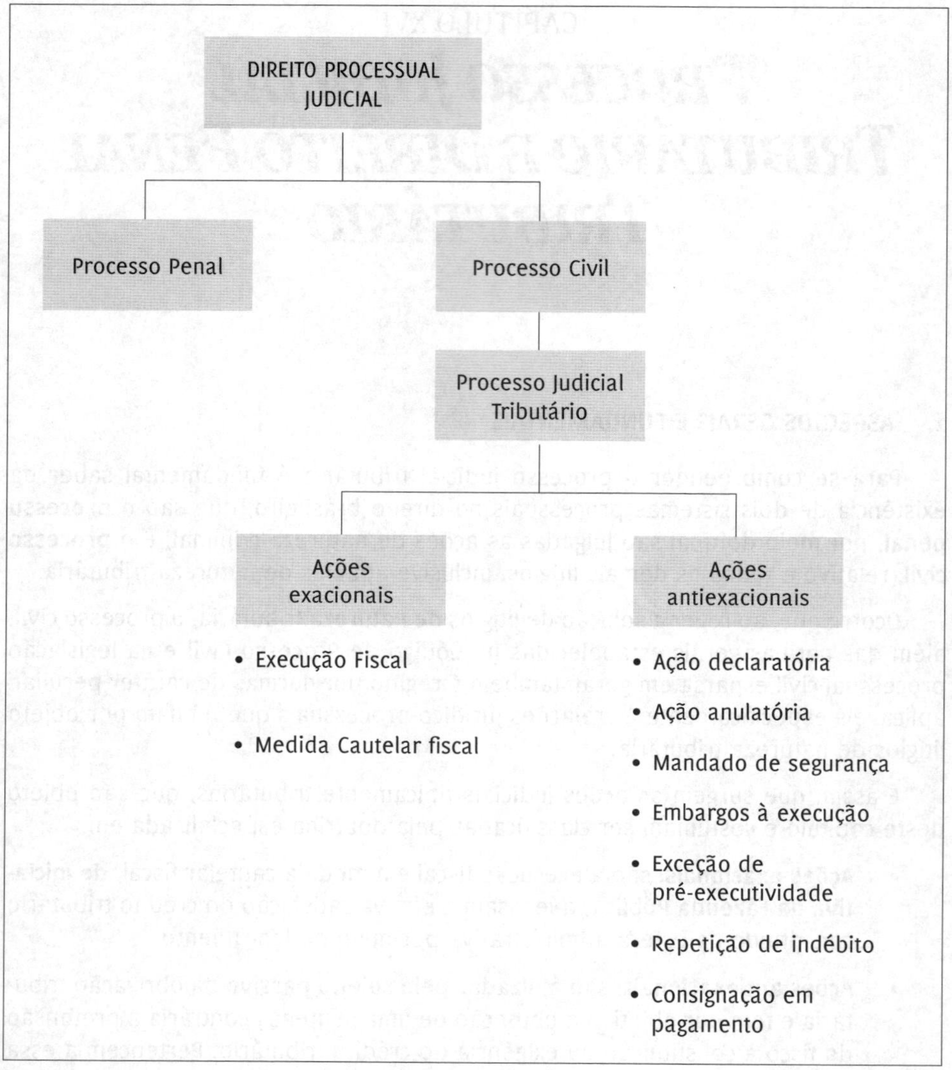

Em matéria tributária, não há o que se falar em legitimidade ativa do Ministério Público para, por meio de ação civil pública, pleitear o reconhecimento da inconstitucionalidade ou ilegalidade de tributo em defesa de direitos individuais de contribuintes. De acordo com o STF, o Ministério Público **não** tem legitimidade para o ajuizamento de ação civil pública em relação a pretensões de natureza tributária consubstanciadas no questionamento da constitucionalidade de tributos (ARE 694294). Entendimento coerente com o artigo 1º da Lei 7.347/85 ("não será cabível ação civil pública para veicular pretensões que envolvam tributos, contribuições previdenciárias, o Fundo de Garantia do Tempo de Serviço – FGTS ou outros fundos de natureza institucional cujos beneficiários podem ser individualmente determinados").

2. AÇÕES EXACIONAIS

2.1. Execução Fiscal

A execução judicial para cobrança da Dívida Ativa da União, dos Estados, do Distrito Federal, dos Municípios e respectivas autarquias, denominada Execução Fiscal, é **regida pela Lei 6.830/80** e, **subsidiariamente**, pelo **Código de Processo Civil – CPC/2015**.

Importante lembrar que o **prazo prescricional de cinco anos** para ajuizamento da Execução Fiscal, previsto no artigo 174 do CTN, é **contado da constituição definitiva do crédito tributário.**

Portanto, a constituição definitiva do crédito tributário inaugura o curso do prazo prescricional de cinco anos para o Fisco cobrá-lo judicialmente. Nos casos em que o Fisco constitui o crédito tributário mediante lançamento, inexistindo quaisquer causas de suspensão da exigibilidade ou de interrupção da prescrição, o prazo prescricional conta-se da data em que o contribuinte for regularmente notificado do lançamento tributário (arts. 145 e 174 do CTN) (STJ – *REsp 1.107.339-SP, 1ª Turma, Rel. Min. Luiz Fux, julgado em 1º/6/2010).*

ATENÇÃO:

Na vigência do CPC/73, a jurisprudência do STJ orientava-se pela possibilidade do juiz decretar de ofício a prescrição ocorrida antes da propositura da execução, consoante os seguintes argumentos: "Em execução fiscal, a prescrição ocorrida antes da propositura da ação pode ser decretada de ofício, com base no art. 219, § 5º do CPC (redação da Lei 11.051/04), independentemente da prévia ouvida da Fazenda Pública. O regime do § 4º do art. 40 da Lei 6.830/80, que exige essa providência prévia, somente se aplica às hipóteses de prescrição intercorrente nele indicadas. Precedentes de ambas as Turmas da 1ª Seção" (REsp 1100156 RJ, Rel. Ministro TEORI ALBINO ZAVASCKI, PRIMEIRA SEÇÃO, julgado em 10/06/2009, DJe 18/06/2009).

Com o advento do CPC/2015, não obstante a previsão do parágrafo único do seu artigo 487 de que, a prescrição e a decadência não serão reconhecidas sem que antes seja dada às partes oportunidade de manifestar-se, ficou ressalvada a possibilidade estabelecida no artigo 332, § 1º do juiz "julgar liminarmente improcedente o pedido se verificar, desde logo, a ocorrência de decadência ou de prescrição". Logo, permanece a possibilidade de o juiz, ao menos liminarmente, decretar de ofício a prescrição ocorrida antes da propositura da execução fiscal.

Retomados esses aspectos importantes acerca da prescrição tributária, cumpre, agora, passar ao estudo das normas veiculadas nos principais dispositivos da Lei 6.830/80 – Lei de Execução Fiscal.

A **Lei 6.830/80 rege** não apenas a **cobrança da Dívida Ativa tributária**, como também da **não tributária** e abrange atualização monetária, juros e multa de mora e demais encargos previstos em lei ou contrato (art. 2º, § 2º). Aplica-se à Dívida Ativa da Fazenda Pública de natureza não tributária o disposto nos artigos 186 e 188 a 192 do Código Tributário Nacional, normas que se referem a preferências do crédito tributário (art. 4º, § 4º).

ATENÇÃO:

A Portaria MF 75/2012 dispõe sobre o não ajuizamento de execuções fiscais de débitos com a Fazenda Nacional, cujo valor consolidado seja igual ou inferior a R$ 20.000,00 (vinte mil reais).

A **inscrição na Dívida Ativa**, que se constitui no ato de controle administrativo da legalidade, será feita pelo órgão competente para apurar a liquidez e certeza do crédito e **suspenderá a prescrição**, para todos os efeitos de direito, **por 180 dias, ou até a distribuição da execução fiscal**, se esta ocorrer antes de findo aquele prazo (art. 2º, § 3º).

Porém, essa suspensão de 180 (cento e oitenta dias) do lapso prescricional **somente é aplicável às dívidas de natureza não tributária**, consoante entendimento do Superior Tribunal de Justiça (AgRg no REsp 991520/RS) e da própria Procuradoria Geral da Fazenda Nacional (Parecer PGFN/CRJ/Nº 2624/2008). O fundamento é que, para tratar de prescrição em matéria tributária, é necessária a edição de lei complementar (CF, art. 146, III, "b"), *status* de que não goza a Lei de Execuções Fiscais.

ATENÇÃO:

Não obstante tudo isso, a banca ESAF, em um concurso de 2009 para a Receita Federal, já considerou correta alternativa de questão que associava o texto literal do artigo 2º, § 2º, da Lei 6.830/80 a crédito tributário.

A **Certidão de Dívida Ativa – CDA** conterá os mesmos elementos do Termo de Inscrição e será autenticada pela autoridade competente (art. 2º, § 6º). O § 5º do artigo 2º dispõe sobre o conteúdo do Termo de Inscrição de Dívida Ativa. Ambos (Termos e CDA) poderão ser preparados e numerados por processo manual, mecânico ou eletrônico (art. 2º, § 7º).

Até a decisão de primeira instância, a Certidão de Dívida Ativa **poderá ser emendada ou substituída**, assegurada ao executado a **devolução do prazo para embargos** (art. 2º, § 8º).

A **Dívida Ativa regularmente inscrita** goza da **presunção de certeza e liquidez** (art. 3º). Mas essa **presunção é relativa** e pode ser ilidida por prova inequívoca, a cargo do executado ou de terceiro, a quem aproveite (art. 3º).

No âmbito da Execução Fiscal, podem figurar como **executados**: I – o devedor; II – o fiador; III – o espólio; IV – a massa; V – o responsável, nos termos da lei, por dívidas, tributárias ou não, de pessoas físicas ou pessoas jurídicas de direito privado; e VI – os sucessores a qualquer título (art. 4º).

As normas relativas a responsabilidade previstas na legislação tributária, civil e comercial aplicam-se à Dívida Ativa Tributária (art. 4º, § 2º). Os responsáveis, inclusive as pessoas indicadas no § 1º do artigo 4º (responsáveis solidários), poderão nomear bens livres e desembaraçados do devedor, tantos quantos bastem para pagar a dívida. Os bens dos responsáveis ficarão, porém, sujeitos à execução, se os do devedor forem insuficientes à satisfação da dívida (art. 4º, § 3º).

> ATENÇÃO:
>
> São responsáveis solidários na Execução Fiscal indicados no § 1º do artigo 4º da Lei 6.830/80: o síndico, o comissário, o liquidante, o inventariante e o administrador, nos casos de falência, concordata, liquidação, inventário, insolvência ou concurso de credores, se, antes de garantidos os créditos da Fazenda Pública, alienarem ou derem em garantia quaisquer dos bens administrados. Essa norma visa à proteção dos credores e guarda coerência com o artigo 31 da mesma lei, segundo o qual: "Nos processos de falência, concordata, liquidação, inventário, arrolamento ou concurso de credores, nenhuma alienação será judicialmente autorizada sem a prova de quitação da Dívida Ativa ou a concordância da Fazenda Pública."

A **competência para processar e julgar a execução** da Dívida Ativa da Fazenda Pública **exclui a de qualquer outro Juízo**, inclusive o da falência, da concordata, da liquidação, da insolvência ou do inventário (art. 5º).

A **petição inicial**, distinto do que prevê o artigo 319 do CPC/2015, **indicará apenas:** I – o Juiz a quem é dirigida; II – o pedido; e III – o requerimento para a citação (art. 6º). **Será instruída com a CDA**, que dela fará parte integrante, como se estivesse transcrita (art. 6º, § 1º). A **petição inicial e a Certidão de Dívida Ativa poderão constituir um único documento**, preparado inclusive por processo eletrônico (art. 6º, § 2º).

A produção de provas pela Fazenda Pública independe de requerimento na petição inicial (art. 6º, § 3º) e o valor da causa será o da dívida constante da certidão, com os encargos legais (art. 6º, § 4), ficando supridos, assim, requisitos da petição inicial do artigo 319 do CPC não exigidos pela Lei 6.830/80.

O despacho do Juiz que deferir a inicial importa em **ordem para**: I – **citação**, pelas sucessivas modalidades previstas no artigo 8º; II – **penhora**, se não for paga a dívida, nem garantida a execução, por meio de depósito, fiança ou seguro garantia;

III – **arresto**, se o executado não tiver domicílio ou dele se ocultar; IV – **registro da penhora ou do arresto**, independentemente do pagamento de custas ou outras despesas; V – **avaliação** dos bens penhorados ou arrestados (art. 7º).

O executado será citado para, no prazo de 5 (cinco) dias, pagar a dívida com os juros e multa de mora e encargos indicados na CDA, ou garantir a execução (art. 8º). A citação será, em regra, pelo correio, considerando-se feita na data da entrega da carta no endereço do executado, ou, se a data for omitida, no aviso de recepção, 10 (dez) dias após a entrega da carta à agência postal (art. 8º, I e II). Se o aviso de recepção não retornar no prazo de 15 (quinze) dias da entrega da carta à agência postal, a citação será feita por Oficial de Justiça ou por edital (art. 8º, III).

O inciso IV do artigo 8º dispõe sobre forma e procedimento do edital, que terá o prazo de 30 (trinta) dias. No caso de executado ausente do País, a citação será necessariamente por edital, que, nesse caso, terá o prazo de 60 (sessenta) dias. No mais, a citação por edital será cabível quando frustradas as demais modalidades de citação (Súmula 414, do STJ).

Coerente com o artigo 174, parágrafo único do CTN, o **despacho do Juiz, que ordenar a citação, interrompe a prescrição** (art. 8º, § 2º).

Em **garantia da execução**, pelo valor da dívida, juros e multa de mora e encargos indicados na Certidão de Dívida Ativa, o executado poderá: I – efetuar **depósito em dinheiro**, à ordem do Juízo em estabelecimento oficial de crédito, que assegure atualização monetária; II – oferecer **fiança bancária**; III – **nomear bens à penhora**, observada a **ordem do artigo 11**; ou IV – **indicar à penhora bens oferecidos por terceiros e aceitos pela Fazenda Pública** (art. 9º).

No caso de bens oferecidos por terceiros, o executado só poderá indicar e o terceiro oferecer bem imóvel à penhora com o consentimento expresso do respectivo cônjuge (artigo 9º, § 1º). De qualquer maneira, sempre é necessária a aceitação pela Fazenda Pública (art. 9º, IV).

Uma possibilidade legal interessante é a de que o executado efetue o pagamento de parcela da dívida que julgar incontroversa e apenas garanta a execução do saldo devedor (art. 9º, § 6º).

Não ocorrendo o pagamento, nem a garantia da execução, a penhora poderá recair em qualquer bem do executado, exceto os que a lei declare absolutamente impenhoráveis (art. 10). Nesse ponto, convém expor que constitui tendência do Poder Judiciário deferir a expedição de ofícios a órgãos públicos com vista à localização de bens do executado passíveis de penhora.

ATENÇÃO:

A tendência jurisprudencial de oficiar a Receita Federal para apresentação de declaração de renda do devedor para fins de identificar bens penhoráveis destaca como requisito o prévio esgotamento, pelo exequente, de todos os meios a ele disponíveis para o recebimento das informações relativas ao devedor e a seus bens, e que, ainda assim, seu esforço tenha sido inútil (STJ – REsp nº 707.026/SP – 1ª Turma).

Outra possibilidade é a penhora *online*, realizada pelo Juízo via sistema Bacen Jud.

ATENÇÃO:

É possível a penhora *online* do saldo total de conta corrente conjunta para garantir a execução fiscal, ainda que apenas um dos correntistas seja o responsável pelo pagamento do tributo. De acordo com decisão do STJ, os titulares da conta são credores solidários dos valores nela depositados, solidariedade estabelecida pela própria vontade deles no momento em que optam por essa modalidade de depósito. (STJ – REsp 1.229.329-SP, 2ª Turma, Rel. Min. Humberto Martins, julgado em 17/3/2011).

No que tange à **ordem de penhora ou arresto de bens**, nos termos do artigo 11 da Lei 6.830/80, é a seguinte: I – dinheiro; II – título da dívida pública, bem como título de crédito, que tenham cotação em bolsa; III – pedras e metais preciosos; IV – imóveis; V – navios e aeronaves; VI – veículos; VII – móveis ou semoventes; e VIII – direitos e ações. **Excepcionalmente**, a **penhora poderá recair sobre estabelecimento** comercial, industrial ou agrícola, bem como em plantações ou edifícios em construção (art. 11, § 1º).

O artigo 15 trata da **substituição da penhora**, que poderá ser deferida pelo Juiz ao executado ou à Fazenda Pública, mas em amplitudes diferentes, quais sejam: I – **ao executado**, a substituição da penhora **por depósito em dinheiro ou fiança bancária**; e II – **à Fazenda Pública**, a substituição dos bens penhorados **por outros, independentemente da ordem do artigo 11**, bem como o **reforço da penhora insuficiente**.

Muitas são as controvérsias sobre penhora no âmbito da Execução Fiscal, o que tem produzido uma vasta jurisprudência sobre o tema. No quadro abaixo, é possível conferir controvérsias e posicionamentos colhidos da jurisprudência mais recente do Superior Tribunal de Justiça.

A penhora na execução fiscal	Jurisprudência do STJ
Substituição de Penhora, de dinheiro para fiança bancária	Incabível, já que o poder de substituição de penhora concedido ao devedor só pode ser exercido para melhorar a liquidez da garantia (STJ – REsp 1.049.760-RJ).
Anuência da Fazenda na substituição de penhora pelo executado	Em regra, é necessária e somente é dispensável na hipótese de oferecimento de dinheiro ou fiança bancária em substituição ao bem penhorado (STJ – AgRg no AREsp 12.394-RS).

A penhora na execução fiscal	Jurisprudência do STJ
Reavaliação de bens penhorados	Se o exame for objeto de impugnação pelas partes antes de publicado o edital de leilão, é necessária a nomeação de avaliador oficial para que proceda à reavaliação (STJ – REsp 1.352.055-SC).
Reforço de penhora	Não pode ser determinado de ofício pelo juízo, visto ser imprescindível o requerimento do interessado (STJ – REsp 1.127.815-SP).
Parcelamento requerido após a penhora	Não pode o crédito tributário ficar sem garantia alguma, nos casos em que a constrição for realizada antes mesmo do pedido de parcelamento e quando já houver execução fiscal em curso (STJ – REsp 1.272.414-SC).
Pluralidade de penhora sobre o mesmo bem em executivos fiscais ajuizados por diferentes entidades garantidas com o privilégio do concurso de preferência	Consagra-se a prelação do pagamento dos créditos tributários da União e suas autarquias em detrimento dos créditos fiscais dos estados e destes em relação aos municípios, conforme a dicção do art. 187, parágrafo único, do CTN c/c o art. 29 da Lei 6.830/80 (STJ – REsp 957.836-SP).
Identificação de bens penhoráveis (pedido do exequente para oficiar à Secretaria da Receita Federal do Brasil solicitando cópia da declaração de bens e renda do executado)	O STJ firmou entendimento de que a quebra de sigilo fiscal ou bancário do executado para que o exequente obtenha informações sobre a existência de bens do devedor inadimplente é admitida somente após terem sido esgotadas as tentativas de obtenção dos dados na via extrajudicial (STJ, AgRg no REsp 1135568/PE).
Novos embargos em caso de anulação, ampliação ou redução da penhora	A **anulação** da penhora implica **reabertura de prazo** para embargar. Porém, **não cabem novos embargos** em casos de **reforço ou a redução**, posto permanecer de pé a primeira constrição, **salvo** para alegação de matérias suscitáveis a qualquer tempo ou inerente ao incorreto reforço ou diminuição da extensão da constrição (STJ, RESp 1116287).
Cabimento de penhora de depósitos de titularidade das filiais por débitos tributários da matriz	A discriminação do patrimônio da empresa, mediante a criação de filiais, não afasta a unidade patrimonial da pessoa jurídica, que, na condição de devedora, deve responder com todo o ativo do patrimônio social por suas dívidas... O princípio tributário da autonomia dos estabelecimentos é um instituto de direito material, ligado à questão do nascimento da obrigação tributária de cada imposto especificamente considerado e não tem relação com a responsabilidade patrimonial dos devedores prevista em um regramento de direito processual, ou com os limites da responsabilidade dos bens da empresa e dos sócios definidos no direito empresarial (STJ, REsp 1355812)

A penhora na execução fiscal	Jurisprudência do STJ
Penhora de imóvel sede de empresa	A Lei 6.830/80, em seu artigo 11, § 1º, determina que excepcionalmente, a penhora poderá recair sobre o estabelecimento comercial, industrial ou agrícola... Destarte, revela-se admissível a penhora de imóvel que constitui parcela do estabelecimento industrial, desde que inexistentes outros bens passíveis de serem penhorados (STJ – Resp 1114767)
Ordem de penhora X princípio da menor onerosidade	em princípio, nos termos do art. 9°, III, da Lei 6.830/1980, cumpre ao executado nomear bens à penhora, observada a ordem legal. É dele o ônus de comprovar a imperiosa necessidade de afastá-la, e, para que essa providência seja adotada, mostra-se insuficiente a mera invocação genérica do princípio da menor onerosidade (antigo art. 620 do CPC/73 e atual art. 805 do CPC/2015: "Quando por vários meios o exequente puder promover a execução, o juiz mandará que se faça pelo modo menos gravoso para o executado" (STJ, REsp 1337790).

Garantido o juízo, o executado terá direito a oferecer embargos à execução, medida judicial de iniciativa do contribuinte que visa à extinção do processo de execução que tem natureza de ação antiexacional e será tratada em tópico à parte deste capítulo.

Se não houver pagamento ou garantia do Juízo, ou mesmo se os embargos à execução forem improcedentes, a execução prosseguirá.

Recapitulando o até aqui exposto, basicamente os trâmites processuais são os seguintes:

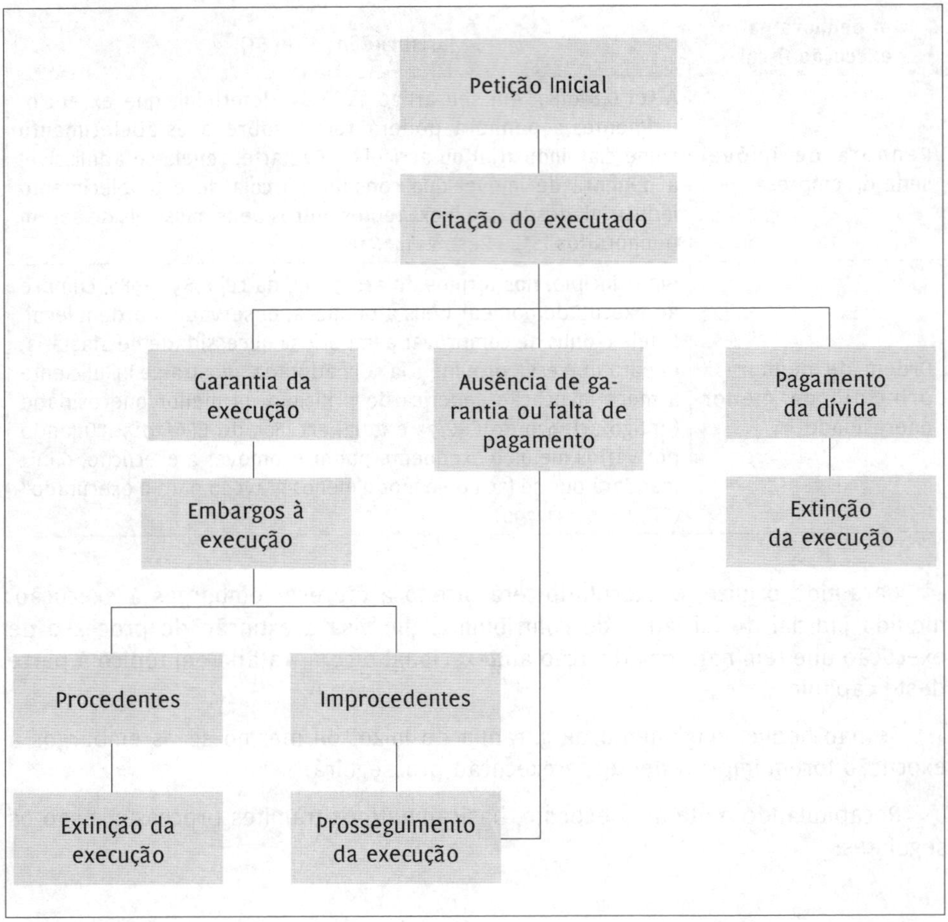

O prosseguimento da execução dá-se com a fase de satisfação do credor (Fazenda Pública), por meio de execução da garantia.

Em se tratando de **garantia prestada por terceiro, não sendo embargada a execução ou sendo rejeitados os embargos**, o **terceiro será intimado**, sob pena de contra ele prosseguir a execução nos próprios autos, **para, no prazo de 15 (quinze) dias**: I – **remir o bem, se a garantia for real**; ou II – **pagar o valor da dívida**, juros e multa de mora e demais encargos, indicados na Certidão de Divida Ativa pelos quais se obrigou, **se a garantia for fidejussória** (art. 19). Remir o bem significa pagar a dívida para liberar o bem da constrição judicial. E garantia fidejussória é aquela feita por meio de fiança.

Pode, também, haver a **alienação antecipada dos bens penhorados**, hipótese em que o produto será depositado em garantia da execução (art. 21).

Não havendo alienação antecipada, nem ocorrendo pagamento ou remissão do bem penhorado, a próxima etapa será levá-lo à arrematação, que será precedida de edital, afixado no local de costume, na sede do Juízo, e publicado em resumo, uma só vez, gratuitamente, como expediente judiciário, no órgão oficial (art. 22).

A **alienação** de quaisquer bens penhorados **será feita em leilão público**, no lugar designado pelo Juiz (art. 23). O prazo entre as datas de publicação do edital e do leilão não poderá ser superior a 30 (trinta), nem inferior a 10 (dez) dias (art. 22, § 1º). Sobre a realização desse leilão, o representante judicial da Fazenda Pública será intimado, pessoalmente, com a mesma antecedência, ou seja, mínima de 10 (dez) dias e máxima de 30 (trinta) dias (art. 22, § 1º). Aliás, na execução fiscal, qualquer intimação ao representante judicial da Fazenda Pública será feita pessoalmente (art. 25), o que pode ocorrer mediante vista dos autos, com imediata remessa a esse representante, pelo cartório ou secretaria (art. 25, parágrafo único).

A Fazenda Pública e o executado poderão requerer que os bens sejam leiloados englobadamente ou em lotes que indicarem (art. 23, § 1º). Quanto à comissão do leiloeiro e demais despesas indicadas no edital, ao contrário do que se pode pensar, não pertencem ao executado, cabendo seu pagamento ao arrematante (art. 23, § 2º).

A Fazenda Pública poderá adjudicar os bens penhorados antes ou depois do leilão, isto é, adquirir os bens penhorados em pagamento ou abatimento da dívida. Mas, as condições são distintas em cada um desses dois momentos, como apresentado no quadro abaixo:

Momento	Condições
Antes do leilão (art. 24, I)	pelo preço de avaliação se a execução não for embargada ou se rejeitados os embargos
Findo o leilão (art. 24, II)	**se não houver licitante (alínea "a"):** pelo preço da avaliação **se houver licitantes (alínea "b"):** com preferência, em igualdade de condições com a melhor oferta, no prazo de 30 (trinta) dias.

Se o preço da avaliação ou o valor da melhor oferta for superior ao dos créditos da Fazenda Pública, a **adjudicação somente será deferida** pelo Juiz **se a diferença for depositada**, pela exequente, à ordem do Juízo, no **prazo de 30 (trinta) dias** (art. 24, parágrafo único).

Se antes da decisão de primeira instância a inscrição de Divida Ativa for a qualquer título cancelada, a execução fiscal será extinta, sem qualquer ônus para as partes (art. 26).

O Juiz, a requerimento das partes, poderá, por conveniência da unidade da garantia da execução, ordenar a reunião de processos contra o mesmo devedor (art. 28), hipótese em que os processos serão redistribuídos ao Juízo da primeira distribuição (art. 28, parágrafo único).

ATENÇÃO:

Diferente da cumulação superveniente (Lei 6830/80, art. 28), na chamada cumulação inicial de pedidos (feita pelo exequente na petição inicial), é direito subjetivo do exequente de reunir, em uma única ação executiva fiscal, diversas certidões de dívida ativa. (STJ - *REsp 1.158.766-RJ, 1ª Seção, Rel. Min. Luiz Fux, julgado em 8/9/2010).*

ATENÇÃO:

Em outro julgamento de recurso especial submetido ao regime de recursos repetitivos, também ficou assentado que a reunião de demandas executivas fiscais contra o mesmo devedor constitui uma faculdade do magistrado, não um dever, conforme dispõe o art. 28 da Lei nº 6.830/80 (Lei de Execução Fiscal - LEF). Para que essa cumulação superveniente possa ocorrer, devem estar preenchidos tanto os requisitos do mencionado dispositivo da Lei de Execuções Fiscais quanto aqueles dispostos no artigo 573 do CPC, a saber: identidade das partes, requerimento da medida por pelo menos uma delas, competência do juízo e feitos em fases processuais análogas (STJ - REsp 1.158.766-RJ, 1ª Seção, Rel. Min. Luiz Fux, julgado em 8/9/2010). Lembrando que, nos termos do novo CPC/2015, será lícita a cumulação, em um único processo, contra o mesmo réu, de vários pedidos, ainda que entre eles não haja conexão (art. 327), sendo requisitos de admissibilidade da cumulação que: I - os pedidos sejam compatíveis entre si; II - seja competente para conhecer deles o mesmo juízo; III - seja adequado para todos os pedidos o tipo de procedimento.

A Fazenda Pública não está sujeita ao pagamento de custas e emolumentos. A prática dos atos judiciais de seu interesse independerá de preparo ou de prévio depósito (art. 39), mas, se vencida no processo, ressarcirá o valor das despesas feitas pela parte contrária (art. 39, parágrafo único).

ATENÇÃO:

A melhor interpretação dessas normas é a de que a Fazenda Pública não é isenta do pagamento de emolumentos cartorários, havendo, apenas, o diferimento deste para o final do processo, quando deverá ser suportado pelo vencido. (STJ - AgRg no REsp 1.276.844-RS, 1ª Turma, Rel. Min. Napoleão Nunes Maia Filho, julgado em 5/2/2013. Info 516). Esses emolumentos possuem natureza de taxa e, assim, não se incluem na imunidade recíproca do artigo 150, inciso VI, alínea "a", que se refere a impostos sobre patrimônio, rendas e serviços.

O **Juiz suspenderá o curso da execução enquanto não for localizado o devedor ou encontrados bens** sobre os quais possa recair a penhora, e, nesses casos, **não correrá** o prazo de **prescrição** (art. 40). Suspenso o curso da execução, será aberta vista dos autos ao representante judicial da Fazenda Pública (art. 40, § 1º).

Decorrido o prazo máximo de 1 (um) ano sem que seja localizado o devedor ou encontrados bens penhoráveis, o **Juiz ordenará o arquivamento dos autos** (art. 40, § 2º). **Encontrados** que sejam, a qualquer tempo, o devedor ou os bens, **serão desarquivados os autos para prosseguimento** da execução (art. 40, § 3º). Porém, se da decisão que ordenar o arquivamento tiver **decorrido o prazo prescricional**, o **juiz, depois de ouvida a Fazenda Pública, poderá, de ofício, reconhecer a prescrição intercorrente** e decretá-la de imediato (art. 40, § 4º).

No mesmo sentido, tem-se, ainda, a **Súmula nº 314 do STJ**, segundo a qual: "Em execução fiscal, não localizados bens penhoráveis, suspende-se o processo por um ano, findo o qual se inicia o prazo da prescrição quinquenal intercorrente".

Portanto, se o processo permanecer arquivado, sem provocação, pelo prazo de 5 (cinco) anos, **contados** da data da decisão que ordenar o arquivamento, operar-se-á a **prescrição intercorrente**, que pode ser conhecida de ofício pelo juiz, **depois de ouvida a Fazenda Pública**. Porém, consoante recente inovação da Lei 11.960/2009, essa manifestação da Fazenda Pública será dispensada no caso de cobranças judiciais cujo valor seja inferior ao mínimo fixado por ato do Ministro de Estado da Fazenda (art. 40, § 5º).

O fato de não se localizar o devedor ou bens penhoráveis não significa inércia da Fazenda Pública em dar andamento ao feito. Essa inércia ficará configurada apenas quando a Fazenda deixar de responder às intimações, ainda que seja para afirmar que não foi possível localizar o devedor ou bens penhoráveis. Nesse último caso, a inércia da Fazenda configurará abandono de causa, dando ensejo à extinção do processo.

ATENÇÃO:

"1. A inércia da Fazenda exequente, ante a intimação regular para promover o andamento do feito e a observância dos artigos 40 e 25 da Lei de Execução Fiscal, implica a extinção da execução fiscal não embargada *ex officio*, afastando-se o Enunciado Sumular 240 do STJ, segundo o qual "A extinção do processo, por abandono da causa pelo autor, depende de requerimento do réu". Matéria impassível de ser alegada pela exequente contumaz.[...]

2. É que a razão para se exigir o requerimento de extinção do processo pela parte contrária advém primacialmente da bilateralidade da ação, no sentido de que também assiste ao réu o direito à solução do conflito. Por isso que o não aperfeiçoamento da relação processual impede presumir-se eventual interesse do réu na continuidade do processo, o qual, "em sua visão contemporânea, é instrumento de realização do direito material e de efetivação da tutela jurisdicional, sendo de feição predominantemente pública, que não deve prestar obséquios aos caprichos de litigantes desidiosos ou de má-fé". (REsp 261789/MG, Rel. Ministro SÁLVIO DE FIGUEIREDO TEIXEIRA, QUARTA TURMA, julgado em13/09/2000, DJ 16/10/2000)."

(REsp 1120097SP, Rel. Ministro LUIZ FUX, PRIMEIRA SEÇÃO, julgado em13/10/2010, DJe 26/10/2010)

2.2. Medida cautelar fiscal

Com o **objetivo de prevenir os direitos de credor da Fazenda Pública em face de atos de dilapidação patrimonial por parte do devedor** do crédito tributário, a **Lei 8.397/92** veio instituir a chamada medida cautelar fiscal.

Ação exacional cujo procedimento poderá ser **instaurado, como regra, após a constituição do crédito** pela Fazenda Pública, inclusive no curso da Execução Fiscal (Lei 8.397/92, art. 1º), **em uma única situação excepcional, poderá ser ajuizada antes mesmo da constituição do crédito tributário**. Diz respeito à hipótese do artigo 2º, inciso V da Lei 8.397/92, isto é, quando o **contribuinte, notificado** pela Fazenda Pública **para** que proceda ao **recolhimento** do crédito fiscal, **puser ou tentar por seus bens em nome de terceiros** (art. 1º, parágrafo único).

São **hipóteses de cabimento** da medida cautelar fiscal aquelas em que o devedor: I – sem domicílio certo, intenta ausentar-se ou alienar bens que possui ou deixa de pagar a obrigação no prazo fixado; II – tendo domicílio certo, ausenta-se ou tenta se ausentar, visando a elidir o adimplemento da obrigação; III – caindo em insolvência, aliena ou tenta alienar bens; IV – contrai ou tenta contrair dívidas que comprometam a liquidez do seu patrimônio; V – notificado pela Fazenda Pública para que proceda ao recolhimento do crédito fiscal: a) deixa de pagá-lo no prazo legal, salvo se suspensa sua exigibilidade; b) põe ou tenta por seus bens em nome de terceiros; VI – possui débitos, inscritos ou não em Dívida Ativa, que somados ultrapassem trinta por cento do seu patrimônio conhecido; VII – aliena bens ou direitos sem proceder à devida comunicação ao órgão da Fazenda Pública competente, quando exigível em virtude de lei; VIII – tem sua inscrição no cadastro de contribuintes declarada inapta, pelo órgão fazendário; IX – pratica outros atos que dificultem ou impeçam a satisfação do crédito (Lei 8.397/92, art. 2º).

Além disso, são **condições específicas** da ação e requisitos para concessão da medida cautelar fiscal: I – **prova literal da constituição do crédito fiscal**; II – **prova documental de alguma das hipóteses de cabimento** (Lei 8.397/92, art. 3º).

Quanto aos **efeitos**, a decretação da medida cautelar fiscal produzirá, de imediato, a **indisponibilidade dos bens do requerido, até o limite da satisfação da obrigação** (Lei 8.397/92, art. 4º). Na hipótese de pessoa jurídica, a indisponibilidade recairá somente sobre os bens do ativo permanente. Pode, ainda, ser estendida aos bens do acionista controlador e aos dos que em razão do contrato social ou estatuto tenham poderes para fazer a empresa cumprir suas obrigações fiscais, ao tempo: a) do fato gerador, nos casos de lançamento de ofício; b) do inadimplemento da obrigação fiscal, nos demais casos (Lei 8.397/92, art. 4º, § 1º).

A indisponibilidade patrimonial poderá ser estendida em relação aos bens adquiridos a qualquer título do requerido ou daqueles que estejam ou tenham estado na função de administrador, desde que seja capaz de frustrar a pretensão da Fazenda Pública (Lei 8.397/92, art. 4º, § 2º).

ATENÇÃO:

Constitui entendimento majoritário do Superior Tribunal de Justiça que o artigo 4º, § 2º, da Lei nº 8.397/92 autoriza o requerimento da medida cautelar fiscal para tornar indisponível o patrimônio de terceiro, desde que ele tenha adquirido bens do sujeito passivo (contribuinte ou responsável) em condições que sejam capazes de frustrar a satisfação do crédito pretendido, condições essas que podem ser visualizadas nas seguintes hipóteses: fraude à execução tributária nos termos do artigo 185 do CTN com a nova redação dada pela Lei complementar 118/2005 e fraude contra credores, desde que, nesse último caso, conforme posição também adotada pelo STJ, a cautelar esteja atrelada a uma ação pauliana ou revocatória – ajuizada no prazo do artigo 11 da Lei nº 8.397/92 – que declare o vício do negócio jurídico (STJ – REsp 962.023-DF, 2ª Turma, Rel. Min. Mauro Campbell Marques, julgado em 17/5/2011).

Outro efeito muito importante, expressamente previsto na Lei 8.397/92, é que, decretada a medida cautelar fiscal, será comunicada imediatamente ao registro público de imóveis, ao Banco Central do Brasil, à Comissão de Valores Mobiliários e às demais repartições que processem registros de transferência de bens, a fim de que, no âmbito de suas atribuições, façam cumprir a constrição judicial (art. 4º, § 3º).

Em relação à competência de Juízo, a medida cautelar fiscal **será requerida ao Juiz competente para a execução** judicial da Dívida Ativa da Fazenda Pública (Lei 8.397/92, art. 5º). Se a execução judicial estiver em Tribunal, será competente o relator do recurso (art. 5º, parágrafo único).

ATENÇÃO:

A incompetência para julgamento de medida cautelar fiscal é relativa e, portanto, deve ser arguida por meio de exceção, no prazo da resposta, sob pena de preclusão e, consequentemente, prorrogação da competência para o juízo de propositura da ação (STJ – REsp 1.272.414-SC, 2ª Turma, Rel. Min. Mauro Campbell Marques, julgado em 24/4/2012).

Sob o aspecto do procedimento, na **petição inicial**, que será devidamente fundamentada, a Fazenda Pública pleiteará a medida cautelar fiscal, indicando: I – o Juiz a quem é dirigida; II – a qualificação e o endereço, se conhecido, do requerido; III – as provas que serão produzidas; IV – o requerimento para citação (Lei 8.397/92, art. 6º).

Como típico das ações cautelares, o procedimento **admite a concessão de liminar *inaudita altera pars***, ou seja, sem oitiva da parte contrária. Assim, nos termos do artigo 7º da Lei 8.397/92, o Juiz concederá liminarmente a medida cautelar fiscal, dispensada a Fazenda Pública de justificação prévia e de prestação de caução. Por se tratar de uma decisão interlocutória (resolve um incidente processual sem colocar fim ao processo, que prossegue até final sentença), **do despacho** que conceder liminarmente a medida cautelar **caberá** como recurso o **agravo de instrumento** (art. 7º, parágrafo único).

O **requerido será citado** para, no **prazo de quinze dias, contestar o pedido, indicando as provas** que pretenda produzir (Lei 8.397/92, art. 8º). **Conta-se o prazo da juntada aos autos do mandado**: a) **de citação**, devidamente **cumprido**; b) **da execução da medida** cautelar fiscal, quando **concedida liminarmente** (art. 8º, parágrafo único).

Não sendo **contestado** o pedido, operam-se os efeitos da revelia, **presumindo-se aceitos pelo requerido, como verdadeiros, os fatos alegados pela Fazenda Pública**, caso em que o Juiz decidirá em dez dias (Lei 8.397/92, art. 9º). Mas, **se o requerido contestar** no prazo legal, o **Juiz designará audiência de instrução e julgamento**, havendo prova a ser nela produzida (art. 9º, parágrafo único).

A **medida cautelar fiscal decretada poderá ser substituída, a qualquer tempo, pela prestação de garantia** correspondente ao valor da prestação da Fazenda Pública, na forma do art. 9º da Lei 6.830/80 (Lei 8.397/92, art. 10). Porém, **antes de deferir** a substituição, o **Juiz deverá, necessariamente, ouvir a Fazenda Pública** sobre o pedido de substituição, no **prazo de cinco dias, presumindo-se da omissão a sua aquiescência** (art. 10, parágrafo único).

Quando a **medida cautelar fiscal for concedida em procedimento preparatório**, isto é, antes de ter sido proposta a Execução Fiscal, deverá a Fazenda Pública **propor a execução no prazo de sessenta dias, contados da data em que a exigência se tornar irrecorrível na esfera administrativa** (Lei 8.397/92, art. 11).

Veja que não se trata de uma redução do prazo prescricional, que continua sendo de 5 (cinco) anos, nos termos do artigo 174 do CTN. Apenas que, se a Fazenda Pública não propuser a Execução Fiscal nesse prazo, a medida cessará a sua eficácia (Lei 8.397/92, art. 13, I).

Quando proposta a Execução Fiscal no prazo de sessenta dias, a medida cautelar fiscal conserva a sua eficácia apenas pelo mencionado prazo e na pendência do processo de Execução Fiscal (Lei 8.397/92, art. 12). Além disso, salvo decisão em contrário, a medida cautelar fiscal conservará sua eficácia durante o período de suspensão do crédito tributário ou não tributário (art. 12, parágrafo único).

Por outro lado, seja qual for a hipótese ou circunstância em que concedida, **a medida cautelar pode, a qualquer tempo, ser revogada ou modificada** (Lei 8.397/92, art. 12, *in fine*), além do que **cessa a sua eficácia**, não só na hipótese de **ausência de propositura da Execução Fiscal em sessenta dias (art. 13, I)**, como também nos seguintes casos: **se não for executada dentro de trinta dias; se for julgada extinta a Execução Fiscal; se o requerido promover a quitação do débito** que está sendo executado (art. 13, II, III e IV).

ATENÇÃO:

Se, por qualquer motivo, cessar a eficácia da medida, é defeso à Fazenda Pública repetir o pedido pelo mesmo fundamento (Lei 8.397/92, art. 13, parágrafo único).

Ante o caráter acessório da medida cautelar fiscal em relação ao procedimento principal, que é a Execução Fiscal, os **autos de seu procedimento serão apensados aos do processo de execução** (Lei 8.397/92, art. 14).

Na mesma linha, o **indeferimento da medida cautelar fiscal não obsta que a Fazenda Pública intente a Execução Fiscal, nem influi no julgamento desta, salvo se o Juiz**, no procedimento cautelar fiscal, acolher alegação de pagamento, de compensação, de transação, de remissão, de prescrição ou decadência, de conversão do depósito em renda, ou qualquer outra modalidade de extinção da pretensão deduzida (Lei 8.397/92, art. 15).

E, por igual, a **sentença proferida na medida cautelar fiscal não faz coisa julgada**, relativamente à Execução Fiscal, exceto se o Juiz, no procedimento cautelar fiscal, acolher alegação de pagamento, de compensação, de transação, de remissão, de prescrição ou decadência, de conversão do depósito em renda, ou qualquer outra modalidade de extinção da pretensão deduzida (Lei 8.397/92, art. 16 c/c art. 15).

Finalmente, **da sentença** que decretar a medida cautelar fiscal **caberá apelação**, sem efeito suspensivo, salvo se o requerido oferecer garantia (Lei 8.397/92, art. 17 c/c art. 10).

3. AÇÕES ANTIEXACIONAIS

3.1. Embargos à execução

Garantido o juízo, o executado oferecerá **embargos**, no **prazo de 30 (trinta) dias**, contados: I – **do depósito**; II – **da juntada da prova da fiança** bancária; III – **da intimação da penhora** (Lei 6.830/80, art. 16).

O termo *a quo* (**termo inicial**) para opor embargos à execução fiscal é a **data da efetiva intimação da penhora**, não se aplicando a regra geral de contagem de prazos do CPC, que seria a partir da juntada do mandado de intimação aos autos.

Em hipótese nenhuma os embargos serão admitidos antes de garantida a execução (Lei 6.830/80, art. 16, § 1º). Assim, havendo pendência judicial acerca da efetivação da penhora por discordância sobre o bem objeto da constrição, fica obstado o início do termo *a quo* do prazo para embargos, que só começará a contar quando superada essa questão incidente e, de fato, efetivada a penhora (STJ – REsp 1.126.307-MT, 1ª Turma, Rel. Min. Luiz Fux, julgado em 1º/3/2011).

Dúvida que vinha causando polêmica era se, além da exigência de garantia da execução prevista na LEF, a atribuição de efeito suspensivo aos embargos em execução fiscal também se submeteria aos requisitos do artigo 739-A do CPC (introduzido pela Lei 11.382/2006). Porém, em recente decisão, pelo regime de recursos repetitivos, o Superior Tribunal de Justiça veio apaziguar a controvérsia, firmando o entendimento de que a Lei n. 6.830/80 – LEF é compatível com as normas gerais do CPC sobre a atribuição de efeito suspensivo ou não aos embargos do devedor (Resp 1272827/PE). Por essa razão, também nas execuções fiscais, a atribuição de efeitos suspensivos aos embargos do devedor submetia-se ao cumprimento de três requisitos: apresentação de garantia (LEF, art. 16, § 1º e CPC, art. 739-A, § 1º); verificação pelo juiz da relevância da fundamentação – *fumus boni juris* (CPC, art. 739-A, § 1º) e perigo de dano irreparável ou de difícil reparação – *periculum in mora* (CPC, art. 739-A, § 1º).

Mas, atenção que, na sistemática do novo CPC – Lei 13.105/2015, embora mantidas a exigência de garantia e a competência do juiz para atribuir efeito suspensivo aos embargos, os pressupostos foram alterados, como se depreende do § 1º, do artigo 919 do CPC/2015: " O juiz poderá, a requerimento do embargante, atribuir efeito suspensivo aos embargos quando verificados os requisitos para a concessão da tutela provisória e desde que a execução já esteja garantida por penhora, depósito ou caução suficientes". Portanto, na nova sistemática do CPC, a atribuição de efeito suspensivo aos embargos poderá se fundamentar em urgência ou evidência (CPC/2015, art. 294), modalidades de tutela provisória com pressupostos distintos. Então, se o juiz fundamentar na urgência a admissão dos embargos à execução, deverá respeitar os pressupostos do artigo 300 do CPC/2015 (probabilidade do direito e o perigo de dano ou o risco ao resultado útil do processo, isto é, fumus boni iuris e *periculum in mora*), ao passo que, no caso de fundamentação na evidência, deverá observar os requisitos do artigo 311 do CPC/2015 (alternativamente: I – ficar caracterizado o abuso do direito de defesa ou o manifesto propósito protelatório da parte; II – as alegações de fato puderem ser comprovadas apenas documentalmente e houver tese firmada em julgamento de casos repetitivos ou em súmula vinculante; III – se tratar de pedido reipersecutório fundado em prova documental adequada do contrato de depósito, caso em que será decretada a ordem de entrega do objeto custodiado, sob cominação de multa; IV – a petição inicial for instruída com prova documental suficiente dos fatos constitutivos do direito do autor, a que o réu não oponha prova capaz de gerar dúvida razoável).

No prazo dos embargos, o **executado deverá alegar toda matéria útil à defesa**, requerer provas e juntar aos autos os documentos e rol de testemunhas, até três, ou, a critério do juiz, até o dobro desse limite (Lei 6.830/80, art. 16, § 2º). Portanto, o objeto dos embargos é bem amplo, assim como a possibilidade de dilação probatória.

ATENÇÃO:

"Insere-se nas garantias da ampla defesa e do contraditório a notificação do contribuinte do ato de lançamento que a ele respeita. A sua ausência implica a nulidade do lançamento e da Execução Fiscal nele fundada" (STJ, REsp 1.073.494/RJ). Eis um exemplo de matéria passível de alegação em sede de embargos à execução.

Quanto ao procedimento, não será admitida reconvenção, nem compensação, e as exceções, salvo as de suspeição, incompetência e impedimentos, serão arguidas como matéria preliminar e serão processadas e julgadas com os embargos (Lei 6.830/80, art. 16, § 3º).

Recebidos os embargos, o **Juiz mandará intimar a Fazenda para impugná-los no prazo de 30 (trinta) dias**, designando, em seguida, audiência de instrução e julgamento (Lei 6.830/80, art. 17). Mas, não se realizará audiência se os embargos versarem sobre matéria de direito, ou, sendo de direito e de fato, a prova for exclusivamente documental, caso em que o Juiz proferirá a sentença no prazo de 30 (trinta) dias (Lei 6.830/80, art. 17, parágrafo único).

ATENÇÃO:

"É admissível, em embargos à execução, compensar os valores de imposto de renda retidos indevidamente na fonte com os valores restituídos apurados na declaração anual." **(Súmula 393 do STJ)**

Na execução por carta, os embargos do executado serão oferecidos no Juízo deprecado, que os remeterá ao Juízo deprecante, para instrução e julgamento (Lei 6.830/80, art. 20). E, quando os embargos tiverem por objeto vícios ou irregularidades de atos do próprio Juízo deprecado, caber-lhe-á unicamente o julgamento dessa matéria (Lei 6.830/80, art. 20, parágrafo único).

3.2. Exceção de pré-executividade

A exceção de pré-executividade é admissível na execução fiscal relativamente às **matérias conhecíveis de ofício** que **não** demandem **dilação probatória** (Súmula 393 do STJ), tais como a nulidade da citação, a prescrição (STJ, REsp 1136144/RJ), a execução desacompanhada de título executivo e outras nulidades processuais, a inconstitucionalidade da norma em que tenha se fundamentado o lançamento, o pagamento, a compensação e outras hipóteses de extinção do crédito tributário.

Uma vez que não são admissíveis embargos à execução antes de garantida a execução (Lei 6.830/80, art. 16, § 1º), a exceção de pré-executividade acaba por se revelar uma medida antiexacional de grande valia, nas hipóteses em que cabível. Tanto que, embora não esteja expressamente prevista na legislação, **por construção doutrinária e jurisprudencial, é amplamente admitida** como meio de oposição do devedor à Execução Fiscal, consoante, inclusive, consagrado na Súmula 393 do STJ.

ATENÇÃO:

Uma vez acolhida a exceção de pré-executividade para extinguir execução fiscal, é cabível a condenação da Fazenda Pública em honorários advocatícios. Esse entendimento é adotado pelo Superior Tribunal de Justiça, merecendo destaque o fato de que foi consolidado em julgamento de recurso especial submetido ao regime de recursos repetitivos (STJ – REsp 1.185.036-PE, 1ª Seção, Rel. Min. Herman Benjamin, julgado em 8/9/2010).

Apresentada a exceção de pré-executividade como ação antiexacional, é interessante anotar as distinções que se faz entre ela e os embargos à execução, no que se refere necessidade de garantia do juízo, às matérias passíveis de alegação e à possibilidade ou não de dilação probatória. Para facilitar, foi elaborado o quadro abaixo:

	Garantia do juízo	**Matérias**	**Dilação probatória**
Embargos à execução	Pressuposto inafastável	Alegar toda matéria útil à defesa	Possibilidade
Exceção de pré-executividade	Independe de garantia do juízo	Matérias conhecíveis de ofício que não demandem dilação probatória	Impossibilidade

3.3. Ação anulatória e ação declaratória

Ações de iniciativa do contribuinte que tramitam pelo **procedimento comum** do processo civil brasileiro, a **ação anulatória de débito fiscal** e a **ação declaratória de inexistência de relação jurídico-tributária** distinguem-se em relação a vários aspectos.

O fundamento processual da **ação anulatória** é o **artigo 38 da Lei de Execução Fiscal – Lei 6.830/80**. Já a **ação declaratória** fundamenta-se no **artigo 19 do Código de Processo Civil – CPC/2015**, segundo o qual o interesse do autor pode limitar-se à declaração: I – da existência, da inexistência ou do modo de ser de uma relação jurídica; II – da autenticidade ou da falsidade de documento.

ATENÇÃO:

A propositura, pelo contribuinte, de ação anulatória importa em renúncia ao poder de recorrer na esfera administrativa e desistência do recurso acaso interposto (Lei 6.830/80, art. 38, parágrafo único).

Quanto ao **objeto da pretensão**, enquanto a pretensão da **ação anulatória** é a **desconstituição do crédito tributário** que já foi objeto de lançamento, constituindo a sentença de procedência causa de extinção do crédito tributário (CTN, art. 156, X), a pretensão da **ação declaratória** é a **declaração de inexistência de relação jurídico-tributária** que possa fundamentar o lançamento. Consequentemente, também, são ações ajuizadas em momentos distintos, na medida em que a **ação anulatória** de débito fiscal pressupõe que o **crédito tributário** já tenha sido **constituído** pelo lançamento, ao passo que a **ação declaratória** de inexistência da relação jurídico-tributária **antecede** o ato-procedimento de **constituição do crédito tributário**.

Pela mesma linha de raciocínio as duas ações também se distinguem quanto às respectivas naturezas. Enquanto a **ação anulatória** de débito fiscal possui natureza **constitutivo-negativa**, a **declaratória** de inexistência de relação jurídico-tributária, como o próprio nome diz, tem a **natureza declaratória**.

Estabelecidas essas distinções, vale mencionar também alguns aspectos comuns das duas ações.

Primeiramente, como as duas ações serão ajuizadas em face da Fazenda Pública, seus procedimentos deverão respeitar algumas **prerrogativas próprias da Fazenda em Juízo**, com destaque para:

- a(o) **remessa/reexame necessária(o)** dos autos à segunda instância em caso de sucumbência da Fazenda na sentença de primeira instância (CPC/2015, art. 496), procedimento também conhecido como **duplo grau de jurisdição obrigatório** ou **recurso de ofício**;
- prazo em dobro para para todas as manifestações processuais da Fazenda Pública, exceto quando a lei específica estabelecer prazo próprio para o ente público (CPC, art. 183).

Para ambas as ações, também, o juiz poderá conceder **tutelas provisórias de urgência ou evidência (CPC/2015, art. 294)**, medida que, quando de caráter liminar, constituem causas de suspensão de exigibilidade do crédito tributário (CTN, art. 151, V).

Por fim, tanto na ação anulatória, como na declaratória, a s**entença proferida fará coisa julgada material** e tem **natureza dúplice**. Assim, da mesma forma que, se favorável ao contribuinte, extinguirá o crédito tributário constituído ou evitará o lançamento do ainda não constituído, quando favorável à Fazenda, impedirá que a matéria deduzida nessas ações seja rediscutida por meio de embargos ou exceção de pré-executividade.

Com base em todas essas informações, é possível traçar o seguinte quadro comparativo entre as duas ações, certamente, de grande valia para a compreensão dessas figuras processuais antiexacionais:

	Ação anulatória	Ação declaratória
Rito processual	Procedimento comum	Procedimento comum
Fundamento processual	Lei 6.830/80, art. 38	CPC, art. 19
Objeto da pretensão	Desconstituição do crédito tributário	Declaração de inexistência da relação jurídico-tributária
Natureza da ação	Constitutivo-negativa	Declaratória

	Ação anulatória	Ação declaratória
Momento	Após a constituição do crédito tributário pelo lançamento	Anterior ao lançamento
Prerrogativas da Fazenda	Remessa necessária e prazos especiais	Remessa necessária e prazos especiais
Antecipação de tutela	Cabimento	Cabimento
Efeitos da sentença	Coisa julgada material com natureza dúplice	Coisa julgada material com natureza dúplice

3.4. Mandado de segurança

Disciplinado no plano infraconstitucional pela **Lei 12.016/2009**, o mandado de segurança constitui garantia constitucional para proteger **direito líquido e certo**, não amparado por *habeas corpus* e *habeas data*, quando o responsável pela **ilegalidade ou abuso de poder** for autoridade pública ou agente de pessoa jurídica no exercício de atribuições do Poder Público (CF, art. 5º, LXIX).

O exercício do direito à impetração de mandado de segurança submete-se ao **prazo decadencial de 120 (cento e vinte) dias**, que são **contados da ciência do ato coator** (Lei 12.016/2009, art. 3º, parágrafo único c/c art. 23).

No que concerne à **legitimidade ativa**, o mandado de segurança poderá ser impetrado por qualquer **pessoa física ou jurídica** que sofrer violação (**via repressiva**) ou houver justo receio de sofrê-la (**via preventiva**) por parte de autoridade.

Em matéria tributária não é diferente, podendo ser impetrado pelo contribuinte **mandado de segurança repressivo**, em face da **ilegalidade do lançamento** constitutivo do crédito tributário, ou **mandado de segurança preventivo**, se houver **justo receio de sofrer o lançamento ilegal** por parte da autoridade administrativa tributária.

Parte legítima para figurar no **polo passivo** da ação é a própria **autoridade coatora**, isto é, aquela responsável pela prática do ato impugnado ou em relação à qual se tem o receio que venha a praticá-lo. Mais precisamente, para fins de mandado de segurança, autoridade coatora é aquela que pratica, ordena ou omite a prática do ato impugnado e tem o dever funcional de responder pelo seu fiel cumprimento, além de dispor da competência para corrigir eventual ilegalidade (STJ – AgRg no AREsp 242.466-MG, 2ª Turma, Rel. Min. Castro Meira, julgado em 27/11/2012).

ATENÇÃO:

Pela **teoria da encampação** é admissível que o superior hierárquico da autoridade coatora, quando apontada pelo impetrante no polo passivo do mandado de segurança, assuma a posição de impetrado e preste suas informações sobre o mérito da impetração. Mas, para que essa teoria seja aplicável ao mandado de segurança, é necessário o preenchimento dos seguintes requisitos: existência de vínculo hierárquico entre a autoridade que prestou informações e a que ordenou a prática do ato impugnado, ausência de modificação de competência estabelecida na CF/1988 e manifestação a respeito do mérito nas informações prestadas. Na ausência de quaisquer desses requisitos, segundo jurisprudência do STJ, o *mandamus* deve ser denegado por carência de ação e o feito extinto sem julgamento de mérito (STJ – MS 12.779-DF, RMS 21.775-RJ, Rel. Min. Luiz Fux, 1ª Turma, julgado em 16/11/2010).

Ao despachar a inicial, o juiz ordenará: I – que se notifique o coator do conteúdo da petição inicial, enviando-lhe a segunda via apresentada com as cópias dos documentos, a fim de que, no prazo de 10 (dez) dias, preste as informações; II – que se dê ciência do feito ao órgão de representação judicial da pessoa jurídica interessada, enviando-lhe cópia da inicial sem documentos, para que, querendo, ingresse no feito (Lei 12.106/2009, art. 7º).

Também com o despacho inicial, o **juiz poderá conceder liminar**, sem oitiva da parte contrária, determinando que se suspenda o ato que deu motivo ao pedido, **quando houver fundamento relevante e do ato impugnado puder resultar a ineficácia da medida**, caso seja finalmente deferida, sendo facultado exigir do impetrante caução, fiança ou depósito, com o objetivo de assegurar o ressarcimento à pessoa jurídica (art. 7º, III). Em matéria tributária, essa liminar tem por **efeito suspender a exigibilidade do crédito tributário** (CTN, art. 151, IV).

Portanto, a concessão de liminar em mandado de segurança consistirá em uma ordem para suspensão do ato coator, que poderá ser concedida quando presentes os pressupostos legais **cumulativos**, quais sejam:

Fundamento relevante	+	Risco do ato impugnado resultar na ineficácia da medida

Por ter caráter interlocutório, a **decisão** do juiz de primeiro grau **que conceder ou denegar a liminar** desafiará como recurso o **agravo de instrumento** (art. 7º, § 1º), que seguirá os trâmites do CPC.

Ainda sobre a liminar, **não será concedida medida liminar que tenha por objeto a compensação de créditos tributários**, a entrega de mercadorias e bens provenientes do exterior, a reclassificação ou equiparação de servidores públicos e a concessão de aumento ou a extensão de vantagens ou pagamento de qualquer natureza (art. 7º, § 2º).

Além disso, a **liminar** em mandado de segurança **pode ser revogada ou cassada. Se isso não ocorrer, seus efeitos persistirão até a prolação da sentença** (art. 7º, § 3º). Vale destacar o teor da Súmula 405 do STF, segundo a qual "denegado o mandado de segurança pela sentença, ou no julgamento do agravo dela interposto, fica sem efeito a liminar concedida, retroagindo os efeitos da decisão contrária".

Como consequência de ser uma medida judicial contra a violação a direito líquido e certo, conforme consagrado na **Súmula 266 do STF, não cabe mandado de segurança contra lei em tese**.

Sobre esse aspecto, cabem duas observações fundamentais.

A primeira é de que se compreende por "lei em tese" todo e qualquer ato de caráter normativo, isto é, aquele que veicule normas gerais e abstratas. Portanto, não é lei em sentido estrito (lei ordinária, lei complementar), mas lei em sentido lato, abrangendo também outros atos normativos como medidas provisórias, decretos, portarias, resoluções, instruções normativas etc.

A segunda é de que o entendimento da Súmula 266 não se estende à pessoa que sofrer os efeitos concretos e abusivos da norma jurídica ilegal, ou mesmo inconstitucional, podendo essa pessoa se insurgir contra o ato ou ameaça de ato que concretizar o comando geral e abstrato da norma, ainda que o fundamento seja a ilegalidade ou inconstitucionalidade da norma (STJ – AGRESP. 105249 – PE – 2ª T. – REL. MIN. PAULO GALLOTTI – DJU 08.04.2002 E MS 5205 – DF – 1ª S. – RELª MINª LAURITA VAZ – DJU 18.02.2002 – P. 00220).

E, também como consequência de ser uma medida judicial contra a violação a direito líquido e certo, a **impetração** de mandado de segurança **depende de prova pré-constituída**, devendo a petição inicial vir instruída com documentos suficientes à comprovação do direito e de sua respectiva violação. Logicamente, o procedimento **não comporta dilação probatória**, devendo a parte optar por ação anulatória ou declaratória, caso necessite, para provar suas alegações, de audiência, depoimento pessoal, testemunhas, perícias, vistorias etc.

ATENÇÃO:

A exigência de prova pré-constituída ganha realce na jurisprudência do STJ, a exemplo do seguinte acórdão acerca de mandado de segurança que visa à compensação tributária nos termos da Súmula 213 do STJ: "1. No que se refere a mandado de segurança sobre compensação tributária, a extensão do âmbito probatório está intimamente relacionada com os limites da pretensão nele deduzida. Tratando-se de impetração que se limita, com base na súmula 213/STJ, a ver reconhecido o direito de compensar (que tem como pressuposto um ato da autoridade de negar a compensabilidade), mas sem fazer juízo específico sobre os elementos concretos da própria compensação, a prova exigida é a da "condição de credora tributária" (ERESP 116.183/SP, 1ª Seção, Min. Adhemar Maciel, DJ de 27.04.1998). 2. Todavia, será indispensável prova pré-constituída específica quando, à declaração de compensabilidade, a impetração agrega (a) pedido de juízo sobre os elementos da própria compensação (v.g.: reconhecimento do indébito tributário que serve de base para a operação de compensação, acréscimos de juros e correção monetária sobre ele incidente, inexistência de prescrição do direito de compensar), ou (b) pedido de outra medida executiva que tem como pressuposto a efetiva realização da compensação (v.g.: expedição de certidão

> negativa, suspensão da exigibilidade dos créditos tributários contra os quais se opera a compensação). Nesse caso, o reconhecimento da liquidez e certeza do direito afirmado depende necessariamente da comprovação dos elementos concretos da operação realizada ou que o impetrante pretende realizar. Precedentes da 1ª Seção (EREsp 903.367/SP, Min. Denise Arruda, DJe de 22.09.2008) e das Turmas que a compõem. (REsp 1111164 BA, Rel. Ministro TEORI ALBINO ZAVASCKI, PRIMEIRA SEÇÃO, julgado em 13/05/2009, DJe 25/05/2009)

A seguir encontra-se um fluxograma do procedimento:

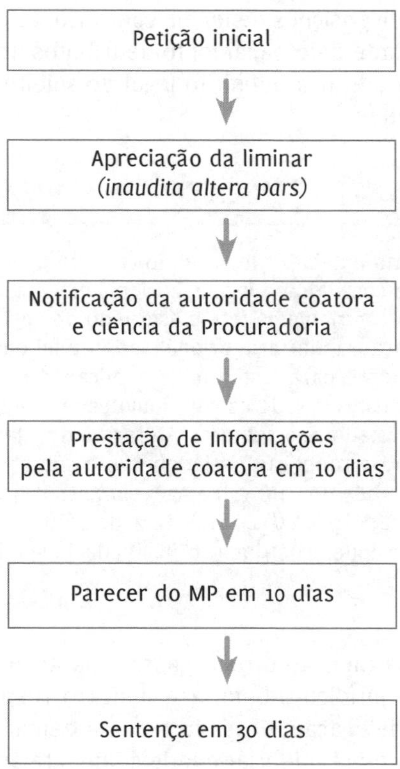

3.5. Repetição de indébito tributário

Repetição de indébito tributário é a ação antiexacional por meio da qual o sujeito passivo pleiteia a **restituição do pagamento indevido** ou em quantia superior à exigida em face da legislação tributária aplicável (CTN, art. 165).

Para maiores detalhes sobre essa ação, remete-se o leitor ao Capítulo XII, sobre a extinção do crédito tributário.

Cabe aqui voltar à questão da **legitimidade para propositura da ação**. Isso já foi analisado no capítulo da extinção do crédito tributário à luz do artigo 166 do CTN (restituição de tributos indiretos), mas há outros aspectos a serem considerados.

Um deles diz respeito aos impostos reais e refere-se ao entendimento de que **apenas o proprietário do imóvel tem legitimidade ativa para propor ação de repetição de indébito**, por exemplo, **de IPTU**. A relação tributária estabelecida entre a Fazenda e o proprietário do imóvel (art. 34 do CTN) prevalece sobre qualquer estipulação contratual que determine que terceiro arcará com o pagamento de IPTU, pois a referida avença não é oponível à Fazenda. (STJ – AgRg no AgRg no AREsp 143.631, 1ª Turma, Rel. Min. Benedito Gonçalves, j. 4.10.12.). Lembre-se que, nos termos do artigo 123 do CTN, salvo disposições de lei em contrário, as convenções particulares, relativas à responsabilidade pelo pagamento de tributos, não podem ser opostas à Fazenda Pública para modificar a definição legal do sujeito passivo das obrigações tributárias correspondentes.

ATENÇÃO:

É cabível a repetição do indébito tributário no caso de pagamento de contribuição para custeio de saúde considerada inconstitucional em controle concentrado, independentemente de os contribuintes terem usufruído do serviço de saúde prestado pelo Estado. A declaração de inconstitucionalidade de lei que instituiu contribuição previdenciária é suficiente para justificar a repetição dos valores indevidamente recolhidos. Além do mais, o fato de os contribuintes terem usufruído do serviço de saúde prestado pelo Estado não retira a natureza indevida da exação cobrada. O único pressuposto para a repetição do indébito é a cobrança indevida de tributo, conforme dispõe o art. 165 do CTN. (STJ - AgRg no AREsp 242.466-MG, 2ª Turma, Rel. Min. Castro Meira, julgado em 27/11/2012). Essa decisão reflete entendimento que se aplica a toda e qualquer contribuição instituída indevidamente sobre serviço público.

Também merece uma menção o polo passivo da ação, no qual se posiciona o sujeito ativo da relação jurídico-tributária e nunca o responsável tributário ou o órgão arrecadador por delegação. Dessa forma, em demanda na qual se pleiteie a restituição de contribuição previdenciária indevidamente arrecadada, **o sujeito que apenas arrecada o tributo em nome do sujeito ativo da relação jurídico-tributária não tem legitimidade passiva**, ou seja, a ação não pode ser ajuizada em face dele. Pertence ao sujeito ativo da relação jurídico-tributária, e não ao sujeito que apenas arrecada a contribuição previdenciária em nome do sujeito ativo, a legitimidade para figurar no polo passivo de demanda em que se pleiteie a restituição do tributo indevidamente arrecadado. (STJ - AREsp 199.089-PE, Rel. Min. Arnaldo Esteves Lima, julgado em 5/2/2013. 1ª Turma).

Sobre o valor a ser pleiteado a título de repetição de indébito, algumas considerações merecem ser feitas à luz da jurisprudência do STJ.

A primeira delas diz respeito ao termo inicial dos juros moratórios, em relação aos quais vigora a Súmula **nº 188 do STJ**: "Os **juros moratórios**, na repetição do indébito tributário, são devidos **a partir do trânsito em julgado** da sentença".

A segunda refere-se à repetição de indébito que desconsidera a restituição de imposto de renda não abatida do valor da execução. Isso constitui execução de quantia superior à constante do título, o que configura o chamado **excesso de execução**, a ensejar a oposição de embargos à execução. Inteligência do REsp 1001655 / DF, Rel. Min. Luiz Fux, 1ª. seção, DJe 30/03/2009.

3.6. Consignação em pagamento

Também conforme já abordado no capítulo XII, sobre a extinção do crédito tributário, a importância do crédito tributário pode ser consignada judicialmente pelo sujeito passivo nas hipóteses do artigo 164 do CTN. Para tanto, é necessário o ajuizamento da chamada ação de consignação em pagamento.

> **Art. 164.** *A importância de crédito tributário pode ser consignada judicialmente pelo sujeito passivo, nos casos:*
>
> **I** – *de recusa de recebimento, ou subordinação deste ao pagamento de outro tributo ou de penalidade, ou ao cumprimento de obrigação acessória;*
>
> **II** – *de subordinação do recebimento ao cumprimento de exigências administrativas sem fundamento legal;*
>
> **III** – *de exigência, por mais de uma pessoa jurídica de direito público, de tributo idêntico sobre um mesmo fato gerador.*

Importante recordar que a **consignação só pode versar sobre o crédito que o consignante se propõe a pagar** (CTN, art. 164, § 1º). Quer dizer que, em matéria tributária, a **ação não pode ser ajuizada para discutir a validade ou o valor do tributo**. Nesses casos, a opção do contribuinte deve ser por outra ação (v.g. ação anulatória) e pelo depósito do montante integral para suspender a exigibilidade do crédito, se assim o desejar.

> ATENÇÃO:
>
> A ação de consignação em pagamento não é uma via adequada para forçar a concessão de parcelamento e discutir a exigibilidade e a extensão do crédito tributário. Diversamente, sua finalidade é a desoneração do devedor mediante o depósito do valor correspondente ao crédito. (STJ – AgRg no REsp 1.270.034-RS, 2ª Turma, Min. Mauro Campbell Marques, julgado em 23/10/2012).

Julgada **procedente a consignação**, o **pagamento se reputa efetuado e a importância consignada é convertida em renda**; julgada **improcedente a consignação**, no todo ou em parte, **cobra-se o crédito** acrescido de juros de mora, sem prejuízo das penalidades cabíveis (CTN, art. 164, § 2º).

4. BREVES CONSIDERAÇÕES SOBRE O DIREITO PENAL TRIBUTÁRIO[1]

4.1. Crime contra a ordem tributária

No Brasil, sonegar é crime. Desde a Lei nº 4.729/65, a sonegação é tipificada como crime no ordenamento jurídico pátrio. Atualmente, a Lei nº 8.137/90, que definiu os crimes contra a ordem tributária, não mais menciona o termo sonegação, mas contempla todas as condutas outrora contempladas na lei anterior.

Apenas para esclarecer, o crime contra a ordem tributária não deve ser imputado à pessoa jurídica e sim à pessoa física que, na representação da pessoa jurídica, cometer uma conduta tipificada como crime.

São os dois primeiros artigos da Lei nº 8.137/90 que tratam de tais crimes:

> **Art. 1º.** *Constitui crime contra a ordem tributária suprimir ou reduzir tributo, ou contribuição social e qualquer acessório, mediante as seguintes condutas:*
>
> *I – omitir informação, ou prestar declaração falsa às autoridades fazendárias;*
>
> *II – fraudar a fiscalização tributária, inserindo elementos inexatos, ou omitindo operação de qualquer natureza, em documento ou livro exigido pela lei fiscal;*
>
> *III – falsificar ou alterar nota fiscal, fatura, duplicata, nota de venda, ou qualquer outro documento relativo à operação tributável;*
>
> *IV – elaborar, distribuir, fornecer, emitir ou utilizar documento que saiba ou deva saber falso ou inexato;*
>
> *V – negar ou deixar de fornecer, quando obrigatório, nota fiscal ou documento equivalente, relativa a venda de mercadoria ou prestação de serviço, efetivamente realizada, ou fornecê-la em desacordo com a legislação.*
>
> ***Pena*** *– reclusão de 2 (dois) a 5 (cinco) anos, e multa.*
>
> ***Parágrafo único.*** *A falta de atendimento da exigência da autoridade, no prazo de 10 (dez) dias, que poderá ser convertido em horas em razão da maior ou menor complexidade da matéria ou da dificuldade quanto ao atendimento da exigência, caracteriza a infração prevista no inciso V.*

1. O presente tópico foi baseado no Capítulo XV do livro *Direito Tributário – curso rápido e didático para estudos e revisões* (escrito pelos autores MARTINS, Alan; SCARDOELLI, Dimas Yamada. Leme: Editora JH Mizuno, 2012, páginas 150-154)

> **Art. 2º.** *Constitui crime da mesma natureza:*
>
> **I** – *fazer declaração falsa ou omitir declaração sobre rendas, bens ou fatos, ou empregar outra fraude, para eximir-se, total ou parcialmente, de pagamento de tributo;*
>
> **II** – *deixar de recolher, no prazo legal, valor de tributo ou de contribuição social, descontado ou cobrado, na qualidade de sujeito passivo de obrigação e que deveria recolher aos cofres públicos;*
>
> **III** – *exigir, pagar ou receber, para si ou para o contribuinte beneficiário, qualquer percentagem sobre a parcela dedutível ou deduzida de imposto ou de contribuição como incentivo fiscal;*
>
> **IV** – *deixar de aplicar, ou aplicar em desacordo com o estatuído, incentivo fiscal ou parcelas de imposto liberadas por órgão ou entidade de desenvolvimento;*
>
> **V** – *utilizar ou divulgar programa de processamento de dados que permita ao sujeito passivo da obrigação tributária possuir informação contábil diversa daquela que é, por lei, fornecida à Fazenda Pública.*
>
> **Pena** – *detenção, de 6 (seis) meses a 2 (dois) anos, e multa.*

Da leitura do art. 1º percebe-se que os delitos são crimes materiais, ou seja, demandam, além da conduta, a comprovação do resultado lesivo, no caso a "supressão ou redução de tributo".

O bem jurídico relevante tutelado por essa lei penal é o Erário. É indubitável que a lei tem cunho utilitarista, na medida em que visa ao recolhimento de tributos.

Uma polêmica existiu quanto à possibilidade de serem concomitantes a tramitação do PAF – Processo Administrativo Fiscal e da ação penal relativa ao crime contra a ordem tributária decorrentes da mesma conduta do contribuinte. O STF, ao apreciar o HC nº 81.611 e a ADI 1.571, entendeu que o tipo penal somente estaria configurado após a exigibilidade do tributo, ou seja, antes do fim do PAF não haveria crime. Nesse sentido, só após o fim do PAF (com a constituição definitiva do crédito tributário) é que há condições para se iniciar a ação penal de crime contra a ordem tributária.

A matéria foi sumulada pelo STF (Súmula Vinculante nº 24): "não se tipifica crime material contra a ordem tributária, previstos no art. 1º, incisos I a IV, da Lei nº 8.137/90, antes do lançamento definitivo do tributo".

Já o art. 2º menciona delitos que a Doutrina classifica como formais, ou seja, o resultado lesivo "supressão ou redução de tributo" não está contido no tipo penal, bastando a prática da conduta tipificada para que se configure a prática criminosa.

Mais recentemente, ganha destaque a uniformização da jurisprudência do STJ quanto à conduta delituosa de natureza formal descrita no inciso II do artigo 2o da mesma Lei no 8.137/90, conforme trecho de ementa do acórdão a seguir:

> "1. Para a configuração do delito de apropriação indébita tributária - tal qual se dá com a apropriação indébita em geral - o fato de o agente registrar, apurar e declarar em guia própria ou em livros fiscais o imposto devido não tem o condão de elidir ou exercer nenhuma influência na prática do delito, visto que este não pressupõe a clandestinidade. 2. O sujeito ativo do crime de apropriação indébita tributária é aquele que ostenta a qualidade de sujeito passivo da obrigação tributária, conforme claramente descrito pelo art. 20, II, da Lei n. 8.137/1990, que exige, para sua configuração, seja a conduta dolosa (elemento subjetivo do tipo), consistente na consciência (ainda que potencial) de não recolher o valor do tributo devido. A motivação, no entanto, não possui importância no campo da tipicidade, ou seja, é prescindível a existência de elemento subjetivo especial. 3. A descrição típica do crime de apropriação indébita tributária contém a expressão "descontado ou cobrado", o que, indiscutivelmente, restringe a abrangência do sujeito ativo do delito, porquanto nem todo sujeito passivo de obrigação tributária que deixa de recolher tributo ou contribuição social responde pelo crime do art. 20, II, da Lei n. 8.137/1990, mas somente aqueles que "descontam" ou "cobram" o tributo ou contribuição. 4. A interpretação consentânea com a dogmática penal do termo "descontado" é a de que ele se refere aos tributos diretos quando há responsabilidade tributária por substituição, enquanto o termo "cobrado" deve ser compreendido nas relações tributárias havidas com tributos indiretos (incidentes sobre o consumo), de maneira que não possui relevância o fato de o ICMS ser próprio ou por substituição, porquanto, em qualquer hipótese, não haverá ônus financeiro para o contribuinte de direito..." (STJ – 3a. Turma - HC 399109/SC – julg. 22/08/2018).

Portanto, na atual concepção do STJ, pode-se configurar crime de apropriação indébita tributária tanto na falta de pagamento de imposto próprio quanto de imposto devido pro substituição tributária.

Por fim, de acordo com o art. 34 da Lei nº 9.249/95, extingue-se a punibilidade dos crimes contra a ordem tributária quando o agente promover o pagamento do tributo ou contribuição social, inclusive acessórios, antes do recebimento da denúncia. Posteriormente, o artigo 9º da Lei nº 10.684/2003, que tratou do "Refis II", veio prever a suspensão da pretensão punitiva do Estado em caso de adesão ao regime de parcelamento, bem como a extinção da punibilidade quando efetuado o pagamento, sem estabelecer o momento da denúncia como limite preclusivo da benesse[2]. Enquanto parcela da doutrina manifesta-se no sentido de que a incidência da referida norma seria restrita ao programa de parcelamento, o Supremo Tribunal Federal vem decidindo pela sua aplicação até mesmo retroativa, para reconhecer que o pagamento do tributo, a qualquer tempo, ainda que após o recebimento da denúncia, extingue a punibilidade (HC 81929 – RJ).

2. No mesmo sentido, tem-se a Lei nº 12.382/2011, cujo artigo 6º acrescenta os §§ 1º a 5º ao artigo 83 da Lei nº 9.430/96.

4.2. Crime de apropriação indébita previdenciária

A Lei nº 9.983/2000 introduziu no Código Penal (CP) o art. 168-A, que trata da tipificação do crime de apropriação indébita previdenciária. Eis o seu teor:

> **Art. 168-A.** *Deixar de repassar à previdência social as contribuições recolhidas dos contribuintes, no prazo e forma legal ou convencional:*
>
> **Pena** *– reclusão, de 2 (dois) a 5 (cinco) anos, e multa.*
>
> **§ 1º** *Nas mesmas penas incorre quem deixar de:*
>
> **I** *– recolher, no prazo legal, contribuição ou outra importância destinada à previdência social que tenha sido descontada de pagamento efetuado a segurados, a terceiros ou arrecadada do público;*
>
> **II** *– recolher contribuições devidas à previdência social que tenham integrado despesas contábeis ou custos relativos à venda de produtos ou à prestação de serviços;*
>
> **III** *– pagar benefício devido a segurado, quando as respectivas cotas ou valores já tiverem sido reembolsados à empresa pela previdência social.*
>
> **§ 2º** *É extinta a punibilidade se o agente, espontaneamente, declara, confessa e efetua o pagamento das contribuições, importâncias ou valores e presta as informações devidas à previdência social, na forma definida em lei ou regulamento, antes do início da ação fiscal.*
>
> **§ 3º** *É facultado ao juiz deixar de aplicar a pena ou aplicar somente a de multa se o agente for primário e de bons antecedentes, desde que:*
>
> **I** *– tenha promovido, após o início da ação fiscal e antes de oferecida a denúncia, o pagamento da contribuição social previdenciária, inclusive acessórios; ou*
>
> **II** *– o valor das contribuições devidas, inclusive acessórios, seja igual ou inferior àquele estabelecido pela previdência social, administrativamente, como sendo o mínimo para o ajuizamento de suas execuções fiscais.*
>
> **§ 4º** *A faculdade prevista no § 3o deste artigo não se aplica aos casos de parcelamento de contribuições cujo valor, inclusive dos acessórios, seja superior àquele estabelecido, administrativamente, como sendo o mínimo para o ajuizamento de suas execuções fiscais.*

O art. 168-A do CP apresenta como bem jurídico relevante tutelado a Seguridade Social, em seu aspecto de arrecadação tributária e, em específico, a previdenciária. Há forte divergência doutrinária em relação à classificação do delito em comento, especialmente no que se refere à natureza da conduta (puramente omissivo ou omissivo impróprio), ao resultado (formal ou material) e ao elemento subjetivo do injusto.

Defende-se que se trata de delito comissivo por omissão, material (a consumação do delito ocorre no dia seguinte ao término do prazo fixado legalmente para o recolhimento, quando restar comprovada a efetiva arrecadação anterior das quantias devidas), sendo possível, em tese, a tentativa. Somente as condutas dolosas são puníveis, por ausência de previsão expressa de punição a título de culpa, nos termos do que determina o parágrafo único do artigo 18 do Código Penal. Em que pese a existência de posicionamentos doutrinários e jurisprudenciais contrários, tem-se que a configuração delitiva exige a presença de especial finalidade de sonegar e/ou fraudar os cofres previdenciários (dolo específico).

Finalmente, o § 2º trata de hipótese de extinção da punibilidade, em que o recolhimento das contribuições devidas deverá ser feito antes do início da ação fiscal, diferente, portanto, da extinção da punibilidade nos crimes contra a ordem tributária.

5. SÚMULAS

Súmula vinculante 24: "não se tipifica crime material contra a ordem tributária, previstos no artigo 1°, incisos I a IV, da Lei 8.137/90, antes do lançamento definitivo do tributo".

Súmula vinculante 28: "É inconstitucional a exigência de depósito prévio como requisito de admissibilidade de ação judicial na qual se pretenda discutir a exigibilidade do crédito tributário".

Súmula vinculante 53: "A competência da Justiça do Trabalho prevista no art. 114, VIII, da Constituição Federal alcança a execução de ofício das contribuições previdenciárias relativas ao objeto da condenação constante das sentenças que proferir e acordos por ela homologados".

Súmula 71 STF: "Embora pago indevidamente, não cabe restituição de tributo indireto".

Súmula 101 STF: "O mandado de segurança não substitui a ação popular".

Súmula 248 STF: "É competente, originariamente, o Supremo Tribunal Federal, para mandado de segurança contra ato do Tribunal de Contas da União".

Súmula 266 STF: "Não cabe mandado de segurança contra lei em tese".

Súmula 267 STF: "Não cabe mandado de segurança contra ato judicial passível de recurso ou correição".

Súmula 268 STF: "Não cabe mandado de segurança contra decisão judicial com trânsito em julgado".

Súmula 269 STF: "O mandado de segurança não é substitutivo de ação de cobrança".

Súmula 270 STF: "Não cabe mandado de segurança para impugnar enquadramento da L. 3.780, de 12.7.60, que envolva exame de prova ou de situação funcional complexa".

Súmula 271 STF: "Concessão de mandado de segurança não produz efeitos patrimoniais em relação a período pretérito, os quais devem ser reclamados administrativamente ou pela via judicial própria".

Súmula 272 STF: "Não se admite como ordinário recurso extraordinário de decisão denegatória de mandado de segurança"

Súmula 304 STF: "Decisão denegatória de mandado de segurança, não fazendo coisa julgada contra o impetrante, não impede o uso da ação própria".

Súmula 330 STF: "O Supremo Tribunal Federal não é competente para conhecer de mandado de segurança contra atos dos Tribunais de Justiça dos Estados".

Súmula 392 STF: "O prazo para recorrer de acórdão concessivo de segurança conta-se da publicação oficial de suas conclusões, e não da anterior ciência à autoridade para cumprimento da decisão".

Súmula 405 STF: "Denegado o mandado de segurança pela sentença, ou no julgamento do agravo, dela interposto, fica sem efeito a liminar concedida, retroagindo os efeitos da decisão contrária".

Súmula 429 STF: "A existência de recurso administrativo com efeito suspensivo não impede o uso do mandado de segurança contra omissão da autoridade".

Súmula 430 STF: "Pedido de reconsideração na via administrativa não interrompe o prazo para o mandado de segurança".

Súmula 433 STF: "É competente o Tribunal Regional do Trabalho para julgar mandado de segurança contra ato de seu presidente em execução de sentença trabalhista".

Súmula 506 STF: "O agravo a que se refere o art. 4º da Lei nº 4.348, de 26.6.64, cabe, somente, do despacho do Presidente do Supremo Tribunal Federal que defere a suspensão da liminar, em mandado de segurança; não do que a denega".

Súmula 507 STF: "A ampliação dos prazos a que se refere o art. 32 do Código de Processo Civil aplica-se aos executivos fiscais".

Súmula 510 STF: "Praticado o ato por autoridade, no exercício de competência delegada, contra ela cabe o mandado de segurança ou a medida judicial".

Súmula 512 STF: "Não cabe condenação em honorários de advogado na ação de mandado de segurança".

Súmula 519 STF: "Aplica-se aos executivos fiscais o princípio da sucumbência a que se refere o art. 64 do Código de Processo Civil".

Súmula 546 STF: "Cabe a restituição do tributo pago indevidamente, quando reconhecido por decisão, que o contribuinte de jure não recuperou do contribuinte de facto o quantum respectivo".

Súmula 597 STF: "Não cabem embargos infringentes de acórdão que, em mandado de segurança decidiu, por maioria de votos, a apelação".

Súmula 623 STF: "Não gera por si só a competência originária do Supremo Tribunal Federal para conhecer do mandado de segurança com base no art. 102, I, "n", da Constituição, dirigir-se o pedido contra deliberação administrativa do tribunal de origem, da qual haja participado a maioria ou a totalidade de seus membros".

Súmula 624 STF: "Não compete ao Supremo Tribunal Federal conhecer originariamente de mandado de segurança contra atos de outros tribunais".

Súmula 625 STF: "Controvérsia sobre matéria de direito não impede concessão de mandado de segurança".

Súmula 626 STF: "A suspensão da liminar em mandado de segurança, salvo determinação em contrário da decisão que a deferir, vigorará até o trânsito em julgado da decisão definitiva de concessão da segurança ou, havendo recurso, até a sua manutenção pelo Supremo Tribunal Federal, desde que o objeto da liminar deferida coincida, total ou parcialmente, com o da impetração".

Súmula 627 STF: "No mandado de segurança contra a nomeação de magistrado da competência do Presidente da República, este é considerado autoridade coatora, ainda que o fundamento da impetração seja nulidade ocorrida em fase anterior do procedimento".

Súmula 629 STF: "A impetração de mandado de segurança coletivo por entidade de classe em favor dos associados independe da autorização destes".

Súmula 630 STF: "A entidade de classe tem legitimação para o mandado de segurança ainda quando a pretensão veiculada interesse apenas a uma parte da respectiva categoria".

Súmula 631 STF: "Extingue-se o processo de mandado de segurança se o impetrante não promove, no prazo assinado, a citação do litisconsorte passivo necessário".

Súmula 632 STF: "É constitucional lei que fixa o prazo de decadência para a impetração de mandado de segurança".

Súmula 701 STF: "No mandado de segurança impetrado pelo ministério público contra decisão proferida em processo penal, é obrigatória a citação do réu como litisconsorte passivo".

Súmula 41 STJ: "O Superior Tribunal de Justiça não tem competencia para processar e julgar, originariamente, mandado de segurança contra ato de outros tribunais ou dos respectivos órgãos".

Súmula 58 STJ: "Proposta a execução fiscal, a posterior mudança de domicílio do executado não desloca a competência já fixada".

Súmula 66 STJ: "Compete à Justiça Federal processar e julgar execução fiscal promovida por conselho de fiscalização profissional".

Súmula 105 STJ: "Na ação de mandado de segurança não se admite condenação em honorarios advocatícios".

Súmula 121 STJ: "Na execução fiscal o devedor deverá ser intimado, pessoalmente, do dia e hora da realização do leilão".

Súmula 128 STJ: "Na execução fiscal haverá segundo leilão, se no primeiro não houver lanço superior a avaliação".

Súmula 139 STJ: "Cabe à Procuradoria da Fazenda Nacional propor execução fiscal para cobrança de crédito relativo ao ITR".

Súmula 153 STJ: "A desistência da execução fiscal, após o oferecimento dos embargos, não exime o exequente dos encargos da sucumbência".

Súmula 162 STJ: "Na repetição de indébito tributário, a correção monetária incide a partir do pagamento indevido".

Súmula 169 STJ: "São inadmissiveis embargos infringentes no processo de mandado de segurança".

Súmula 177 STJ: "o Superior Tribunal de Justiça é incompetente para processar e julgar, originariamente, mandado de segurança contra ato de órgão colegiado presidido por ministro de estado".

Súmula 188 STJ: "Os juros moratórios, na repetição do indébito tributário, são devidos a partir do trânsito em julgado da sentença".

Súmula 189 STJ: "É desnecessaria a intervenção do ministerio publico nas execuções fiscais".

Súmula 190 STJ: "Na execução fiscal, processada perante a Justiça Estadual, cumpre à Fazenda Pública antecipar o numerário destinado ao custeio das despesas com o transporte dos oficiais de justiça".

Súmula 202 STJ: "A impetração de segurança por terceiro, contra ato judicial, não se condiciona a interposição de recurso".

Súmula 212 STJ: "A compensação de créditos tributários não pode ser deferida em ação cautelar ou por medida liminar cautelar ou antecipatória".

Súmula 213 STJ: "O mandado de segurança constitui ação adequada para a declaração do direito à compensação tributária".

Súmula 251 STJ: "A meação só responde pelo ato ilícito quando o credor, na execução fiscal, provar que o enriquecimento dele resultante aproveitou ao casal".

Súmula 314 STJ: "Em execução fiscal, não localizados bens penhoráveis, suspende-se o processo por um ano, findo o qual se inicia o prazo da prescrição quinquenal intercorrente".

Súmula 333 STJ: "Cabe mandado de segurança contra ato praticado em licitação promovida por sociedade de economia mista ou empresa pública".

Súmula 392 STJ: "A Fazenda Pública pode substituir a certidão de dívida ativa (CDA) até a prolação da sentença de embargos, quando se tratar de correção de erro material ou formal, vedada a modificação do sujeito passivo da execução".

Súmula 393 STJ: "A exceção de pré-executividade é admissível na execução fiscal relativamente às matérias conhecíveis de ofício que não demandem dilação probatória".

Súmula 394 STJ: "É admissível, em embargos à execução, compensar os valores de imposto de renda retidos indevidamente na fonte com os valores restituídos apurados na declaração anual".

Súmula 400 STJ: "O encargo de 20% previsto no DL n. 1.025/1969 é exigível na execução fiscal proposta contra a massa falida".

Súmula 406 STJ: "A Fazenda Pública pode recusar a substituição do bem penhorado por precatório".

Súmula 409 STJ: "Em execução fiscal, a prescrição ocorrida antes da propositura da ação pode ser decretada de ofício (art. 219, § 5°, do CPC)".

Súmula 414 STJ: "A citação por edital na execução fiscal é cabível quando frustradas as demais modalidades".

Súmula 435 STJ: "Presume-se dissolvida irregularmente a empresa que deixar de funcionar no seu domicílio fiscal, sem comunicação aos órgãos competentes, legitimando o redirecionamento da execução fiscal para o sócio-gerente".

Súmula 451 STJ: "É legítima a penhora da sede do estabelecimento comercial".

Súmula 452 STJ: "A extinção das ações de pequeno valor é faculdade da Administração Federal, vedada a atuação judicial de ofício".

Súmula 460 STJ: "É incabível o mandado de segurança para convalidar a compensação tributária realizada pelo contribuinte".

Súmula 515 STJ: "A reunião de execuções fiscais contra o mesmo devedor constitui faculdade do Juiz".

Súmula 521 STJ: "A legitimidade para a execução fiscal de multa pendente de pagamento imposta em sentença condenatória é exclusiva da Procuradoria da Fazenda Pública".

Súmula 523 STJ: "A taxa de juros de mora incidente na repetição de indébito de tributos estaduais deve corresponder à utilizada para cobrança do tributo pago em atraso, sendo legítima a incidência da taxa Selic, em ambas as hipóteses, quando prevista na legislação local, vedada sua cumulação com quaisquer outros índices".

Súmula 558 STJ: "Em ações de execução fiscal, a petição inicial não pode ser indeferida sob o argumento da falta de indicação do CPF e/ou RG ou CNPJ da parte executada".

Súmula 559 STJ: "Em ações de execução fiscal, é desnecessária a instrução da petição inicial com o demonstrativo de cálculo do débito, por tratar-se de requisito não previsto no art. 6º da Lei n. 6.830/1980".

Súmula 583 STJ: "O arquivamento provisório previsto no art. 20 da Lei n. 10.522/2002, dirigido aos débitos inscritos como dívida ativa da União pela Procuradoria-Geral da Fazenda Nacional ou por ela cobrados, não se aplica às execuções fiscais movidas pelos conselhos de fiscalização profissional ou pelas autarquias federais".

Súmula 614 STJ: "O locatário não possui legitimidade ativa para discutir a relação jurídico-tributária de IPTU e de taxas referentes ao imóvel alugado nem para repetir indébito desses tributos".

Súmula 625 do STJ: "O pedido administrativo de compensação ou de restituição não interrompe o prazo prescricional para a ação de repetição de indébito tributário de que trata o art. 168 do CTN nem o da execução de título judicial contra a Fazenda Pública".

6. LEGISLAÇÃO RELACIONADA AO CAPÍTULO

- **CONSTITUIÇÃO FEDERAL**

Art. 5º: (...)

LIV – ninguém será privado da liberdade ou de seus bens sem o devido processo legal;

LV – aos litigantes, em processo judicial ou administrativo, e aos acusados em geral são assegurados o contraditório e ampla defesa, com os meios e recursos a ela inerentes;

LXIX – conceder-se-á mandado de segurança para proteger direito líquido e certo, não amparado por *habeas corpus* ou *habeas data*, quando o responsável pela ilegalidade ou abuso de poder for autoridade pública ou agente de pessoa jurídica no exercício de atribuições do Poder Público;

- **CÓDIGO TRIBUTÁRIO NACIONAL**

Art. 34. Contribuinte do imposto é o proprietário do imóvel, o titular do seu domínio útil, ou o seu possuidor a qualquer título.

Art. 123. Salvo disposições de lei em contrário, as convenções particulares, relativas à responsabilidade pelo pagamento de tributos, não podem ser opostas à Fazenda Pública, para modificar a definição legal do sujeito passivo das obrigações tributárias correspondentes.

Art. 151. Suspendem a exigibilidade do crédito tributário:

I – moratória;

II – o depósito do seu montante integral;

III – as reclamações e os recursos, nos termos das leis reguladoras do processo tributário administrativo;

IV – a concessão de medida liminar em mandado de segurança.

V – a concessão de medida liminar ou de tutela antecipada, em outras espécies de ação judicial;

VI – o parcelamento.

Parágrafo único. O disposto neste artigo não dispensa o cumprimento das obrigações assessórios dependentes da obrigação principal cujo crédito seja suspenso, ou dela conseqüentes.

Art. 156. Extinguem o crédito tributário:

I – o pagamento;

II – a compensação;

III – a transação;

IV – remissão;

V – a prescrição e a decadência;

VI – a conversão de depósito em renda;

VII – o pagamento antecipado e a homologação do lançamento nos termos do disposto no artigo 150 e seus §§ 1º e 4º;

VIII – a consignação em pagamento, nos termos do disposto no § 2º do artigo 164;

IX – a decisão administrativa irreformável, assim entendida a definitiva na órbita administrativa, que não mais possa ser objeto de ação anulatória;

X – a decisão judicial passada em julgado.

XI – a dação em pagamento em bens imóveis, na forma e condições estabelecidas em lei.

Parágrafo único. A lei disporá quanto aos efeitos da extinção total ou parcial do crédito sobre a ulterior verificação da irregularidade da sua constituição, observado o disposto nos artigos 144 e 149.

Art. 164. A importância de crédito tributário pode ser consignada judicialmente pelo sujeito passivo, nos casos:

I – de recusa de recebimento, ou subordinação deste ao pagamento de outro tributo ou de penalidade, ou ao cumprimento de obrigação acessória;

II – de subordinação do recebimento ao cumprimento de exigências administrativas sem fundamento legal;

III – de exigência, por mais de uma pessoa jurídica de direito público, de tributo idêntico sobre um mesmo fato gerador.

§ 1º A consignação só pode versar sobre o crédito que o consignante se propõe pagar.

§ 2º Julgada procedente a consignação, o pagamento se reputa efetuado e a importância consignada é convertida em renda; julgada improcedente a consignação no todo ou em parte, cobra-se o crédito acrescido de juros de mora, sem prejuízo das penalidades cabíveis.

Art. 165. O sujeito passivo tem direito, independentemente de prévio protesto, à restituição total ou parcial do tributo, seja qual for a modalidade do seu pagamento, ressalvado o disposto no § 4º do artigo 162, nos seguintes casos:

I – cobrança ou pagamento espontâneo de tributo indevido ou maior que o devido em face da legislação tributária aplicável, ou da natureza ou circunstâncias materiais do fato gerador efetivamente ocorrido;

II – erro na edificação do sujeito passivo, na determinação da alíquota aplicável, no cálculo do montante do débito ou na elaboração ou conferência de qualquer documento relativo ao pagamento;

III – reforma, anulação, revogação ou rescisão de decisão condenatória.

Art. 166. A restituição de tributos que comportem, por sua natureza, transferência do respectivo encargo financeiro somente será feita a quem prove haver assumido o referido encargo, ou, no caso de tê-lo transferido a terceiro, estar por este expressamente autorizado a recebê-la.

Art. 167. A restituição total ou parcial do tributo dá lugar à restituição, na mesma proporção, dos juros de mora e das penalidades pecuniárias, salvo as referentes a infrações de caráter formal não prejudicadas pela causa da restituição.

Parágrafo único. A restituição vence juros não capitalizáveis, a partir do trânsito em julgado da decisão definitiva que a determinar.

Art. 168. O direito de pleitear a restituição extingue-se com o decurso do prazo de 5 (cinco) anos, contados:

I – nas hipótese dos incisos I e II do artigo 165, da data da extinção do crédito tributário;

II – na hipótese do inciso III do artigo 165, da data em que se tornar definitiva a decisão administrativa ou passar em julgado a decisão judicial que tenha reformado, anulado, revogado ou rescindido a decisão condenatória.

Art. 169. Prescreve em dois anos a ação anulatória da decisão administrativa que denegar a restituição.

Parágrafo único. O prazo de prescrição é interrompido pelo início da ação judicial, recomeçando o seu curso, por metade, a partir da data da intimação validamente feita ao representante judicial da Fazenda Pública interessada.

Art. 174. A ação para a cobrança do crédito tributário prescreve em cinco anos, contados da data da sua constituição definitiva.

Parágrafo único. A prescrição se interrompe:

I – pelo despacho do juiz que ordenar a citação em execução fiscal;

II – pelo protesto judicial;

III – por qualquer ato judicial que constitua em mora o devedor;

IV – por qualquer ato inequívoco ainda que extrajudicial, que importe em reconhecimento do débito pelo devedor.

Art. 186. O crédito tributário prefere a qualquer outro, seja qual for sua natureza ou o tempo de sua constituição, ressalvados os créditos decorrentes da legislação do trabalho ou do acidente de trabalho.

Parágrafo único. Na falência:

I – o crédito tributário não prefere aos créditos extraconcursais ou às importâncias passíveis de restituição, nos termos da lei falimentar, nem aos créditos com garantia real, no limite do valor do bem gravado;

II – a lei poderá estabelecer limites e condições para a preferência dos créditos decorrentes da legislação do trabalho; e

III – a multa tributária prefere apenas aos créditos subordinados

Art. 187. A cobrança judicial do crédito tributário não é sujeita a concurso de credores ou habilitação em falência, recuperação judicial, concordata, inventário ou arrolamento.

Parágrafo único. O concurso de preferência somente se verifica entre pessoas jurídicas de direito público, na seguinte ordem:

I – União;

II – Estados, Distrito Federal e Territórios, conjuntamente e pró rata;

III – Municípios, conjuntamente e pró rata.

Art. 188. São extraconcursais os créditos tributários decorrentes de fatos geradores ocorridos no curso do processo de falência.

§ 1º Contestado o crédito tributário, o juiz remeterá as partes ao processo competente, mandando reservar bens suficientes à extinção total do crédito e seus acrescidos, se a massa não puder efetuar a garantia da instância por outra forma, ouvido, quanto à natureza e valor dos bens reservados, o representante da Fazenda Pública interessada.

§ 2º O disposto neste artigo aplica-se aos processos de concordata.

Art. 189. São pagos preferencialmente a quaisquer créditos habilitados em inventário ou arrolamento, ou a outros encargos do monte, os créditos tributários vencidos ou vincendos, a cargo do de cujus ou de seu espólio, exigíveis no decurso do processo de inventário ou arrolamento.

Parágrafo único. Contestado o crédito tributário, proceder-se-á na forma do disposto no § 1º do artigo anterior.

Art. 190. São pagos preferencialmente a quaisquer outros os créditos tributários vencidos ou vincendos, a cargo de pessoas jurídicas de direito privado em liquidação judicial ou voluntária, exigíveis no decurso da liquidação.

Art. 191. A extinção das obrigações do falido requer prova de quitação de todos os tributos.

Art. 191-A. A concessão de recuperação judicial depende da apresentação da prova de quitação de todos os tributos, observado o disposto nos arts. 151, 205 e 206 desta Lei.

Art. 192. Nenhuma sentença de julgamento de partilha ou adjudicação será proferida sem prova da quitação de todos os tributos relativos aos bens do espólio, ou às suas rendas.

Art. 193. Salvo quando expressamente autorizado por lei, nenhum departamento da administração pública da União, dos Estados, do Distrito Federal, ou dos Municípios, ou sua autarquia, celebrará contrato ou aceitará proposta em concorrência pública sem que o contratante ou proponente faça prova da quitação de todos os tributos devidos à Fazenda Pública interessada, relativos à atividade em cujo exercício contrata ou concorre.

• CÓDIGO PENAL BRASILEIRO

Apropriação indébita previdenciária

Art. 168-A. Deixar de repassar à previdência social as contribuições recolhidas dos contribuintes, no prazo e forma legal ou convencional:

Pena – reclusão, de 2 (dois) a 5 (cinco) anos, e multa.

§ 1º Nas mesmas penas incorre quem deixar de:

I – recolher, no prazo legal, contribuição ou outra importância destinada à previdência social que tenha sido descontada de pagamento efetuado a segurados, a terceiros ou arrecadada do público;

II – recolher contribuições devidas à previdência social que tenham integrado despesas contábeis ou custos relativos à venda de produtos ou à prestação de serviços;

III – pagar benefício devido a segurado, quando as respectivas cotas ou valores já tiverem sido reembolsados à empresa pela previdência social.

§ 2º É extinta a punibilidade se o agente, espontaneamente, declara, confessa e efetua o pagamento das contribuições, importâncias ou valores e presta as informações devidas à previdência social, na forma definida em lei ou regulamento, antes do início da ação fiscal.

§ 3º É facultado ao juiz deixar de aplicar a pena ou aplicar somente a de multa se o agente for primário e de bons antecedentes, desde que:

I – tenha promovido, após o início da ação fiscal e antes de oferecida a denúncia, o pagamento da contribuição social previdenciária, inclusive acessórios; ou

II – o valor das contribuições devidas, inclusive acessórios, seja igual ou inferior àquele estabelecido pela previdência social, administrativamente, como sendo o mínimo para o ajuizamento de suas execuções fiscais.

§ 4º A faculdade prevista no § 3º deste artigo não se aplica aos casos de parcelamento de contribuições cujo valor, inclusive dos acessórios, seja superior àquele estabelecido, administrativamente, como sendo o mínimo para o ajuizamento de suas execuções fiscais.

• CÓDIGO DE PROCESSO CIVIL – CPC/2015

Art. 17. Para postular em juízo é necessário ter interesse e legitimidade.

Art. 18. Ninguém poderá pleitear direito alheio em nome próprio, salvo quando autorizado pelo ordenamento jurídico.

Parágrafo único. Havendo substituição processual, o substituído poderá intervir como assistente litisconsorcial.

Art. 19. O interesse do autor pode limitar-se à declaração:

I – da existência, da inexistência ou do modo de ser de uma relação jurídica;

II – da autenticidade ou da falsidade de documento.

Art. 20. É admissível a ação meramente declaratória, ainda que tenha ocorrido a violação do direito.

Art. 294. A tutela provisória pode fundamentar-se em urgência ou evidência.

Parágrafo único. A tutela provisória de urgência, cautelar ou antecipada, pode ser concedida em caráter antecedente ou incidental.

Art. 295. A tutela provisória requerida em caráter incidental independe do pagamento de custas.

Art. 296. A tutela provisória conserva sua eficácia na pendência do processo, mas pode, a qualquer tempo, ser revogada ou modificada.

Parágrafo único. Salvo decisão judicial em contrário, a tutela provisória conservará a eficácia durante o período de suspensão do processo.

Art. 297. O juiz poderá determinar as medidas que considerar adequadas para efetivação da tutela provisória.

Parágrafo único. A efetivação da tutela provisória observará as normas referentes ao cumprimento provisório da sentença, no que couber.

Art. 298. Na decisão que conceder, negar, modificar ou revogar a tutela provisória, o juiz motivará seu convencimento de modo claro e preciso.

Art. 299. A tutela provisória será requerida ao juízo da causa e, quando antecedente, ao juízo competente para conhecer do pedido principal.

Parágrafo único. Ressalvada disposição especial, na ação de competência originária de tribunal e nos recursos a tutela provisória será requerida ao órgão jurisdicional competente para apreciar o mérito.

Art. 300. A tutela de urgência será concedida quando houver elementos que evidenciem a probabilidade do direito e o perigo de dano ou o risco ao resultado útil do processo.

§ 1º Para a concessão da tutela de urgência, o juiz pode, conforme o caso, exigir caução real ou fidejussória idônea para ressarcir os danos que a outra parte possa vir a sofrer, podendo a caução ser dispensada se a parte economicamente hipossuficiente não puder oferecê-la.

§ 2º A tutela de urgência pode ser concedida liminarmente ou após justificação prévia.

§ 3º A tutela de urgência de natureza antecipada não será concedida quando houver perigo de irreversibilidade dos efeitos da decisão.

Art. 301. A tutela de urgência de natureza cautelar pode ser efetivada mediante arresto, sequestro, arrolamento de bens, registro de protesto contra alienação de bem e qualquer outra medida idônea para asseguração do direito.

Art. 302. Independentemente da reparação por dano processual, a parte responde pelo prejuízo que a efetivação da tutela de urgência causar à parte adversa, se:

I – a sentença lhe for desfavorável;

II – obtida liminarmente a tutela em caráter antecedente, não fornecer os meios necessários para a citação do requerido no prazo de 5 (cinco) dias;

III – ocorrer a cessação da eficácia da medida em qualquer hipótese legal;

IV – o juiz acolher a alegação de decadência ou prescrição da pretensão do autor.

Parágrafo único. A indenização será liquidada nos autos em que a medida tiver sido concedida, sempre que possível.

Art. 303. Nos casos em que a urgência for contemporânea à propositura da ação, a petição inicial pode limitar-se ao requerimento da tutela antecipada e à indicação do pedido de tutela final, com a exposição da lide, do direito que se busca realizar e do perigo de dano ou do risco ao resultado útil do processo.

§ 1º Concedida a tutela antecipada a que se refere o caput deste artigo:

I – o autor deverá aditar a petição inicial, com a complementação de sua argumentação, a juntada de novos documentos e a confirmação do pedido de tutela final, em 15 (quinze) dias ou em outro prazo maior que o juiz fixar;

II – o réu será citado e intimado para a audiência de conciliação ou de mediação na forma do art. 334;

III – não havendo autocomposição, o prazo para contestação será contado na forma do art. 335.

§ 2º Não realizado o aditamento a que se refere o inciso I do § 1º deste artigo, o processo será extinto sem resolução do mérito.

§ 3º O aditamento a que se refere o inciso I do § 1º deste artigo dar-se-á nos mesmos autos, sem incidência de novas custas processuais.

§ 4º Na petição inicial a que se refere o caput deste artigo, o autor terá de indicar o valor da causa, que deve levar em consideração o pedido de tutela final.

§ 5º O autor indicará na petição inicial, ainda, que pretende valer-se do benefício previsto no caput deste artigo.

§ 6º Caso entenda que não há elementos para a concessão de tutela antecipada, o órgão jurisdicional determinará a emenda da petição inicial em até 5 (cinco) dias, sob pena de ser indeferida e de o processo ser extinto sem resolução de mérito.

Art. 304. A tutela antecipada, concedida nos termos do art. 303, torna-se estável se da decisão que a conceder não for interposto o respectivo recurso.

§ 1º No caso previsto no caput, o processo será extinto.

§ 2º Qualquer das partes poderá demandar a outra com o intuito de rever, reformar ou invalidar a tutela antecipada estabilizada nos termos do caput.

§ 3º A tutela antecipada conservará seus efeitos enquanto não revista, reformada ou invalidada por decisão de mérito proferida na ação de que trata o § 2º.

§ 4º Qualquer das partes poderá requerer o desarquivamento dos autos em que foi concedida a medida, para instruir a petição inicial da ação a que se refere o § 2º, prevento o juízo em que a tutela antecipada foi concedida.

§ 5º O direito de rever, reformar ou invalidar a tutela antecipada, previsto no § 2º deste artigo, extingue-se após 2 (dois) anos, contados da ciência da decisão que extinguiu o processo, nos termos do § 1º.

§ 6º A decisão que concede a tutela não fará coisa julgada, mas a estabilidade dos respectivos efeitos só será afastada por decisão que a revir, reformar ou invalidar, proferida em ação ajuizada por uma das partes, nos termos do § 2º deste artigo.

Art. 305. A petição inicial da ação que visa à prestação de tutela cautelar em caráter antecedente indicará a lide e seu fundamento, a exposição sumária do direito que se objetiva assegurar e o perigo de dano ou o risco ao resultado útil do processo.

Parágrafo único. Caso entenda que o pedido a que se refere o caput tem natureza antecipada, o juiz observará o disposto no art. 303.

Art. 306. O réu será citado para, no prazo de 5 (cinco) dias, contestar o pedido e indicar as provas que pretende produzir.

Art. 307. Não sendo contestado o pedido, os fatos alegados pelo autor presumir-se-ão aceitos pelo réu como ocorridos, caso em que o juiz decidirá dentro de 5 (cinco) dias.

Parágrafo único. Contestado o pedido no prazo legal, observar-se-á o procedimento comum.

Art. 308. Efetivada a tutela cautelar, o pedido principal terá de ser formulado pelo autor no prazo de 30 (trinta) dias, caso em que será apresentado nos mesmos autos em que deduzido o pedido de tutela cautelar, não dependendo do adiantamento de novas custas processuais.

§ 1º O pedido principal pode ser formulado conjuntamente com o pedido de tutela cautelar.

§ 2º A causa de pedir poderá ser aditada no momento de formulação do pedido principal.

§ 3º Apresentado o pedido principal, as partes serão intimadas para a audiência de conciliação ou de mediação, na forma do art. 334, por seus advogados ou pessoalmente, sem necessidade de nova citação do réu.

§ 4º Não havendo autocomposição, o prazo para contestação será contado na forma do art. 335.

Art. 309. Cessa a eficácia da tutela concedida em caráter antecedente, se:

I – o autor não deduzir o pedido principal no prazo legal;

II – não for efetivada dentro de 30 (trinta) dias;

III – o juiz julgar improcedente o pedido principal formulado pelo autor ou extinguir o processo sem resolução de mérito.

Parágrafo único. Se por qualquer motivo cessar a eficácia da tutela cautelar, é vedado à parte renovar o pedido, salvo sob novo fundamento.

Art. 310. O indeferimento da tutela cautelar não obsta a que a parte formule o pedido principal, nem influi no julgamento desse, salvo se o motivo do indeferimento for o reconhecimento de decadência ou de prescrição.

Art. 311. A tutela da evidência será concedida, independentemente da demonstração de perigo de dano ou de risco ao resultado útil do processo, quando:

I – ficar caracterizado o abuso do direito de defesa ou o manifesto propósito protelatório da parte;

II – as alegações de fato puderem ser comprovadas apenas documentalmente e houver tese firmada em julgamento de casos repetitivos ou em súmula vinculante;

III – se tratar de pedido reipersecutório fundado em prova documental adequada do contrato de depósito, caso em que será decretada a ordem de entrega do objeto custodiado, sob cominação de multa;

IV – a petição inicial for instruída com prova documental suficiente dos fatos constitutivos do direito do autor, a que o réu não oponha prova capaz de gerar dúvida razoável.

Parágrafo único. Nas hipóteses dos incisos II e III, o juiz poderá decidir liminarmente.

Art. 327. É lícita a cumulação, em um único processo, contra o mesmo réu, de vários pedidos, ainda que entre eles não haja conexão.

§ 1º São requisitos de admissibilidade da cumulação que:

I – os pedidos sejam compatíveis entre si;

II – seja competente para conhecer deles o mesmo juízo;

III – seja adequado para todos os pedidos o tipo de procedimento.

§ 2º Quando, para cada pedido, corresponder tipo diverso de procedimento, será admitida a cumulação se o autor empregar o procedimento comum, sem prejuízo do emprego das técnicas processuais diferenciadas previstas nos procedimentos especiais a que se sujeitam um ou mais pedidos cumulados, que não forem incompatíveis com as disposições sobre o procedimento comum.

§ 3º O inciso I do § 1º não se aplica às cumulações de pedidos de que trata o art. 326.

Art. 487. Haverá resolução de mérito quando o juiz:

I – acolher ou rejeitar o pedido formulado na ação ou na reconvenção;

II – decidir, de ofício ou a requerimento, sobre a ocorrência de decadência ou prescrição;

III – homologar:

a) o reconhecimento da procedência do pedido formulado na ação ou na reconvenção;

b) a transação;

c) a renúncia à pretensão formulada na ação ou na reconvenção.

Parágrafo único. Ressalvada a hipótese do § 1º do art. 332, a prescrição e a decadência não serão reconhecidas sem que antes seja dada às partes oportunidade de manifestar-se.

Art. 488. Desde que possível, o juiz resolverá o mérito sempre que a decisão for favorável à parte a quem aproveitaria eventual pronunciamento nos termos do art. 485.

Art. 485. O juiz não resolverá o mérito quando:

I – indeferir a petição inicial;

II – o processo ficar parado durante mais de 1 (um) ano por negligência das partes;

III – por não promover os atos e as diligências que lhe incumbir, o autor abandonar a causa por mais de 30 (trinta) dias;

IV – verificar a ausência de pressupostos de constituição e de desenvolvimento válido e regular do processo;

V – reconhecer a existência de perempção, de litispendência ou de coisa julgada;

VI – verificar ausência de legitimidade ou de interesse processual;

VII – acolher a alegação de existência de convenção de arbitragem ou quando o juízo arbitral reconhecer sua competência;

VIII – homologar a desistência da ação;

IX – em caso de morte da parte, a ação for considerada intransmissível por disposição legal; e

X – nos demais casos prescritos neste Código.

§ 1º Nas hipóteses descritas nos incisos II e III, a parte será intimada pessoalmente para suprir a falta no prazo de 5 (cinco) dias.

§ 2º No caso do § 1º, quanto ao inciso II, as partes pagarão proporcionalmente as custas, e, quanto ao inciso III, o autor será condenado ao pagamento das despesas e dos honorários de advogado.

§ 3º O juiz conhecerá de ofício da matéria constante dos incisos IV, V, VI e IX, em qualquer tempo e grau de jurisdição, enquanto não ocorrer o trânsito em julgado.

§ 4º Oferecida a contestação, o autor não poderá, sem o consentimento do réu, desistir da ação.

§ 5º A desistência da ação pode ser apresentada até a sentença.

§ 6º Oferecida a contestação, a extinção do processo por abandono da causa pelo autor depende de requerimento do réu.

§ 7º Interposta a apelação em qualquer dos casos de que tratam os incisos deste artigo, o juiz terá 5 (cinco) dias para retratar-se.

Art. 496. Está sujeita ao duplo grau de jurisdição, não produzindo efeito senão depois de confirmada pelo tribunal, a sentença:

I – proferida contra a União, os Estados, o Distrito Federal, os Municípios e suas respectivas autarquias e fundações de direito público;

II – que julgar procedentes, no todo ou em parte, os embargos à execução fiscal.

§ 1º Nos casos previstos neste artigo, não interposta a apelação no prazo legal, o juiz ordenará a remessa dos autos ao tribunal, e, se não o fizer, o presidente do respectivo tribunal avocá-los-á.

§ 2º Em qualquer dos casos referidos no § 1º, o tribunal julgará a remessa necessária.

§ 3º Não se aplica o disposto neste artigo quando a condenação ou o proveito econômico obtido na causa for de valor certo e líquido inferior a:

I – 1.000 (mil) salários-mínimos para a União e as respectivas autarquias e fundações de direito público;

II – 500 (quinhentos) salários-mínimos para os Estados, o Distrito Federal, as respectivas autarquias e fundações de direito público e os Municípios que constituam capitais dos Estados;

III – 100 (cem) salários-mínimos para todos os demais Municípios e respectivas autarquias e fundações de direito público.

§ 4º Também não se aplica o disposto neste artigo quando a sentença estiver fundada em:

I – súmula de tribunal superior;

II – acórdão proferido pelo Supremo Tribunal Federal ou pelo Superior Tribunal de Justiça em julgamento de recursos repetitivos;

III – entendimento firmado em incidente de resolução de demandas repetitivas ou de assunção de competência;

IV – entendimento coincidente com orientação vinculante firmada no âmbito administrativo do próprio ente público, consolidada em manifestação, parecer ou súmula administrativa.

Art. 805. Quando por vários meios o exequente puder promover a execução, o juiz mandará que se faça pelo modo menos gravoso para o executado.

Parágrafo único. Ao executado que alegar ser a medida executiva mais gravosa incumbe indicar outros meios mais eficazes e menos onerosos, sob pena de manutenção dos atos executivos já determinados.

Art. 919. Os embargos à execução não terão efeito suspensivo.

§ 1º O juiz poderá, a requerimento do embargante, atribuir efeito suspensivo aos embargos quando verificados os requisitos para a concessão da tutela provisória e desde que a execução já esteja garantida por penhora, depósito ou caução suficientes.

§ 2º Cessando as circunstâncias que a motivaram, a decisão relativa aos efeitos dos embargos poderá, a requerimento da parte, ser modificada ou revogada a qualquer tempo, em decisão fundamentada.

§ 3º Quando o efeito suspensivo atribuído aos embargos disser respeito apenas a parte do objeto da execução, esta prosseguirá quanto à parte restante.

§ 4º A concessão de efeito suspensivo aos embargos oferecidos por um dos executados não suspenderá a execução contra os que não embargaram quando o respectivo fundamento disser respeito exclusivamente ao embargante.

§ 5º A concessão de efeito suspensivo não impedirá a efetivação dos atos de substituição, de reforço ou de redução da penhora e de avaliação dos bens.

• LEI Nº 6.830, DE 22 DE SETEMBRO DE 1980

Lei de Execução Fiscal – LEF

Art. 1º – A execução judicial para cobrança da Dívida Ativa da União, dos Estados, do Distrito Federal, dos Municípios e respectivas autarquias será regida por esta Lei e, subsidiariamente, pelo Código de Processo Civil.

Art. 2º – Constitui Dívida Ativa da Fazenda Pública aquela definida como tributária ou não tributária na Lei nº 4.320, de 17 de março de 1964, com as alterações posteriores, que estatui normas gerais de direito financeiro para elaboração e controle dos orçamentos e balanços da União, dos Estados, dos Municípios e do Distrito Federal.

§ 1º – Qualquer valor, cuja cobrança seja atribuída por lei às entidades de que trata o artigo 1º, será considerado Dívida Ativa da Fazenda Pública.

§ 2º – A Dívida Ativa da Fazenda Pública, compreendendo a tributária e a não tributária, abrange atualização monetária, juros e multa de mora e demais encargos previstos em lei ou contrato.

§ 3º – A inscrição, que se constitui no ato de controle administrativo da legalidade, será feita pelo órgão competente para apurar a liquidez e certeza do crédito e suspenderá a prescrição, para todos os efeitos de direito, por 180 dias, ou até a distribuição da execução fiscal, se esta ocorrer antes de findo aquele prazo.

§ 4º – A Dívida Ativa da União será apurada e inscrita na Procuradoria da Fazenda Nacional.

§ 5º – O Termo de Inscrição de Dívida Ativa deverá conter:

I – o nome do devedor, dos co-responsáveis e, sempre que conhecido, o domicílio ou residência de um e de outros;

II – o valor originário da dívida, bem como o termo inicial e a forma de calcular os juros de mora e demais encargos previstos em lei ou contrato;

III – a origem, a natureza e o fundamento legal ou contratual da dívida;

IV – a indicação, se for o caso, de estar a dívida sujeita à atualização monetária, bem como o respectivo fundamento legal e o termo inicial para o cálculo;

V – a data e o número da inscrição, no Registro de Dívida Ativa; e

VI – o número do processo administrativo ou do auto de infração, se neles estiver apurado o valor da dívida.

§ 6º – A Certidão de Dívida Ativa conterá os mesmos elementos do Termo de Inscrição e será autenticada pela autoridade competente.

§ 7º – O Termo de Inscrição e a Certidão de Dívida Ativa poderão ser preparados e numerados por processo manual, mecânico ou eletrônico.

§ 8º – Até a decisão de primeira instância, a Certidão de Dívida Ativa poderá ser emendada ou substituída, assegurada ao executado a devolução do prazo para embargos.

§ 9º – O prazo para a cobrança das contribuições previdenciárias continua a ser o estabelecido no artigo 144 da Lei nº 3.807, de 26 de agosto de 1960.

Art. 3º – A Dívida Ativa regularmente inscrita goza da presunção de certeza e liquidez.

Parágrafo Único – A presunção a que se refere este artigo é relativa e pode ser ilidida por prova inequívoca, a cargo do executado ou de terceiro, a quem aproveite.

Art. 4º – A execução fiscal poderá ser promovida contra:

I – o devedor;

II – o fiador;

III – o espólio;

IV – a massa;

V – o responsável, nos termos da lei, por dívidas, tributárias ou não, de pessoas físicas ou pessoas jurídicas de direito privado; e

VI – os sucessores a qualquer título.

§ 1º – Ressalvado o disposto no artigo 31, o síndico, o comissário, o liquidante, o inventariante e o administrador, nos casos de falência, concordata, liquidação, inventário, insolvência ou concurso de credores, se, antes de garantidos os créditos da Fazenda Pública, alienarem ou derem em garantia quaisquer dos bens administrados, respondem, solidariamente, pelo valor desses bens.

§ 2º – À Dívida Ativa da Fazenda Pública, de qualquer natureza, aplicam-se as normas relativas à responsabilidade prevista na legislação tributária, civil e comercial.

§ 3º – Os responsáveis, inclusive as pessoas indicadas no § 1º deste artigo, poderão nomear bens livres e desembaraçados do devedor, tantos quantos bastem para pagar a dívida. Os bens dos responsáveis ficarão, porém, sujeitos à execução, se os do devedor forem insuficientes à satisfação da dívida.

§ 4º – Aplica-se à Dívida Ativa da Fazenda Pública de natureza não tributária o disposto nos artigos 186 e 188 a 192 do Código Tributário Nacional.

Art. 5º – A competência para processar e julgar a execução da Dívida Ativa da Fazenda Pública exclui a de qualquer outro Juízo, inclusive o da falência, da concordata, da liquidação, da insolvência ou do inventário.

Art. 6º – A petição inicial indicará apenas:

I – o Juiz a quem é dirigida;

II – o pedido; e

III – o requerimento para a citação.

§ 1º – A petição inicial será instruída com a Certidão da Dívida Ativa, que dela fará parte integrante, como se estivesse transcrita.

§ 2º – A petição inicial e a Certidão de Dívida Ativa poderão constituir um único documento, preparado inclusive por processo eletrônico.

§ 3º – A produção de provas pela Fazenda Pública independe de requerimento na petição inicial.

§ 4º – O valor da causa será o da dívida constante da certidão, com os encargos legais.

Art. 7º – O despacho do Juiz que deferir a inicial importa em ordem para:

I – citação, pelas sucessivas modalidades previstas no artigo 8º;

II – penhora, se não for paga a dívida, nem garantida a execução, por meio de depósito, fiança ou seguro garantia;

III – arresto, se o executado não tiver domicílio ou dele se ocultar;

IV – registro da penhora ou do arresto, independentemente do pagamento de custas ou outras despesas, observado o disposto no artigo 14; e

V – avaliação dos bens penhorados ou arrestados.

Art. 8º – O executado será citado para, no prazo de 5 (cinco) dias, pagar a dívida com os juros e multa de mora e encargos indicados na Certidão de Dívida Ativa, ou garantir a execução, observadas as seguintes normas:

I – a citação será feita pelo correio, com aviso de recepção, se a Fazenda Pública não a requerer por outra forma;

II – a citação pelo correio considera-se feita na data da entrega da carta no endereço do executado, ou, se a data for omitida, no aviso de recepção, 10 (dez) dias após a entrega da carta à agência postal;

III – se o aviso de recepção não retornar no prazo de 15 (quinze) dias da entrega da carta à agência postal, a citação será feita por Oficial de Justiça ou por edital;

IV – o edital de citação será afixado na sede do Juízo, publicado uma só vez no órgão oficial, gratuitamente, como expediente judiciário, com o prazo de 30 (trinta) dias, e conterá, apenas, a indicação da exeqüente, o nome do devedor e dos co-responsáveis, a quantia devida, a natureza da dívida, a data e o número da inscrição no Registro da Dívida Ativa, o prazo e o endereço da sede do Juízo.

§ 1º – O executado ausente do País será citado por edital, com prazo de 60 (sessenta) dias.

§ 2º – O despacho do Juiz, que ordenar a citação, interrompe a prescrição.

Art. 9º – Em garantia da execução, pelo valor da dívida, juros e multa de mora e encargos indicados na Certidão de Dívida Ativa, o executado poderá:

I – efetuar depósito em dinheiro, à ordem do Juízo em estabelecimento oficial de crédito, que assegure atualização monetária;

II – oferecer fiança bancária ou seguro garantia;

III – nomear bens à penhora, observada a ordem do artigo 11; ou

IV – indicar à penhora bens oferecidos por terceiros e aceitos pela Fazenda Pública.

§ 1º – O executado só poderá indicar e o terceiro oferecer bem imóvel à penhora com o consentimento expresso do respectivo cônjuge.

§ 2º Juntar-se-á aos autos a prova do depósito, da fiança bancária, do seguro garantia ou da penhora dos bens do executado ou de terceiros.

§ 3º A garantia da execução, por meio de depósito em dinheiro, fiança bancária ou seguro garantia, produz os mesmos efeitos da penhora.

§ 4º – Somente o depósito em dinheiro, na forma do artigo 32, faz cessar a responsabilidade pela atualização monetária e juros de mora.

§ 5º – A fiança bancária prevista no inciso II obedecerá às condições pré-estabelecidas pelo Conselho Monetário Nacional.

§ 6º – O executado poderá pagar parcela da dívida, que julgar incontroversa, e garantir a execução do saldo devedor.

Art. 10 – Não ocorrendo o pagamento, nem a garantia da execução de que trata o artigo 9º, a penhora poderá recair em qualquer bem do executado, exceto os que a lei declare absolutamente impenhoráveis.

Art. 11 – A penhora ou arresto de bens obedecerá à seguinte ordem:

I – dinheiro;

II – título da dívida pública, bem como título de crédito, que tenham cotação em bolsa;

III – pedras e metais preciosos;

IV – imóveis;

V – navios e aeronaves;

VI – veículos;

VII – móveis ou semoventes; e

VIII – direitos e ações.

§ 1º – Excepcionalmente, a penhora poderá recair sobre estabelecimento comercial, industrial ou agrícola, bem como em plantações ou edifícios em construção.

§ 2º – A penhora efetuada em dinheiro será convertida no depósito de que trata o inciso I do artigo 9º.

§ 3º – O Juiz ordenará a remoção do bem penhorado para depósito judicial, particular ou da Fazenda Pública exeqüente, sempre que esta o requerer, em qualquer fase do processo.

Art. 12 – Na execução fiscal, far-se-á a intimação da penhora ao executado, mediante publicação, no órgão oficial, do ato de juntada do termo ou do auto de penhora.

§ 1º – Nas Comarcas do interior dos Estados, a intimação poderá ser feita pela remessa de cópia do termo ou do auto de penhora, pelo correio, na forma estabelecida no artigo 8º, incisos I e II, para a citação.

§ 2º – Se a penhora recair sobre imóvel, far-se-á a intimação ao cônjuge, observadas as normas previstas para a citação.

§ 3º – Far-se-á a intimação da penhora pessoalmente ao executado se, na citação feita pelo correio, o aviso de recepção não contiver a assinatura do próprio executado, ou de seu representante legal.

Art. 13 – o termo ou auto de penhora conterá, também, a avaliação dos bens penhorados, efetuada por quem o lavrar.

§ 1º – Impugnada a avaliação, pelo executado, ou pela Fazenda Pública, antes de publicado o edital de leilão, o Juiz, ouvida a outra parte, nomeará avaliador oficial para proceder a nova avaliação dos bens penhorados.

§ 2º – Se não houver, na Comarca, avaliador oficial ou este não puder apresentar o laudo de avaliação no prazo de 15 (quinze) dias, será nomeada pessoa ou entidade habilitada a critério do Juiz.

§ 3º – Apresentado o laudo, o Juiz decidirá de plano sobre a avaliação.

Art. 14 – o Oficial de Justiça entregará contrafé e cópia do termo ou do auto de penhora ou arresto, com a ordem de registro de que trata o artigo 7º, inciso IV:

I – no Ofício próprio, se o bem for imóvel ou a ele equiparado;

II – na repartição competente para emissão de certificado de registro, se for veículo;

III – na Junta Comercial, na Bolsa de Valores, e na sociedade comercial, se forem ações, debênture, parte beneficiária, cota ou qualquer outro título, crédito ou direito societário nominativo.

Art. 15 – Em qualquer fase do processo, será deferida pelo Juiz:

I – ao executado, a substituição da penhora por depósito em dinheiro, fiança bancária ou seguro garantia; e

II – à Fazenda Pública, a substituição dos bens penhorados por outros, independentemente da ordem enumerada no artigo 11, bem como o reforço da penhora insuficiente.

Art. 16 – O executado oferecerá embargos, no prazo de 30 (trinta) dias, contados:

I – do depósito;

II – da juntada da prova da fiança bancária ou do seguro garantia;

III – da intimação da penhora.

§ 1º – Não são admissíveis embargos do executado antes de garantida a execução.

§ 2º – No prazo dos embargos, o executado deverá alegar toda matéria útil à defesa, requerer provas e juntar aos autos os documentos e rol de testemunhas, até três, ou, a critério do juiz, até o dobro desse limite.

§ 3º – Não será admitida reconvenção, nem compensação, e as exceções, salvo as de suspeição, incompetência e impedimentos, serão argüidas como matéria preliminar e serão processadas e julgadas com os embargos.

Art. 17 – Recebidos os embargos, o Juiz mandará intimar a Fazenda, para impugná-los no prazo de 30 (trinta) dias, designando, em seguida, audiência de instrução e julgamento.

Parágrafo Único – Não se realizará audiência, se os embargos versarem sobre matéria de direito, ou, sendo de direito e de fato, a prova for exclusivamente documental, caso em que o Juiz proferirá a sentença no prazo de 30 (trinta) dias.

Art. 18 – Caso não sejam oferecidos os embargos, a Fazenda Pública manifestar-se-á sobre a garantia da execução.

Art. 19 – Não sendo embargada a execução ou sendo rejeitados os embargos, no caso de garantia prestada por terceiro, será este intimado, sob pena de contra ele prosseguir a execução nos próprios autos, para, no prazo de 15 (quinze) dias:

I – remir o bem, se a garantia for real; ou

II – pagar o valor da dívida, juros e multa de mora e demais encargos, indicados na Certidão de Divida Ativa pelos quais se obrigou se a garantia for fidejussória.

Art. 20 – Na execução por carta, os embargos do executado serão oferecidos no Juízo deprecado, que os remeterá ao Juízo deprecante, para instrução e julgamento.

Parágrafo Único – Quando os embargos tiverem por objeto vícios ou irregularidades de atos do próprio Juízo deprecado, caber-lhe -á unicamente o julgamento dessa matéria.

Art. 21 – Na hipótese de alienação antecipada dos bens penhorados, o produto será depositado em garantia da execução, nos termos previstos no artigo 9º, inciso I.

Art. 22 – A arrematação será precedida de edital, afixado no local de costume, na sede do Juízo, e publicado em resumo, uma só vez, gratuitamente, como expediente judiciário, no órgão oficial.

§ 1º – O prazo entre as datas de publicação do edital e do leilão não poderá ser superior a 30 (trinta), nem inferior a 10 (dez) dias.

§ 2º – O representante judicial da Fazenda Pública, será intimado, pessoalmente, da realização do leilão, com a antecedência prevista no parágrafo anterior.

Art. 23 – A alienação de quaisquer bens penhorados será feita em leilão público, no lugar designado pelo Juiz.

§ 1º – A Fazenda Pública e o executado poderão requerer que os bens sejam leiloados englobadamente ou em lotes que indicarem.

§ 2º – Cabe ao arrematante o pagamento da comissão do leiloeiro e demais despesas indicadas no edital.

Art. 24 – A Fazenda Pública poderá adjudicar os bens penhorados:

I – antes do leilão, pelo preço da avaliação, se a execução não for embargada ou se rejeitados os embargos;

II – findo o leilão:

a) se não houver licitante, pelo preço da avaliação;

b) havendo licitantes, com preferência, em igualdade de condições com a melhor oferta, no prazo de 30 (trinta) dias.

Parágrafo Único – Se o preço da avaliação ou o valor da melhor oferta for superior ao dos créditos da Fazenda Pública, a adjudicação somente será deferida pelo Juiz se a diferença for depositada, pela exeqüente, à ordem do Juízo, no prazo de 30 (trinta) dias.

Art. 25 – Na execução fiscal, qualquer intimação ao representante judicial da Fazenda Pública será feita pessoalmente.

Parágrafo Único – A intimação de que trata este artigo poderá ser feita mediante vista dos autos, com imediata remessa ao representante judicial da Fazenda Pública, pelo cartório ou secretaria.

Art. 26 – Se, antes da decisão de primeira instância, a inscrição de Divida Ativa for, a qualquer título, cancelada, a execução fiscal será extinta, sem qualquer ônus para as partes.

Art. 27 – As publicações de atos processuais poderão ser feitas resumidamente ou reunir num só texto os de diferentes processos.

Parágrafo Único – As publicações farão sempre referência ao número do processo no respectivo Juízo e ao número da correspondente inscrição de Dívida Ativa, bem como ao nome das partes e de seus advogados, suficientes para a sua identificação.

Art. 28 – O Juiz, a requerimento das partes, poderá, por conveniência da unidade da garantia da execução, ordenar a reunião de processos contra o mesmo devedor.

Parágrafo Único – Na hipótese deste artigo, os processos serão redistribuídos ao Juízo da primeira distribuição.

Art. 29 – A cobrança judicial da Dívida Ativa da Fazenda Pública não é sujeita a concurso de credores ou habilitação em falência, concordata, liquidação, inventário ou arrolamento

Parágrafo Único – O concurso de preferência somente se verifica entre pessoas jurídicas de direito público, na seguinte ordem:

I – União e suas autarquias;

II – Estados, Distrito Federal e Territórios e suas autarquias, conjuntamente e pro rata;

III – Municípios e suas autarquias, conjuntamente e pro rata.

Art. 30 – Sem prejuízo dos privilégios especiais sobre determinados bens, que sejam previstos em lei, responde pelo pagamento da Divida Ativa da Fazenda Pública a totalidade dos bens e das rendas, de qualquer origem ou natureza, do sujeito passivo, seu espólio ou sua massa, inclusive os gravados por ônus real ou cláusula de inalienabilidade ou impenhorabilidade, seja qual for a data da constituição do ônus ou da cláusula, excetuados unicamente os bens e rendas que a lei declara absolutamente impenhoráveis.

Art. 31 – Nos processos de falência, concordata, liquidação, inventário, arrolamento ou concurso de credores, nenhuma alienação será judicialmente autorizada sem a prova de quitação da Dívida Ativa ou a concordância da Fazenda Pública.

Art. 32 – Os depósitos judiciais em dinheiro serão obrigatoriamente feitos:

I – na Caixa Econômica Federal, de acordo com o Decreto-lei nº 1.737, de 20 de dezembro de 1979, quando relacionados com a execução fiscal proposta pela União ou suas autarquias;

II – na Caixa Econômica ou no banco oficial da unidade federativa ou, à sua falta, na Caixa Econômica Federal, quando relacionados com execução fiscal proposta pelo Estado, Distrito Federal, Municípios e suas autarquias.

§ 1º – Os depósitos de que trata este artigo estão sujeitos à atualização monetária, segundo os índices estabelecidos para os débitos tributários federais.

§ 2º – Após o trânsito em julgado da decisão, o depósito, monetariamente atualizado, será devolvido ao depositante ou entregue à Fazenda Pública, mediante ordem do Juízo competente.

Art. 33 – O Juízo, do Oficio, comunicará à repartição competente da Fazenda Pública, para fins de averbação no Registro da Dívida Ativa, a decisão final, transitada em julgado, que der por improcedente a execução, total ou parcialmente.

Art. 34 – Das sentenças de primeira instância proferidas em execuções de valor igual ou inferior a 50 (cinqüenta) Obrigações Reajustáveis do Tesouro Nacional – ORTN, só se admitirão embargos infringentes e de declaração.

§ 1º – Para os efeitos deste artigo considerar-se-á o valor da dívida monetariamente atualizado e acrescido de multa e juros de mora e de mais encargos legais, na data da distribuição.

§ 2º – Os embargos infringentes, instruídos, ou não, com documentos novos, serão deduzidos, no prazo de 10 (dez) dias perante o mesmo Juízo, em petição fundamentada.

§ 3º – Ouvido o embargado, no prazo de 10 (dez) dias, serão os autos conclusos ao Juiz, que, dentro de 20 (vinte) dias, os rejeitará ou reformará a sentença.

Art. 35 – Nos processos regulados por esta Lei, poderá ser dispensada a audiência de revisor, no julgamento das apelações.

Art. 36 – Compete à Fazenda Pública baixar normas sobre o recolhimento da Dívida Ativa respectiva, em Juízo ou fora dele, e aprovar, inclusive, os modelos de documentos de arrecadação.

Art. 37 – O Auxiliar de Justiça que, por ação ou omissão, culposa ou dolosa, prejudicar a execução, será responsabilizado, civil, penal e administrativamente.

Parágrafo Único – O Oficial de Justiça deverá efetuar, em 10 (dez) dias, as diligências que lhe forem ordenadas, salvo motivo de força maior devidamente justificado perante o Juízo.

Art. 38 – A discussão judicial da Dívida Ativa da Fazenda Pública só é admissível em execução, na forma desta Lei, salvo as hipóteses de mandado de segurança, ação de repetição do indébito ou ação anulatória do ato declarativo da dívida, esta precedida do depósito preparatório do valor do débito, monetariamente corrigido e acrescido dos juros e multa de mora e demais encargos.

Parágrafo Único – A propositura, pelo contribuinte, da ação prevista neste artigo importa em renúncia ao poder de recorrer na esfera administrativa e desistência do recurso acaso interposto.

Art. 39 – A Fazenda Pública não está sujeita ao pagamento de custas e emolumentos. A prática dos atos judiciais de seu interesse independerá de preparo ou de prévio depósito.

Parágrafo Único – Se vencida, a Fazenda Pública ressarcirá o valor das despesas feitas pela parte contrária.

Art. 40 – O Juiz suspenderá o curso da execução, enquanto não for localizado o devedor ou encontrados bens sobre os quais possa recair a penhora, e, nesses casos, não correrá o prazo de prescrição.

§ 1º – Suspenso o curso da execução, será aberta vista dos autos ao representante judicial da Fazenda Pública.

§ 2º – Decorrido o prazo máximo de 1 (um) ano, sem que seja localizado o devedor ou encontrados bens penhoráveis, o Juiz ordenará o arquivamento dos autos.

§ 3º – Encontrados que sejam, a qualquer tempo, o devedor ou os bens, serão desarquivados os autos para prosseguimento da execução.

§ 4º Se da decisão que ordenar o arquivamento tiver decorrido o prazo prescricional, o juiz, depois de ouvida a Fazenda Pública, poderá, de ofício, reconhecer a prescrição intercorrente e decretá-la de imediato.

§ 5º A manifestação prévia da Fazenda Pública prevista no § 4º deste artigo será dispensada no caso de cobranças judiciais cujo valor seja inferior ao mínimo fixado por ato do Ministro de Estado da Fazenda.

Art. 41 – O processo administrativo correspondente à inscrição de Dívida Ativa, à execução fiscal ou à ação proposta contra a Fazenda Pública será mantido na repartição competente, dele se extraindo as cópias autenticadas ou certidões, que forem requeridas pelas partes ou requisitadas pelo Juiz ou pelo Ministério Público.

Parágrafo Único – Mediante requisição do Juiz à repartição competente, com dia e hora previamente marcados, poderá o processo administrativo ser exibido na sede do Juízo, pelo funcionário para esse fim designado, lavrando o serventuário termo da ocorrência, com indicação, se for o caso, das peças a serem trasladadas.

• LEI Nº 7.347, DE 24 DE JULHO DE 1985

Disciplina a ação civil pública

Art. 1º Regem-se pelas disposições desta Lei, sem prejuízo da ação popular, as ações de responsabilidade por danos morais e patrimoniais causados:

I – ao meio-ambiente;

II – ao consumidor;

III – a bens e direitos de valor artístico, estético, histórico, turístico e paisagístico;

IV – a qualquer outro interesse difuso ou coletivo.

V – por infração da ordem econômica;

VI – à ordem urbanística.

VII – à honra e à dignidade de grupos raciais, étnicos ou religiosos.

VIII – ao patrimônio público e social.

Parágrafo único. Não será cabível ação civil pública para veicular pretensões que envolvam tributos, contribuições previdenciárias, o Fundo de Garantia do Tempo de Serviço – FGTS ou outros fundos de natureza institucional cujos beneficiários podem ser individualmente determinados.

- **LEI Nº 8.137, DE 27 DE DEZEMBRO DE 1990**

Crimes contra a ordem tributária, econômica e contra as relações de consumo

Art. 1º Constitui crime contra a ordem tributária suprimir ou reduzir tributo, ou contribuição social e qualquer acessório, mediante as seguintes condutas:

I – omitir informação, ou prestar declaração falsa às autoridades fazendárias;

II – fraudar a fiscalização tributária, inserindo elementos inexatos, ou omitindo operação de qualquer natureza, em documento ou livro exigido pela lei fiscal;

III – falsificar ou alterar nota fiscal, fatura, duplicata, nota de venda, ou qualquer outro documento relativo à operação tributável;

IV – elaborar, distribuir, fornecer, emitir ou utilizar documento que saiba ou deva saber falso ou inexato;

V – negar ou deixar de fornecer, quando obrigatório, nota fiscal ou documento equivalente, relativa a venda de mercadoria ou prestação de serviço, efetivamente realizada, ou fornecê-la em desacordo com a legislação.

Pena – reclusão de 2 (dois) a 5 (cinco) anos, e multa.

Parágrafo único. A falta de atendimento da exigência da autoridade, no prazo de 10 (dez) dias, que poderá ser convertido em horas em razão da maior ou menor complexidade da matéria ou da dificuldade quanto ao atendimento da exigência, caracteriza a infração prevista no inciso V.

Art. 2º Constitui crime da mesma natureza:

I – fazer declaração falsa ou omitir declaração sobre rendas, bens ou fatos, ou empregar outra fraude, para eximir-se, total ou parcialmente, de pagamento de tributo;

II – deixar de recolher, no prazo legal, valor de tributo ou de contribuição social, descontado ou cobrado, na qualidade de sujeito passivo de obrigação e que deveria recolher aos cofres públicos;

III – exigir, pagar ou receber, para si ou para o contribuinte beneficiário, qualquer percentagem sobre a parcela dedutível ou deduzida de imposto ou de contribuição como incentivo fiscal;

IV – deixar de aplicar, ou aplicar em desacordo com o estatuído, incentivo fiscal ou parcelas de imposto liberadas por órgão ou entidade de desenvolvimento;

V – utilizar ou divulgar programa de processamento de dados que permita ao sujeito passivo da obrigação tributária possuir informação contábil diversa daquela que é, por lei, fornecida à Fazenda Pública.

Pena – detenção, de 6 (seis) meses a 2 (dois) anos, e multa.

Art. 3º Constitui crime funcional contra a ordem tributária, além dos previstos no Decreto-Lei nº 2.848, de 7 de dezembro de 1940 – Código Penal (Título XI, Capítulo I):

I – extraviar livro oficial, processo fiscal ou qualquer documento, de que tenha a guarda em razão da função; sonegá-lo, ou inutilizá-lo, total ou parcialmente, acarretando pagamento indevido ou inexato de tributo ou contribuição social;

II – exigir, solicitar ou receber, para si ou para outrem, direta ou indiretamente, ainda que fora da função ou antes de iniciar seu exercício, mas em razão dela, vantagem indevida; ou aceitar promessa de tal vantagem, para deixar de lançar ou cobrar tributo ou contribuição social, ou cobrá-los parcialmente. Pena – reclusão, de 3 (três) a 8 (oito) anos, e multa.

III – patrocinar, direta ou indiretamente, interesse privado perante a administração fazendária, valendo-se da qualidade de funcionário público. Pena – reclusão, de 1 (um) a 4 (quatro) anos, e multa.

Art. 11. Quem, de qualquer modo, inclusive por meio de pessoa jurídica, concorre para os crimes definidos nesta lei, incide nas penas a estes cominadas, na medida de sua culpabilidade.

Parágrafo único. Quando a venda ao consumidor for efetuada por sistema de entrega ao consumo ou por intermédio de outro em que o preço ao consumidor é estabelecido ou sugerido pelo fabricante ou concedente, o ato por este praticado não alcança o distribuidor ou revendedor.

Art. 12. São circunstâncias que podem agravar de 1/3 (um terço) até a metade as penas previstas nos arts. 1°, 2° e 4° a 7°:

I – ocasionar grave dano à coletividade;

II – ser o crime cometido por servidor público no exercício de suas funções;

III – ser o crime praticado em relação à prestação de serviços ou ao comércio de bens essenciais à vida ou à saúde.

Art. 15. Os crimes previstos nesta lei são de ação penal pública, aplicando-se-lhes o disposto no art. 100 do Decreto-Lei n° 2.848, de 7 de dezembro de 1940 – Código Penal.

Art. 16. Qualquer pessoa poderá provocar a iniciativa do Ministério Público nos crimes descritos nesta lei, fornecendo-lhe por escrito informações sobre o fato e a autoria, bem como indicando o tempo, o lugar e os elementos de convicção.

Parágrafo único. Nos crimes previstos nesta Lei, cometidos em quadrilha ou co-autoria, o co-autor ou partícipe que através de confissão espontânea revelar à autoridade policial ou judicial toda a trama delituosa terá a sua pena reduzida de um a dois terços.

Art. 17. Compete ao Departamento Nacional de Abastecimento e Preços, quando e se necessário, providenciar a desapropriação de estoques, a fim de evitar crise no mercado ou colapso no abastecimento.

• LEI Nº 8.397, DE 6 DE JANEIRO DE 1992

Institui a medida cautelar fiscal

Art. 1º O procedimento cautelar fiscal poderá ser instaurado após a constituição do crédito, inclusive no curso da execução judicial da Dívida Ativa da União, dos Estados, do Distrito Federal, dos Municípios e respectivas autarquias.

Parágrafo único. O requerimento da medida cautelar, na hipótese dos incisos V, alínea "b", e VII, do art. 2º, independe da prévia constituição do crédito tributário.

Art. 2º A medida cautelar fiscal poderá ser requerida contra o sujeito passivo de crédito tributário ou não tributário, quando o devedor:

I – sem domicílio certo, intenta ausentar-se ou alienar bens que possui ou deixa de pagar a obrigação no prazo fixado;

II – tendo domicílio certo, ausenta-se ou tenta se ausentar, visando a elidir o adimplemento da obrigação;

III – caindo em insolvência, aliena ou tenta alienar bens;

IV – contrai ou tenta contrair dívidas que comprometam a liquidez do seu patrimônio;

V – notificado pela Fazenda Pública para que proceda ao recolhimento do crédito fiscal:

a) deixa de pagá-lo no prazo legal, salvo se suspensa sua exigibilidade;

b) põe ou tenta por seus bens em nome de terceiros;

VI – possui débitos, inscritos ou não em Dívida Ativa, que somados ultrapassem trinta por cento do seu patrimônio conhecido;

VII – aliena bens ou direitos sem proceder à devida comunicação ao órgão da Fazenda Pública competente, quando exigível em virtude de lei;

VIII – tem sua inscrição no cadastro de contribuintes declarada inapta, pelo órgão fazendário;

IX – pratica outros atos que dificultem ou impeçam a satisfação do crédito.

Art. 3° Para a concessão da medida cautelar fiscal é essencial:

I – prova literal da constituição do crédito fiscal;

II – prova documental de algum dos casos mencionados no artigo antecedente.

Art. 4° A decretação da medida cautelar fiscal produzirá, de imediato, a indisponibilidade dos bens do requerido, até o limite da satisfação da obrigação.

§ 1° Na hipótese de pessoa jurídica, a indisponibilidade recairá somente sobre os bens do ativo permanente, podendo, ainda, ser estendida aos bens do acionista controlador e aos dos que em razão do contrato social ou estatuto tenham poderes para fazer a empresa cumprir suas obrigações fiscais, ao tempo:

a) do fato gerador, nos casos de lançamento de ofício;

b) do inadimplemento da obrigação fiscal, nos demais casos.

§ 2° A indisponibilidade patrimonial poderá ser estendida em relação aos bens adquiridos a qualquer título do requerido ou daqueles que estejam ou tenham estado na função de administrador (§ 1°), desde que seja capaz de frustrar a pretensão da Fazenda Pública.

§ 3° Decretada a medida cautelar fiscal, será comunicada imediatamente ao registro público de imóveis, ao Banco Central do Brasil, à Comissão de Valores Mobiliários e às demais repartições que processem registros de transferência de bens, a fim de que, no âmbito de suas atribuições, façam cumprir a constrição judicial.

Art. 5° A medida cautelar fiscal será requerida ao Juiz competente para a execução judicial da Dívida Ativa da Fazenda Pública.

Parágrafo único. Se a execução judicial estiver em Tribunal, será competente o relator do recurso.

Art. 6° A Fazenda Pública pleiteará a medida cautelar fiscal em petição devidamente fundamentada, que indicará:

I – o Juiz a quem é dirigida;

II – a qualificação e o endereço, se conhecido, do requerido;

III – as provas que serão produzidas;

IV – o requerimento para citação.

Art. 7° O Juiz concederá liminarmente a medida cautelar fiscal, dispensada a Fazenda Pública de justificação prévia e de prestação de caução.

Parágrafo único. Do despacho que conceder liminarmente a medida cautelar caberá agravo de instrumento.

Art. 8° O requerido será citado para, no prazo de quinze dias, contestar o pedido, indicando as provas que pretenda produzir.

Parágrafo único. Conta-se o prazo da juntada aos autos do mandado:

a) de citação, devidamente cumprido;

b) da execução da medida cautelar fiscal, quando concedida liminarmente.

Art. 9° Não sendo contestado o pedido, presumir-se-ão aceitos pelo requerido, como verdadeiros, os fatos alegados pela Fazenda Pública, caso em que o Juiz decidirá em dez dias.

Parágrafo único. Se o requerido contestar no prazo legal, o Juiz designará audiência de instrução e julgamento, havendo prova a ser nela produzida.

Art. 10. A medida cautelar fiscal decretada poderá ser substituída, a qualquer tempo, pela prestação de garantia correspondente ao valor da prestação da Fazenda Pública, na forma do art. 9° da Lei n° 6.830, de 22 de setembro de 1980.

Parágrafo único. A Fazenda Pública será ouvida necessariamente sobre o pedido de substituição, no prazo de cinco dias, presumindo-se da omissão a sua aquiescência.

Art. 11. Quando a medida cautelar fiscal for concedida em procedimento preparatório, deverá a Fazenda Pública propor a execução judicial da Dívida Ativa no prazo de sessenta dias, contados da data em que a exigência se tornar irrecorrível na esfera administrativa.

Art. 12. A medida cautelar fiscal conserva a sua eficácia no prazo do artigo antecedente e na pendência do processo de execução judicial da Dívida Ativa, mas pode, a qualquer tempo, ser revogada ou modificada.

Parágrafo único. Salvo decisão em contrário, a medida cautelar fiscal conservará sua eficácia durante o período de suspensão do crédito tributário ou não tributário.

Art. 13. Cessa a eficácia da medida cautelar fiscal:

I – se a Fazenda Pública não propuser a execução judicial da Dívida Ativa no prazo fixado no art. 11 desta lei;

II – se não for executada dentro de trinta dias;

III – se for julgada extinta a execução judicial da Dívida Ativa da Fazenda Pública;

IV – se o requerido promover a quitação do débito que está sendo executado.

Parágrafo único. Se, por qualquer motivo, cessar a eficácia da medida, é defeso à Fazenda Pública repetir o pedido pelo mesmo fundamento.

Art. 14. Os autos do procedimento cautelar fiscal serão apensados aos do processo de execução judicial da Dívida Ativa da Fazenda Pública.

Art. 15. O indeferimento da medida cautelar fiscal não obsta a que a Fazenda Pública intente a execução judicial da Dívida Ativa, nem influi no julgamento desta, salvo se o Juiz, no procedimento cautelar fiscal, acolher alegação de pagamento, de compensação, de transação, de remissão, de prescrição ou decadência, de conversão do depósito em renda, ou qualquer outra modalidade de extinção da pretensão deduzida.

Art. 16. Ressalvado o disposto no art. 15, a sentença proferida na medida cautelar fiscal não faz coisa julgada, relativamente à execução judicial da Dívida Ativa da Fazenda Pública.

Art. 17. Da sentença que decretar a medida cautelar fiscal caberá apelação, sem efeito suspensivo, salvo se o requerido oferecer garantia na forma do art. 10 desta lei.

Art. 18. As disposições desta lei aplicam-se, também, ao crédito proveniente das contribuições sociais previstas no art. 195 da Constituição Federal.

Art. 19. Esta lei entra em vigor na data de sua publicação.]

Art. 20. Revogam-se as disposições em contrário.

• LEI Nº 9.249, DE 26 DE DEZEMBRO DE 1995

Art. 34. Extingue-se a punibilidade dos crimes definidos na Lei nº 8.137, de 27 de dezembro de 1990, e na Lei nº 4.729, de 14 de julho de 1965, quando o agente promover o pagamento do tributo ou contribuição social, inclusive acessórios, antes do recebimento da denúncia.

• LEI Nº 10.684, DE 30 DE MAIO DE 2003

Art. 9º É suspensa a pretensão punitiva do Estado, referente aos crimes previstos nos arts. 1º e 2º da Lei no 8.137, de 27 de dezembro de 1990, e nos arts. 168ª e 337ª do Decreto-Lei no 2.848, de 7 de dezembro de 1940 – Código Penal, durante o período em que a pessoa jurídica relacionada com o agente dos aludidos crimes estiver incluída no regime de parcelamento.

§ 1º A prescrição criminal não corre durante o período de suspensão da pretensão punitiva.

§ 2º Extingue-se a punibilidade dos crimes referidos neste artigo quando a pessoa jurídica relacionada com o agente efetuar o pagamento integral dos débitos oriundos de tributos e contribuições sociais, inclusive acessórios.

• LEI Nº 12.016, DE 7 DE AGOSTO

Disciplina o mandado de segurança individual e coletivo

Art. 1º Conceder-se-á mandado de segurança para proteger direito líquido e certo, não amparado por habeas corpus ou habeas data, sempre que, ilegalmente ou com abuso de poder, qualquer pessoa física ou jurídica sofrer violação ou houver justo receio de sofrê-la por parte de autoridade, seja de que categoria for e sejam quais forem as funções que exerça.

§ 1º Equiparam-se às autoridades, para os efeitos desta Lei, os representantes ou órgãos de partidos políticos e os administradores de entidades autárquicas, bem como os dirigentes de pessoas jurídicas ou as pessoas naturais no exercício de atribuições do poder público, somente no que disser respeito a essas atribuições.

§ 2º Não cabe mandado de segurança contra os atos de gestão comercial praticados pelos administradores de empresas públicas, de sociedade de economia mista e de concessionárias de serviço público.

§ 3º Quando o direito ameaçado ou violado couber a várias pessoas, qualquer delas poderá requerer o mandado de segurança.

Art. 2º Considerar-se-á federal a autoridade coatora se as consequências de ordem patrimonial do ato contra o qual se requer o mandado houverem de ser suportadas pela União ou entidade por ela controlada.

Art. 3º O titular de direito líquido e certo decorrente de direito, em condições idênticas, de terceiro poderá impetrar mandado de segurança a favor do direito originário, se o seu titular não o fizer, no prazo de 30 (trinta) dias, quando notificado judicialmente.

Parágrafo único. O exercício do direito previsto no caput deste artigo submete-se ao prazo fixado no art. 23 desta Lei, contado da notificação.

Art. 4º Em caso de urgência, é permitido, observados os requisitos legais, impetrar mandado de segurança por telegrama, radiograma, fax ou outro meio eletrônico de autenticidade comprovada.

§ 1º Poderá o juiz, em caso de urgência, notificar a autoridade por telegrama, radiograma ou outro meio que assegure a autenticidade do documento e a imediata ciência pela autoridade.

§ 2º O texto original da petição deverá ser apresentado nos 5 (cinco) dias úteis seguintes.

§ 3º Para os fins deste artigo, em se tratando de documento eletrônico, serão observadas as regras da Infra-Estrutura de Chaves Públicas Brasileira – ICP-Brasil.

Art. 5º Não se concederá mandado de segurança quando se tratar:

I – de ato do qual caiba recurso administrativo com efeito suspensivo, independentemente de caução;

II – de decisão judicial da qual caiba recurso com efeito suspensivo;

III – de decisão judicial transitada em julgado.

Parágrafo único. (VETADO)

Art. 6º A petição inicial, que deverá preencher os requisitos estabelecidos pela lei processual, será apresentada em 2 (duas) vias com os documentos que instruírem a primeira reproduzidos na segunda e indicará, além da autoridade coatora, a pessoa jurídica que esta integra, à qual se acha vinculada ou da qual exerce atribuições.

§ 1º No caso em que o documento necessário à prova do alegado se ache em repartição ou estabelecimento público ou em poder de autoridade que se recuse a fornecê-lo por certidão ou de terceiro, o juiz ordenará, preliminarmente, por ofício, a exibição desse documento em original ou em cópia autêntica e marcará, para o cumprimento da ordem, o prazo de 10 (dez) dias. O escrivão extrairá cópias do documento para juntá-las à segunda via da petição.

§ 2º Se a autoridade que tiver procedido dessa maneira for a própria coatora, a ordem far-se-á no próprio instrumento da notificação.

§ 3º Considera-se autoridade coatora aquela que tenha praticado o ato impugnado ou da qual emane a ordem para a sua prática.

§ 4º (VETADO)

§ 5º Denega-se o mandado de segurança nos casos previstos pelo art. 267 da Lei no 5.869, de 11 de janeiro de 1973 – Código de Processo Civil.

§ 6º O pedido de mandado de segurança poderá ser renovado dentro do prazo decadencial, se a decisão denegatória não lhe houver apreciado o mérito.

Art. 7º Ao despachar a inicial, o juiz ordenará:

I – que se notifique o coator do conteúdo da petição inicial, enviando-lhe a segunda via apresentada com as cópias dos documentos, a fim de que, no prazo de 10 (dez) dias, preste as informações;

II – que se dê ciência do feito ao órgão de representação judicial da pessoa jurídica interessada, enviando-lhe cópia da inicial sem documentos, para que, querendo, ingresse no feito;

III – que se suspenda o ato que deu motivo ao pedido, quando houver fundamento relevante e do ato impugnado puder resultar a ineficácia da medida, caso seja finalmente deferida, sendo facultado exigir do impetrante caução, fiança ou depósito, com o objetivo de assegurar o ressarcimento à pessoa jurídica.

§ 1º Da decisão do juiz de primeiro grau que conceder ou denegar a liminar caberá agravo de instrumento, observado o disposto na Lei no 5.869, de 11 de janeiro de 1973 – Código de Processo Civil.

§ 2º Não será concedida medida liminar que tenha por objeto a compensação de créditos tributários, a entrega de mercadorias e bens provenientes do exterior, a reclassificação ou equiparação de servidores públicos e a concessão de aumento ou a extensão de vantagens ou pagamento de qualquer natureza.

§ 3º Os efeitos da medida liminar, salvo se revogada ou cassada, persistirão até a prolação da sentença.

§ 4º Deferida a medida liminar, o processo terá prioridade para julgamento.

§ 5º As vedações relacionadas com a concessão de liminares previstas neste artigo se estendem à tutela antecipada a que se referem os arts. 273 e 461 da Lei no 5.869, de 11 janeiro de 1973 – Código de Processo Civil.

Art. 8º Será decretada a perempção ou caducidade da medida liminar ex officio ou a requerimento do Ministério Público quando, concedida a medida, o impetrante criar obstáculo ao normal andamento do processo ou deixar de promover, por mais de 3 (três) dias úteis, os atos e as diligências que lhe cumprirem.

Art. 9º As autoridades administrativas, no prazo de 48 (quarenta e oito) horas da notificação da medida liminar, remeterão ao Ministério ou órgão a que se acham subordinadas e ao Advogado-Geral da União ou a quem tiver a representação judicial da União, do Estado, do Município ou da entidade apontada como coatora cópia autenticada do mandado notificatório, assim como indicações e elementos outros necessários às providências a serem tomadas para a eventual suspensão da medida e defesa do ato apontado como ilegal ou abusivo de poder.

Art. 10. A inicial será desde logo indeferida, por decisão motivada, quando não for o caso de mandado de segurança ou lhe faltar algum dos requisitos legais ou quando decorrido o prazo legal para a impetração.

§ 1º Do indeferimento da inicial pelo juiz de primeiro grau caberá apelação e, quando a competência para o julgamento do mandado de segurança couber originariamente a um dos tribunais, do ato do relator caberá agravo para o órgão competente do tribunal que integre.

§ 2º O ingresso de litisconsorte ativo não será admitido após o despacho da petição inicial.

Art. 11. Feitas as notificações, o serventuário em cujo cartório corra o feito juntará aos autos cópia autêntica dos ofícios endereçados ao coator e ao órgão de representação judicial da pessoa jurídica interessada, bem como a prova da entrega a estes ou da sua recusa em aceitá-los ou dar recibo e, no caso do art. 4º desta Lei, a comprovação da remessa.

Art. 12. Findo o prazo a que se refere o inciso I do caput do art. 7º desta Lei, o juiz ouvirá o representante do Ministério Público, que opinará, dentro do prazo improrrogável de 10 (dez) dias.

Parágrafo único. Com ou sem o parecer do Ministério Público, os autos serão conclusos ao juiz, para a decisão, a qual deverá ser necessariamente proferida em 30 (trinta) dias.

Art. 13. Concedido o mandado, o juiz transmitirá em ofício, por intermédio do oficial do juízo, ou pelo correio, mediante correspondência com aviso de recebimento, o inteiro teor da sentença à autoridade coatora e à pessoa jurídica interessada.

Parágrafo único. Em caso de urgência, poderá o juiz observar o disposto no art. 4º desta Lei.

Art. 14. Da sentença, denegando ou concedendo o mandado, cabe apelação.

§ 1º Concedida a segurança, a sentença estará sujeita obrigatoriamente ao duplo grau de jurisdição.

§ 2º Estende-se à autoridade coatora o direito de recorrer.

§ 3º A sentença que conceder o mandado de segurança pode ser executada provisoriamente, salvo nos casos em que for vedada a concessão da medida liminar.

§ 4º O pagamento de vencimentos e vantagens pecuniárias assegurados em sentença concessiva de mandado de segurança a servidor público da administração direta ou autárquica federal, estadual e municipal somente será efetuado relativamente às prestações que se vencerem a contar da data do ajuizamento da inicial.

Art. 15. Quando, a requerimento de pessoa jurídica de direito público interessada ou do Ministério Público e para evitar grave lesão à ordem, à saúde, à segurança e à economia públicas, o presidente do tribunal ao qual couber o conhecimento do respectivo recurso suspender, em decisão fundamentada, a execução da liminar e da sentença, dessa decisão caberá agravo, sem efeito suspensivo, no prazo de 5 (cinco) dias, que será levado a julgamento na sessão seguinte à sua interposição.

§ 1º Indeferido o pedido de suspensão ou provido o agravo a que se refere o caput deste artigo, caberá novo pedido de suspensão ao presidente do tribunal competente para conhecer de eventual recurso especial ou extraordinário.

§ 2º É cabível também o pedido de suspensão a que se refere o § 1º deste artigo, quando negado provimento a agravo de instrumento interposto contra a liminar a que se refere este artigo.

§ 3º A interposição de agravo de instrumento contra liminar concedida nas ações movidas contra o poder público e seus agentes não prejudica nem condiciona o julgamento do pedido de suspensão a que se refere este artigo.

§ 4º O presidente do tribunal poderá conferir ao pedido efeito suspensivo liminar se constatar, em juízo prévio, a plausibilidade do direito invocado e a urgência na concessão da medida.

§ 5º As liminares cujo objeto seja idêntico poderão ser suspensas em uma única decisão, podendo o presidente do tribunal estender os efeitos da suspensão a liminares supervenientes, mediante simples aditamento do pedido original.

Art. 16. Nos casos de competência originária dos tribunais, caberá ao relator a instrução do processo, sendo assegurada a defesa oral na sessão do julgamento.

Parágrafo único. Da decisão do relator que conceder ou denegar a medida liminar caberá agravo ao órgão competente do tribunal que integre.

Art. 17. Nas decisões proferidas em mandado de segurança e nos respectivos recursos, quando não publicado, no prazo de 30 (trinta) dias, contado da data do julgamento, o acórdão será substituído pelas respectivas notas taquigráficas, independentemente de revisão.

Art. 18. Das decisões em mandado de segurança proferidas em única instância pelos tribunais cabe recurso especial e extraordinário, nos casos legalmente previstos, e recurso ordinário, quando a ordem for denegada.

Art. 19. A sentença ou o acórdão que denegar mandado de segurança, sem decidir o mérito, não impedirá que o requerente, por ação própria, pleiteie os seus direitos e os respectivos efeitos patrimoniais.

Art. 20. Os processos de mandado de segurança e os respectivos recursos terão prioridade sobre todos os atos judiciais, salvo habeas corpus.

§ 1º Na instância superior, deverão ser levados a julgamento na primeira sessão que se seguir à data em que forem conclusos ao relator.

§ 2º O prazo para a conclusão dos autos não poderá exceder de 5 (cinco) dias.

Art. 21. O mandado de segurança coletivo pode ser impetrado por partido político com representação no Congresso Nacional, na defesa de seus interesses legítimos relativos a seus integrantes ou à finalidade partidária, ou por organização sindical, entidade de classe ou associação legalmente constituída e em funcionamento há, pelo menos, 1 (um) ano, em defesa de direitos líquidos e certos da totalidade, ou de parte, dos seus membros ou associados, na forma dos seus estatutos e desde que pertinentes às suas finalidades, dispensada, para tanto, autorização especial.

Parágrafo único. Os direitos protegidos pelo mandado de segurança coletivo podem ser:

I – coletivos, assim entendidos, para efeito desta Lei, os transindividuais, de natureza indivisível, de que seja titular grupo ou categoria de pessoas ligadas entre si ou com a parte contrária por uma relação jurídica básica;

II – individuais homogêneos, assim entendidos, para efeito desta Lei, os decorrentes de origem comum e da atividade ou situação específica da totalidade ou de parte dos associados ou membros do impetrante.

Art. 22. No mandado de segurança coletivo, a sentença fará coisa julgada limitadamente aos membros do grupo ou categoria substituídos pelo impetrante.

§ 1º O mandado de segurança coletivo não induz litispendência para as ações individuais, mas os efeitos da coisa julgada não beneficiarão o impetrante a título individual se não requerer a desistência de seu mandado de segurança no prazo de 30 (trinta) dias a contar da ciência comprovada da impetração da segurança coletiva.

§ 2º No mandado de segurança coletivo, a liminar só poderá ser concedida após a audiência do representante judicial da pessoa jurídica de direito público, que deverá se pronunciar no prazo de 72 (setenta e duas) horas.

Art. 23. O direito de requerer mandado de segurança extinguir-se-á decorridos 120 (cento e vinte) dias, contados da ciência, pelo interessado, do ato impugnado.

Art. 24. Aplicam-se ao mandado de segurança os arts. 46 a 49 da Lei no 5.869, de 11 de janeiro de 1973 - Código de Processo Civil.

Art. 25. Não cabem, no processo de mandado de segurança, a interposição de embargos infringentes e a condenação ao pagamento dos honorários advocatícios, sem prejuízo da aplicação de sanções no caso de litigância de má-fé.

Art. 26. Constitui crime de desobediência, nos termos do art. 330 do Decreto-Lei no 2.848, de 7 de dezembro de 1940, o não cumprimento das decisões proferidas em mandado de segurança, sem prejuízo das sanções administrativas e da aplicação da Lei no 1.079, de 10 de abril de 1950, quando cabíveis.

Art. 27. Os regimentos dos tribunais e, no que couber, as leis de organização judiciária deverão ser adaptados às disposições desta Lei no prazo de 180 (cento e oitenta) dias, contado da sua publicação.

Art. 28. Esta Lei entra em vigor na data de sua publicação.

Art. 29. Revogam-se as Leis nos 1.533, de 31 de dezembro de 1951, 4.166, de 4 de dezembro de 1962, 4.348, de 26 de junho de 1964, 5.021, de 9 de junho de 1966; o art. 3º da Lei no 6.014, de 27 de dezembro de 1973, oart. 1º da Lei no 6.071, de 3 de julho de 1974, o art. 12 da Lei no 6.978, de 19 de janeiro de 1982, e o art. 2º da Lei no 9.259, de 9 de janeiro de 1996.

QUESTÕES

CAPÍTULOS XV E XVI

1. QUESTÕES COMENTADAS

01. (Analista Judiciário – Área Judiciária – TRF 2ª região/ 2012 – FCC) No que diz respeito à administração tributária, é certo que

a) poderá ser outorgada, a critério da autoridade, a outra pessoa jurídica de Direito Público a realização e a fiscalização do cumprimento das vendas e prestações, desde que por decreto.

b) uma das características da dívida ativa é que a Fazenda Pública a constitui unilateralmente, sendo que a presunção de certeza e liquidez é *juris tantum*, por admitir prova em contrário.

c) as entidades ou pessoas que a lei designe, em razão de seu ofício, atividade ou profissão, são obrigadas, em qualquer hipótese, a prestar à autoridade administrativa todas as informações que disponham em relação aos bens e negócios de terceiros.

d) a certidão expedida com a ressalva da existência de créditos tributários não vencidos ou em curso de cobrança executiva, em que tenha sido efetivada a penhora, não tem os mesmos efeitos da certidão negativa.

e) todas as normas pertinentes à fiscalização têm a natureza das regras de Direito Tributário e Direito Penal-Tributário, vedada sua concretização por meio das normas de Direito Administrativo ou de Direito Civil.

COMENTÁRIOS:

A temática dívida ativa encontra-se disciplinada no CTN entre os artigos 201 a 204. Cabe ressaltar que o tema também é abordado na LEF – lei de execuções fiscais (Lei nº6.830/80), cuja leitura é ora recomendada.

Alternativa correta: letra "b": a dívida ativa tributária é um crédito público, valor que a Fazenda Pública tem para receber de terceiros, proveniente do crédito tributário, regularmente inscrito na repartição pública competente depois de esgotado o prazo fixado para pagamento, pela lei ou por decisão final proferida em processo regular. A inscrição de um débito fiscal na dívida ativa é um ato administrativo de cadastro próprio da Fazenda Pública (que se constitui no ato de controle administrativo da legalidade). Dele se extrai uma certidão, com os mesmos termos, denominada de CDA – Certidão de Dívida Ativa (CPC, art. 585, inciso VII), que tem natureza de título executivo extrajudicial, ou seja, é imprescindível para a cobrança judicial do crédito pela referida Fazenda Pública, através da Execução Fiscal, disciplinada pela Lei 6.830/80 (LEF – Lei de Execuções Fiscais).

Aliás, a petição inicial da execução fiscal e a Certidão de Dívida Ativa poderão constituir um único documento, preparado inclusive por processo eletrônico. Por fim, a presunção de liquidez e certeza de que goza o débito fiscal regularmente inscrito em dívida ativa é relativa (e não absoluta), isto é, admite prova em contrário do sujeito passivo ou de terceiro que aproveite tal prova (CTN, art. 204, parágrafo único).

Alternativa "a": incorreta. A competência tributária é indelegável, **salvo atribuição das funções de arrecadar ou fiscalizar tributos**, ou de executar leis, serviços, atos ou decisões administrativas em matéria tributária, **conferida por uma pessoa jurídica de direito público a outra** (CTN, art. 7º). A atribuição pode ser revogada, a qualquer tempo, **por ato unilateral** da pessoa jurídica de direito público que a tenha conferido (CTN, art. 7º, § 3º), ou seja, não necessariamente por decreto.

Alternativa "c": incorreta. O erro da alternativa está na prestação de informações por terceiros à fiscalização **em qualquer hipótese**. Na verdade, há uma exceção prevista no parágrafo único do artigo 197 ("a obrigação prevista neste artigo não abrange a prestação de informações quanto a fatos sobre os quais o informante esteja legalmente obrigado a observar segredo em razão de cargo, ofício, função, ministério, atividade ou profissão").

Alternativa "d": incorreta. O órgão fazendário, quando solicitado pelo contribuinte, deve emitir certidão (documento) que retrate a existência ou inexistência de débitos fiscais. Tal certidão é utilizada pelo contribuinte como documento probatório em várias situações exigidas por lei como, por exemplo, para participação em concorrência pública. A certidão é tida como negativa de débitos (CND) quando o contribuinte não tiver dívidas tributárias. Ao contrário, será positiva quando o contribuinte apresentar dívidas tributárias. Entretanto, há uma situação em que o contribuinte possui débitos fiscais, porém a **certidão tem os mesmos efeitos da negativa**, ou seja, o contribuinte poderá utilizá-la, seguindo o exemplo já citado, para habilitá-lo numa concorrência pública. Trata-se da CPD-EN – certidão positiva de débitos fiscais, com efeitos de negativa (CTN, art. 206). São três situações que ensejam a emissão da CPD-EN: (i) a existência de débitos fiscais ainda não vencidos (ainda no prazo para pagamento); (ii) a existência de débitos fiscais em curso de cobrança executiva em que tenha sido efetivada a penhora; e (iii) a existência de débitos fiscais cuja exigibilidade esteja suspensa, nos termos do artigo 151 do CTN, a saber: (a) moratória; (b) depósito do montante integral; (c) defesas e recursos no âmbito do processo administrativo fiscal; (d) liminar em mandado de segurança; (e) liminar ou tutela antecipada em outras espécies de ações judiciais; e (f) parcelamento.

Alternativa "e": incorreta. O Direito Tributário utiliza-se de institutos jurídicos do Direito Administrativo (por exemplo, o instituto do "ato administrativo" mencionado no artigo 142 do CTN), bem como do Direito Civil (por exemplo, segundo o artigo 110 do CTN, "a lei tributária não pode alterar a definição, **o conteúdo e o alcance de institutos, conceitos e formas de direito privado**, utilizados, expressa ou implicitamente, pela Constituição Federal, pelas Constituições dos Estados, ou pelas Leis Orgânicas do Distrito Federal ou dos Municípios, para definir ou limitar competências tributárias").

02. **(Analista Judiciário – Área Judiciária – TRF 4ª região/ 2010 – FCC)** Em relação à administração tributária, é INCORRETO afirmar:

a) Não têm aplicação quaisquer disposições legais excludentes ou limitativas do direito de examinar mercadorias, livros, arquivos, documentos, papéis e efeitos comerciais ou fiscais, dos comerciantes industriais ou produtores, ou da obrigação destes de exibi-los.

b) A certidão negativa expedida com dolo ou fraude, que contenha erro contra a Fazenda Pública, responsabiliza pessoalmente o funcionário que a expedir, pelo crédito tributário e juros de mora acrescidos.

c) Constitui dívida ativa tributária a proveniente de crédito dessa natureza, regularmente inscrita na repartição administrativa competente, depois de esgotado o prazo fixado para pagamento pela lei ou por decisão final proferida em processo regular.

d) É vedada a divulgação, por parte da Fazenda Pública ou de seus servidores, de informação obtida em razão do ofício sobre a situação econômica ou financeira do sujeito passivo ou de terceiros e sobre a natureza e o estado de seus negócios ou atividades.

e) A dívida inscrita goza da presunção de certeza e liquidez e tem o efeito de prova pré-constituída, presunção esta absoluta, não podendo ser ilidida por prova ainda que inequívoca, a cargo do sujeito passivo ou do terceiro a que aproveite.

COMENTÁRIOS:

Atenção para a exigência de que seja assinalada a alternativa incorreta. A presunção pode ser relativa ou absoluta. Por relativa, entende-se aquela que admite prova em contrário, também chamada de contraprova (*juris tantum*). Ao contrário, na ficção legal que é a presunção absoluta (*jure et de jure*), o juiz admite o fato presumido e não considera qualquer prova em contrário, ou seja, o fato não é objeto de prova.

Alternativa correta: letra "e": a dívida ativa, regularmente inscrita, goza de **presunção relativa** de certeza e liquidez, pois pode ser ilidida por prova inequívoca, a cargo do executado ou de terceiro, a quem aproveite (LEF, art. 3º, parágrafo único e CTN, art. 204).

Alternativa "a": trata-se da reprodução *ipsis literis* do artigo 195 do CTN, que dispõe sobre a autoexecutoriedade, tida como a prerrogativa da Fazenda Pública de fiscalizar e, ao mesmo tempo, a obrigação do fiscalizado de exibir os livros, documentos, arquivos e coisas do gênero à autoridade fiscal. Afirmação correta.

Alternativa "b": trata-se da reprodução *ipsis literis* do artigo 208 do CTN. Tal funcionário também poderá ser responsabilizado criminal e funcionalmente (CTN, art. 208, parágrafo único). Afirmação correta.

Alternativa "c": trata-se da reprodução *ipsis literis* do *caput* do artigo 201 do CTN. A cobrança judicial da dívida ativa da Fazenda Pública é regida pela Lei 6.830/80 (LEF – lei de execuções fiscais). Afirmação correta.

Alternativa "d": trata-se da reprodução *ipsis literis* do *caput* do artigo 198 do CTN, que disciplina o sigilo fiscal. O CTN traz uma série de exceções ao sigilo fiscal, cujas respectivas ocorrências não são consideradas "quebras de sigilo". Dentre tais exceções encontram-se, por exemplo, aquelas previstas no § 3º do artigo 198, quais sejam, a autorização de divulgação de informações pelo Fisco relativas a: (i) representações fiscais para fins penais; (ii) inscrições na dívida ativa da Fazenda Pública e (iii) parcelamento ou moratória. Afirmação correta.

(Cespe – Analista Judiciário – Área Judiciária – STF/2013) Ainda com referência à situação hipotética descrita, julgue os itens a seguir, acerca de ilícito tributário e de crimes contra a ordem tributária.

João, com mais de dezoito anos de idade, e seu irmão Pedro, com dezessete anos de idade, ambos residentes no Distrito Federal, em endereço conhecido, constituíram, neste local, um negócio informal e passaram a vender roupas, sem informar esse fato ao fisco, deixando de constar no cadastro fiscal. Após fiscalização, a administração tributária descobriu que a prática da atividade comercial durava mais de dois anos, sem nunca ter sido recolhido nenhum tributo. O fisco lavrou o correspondente auto de infração contra João e Pedro, para cobrar o tributo suprimido.

03. Se, antes do recebimento da denúncia, João ou Pedro efetuar o pagamento integral da dívida, ficará extinta a punibilidade do crime.

COMENTÁRIOS:

O item está CERTO. De acordo com o art. 34 da Lei nº 9.249/95, extingue-se a punibilidade dos crimes contra a ordem tributária quando o agente promover o pagamento do tributo ou contribuição social, inclusive acessórios, antes do recebimento da denúncia. Vale ressaltar que o STF vem decidindo que o pagamento do tributo, a qualquer tempo, ainda que após o recebimento da denúncia, extingue a punibilidade (HC 81929).

04. Para a caracterização de qualquer crime tributário previsto na Lei 8.137/1990, é necessário que haja o anterior término de processo administrativo fiscal.

COMENTÁRIOS:

O item está ERRADO. O STF, por meio da Súmula Vinculante 24, estipulou que "não se tipifica crime material contra a ordem tributária, **previstos no artigo 1º, incisos I a IV**, da Lei 8.137/90, antes do lançamento definitivo do tributo". Perceba que não são todos os crimes tributários que devem aguardar o fim do processo administrativo fiscal, mas tão somente os previstos no **artigo 1º, incisos I a IV**, da Lei 8.137/90.

05. Pedro praticou apenas ilícito administrativo tributário, e não crime contra a ordem tributária, uma vez que tem menos de dezoito anos de idade.

COMENTÁRIOS:

O item está ERRADO. As infrações tipicamente fiscais (falta de pagamento do imposto e falta de cumprimento das obrigações tributárias acessórias, dentre elas a de se cadastrar no rol de contribuintes) serão materializadas pela Fazenda Pública (Fisco/Adminstração Tributária) no auto de infração e imposição de multa e que, por sua vez, ensejará o direito ao contraditório e à ampla defesa ao Pedro no âmbito do processo administrativo fiscal. Havendo a constituição definitiva do crédito tributário (ao fim do processo administrativo fiscal), o Fisco deverá informar o fato ao Ministério Público (por meio de uma representação fiscal para fins penais), para eventual proposta de ação penal de crime contra a ordem tributária. A idade de Pedro o torna inimputável para o referido crime, entretanto, ele o cometeu (cometeu o ato infracional).

2. QUESTÕES DE CONCURSO

01. **(FCC/AFR/2013)** Uma empresa multinacional do ramo ótico tem estabelecimento no Estado de São Paulo, sendo contribuinte do ICMS. O Agente Fiscal de Rendas do Estado recebeu a incumbência de realizar uma atividade fiscalizatória nesta filial e, para tanto, a notificou a apresentar livros e documentos fiscais, bem como determinados livros, documentos e arquivos comerciais que se relacionavam com os pontos objeto da fiscalização. Nesse caso, a empresa tem a obrigação de apresentar os livros e documentos fiscais para o agente de Fiscalização do Estado. Os demais documentos solicitados

a) são de apresentação facultativa, haja vista que podem conter segredos comerciais das suas atividades, e são protegidos legalmente.

b) a empresa não apresentou, pois não foi autorizada pela matriz, que se apoia na legislação estrangeira.

c) também devem ser apresentados, pois não tem aplicação qualquer disposição, ainda que legal, que seja excludente ou limitativa do direito do Fisco de examinar o que foi requisitado.

d) são protegidos pela legislação comercial; por isso, só poderão ser examinados pela fiscalização quando houver processo administrativo instaurado, ou procedimento fiscal em curso, e desde que tais exames sejam considerados indispensáveis pela autoridade administrativa competente.

e) só podem ser examinados com autorização judicial, mediante pedido fundamentado da Administração Tributária.

02. **(FCC/AFR/2013)** A Lei Complementar 104, de 10/01/2001, alterou e incluiu alguns dispositivos do CTN relativos à divulgação pela Administração Tributária e por seus funcionários de informações obtidas em razão de suas atividades. Regra geral, o Código Tributário Nacional veda a divulgação destas informações, havendo, no entanto, algumas exceções. De acordo com o CTN, é permitida a divulgação de informações, dentre outros, em casos de

a) compensação tributária, representações fiscais para fins penais e requisição de autoridade judiciária no interesse da justiça.

b) requisição de autoridade judiciária no interesse da justiça, inscrições na Dívida Ativa da Fazenda Pública e representações fiscais para fins penais.

c) parcelamento ou moratória, requisição da mesa diretora do Poder Legislativo do ente tributante e solicitações de autoridade administrativa no interesse da Administração Pública, desde que seja comprovada a instauração regular de processo administrativo.

d) inscrições na Dívida Ativa da Fazenda Pública, representações fiscais para fins penais e petições de reconhecimento de decadência.

e) transação e remissão, inscrições na Dívida Ativa da Fazenda Pública e representações fiscais para fins penais.

03. **(FCC/AFR/2009)** Na realização de atividade fiscalizatória, os agentes fiscais podem entrar nos estabelecimentos dos contribuintes. Sobre o procedimento de fiscalização é correto afirmar que

a) não se aplicam os princípios constitucionais da inviolabilidade do domicílio, do direito à intimidade e do sigilo da correspondência, tendo em vista o poder de polícia conferido à administração tributária.
b) existem restrições, pois o contribuinte não está obrigado a exibir livros contábeis ou fiscais obrigatórios, visto que a Constituição Federal lhe garante o direito à intimidade.
c) realiza-se informalmente e não precisa ser documentado.
d) deverá ser documentado por meio de termos específicos lavrados, sempre que possível, em um dos livros fiscais exibidos ou, quando lavrados em separado, o sujeito passivo deverá ficar com cópia autenticada.
e) é possível ao sujeito passivo até sua conclusão, se valer da denúncia espontânea em relação às infrações praticadas, beneficiando-se do pagamento sem imposição de multas.

04. **(CESPE - STJ - Analista Judiciário / 2018)** À luz das disposições do Código Tributário Nacional (CTN), julgue o item a seguir.

Na hipótese de ser julgada procedente ação de consignação em pagamento, a fazenda pública poderá cobrar o crédito tributário acrescido dos juros de mora referentes a todo o período, até o trânsito em julgado.

05. **(Procurador do Município – Prefeitura Salvador-BA/2006 – FCC)** A certidão de que conste a existência de créditos não vencidos, em curso de cobrança executiva em que tenha sido efetivada a penhora, ou cuja exigibilidade esteja suspensa,

a) não tem qualquer efeito jurídico.
b) tem os mesmos efeitos de certidão negativa.
c) é considerada auto lançamento.
d) tem os mesmos efeitos de certidão positiva.
e) tem efeito de título executivo extrajudicial.

06. **(Procurador do Município – Prefeitura Manaus-AM/2006 – FCC)** O procedimento cautelar fiscal poderá ser instaurado contra o sujeito passivo:

a) sempre que o órgão fazendário declarar inepta sua inscrição no cadastro de contribuintes.
b) que for acionado por outros débitos de natureza tributária.
c) que for acionado por outros débitos de qualquer natureza.
d) que tiver mais de um débito fiscal inscrito como dívida ativa.
e) sempre que for decretada a falência do seu estabelecimento.

07. **(Procurador do Município – Prefeitura São Paulo-SP/2008 – FCC)** Sobre a execução fiscal, NÃO é possível afirmar:

a) o único título executivo que instrui a execução fiscal é a certidão de dívida ativa, não se admitindo a instrução com cheque devolvido por insuficiência de fundos utilizado pelo contribuinte para pagamento de tributo.

b) caso não seja localizado o devedor, o juiz suspenderá imediatamente a execução fiscal, determinando o arquivo dos autos pelo prazo de cinco anos ou até que o devedor seja localizado.

c) o executado será citado para, no prazo de 5 dias, pagar ou garantir a execução; o prazo para oposição de embargos à execução é de trinta dias, a contar da garantia do juízo por penhora, fiança bancária ou depósito.

d) haverá prescrição intercorrente, reconhecida de ofício pelo juiz, depois de ouvida a Fazenda Pública, depois de decorrido o prazo prescricional de cinco anos a contar do arquivamento dos autos da execução fiscal.

e) qualquer intimação ao representante judicial da Fazenda Pública será feita pessoalmente, bem assim terá a Fazenda Pública isenção de custas processuais, apesar de responder pelos honorários sucumbenciais.

08. **(Cespe – Juiz Federal Substituto 1ª região/ 2011)** Determinado contribuinte reside em área situada na fronteira entre dois municípios, não sendo muito bem delineada, naquela localidade, a separação geográfica entre as duas municipalidades. Em razão dessa circunstância, ocorreu de ele ter sido notificado pelas duas fazendas municipais para pagar o IPTU.

Nesse caso, deve o contribuinte

a) pagar a totalidade dos impostos e ajuizar, contra cada município, ação de repetição de indébito de metade do valor do IPTU.

b) omitir-se de pagar o imposto perante as duas fazendas, uma vez que o caso configura bitributação.

c) ajuizar ação de consignação em pagamento.

d) pagar metade de cada um dos impostos e ajuizar pedido de revisão de valor do IPTU junto aos dois municípios.

e) interpor recurso junto aos dois municípios para que eles definam a qual deles pertence a área em questão.

09. **(Cespe – Juiz de Direito Substituto-ES/ 2012)** Acerca do processo judicial tributário, assinale a opção correta.

a) Na ação de consignação em pagamento, ao fazer o depósito, o contribuinte livra-se dos efeitos da mora e pode discutir toda e qualquer questão sobre a dívida tributária.

b) A ação de consignação em pagamento é via adequada para discussão de pagamentos feitos a maior ou a menor, o que se fundamenta na ideia de que é defeso o enriquecimento sem causa.

c) Na ação anulatória de débito fiscal, cujo fundamento é a revisão do ato declarativo da dívida, é cabível o pedido de tutela antecipada, sendo o polo passivo identificado a partir do tributo que for objeto da lide.

d) Por ter *status* de remédio constitucional, o mandado de segurança em matéria tributária é cabível, em razão dos princípios norteadores do direito tributário, ainda que não tenham sido preenchidos os requisitos formais mínimos para a sua impetração.

e) Dispensa-se a prova do erro, quando for pago um tributo maior que o devido, bastando ao sujeito passivo provar o pagamento sem causa jurídica, caso em que o fisco não pode impor qualquer empecilho à restituição da diferença entre o valor devido e o efetivamente pago.

10. **(Cespe – Promotor de Justiça – RR/2012)** No que diz respeito ao processo judicial tributário, assinale a opção correta.

a) Em ação cautelar que vise à autorização da compensação de créditos tributários, deverá ser concedida medida liminar caso estejam presentes os pressupostos legais.

b) As sentenças proferidas contra a fazenda pública estão sujeitas ao reexame necessário, podendo o procurador da fazenda, em situações específicas, dispensar o recurso.

c) Em ação de repetição de indébito tributário, não é necessária a prova documental do recolhimento do tributo, uma vez que a fazenda pública tem o dever de controlar sua arrecadação.

d) Tratando-se de ação de restituição de indébito do imposto sobre produto industrializado, a concessionária de veículo é contribuinte de fato e a montadora, de direito, tendo, portanto, a montadora a legitimidade ativa na referida ação.

e) Proposta ação por meio da qual tenha sido requerida declaração de direito a compensação de tributo pago indevidamente, não pode o contribuinte alterar a forma de crédito quando da execução.

11. **(Consulplan – Cartório – MG – Provimento/2016)** Avalie as afirmações a seguir, considerando posicionamentos sumulados pelo Supremo Tribunal Federal:

I. A apreensão de mercadorias como meio coercitivo para pagamentos de tributos é inadmissível.

II. É admissível a interdição de estabelecimento como meio coercitivo para cobrança de tributo.

III. A exigência de depósito ou arrolamento prévio de dinheiro ou bens para admissibilidade de recurso administrativo tributário tem amparo na Constituição Federal.

IV. O serviço de iluminação pública não pode ser remunerado mediante taxa.

É correto apenas o que se afirma em

a) I e II.

b) II e III.

c) III e IV.

d) I e IV.

12. **(Consulplan – Oficial de Justiça Avaliador – TRF2/2017)** "Determinado contribuinte ingressou com recurso administrativo impugnando o crédito tributário que lhe é exigido pela Fazenda Estadual. Na pendência da apreciação deste recurso, a Fazenda ingressou com execução fiscal do crédito impugnado. O advogado do contribuinte ingressou com exceção (objeção) de pré-executividade em defesa do cliente." Na situação analisada, é correto afirmar que a exceção de pré-executividade

a) não é cabível, por não se tratar de matéria de ordem pública.

b) é válida, desde que o contribuinte preste caução do valor cobrado pelo Fisco.

c) deve ser rejeitada, pois o Estado tem o poder-dever de cobrar seu crédito, antes que ocorra a prescrição.

d) deve ser admitida e acolhida, ante a inexigibilidade do crédito, por força de existir processo administrativo em curso.

13. **(Consulplan – Oficial de Justiça Avaliador – TRF2/2017)** Havendo litígio sobre o imposto de renda incidente na fonte, relativo à licença-prêmio de funcionário público, a demanda foi proposta junto à vara competente na Justiça Federal. No entanto, o Magistrado determinou a emenda da inicial, com a exclusão da União do polo passivo e a inclusão do Estado-Membro ao qual se vincula o servidor e declinou da competência, alegando ser esta da Justiça Estadual. Com referência à questão da competência para apreciar a lide, pode ser afirmado que o Magistrado:

a) Agiu com erro, já que o imposto de renda é tributo de competência da União, não sendo o Estado-Membro parte legítima para figurar neste litígio e havendo competência da Justiça Federal.

b) Houve equívoco do Magistrado, visto que o simples fato de o produto do imposto de renda pertencer ao Estado-Membro, não altera a competência tributária, que é da Justiça Federal.

c) Agiu com acerto, por não haver interesse da União no litígio, pertencendo ao Estado-Membro o produto da arrecadação do imposto de renda na hipótese do conflito em comento, sendo competente a Justiça Estadual.

d) O Magistrado decidiu corretamente, já que trata-se de servidor público estadual, pelo que seus vencimentos são pagos pelo Estado-Membro, que efetua os descontos na fonte e qualquer controvérsia deve ser dirimida pela Justiça Estadual.

14. **(Consulplan – Técnico Judiciário – TRF2/2017)** Em determinada ação de anulação de débito fiscal é apresentada carta de fiança bancária para suspender a exigibilidade do crédito tributário, que a Fazenda Pública está cobrando e, ao mesmo tempo, obter a certidão fiscal positiva com efeito de negativa. Neste caso, a fiança bancária é:

a) Obstáculo para que a Fazenda proponha a execução fiscal, permitindo, ainda, a obtenção da certidão negativa.

b) Autorizadora da suspensão da exigibilidade do crédito tributário desde que abranja todo o valor envolvido na execução fiscal.

c) Insuficiente para a obtenção da suspensão da exigibilidade do crédito tributário, porém hábil à obtenção da certidão positiva com efeitos de negativa.

d) Necessária para a suspensão da exigibilidade do crédito tributário, mas não permite a obtenção de outra certidão que não a positiva.

15. **(Consulplan – Técnico Judiciário – TRF2/2017)** "Em certa execução fiscal, uma parcela do valor executado estava fundada em lançamento baseado em lei, que foi posteriormente declarada inconstitucional, através de controle difuso. Nos embargos, o devedor afirma que o título seria ilíquido e, portanto, incapaz de subsidiar a execução fiscal, devendo ser declarado nulo e a execução extinta." Aponte a única alternativa que dá solução correta à questão posta em Juízo.

a) Os embargos devem ser parcialmente acolhidos para que a execução fiscal prossiga pelo valor remanescente não atingido pela legislação declarada inconstitucional.

b) Os embargos devem ser acolhidos e a execução tornada insubsistente, uma vez que o lançamento fundou-se em lei inconstitucional.

c) Os embargos devem ser acolhidos, visto que a Fazenda deveria ter efetivado o acertamento posterior do título executivo, o que deixou de fazer.

d) Os embargos devem ser rejeitados, pois qualquer valor inscrito em Dívida Ativa, não pago no vencimento, será cobrado através de execução fiscal.

GABARITO		
Questão	Resposta	Fundamentação
01	C	CTN, art. 195
02	B	CTN, art. 198, §§ 1º e 3º
03	D	CTN, art. 196, parágrafo único
04	Errado	CTN, art. 164, § 2º
05	B	CTN, art. 206
06	A	Lei 8.397/92, art. 2º, VIII
07	B	Lei 6.830/80, art. 40
08	C	CTN, art. 164, III
09	E	CTN, art. 165
10	B	CPC, art. 475, I
11	D	STF, Súmula 323 e Súmula Vinculante 41
12	D	CTN, art. 151, III
13	C	STF, AI 577.516 AgR
14	C	STJ, REsp 1156668 / DF
15	A	STJ, REsp 1115501 / SP

3. QUESTÕES DISSERTATIVAS E ESTUDOS DE CASOS

QUESTÃO DISSERTATIVA 01:

A exceção de pré-executividade é uma espécie excepcional de defesa específica do processo de execução, ou seja, independentemente de embargos do devedor. Em qual(is) hipótese(s) é admissível a exceção de pré-executividade na execução fiscal?

Resposta sugerida pelos autores[3]:

A exceção de pré-executividade é admissível na execução fiscal relativamente às matérias conhecíveis de ofício que não demandem dilação probatória

3. Nas respostas dadas aqui serão indicados trechos normativos ou precedentes jurisprudenciais, mas na prova não há necessidade dessa indicação, salvo quando expressamente previsto no edital do concurso.

(Súmula 393 do STJ), tais como a nulidade da citação, a prescrição (STJ, REsp 1136144/RJ), a execução desacompanhada de título executivo e outras nulidades processuais, a inconstitucionalidade da norma em que tenha se fundamentado o lançamento, o pagamento, a compensação e outras hipóteses de extinção do crédito tributário.

QUESTÃO DISSERTATIVA 02:

Em diversas ocasiões exige-se do contribuinte a prova de quitação de tributos. Apenas a título de exemplo, seguem reproduzidas duas exigências legais, previstas no CTN:

> *Art. 191. A extinção das obrigações do falido requer prova de quitação de todos os tributos.*
>
> *Art. 193. Salvo quando expressamente autorizado por lei, nenhum departamento da administração pública da União, dos Estados, do Distrito Federal, ou dos Municípios, ou sua autarquia, celebrará contrato ou aceitará proposta em concorrência pública sem que o contratante ou proponente faça prova da quitação de todos os tributos devidos à Fazenda Pública interessada, relativos à atividade em cujo exercício contrata ou concorre.*

Nos exemplos acima, a prova de quitação de tributos é imprescindível para a extinção das obrigações do falido e para permitir ao interessado participar de concorrência pública.

Nesse contexto, como se dá tal prova?

Resposta sugerida pelos autores:

Através da Certidão Negativa de Débitos (CND), "expedida à vista de requerimento do interessado, que contenha todas as informações necessárias à identificação de sua pessoa, domicílio fiscal e ramo de negócio ou atividade e indique o período a que se refere o pedido (CTN, art. 205)".

Assim, quem expede a certidão é a Fazenda Pública solicitada, a partir de requerimento do interessado. A Fazenda Pública tem o prazo legal de 10 (dez) dias contados da data do protocolo do requerimento (CTN, art. 205, parágrafo único). Atualmente algumas Fazendas Públicas já disponibilizam as certidões pela *internet*.

Vale ressaltar que, além da Certidão Negativa de Débitos (CND), prevista no artigo 205 do CTN, o contribuinte tem direito à obtenção de Certidão Positiva com Efeitos de Negativa (CPD-EN), prevista no artigo 206 do CTN, nos seguintes termos: "Tem os mesmos efeitos previstos no artigo anterior a certidão de que conste a existência de créditos não vencidos, em curso de cobrança executiva em que tenha sido efetivada a penhora, ou cuja exigibilidade esteja suspensa".

ESTUDO DE CASO 01:

Ao proceder os trabalhos de fiscalização de tributos estaduais (ICMS) no estabelecimento da empresa X, o agente fiscal estadual constatou omissões de receitas que, além das consequências quanto à falta de pagamento de ICMS, em tese, também poderiam implicar em falta de recolhimento de tributos federais (como exemplos, IR e CSLL). Há base legal que sustente o compartilhamento de informações entre a Secretaria da Fazenda Estadual e a Secretaria da Receita Federal?

Resposta sugerida pelos autores:

O intercâmbio de informações entre as Fazendas Públicas tem respaldo no artigo 199 do CTN ("a Fazenda Pública da União e as dos Estados, do Distrito Federal e dos Municípios prestar-se-ão mutuamente assistência para a fiscalização dos tributos respectivos e permuta de informações, na forma estabelecida, em caráter geral ou específico, por lei ou convênio"). Como se não bastasse, o artigo 37, inciso XXII da CF, dá o respaldo constitucional para o compartilhamento de cadastro entre os Fiscos.

ESTUDO DE CASO 02:

A pessoa jurídica de direito privado X, que atua no ramo de comércio atacadista de bebidas, foi autuada pela Secretaria da Fazenda do Estado em que se localiza, ante a falta de recolhimento de ICMS decorrente da omissão de informações à autoridade fazendária. Por não se conformar, a citada pessoa jurídica ofertou sua defesa administrativa no contexto do Processo Administrativo Fiscal (PAF) cuja lei prevê duas instâncias administrativas de julgamento, com prazo médio de três anos de processamento para as defesas e recursos. Simultaneamente à autuação, foi feita a denúncia pelo Ministério Público acerca do cometimento de crime contra a ordem tributária por parte do sócio-administrador da referida pessoa jurídica, responsável pela apuração do ICMS. A tramitação simultânea entre o PAF e a ação penal tributária é aceita atualmente pelo STF?

Resposta sugerida pelos autores:

Não. O STF, ao apreciar o HC nº 81.611 e a ADI 1.571, entendeu que o tipo penal somente estaria configurado após a exigibilidade do tributo, ou seja, antes do fim do PAF não haveria crime. Nesse sentido, só após o fim do PAF (com a constituição definitiva do crédito tributário) é que há condições para se iniciar a ação penal de crime contra a ordem tributária. A matéria foi sumulada pelo STF (Súmula Vinculante nº 24): "não se tipifica crime material contra a ordem tributária, previstos no art. 1º, incisos I a IV, da Lei nº 8.137/90, antes do lançamento definitivo do tributo".

Bibliografia

ALEXANDRE, Ricardo. *Direito tributário esquematizado.* 8ª ed. São Paulo: Método, 2014.

AMARO, Luciano. *Direito tributário brasileiro.* 17ª ed. São Paulo: Saraiva, 2011.

BALEEIRO, Aliomar. *Direito Tributário Brasileiro.* 11ª ed. Rio de Janeiro: Forense, 2010.

CARRAZZA. Roque Antônio. *Curso de direito constitucional tributário.* 23ª ed. São Paulo: Malheiros, 2007.

CARVALHO, Paulo de Barros. *Curso de direito de tributário.* 23ª ed. São Paulo: Saraiva, 2010.

CASSONE, Vittorio; CASSONE, Maria Eugênia Teixeira. *Processo tributário.* 11ª ed. São Paulo: Atlas, 2011.

COSTA MACHADO, Antonio Cláudio da (Org.). QUEIROZ, Mary Elbe (Coord.). *Código Tributário Nacional Interpretado:* artigo por artigo, parágrafo por parágrafo. São Paulo: Manole, 2010.

HARADA, Kiyoshi. *Direito financeiro e tributário.* 20ª ed. São Paulo: Atlas, 2011.

HIGUCHI, Hiromi; HIGUCHI, Celso Hiroyuki; HIGUCHI, Fábio Hiroshi. *Imposto de renda das empresas* – interpretação e prática. 31ª ed. São Paulo: IR Publicações, 2006.

MACHADO, Hugo de Brito. *Curso de direito tributário.* 32ª ed. São Paulo: Malheiros, 2011.

MACHADO SEGUNDO, Hugo de Brito. 5ª ed. São Paulo: Atlas, 2010.

MARINS, James. *Direito processual tributário brasileiro* (administrativo e judicial). 5ª ed. São Paulo: Dialética, 2010.

MARINS, James. *A instituição e a regulamentação da norma geral antielisão.* In: SHOUERI, Luís Eduardo. Direito Tributário. São Paulo: Quartier Latin, 2003, v. II.

MARTINS, Alan; SCARDOELLI, Dimas Yamada. *Direito Tributário* – Coleção Concursos Públicos. Salvador: Editora Juspodivm, 2014.

MARTINS, Alan; SCARDOELLI, Dimas Yamada. *Direito Tributário* – Coleção Sinopses para Carreiras Fiscais – V.01. Salvador: Editora Juspodivm, 2014.

MARTINS, Alan; SCARDOELLI, Dimas Yamada. *Direito Tributário* – curso rápido e didático para estudos e revisões. Leme: Editora JH Mizuno, 2012.

MARTINS, Alan; SCARDOELLI, Dimas Yamada. *Resumo de Direito Tributário.* Leme: Editora JH Mizuno, 2008.

MELO, Celso Antonio Bandeira de. *O conteúdo jurídico do princípio da igualdade*. 3ª ed. São Paulo: Malheiros, 2012.

PAULSEN, Leandro. *Crédito tributário* – da noção de lançamento à formalização. http://www.leandropaulsen.com/site/textos_detalhe.asp?ID=5, acesso em 11/6/2012.

PAUSEN, Leandro; MELO, José Eduardo Soares de. *Impostos federais, estaduais e municipais*. 3ª ed. Porto Alegre: Livraria do Advogado, 2007.

ROCHA, Valdir de Oliveira (Coord.). *Planejamento tributário e a lei complementar 104*. São Paulo: Dialética, 2001.

ROSA, José Roberto. *Curso básico de ICMS*. 3ª ed. Itu: Ottoni Editora, 2012.

ROSA, José Roberto. *Substituição tributária no ICMS*. 3ª ed. Itu: Ottoni Editora, 2011.

SABBAG, Eduardo. *Manual de Direito Tributário*. 2ª ed. São Paulo: Saraiva, 2010.

SCARDOELLI, Dimas Yamada. As polêmicas em torno dos procedimentos fiscais prévios à lavratura do AIIM: uma releitura da fiscalização de tributos. In: SALOMÃO, Marcelo Viana; PAULA JR., Aldo de. *Processo Administrativo Tributário* – Federal e Estadual. São Paulo: MP Editora, 2005.

YAMASHITA, Douglas. *Elisão e evasão de tributos* – Planejamento tributário: limites à luz do abuso de direito e da fraude à lei. São Paulo: Lex Editora, 2005.

EDITORA
JusPODIVM
www.editorajuspodivm.com.br

Pré-impressão, impressão e acabamento
GRÁFICA
SANTUÁRIO

grafica@editorasantuario.com.br
www.graficasantuario.com.br
Aparecida-SP